Grammar 293 on

Machen's New Testament Greek

Sock-Joon Sheen

2006

평생을 목회에 헌신해 오신 부모님께
사랑과 존경의 마음을 담아서

τοῖς γονεῦσίν μου τοῖς προσκεκαρτερηκόσιν
τῇ διακονίᾳ τῆς ἐκκλησίας
πάσας τὰς ἡμέρας τῆς ζωῆς αὐτῶν
ἐν καρδίᾳ ἀγάπης καὶ τιμῆς

머리말

이 책의 내용은 필자가 초급 헬라어 강의를 해오면서 틈틈히 적어놓아 둔 그간의 강의노트를 정리한 것이다. 원래는 '메이첸 헬라어와 어형론' 이란 제목을 붙이려 했으나 혹 언어학을 접해본 일이 없는 독자들에게 '어형론'이란 용어는 너무 생소하게 느껴질 것 같았다.

아마존(www.amazon.com)에 가서 'Greek'을 키워드로 삼아 검색하면 영미학자들이 저술해 놓은 수많은 코이네 헬라어 문법서들이 떠오른다. 그 중 중급을 제외한 초급 문법서들의 내용을 보면 대부분 메이첸 헬라어 교본이 포함하고 있는 문법의 내용과 형식을 크게 벗어나지 않고 있다. 이것은 현재 국내에 나와있는 초급 헬라어 문법서들의 경우에 있어서도 마찬가지이다. 메이첸(Gresham Machen)이 초급자를 위한 신약 헬라어 문법서(*New Testament Greek for Beginners*)를 저술한지 반세기가 훨씬 넘은 오늘날에도 여러 다양한 초급 문법서들이 그 내용과 형식에 있어서 메이첸의 것과 대동소이하다는 사실은 초급문법의 범주설정에 대부분의 저자들이 공감하고 있음을 의미한다. 초급 헬라어 문법서는 필요 이상의 문법적 설명을 지양하고 되도록 간결해야 한다는 현실적 과제를 떠안고 있는데 메이첸 헬라어 교본은 이러한 점에서 장점을 지니고 있다. 그러나 한편 이것은 헬라어를 강의실 밖에서 복습하거나 혼자서 공부하고자 하는 입문자들에게는 단점이 되어왔다. 왜냐하면 메이첸 문법서는 '강의'에 적합하도록 쓰여진 교재이기 때문이다. 한편, 메이첸 이후 언어학의 괄목할만한 발전 덕에 형태론과 의미론의 도구를 빌어 헬라어의 문법을 기술한 좀 더 자세하고도 전문적인 서적들이 하나 둘 나오긴 했으나 이러한 문법서들 역시 초급헬라어 입문자들에게 실질적으로 어떠한 도움을 주었는가 묻는다면 그 대답은 그리 긍정적이지만은 않을 것이다.

헬라어 입문자들이 겪고 있는 어려움들 중 가장 큰 것은 아마도 헬라어의 복잡한 어형변화와 관련한 문제일 것이다. 명사의 격(Case) 체계가 갖는 굴절(inflection) 현상은 물론이고 특히 직설법 동사와 비직설법 동사 사이의 굴절현상을 명확히 이해하는 것이야말로 초급헬라어 문법의 핵심적 과제인데, 이는 헬라어 문법을 서술함에 있어서 초급자로 하여금 '어형론'의 세계를 파악하도록 돕는 것이 가장 우선적인 목적이 되어야 함을 의미하기도 한다. 이러한 문제점을 반증하듯 현재 초급 문법서들 중에서 외국 독자들의 서평을 가장 후하게 받고 있는 저자들은 Alan Black 이나 William D. Mounce 같은 문법가들이다. 그러나 Alan Black의 책은 파생(Derivation) 현상까지만 설명해 놓았을 뿐 동사의 직설법과 다른 법(mood) 사이에 일어나는 굴절(Inflection) 현상에 대해선 거의 생략했다. 다행스럽게도 본격적인 형태론 서적으로서 Mounce의 책(*Basics of Biblical Greek, The Morphology of Biblical Greek*)은 출간된지 10년이 막 넘어선 지금에도 가장 추천할만한 책으로 평가받는다. 헬라어 명사와 동사들의 현란하고 불규칙해 보이는 어미변화들을 명쾌히 분석하기 위해 그가 사용한 언어학적 도구들은 사실 알고보면 아주 기초적인 원리들이다. 그러나 초급문법의 단계적 수준을 따라 짜여진 내용이 아니기에 처음 헬라어를 학습하는 학생들이 보기엔 다소 전문적인 느낌이 두드러진다.

따라서 본 자습서는 Mounce의 형태론적 분석을 간단 명료하게 도입하되 메이첸 교본의 각 과 순서를 따랐다. 명사의 격변화 체계도 중요하겠지만, 필자의 입장에서는 무엇보다도 동사의 굴절현상에 더 큰 비중을 두어 설명하고자 노력하였다. Mounce의 연구서가 이미 명사 및 동사의 굴절과 그에 관련한 음운현상들을 체계적이고도 명확히 밝혀내고 있긴 하지만, 필자는 더 나아가 디포넌트 동사들의 분포(distribution)를 고찰하고 그 어휘공백에 관련한 데이터들을 종합하여 문법적 정의를 내림으로써 헬라어 동사를 이해하는 데에 꼭 필요한 이론적 틀을 제공하고자 하였다. 뿐만 아니라, 입문자들이 헬라어를 공부해 나가면서 가장 혼란스러워 하는 부분인 바 중간태(Middle Voice)에 관한 개념을 상세히 소개하였다. 현재까지 학계에서 논의되어 온 내용들을 주요 문법서들과 함께 정리해 놓았을 뿐 아니라, 중간태와 더불어 특히 디포넌트 현상(Deponency)에 관련한 다소 혼란스럽고 합의되지 아니한 견해들을 소개하고서 이를 현대 언어학의 도구를 빌어 좀더 합리적인 기준으로 평가하고 재정의하였다. 그 외 헬라어 문장이 보이고 있는 통사구조를 설명할 경우에는 필요에 따라 영문법과 비교해 놓음으로써 이해를 도왔는데 이는 영어와 헬라어가 모두 인구어족에 속하여 일면 문법의 유사성을 보이고 있기 때문이다.

아무리 좋은 책도 스승을 대신할 수는 없겠지만, 이 책은 헬라어 입문자에게 초급 강의를 이끄는 강사의 '꼼꼼히 잘 정리된 강의노트'를 엿보이자는 발상에서 구성되었다. 아울러 석사 이상의 성경신학 과정이나 혹은 유학을 계획하고서 헬라어 동사시스템을 단기간에 체계적으로 정리해야 하는 분들에게도 매우 유용한 자료가 될 것임을 확신한다.

이 자리를 빌어 책이 나오기까지 필자가 큰 빚을 지고 있는 분들께 감사의 말씀을 드리고자 한다. 먼저, 여러 은사님들께 감사의 말씀을 드리고 싶다. 귀중한 가르침은 물론이고 분에 넘치는 배려까지 허락하셨기 때문이다. 조금이라도 더 알찬 성경원어교육과 연구환경을 위해 앞서 은사님들께서는 많은 수고를 감내하셨으며, 필자가 그것을 나눌 수 있었던 것은 특권이었다. 필자에게 지적인 자극이 시작된 것은 정훈택 교수님께서 출제해 놓은 '난감한' 헬라어 문제들을 접하고 나서부터였다. 본서의 매과 뒤에 덧붙인 헬라어 퀴즈들은 당시의 진땀 뺐던 문제들을 떠올리고 재구해 놓은 것이다. 언어연구소를 통해 국내에 없는 해외의 갖은 귀중한 문법서들을 접할 수 있었던 것 역시 헬라어 연구자료에 대한 정교수님의 특별한 관심과 독려가 있었기에 가능했다. 또한 성경 헬라어의 의미론에 관련한 최근의 이슈들은 물론이고 본문의 언어학적 해석 일반에 관한 국내외 논의들을 폭넓게 접하고서 관심을 둘 수 있었던 것은 제자들의 폭좁은 시야와 안이한 태도를 결코 참지 못하시는 심상법 교수님의 지도와 편달 때문이었다. 필자의 책을 주의깊게 살펴보시고 격려와 조언을 아끼지 아니한 김상훈 교수님께도 머리숙여 감사드린다. 마침 총신대학교 언어연구소 소장직을 겸임하시면서 국내의 성경원어교육에 깊은 관심을 가지고 계셨던 터라, 김교수님의 따뜻한 관심과 격려는 그 자체만으로도 필자에게 특별한 의미와 힘이 되었다. 아직도 읽고 배워야 할 책이 산더미인데, 갈 길이 먼 제자가 부족한 책을 내놓아 혹 그간의 베풀어주신 가르침에 누가 되지나 않을까 조심스럽기만 하다.

이 책의 출판을 흔쾌히 맡아주신 솔로몬의 박영호 사장님과 책의 디자인 및 출판을 위해 애써주신 모든 분들께도 감사의 말씀을 드리고 싶다.

끝으로 사랑하는 가족에게 감사의 마음을 전한다. 오로지 책에만 전념하여 지난 겨우내 초고를 완성할 수 있었던 것은 이제 두돌박이 되는 아들 예반이의 양육이며 유학준비까지 모두 도맡아 준 아내(최나영)의 현숙함 덕분이다. 우리 가정을 위해 언제나 기도와 후원을 아끼지 아니한 매제 부부(윤주형, 신수경)에게는 하나님의 각별하고도 넉넉한 갚으심이 있기를 기도한다. 필자에게 신약성경 헬라어에 대한 특별한 애정을 불어넣어 주신 분은 따지고 보면 부모님이시다. 강의 때마다 사용해 온 필자의 낡디 낡은 메이첸 헬라어 문법서는 아버지와 어머니께서 수십 년전 구입하여 두 분이 차례로 학습하시고 물려주신 것인데, 이 '고서 古書'가 언제부터인가 필자에게 묘한 학습적 동기를 불러일으키기 시작했다.

항상 사랑과 인내의 기도로써 지켜보아 주시는 부모님(신성의 목사, 장경학 사모)께, 더욱 행복하시고 건강하시기만을 기도하며 존경의 마음으로 이 책을 바치고자 한다.

2006년 5월
신석준

추천의 글

성경원어 교육의 중요성이 점차 증대되고 있는 차에 신학 입문생들에게 헬라어 기초를 견실히 하도록 도와줄 수 있는 책이 출간됨을 기쁘게 생각합니다. 초보자의 눈높이에 맞춘 친절하고도 자세한 설명들은 저자가 그동안 총신대학교 언어연구소에서 닦은 실력과 강의 경험을 통해 얻어진 값진 열매들입니다. 매년 겨울에 실시되는 신입생 어학강좌에서 시간적 제약때문에 충분히 다루어지지 못한 내용들까지 이 자습서가 어느 정도 해소할 수 있고 아울러 계속 중급 과정을 밟아갈 수 있도록 용기와 힘을 줄 수 있을 것이라고 기대하면서 기쁜 마음으로 이 책을 추천합니다.

정훈택

총신대 신학대학원/총회신학원 신약학 교수

추천의 글

메이첸(Gresham Machen)의 신약 성경 헬라어 교본이 출간된지 거의 한 세기 가까이 되어가지만, 아직 그에 필적할만한 헬라어 교재를 접하기 쉽지 않다. 그 이후 출간된 여러 헬라어 교본들은 메이첸의 교재에 직간접으로 영향을 받고 있다고 할 수 있다. 메이첸을 뛰어 넘으려는 마운스(William. D. Mounce)나 월리스(Daniel B. Wallace) 등과 같은 학자들의 새로운 시도와 노력은 주목할 만한 것이다. 최근 국내 학자들(장동수, 정창욱 교수 등)의 헬라어 교본 집필에 대한 자생적인 노력은 고무적인 현상이 아닐 수 없다. 그럼에도 메이첸이 주고 간 헬라어 교본의 교육적 영향력은 여전히 지속되고 있다고 할 수 있다.

메이첸의 책이 갖는 장점은 첫째, 문법에 대한 설명이 매우 명료하다는 데 있다. 둘째, 제시된 예제들이 풍성하고, 해당 과에서 이들을 풀기가 대체로 쉽다는 것이다. 셋째, 문법의 제시의 짜임새가 합리적이다. 명사 변화와 동사 변화, 그리고 그 외의 어형 변화를 제시한 순서들이 성경 헬라어를 배워가는 데 비교적 용이하게 구성되어 있다. 다만, 각 과의 예제들이 성경 본문에서 추출된 것이 아니기 때문에, 성경 본문에 대한 이해는 따로 해야 한다는 약점을 가지고 있다. 반면에 성경 본문에서 예제를 추출하고 있는 교재들은 그만큼 메이첸의 책보다 난이도가 커질 수 있다.

메이첸을 넘어서려는 노력이 계속되어야 한다. 그러기 위해서는 메이첸 교재의 장점과 한계를 정확히 인식하고 그 이상의 나은 헬라어 교본서를 만들고자 하는 애씀이 필요할 것이다. 최근의 발전된 언어학적인 개념을 활용하여 헬라어 문법 이론을 새롭게 정립하고 재논의하려는 움직임은 그래서 주목 받고 있는 것이다.

또 하나의 발전적 노력이 있다면, 그것은 메이첸의 교재를 여러 각도에서 보완하고 재편성해 보는 것이다. 그런 노력은 그 교재를 새롭게 편역해 보거나, 교재의 부족했던 부분을 보충해 내는 방법으로 나타난다. 신석순 연구원의 [**메이첸 헬라어, 꼭 알아야 할 293가지 그라마**]는 후자 쪽의 노력이다. 메이첸 헬라어에서 충분하게 설명하고 있지 못한 문법적인 사항(특히 어형론에 대한 부분)을 최근의 헬라어 전문가들의 진전된 연구를 근거로 하여 보충하려고 애썼다. 이 책의 디자인과 스타일 또한 참신해 보인다. 저자의 여러 해 동안의 헬라어 연구와 임상적 교육 경험은 책 곳곳에 깊은 숨결로 배어있다. 독자에게 필요한 정보를 제공할 수 있는 좋은 책이라 믿는다.

김상훈
총신대 신학대학원/총회신학원 신약학 교수

차 례

PART I (각 과)

PART II (부록)

각 과의 Grammar

6과

7과

8과

9과

10과

15과

16과

17과

18과

19과

20과

21과

22과

23과

24과

25과

26과

27과

30과

Gram 238. 비교급 형용사
Gram 239. μέγας 의 비교급 μείζων, ον 의 변화
Gram 240. 최상급 형용사
Gram 241. 부사
Gram 242. 부사의 비교급과 최상급
Gram 243. 비교의 속격과 ἤ
Gram 244. 속격을 취하는 장소부사
Gram 245. 시간의 흐름을 나타내는 속격
Gram 246. 특정 관점을 나타내는 여격
Gram 247. τοῦ + 부정사
Gram 248. 상세사항을 나타내는 대격
Gram 249. 특정시간을 나타내는 여격
Gram 250. 소유형용사
Gram 251. 접속사로 쓰이는 μή
Gram 252. ἵνα 의 여러가지 용법
Gram 253. 부정적 대답을 기대하는 의문문

31과

Gram 254. μι동사 개관
Gram 255. δίδωμι, τίθημι, ἵστημι, δείκνυμι의 시제 기본형들.
Gram 256. δίδωμι, τίθημι, ἵστημι, δείκνυμι의 현재 능동태 직설법 변화
Gram 257. δίδωμι, τίθημι, ἵστημι, δείκνυμι의 현재 중간/수동태 직설법 변화
Gram 258. δίδωμι, τίθημι, ἵστημι, δείκνυμι의 현재 능동태 분사 변화
Gram 259. δίδωμι, τίθημι, ἵστημι, δείκνυμι의 현재 중간/수동태 분사 변화
Gram 260. δίδωμι, τίθημι, ἵστημι, δείκνυμι의 현재 능동태 가정법 변화
Gram 261. δίδωμι, τίθημι, ἵστημι, δείκνυμι의 현재 중간/수동태 가정법 변화
Gram 262. δίδωμι, τίθημι, ἵστημι, δείκνυμι의 현재 능동태 명령법 변화
Gram 263. δίδωμι, τίθημι, ἵστημι, δείκνυμι의 현재 중간/수동태 명령법 변화
Gram 264. δίδωμι, τίθημι, ἵστημι, δείκνυμι의 부정사 변화
Gram 265. δίδωμι, τίθημι, ἵστημι, δείκνυμι의 미완료 능동태 직설법 변화
Gram 266. δίδωμι, τίθημι, ἵστημι, δείκνυμι의 미완료 중간/수동태 직설법 변화
Gram 267. δίδωμι, τίθημι, ἵστημι, δείκνυμι의 미래 능동태 직설법 변화
Gram 268. δίδωμι, τίθημι, ἵστημι, δείκνυμι의 미래 중간태 직설법 변화
Gram 269. δίδωμι, τίθημι, ἵστημι, δείκνυμι의 미래 능동태 및 중간태 분사 변화
Gram 270. δίδωμι, τίθημι, ἵστημι, δείκνυμι의 미래 수동태 분사 변화
Gram 271. δίδωμι, τίθημι, ἵστημι, δείκνυμι의 과거 능동태 직설법 변화
Gram 272. δίδωμι, τίθημι, ἵστημι, δείκνυμι의 과거 중간태 직설법 변화

일러두기

1. 본 자습서는 헬라어 형태론에 있어서 초급 학습자들이 꼭 익혀야 할 지식들을 간추려 본문에 소개해 놓았다. 그리고 어휘의 형태와 음운현상에 관련한 좀더 보충적이고 전문적인 설명들은 각주로 처리해 놓았는데 종종 중급 이상의 수준에 해당하는 내용도 포함되었다. 하지만 대부분은 본문에 요약된 내용들을 이해하는데에 도움이 될만한 설명들이니 시간이 허락되는대로 읽어볼 것을 권한다. 한편 구문론(Syntax)에 관련한 문법사항 역시 초급 헬라어 학습자를 위한 내용만을 우선적으로 간추려 본문에 요약해 놓았다. 그러나 초급의 범위를 벗어나는 약간의 구문론적 지식들을 - 유용하고도 권위있는 참고서적들과 함께 - 각주로 처리해 놓음으로써 학습자의 수준에 따라 중급문법과목을 미리 준비할 수 있도록 배려하였다. 다시 말하지만, 각주에 따로 소개해 놓은 구문론적 지식들은 모두 메이첸 초급문법서의 범위를 벗어나는 것들이다.

2. 비록 초급의 범위는 벗어날지라도 학습자가 꼭 읽어두어야 할 내용들은 〈참고〉의 표시와 함께 '**Gram**' 항목에 포함시켜 본문에 소개해 놓았다. 특히 **Gram62**, **63**, **88**, **91** 항목은 매우 중요한 내용이니 시간을 내어 반드시 읽어두기 바란다.

3. 본 자습서에서 주요한 기초자료로 삼고 있는 바 전통적이고 권위있는 몇몇 고전적 문법서들은 문법적 진술을 작은 단위들로 나누어 번호매겨놓았다. 따라서 외국저자의 이름과 함께 § 표시가 되어 있는 것은 페이지 번호가 아닌 문법항목(section) 번호이다. 예: Smyth §602; Robertson, *Short* §§254-255.

4. 본 자습서는 특히 메이첸 교본에서 생략하고 지나가는 기초예문들을 풍부히 제시해 놓고자 애썼다. 되도록이면 성경본문을 그대로 예문에 실어야 하겠지만, 사실 초급문법을 다루면서 그렇게 하기엔 성경본문의 어휘를 학습자가 감당해 낼 수 없다. 따라서 가능한 한 유사구문이나 관련어형을 포함하는 성경본문이면 'cf.' 표시로써 괄호 안에 참조시켜놓았다. 결코 성경본문의 내용을 그대로 옮겨놓은 것이 아니니 착오없기 바란다. 한편 성경본문의 일부분을 그대로 옮겨놓았을 경우엔 'cf.' 표시를 생략하고 해당구절을 괄호 안에 돋움체로 기록해 두었다.

5. 문법사항이나 용어에 관련하여 반드시 알고 있어야 할 내용들은 굵은 글씨로 처리해 놓음으로써 그것이 핵심내용(혹은 키워드)임을 한 눈에 알아보게 하였다.

6. 명사나 동사의 변화표를 소개할 때는 격꼬리나 인칭꼬리 혹은 접두모음을 모두 파란색으로 처리해 두어 쉽게 구분되게끔 하였다. 그러나 연습문제 풀이에서는 동사를 분해함에 있어서 제한적으로 파란색을 사용했다. 그것은 현재시제 직설법 줄기에서 미완료시제나 미래수동태 직설법으로의 굴절(Inflection)을 나타내거나, 또는 직설법에서 다른 법(Mood)으로 굴절된 어형임을 쉽게 파악할 수 있게 하기 위함이다.

7. 18과에서 28과까지는 학습자들이 많은 부담을 안고 공부해야 하는 내용들로 집중되어 있다. 특히 '비직설법동사'와 관련한 굴절어형들을 익히는 것은 헬라어 공부의 승패를 가늠하게 되는데, 본 자습서는 학습자의 부담을 덜어주고자 비직설법동사 어형들(분사, 가정법, 부정사, 명령법)을 따로 모아 정리해 두었으며 연습문제에서 자주 사용되는 어형들엔 ★표를 해두었다.

8. 본 자습서의 뒷편에 실어놓은 **동사패러다임**은, 희구법을 남겨두고 나머지 네 개의 비직설법 동사(분사, 가정법, 부정사, 명령법)에 대한 소개를 마치고 있는 28과까지의 동사들을 망라하여 주요 직설법 기본형들에 관련한 굴절어형들을 소개해 놓은 표이다. 예를 들어 βλέπω 동사의 현재, 과거, 과거수동태 직설법 기본형엔 각각 **Verb-1a**, **Verb-1b**, **Verb-1c**의 표시를 해두었으며, 다시 이들 항목 옆에는 비직설법 굴절어형들을 소개해 놓았다. 이것은 연습문제 풀이와 함께 사용할 때에 매우 유용한 학습자료가 될 수 있을 것이다.

9. 본 자습서의 내용과 관련한 그 밖의 소소한 학습자료들은 다음의 자료실을 참고하도록 하라. http://cafe.daum.net/greek293

약 어 표

김영석	김영석. 『영어형태론』. 한국문화사, 1998.
이성범	이성범. 『언어와 의미: 현대의미론의 이해』. 태학사, 1999.
Allen	Allen, W. Sidney. *Vox Graeca: a guide to the pronunciation of classical Greek*. 3rd ed. Cambridge: Cambridge University Press, 1987.
Aronoff	Aronoff, Mark. *Word Formation in Generative Grammar*. Linguistics Inquiry Monograph 1. Cambridge, Mass: MIT Press, 1976.
BAGD	Bauer, W. *A Greek-English Lexicon of the New Testament and Other Early Christian Literature*. Trans. and rev. W.F.Arndt, F. W. Gingrich, and F. W. Danker. 3rd ed. Chicago Press, 2000.
BDF	Blass, F., and A. Debrunner. *A Greek Grammar of the New Testament and Other Early Christian Literature*. Trans. and rev. by R. W. Funk. Chicago: University of Chicago Press, 1961.
Black, *Intermediate*	Black, David Alan, *It's Still Greek to Me: An Easy-to-Understand Guide to Intermediate Greek*. Grands Rapids: Baker Books, 1998.
Black, *Learn*	Black, David Alan. *Learn to Read New Testament Greek*. Nashville: Broadman Press, 1993.
Bworks	*BibleWorks for Windows* (version 6.0). cf. 본서에 필자가 밝힌 바 칠십인경과 신약 본문의 어휘에 관련한 대부분의 통계자료는 Michael S. Bushell 과 Michael D.

Tan 에 의해 개발된 윈도우 성경본문 검색 프로그램 *BibleWorks* (2003, version 6.0)를 사용함으로써 얻어낸 것들이다. 특히, 신약 헬라어 본문은 Nestle-Alant 27판이며 이에 대한 분해주(Parsing Tags)는 단지 형태적인 분해에 그치지 않고 문법적인 분석에 기초해 있는데, Minnesota 대학의 Barbara Friberg 와 Timothy Friberg 의 책임 하에 프로그램되었다. 이것이 기초하고 있는 인쇄본의 이름은 The Analytical Greek New Teatament (Baker Book House, 1981)이다. (cf. 개별 동사의 분해에 있어서 그 문법적인 분석이 타당한지의 여부에 관하여는 필자가 비판적으로 검토하였다)

Clark — Clark, Eve V. and Herbert H. Clark. 'When nouns surface as verbs'. *Language* 55, 767-811.

Han — Han, Nathan E. *A Parsing Guide to the Greek New Testament*. Scottdale: Herald Press, 1971.

Hansen — Hansen, Hardy and Gerald M. Quinn, *Greek: An Intensive Course*. New York: Fordham University Press, 1992.

LCJ — Liddell, H. G. and R. Scott. *A Greek-English Lexicon*, 9th ed. with supplement. Rev. by H.S. Jones. Oxford: Clarendon Press, 1996.

LXX — Septuagint

Machen — Machen, J. Gresham. *New Testament Greek For Beginners*, New York. The Macmillan Company, 1923.

McKay — McKay, K.L. *A New Syntax of the Verb in New Testament Greek*. New York: Peter Lang Publishing, 1994.

Moulton, *Prolegomena* — Moulton, J. H. *A Grammar of New Testament Greek*. Vol.1 (1908) Edinburgh: T.&T. Clark, 1985.

Moulton, *Vocabulary*	Moulton, J. H., and G. Milligan. *The Vocabulary of the Greek Testament: Illustrated from the papyri and other non-literary sources*. Grand Rapids: Eerdmans Publishing, 1930.
Mounce, *Basics*	Mounce, W. D. *Basics of Biblical Greek*. Grand Rapids: Zondervan Publishing House, 1993.
Mounce, *Morphology*	Mounce, W. D. *The Morphology of Biblical Greek*. Grand Rapids: Zondervan Publishing House, 1994. Norman: University of Oklahoma Press, 1980.
NT	*New Testament*
OED	*Oxford English Dictionary*. 2nd ed.
Robertson, *Grammar*	Robertson, A.T. *A Grammar of the Greek New Testament in the Light of Historical Research*. 4th ed. Nashville: Broadman Press, 1923.
Robertson, *short*	A.T. Robertson, and W. Hersey Davis, *A New Short Grammar of the Greek Testament, for Students Familiar with the Elements of Greek*. 10th ed. Grand Rapids: Baker Book House, 1958.
Ruck	Ruck, Carl A. P. *Ancient Greek: A New Approach*. Massachusetts: The Massachusetts Institute of Technology, 1979.
Smyth	Smyth, Herbert Weir. *Greek Grammar*. Rev. by G.M. Messing. Cambridge, MA: Harvard University Press, 1956.
Swetnam	Swetnam, James, S.J. *An Introduction to the Study of New Testament Greek. Part One: Morphology* 2nd ed. Roma: Editrice Pontificio Intituto Biblico, 1998.
Vaughan	Vaughan, Curtis, and Virtus E. Gideon. *A Greek Grammar of the New Testament: A Workbook Approach to*

	Intermediate Grammar. Nashville: Broadman Press, 1979.
Wallace	Wallace, Daniel B. *Greek Grammar Beyond The Basics*. Grand Rapids: Zondervan Publishing House, 1996.
Wallace, *Basics*	Wallace, Daniel B. *The Basics of New Testament Syntax: An Intermediate Greek Grammar*. Grand Rapids: Zondervan Publishing House, 2000.
Young	Young, Richard A. *Intermediate New Testament Greek: A Linguistic and Exegetical Approach*. America: Broadman & Holman Publishers, 1994.
Zerwick	Zerwick, Maximilian S.J. *Biblical Greek*, Roma: Editrice Pontificio Istituto Biblico, 1994.
Zuntz	Zuntz, Günther. *Greek: A course in Classical and Post-Classical Greek Grammar from Original Texts*. Stanley E. Porter ed. Sheffield: Sheffield Academic Press, 1994.

1과

알파벳

핵심문법요약

Gram 1. 소문자와 대문자

α	β	γ	δ	ϵ	ζ	η	θ	ι	κ	λ	μ	ν	ξ	ο	π	ρ	σ	τ	υ	φ	χ	ψ	ω
Α	Β	Γ	Δ	Ε	Ζ	Η	Θ	Ι	Κ	Λ	Μ	Ν	Ξ	Ο	Π	Ρ	Σ	Τ	Υ	Φ	Χ	Ψ	Ω
알파	베타	감마	델타	엡실런	제타	에타	쎄타	이오타	캅파	람다	뮈	뉘	크시	오미크론	피	(흐)로	시그마	타우	윕실런	피(f)	(크)히	프시	오메가

특별히 주의를 요하는 대문자는 아래와 같다:
Γ (γ), Δ (δ), Ζ (ζ), Η (η), Λ (λ), Ξ (ξ), Ρ (ρ), Σ (σ), Υ (υ), Ω (ω)

(1) **소문자**: 헬라어 문장은 흔히 소문자로 시작한다. 다만, 문단이 크게 나뉘어지는 곳에서 새로운 단락의 시작을 알리기 위해 첫 문장의 첫 철자를 대문자로 써주는 경우가 있다.

(2) **대문자**: (i) 인명이나 지명 등의 고유명사는 항상 대문자로 시작한다. (ii) 인용문의 경우, 따옴표 같은 인용부호를 쓰는 대신 인용문의 첫 철자를 대문자로 표기함으로써 인용문이 시작됨을 알린다(27과 연습문제 참조).

Gram 2. 감마(γ)의 발음

감마(γ) 뒤에 γ, κ, χ, ξ 중 하나가 뒤따를 경우, 앞에 선 γ는 'ㄱ'[g]의 음가를 버리고 'ㅇ'[ŋ]의 음가를 갖게 된다.[1] 이러한 현상은 모든 경우에 예외없이 적용된다. 아래 단어들에서 γ 뒤에 오는 철자를 유심히 살펴보고 발음해보자.

예: αγγελος (앙겔로스), αναγκη (아낭케), αγχω (앙코), σφιγξ (스핑크스)

---

[1] 감마(γ)가 'ㅇ'[ŋ]의 음가를 가지게 될 때 비음화된 감마(gamma nasal)라 불린다. gamma nasal 은 γ가 연구개음(Velar)을 만났을 때 일어난다. γ, κ, χ 는 모두 연구개음이라는 공통점을 지니는데, 추가로 ξ도 복자음으로서 연구개음으로 출발하고 있다. 만약 γ 뒤에 연구개음(γ, κ, χ, ξ)이 아닌 다른 어떤 것이 오게 되면 γ의 음가는 당연히 본래의 음가인 'ㄱ'[g]을 갖게 된다. cf. αγνοια (아그노이아), ογδοη (오그도에)

Gram 3. 모음(Vowel)**과 숨표**(Breathing)

헬라어의 알파벳 중 홀로 된 모음(Monophthong)은 모두 7개이다:

α ϵ ι ο υ η ω

이들 개별모음끼리 만나서 12개의 이중모음(Diphthong)[2]을 추가로 형성하게 되는데 (총 19개) 그것은 아무렇게나 만나서 형성하는 것이 아니라 열린모음(Open vowel)+닫힌모음(Closed vowel)의 구조로 형성하게 된다.[3] 따라서 이중모음의 두 번째 모음은 항상 υ과 ι, 둘 중 하나가 된다.

열린모음: α 아, ϵ 에, ο 오, η 에-, ω 오-
닫힌모음: ι 이, υ 위
이중모음: αι 아이, ᾳ 아-, αυ 아우, ϵι 에이, ϵυ 유/에우, οι 오이, ου 우/오우
ῃ 에-, ηυ 유/에우, ῳ 오-, ωυ 우/오우, υι 위 [예외적인 경우]

Cf. 장모음과 결합한 이오타(ι)는 언제나 장모음 아래에 작게 표기된 후 자신의 음가를 잃어버린다. 참고로, 열린모음들 중 α는 형태적 변화 없이 장모음이 되거나 단모음이 되므로 이오타와 결합했을 때 두 개의 이중모음을 만든다: ᾳ와 αι.

위의 이중모음들은 각각 두 개의 개별모음으로 구성되었지만 이제 하나의 모음이 되었으므로 액센트나 숨표를 받을 경우 뒷모음이 대표로 받는다.

예: αὔτη (O) ἅυτη (X) ϵἶδον (O) ἔιδον (X) ᾗρον (O)

숨표: 자음 뒤에 선 모음은 자음과 함께 발음되기 마련이지만, 단어의 맨 앞에 서게 되는 모음은 그 발음에 대기음(aspirate)[4]을 넣을 것인가 하는 여부에 놓이게 된다. 단어의 첫모음을 대기음과 함께 발음해야 할 경우엔 **거친숨표**(rough breathing)를 동반하게 되며, 대기음이 필요없는 경우엔 **연한숨표**(smooth breathing)를 동반하게 된다. 단어의 맨 앞에 서게 되는 모음이 어떠한 숨표를 동반해야 할 것인지는 개

---

[2] 뒤의 모음 이오타가 병합됨으로써 첨자(subscript)로 표기된 ᾳ, ῃ, ῳ 는 변칙적 이중모음(improper diphthong)이라 불린다.

[3] 열린모음과 닫힌모음이라 함은, 모음을 소리내기 위해 입이 벌어지는 정도에 따른 구분이다. 비교적 입을 적게 벌리고 발음하게 되는 ι와 υ은 닫힌모음이고 나머지 5개는 열린모음이다.

[4] 거친 숨표(rough breathing)는 강한 'h'음(대기음)을 동반함으로써 마치 자음과 같은 음가를 지니고서 단어의 발음을 바꾼다. 따라는 거친 숨표는 (연한숨표와는 달리) 의무적으로 표기되는 것이 아니라 단어의 고유한 철자로서 표기되는 것이기에 거친 숨표의 유무에 따라 전혀 다른 단어가 될 수 있으니 주의하여 기억할 필요가 있다. Cf. ἔξω (밖에) ἕξω (가질 것이다). 참고로, 거친 숨표는 신약시대에 와선 'h' 음가를 잃어버리고 단어의 철자로만 남게 되었다.

별단어의 고유한 속성에 속하므로 학습자가 주의하여 기억해 둘 필요가 있다.

예: αὐτή 아우테 (3인칭 대명사) vs. αὕτη 하우테 (지시대명사)

Cf. 자음 ρ는 유음(Liquid)이자 유성음(Voiced)으로서 낭랑하고 부드러운 소리를 갖는다. 그러나 단어의 첫머리에 올 경우엔 음가를 달리하게 되는데 이때 항상 대기음을 동반하여 발음해야 하기에 거친숨표를 동반하여 무성음(Voiceless)이 된다(cf. Allen 41; Mounce, *Morphology* 19-23).

예: ἐγείρω 에게이로 vs. ῥῆμα (흐)레마

Gram 4. 장모음(Long Vowel)**과 단모음**(Short Vowel)

헬라어 문법에서 장모음과 단모음의 구별능력이 중요한 까닭은 특히 동사의 액센트 법칙이 모음의 길고 짧음에 의해 결정되기 때문이다(참고로, 동사의 액센트는 경우에 따라 동사의 법(Mood)을 바꾸게 되므로 매우 중요하다).

단모음: ϵ, ο, 이 두 개 모음은 항상 단모음이다.
장/단모음: α, ι, υ, 이 세 개 모음은 형태적 변화 없이 장모음이 되기도 하는데 특별한 약속이 없는 한 단모음으로 간주된다.
장모음: η와 ω, 그리고 모든 **이중모음**들은 항상 장모음이다.
※ 단, αι와 οι는 '단어의 맨끝'에 오는 경우 항상 단모음으로 취급된다.

예: ωρ<u>αι</u> (단모음), ωρ<u>αι</u>ς (장모음), αποστολ<u>οι</u> (단모음),
αποστολ<u>οι</u>ς (장모음)

Pop Quiz

Q1. 다음 중 이중모음을 이룰 수 없는 것을 고르시오.
① ει ② ωυ ③ ιυ ④ ᾳ

Q2. 감마(γ)의 소리가 나머지 셋과 다르게 발음되는 경우를 고르시오.
① ὀγδόῃ ② φάραγξ ③ ἐσπλαγχνίσθη ④ προσήνεγκαν

Q3. 다음 중 항상 단모음인 것은?
① α ② ι ③ υ ④ ε

답: 1.③ 2.① 3.④

2과

액센트

핵심문법요약

Gram 5. 음절 (Syllable)

액센트를 다루기 위해선 먼저 '음절'의 개념을 알아야 한다. 음절이란, 소리를 낼 수 있는 최소 단위를 말하는데, 헬라어 단어에 있어서 모음의 수는 곧 음절의 수가 된다.[1]

예: αποστολος : 모음이 4개 이므로 총 4음절로 된 단어이다.
υιος : 앞의 υι는 이중모음이므로 하나의 모음으로 간주되므로 총 2음절이다.
ιερον : 총 3음절 단어이다. 앞의 ιε는 이중모음을 이루지 못한다.

Gram 6. 음절의 위치와 그 명칭들

① **얼티마**(Ultima) – 마지막 음절(즉, 맨 오른쪽에 위치한 음절)
② **피널트**(Penult) – 마지막에서 두번째 음절
③ **안티피널트**(Antepenult) – 마지막에서 세번째 음절.

Cf. 네 번째 음절부터는 이름이 없다. 왜냐하면 헬라어의 액센트는 세 번째 음절(안티피널트)까지만 표기될 수 있기 때문이다.[2]

---

[1] 소리를 내기 위해선 자음과 모음이 일정하게 결합된 구조가 필요한데(즉, 자음+모음, 모음+자음, 자음+모음+자음, 자음+자음+모음 등) 여기서 중요한 사실은 음절을 가능케 하는 모든 구조에 있어서 모음은 필수적으로 포함된다는 사실이다. 하지만 자음은 필수사항이 아니다. 즉, 모음 혼자만으로도 소리를 낼 수 있으나 자음은 그렇지 못하다. 현재까지 언어학에서 밝혀진 바 지구상에 현존하는 모든 언어들 중에 모음을 생략시키고 자음 혼자만으로 음절을 구성할 수 있는 음운구조는 아직까지 발견되지 않고 있다. 결론을 말하자면 모음은 음절의 핵(Nucleus)을 이룬다고 할 수 있다. 따라서 한 단어의 소리에 있어서(문사가 아닌, 소리) 모음의 수란 곧 음절의 수이다. 그리고 액센트는 자음이 아니라, 당연히 음절의 핵인 이 모음 위에 찍히게 된다.

[2] 만약 네번째 음절에도 액센트가 주어지게 된다면 얼티마까지 발음하는데 얼마나 호흡이 가쁘겠는가 생각해 보라. 액센트 법칙을 '에너지 절약의 원칙'에서 살펴보면 쉽게 이해할 수 있게 된다.

예: α π ο σ τ ο λ ο ς (안티피널트, 피널트, 얼티마) υ ι ο ς (피널트, 얼티마) ι ε ρ ο ν (안티피널트, 피널트, 얼티마)

Gram 7. 액센트 일반법칙

헬라어 액센트엔 세 가지 종류가 있으며 각각의 액센트는 아래와 같이 일정한 규칙을 따른다. 이를 **일반법칙(Gram7)**이라 하며, 이 테두리 안에서 다시 **명사액센트법칙(Gram8)**과 **동사액센트법칙(Gram9)**이라는 특별법칙으로 들어가게 된다.

(1) **애큐트**(Acute)는 안티피널트까지 나갈 수 있다. 단, 안티피널트에 표기될 경우 얼티마의 모음은 단모음이 되어야 한다.[3]

예: ἀπόστολος, ἀποστόλου, δός, δίδου
Cf. ἀπόστολου (X)

(2) **써컴플렉스**(Circumflex)는 피널트까지만 나갈 수 있다. 또한 항상 장모음 위에만 찍힐 수 있으며, 뒤에 모음이 따를 경우 그 모음은 단모음이 되어야 한다.[4] 바로 이러한 억양이 하나의 굳어진 습관으로 자리잡아, 피널트가 장모음이고 얼티마가 단모음인 환경에서 피널트에 액센트를 주어야 하는 경우가 발생하면 항상 써컴플렉스가 오게 되는 법이다.[5]

예: ὡρῶν, ἦρον Cf. δôς, ὦραι, δοῦλου (X)

(3) **그레이브**(Grave)는 원래 단어의 얼티마에 붙은 애큐트였으나, 후속하는 단어가 있을 경우 호흡을 아껴 발음하기 위해 언제나 그레이브로 바뀌어 피치를 줄여서 발음하게 된다.

예: ἀγαθὸς ὁ υἱὸς τοῦ δούλου.

---

[3] 안티피널트에 애큐트가 찍혀 강세를 갖게 되면, 피널트를 거쳐 얼티마까지 발음하는 동안 호흡을 많이 소진하게 되므로 얼티마에 가선 장모음을 발음하기에 곤란하게 된다.

[4] 써컴플렉스는 그 포물선형의 부호(⌒)에서도 볼 수 있듯, 원래는 피치를 한번 올렸다가 내리는 방식의 강세였다. 따라서 다소 긴 시간을 필요로 하므로 장모음 위에만 붙을 수 있으며, 만약 뒤에 모음이 따라 나온다면 (이미 피치를 올렸다 내리면서 많은 호흡을 소진했으므로) 단모음만 취할 수 있게 된다. 긴 호흡을 필요로 하기에, 세번째 음절(안티피널트)까지 나아가 표기되기에는 부적절한 액센트가 된다(얼티마 음절을 위한 호흡이 모자라게 될 것이므로!).

[5] Cf. 예를 들어 εὗρον은 동사이므로 역행적 액센트 경향에 의해 피널트에 강세가 주어져야 하는 상황이므로 이 같은 모습을 띤다. 그러나 αὐτός는 동사가 아닌 인칭명사이다. 즉, 모든 명사류는 고유한 액센트를 지니게 되는게 αὐτός의 경우, 단수 주격 액센트 위치는 얼티마이기에, 피널트에 강세를 주어야 했던 동사 εὗρον의 경우와는 다르다.

Gram 8. 명사의 액센트법칙

(1) 반드시 **사전에서 단수주격의 고유한 액센트 위치를 먼저 확인**해야 한다. 다시 말하면, 명사의 단수 주격에 오는 액센트는 우리가 어떤 공식을 상정해 놓고 예측할 수 있는 것이 아니다.

(2) 그러나 일단 단수주격의 고유한 액센트를 확인했다면 이제 해당 명사의 격변화에 있어서 액센트의 변화가 어떠할 것인지는 얼마든지 예측할 수 있게 된다. 즉, 명사의 격변화시 액센트는 일반법칙의 기본 틀 안에서 조건이 허락되는대로 **제자리를 지키려 하는 경향**이 있는데 이는 동사의 경우와 대조된다.

예1: ἄνθρωπος (단수주격): ἀνθρώπου, ἄνθρωποι, ἄνθρωπε, ...

ἄνθρωπος의 고유한 액센트 위치는 안티피널트이다. 그러나 소유격에서 격꼬리가 장모음이 되었으므로 애큐트의 일반법칙[**Gram7** 참조]을 어기지 않기 위해 피널트로 물러나게 된다.

예2: ὥρα (단수주격): ὧραι, ὥρων, ὥραις, ...

이처럼, 명사의 고유한 액센트 위치가 피널트일 경우엔 액센트가 더 이상 이동하지 않는다. 다만 얼티마 모음의 장/단 여부에 따라 써컴플렉스 일반법칙이 적용될 뿐이다.

☞ 명사의 액센트는 명사의미에 아무런 영향을 끼치지 못하므로 그 중요도가 매우 낮다. 메이첸 교본에는 4과 이후로도 계속 추가적인 명사 액센트 특별 법칙들이 소개되고 있으나 본서에선 다른 문법사항들에 집중하기 위해 명사 액센트와 관련한 모든 설명을 생략하도록 하겠다. 헬라어 액센트에 관련한 참고서적으로는 다음을 참조하라: Carson, D.A. *Greek Accents: A Student's Manual*. Grand Rapids: Baker Book House, 1985.

Gram 9. 동사의 액센트법칙 (중요)

(1) 적어도 동사에 있어서는 액센트의 위치와 종류가 **사전의 도움없이 도출**된다. 즉, 얼마든지 그 종류와 위치를 예측할 수 있다.

(2) 동사는 액센트 일반법칙이 허용하는 한 되도록 **얼티마로부터 액센트가 앞쪽으로 빗어나려는 경향**을 띤다.

(3) 우선 얼티마의 모음이 장모음인지 혹은 단모음인지를 판단한다.

(i) 장모음일 경우엔 피널트에 애큐트가 온다.
예: αἴρῃ, ἀπεστέλλου

(ii) 단모음일 경우엔 안티피널트에 애큐트가 온다.
예: ἐλύομεν, λύουσιν, λύομαι

(iii) 위 (ii)의 경우에서 <u>만일 2음절 동사이면</u> 안티피널트가 없으므로 대신

피널트에 액센트를 표기하되 피널트가 단모음이면 애큐트를, 장모음이면 써컴플렉스를 표기한다(**Gram7**의 써컴플렉스 법칙 참조).
예: ἔχε, ἦρον

Pop Quiz

Q1. 다음에 열거된 단어들은 모두 동사이다. 액센트 표기가 동사의 규칙에 어긋나는 것 2개를 찾아라.

① γινώσκομαι ② ἐποιῆσεν ③ σώσει ④ ἁγίασεν ⑤ δεῖ
⑥ εὕρον ⑦ ἀνέῳξε

Q2. 다음 중 액센트 일반법칙을 어기고 있는 것을 고르시오.[6]

① δοῦ ② εἰμί ③ ὥσπερ ④ ἀπῆθον

답: 1. ②⑥ 2. ③

[6] 사실 ὥσπερ의 액센트는 일반법칙을 어기고 있긴 하지만 그렇다고 잘못된 액센트 표기는 아니다. 원래 그렇게 되어있기 때문이다. 이 단어는 ὡς와 περ가 결합된 형태로 굳어졌다. 25과에 소개되는 πόλεως란 어형의 액센트 역시 일반법칙을 위반하는 예외적인 경우에 속한다.

연습문제

I. 아래의 동사들에 액센트를 표기하고 발음해 보라.

1. ἐλυομεν, ἐλυομην, ἐλυσω
   → ἐλύομεν 엘뤼오멘
   → ἐλυόμην 엘뤼오멘
   → ἐλύσω 엘뤼소

2. ἐλυου, ἐλυε, ἐλυσαμην
   → ἐλύου 엘뤼우
   → ἔλυε 엘뤼에
   → ἐλυσάμην 엘뤼사멘

3. διδασκε, διδασκονται, διδασκόμεθα (α는 짧다)
   → δίδασκε 디다스케
   → διδάσκονται 디나스콘타이
   → διδασκόμεθα 디다스코메다

4. λυε (λυω동사의 줄기 λυ에서 υ는 장모음이다), λυου, λυουσι (얼티마 ι는 짧다)
   → λῦε 뤼에
   → λύου 뤼우
   → λύουσι 뤼우시

5. λυσαι, λυσω, λυετε
   → λῦσαι 뤼사이
   → λύσω 뤼소
   → λύετε 뤼에테

II. 아래에 주어진 명사의 단수 주격 액센드를 참조하여 나머지 변화형에 액센트를 표기해 보라.

(1) ἀπόστολος, (2) κώμη, (3) πλοῖον

1. ἀποστολοις, ἀποστολους, ἀποστολου, ἀποστολοι, ἀποστολῳ
   → ἀποστόλοις, ἀποστόλους, ἀποστόλου, ἀπόστολοι, ἀποστόλῳ

2. κωμαις, κωμαι, κωμας(α는 길다), κωμη
   → κώμαις, κῶμαι, κώμας, κώμη

3. πλοια(α는 짧다), πλοιων, πλοιοις, πλοιου, πλοιῳ, πλοιον
→ πλοῖα, πλοίων, πλοίοις, πλοίου, πλοίῳ, πλοῖον

III. 액센트의 일반법칙에 비추어 볼 때 아래 단어들의 액센트는 바르게 표기되어 있는가? 만약 그렇지 않다면 일반법칙 중 어느 것을 어기고 있는지 지적하고 액센트를 올바로 표기해 보라.

1. ἔ̓διδομεν, ὥ̈ραι, πρόφηταις

ἔ̓διδομεν → 헬라어의 액센트는 세번째 음절(안티피널트)까지만 나갈 수 있다.이 단어는 동사이며 얼티마 음절이 단모음이므로 ἐδίδομεν이다.

ὥ̈ραι → 액센트 일반법칙 중 써컴플렉스의 법칙을 위반하고 있다[**Gram7**참조]. 이 단어는 명사이므로 올바른 액센트 표기를 위해선 먼저 사전을 통해 단수 주격의 액센트를 확인해야 한다(ὥρα). 따라서 ὧραι가 올바른 표기이다.

πρόφηταις → 액센트 일반법칙 중 애큐트의 법칙을 위반하고 있다(각주3번 참조). 이 단어 역시 명사이므로 올바른 액센트 표기를 위해선 먼저 사전을 통해 단수 주격의 액센를 확인해야 한다(προφήτης). 따라서 προφήταις가 올바른 표기이다.

2. δόξη, ἐρῆμου, οὖρανον

δόξη → 액센트 일반법칙에 어긋남이 없다.

ἐρῆμου → 액센트 일반법칙 중 써컴플렉스의 법칙을 위반하고 있다(각주4,5번 참조). 써컴플렉스 뒤에 모음이 뒤따를 경우[**즉, 피널트에 써컴플렉스가 주어졌을 경우**] 그 모음은 단모음이어야 한다[**Gram7**참조]. 이 단어는 명사이므로 올바른 액센트 표기를 위해선 우선 단수 주격의 액센트 위치를 사전을 통해 확인해야 한다(ἔρημος). 따라서 ἐρήμου가 올바른 표기이다.

οὖρανον → 액센트 일반법칙 중 써컴플렉스의 법칙을 위반하고 있다. 써컴플렉스는 비교적 긴 호흡을 필요로 하므로 안티피널트까지 나가지는 못하는 법이다. 이 단어 역시 명사이므로 올바른 액센트 표기를 위해선 먼저 단수 주격의 액센트 위치를 사전을 통해 확인해야 한다(οὐρανός). 따라서 οὐρανόν이 올바른 표기이다.[7]

[7] 명사가 단수 주격에서 고유한 액센트 위치를 얼티마에 지닐 경우, 단복수 속격과 여격에서 얼티마에 써컴플렉스를 붙이게끔 되어 있다(그러나 이러한 액센트 특별 공식은 4과 이후에 소개되고 있으므로 여기서 상술할 필요는 없다. 뿐만 아니라 초급헬라어에 있어서 명사의 액센트 공식은 그 중요도가 매우 낮기 때문에 본서에선 다루지 않도록 하겠다).

3. ἔρημος, βουλαί, λὺε

ἔρημος → 일반법칙을 잘 준수하고 있다.

βουλαί → 일반법칙을 잘 순수하고 있다. 애큐트는 얼티마에도 얼마든지 올 수 있으며 더욱이 장모음이든 단모음이든 그 어느 것에 와도 상관없다. 이 명사의 단수 주격 액센트 위치를 사전에서 확인해 보면 βουλή이다. 그러므로 명사 액센트의 특별법칙(제4과에 포함된 내용)에 비추어 보아도 오류가 없는 올바른 표기이다.

λὺε → 액센트 일반법칙 중 그레이브의 법칙을 위반하고 있다[**Gram7**참조]. 그레이브는 얼티마에 붙었던 애큐트가 변하여 되는 것이다. 이 단어는 동사이므로 사전없이도 액센트 위치를 예측할 수 있다. 올바른 표기는 λῦε이다[**Gram9 동사의 액센트법칙** 참조].

3과

현재 능동태 직설법

핵심문법요약

Gram 10. 동사의 어형성 (Word Formation)
헬라어 동사의 내부구조를 형태적으로 분석해 내는 능력은 앞으로의 모든 헬라어 공부에 있어서 승패를 좌우한다고 해도 과언이 아니다. 이제부터 동사를 대할 때는 특별히 줄기(Stem)를 꼬리(Ending)와 구분하여 그 각각의 형태를 눈에 익히도록 노력하자. 아래에 소개해 놓은 것은 **헬라어 직설법 동사의 기본구조**다.

(접두모음) + 줄기 + 인칭꼬리
(syllabic augment) stem personal ending

※ 위의 구조에서 접두모음이 괄호로 묶인 까닭은 그것이 부정과거(14, 15과)와 미완료과거(11, 12과), 과거완료(29과) 직설법에만 해당되기 때문이다. 바꿔 말하자면 현재(3과 이후)와 미래시제(13과), 현재완료(29과) 직설법에선 접두모음이 붙지 않는다.

Gram 11. λύω의 현재 능동태 직설법 변화 (Present Active Indicative)

	단수	복수
1인칭	λύω	λύομεν
2인칭	λύεις	λύετε
3인칭	λύει	λύουσι(ν)[1]

왼쪽의 변화표에서 보듯 현재직설법 동사는 접두모음을 갖지 않고 줄기와 인칭꼬리만 갖는다.

앞으로 29과까지의 동사변화표는 λύω(loose, destroy 풀어주다, 파괴하다)의 것을 빌어와 소개할 터인데, -ω로 소개되는 모든 헬라어 동사들은 현재 능동태 직설법을 위와 같이 표현한다:

[1] 복수 3인칭 꼬리 뒤엔 ν가 올 수도 안 올 수도 있다. 모음으로 시작되는 단어가 연이어서 올 때 발음의 편의상 ν를 첨가해 넣으나, 자음으로 시작되는 단어 앞에서도 ν가 종종 붙으니 결국 항상 붙여도 상관없는 것이 된다.

βλέπω (I see) − βλέπεις, βλέπει, βλέπομεν, βλέπετε, βλέπουσι
γινώσκω (I know) − γινώσκεις, γινώσκει, γινώσκομεν, γινώσκετε, ...
γράφω (I write) − γράφεις, γράφει, γράφομεν, γράφετε, γράφουσι
διδάσκω (I teach) − διδάσκεις, διδάσκει, διδάσκομεν, διδάσκετε, ...
λαμβάνω (I take) − λαμβάνεις, λαμβάνει, λαμβάνομεν, λαμβάνετε, ...
λέγω (I say) − λέγεις, λέγει, λέγομεν, λέγετε, λέγουσι
ἔχω (I have) − ἔχεις, ἔχει, ἔχομεν, ἔχετε, ἔχουσι

Gram 12. 동사의 분해 (Parsing)

이제 연습문제를 풀고 해석함에 있어서 우선적으로 해야할 일이 있다. 모든 언어에서 그러하듯, 헬라어 문장을 접했을 때 먼저 우리는 문장의 주동사가 어떤 것인지를 찾아 문법적으로 분석해야 한다. 단어를 문법적으로 분석하는 작업을 **분해**(Parsing)라고 하며 이것은 어형의 접두모음(Syllabic augment)과 줄기(Stem), 그리고 꼬리(Ending)를 파악하고 정의해 냄으로써 완성된다. 직설법 동사의 분해는 아무렇게나 하는 것이 아니라 일정한 순서를 따른다. 아래와 같은 **분해순서**는 꼭 규범적인 것은 아니나 일반적으로 쓰이는 패턴이다(**본서에서는 아래의 첫번째 순서를 따르겠다**).

(1) **시제**(Tense)−**태**(Voice)−**법**(Mood)−**인칭**(Person)−**수**(Number)
(2) 혹은, **인칭−수−시제−태−법** 의 순서로 하기도 한다.

예: βλέπουσι → 현재 능동태 직설법 3인칭 복수
혹은, 3인칭 복수 현재 능동태 직설법

위의 예에서 볼 수 있듯이, 직설법동사를 분해했을 때 다섯 가지 요소를 밝혀낼 수 있는데 이 모든 문법정보들은 인칭꼬리인 **-ουσι**에 포함되어 있다. 줄기인 **βλεπ-**엔 '보다'라는 '단어의 기본의미'만 존재할 뿐이다

Gram 13. 숨은 주어 (Unexpressed Subject)

앞서 말한대로 헬라어 동사의 꼬리엔 이미 인칭과 수에 대한 정보가 포함되어 있다. 인칭과 수란 결국 주어에 대한 정보이니 헬라어 동사는 굳이 명시된 주어(Expressed subject)가 없이 동사 하나만 써도 그 자체로 완벽한 문장을 이룰 수 있다. '명시된 주어' 없이 동사의 꼬리만으로 주어를 나타내는 이 같은 경우에 있어서 이 주어를 '숨은 주어'라 칭하자. 숨은 주어는 그 자체론 인칭과 수에 대한 정보만 알려줄 뿐, 성(Gender)에 대해선 말하지 않는다.

예: βλέπει. 그가(그녀가) 본다. (숨은 주어는 3인칭 단수의 남자 혹은 여자)

Gram 14. 동사의 원형 (Lexical Form)
앞서 설명한대로 동사를 분해함에 있어서 다섯 가지 요소를 밝혀내는 것 외에, 해석자는 한가지를 더 밝혀내야 할 과제를 안고 있다. 그것은 동사의 가장 기본적인 형태로서, 사전의 어휘목록으로 등재되어 있는 바 '사전형'을 밝혀내는 일이다. 곧, **현재 능동태 직설법 1인칭 단수형**을 말하는데 이를 '**원형**'(곧 현재시제 기본형)이라 칭하기로 하자. 메이첸 교본의 각과에 소개된 동사들은 빈도가 높은 기본동사들로서 그 철자를 암기할 것을 권한다. 언어를 익히고자 하는 학습자로서 기본어휘를 암기하는 것이 당연한 일이기도 하지만, 무엇보다 헬라어처럼 복잡한 굴절을 갖는 언어에 있어서 분사(Participle) 이후부터의 어형성 과정을 이해하기 위해선 직설법 동사의 철자를 암기하는 것이 필수적으로 요구되기 때문이다. 아래의 두 예는 헬라어 동사를 분해해 놓은 모범이다.

예: ἔχεις → (i) ἔχω의 현재 능동태 직설법 2인칭 단수
(ii) ἔχω의 2인칭 단수 현재 능동태 직설법

단어공부

동사: λύω (I loose, I destroy 풀어주다, 파괴하다)
βλέπω (I see 보다)
γινώσκω (I know/ learn 알다/ 깨닫다)
γράφω (I write 쓰다)
διδάσκω (I teach 가르치다)
λαμβάνω (I take 취하다)
λέγω (I say 말하다)
ἔχω (I have 가지고 있다)

Pop Quiz

Q. 다음의 동사를 풀이하되 주어를 밝히고 그 뜻을 쓰시오.
ΓΡΑΦΟΥΣΙ ( ) ( )

답: (그들이) (쓴다)

연습문제

아래의 헬라어 동사들을 해석하라.

1. *βλέπεις, γινώσκεις, λαμβάνεις.*
   → 네가 본다, 네가 안다, 네가 취한다.

2. *γράφει, ἔχει, λέγει.*
   → 그가 쓴다, 그가 가지고 있다, 그가 말한다.

3. *λύει, διδάσκει, βλέπει.*
   → 그가 풀어준다/파괴한다, 그가 가르친다, 그가 본다.

4. *λαμβάνομεν, ἔχομεν, γινώσκομεν.*
   → 우리가 취한다, 우리가 가지고 있다, 우리가 안다.

5. *βλέπετε, λέγετε, γράφετε.*
   → 너희가 본다, 너희가 말한다, 너희가 쓴다.

6. *διδάσκουσι, λαμβάνουσι, λύουσι.*
   → 그들이 가르친다, 그들이 취한다, 그들이 풀어준다/파괴한다.

7. *γινώσκετε, γινώσκεις, γινώσκομεν.*
   → 너희가 안다, 네가 안다, 우리가 안다.

8. *βλέπομεν, διδάσκουσι, λέγει.*
   → 우리가 본다, 그들이 가르친다, 그가 말한다.

9. *ἔχεις, βλέπουσι, λαμβάνομεν.*
   → 네가 가지고 있다, 그들이 본다, 우리가 취한다.

4과

제2변화 명사. 어순

핵심문법요약

Gram 15. 2변화 명사들 (Second Declension Nouns)
헬라어의 복잡한 명사들을 비슷한 특징끼리 묶으면(Grouping of Nouns) 세 개의 그룹으로 나뉘어진다. 그 중 격변화 형태가 가장 단순한 것이 2변화 명사이므로 메이첸 교본에선 2변화 명사를 1변화 명사에 앞서 먼저 소개하고 있다. 2변화 명사의 특징은 격꼬리처럼 보이는 부분이 거의 오미크론(ο)[혹은 오미크론의 길어진 형태인 ω] 으로 시작한다는 것이다. 여기엔 다시 단수 주격의 격꼬리가 –ος인 것과 –ον인 것으로 나뉜다. 그래서 이들 두 부류의 명사들을 **오미크론변화 명사**라고 칭하기도 한다.[1]

Gram 16. ἄνθρωπος의 변화: –ος명사

	단수	복수
주격	ἄνθρωπος	ἄνθρωποι
속격	ἀνθρώπου	ἀνθρώπων
여격	ἀνθρώπῳ	ἀνθρώποις
대격	ἄνθρωπον	ἀνθρώπους[2]
호격	ἄνθρωπε	ἄνθρωποι

헬라어 명사들은 대개 주격과 호격의 모양이 같다. 그러나 단수에서 주격과 호격의 모양이 다른 경우가 몇 있는데 그 중 하나가 옆과 같은 2변화 –ος 명사이다.

---

[1] 그러나 외형적으로 보여지는 것과는 달리 사실을 기술하자면, 헬라어 명사들은 줄기 끝이 무엇으로 끝나느냐에 따라 1, 2, 3변화로 나누어지는 것이다. 즉, 줄기끝이 오미크론(ο)으로 끝나면 2변화, 알파(α)로 끝나면 1변화, 자음이나 반모음(ι/υ)으로 끝나면 3변화에 속하는 것이다. 따라서 우선 위의 2변화 명사에 대해서만 얘기하자면, 줄기 끝의 철자는 자음 π가 아닌 모음 오미크론(ο)이다. 이것이 격꼬리와 만나면서 음운적인 변화를 겪어 형태가 융합되거나 변형되었기에(예를 들면 ους, ῳ 등), 그냥 편의상 줄기 끝 모음을 격꼬리에 포함시키고서 그 형태상의 특징을 파악해 나가는 것이다. 요약하자면, 명사에 있어서 어떠한 격변화에 속할 것이냐를 결정하는 것은 명사 자체의 줄기 끝 철자와 명사의 성(Gender)임을 밝혀둔다(cf. Mounce, *Basics* 31, 72).

[2] 단수 대격에서 격꼬리가 ν로 온 반면, 복수 대격에선 원래 νς가 왔다. 그러나 시그마와 유음(Liquid) ν의 음운적 마찰로 인해 유음(ν)이 떨어져 나가고 대신 줄기끝 모음 오미크론(ο)이 길어져 ου가 되었다(cf. Mounce, *Basics* 35. f.8).

제 2변화 명사 중 단수 주격에서 −ος로 끝나는 모든 명사들은 위의 격변화를 따른다: ἄνθρωπος (man 사람), υἱός (son 아들), ἀδελφός (brother 형제)
ἀπόστολος (apostle 사도), δοῦλος (slave/servant 종), θάνατος (death 죽음)
λόγος (word 말씀), νόμος (law 율법), οἶκος (house 집).

Gram 17. δῶρον의 변화: −ον명사

	단수	복수
주격	δῶρ**ον**	δῶρ**α**
속격	δώρου	δώρων
여격	δώρῳ	δώροις
대격	δῶρ**ον**	δῶρ**α**
호격	δῶρ**ον**	δῶρ**α**

헬라어의 모든 중성명사들은 주격과 목적격, 호격의 형태가 같다.

제 2변화 명사 중 단수 주격에서 −ον으로 끝나는 모든 명사들은 **중성**이며 위의 격변화를 따른다: δῶρον (gift 선물), ἱερόν (temple 성전).

Gram 18. 명사의 어형성 (Word formation)

위 두 개의 변화표에서 보았듯이 모든 헬라어 명사는 **줄기**(Stem)와 **격꼬리**(Case Ending)로 이루어진다. 명사의 줄기는 단어의 기본의미(meaning)를, 격꼬리는 '격'(Case)과 '수'(Number)에 대한 정보를 지닌다. 동사의 꼬리를 인칭꼬리(Personal Ending)라 칭하는 반면, 명사의 꼬리는 격꼬리(Case Ending)라 칭함에 주의하자.

Gram 19. 명사의 격 (Case)

격(Case)이란 명사가 문장 안에서 갖게 되는 문법적 지위를 말한다. 헬라어에선 명사에 격꼬리를 붙여줌으로써 문장 내에서 갖게 될 지위를 부여한다. **주격**(Nominative)은 명사가 주어임을, **소유격**(Genitive 혹은 **속격**)은 소유의 관계를, **여격**(Dative 與格)은 '...에게'란 의미를 가지고서 어떤 동작이나 물건을 받는 대상을, **목적격**(Accusative 혹은 **대격** **對格**)은 '...을(를)' 이란 의미를 가지고서 목적관계를 나타내주며, 마지막으로 **호격**(Vocative)은 화자가 상대를 부르고 있음을 나타내 주는 격이다. 현재 우리가 배우고 있는 코이네 헬라어는 이렇게 **5격 시스템**을 사용한다. 그러나 소유격과 여격은 방금 소개해 놓은 기본 의미 외에 또 다른 의미를 나타내는데 그 실제적인 실례는 연습문제풀이에서 다루겠다.[3]

---

[3] 고대영어가 그랬듯이 헬라어도 고대엔 **8격 시스템**을 사용하였다. 즉, **탈격**(Ablative), **처소격**(Locative), **도구격**(Instrumental)의 격꼬리가 또다른 형태로 존재하고 있었다. 그러나 탈격은 속격과 형태

Gram 20. 격(Case)의 형태적 특징

헬라어의 모든 명사변화에 있어서 공통된 형태적 특징들을 알아두자.

(1) 모든 헬라어 명사들은 **복수에서 주격과 호격의 모양이 같다.** 다만 단수에서 주격과 호격이 일치하지 않는 몇몇 부류의 명사들이 있다: 2변화 명사들 중 −ος 로 끝나는 모든 명사들. 그리고 1변화 명사에서 −ης (혹은 ας) 로 끝나는 모든 명사들(7과). 마지막으론, 일부 3변화 명사들(17과, 25과).

(2) 모든 헬라어 명사들은 **복수 소유격에서 -ων의 형태**를 취한다.

(3) 모든 헬라어 명사들에 있어서 **이오타(ι)는 여격의 특징**이다. 즉, 단수에선 ῳ, ᾳ, ῃ 의 형태로, 복수에선 οις, αις, ι, σι 의 형태로 이오타가 반드시 포함되어 있다(초급자들이 늘 겪게 되는 혼란 중 하나는 자꾸 단수 소유격에서 이오타를 첨자 Iota subscript 로써 밑에 써넣으려는 경향인데 특별히 주의하자).

(4) **모든 중성명사**들은 **단복수 모두에서 주격과 목적격, 호격이 같다.**

Gram 21. 어순 (Word Order)

헬라어의 격(格)시스템(Case System)은 자연스럽게 비교적 **자유로운 어순**을 초래하게 되었다. 예를 들어, 주어는 문장 내 어디에 위치해 있어도 여전히 주어로서의 위상을 잃지 않는데 이는 주격 꼬리가 항상 붙어다니기 때문이다. 따라서 헬라어 문장을 해석할 때는 어순을 볼 것이 아니라 단어의 격꼬리들을 먼저 살펴보고 해석해야 한다.[4] 참고로, 비록 어순의 엄격성은 없지만 소위 '일반적인 어순'이라는 게 있다. 즉, 가장 일반적으로 나타나는 어순을 말하는데 헬라어에 있어선 동사가 먼저 나오고 주어와 목적어가 뒤따라 나오는 것이 좀더 흔한 형태이다.[5]

가 통합되고, 처소격과 도구격은 여격으로 그 형태가 흡수되면서 현재의 5격 시스템이 된 것이다. 따라서 형태만 통합되었을 뿐이지 속격은 여전히 탈격의 기능을, 여격은 처소격과 도구격의 기능을 함께 담당하게 되었다. 이렇게 일부 격형태가 통합된 까닭은 보다 손쉬운 형태를 지향하는 언어의 진보적 습성 때문이다. 참고로, 탈격은 '기원/출발점'의 의미를, 처소격은 '장소', 도구격은 '방편'의 의미를 지닌다.

[4] 격꼬리가 어순에 미치는 영향과 관련하여 이해를 돕고자 몇가지 첨언하자면 이렇다. 영어도 원래는 격꼬리를 가지고 있었다. 그러나 강세를 더욱 중요시하여 단어의 끝 격꼬리의 발음을 점차로 약화시켰고 이러한 소리의 변화는 결국 문자의 변화마저 일으켜 격꼬리가 없어지기에 이르렀다. 격꼬리가 없어지면서 생겨난 현상은 '어순의 고정화' 현상이었다. 문장 내에 단어들이 격꼬리를 가지고서 자유롭게 배열되었던 것이, 이제는 격꼬리 없이 일정한 '어순'의 약속에 의해 주어나 목적어 등의 기능을 떠맡게 된 것이다. 예를 들어, 《David killed a lion》 이란 문장을 보자. 만약 주어와 목적어의 어순을 바꾸어 《A lion killed David》 이라고 한다면 의미는 완전히 달라지게 된다. 격꼬리를 상실한 현대영어는 주어나 목적어 등의 위상이 어순에 의해 결정되기 때문이다. 한편 우리가 사용하는 한글은 격조사를 가지고 있기에 헬라어처럼 어순이 바뀌어도 얼마든지 뜻이 통한다.

[5] 이러한 이유로 인해, 헬라어 문장 내 요소들이 일반적 어순을 벗어나 배열되었을 경우엔 저자의 특별한 습관 내지 의도가 있는 것으로 간주될 수 있다. 텍스트 해석에 있어서 이러한 것을 염두에 둔 본문읽기를 화용론적 접근이라 하며 언어학의 발전과 함께 더욱 활발히 연구가 진행되고 있다.

Gram 22. 명사의 성 (Gender)

헬라어 명사엔 (생물학적 의미가 아닌) 문법적 의미의 '성'(Gender)이 있다: **남성**(Masculine), **여성**(Feminine), **중성**(Neuter). 명사마다 성을 가지고 있는 현대 불어나 독일어에선 일일이 명사의 성을 따로 외워야 한다. 그러나 헬라어 명사의 성은 일부에 있어서 어느 정도 예측 가능하다. 헬라어의 명사는 - 적어도 다수의 1, 2변화 명사와 3변화 명사 일부에선 - *어느 정도* 격꼬리에 의해 성이 결정되기 때문이다.[6]

(1) 단수 주격이 –ος로 끝나는 2변화 명사는 대부분이 남성이다. 그러나 신약 본문에 등장하는 약 20개의 어떤 명사들은, 격변화는 **–ος** 변화에 속하면서 성(Gender)은 여성이다.[7] 6과에서 소개되고 있는 다음 두 개의 명사도 여성이니 반드시 기억하자: **ὁδός** (way 길), **ἔρημος** (desert 광야)

(2) 단수 주격이 –ον으로 끝나는 2변화 명사는 **모두 중성**이다.

Gram 23. 명사의 분해 (Parsing)

헬라어 명사를 문법적으로 분해할 시엔 **사전형**(즉, 단수 주격형)을 밝힌 후 **성–수–격**의 순서로 한다.

예: *νόμῳ* – νόμος의 남성 단수 여격.

[6] 그러나 17과와 25과에서 배우게 될 3변화의 남성 및 여성명사, 그리고 일부 중성명사는 단수 주격의 격꼬리만으론 성(Gender)의 구분이 전혀 안 된다.

[7] ἄγαμος, ἀγριέλαιος, ἀμέθυστος, ἄμμος, ἄμπελος, βίβλος, δοκός, εἴσοδος, θυρωρός, κιβωτός, ληνός, λιμός, νῆσος, οδος, ὁδός, παρθένος, ῥάβδος, σάπφιρος, σποδός, στάμνος, τροφός, ὕαλος. 이외 고유명사 Αἴγυπτος가 있다.

단어공부

명 사: **ἄνθρωπος** (a man 사람)
υἱός (a son 아들)
ἀδελφός (a brother 형제)
ἀπόστολος (an apostle 사도)
δοῦλος (a slave/a servant 노예/종)
θάνατος (a death 죽음)
λόγος (a word 말씀)
νόμος (a law 율법)
οἶκος (a house 집)

δῶρον (a gift 선물)
ἱερόν (a temple 성전)

접속사: **καί** (and 그리고)

Pop Quiz

Q1. υἱός (아들)의 단수 호격을 쓰시오. (   )

Q2. 괄호 안의 동사와 명사를 적절히 변형시켜 아래의 해석을 완성하시오.
(ἔχω) δοῦλοι (δῶρον) νόμου.
종들이 율법의 선물들을 가지고 있다.

답: 1. υἱέ   2. ἔχουσι, δῶρα

연습문제

아래 문장들을 해석하시오.

1. *ἀδελφὸς* ***βλέπει*** *ἄνθρωπον.*
형제가 본다 사람을

해석 : 형제가 사람을 본다.
★ *βλέπει* – βλέπω의 현재 능동태 직설법 3인칭 단수

2. *δοῦλος* ***γράφει*** *λόγους.*
종이 쓴다 말씀들을

해석: 종이 말씀들을 쓴다.
★ *γράφει* – γράφω의 현재 능동태 직설법 3인칭 단수

3. *ἀπόστολοι* ***διδάσκουσιν*** *ἄνθρωπον.*
사도들이 가르친다 사람을

해석: 사도들이 사람을 가르친다.
★ *διδάσκουσιν* – διδάσκω의 현재 능동태 직설법 3인칭 복수

4. *ἀπόστολοι* ***λύουσι*** *δούλους.*
사도들이 풀어준다 종들을

해석: 사도들이 종들을 풀어준다.
★ *λύουσι* – λύω의 현재 능동태 직설법 3인칭 복수

5. *δοῦλος* ***λαμβάνει*** *δῶρα.*
종이 취한다 선물들을

해석: 종이 선물들을 취한다.
★ *λαμβάνει* – λαμβάνω의 현재 능동태 직설법 3인칭 단수

6. ***λαμβάνουσιν*** *υἱοὶ οἴκους.*
취한다 아들들이 집들을

해석: 아들들이 집들을 취한다.
★ *λαμβάνουσιν* – λαμβάνω의 현재 능동태 직설법 3인칭 복수

7. *δούλους καὶ οἴκους* ***λαμβάνουσιν*** *ἀδελφοί.*
종들을 그리고 집들을 취한다 형제들이

해석: 종들과 집들을 형제들이 취한다.

★ *λαμβάνουσιν* – λαμβάνω의 현재 능동태 직설법 3인칭 복수

8. **βλέπομεν** ἱερὰ καὶ ἀποστόλους.
우리는 본다 성전들을 그리고 사도들을

해석: 우리는 성전들과 사도들을 본다.
★ *βλέπομεν* – βλέπω의 현재 능동태 직설법 1인칭 복수

9. δούλους **βλέπετε** καὶ ἀδελφούς.
종들을 너희는 본다 그리고 형제들을

해석: 너희는 종들과 형제들을 본다.
★ *βλέπετε* – βλέπω의 현재 능동태 직설법 2인칭 복수

10. **γράφεις** λόγον ἀποστόλῳ.
너는 쓴다 말씀을 사도에게

해석: 너는 사도에게 말씀을 쓴다.
★ *γράφεις* – γράφω의 현재 능동태 직설법 2인칭 단수

11. **διδάσκει** ἄνθρωπον.
그는 가르친다 사람을

해석: 그는 사람을 가르친다.
★ *διδάσκει* – διδάσκω의 현재 능동태 직설법 3인칭 단수

12. ἀδελφὸς **λέγει** λόγον ἀποστόλῳ.
형제는 말한다 말씀을 사도에게

해석: 형제는 사도에게 말씀을 말한다.
★ *λέγει* – λέγω의 현재 능동태 직설법 3인칭 단수

13. ἀδελφὸς ἀποστόλων **γινώσκει** νόμον.
형제는 사도들의 안다 율법을

해석: 사도들의 형제는 율법을 안다.
★ *γινώσκει* – γινώσκω의 현재 능동태 직설법 3인칭 단수

14. δοῦλοι **γινώσκουσι** νόμον καὶ **λαμβάνουσι** δῶρα.
종들이 안다 율법을 그리고 취한다 선물들을

해석: 종들이 율법을 알고 선물들을 취한다.
★ *γινώσκουσι* – γινώσκω의 현재 능동태 직설법 3인칭 복수

★ *λαμβάνουσι* – λαμβάνω의 현재 능동태 직설법 3인칭 복수

15. ***γινώσκουσιν*** *ἄνθρωποι θάνατον.*
안다 사람들이 죽음을

해석: 사람들이 죽음을 안다.
★ *γινώσκουσιν* – γινώσκω의 현재 능동태 직설법 3인칭 복수

16. ***λαμβάνομεν*** *δῶρα καὶ* ***ἔχομεν*** *ἀδελφούς.*
우리는 취한다 선물들을 그리고 가진다 형제들을

해석: 우리는 선물들을 취하고 형제들을 가진다.
★ *λαμβάνομεν* – λαμβάνω의 현재 능동태 직설법 1인칭 복수
★ *ἔχομεν* – ἔχω의 현재 능동태 직설법 1인칭 복수

17. *ἀποστόλοις καὶ δούλοις* ***λέγομεν*** *λόγους θανάτου.*
사도들에게 그리고 종들에게 우리는 말한다 말씀들을 죽음의

해석: 사도들과 종들에게 우리는 죽음의 말씀들을 말한다.
★ *λέγομεν* – λέγω의 현재 능동태 직설법 1인칭 복수

18. *ἀδελφοὶ καὶ δοῦλοι* ***γινώσκουσιν*** *καὶ* ***βλέπουσιν*** *ἱερὰ καὶ δῶρα.*
형제들이 그리고 종들이 안다 그리고 본다 성전들을 그리고 선물들을

해석: 형제들과 종들이 성전들과 선물들을 알고 또 본다.
★ *γινώσκουσιν* – γινώσκω의 현재 능동태 직설법 3인칭 복수
★ *βλέπουσιν* – βλέπω의 현재 능동태 직설법 3인칭 복수

19. ***γράφει*** *ἀπόστολος νόμον καὶ* ***λέγει*** *λόγους υἱοῖς δούλου.*
쓴다 사도가 율법을 그리고 말한다 말씀들을 아들들에게 종의

해석: 사도가 율법을 쓰고 종의 아들들에게 말씀들을 말한다.
★ *γράφει* – γράφω의 현재 능동태 직설법 3인칭 단수
★ *λέγει* – λέγω의 현재 능동태 직설법 3인칭 단수

20. *υἱοὶ ἀποστόλων* ***λέγουσι*** *λόγους καὶ* ***λύουσι*** *δούλους.*
아들들이 사도들의 말한다 말씀들을 그리고 풀어준다 종들을

해석: 사도들의 아들들이 말씀들을 말하고 종들을 풀어준다.
★ *λέγουσι* – λέγω의 현재 능동태 직설법 3인칭 복수
★ *λύουσι* – λύω의 현재 능동태 직설법 3인칭 복수

5과

제1변화 명사

핵심문법요약

Gram 24. 제1변화 명사 (First Declension Nouns)
2변화 명사보다 좀더 복잡한 격변화를 갖는 것이 제1변화 명사들이다. 제1변화 명사들의 특징은 알파(α)나 에타(η)가 격꼬리를 이끈다는 것이다.[1] 오미크론(ο)과 오메가(ω)가 제2변화 명사와 밀접한 관계에 있듯이, **α**와 **η**는 언제나 제1변화의 (외형상의)격꼬리를 이끈다. 또한 **ω**가 **ο**의 길어진 형태이듯이, **η**는 **α**의 길어진 형태로 간주된다.[2] 그래서 α는 η를 대표하는 모음이며 제1변화 명사를 소위 **알파(α)변화 명사**라 칭하기도 한다.

Gram 25. 제1변화 명사의 종류
우선 제1변화 명사는 다시 **5가지 부류**로 나뉜다. 그리고 이 다섯 부류의 명사들은 복수가 모두 같다. 단지, 단수의 격변화에서 어떠한 차이를 보이느냐에 따라 그 종류가 나뉜다: 단수 주격에서 그 (외형상의)격꼬리가 (1) −η인 것들, (2) −α인 것들[1], (3) −α인 것들[2] (4) −ης인 것들, (5) −ας인 것들.

---

[1] 물론, 복수 속격 ων은 제외된다. ων은 헬라어의 모든 명사들이 공통적으로 갖고 있는 형태이다. (참고로, 엄밀히 말하자면 1변화 명사 역시 격꼬리의 첫 모음은 줄기에 속하는 것이다. 그러나 이 줄기 끝 모음이 격꼬리 없이 길게 변형되거나(예를 들면 α가 η로!) 혹은 격꼬리와 융합되어 있기 때문에(예를 들면, 단수 여격의 ῃ) 편의상 아예 줄기끝 모음부터 격꼬리로 간주하고서 그 형태적인 특징들을 살펴나가는 것이다)[**Gram15** 참조].

[2] 이것은 동사의 줄기에서 α가 길어질 때 항상 η로 변한다는 사실에서 알 수 있다.

Gram 26. γραφή의 변화: –η명사

	단수	복수
주격	γραφή	γραφαί
속격	γραφῆς	γραφῶν
여격	γραφῇ	γραφαῖς
대격	γραφήν	γραφάς[3]
호격	γραφή	γραφαί

이오타(ι)는 언제나 단수와 복수 여격의 특징인데 이는 모든 명사들이 지닌 공통점이다. 복수속격의 ων도 역시 모든 명사들의 공통된 격꼬리이다. –η명사는 주격과 호격이 단복수에서 같다.

단수 주격에서 –η로 끝나는 모든 1변화 명사들은 예외없이 위의 변화를 따른다. 여기에 속하는 4과의 명사들은 다음과 같다:

γραφή (a writing 문서/책), εἰρήνη (peace 평화), ἐντολή (commandment 계명)
ζωή (life 생명), παραβολή (parable 비유), φωνή (voice 음성), ψυχή (soul 영혼).

Gram 27. ὥρα의 변화: –α명사(1)

	단수	복수
주격	ὥρα	ὧραι
속격	ὥρας	ὡρῶν
여격	ὥρᾳ	ὥραις
대격	ὥραν	ὥρας
호격	ὥρα	ὧραι

이오타(ι)는 언제나 단수와 복수 여격의 특징인데 이는 모든 명사들이 지닌 공통점이다. 복수속격의 ων도 역시 모든 명사들의 공통된 격꼬리이다. –α 명사 역시 주격과 호격이 같다.

모든 1변화 명사들은 복수가 같다. 따라서 ὥρα의 복수는 γραφή의 복수와 똑같다. 다만 단수에서 η 대신에 α가 왔다는 것이 ὥρα와 γραφή의 차이점이다. 여기서 주목할 것은, 단수 주격이 –α인 1변화 명사의 경우 그 직전에(= α의 앞) 오는 철자가 무엇인가를 반드시 확인해야 한다는 점이다. 만약 ε, ι, ρ 중 하나가 왔다면 위의 변화표와 동일한 격변화를 갖게 된다.[4] 여기에 속하는 명사로는 다음과 같다:

---

[3] 단수 대격에서 격꼬리가 ν로 온 반면, 복수 대격에선 원래 νς가 왔다. 그러나 시그마와 유음(Liquid) ν의 음운적 마찰로 인해 유음(ν)이 떨어져 나가고 대신 줄기끝 모음 알파(α)가 길어져 모든 1변화 명사의 복수 대격 α는 항상 장모음 α로 남게 된다(cf. Mounce, *Basics* 35. f.8). cf. 1변화 격꼬리를 차용하는 여성분사 복수대격도 마찬가지이다.

[4] 예: γενεά, ἡ (generation) – γενεᾶς, γενεᾷ, γενεάν....

ὥρα (hour 시간), ἀλήθεια (truth 진리)
βασιλεία (kingdom 왕국), ἡμέρα (day 날)
ἐκκλησία (church 교회), καρδία (heart 마음).

예:

ἀλήθεια	ἀλήθειαι
ἀληθείας	ἀληθειῶν
ἀληθείᾳ	ἀληθείαις
ἀλήθειαν	ἀληθείας
ἀλήθεια	ἀλήθειαι

Gram 28. δόξα의 변화: –α명사(2)

	단수	복수
주격	δόξα	δόξαι
속격	δόξης	δοξῶν
여격	δόξῃ	δόξαις
대격	δόξαν	δόξας
호격	δόξα	δόξαι

단수 속격과 여격에서 α 대신 η가 온 것이 특징이다. 복수는 변함없이 앞의 것과 동일하다.

단수 주격이 –α로 끝나는 1변화 명사의 경우, α 직전에 오는 철자가 ε, ι, ρ 외 다른 것이라면 단수 속격과 여격에서 α 대신 η가 온다.[5] 이런 종류의 1변화 명사로는 지금의 범위에선 δόξα (glory 영광)뿐이다(cf. 12과에선 θάλασσα).[6]

Gram 29. προφήτης의 변화: –ης명사 [7과 범위]

	단수	복수
주격	προφήτης	προφῆται
속격	προφήτου	προφητῶν
여격	προφήτῃ	προφήταις
대격	προφήτην	προφήτας
호격	προφῆτα[7]	προφῆται

모든 1변화 명사의 복수는 동일하다. 따라서 이 경우도 복수는 앞의 것과 동일하다. 다만, 단수 속격(ου)과 호격(α)에 주의하자.

---

[5] 그러나 α 직전의 철자로 ε, ι, ρ 중 하나가 왔어도 단수 속격과 여격에서 α 대신 η를 갖는 아주 예외적인 명사도 소수 존재한다는 것만 알아두자(Mounce, *Morphology* 174):
μάχαιρα, πλήμμυρα, πρῷρα, σάπφιρα, σπεῖρα.

예:

N	σπεῖρα	σπεῖραι
G	σπείρης	σπειρῶν
D	σπείρῃ	σπείραις
A	σπεῖραν	σπείρας
V	σπεῖρα	σπεῖραι

[6] 이외에 신약에서 δόξα와 동일한 변화패턴을 갖는 것들로는 ῥίζα(롬11:17), τράπεζα(마15:27), γλῶσσα(막7:33) 등이 있다.

[7] 만약 단수주격 *της에서 τ가 아닌 다른 여타의 자음이 온다면 – 예를 들어, ἀρχιτελώνης

1변화 명사들 중 단수 주격이 −ης인 명사는 위의 변화를 따른다. 따라서 본 과에서 소개하고 있는 **μαθητής** (disciple 제자)도 위의 변화를 따른다. 위의 격변화는 좀 흥미롭다. 주격 격꼬리로 **ης**가 왔는데, 사실 **ης**는 앞서 소개해 놓은 1변화 명사에 있어서 단수 속격의 꼬리였다. **προφήτης** 류의 명사들은 1변화 명사의 전형적인 속격꼬리를 자신의 주격꼬리로 취하고 만 것이다. 그리고 정작 자신은 2변화 명사의 전형적 속격 꼬리인 **ου**를 빌어와 자신의 속격으로 삼는다. 아마도 주격과 속격의 모양의 같아지게 될 경우 발생할 혼란을 피하기 위해서 이러한 형태를 취한 것 같다.[8] 호격에서 1변화 격꼬리의 상징인 **α**가 다시 살아난 것에 대해서도 주의하자.

Gram 30. *νεανίας* (youth)의 변화: −ας명사 [범위 밖]

	단수	복수
주격	νεανίας	νεανίαι
속격	νεανίου	νεανιῶν
여격	νεανίᾳ	νεανίαις
대격	νεανίαν	νεανίας
호격	νεανία	νεανίαι

1변화 명사들 중 단수 주격에서 −**ας**인 명사는 위의 변화를 따른다.[9] 이것 역시 단수 속격에서 **ου**를 취하게 된 이유는 앞의 설명과 유사하다(즉, **ης**와 **ας**는 1변화 명사의 전형적인 속격 꼬리인데 이것을 주격으로 취했으므로!).[10] 이 변화표는 메이첸 교본에선 생략하고 있으니 그냥 참고만 하자.

ᾄδης, ἐθνάρχης, εἰδωλολάτρης 등 – 단수호격꼬리는 α가 아닌 η가 된다(cf. Mounce, *Morphology* 177).

[8] cf. Mounce, *Morphology* 177; **προφήτης** 변화에 속하는 명사로는 일반명사와 고유명사를 합쳐서 약 139개 정도가 된다.

[9] -**ας**로 끝나는 일부 명사들 가운데 복수형을 가지고 있지 않은 명사들이 있다. 이것들은 대부분 고유명사이거나 혹은 고유한 존재성을 띠는 것들로서, 단수속격에서 격꼬리를 **α**로 취하여 **ας/α/ᾳ/αν/α**의 패턴을 보인다: **Σατανᾶς**(Satan), **μαμωνᾶς**(mammon), **κορβανᾶς**(temple treasury) (cf. Mounce, *Morphology* 176).

[10] cf. Mounce, *Morphology* 175; **νεανίας** 변화에 속하는 명사로는 일반명사가 4개 정도 있고 고유명사가 24개 있다.

Gram 31. 1변화 명사의 성 (Gender)
1변화 명사의 성(Gender)은 2변화 명사보다 더욱 엄격하게 형태의존적이다[**Gram 22** 와 비교해 보라].

(1) 단수 주격이 –α 나 –η인 1변화 명사: **모두 여성**이다.[11]
(2) 단수 주격이 –ης나 –ας인 1변화 명사: **모두 남성**이다.

단어공부

명사: γραφή (a writing 문서/책)
εἰρήνη (peace 평화)
ἐντολή (a commandment 계명)
ζωή (life 생명)
παραβολή (a parable 비유)
φωνή (a voice 음성)
ψυχή (a soul 영혼)

ὥρα (an hour 시간)
ἀλήθεια (truth 진리)
βασιλεία (a kingdom 왕국/나라)
ἐκκλησία (a church 교회)
ἡμέρα (a day 날)
καρδία (a heart 마음)

δόξα (glory 영광)

---

[11] 고유명사는 물론 제외시킨다. 명사의 성(Gender)에 관한 모든 논의들은 인명이나 지명 등의 고유명사를 제외한 모든 나머지 명사(일반명사)로 그 범위가 국한된다.

Pop Quiz

Q1. 다음 중 나머지 셋과 격(case)이 다른 명사를 고르시오.

① δῶρα ② δόξας ③ γραφῆς ④ ὥρας

Q2. 아래 빈 칸의 어형을 쓰시오.

	단수
주격	(1)
속격	μαθητοῦ
여격	μαθητῇ
대격	μαθητήν
호격	(2)

답: 1. ③ 2. (1) μαθητής (2) μαθητά

연습문제

1. *ψυχὴ* ***βλέπει*** *ζωήν.*
영혼이 본다 생명을

해석: 영혼이 생명을 본다.

★ *βλέπει* – βλέπω의 현재 능동태 직설법 3인칭 단수

2. *βασιλεία* ***γινώσκει*** *ἀλήθειαν.*
왕국이 안다 진리를

해석: 왕국이 진리를 안다.

★ *γινώσκει* – γινώσκω의 현재 능동태 직설법 3인칭 단수

3. *ἄνθρωπος* ***γράφει*** *ἐντολὰς καὶ νόμους.*
사람이 쓴다 계명들을 그리고 율법들을

해석: 사람이 계명들과 율법들을 쓴다.

★ *γράφει* – γράφω의 현재 능동태 직설법 3인칭 단수

4. *ἀπόστολοι* ***λαμβάνουσι*** *δούλους καὶ δῶρα καὶ ἐκκλησίας.*
사도들이 취한다 종들을 그리고 선물들을 그리고 교회들을

해석: 사도들이 종들과 선물들과 교회들을 취한다.

★ *λαμβάνουσι* – λαμβάνω의 현재 능동태 직설법 3인칭 복수

5. *ἀπόστολοι καὶ ἐκκλησίαι* ***βλέπουσι*** *ζωὴν καὶ θάνατον.*
사도들이 그리고 교회들이 본다 생명을 그리고 죽음을

해석: 사도들과 교회들이 생명과 죽음을 본다.

★ *βλέπουσι* – βλέπω의 현재 능동태 직설법 3인칭 복수

6. *υἱὸς δούλου* ***λέγει*** *παραβολὴν ἐκκλησίᾳ.*
아들이 종의 말한다 비유를 교회에게

해석: 종의 아들이 교회에게 비유를 말한다.

★ *λέγει* – λέγω의 현재 능동태 직설법 3인칭 단수

7. *παραβολὴν* ***λέγομεν*** *καὶ ἐντολὴν καὶ νόμον.*
비유를 우리가 말한다 그리고 계명을 그리고 율법을

해석: 우리가 비유와 계명과 율법을 말한다.

★ *λέγομεν* – λέγω의 현재 능동태 직설법 1인칭 복수

8. *βασιλείας* ***γινώσκετε*** *καὶ ἐκκλησίας.*
왕국들을 너희가 안다 그리고 교회들을

해석: 너희는 왕국들과 교회들을 안다.

★ *γινώσκετε* – γινώσκω의 현재 능동태 직설법 2인칭 복수

9. *ἐκκλησίαν* ***διδάσκει*** *ἀπόστολος καὶ βασιλείαν δοῦλος.*
교회를 가르친다 사도가 그리고 왕국을 종이

해석: 사도가 교회를 가르치고 종은 왕국을 (가르친다).

★ *διδάσκει* – διδάσκω의 현재 능동태 직설법 3인칭 단수

10. *νόμον καὶ παραβολὴν* ***γράφει*** *ἄνθρωπος ἐκκλησίᾳ.*
율법을 그리고 비유를 쓴다 사람이 교회에게

해석: 사람이 교회에게 율법과 비유를 쓴다.

★ *γράφει* – γράφω의 현재 능동태 직설법 3인칭 단수

11. *καρδίαι ἀνθρώπων* ***ἔχουσιν*** *ζωὴν καὶ εἰρήνην.*

마음들이 사람들의 가진다 생명을 그리고 평화를

해석: 사람들의 마음들이 생명과 평화를 가진다.

★ *ἔχουσιν* – ἔχω의 현재 능동태 직설법 3인칭 복수

12. *φωνὴ ἀποστόλων* ***διδάσκει*** *ψυχὰς δούλων.*

음성이 사도들의 가르친다 영혼들을 종들의

해석: 사도들의 음성이 종들의 영혼들을 가르친다.

★ *διδάσκει* – διδάσκω의 현재 능동태 직설법 3인칭 단수

13. *ὥρα* ***ἔχει*** *δόξαν.*

시간이 가진다 영광을

해석: 시간이 영광을 가진다.

★ *ἔχει* – ἔχω의 현재 능동태 직설법 3인칭 단수

14. *φωναὶ ἐκκλησιῶν* ***διδάσκουσι*** *βασιλείας καὶ ἀνθρώπους.*

음성들이 교회들의 가르친다 왕국들을 그리고 사람들을

해석: 교회들의 음성들이 왕국들과 사람들을 가르친다.

★ *διδάσκουσι* – διδάσκω의 현재 능동태 직설법 3인칭 복수

15. ***βλέπεις*** *δῶρα καὶ δόξαν.*

네가 본다 선물들을 그리고 영광을

해석: 네가 선물들과 영광을 본다.

★ *βλέπεις* – βλέπω의 현재 능동태 직설법 2인칭 단수

16. ***γράφει*** *ἐκκλησίᾳ λόγον ζωῆς.*

그가 쓴다 교회에게 말씀을 생명의

해석: 그가 교회에게 생명의 말씀을 쓴다.

★ *γράφει* – γράφω의 현재 능동태 직설법 3인칭 단수

17. ***λέγει*** *καρδίαις ἀνθρώπων παραβολὴν καὶ νόμον.*
그가 말한다 마음들에게 사람들의 비유를 그리고 율법을

해석: 그가 사람들의 마음들에 비유와 율법을 말한다.

★ *λέγει* – λέγω의 현재 능동태 직설법 3인칭 단수

18. ***γράφει*** *ἐκκλησίᾳ υἱὸς ἀποστόλου.*
쓴다 교회에게 아들이 사도의

해석: 사도의 아들이 교회에게 쓴다.

★ *γράφει* – γράφω의 현재 능동태 직설법 3인칭 단수

6과

형용사. 일치. 관사.

핵심문법요약

Gram 32. 형용사 ἀγαθός, ή, όν의 변화

형용사(Adjectives)는 명사를 수식하기 위한 품사이다. 따라서 수식하고자 하는 명사의 성, 수, 격에 맞추어 형용사의 꼬리도 성, 수, 격의 변화를 갖는 것은 당연하다. 헬라어 형용사의 격변화 패러다임은 제3변화를 따르는 것(25과, 30과)도 있지만, 우선 아래에 소개하는 형용사 변화는 가장 단순한 격변화를 갖는 부류로서 남성은 2변화(–ος명사), 여성은 1변화(–α/η명사), 중성은 2변화(–ον명사) 명사의 격꼬리를 차용한다(소위, **2–1–2 패턴**이라 칭함). 형용사마다 어떠한 격변화 패러다임을 취할 것인가 하는 것은 그 형용사의 남성/여성/중성 단수주격 어형에 의해 결정되므로 형용사를 익힐 때는 반드시 남성/여성/중성의 단수주격을 함께 알아두어야 한다.[1]

	남성		여성		중성	
	단수	복수	단수	복수	단수	복수
주격	ἀγαθός	ἀγαθοί	ἀγαθή	ἀγαθαί	ἀγαθόν	ἀγαθά
속격	ἀγαθοῦ	ἀγαθῶν	ἀγαθῆς	ἀγαθῶν	ἀγαθοῦ	ἀγαθῶν
여격	ἀγαθῷ	ἀγαθοῖς	ἀγαθῇ	ἀγαθαῖς	ἀγαθῷ	ἀγαθοῖς
대격	ἀγαθόν	ἀγαθούς	ἀγαθήν	ἀγαθάς	ἀγαθόν	ἀγαθά
호격	ἀγαθέ	ἀγαθοί	ἀγαθή	ἀγαθαί	ἀγαθόν	ἀγαθά

[1] 예를 들어 지금 소개하고 있는 형용사는 ἀγαθός, ή, όν의 형식으로 사전에 등재되어 있는데 이는 남성, 여성, 중성의 형태가 2–1–2 패턴을 취하고서 분화되어 있음을 나타낸다. 그러나 신약에는 2–2 패턴을 취한 형용사 부류도 적잖은 어휘층을 가지고 있는데, 이러한 형용사들은 남성과 여성의 형태가 아래와 같이 통합되어 있으며 사전에는 *ος, η, ον가 아닌 *ος, ον의 형식으로 등재되기 마련이다

예: ἄδολος, ον (pure 순수한)

	남성/여성		중성	
N	ἄδολος	ἄδολοι	ἄδολον	ἄδολα
G	ἀδόλου	ἀδόλων	ἀδόλου	ἀδόλων
D	ἀδόλῳ	ἀδόλοις	ἀδόλῳ	ἀδόλοις
A	ἄδολον	ἀδόλους	ἄδολον	ἄδολα
V	ἄδολε	ἄδολοι	ἄδολον	ἄδολα

1, 2변화의 격꼬리를 그대로 차용하는 이 같은 패러다임은 다음의 형용사들에게도 똑같이 적용된다: ἀγαθός, ή, όν (good 선한), ἄλλος, η, ο (other 다른),[2] ἔσχατος, η, ον (last 마지막의), κακός, ή, όν (bad 나쁜), καλός, ή, όν (beautiful 아름다운), πιστός, ή, όν (faithful 신실한), πρῶτος, η, ον (first 처음의).

위의 변화에서 한 가지 주의할 것은 여성 단수에서 η가 격꼬리를 이끌고 있다는 점이다. 그러나 만약 형용사의 격꼬리 직전에 오는 철자가 ε, ι, ρ 중 하나라면 여성 단수에서 모두 α 가 격꼬리를 이끌게 된다[비교 **Gram28**]. 형용사 μικρός의 변화와 비교해보라.

Gram 33. 형용사 μικρός, ά, όν의 변화

	남성		여성		중성	
	단수	복수	단수	복수	단수	복수
주격	μικρός	μικροί	μικρά	μικραί	μικρόν	μικρά
속격	μικροῦ	μικρῶν	μικρᾶς	μικρῶν	μικροῦ	μικρῶν
여격	μικρῷ	μικροῖς	μικρᾷ	μικραῖς	μικρῷ	μικροῖς
대격	μικρόν	μικρούς	μικράν	μικράς	μικρόν	μικρά
호격	μικρε	μικροί	μικρά	μικραί	μικρόν	μικρά

이 부류에 속하는 형용사로는 다음과 같다(줄기 끝 철자가 ε, ι, ρ 중 하나인지 유심히 살펴보라): μικρός, ά, όν (small 작은), δίκαιος, α, ον (righteous 의로운) νεκρός, ά, όν (dead 죽은).

Gram 34. 일치 (Agreement)

이제 형용사를 배웠으므로 명사를 어떻게 수식하는지 살펴보자. 형용사는 수식하고자 하는 명사와 **성**(gender), **수**(number), **격**(case), **이 세 가지를 일치시켜야** 한다. 아래의 명사구를 헬라어로 옮겨보자[성, 수, 격만 일치되면 어순은 어떠해도 상관없다].

예: 선한 말씀들 ἀγαθοὶ λόγοι
선한 선물들 δῶρα ἀγαθά
선한 교회에게 ἀγαθῇ ἐκκλησίᾳ
작은 교회에게 ἐκκλησίᾳ μικρᾷ

[2] 중성 단수 주격과 대격에서 ἄλλον이 아니라 ἄλλο인데 예외적인 경우이다.

Cf. ὁδός(way 길)와 ἔρημος(desert 광야)는 2변화 -ος명사이지만 성은 여성이다. 물론 1, 2 변화 명사의 성은 어느정도 꼬리형태에 의존하여 결정되지만 이처럼 예외적인 경우의 단어들이 있으니 반드시 기억하자.

예: 선한 길의 ἀγαθῆς ὁδοῦ
작은 길을 ὁδὸν μικράν

Cf. 참고로 **일치**(Agreement)란, 형용사와 명사, 그리고 동사와 주어명사의 문제이다. 당연한 얘기이지만, 명사와 명사 사이는 성, 수, 격을 일치시켜야 할 필요가 없다. **형용사와 명사는 성, 수, 격을 일치시켜야** 하고, **동사와 주어는 인칭과 수를 일치시켜야** 한다.

예: 동사와 주어의 일치
λέγουσιν ἀπόστολοι 사도들이 말한다 – 복수 3인칭
λέγει ἐκκλησία 교회가 말한다 – 단수 3인칭

Cf. 그밖에 주어명사가 둘 이상이거나 군집명사인 경우의 일치는 초급범위 밖이므로 아래 각주를 참고하라.[3]

Gram 35. 관사 (Article)

관사는 지시적이고 한정적인 의미를 내포하여 '그'(the)라는 해석을 갖는다. 형용사와 마찬가지로 명사를 수식하기에 성, 수, 격을 갖는다.

	남성		여성		중성	
	단수	복수	단수	복수	단수	복수
주격	ὁ	οἱ	ἡ	αἱ	τό	τά
속격	τοῦ	τῶν	τῆς	τῶν	τοῦ	τῶν
여격	τῷ	τοῖς	τῇ	ταῖς	τῷ	τοῖς
대격	τόν	τούς	τήν	τάς	τό	τά

관사가 지닌 모음의 경향과 특징들에 주목하라. 특히 공통의 복수속격 τῶν과 중성단수 τό 복수의 τά.

관사는 수식하고자 하는 명사의 앞에 (성, 수, 격을 일치시켜) 위치한다.

예: τῆς ἐρήμου 그 광야의 τὰς ἐρήμους 그 광야를 (**Gram22** 참조)

---

[3] cf. Robertson, *Short* §§326-7: 둘 이상의 주어명사가 오는 경우, 첫번째 오는 주어명사의 인칭이 나머지 주어명사에 우선하여 동사의 인칭과 일치시킨다: ἐγὼ καὶ ὁ πατὴρ ἕν ἐσμεν. 나와 아버지는 하나다(요10:30)[8과 인칭대명사 참조]. 또한 군집명사(collective noun)가 주어로 오는 경우 술부의 동사는 복수 인칭꼬리를 취하며, 술부에 형용사가 올 경우에도 역시 복수형이 온다: ὁ ὄχλος ἔστρωσαν 무리가 [겉옷을 길에] 폈다(마21:8)[21과 명사어휘 참조].

Gram 36. 형용사의 명사수식 – 한정적(Attributive) & 서술적(Predicate)

아래의 두 문장을 비교해보라.

(ㄱ) Red apples 빨간 사과들 [한정적 수식]
(ㄴ) Apples are red. 사과는 빨갛다. [서술적 수식]

어느 쪽이든 사과가 빨간 것임에는 마찬가지이지만,[4] 형용사로써 명사를 수식하는 방식에 있어서는 위와 같이 두 가지 형식이 존재한다. (ㄱ)처럼 명사를 **제한하는 표현방식**을 한정적 수식이라 하고, (ㄴ)처럼 명사의 어떠함을 **서술하는 방식**을 서술적 수식이라 한다. 영어에선 형용사가 명사의 앞에 서느냐 혹은 뒤에 서느냐의 여부에 따라 한정적인 수식인지 혹은 서술적인 수식인지 결정된다. 다시 말해, 형용사가 보어(주격보어나 목적격보어)의 위치에 서게 되면 수식하는 명사의 뒤에 위치하게 되기에 서술적인 수식이 되고, 만약 명사를 넘어가서 앞에 서게 되면 한정적인 수식을 하게 되는 것이다. 영어와는 달리, 헬라어에선 형용사의 이러한 수식방식이 어순에 의해 결정되지 아니하고 **관사의 유무에 의해 결정**된다. 즉, (1) **형용사가 관사를 동반하고서 명사를 수식하면 한정적인 수식**이요, (2) **관사를 동반하지 않고 명사를 수식하게 되면 서술적인 수식**이 된다. 중요한 건 형용사가 관사를 동반하고 있느냐의 여부이므로, 수식받는 명사가 관사를 동반하든 안하든 그것은 관계없다.

예1:	ὁ ἀγαθὸς λόγος λόγος ὁ ἀγαθός ὁ ἀγαθὸς ὁ λόγος ὁ λόγος ὁ ἀγαθός	모두 동일한 해석을 가져온다: **그 선한 말씀**
예2:	ἀγαθὸς ὁ λόγος. ὁ λόγος ἀγαθός.	형용사가 관사를 동반하지 않으면 서술적 수식이 되어 명사의 상태를 '서술'하게 되므로 그 자체로 be 동사(즉, εἰμί 동사) 없이 완전한 문장을 이룬다. 물론 위의 두 문장 모두는 동일한 해석을 가져온다: **그 말씀은 선하다**

Cf. 만일 형용사와 명사 **둘 다 관사를 동반하지 않았다면 문맥에 따라 두 가지 해석이 모두 가능**하다. 단, 관사가 없으므로 지시적인 해석('그' the)을 첨가해선 안된다.

예: ἀγαθὸς λόγος 선한 말씀
λόγος ἀγαθός 선한 말씀

[4] 굳이 의미론적으로 따지자면 이 두 가지 수식 방식이 가져오는 의미적 차이점은 이렇다. (ㄱ)은 빨간 사과라는 특정한 그룹을 지칭하는 것이므로 또 다른 그룹 즉, 파란 사과 그룹이 존재할 가능성을 열어놓는다. 반면 (ㄴ)은 사과는 빨갛다라고 기술했으므로 파란 사과의 존재 가능성을 닫아놓은 것이다. 한정적이거나 서술적인 수식방식이 가져오는 좀더 구체적인 의미적 차이는 관계대명사(27과)에서 언급하겠다.

ἀγαθὸς λόγος. 말씀은 선하다.
λόγος ἀγαθός. 말씀은 선하다.

Gram 37. 한정적 위치(Attributive Position)**와 서술적 위치**(Predicate Position)
형용사가 관사 뒤에 설 때 **한정적 위치**에 놓였다고 말하고, 관사 뒤에 오지 않을 경우엔 **서술적 위치**에 놓였다고 말한다. 관사 뒤에 서느냐 그렇지 않느냐에 따라 명사를 수식하는 방식이 크게 달라지는데 이는 형용사뿐 아니라 앞으로 배우게 될 분사(18과)에서도 매우 중요한 관건이 되니 이 용어들을 잘 기억하자.

Gram 38. 형용사의 독립적 용법 (Substantive Use of the Adjectives)
영어에선 형용사가 관사만을 동반하고서 'The person who...'의 의미를 지닐 수 있다(예: the dead 죽은 자). 헬라어에선 관사의 유무에 관계없이 형용사만으로도 명사처럼 해석될 수 있다. 관사를 동반하든 안 하든, 형용사가 홀로 명사처럼 사용되는 경우를 형용사의 **독립적인 용법**(Substantive Use)이라고 한다. 이때 형용사는 성, 수, 격이 일치하는 명사를 주변에 가지고 있지 않게 된다.

예: λέγει ἀγαθὸς **τὰ καλά.**
한 선한 자가 **그 아름다운 것들을** 말한다.
αἱ πισταὶ γινώσκουσιν **νεκρούς.**
그 신실한 여자들이 **죽은 자들을** 안다.

단어공부

형용사: ἀγαθός, ή, όν (good 선한)
ἄλλος, η, ο (other 다른)
ἔσχατος, η, ον (last 마지막의)
κακός, ή, όν (bad/evil 나쁜/악한)
καλός, ή, όν (beautiful, fine/right 아름다운, 좋은)
πιστός, ή, όν (faithful 신실한)

μικρός, ά, όν (small 작은)
δίκαιος, α, ον (righteous 의로운)
νεκρός, ά, όν (dead 죽은)

명 사: ὁδός, ἡ (a way 길)
ἔρημος, ἡ (a desert 광야) – 예외적인 2변화 여성명사들.
κύριος, ὁ (a lord, Lord 주인, 주님)

동 사: ἐγείρω (I raise up 일으키다)

Pop Quiz

Q1. 다음 중 성, 수, 격이 일치하지 않는 것 한 개를 고르시오.

① ἄλλο δῶρον ② τὰς ψύχης ③ μικρὰς δόξης ④ τῶν ὁδῶν
⑤ ἡμέρας ἐσχάτας ⑥ τῆς καρδίας

Q2. 다음 중 형용사의 용법에 있어서 나머지 셋과 다른 하나를 고른다면?

① αἱ καλαὶ φωναί ② αἱ φωναὶ αἱ καλαί
③ αἱ φωναὶ καλαί ④ φωναὶ καλαί

Q3. 다음 칸에 적절한 관사를 써 넣으시오.

οἱ ἄνθρωποι (   ) ἐρήμου 그 광야의 사람들

Q4. 다음 문장을 해석하시오.

ἀγαθὸς ὁ δοῦλος καὶ λέγει καλά.

답: 1.② 2.③ 3. τῆς 4. 그 종은 선하며, 또한 아름다운 것들을 말한다.

연습문제

1. *ἀγαθὴ ἡ ἐκκλησία καὶ ἡ βασιλεία κακή.*
선하다 그 교회는 그리고 그 왕국은 악하다

해석: 그 교회는 선하고 그 왕국은 악하다.

2. *ἡ κακὴ καρδία τῶν ἀνθρώπων* ***γινώσκει*** *θάνατον.*
그 악한 마음이 그 사람들의 안다 죽음을

해석: 그 사람들의 악한 마음이 죽음을 안다.

★ *γινώσκει* – γινώσκω의 현재 능동태 직설법 3인칭 단수

3. *οἱ ἀπόστολοι* ***βλέπουσι*** *τοὺς μικροὺς οἴκους καὶ τὰς κακὰς ὁδούς.*
그 사도들이 본다 그 작은 집들을 그리고 그 악한 길들을

해석: 그 사도들이 그 작은 집들과 그 악한 길들을 본다.

★ *βλέπουσι* – βλέπω의 현재 능동태 직설법 3인칭 복수

4. *οἱ δοῦλοι οἱ κακοὶ* ***λύουσι*** *τὸν οἶκον τοῦ ἀποστόλου.*
그 종들이 그 악한 파괴한다 그 집을 그 사도의

해석: 그 악한 종들이 그 사도의 집을 파괴한다.

★ *λύουσι* – λύω의 현재 능동태 직설법 3인칭 복수

5. *οἱ κακοὶ* ***λύουσι*** *τὸ ἱερόν.*
그 악한 자들이 파괴한다 그 성전을

해석: 그 악한 자들이 그 성전을 파괴한다.

★ *λύουσι* – λύω의 현재 능동태 직설법 3인칭 복수

6. *ὁ κύριος τῆς ζωῆς* ***ἐγείρει*** *τοὺς νεκρούς.*
주께서 그 생명의 일으키신다 그 죽은 자들을

해석: 생명의 주께서 그 죽은 자들을 일으키신다.

★ *ἐγείρει* – ἐγείρω의 현재 능동태 직설법 3인칭 단수

7. *οἱ λόγοι τῆς ἀληθείας* ***διδάσκουσι*** *τοὺς ἄλλους ἀποστόλους.*
그 말씀들이 그 진리의 가르친다 그 다른 사도들을

해석: 그 진리의 말씀들이 그 다른 사도들을 가르친다.

★ *διδάσκουσι* – διδάσκω의 현재 능동태 직설법 3인칭 복수

8. *οἱ δίκαιοι* ***λαμβάνουσι*** *τὰ δῶρα τοῦ κυρίου τὰ καλά.*
그 의로운 자들이 취한다 그 선물들을 주님의 그 아름다운

해석: 그 의로운 자들이 주님의 그 아름다운 선물들을 취한다.

★ *λαμβάνουσι* – λαμβάνω의 현재 능동태 직설법 3인칭 복수

9. *ὁ κακὸς* ***βλέπει*** *τὴν ἔρημον καὶ τοὺς ἐσχάτους οἴκους.*
그 악한 자가 본다 그 광야를 그리고 그 마지막 집들을

해석: 그 악한 자가 그 광야와 그 마지막 집들을 본다.

★ *βλέπει* – βλέπω의 현재 능동태 직설법 3인칭 단수

10. *πρῶτοι οἱ δοῦλοι· ἔσχατοι οἱ κύριοι.*
처음이다 그 종들은 마지막이다 그 주인들은

해석: 그 종들은 처음이다. (그러나) 그 주인들은 마지막이다.

윗 부분에 마침표 형태로 찍힌 것은 헬라어의 구두점(punctuation)으로서 세미콜론이나 콜론의 기능을 담당한다. 주로 반의적인 내용을 진술하거나 또는 앞 문장과 밀접히 관련된 진술을 전개시키기 위한 구두점이므로 접속사를 삽입하여 해석하는 것이 자연스럽다.

11. *τῇ ἐκκλησίᾳ τῇ μικρᾷ* ***γράφει*** *ὁ κύριος λόγον ἀγαθόν.*
그 교회에게 그 작은 쓴다 주께서 말씀을 선한

해석: 주께서 그 작은 교회에게 선한 말씀을 쓰신다.

★ *γράφει* – γράφω의 현재 능동태 직설법 3인칭 단수

12. *τοὺς πιστοὺς* ***βλέπει*** *ὁ πιστός.*
그 신실한 자들을 본다 그 신실한 자가

해석: 그 신실한 자가 그 신실한 자들을 본다.

★ *βλέπει* – βλέπω의 현재 능동태 직설법 3인칭 단수

13. ἔσχατοι οἱ δοῦλοι οἱ κακοί· πρῶτοι οἱ υἱοὶ οἱ ἀγαθοί.

마지막이다 그 종들은 그 악한 처음이다 그 아들들은 그 선한

해석: 그 악한 종들은 마지막이다. (그러나) 그 선한 아들들은 처음이다.

14. ὁ υἱὸς τοῦ ἐσχάτου ἀδελφοῦ **βλέπει** τὰς καλὰς ἐκκλησίας τοῦ

그 아들이 그 마지막 형제의 본다 그 아름다운 교회들을

κυρίου.

주님의

해석: 그 마지막 형제의 아들이 주님의 그 아름다운 교회들을 본다.

★ βλέπει – βλέπω의 현재 능동태 직설법 3인칭 단수

15. ἄλλην παραβολὴν **λέγομεν** τῇ κακῇ βασιλείᾳ.

다른 비유를 우리가 말한다 그 악한 왕국에게

해석: 우리가 그 악한 왕국에게 다른 비유를 말한다.

★ λέγομεν – λέγω의 현재 능동태 직설법 1인칭 복수

16. πρώτη ἡ ἐκκλησία· ἐσχάτη ἡ ἄλλη βασιλεία.

처음이다 그 교회는 마지막이다 그 다른 왕국은

해석: 그 교회는 처음이다. (그러나) 그 다른 왕국은 마지막이다.

17. ταῖς πισταῖς **λέγει** ὁ κύριος παραβολὴν καλὴν καὶ τοῖς πιστοῖς.

그 신실한 여자들에게 말한다 주께서 비유를 아름다운 그리고 그 신실한 남자들에게

해석: 주께서 그 신실한 여자들과 그 신실한 남자들에게 아름다운 비유를 말씀하신다.

★ λέγει – λέγω의 현재 능동태 직설법 3인칭 단수

18. ὁ ἀγαθὸς **γράφει** ἀγαθά· ὁ κακὸς κακά.

그 선한 자가 쓴다 선한 것들을 그 악한 자가 악한 것들을

해석: 그 선한 자는 선한 것들을 쓴다. (그러나) 그 악한 자는 악한 것들을 (쓴다).

★ γράφει – γράφω의 현재 능동태 직설법 3인칭 단수

19. ἀγαθὸς ὁ δοῦλος καὶ **λέγει** καλά.

선하다 그 종은 그리고 말한다 아름다운 것들을

해석: 그 종은 선하며, 또한 아름다운 것들을 말한다.

★ λέγει – λέγω의 현재 능동태 직설법 3인칭 단수

20. ἡ ἀλήθεια πιστὴ καὶ ἡ ὥρα κακή.
그 진리는 신실하다 그리고 그 시간은 악하다

해석: 그 진리는 신실하고 그 시간은 악하다.

7과

1변화 남성명사. 전치사.

핵심문법요약

☞ **1변화 남성명사 προφήτης의 변화** [**Gram29** 참조].

	단수	복수
주격	προφήτης	προφῆται
속격	προφήτ**ου**	προφητῶν
여격	προφήτῃ	προφήταις
대격	προφήτην	προφήτας
호격	προφῆτ**α**	προφῆται

Gram 39. 전치사 (Preposition)
헬라어의 전치사는 명사 앞에 전치하여 특별한 의미관계를 형성한다. 전치사 뒤에 오는 명사는 그 전치사에 의해 '지배를 받는다'라고 하는데, 이때 전치사 뒤에 오는 명사는 **전치사가 요구하는 격**(Case)을 갖추어야 한다. 전치사마다 지배하는 격은 따로 정해져 있는데 그 의미는 매우 포괄적이다. 아래에 7과에 소개되는 전치사의 지배격과 그것의 가장 기본적인 의미만을 소개해 놓았다. 그러나 실제로는 훨씬 그 의미가 다양하다는 사실을 알아두기 바란다. 메이첸 교본의 연습문제만 보더라도 아래에 설명해 놓은 것 이상의 더 다양한 의미들로 해석해야 하는 경우가 종종 있으니 주의하라.

(1) 한 가지 격만 취하는 전치사들

ἀπό (+속격) ~로부터 (from)
ἐκ (+속격) ~밖으로 (out of)
εἰς (+대격) ~안으로 (into)
ἐν (+여격) ~안에 (in)

(2) 두 가지 격을 취하는 전치사들

διά (+속격) ~를 통과하여 (through)
(+대격) ~때문에 (on account of)

μετά (+속격) ~와 함께 (with)
(+대격) ~후에 (after)

(3) 세 가지 격을 취하는 전치사

πρός (+속격) ~을 위하여 (for the sake of)[7과 범위 밖]
(+여격) ~가까이에서 (at, near)[7과 범위 밖]
(+**대격**) **~쪽으로/에게로** (to)

Gram 40. 전치사의 이형(variant)들

아래의 전치사들은 모음으로 시작되는 명사를 취했을 때 간단한 음운적 변화를 겪고 철자를 바꾸게 된다. 물론 모두 발음상의 편의를 위해서이다.

(1) διά + ἐρήμου → **δι'** ἐρήμου 모음 앞에서 전치사 뒷모음이 탈락된다.[1]

(2) ἀπό + ἐρήμου → **ἀπ'** ἐρήμου 모음 앞에서 전치사 뒷모음이 탈락된다.
ἀπό + ἱεροῦ → **ἀφ'** ἱεροῦ
거친 숨표(rough breathing)를 동반한 모음을 만나면 전치사 뒷모음의 탈락과 함께 그 다음의 자음이 기음화 현상을 일으켜 φ로 변한다.[2]

---

1 모음으로 끝나는 전치사들은 모두 마찬가지의 현상을 겪는다. 단, 전치사 περί와 πρό의 경우는 항상 예외다. 예: περὶ ἐκκλησίας

2 거친 숨표(rough breathing)는 대기음('h'소리)이 강해서 인접한 철자들까지 대기음화(Aspiration) 시킨다. 따라서 순음(labial) 계열의 자음 β, π 는 φ로 바뀌고, 연구개음(velar) 계열의 γ, κ 는 χ 로, 치음(dental) 계열의 δ, τ 는 θ로 바뀐다. 이 같은 철자상의 변화를 관찰함으로써 얻을 수 있는 결론은, 당시 헬라어 자음의 발음에 있어서 φ, χ, θ 는 같은 계열의 다른 자음보다 대기음이 가장 강했을 것이라는 사실이다(cf. Mounce, *Basics* 78. f.17). 따라서 이들 자음들의 원래 발음에 좀더 가까운 음가들을 추정해 본다면 다음의 두 가지 체계를 상정해 볼 수 있겠다:

β, π, φ	(1) 브, 쁘, 프[f]	(2) 브, 쁘, 프[pʰ]
δ, τ, θ	(1) 드, 뜨, 쓰[θ]	(2) 드, 뜨, 트[t]
γ, κ, χ	(1) 그, 끄, 흐[x]	(2) 그, 끄, 크[k]

(3) μετά + ἀδελφοῦ → **μετ' ἀδελφοῦ** 모음탈락
μετά + υἱοῦ → **μεθ' υἱοῦ** 모음탈락 및 기음화 현상

(4) ἐκ + οἴκου → **ἐξ οἴκου** 전치사 ἐκ는 모음 앞에서 자음 σ얻게 되어 ἐξ가 된다.

단어공부

명 사: ἄγγελος, ὁ (an angel 천사)
θεός, ὁ (a god, God 신, 하나님)
κόσμος, ὁ (a world 세상)
λίθος, ὁ (a stone 돌)
προφήτης, ὁ (a prophet 예언자)
μαθητής, ὁ (a disciple 제자)
οὐρανός, ὁ (heaven 하늘)
τόπος, ὁ (a place 장소)
τέκνον, τό (a child 어린아이)

동 사: ἄγω (I lead 인도하다)
βάλλω (I throw 던지다)
μένω (I remain 머무르다)
πέμπω (I send 보내다)
φέρω (I bear, bring 짊어지다, 견디다, 가져오다/가져가다)

전치사: ἀπό +속격 (from ~로부터)
ἐκ +속격 (out of ~밖으로)
εἰς +대격 (into ~안으로)
ἐν +여격 (in ~안에)

διά +속격 (through ~를 통과하여)
(i) +장소명사 (~를 통과하여)
(ii) +사람명사 (~을 매개로 하여/ 통하여)
+대격 (on account of ~때문에)

μετά +속격 (with ~와 함께)
+대격 (after ~후에)

πρός +대격 (to ~쪽으로/ 에게로)
+속격 (범위밖)
+여격 (범위밖)

Pop Quiz

Q1. 다음 칸에 적절한 관사를 써 넣으시오.
πρὸς _______ προφήτην 그 예언자에게로

Q2. 괄호 안의 명사를 격변화 시키시오.
διὰ τοὺς (μαθητής) 그 제자들 때문에

Q3. 다음 중 한 가지 격만을 취하는 전치사는?
① διά ② μετά ③ ἀπό ④ πρός

Q4. 다음 중 인칭대명사의 형태가 부적절한 것은?
① ἐξ ἐμοῦ ② λόγος μου ③ πρὸς με ④ ἐν μοί

답: 1. τὸν 2. μαθητάς 3. ③ 4. ④

연습문제

1. *οἱ μαθηταὶ τῶν προφητῶν* ***μένουσιν*** *ἐν τῷ κόσμῳ.*
그 제자들이 그 예언자들의 머물고 있다 세상 안에

해석: 그 예언자들의 제자들이 세상 안에 머물고 있다.

유일무이한 사물이나 대상에 관용적으로 붙이는 관사의 경우엔 굳이 지시적인 의미인 '그'를 붙여 해석할 필요가 없다: **ὁ κόσμος** 세상, the world

★ *μένουσιν* – μένω의 현재 능동태 직설법 3인칭 복수

2. *οἱ κακοὶ* ***βάλλουσιν*** *λίθους εἰς τὸν οἶκον τῶν μαθητῶν.*
그 악한 자들이 던진다 돌들을 그 집 안으로 그 제자들의

해석: 그 악한 자들이 그 제자들의 집 안으로 돌들을 던진다.

★ *βάλλουσιν* – βάλλω의 현재 능동태 직설법 3인칭 복수

3. *ὁ θεὸς* ***πέμπει*** *τοὺς ἀγγέλους εἰς τὸν κόσμον.*
하나님께서 보내신다 그 천사들을 세상 안으로

해석: 하나님께서 그 천사들을 세상 안으로 보내신다.

★ *πέμπει* – πέμπω의 현재 능동태 직설법 3인칭 단수

4. *ὁ προφήτης* ***πέμπει*** *τοὺς μαθητὰς τοῦ κυρίου ἐκ τῶν οἴκων εἰς τὴν ἐκκλησίαν.*
그 예언자가 보낸다 그 제자들을 주님의 그 집들 밖으로 그 교회 안으로

해석: 그 예언자가 주님의 제자들을 그 집들로부터 그 교회 안으로 보낸다.

*ἐκ*와 *εἰς*가 함께 쓰일 경우 '~로부터 ~ 안으로' 라는 관용적인 해석을 낳는다.

★ *πέμπει* – πέμπω의 현재 능동태 직설법 3인칭 단수

5. *ὁ θεὸς* ***ἐγείρει*** *τοὺς νεκροὺς ἐκ θανάτου.*
하나님께서 일으키신다 그 죽은 자들을 죽음 밖으로 (= 죽음에서)

해석: 하나님께서 그 죽은 자들을 죽음에서 일으키신다.

★ *ἐγείρει* – ἐγείρω의 현재 능동태 직설법 3인칭 단수

6. ***λαμβάνετε*** *τὰ καλὰ δῶρα ἀπὸ τῶν τέκνων.*
너희가 취한다 그 아름다운 선물들을 그 아이들로부터

해석: 너희는 그 아름다운 선물들을 그 아이들로부터 취한다.

★ *λαμβάνετε* – λαμβάνω의 현재 능동태 직설법 2인칭 복수

7. ***ἄγομεν*** *τὰ τέκνα ἐκ τῶν οἴκων.*
우리가 인도한다 그 아이들을 그 집들 밖으로

해석: 우리는 그 아이들을 그 집들 밖으로 인도한다.

★ *ἄγομεν* – ἄγω의 현재 능동태 직설법 1인칭 복수

8. *μετὰ τοὺς ἀγγέλους* ***πέμπει*** *ὁ θεὸς τὸν υἱόν.*
그 천사들 후에 보내신다 하나님께서 그 아들을

해석: 하나님께서 그 천사들 후에 그 아들을 보내신다.

★ *πέμπει* – πέμπω의 현재 능동태 직설법 3인칭 단수

9. *μετὰ τῶν ἀγγέλων* ***ἄγει*** *ὁ κύριος τοὺς δικαίους εἰς τὸν οὐρανόν.*
그 천사들과 함께 인도하신다 주께서 그 의로운 자들을 그 하늘 안으로

해석: 그 천사들과 함께 주께서 그 의로운 자들을 그 하늘 안으로 인도하신다.

★ *ἄγει* – ἄγω의 현재 능동태 직설법 3인칭 단수

10. *διὰ τῶν ὁδῶν τῆς ἐρήμου* ***φέρουσιν*** *οἱ δοῦλοι τὰ δῶρα εἰς ἄλλον τόπον.*
그 길들을 통하여 그 광야의 가져간다 그 종들이 그 선물들을 다른 장소 안으로

해석: 그 종들이 그 광야의 길들을 통하여 그 선물들을 다른 장소 안으로 가져간다.

★ *φέρουσιν* – φέρω의 현재 능동태 직설법 3인칭 복수

11. *διὰ τῶν γραφῶν τῶν προφητῶν* ***γινώσκομεν*** *τὸν κύριον.*
그 문서(=책)들을 통하여 그 예언자들의 우리가 안다 주님을

해석: 그 예언자들의 책들을 통하여 우리가 주님을 안다.

★ *γινώσκομεν* – γινώσκω의 현재 능동태 직설법 1인칭 복수

12. *διὰ τὴν δόξαν τοῦ θεοῦ* ***ἐγείρει*** *ὁ κύριος τοὺς νεκρούς.*
그 영광 때문에 하나님의 일으키신다 주께서 그 죽은 자들을

해석: 하나님의 영광 때문에 주께서 그 죽은 자들을 일으키신다.

★ *ἐγείρει* – ἐγείρω의 현재 능동태 직설법 3인칭 단수

13. ***φέρουσιν*** *τοὺς νεκροὺς εἰς τὴν ἔρημον.*

그들이 운반한다 그 죽은 자들을 그 광야 안으로

해석: 그들이 그 죽은 자들을 그 광야 안으로 운반하다(=가져간다).

★ *φέρουσιν* – φέρω의 현재 능동태 직설법 3인칭 복수

14. *οἱ μαθηταὶ* ***διδάσκουσι*** *τὰ ἀγαθὰ τέκνα ἐν τῇ ἐκκλησίᾳ.*

그 제자들이 가르친다 그 선한 아이들을 그 교회 안에서

해석: 그 제자들이 그 선한 아이들을 그 교회 안에서 가르친다.

★ *διδάσκουσι* – διδάσκω의 현재 능동태 직설법 3인칭 복수

15. *ὁ κύριος* ***λέγει*** *παραβολὴν τοῖς μαθηταῖς ἐν τῷ ἱερῷ.*

주께서 말씀하신다 비유를 그 제자들에게 그 성전 안에서

해석: 주께서 그 성전 안에서 그 제자들에게 비유를 말씀하신다.

★ *λέγει* – λέγω의 현재 능동태 직설법 3인칭 단수

16. *διὰ τὴν ἀλήθειαν* ***βλέπουσιν*** *οἱ προφῆται τὸν θάνατον.*

그 진리 때문에 본다 그 예언자들이 그 죽음을

해석: 그 진리 때문에 그 예언자들이 그 죽음을 본다(=죽음에 직면한다).

★ *βλέπουσιν* – βλέπω의 현재 능동태 직설법 3인칭 복수

17. *ἀπὸ τῆς ἐρήμου* ***ἄγουσιν*** *οἱ μαθηταὶ τοὺς ἀγαθοὺς δούλους καὶ*

그 광야로부터 인도한다 그 제자들이 그 선한 종들을 그리고

τοὺς υἱοὺς τῶν προφητῶν πρὸς τοὺς μικροὺς οἴκους τῶν μαθητῶν.

그 아들들을 그 예언자들의 그 작은 집들로 그 제자들의

해석: 그 제자들이 그 선한 종들과 그 예언자들의 아들들을 그 광야로부터 그 제자들의 작은 집들로 인도한다.

★ *ἄγουσιν* – ἄγω의 현재 능동태 직설법 3인칭 복수

18. *διὰ τὴν βασιλείαν τοῦ θεοῦ* ***φέρομεν*** *τὰ κακά.*

그 왕국 때문에 하나님의 우리가 짊어진다 그 악한 것들을

해석: 우리는 하나님의 나라 때문에(=나라를 위하여) 그 악한 것들을 짊어진다(=견딘다).

★ *φέρομεν* – φέρω의 현재 능동태 직설법 1인칭 복수

19. *διὰ τὰς ψυχὰς τῶν ἀδελφῶν* ***βλέπει*** *κακά.*

그 영혼들 때문에 그 형제들의 그가 본다 악한 것들을

해석: 그 형제들의 영혼들 때문에(=위하여) 그는 악한 것들을 본다(=감내한다).

★ *βλέπει* – βλέπω의 현재 능동태 직설법 3인칭 단수

20. *καλὸς ὁ οὐρανός· κακὸς ὁ κόσμος.*

아름답다 그 하늘은 악하다 세상은

해석: 그 하늘은 아름답다. (그러나) 세상은 악하다.

콜론이나 세미콜론은 주로 반의적인 내용 혹은 앞 문장과 밀접히 관련된 진술을 전개시키기 위한 구두점이므로 적절한 접속사를 삽입하여 해석하는 것이 자연스럽다.

8과

인칭대명사. εἰμί 동사.

핵심문법요약

Gram 41. 1인칭 대명사 (First Person Personal Pronouns)

	단수		복수
	강조형	비강조형	
주격	ἐγώ	없음	ἡμεῖς
속격	ἐμοῦ	μου	ἡμῶν
여격	ἐμοί	μοι	ἡμῖν
대격	ἐμέ	με	ἡμᾶς

단수에서 강조형과 비강조형으로 나뉨에 주의하라 형태상의 차이는 앞의 ε 과 액센트의 유무이다.

Gram 42. 2인칭 대명사 (Second Person Personal Pronouns)

	단수		복수
	강조형	비강조형	
주격	σύ	없음	ὑμεῖς
속격	σοῦ	σου	ὑμῶν
여격	σοί	σοι	ὑμῖν
내격	σέ	σε	ὑμᾶς

역시 단수에서 강조형과 비강조형으로 나뉘고 있다. 그러나 형태상의 차이는 액센트의 유무 뿐이다.

Gram 43. 1, 2인칭 대명사의 강조형과 비강조형

유독 1, 2인칭 대명사에만 단수에서 강조형(emphatic forms)과 비상소형(unemphatic forms)으로 나뉘어진다. 강조형과 비강조형은 기본적으로 그 의미가 같다. 다만, 강조형은 저자가 자신을 타인과 대조시켜 강조하고 싶을 때 사용한다. 그러나 이외에도 다음의 경우에선 강조형과 비강조형이 구분되어 사용된다.

(1) 명사를 소유의 관계로서 수식할 경우 – 비강조형을 씀.
λόγος μου 나의 말 [O] Cf. **λόγος ἐμοῦ** [X]
λόγος σου 너의 말 [O] Cf. **λόγος σοῦ** [X]

(2) 전치사 뒤에 올 경우 – 강조형을 씀.
ἀπ' ἐμου 나로부터 [O] Cf. **ἀπό μου** [X]
ἐν ἐμοί 내 안에 [O] Cf. **ἐν μοι** [X]
διὰ σέ 당신 때문에 [O] Cf. **διά σε** [X]

※ 그러나 전치사와 강조형 인칭대명사의 결합은 모든 전치사에서 엄격하게 지켜지고 있는 것은 아니다. 다음의 경우엔 관용적으로 허용되어 쓰였음에 주의하자.

πρὸς με 나에게로[1] [O] Cf. **πρὸς ἐμέ** 나에게로 [O]

Gram 44. 3인칭 대명사 (Third Person Personal Pronouns)

	남성		여성		중성	
	단수	복수	단수	복수	단수	복수
주격	αὐτός	αὐτοί	αὐτή	αὐταί	αὐτό	αὐτά
속격	αὐτοῦ	αὐτῶν	αὐτῆς	αὐτῶν	αὐτοῦ	αὐτῶν
여격	αὐτῷ	αὐτοῖς	αὐτῇ	αὐταῖς	αὐτῷ	αὐτοῖς
대격	αὐτόν	αὐτούς	αὐτήν	αὐτάς	αὐτό	αὐτά

줄기(αὐτ–)는 모두 동일하며, 격꼬리는 기본적으로 1, 2변화 명사의 꼬리를 빌리고 있다. ※ 그러나 중성단수 주격/대격의 꼬리에 ν가 없음에 주의하라.

Gram 45. 3인칭 대명사와 선행사

3인칭 대명사는 **선행사**(Antecedent)를 가지게 마련인데 선행사와는 **성과 수가 일치되어야** 한다(단, 격은 상관없다).

예: βλέπω τὰ τέκνα καὶ διδάσκω **αὐτά.** [선행사는 중성 복수]
내가 그 어린아이들을 보며 또 **그들을** 가르친다.

βλέπω τὰ τέκνα καὶ διδάσκω τοὺς ἀδελφοὺς **αὐτῶν.**
내가 그 어린아이들을 보며 또 **그들의** 형제들을 가르친다.

---

[1] 오히려 πρὸς ἐμέ 의 형태보다 훨씬 더 많이 등장한다.

Gram 46. εἰμί의 현재 직설법[2]

	단수	복수
1인칭	εἰμί	ἐσμέν
2인칭	εἶ	ἐστέ
3인칭	ἐστί(ν)	εἰσί(ν)

※ 2인칭 단수 εἶ의 액센트는 반드시 기억하고 아래의 단어와 혼동하지 말자.
εἶ – εἰμί의 2인칭 단수
εἰ – (직설법접속사) 만약(if)

εἰμί는 be 동사에 해당한다. 따라서 **불완전자동사**(...이다) 또는 **완전 자동사**(...에 있다)로 쓰인다.

예: **εἶ** μαθητὴς τοῦ κυρίου. 너는 주님의 제자이다. [불완전 자동사]
εἰσὶν ἐν τῇ ἐκκλησίᾳ. 그들은 그 교회 안에 있다. [완전 자동사]

단어공부

인칭대명사: ἐγώ (I 나)
σύ (you/thou 너/당신)
αὐτός, αὐτή, αὐτό (he, she, it 그, 그녀, 그것)

동 사: εἰμί (I am 나는 ~이다, 나는 ~에 있다)

접속사: δέ (but 그러나, 그런데)

---

[2] εἰμί는 보통 태(Voice)를 논하지 않는다. 태란, 동사의 동작과 주어의 관계에 대한 정의인데 be 동사는 능동적이거나 수동적인 동작(움직임)이 없고 그냥 상태만 기술하는 것이기 때문이다.

Pop Quiz

Q1. 아래 단어들 중 수(Number)와 격(Case)이 일치하는 것끼리 줄로 이으시오.

① αὐτά　　　ⓐ ἡμᾶς
② αὐταῖς　　ⓑ σέ
③ αὐτήν　　ⓒ ὑμῖν

Q2. 다음 문장을 해석하시오.

(1) εἶ ἀδελφὸς αὐτοῦ.
(2) μεθ' ἡμῶν ἐστὲ ἐν τῷ οἴκῳ ἡμῶν.

답: 1. ①-ⓐ, ②-ⓒ, ③-ⓑ
2. (1) 너는 그의 형제이다.
(2) 너희는 우리와 함께 우리의 집 안에 있다.

연습문제

1. οἱ μαθηταί σου **γινώσκουσι** τὴν βασιλείαν καὶ **ἄγουσι** τοὺς
그 제자들이 너의 안다 그 왕국을 그리고 인도한다 그
ἀδελφοὺς αὐτῶν εἰς αὐτήν.
형제들을 그들의 그(=왕국) 안으로

해석: 너의 제자들은 그 왕국을 알고 자기들의 형제들을 그(=왕국) 안으로 인도한다.

★ γινώσκουσι – γινώσκω의 현재 능동태 직설법 3인칭 복수

★ ἄγουσι – ἄγω의 현재 능동태 직설법 3인칭 복수

2. **διδάσκω** τοὺς ἀδελφούς μου καὶ **λέγω** αὐτοῖς παραβολήν.
나는 가르친다 그 형제들을 나의 그리고 말한다 그들에게 비유를

해석: 나는 나이 형제들을 가르치며 그들에게 비유를 말한다.

★ διδάσκω – διδάσκω의 현재 능동태 직설법 1인칭 단수

★ λέγω – λέγω의 현재 능동태 직설법 1인칭 단수

3. **ἄγει** με ὁ κύριος πρὸς τοὺς μαθητὰς αὐτοῦ.
인도하신다 나를 주께서 그 제자들에게로 그의

해석: 주께서 나를 그의 제자들에게로 인도하신다.

★ ἄγει – ἄγω의 현재 능동태 직설법 3인칭 단수

4. δι' ἐμὲ **βλέπεις** σὺ τὸν θάνατον, σοὶ δὲ ἐγὼ **λέγω** λόγους κακούς.
나 때문에 본다 네가 그 죽음을 너에게 그러나 나는 말한다 말들을 악한

해석: 나 때문에 네가 그 죽음을 본다. 그러나 나는 너에게 악한 말들을 말한다.

★ βλέπεις – βλέπω의 현재 능동태 직설법 2인칭 단수

★ λέγω – λέγω의 현재 능동태 직설법 1인칭 단수

5. διὰ σοῦ **ἄγει** ὁ θεὸς τοὺς πιστοὺς εἰς τὴν βασιλείαν αὐτοῦ καὶ δι'
너를 통하여 인도하신다 하나님께서 그 신실한 자들을 그 나라 안으로 그의 그리고
αὐτῶν τοὺς ἄλλους.
그들을 통하여 그 다른 자들을

해석: 너를 통하여 하나님께서 그 신실한 자들을 그의 나라 안으로 인도하신다. 그리고 그들을 통하여는 그 다른 자들을 (인도하신다).

★ ἄγει – ἄγω의 현재 능동태 직설법 3인칭 단수

6. δι' ἡμᾶς **μένει** ὁ κύριος ἐν τῷ κόσμῳ.
우리 때문에 머무른다 주께서 세상 안에

해석: 우리 때문에 주께서 세상 안에 머물러 계신다.

★ μένει – μένω의 현재 능동태 직설법 3인칭 단수

7. ἐγώ **εἰμι** δοῦλος, σὺ δὲ ἀπόστολος.
나는 ~이다 종 너는 그러나 사도

해석: 나는 종이다. 그러나 너는 사도(이다).

★ εἰμι – εἰμί의 현재 직설법 1인칭 단수

8. ἀγαθός **ἐστιν** ὁ κύριος καὶ ἀγαθοί **ἐστε** ὑμεῖς.
선한 ~이다 주께서는 그리고 선하다 ~이다 너희는

해석: 주께서는 선하시다. 그리고 너희는 선하다.

★ ἐστιν – εἰμί의 현재 직설법 3인칭 단수

★ ἐστε – εἰμί의 현재 직설법 2인칭 복수

9. μαθηταί **ἐστε** τοῦ κυρίου καὶ ἀδελφοὶ τῶν ἀποστόλων αὐτοῦ.
제자들 너희는 ~이다 주님의 그리고 형제들 그 사도들의 그의

해석: 너희는 주님의 제자들이고 그의 사도들의 형제들이다.

★ ἐστε – εἰμί의 현재 직설법 2인칭 복수

10. ὁ ἀπόστολος πιστός **ἐστιν**, οἱ δὲ δοῦλοι αὐτοῦ κακοί.
그 사도는 신실한 ~이다 그 그러나 종들은 그의 악한

해석: 그 사도는 신실하다. 그러나 그의 종들은 악하다.

★ ἐστιν – εἰμί의 현재 직설법 3인칭 단수

11. ἡ ἐκκλησία πιστή **ἐστιν**, ἡμεῖς δὲ **βλέπομεν** αὐτήν.
그 교회는 신실한 ~이다 우리는 그런데 본다 그것을(=교회)

해석: 그 교회는 신실하다. 그런데 우리는 그것(=교회)을 본다.

★ ἐστιν – εἰμί의 현재 직설법 3인칭 단수

★ βλέπομεν – βλέπω의 현재 능동태 직설법 1인칭 복수

12. **βλέπομέν** σε καὶ **λέγομέν** σοι παραβολήν.
우리는 본다 너를 그리고 말한다 너에게 비유를

해석: 우리는 너를 본다. 그리고 너에게 비유를 말한다.
★ βλέπομεν – βλέπω의 현재 능동태 직설법 1인칭 복수
★ λέγομέν – λέγω의 현재 능동태 직설법 1인칭 복수

13. δοῦλοι **ἐσμέν**, δούλους δὲ **διδάσκομεν**.
종들 우리는 ~이다 종들을 그러나 우리는 가르친다

해석: 우리는 종들이다. 그러나 우리는 종들을 가르친다.
★ ἐσμέν – εἰμί의 현재 직설법 1인칭 복수
★ διδάσκομεν – διδάσκω의 현재 능동태 직설법 1인칭 복수

14. οἱ δοῦλοι ἡμῶν **βλέπουσιν** ἡμᾶς, ἡμεῖς δὲ **διδάσκομεν** αὐτούς.
그 종들이 우리의 본다 우리를 우리는 그러나 가르친다 그들을

해석: 우리의 종들이 우리를 본다. 그러나 우리는 그들을 가르친다.
★ βλέπουσιν – βλέπω의 현재 능동태 직설법 3인칭 복수
★ διδάσκομεν – διδάσκω의 현재 능동태 직설법 1인칭 복수

15. ἀφ' ὑμῶν **λαμβάνει** ὁ ἀδελφός μου δῶρα καλά, καὶ **πέμπει** αὐτὰ
너희로부터 취한다 그 형제가 나의 선물들을 아름다운 그리고 그가 보낸다 그것들을
πρός με διὰ τῶν δούλων αὐτοῦ.
나에게로 종들을 통하여 그의

해석: 나의 형제가 너희로부터 아름다운 선물들을 취한다. 그리고 그는 그것들을 그의 종들을 통하여 나에게로 보낸다.
★ λαμβάνει – λαμβάνω의 현재 능동태 직설법 3인칭 단수
★ πέμπει – πέμπω의 현재 능동태 직설법 3인칭 단수

16. **γινώσκομεν** τὴν ὁδόν, καὶ δι' αὐτῆς **ἄγομέν** σε εἰς τὸν οἶκον
우리가 안다 그 길을 그리고 그것(=길)을 통하여 인도한다 너를 그 집 안으로
ἡμῶν.
우리의

해석: 우리는 그 길을 인다. 그리고 그 길을 통하여 너를 우리의 집 안으로 인도한다.
★ γινώσκομεν – γινώσκω의 현재 능동태 직설법 1인칭 복수
★ ἄγομέν – ἄγω의 현재 능동태 직설법 1인칭 복수

17. *μετὰ τῶν ἀδελφῶν ἡμῶν* ***βλέπομεν*** *τοὺς μαθητὰς τοῦ κυρίου*
~와 함께 그 형제들 우리의 우리는 본다 그 제자들을 주님의
ἡμῶν.
우리의

해석: 우리는 우리의 형제들과 함께 우리 주님의 제자들을 본다.

★ *βλέπομεν* – βλέπω의 현재 능동태 직설법 1인칭 복수

18. *μετὰ τὰς ἡμέρας τὰς κακὰς* ***βλέπομεν*** *τὴν βασιλείαν τοῦ κυρίου*
~ 후에 그 날들 그 악한 우리는 본다 그 나라를 주님의
ἡμῶν.
우리의

해석: 그 악한 날들 후에 우리는 우리 주님의 나라를 본다.

★ *βλέπομεν* – βλέπω의 현재 능동태 직설법 1인칭 복수

19. *μεθ' ἡμῶν* ***βλέπεις*** *αὐτόν.*
우리와 함께 너는 본다 그를

해석: 너는 우리와 함께 그를 본다.

★ *βλέπεις* – βλέπω의 현재 능동태 직설법 2인칭 단수

20. *μεθ' ὑμῶν* ***ἐσμεν*** *ἐν τοῖς οἴκοις ὑμῶν.*
너희와 함께 우리는 ~에 있다 그 집들 안에 너희의

해석: 우리는 너희와 함께 너희 집들 안에 있다.

★ *ἐσμεν* – *εἰμί*의 현재 직설법 1인칭 복수

9과

지시대명사. αὐτός 특별용법.

핵심문법요약

Gram 47. 지시대명사(Demonstrative Pronouns) – '이' (THIS)

	남성		여성		중성	
	단수	복수	단수	복수	단수	복수
주격	οὗτος	οὗτοι	αὕτη	αὗται	τοῦτο	ταῦτα
속격	τούτου	τούτων	ταύτης	τούτων	τούτου	τούτων
여격	τούτῳ	τούτοις	ταύτῃ	ταύταις	τούτῳ	τούτοις
대격	τοῦτον	τούτους	ταύτην	ταύτας	τοῦτο	ταῦτα

οὗτος 변화의 격꼬리는 3인칭 대명사(αὐτός)의 격꼬리와 같다. 줄기의 형태적 특징은 피널트의 모음과 얼티마의 모음이 동일계열끼리 짝을 이루고 있다는 것이다. 즉, ου–ο(ω) 그리고 αυ–η(α). 이는 일종의 모음조화현상으로 설명할 수 있다. (※복수 속격은 남성 여성 중성 모두가 ων이므로 피널트의 모음도 ω에 조화를 이루기 위해 ου가 왔음에 주의하라: τούτων)

Gram 48. 지시대명사(Demonstrative Pronouns) – '저' (THAT)

	남성		여성		중성	
	단수	복수	단수	복수	단수	복수
주격	ἐκεῖνος	ἐκεῖνοι	ἐκείνη	ἐκεῖναι	ἐκεῖνο	ἐκεῖνα
속격	ἐκείνου	ἐκείνων	ἐκείνης	ἐκείνων	ἐκείνου	ἐκείνων
여격	ἐκείνῳ	ἐκείνοις	ἐκείνῃ	ἐκείναις	ἐκείνῳ	ἐκείνοις
대격	ἐκεῖνον	ἐκείνους	ἐκείνην	ἐκείνας	ἐκεῖνο	ἐκεῖνα

ἐκεῖνος는 줄기가 모두 동일하며, 꼬리는 위 οὗτος와 같다.

Gram 49. 지시대명사의 용법

지시대명사는 (1) 형용사로 쓰여 명사를 수식하는가 하면, (2) 대명사로도 쓰여 독립적인 용법처럼 사용된다.

(1) **지시형용사로 쓰일 때** (Demonstrative adjectives)

οὗτος ὁ ἀπόστολος 이 사도
= ὁ ἀπόστολος **οὗτος**

ἐκεῖνος ὁ ἀπόστολος 저 사도
= ὁ ἀπόστολος **ἐκεῖνος**

형용사처럼 명사를 수식할 때 지시대명사 자체는 절대로 한정적 위치에 있지 아니한다(즉, 관사를 동반하지 않는다). 왜냐하면 지시대명사 자체가 이미 관사와 같은 지시적 기능을 담당하고 있기 때문이다. 반면, 함께 쓰이는 명사는 지시대명사에 의해 한정된 대상이므로 관사를 동반한다.

(2) **지시대명사로 쓰일 때** (Demonstrative pronoun)

βλέπω **τοῦτον**. 나는 **이 사람을** 본다.
ἐκεῖναι λέγουσιν **ταῦτα**. **저 여자들은 이것들을** 말한다.
γινώσκω τὸν ἀδελφὸν **ταύτης**. 나는 **이 여자의** 형제를 안다.

Gram 50. αὐτός의 특별용법

3인칭 대명사 **αὐτός**가 특별용법으로 사용되기도 하는데 이때는 더 이상 3인칭 대명사로서가 아니라 마치 (1) 지시형용사나, (2) 재귀대명사의 강조용법처럼 사용된다.

(1) 한정적 위치에서 명사를 수식하여: '바로 그 동일한' (The same...)

ὁ αὐτὸς (ὁ) ἀπόστολος
= (ὁ) ἀπόστολος **ὁ αὐτὸς**
바로 그 사도 the same apostle

τὸ δῶρον **τῆς αὐτῆς** (τῆς) ἐκκλησίας
= τὸ δῶρον (τῆς) ἐκκλησίας **τῆς αὐτῆς**
바로 그 교회의 선물 the gift of the same church

수식을 받는 명사는 관사를 동반하든 안하든 관계없다. 물론, 명사의 앞에 서느냐 뒤에 서느냐하는 어순도 당연히 관계없다. 문제는 αὐτός가 한정적 위치(즉, 관사 뒤)에 놓였느냐의 여부이다 (**Gram37** 참조).

(2) 서술적 위치에서 명사를 수식하여: '...자신이' (...oneself)

αὐτὸς ὁ ἀπόστολος
= ὁ ἀπόστολος **αὐτός**
그 사도 자신이 the apostle himself

ἐκκλησίαι γινώσκουσιν τὸν κύριον **αὐτόν**. (=... αὐτὸν τὸν κύριον)
교회들이 주님 자신을 안다 Churches know the Lord himself.

Cf. 인칭대명사나 동사 속의 숨은 주어를 수식할 때도 있다.

αὐτὸς γινώσκω τὸν θεόν. (= αὐτὸς ἐγὼ γινώσκω τὸν θεόν.)
나 자신이 하나님을 안다. I myself know God.

αὐτὴ γινώσκω τὸν θεόν. (= αὐτὴ ἐγὼ γινώσκω τὸν θεόν.)
나 자신이 하나님을 안다. I myself know God.
이 경우엔 '나 자신'이 여성임을 나타낸다.

αὐτὴ γινώσκεις τὸν θεόν. (= αὐτὸς σὺ γινώσκω τὸν θεόν.)
너 자신이 하나님을 안다. You yourself know God.
'너 자신'이 여성임을 나타낸다.

αὐταὶ γινώσκουσιν τὸν θεόν.
그녀 자신들이 하나님을 안다 (The women herselves know God.)

이처럼 동사 속의 숨은 주어를 서술적으로 수식할 경우에는 항상 주격일 수 밖에 없다. 왜냐하면 숨어 주어는 당연히 문장의 주어로서 주격을 가지고 있는 것으로 간주해야 하기 때문이다.

단어공부

명 사: διδάσκαλος, ὁ (a teacher 선생)
εὐαγγέλιον, τό (a gospel 복음)
πρόσωπον, τό (a face 얼굴)
ἀγάπη, ἡ (love 사랑)
ἁμαρτία, ἡ (sin 죄)
ἐπαγγελία, ἡ (a promise 약속)
χαρά, ἡ (joy 기쁨)

동 사: βαπτίζω (I baptize 세례주다)
κρίνω (I judge 심판하다, 판단하다)

부 사: νῦν (now 지금)
οὕτως (thus, so 이와 같이, 그러므로)

Pop Quiz

Q1. 지시대명사 οὗτος의 여성 변화표를 머리에 떠올린 후, 아래의 해석에 알맞은 어형을 골라 써넣으시오.

ἡ ἐκκλησία ( ) 이 여자들의 교회

Q2. 다음 문장을 해석하시오.
αὐτὴ γινώσκει αὐτὴν τὴν ἀλήθειαν.

답: 1. τούτων
2. 그녀 자신이 그 진리 자체를 안다.

연습문제

1. οὗτοι οἱ διδάσκαλοι **κρίνουσιν** αὐτὸν τὸν ἀπόστολον.
이 선생들이 심판한다 자신을 그 사도를

해석: 이 선생들이 그 사도 자신을 심판한다.

★ *κρίνουσιν* – κρίνω의 현재 능동태 직설법 3인칭 복수

2. ὁ δὲ αὐτὸς διδάσκαλος **ἔχει** τὴν αὐτὴν χαρὰν ἐν τῇ καρδίᾳ αὐτοῦ.
그러나 바로 그 선생이 가진다 바로 그 동일한 기쁨을 마음 안에 그의

해석: 그러나 바로 그 동일한 선생이 그의 마음 안에 바로 그 동일한 기쁨을 가진다.

★ *ἔχει* – ἔχω의 현재 능동태 직설법 3인칭 단수

3. νῦν **λαμβάνω** αὐτὸς τὸ αὐτὸ εὐαγγέλιον ἀπὸ τοῦ κυρίου μου.
지금 취한다 나 자신이 바로 그 복음을 주님으로부터 나의

해석: 지금 나 자신은 바로 그 동일한 복음을 나의 주님으로부터 취한다.

★ *λαμβάνω* – λαμβάνω의 현재 능동태 직설법 1인칭 단수

4. οὗτος **βλέπει** ἐκεῖνον καὶ **κρίνει** αὐτόν.
이 사람이 본다 저 사람을 그리고 심판한다 그를

해석: 이 사람이 저 사람을 보고 또 그를 심판한다.

★ *βλέπει* – βλέπω의 현재 능동태 직설법 3인칭 단수

★ *κρίνει* – κρίνω의 현재 능동태 직설법 3인칭 단수

5. μετὰ ταῦτα **ἔχετε** αὐτοὶ τὴν ἀγάπην τοῦ κυρίου ἐν ταῖς καρδίαις ὑμῶν.
~ 후에 이것들 갖는다 너희 자신들은 그 사랑을 주님의 그 마음들 안에 너희의

해석: 이것들 후에 (=이 일들 후에) 너희 자신들은 주님의 사랑을 너희의 마음들 안에 갖는다.

★ *ἔχετε* – ἔχω의 현재 능동태 직설법 2인칭 복수

6. οὗτοι **ἔχουσιν** χαράν, ἐκεῖνοι δὲ **ἔχουσιν** ἁμαρτίαν.
이 사람들이 가진다 기쁨을 저 사람들은 그러나 가진다 죄악을

해석: 이 사람들은 기쁨을 가지고 있으나 저 사람들은 죄악을 가지고 있다.

★ *ἔχουσιν* – ἔχω의 현재 능동태 직설법 3인칭 복수

7. *αὕτη δέ* ***ἐστιν*** *ἡ φωνὴ τοῦ κυρίου αὐτοῦ.*
이것은 그러나 ~이다 그 음성 주님 자신의

해석: 그러나 이것은 주님 자신의 음성이다. (혹은, 그의 주님의 음성이다)

★ *ἐστιν* – *εἰμί*의 현재 직설법 3인칭 단수

8. *οὕτως* ***γινώσκομεν*** *τοῦτον καὶ* ***βλέπομεν*** *τὸ πρόσωπον αὐτοῦ.*
그러므로 우리는 안다 이 사람을 그리고 본다 그 얼굴을 그의

해석: 그러므로 우리는 이 사람을 알고 또 그의 얼굴을 본다.

★ *γινώσκομεν* – γινώσκω의 현재 능동태 직설법 1인칭 복수

★ *βλέπομεν* – βλέπω의 현재 능동태 직설법 1인칭 복수

9. ***λαμβάνομεν*** *ταῦτα τὰ δῶρα ἀπὸ τοῦ αὐτοῦ καὶ* ***βλέπομεν*** *αὐτόν.*
우리는 취한다 이 선물들을 ~로부터 바로 그 사람(으로부터) 그리고 우리는 본다 그를

해석: 우리는 이 선물들을 바로 그 동일한 사람으로부터 취하며 또 그를 본다.

αὐτός 특수용법에 있어서 문맥상 생략이 가능한 경우엔 명사가 생략되기도 한다.

★ *λαμβάνομεν* – λαμβάνω의 현재 능동태 직설법 1인칭 복수

★ *βλέπομεν* – βλέπω의 현재 능동태 직설법 1인칭 복수

10. *αὐτὸς* ***βαπτίζεις*** *ἐκεῖνον καὶ εἶ ἀδελφὸς αὐτοῦ.*
너 자신이 세례준다 저 사람을 그리고 너는 ~이다 형제 그의

해석: 너 자신이 저 사람을 세례준다. 그리고 너는 그의 형제이다.

★ *βαπτίζεις* – βαπτίζω의 현재 능동태 직설법 2인칭 단수

11. *εἰς τὴν αὐτὴν ἐκκλησίαν* ***ἄγομεν*** *τούτους τοὺς διδασκάλους ἡμῶν*
~ 안으로 바로 그 교회 우리는 인도한다 이 선생들을 우리의
τοὺς ἀγαθούς.
선한

해석: 우리는 우리의 이 선한 선생들을 바로 그 교회 안으로 인도한다.

★ *ἄγομεν* – ἄγω의 현재 능동태 직설법 1인칭 복수

12. *αὐτὸς ἐγὼ* ***ἔχω*** *ταύτην τὴν ἐπαγγελίαν τοῦ κυρίου μου.*
나 자신이 가진다 이 약속을 주님의 나의

해석: 나 자신이 나의 주님의 이 약속을 가지고 있다.

★ *ἔχω* – ἔχω의 현재 능동태 직설법 1인칭 단수

13. αὕτη **βλέπει** τὸ πρόσωπον τοῦ κυρίου αὐτῆς.
이 여자가 본다 그 얼굴을 주님의 그녀의

해석: 이 여자가 그녀의 주님의 얼굴을 본다.

★ βλέπει – βλέπω의 현재 능동태 직설법 3인칭 단수

14. αὐτὴ **γινώσκει** αὐτὴν τὴν ἀλήθειαν.
그녀 자신이 안다 자체를 그 진리

해석: 그녀 자신이 그 진리 자체를 안다.

★ γινώσκει – γινώσκω의 현재 능동태 직설법 3인칭 단수

15. ἀγαθή **ἐστιν** ἡ ἐπαγγελία σου καὶ ἀγαθὴ εἶ αὐτή.
선한 ~이다 그 약속은 너의 그리고 선하다 너 자신은

해석: 너의 약속은 선하며 또 너 자신은 선하다.

★ ἐστιν – εἰμί의 현재 직설법 3인칭 단수

16. ἐκεῖνοί **εἰσιν** μαθηταὶ τοῦ αὐτοῦ διδασκάλου.
저 사람들은 ~이다 제자들 바로 그 선생의

해석: 저 사람들은 바로 그 선생의 제자들이다.

★ εἰσιν – εἰμί의 현재 직설법 3인칭 복수

17. οὗτός **ἐστιν** διδάσκαλος ἐκείνου, ἐκεῖνος δὲ τούτου.
이 사람은 ~이다 선생 저 사람의 저 사람은 그러나 이 사람의

해석: 이 사람은 저 사람의 선생이다. 그러나 저 사람은 이 사람의 (선생이다).

★ ἐστιν – εἰμί의 현재 직설법 3인칭 단수

18. οὗτος **διδάσκει** τοὺς ἀγαθοὺς καὶ αὐτός **ἐστιν** ἀγαθός.
이 사람은 가르친다 그 선한 자들을 그리고 그 자신은 ~이다 선한

해석: 이 사람은 그 선한 자들을 가르친다. 그리고 그 자신은 선하다.

★ διδάσκει – διδάσκω의 현재 능동태 직설법 3인칭 단수

19. μετὰ τὰς ἡμέρας ἐκείνας διδάσκαλοί **ἐσμεν** τούτων τῶν δούλων.
~후에 날들 저 선생들 우리는 ~이다 이 종들의

해석: 저 날들 후에 우리는 이 종들의 선생들이다.

★ *ἐσμεν* – *εἰμί*의 현재 직설법 1인칭 복수

20. *μετὰ τῶν πιστῶν* ***ἔχομεν*** *ἐπαγγελίας ἀγαθάς, οἱ δὲ πονηροὶ*
~와 함께 그 신실한 자들 우리는 갖는다 약속들을 선한 그 그러나 악한 자들은
βλέπουσιν *ἡμέρας κακάς.*
본다 날들을 악한

해석: 우리는 그 신실한 자들과 함께 선한 약속들을 갖는다. 그러나 그 악한 자들은 악한 날들을 본다.

★ *ἔχομεν* – ἔχω의 현재 능동태 직설법 1인칭 복수

★ *βλέπουσιν* – βλέπω의 현재 능동태 직설법 3인칭 복수

10과

현재 중간태/수동태. 디포넌트 동사.

핵심문법요약

Gram 51. λύω의 현재 중간태/수동태 직설법 변화
(Present Middle/Passive Indicative)

	단수	복수
1인칭	λύομαι	λυόμεθα
2인칭	λύῃ [1]	λύεσθε
3인칭	λύεται	λύονται

헬라어의 모든 동사는 현재시제에서 중간태와 수동태의 어형이 동일하다. 둘 중 어느 것으로 쓰였는지는 문맥으로 파악한다.

Gram 52. 현재시제에서의 중간태와 수동태

헬라어의 모든 동사들은 **현제시제에서** (그리고 **미완료시제에서도**) **중간태와 수동태의 모양이 같다.** 부연하자면, 현재시제 직설법, 현재시제 분사, 현재시제 가정법, 현재시제 부정사, 현재시제 명령법에서 중간태와 수동태의 모양은 항상 같다.[2] 그러므로 예를 들어, 문장 안에서 어떤 동사가 -ομαι를 취하고 등장했다면 그것이 현재 중간태 꼬리인지 아니면 현재수동태 꼬리인지의 여부는 문맥으로 판단하는 것이다.[3]

---

[1] 2인칭 단수의 꼬리는 원래 (ε)σαι이다. 그러나 앞의 연결모음(connecting vowel) ε과 뒤의 모음 αι 사이의 σ는 'intervocalic consonant'(모음사이에 놓인 자음)가 되어 발음상의 편의를 위해 생략된다. 따라서 ε과 α는 단축법(23과)에 의해 η로, 그리고 뒤의 ι는 밑으로 하기되어 지금의 ῃ가 되었다. 이러한 음운현상은 미완료 중간태/수동태에서도 마찬가지이다(Mounce 146. f. 1).

[2] 참고로, 현재완료와 과거완료에서도 그러하지만 이것은 지금으로선 너무 먼 얘기이므로 나중에 살펴보도록 하자.

[3] 원래 중간태는 문맥에 따라서 수동의미의 기능까지 대신했다. 그러므로 중간태와 수동태의 차이점은 'form'에 있지 않았으며, 문맥에 따른 중간태의 'function'에 수동태가 귀속되었던 것이다. Robertson은 심지어 미래나 과거시제에 있어서도 중간태가 수동의 의미를 대신하는 경우가 고대 산문작가들의 후기작품들 속에서 적잖이 발견되고 있음을 지적한다(Robertson, Grammar 818-19). 그러나 과거와 미래시제에서 수동태가 독립된 형태로 분화된 이상, 현재시제에 있어서도 별개의 굴접접사로서 '수동태 ομαι'를 구분하는 것이 바람직하다.

Gram 53. 중간태의 어형성 (Word formation)

현재와 미완료과거(11,12과), 그리고 미래시제(13과)와 부정과거시제(14,15과)에 있어서 헬라어 동사들의 중간태는 해당 시제의 능동태형에서 만든다.[4] 즉, 중간태의 어형을 알기 위해서 필요한 것은 사전에서 해당시제의 **능동태 줄기**를 확인하는 일 뿐이다. 예를 들어 **과거** 중간태는 **과거** 능동태와 그 줄기를 공유하고, **미래** 중간태는 **미래** 능동태와 그 줄기를 공유하는 법이다.

예: **βλέπω**의 현재 중간태 직설법을 만들기 위해선 현재 능동태 줄기가 '**βλεπ-**' 라는 것을 확인하고, 다음으론 현재 중간태 직설법 변화표의 인칭꼬리들을 붙여 만들면 된다: **βλέπομαι, βλέπῃ, βλέπεται,....**

Gram 54. 수동태 (Passive Voice)

앞서 말했듯이 **현재시제 있어서** 수동태의 인칭꼬리는 중간태와 모양이 같다. 그러나 저자 메이첸은 그의 책에서 말하길 능동태 –ω동사가 **–ομαι**꼬리를 취했을 경우 그것은 일단 수동태꼬리로만 간주하자고 제안한다(실제로, 문맥상 중간태적 해석을 허용할만한 경우는 연습문제에서 거의 드물다). 즉, 초급과정이므로 중간태적 해석은 – 설령 문맥이 그것을 허용할 수 있는 경우라도 – 배제하자는 것이다(Machen § 109). 따라서 예문이나 연습문제에 있어서, 현재기본형이 **-ω**로 소개되는 (타동사적 의미를 지닌) 동사가 **-ομαι**꼬리를 취하고 등장하면 '현재 수동태 직설법' 꼬리로 간주하고 분해하라. 참고로, 대개의 경우 수동태 동사엔 전치사 **ὑπό**('...에 의해')가 뒤따른다.[5]

예: 수동태 꼬리를 취한 아래 주요 동사들의 의미를 살펴보자:
(**현재 수동태는 현재 능동태 줄기에서 -ομαι를 붙여 만든다**)

λύομαι (내가 풀리움을 당한다, 파괴당한다)
βλέπομαι (내가 보임을 당한다/ 보여진다 I am being seen)
γινώσκομαι (내가 [...에 의해] 알아주는 바 되다/ 알려지다)

---

4 단, 현재완료중간태(29과)는 예외다. 물론 현재완료시제에서도 중간태의 어형은 능동태의 줄기를 그 근간으로 삼긴 하지만, 줄기끝자음이 인칭꼬리와 만나면서 다소 복잡한 음운변화를 일으키게 되기 때문이다.

5 수동태로 쓰이는 동사들은 대개 동작의 작인(agent)을 나타내는 전치사 **ὑπό**('에 의해')와 함께 쓰인다(특히 본 메이첸 교본에선 일관되게 그러하다). 혹은 수단의 여격도 작인을 나타낸다. 그러나 동작의 작인을 굳지 나타낼 필요가 없을 경우에는 얼마든지 **ὑπό**를 생략할 수 있다. 참고로, 어떤 능동태 동사는 그 자체로 수동의 의미를 지니며 따라서 전치사 **ὑπό**와 함께 쓰일 수도 있다(cf. **πάσχω** '내가 고난당하다'). 또한 작인을 나타내는 전치사로는 **ὑπό** 이외에도 **διά**와(마1:22), **ἀπό**(고후3:18), **ἐκ**(갈4:4) 등이 가능하다.

διδάσκομαι (내가 가르침을 받는다)
λαμβάνομαι (내가 취함을 받는다)
γράφομαι (내가 기록되어진다)
λέγομαι (내가 얘기되어진다)
ἐγείρομαι (내가 일으킴을 받는다)
ἄγομαι (내가 인도함을 받는다)
βάλλομαι (내가 던지워 진다)
πέμπομαι (내가 보냄을 받는다)
φέρομαι (내가 운반되어진다)
βαπτίζομαι (내가 세례를 받는다)
ἀκούομαι (내가 들려지고 있다 I am being heard)
σώζομαι (내가 구원받는다)

Cf. ἄρχομαι (수동태 꼬리 ομαι를 취했을 때– 내가 지배받는다) [**Gram 57** 참조]
중간태 꼬리 ομαι를 취하면 '시작하다'의 의미.

Gram 55. 디포넌트 동사 (Deponent Verb) (중요)

디포넌트 동사란 능동태꼬리를 가지고 있지 않은 동사를 말한다(Moulton 153).[6] 대신 중간태나 혹은 수동태 꼬리가 나타나서 능동태꼬리의 기능을 담당한다(**요약하자면 첫째, 능동태 어형을 갖지 않는다는 형태론적 특징과 둘째로, 중간태나 수동태꼬리를 취하고서 능동태꼬리의 기능과 의미를 대신한다는 의미론적 특징, 이 두 가지 요소를 모두 만족시켜야 디포넌트 동사로 정의내릴 수 있다**). 따라서 디포넌트 동사에 있어서 중간태나 수

[6] 언어 발전단계의 어느 시점에 있어서 중간태나 수동태 꼬리를 취한 동사들이 능동태의 의미를 대신하기 시작한 것으로 추측된다. 즉, 능동태 꼬리를 '제껴놓고' (라틴어 deponere에서 유래) 대신 중간태나 수동태 꼬리를 취했다는 의미에서 'Deponent' 동사이다. 혹은 중간태나 수동태꼬리를 취하고서 '그 고유한 중간태적 의미나 수동의미를' 제껴놓았다는 점에서 'Deponent'를 정의하려는 입장도 있다(Donaldson, *OED* 1859; cf. Robertson, *Grammar* 812). 어느 경우든 결국은 마찬가지의 결론에 이르는 것 같지만 사실 이것은 디포넌트의 정의 및 분류와 관련하여 중요한 논쟁거리를 불러일으킨다(cf. 이와 관련하여 유사한 논의를 소개하는 Wallace 428의 각주 61을 참조하라). 그런데 왜 디포넌트 동사들이 한결같이 능동태 어형을 가지고 있지 않으며 이러한 분포적(distributional) 특징과 관련하여 디포넌트의 의미속성은 어떻게 정의될 수 있는지를 명확히 설명하고 있는 문법서는 놀랍게도 발견되지 아니한다. 필자는 이것을 최근의 형태론적 이론에서 고찰하여 저지현상(Blocking)이라는 개념을 빌어와 설명하고자 한다. 이들 동사들에 있어서 능동태 꼬리가 철저하게 저지(Blocking)되고 있는 까닭은 의미적으로 동일한 두 개의 어형이 중첩될 필요가 없기 때문이다. 디포넌트 동사는 능동태 어형만을 저지시킬 뿐만 아니라, 특히 과거시제에서 디포넌트인 동사의 경우, 중간태 꼬리를 취하거나 혹은 수동태 꼬리를 취하는 두 부류의 어형들에 있어서 나머지 한 쪽을 저지시키는 경향을 띠게 된다. 이에 관한 좀더 상세한 내용은 **Gram63**과 16과를 참조하라.

동태니 하는 꼬리는 '형식'일 뿐, 실제로 '중간태적 의미나 수동의미'와는 아무런 관련이 없게 된다. 이러한 동사들은 능동태 어형이 없기 때문에 사전을 찾으면 그 원형(즉, 현재 직설법 기본형)이 –ω 로 소개되는 것이 아니라 –ομαι 로 소개되어 있다. 만약 어떤 단어의 현재 기본형이 –ομαι로 소개되어 있다면 그것은 논의의 여지없이 현재시제에서 디포넌트 동사이다.[7] ※ 따라서 만약 γίνῃ를 분해하라고 했을 때 원형을 γίνω로 표기하면 잘못이다. 반드시 γίνομαι로 표기해야 한다.

10과에 소개되는 디포넌트 동사들:
ἀποκρίνομαι (대답하다), γίνομαι (되다), ἔρχομαι (오다/가다), διέρχομαι (통과하다), εἰσέρχομαι (들어가다), ἐξέρχομαι (나가다), πορεύομαι (가다).

Gram 56. 디포넌트 동사의 분해 (Parsing) **(중요)**

뒤의 참고논의 **Gram63**에서 밝힐 것이지만, 디포넌트 동사는 분해(parsing)시에 반드시 **디포넌트**(Deponent)**임을 나타내 주는 것이** 해석의 자연스러움을 위해 바람직하다.[8] 본서에선 아래의 실례들 중에 〈예1〉의 것을 따르겠다. 디포넌트 동사는 그 인칭꼬리의 태(Voice)가 지닌 고유한 의미를 벗어나 능동태 어형의 의미를 대신한 것이기에 '태'를 밝히는 것이 무의미할 수도 있겠지만, 초급문법 과정에 있는 학습자의 입장에서는 인칭꼬리를 우선 '형태적으로' 분석해 내는 작업이 중요한 일이기에 '태'를 밝힌 후 디포넌트의 여부를 추가로 써넣는 식의 분해패턴을 취함이 바람직하겠다.

예1: ἀποκρίνῃ – ἀποκρίνομαι의 현재 중간태/수동태[9] **디포넌트** 직설법 2인칭 단수

---

[7] 국내외에서 발행된 헬라어 사전들을 보면 일부 동사들에 있어서 그 원형 표기가 일치되지 않는 것을 발견하게 된다. 즉, 예전엔 능동태 동사였으나 오랜 시간이 흐르면서 능동태 어형이 거의 쓰이지 않게 되었을 경우 그 원형을 *ομαι로 간주하고서 어휘목록에 등재시키는 경우가 그것이다. 이 같은 방식은 헬라어 어휘를 통시적(diachronic) 입장이 아닌 공시적(synchronic) 입장에서 보려는 태도에 기인하는데, 이 때문에 개별 동사들에 따라 사전마다 그 원형 표기에 차이를 보이는 경우가 종종 있다. 이와 관련한 대표적 사전들에 대해선 **Gram63**을 참고하라.

[8] 분해사전들 중 디포넌트 여부를 밝히지 않고 다만 인칭꼬리의 '태(Voice)'만 밝혀놓은 것으로 마치는 것들이 있다. 그 이유는 '분해'(parsing)란 기본적으로 **형태적 분석**에 관련한 작업이기 때문이며, 이와 별도로 '디포넌트 여부'는 **해석적 작업**에 포함시킬 수 있기 때문이다. 그러나 한편으론 디포넌트 동사의 성격과 그 정의에 대해 아직 논란거리가 남아있는 고로 그에 대한 해석은 독자의 몫으로 돌리고자 하는 의도로도 보여진다.

[9] 현재시제에서 디포넌트 동사인 경우 어떠한 분해방식으로 그 태의 '형식'을 정의할 것이냐의 문제가 남아있다. 현재시제 굴절접미어 ομαι는 중간태 굴절접미어이든가 혹은 수동태 굴절접미어이며, '디포넌트'란 결국 이 둘 중 어느 것이든 그 태의 형식과 관계없이 능동태 어형의 의미를 대신하는 것이기에 '현재

예2: ἀποκρίνῃ – ἀποκρίνομαι의 현재 **디포넌트** 직설법 2인칭 단수
예3: ἀποκρίνῃ – ἀποκρίνομαι의 현재 중간태 직설법 2인칭 단수[10]

Gram 57. ἄρχω의 중간태 ἄρχομαι

메이첸은 그의 초급교본 범위에 있어서 중간태적 해석을 배제하자고 제안했지만 몇 개의 예외적인 동사를 소개해 놓는다. 그 중 첫번째로 ἄρχω를 소개하고 있는데, 이 동사는 중간태(ἄρχομαι)에서 그 의미가 '시작하다'란 뜻이 된다(cf. **Gram62**). 능동태에선 '다스리다'의 의미를 지니는데 어느 경우든 **항상 속격만을 취한다.**[11] 아래의 경우들을 비교하라.

(1) **ἄρχει** ὁ θεὸς τῆς βασιλείας.
하나님께서 그 왕국을 다스리신다.
→ ἄρχω의 현재 **능동태** 직설법 3인칭 단수

(2) **ἄρχεται** ἡ βασιλεία ὑπὸ τοῦ θεοῦ.[12]
그 왕국이 하나님에 의해 다스림 받는다.
→ ἄρχω의 현재 **수동태** 직설법 3인칭 단수

(3) **ἄρχεται** τοῦ λόγου.[13] 그가 그(의) 말을 시작한다.
→ ἄρχω의 현재 **중간태** 직설법 3인칭 단수
Cf. '시작하다'란 의미로 쓰일 때 주로 부정사를 취하기도 함(22과 참조).

중간태 수동태 디포넌트 직설법' 이라고 표기하는 것이 일면 타당하다(cf. Bworks의 분해주 참조). 혹은 여타 분해사전에선 아예 '태'를 표기하지 않기도 한다.

[10] **Gram38**의 각주 참조. 디포넌트 여부를 밝히지 않고 다만 '태'의 형식만 밝혀놓는 이 같은 방식에 있어서 '현재 **중간태/수동태 직설법**'으로 표기하지 않고 '현재 **중간태 직설법**'으로만 표기하는 이유는 '현재 디포넌트'를 현재 중간태의 한 부류로 파악하려는 태도에 기인한다(**Gram63** 참고). cf. Han의 분해집(*A Parsing Guide to the Greek NT*).

[11] 한국어나 영어에서 동사의 목적어는 항상 목적격(대격)으로 와야 하는 것이 상식적인 통사규칙이나, 헬라어에선 특정한 격을 목적어로 요구하는 동사들이 있으므로 주의해야 한다. 참고로, ἄρχω는 '…중에서 머리가 된다/으뜸이다'란 의미를 갖기 때문에 비교의 소유격(좀더 정확히는 '탈격'으로서의 속격)을 취하게 된 것으로 분석된다(Zuntz 238). 또한 문맥에 따라서 중간태가 아닌 수동태 꼬리로 간주될 수 있을 경우 얼마든지 수동의 의미를 지닌다. 상세한 사항에 관하여는 Liddell&Scott 사전(LCJ)을 참고하라.

[12] ἄρχομαι는 디포넌트 동사가 아니기에 문맥에 따라 수동태꼬리를 취하고서 수동의 의미를 지니는 경우를 상정할 수 있는데, 현재시제 외의 다른 시제에선 수동태를 취하고서 수동의 의미를 지닌다(cf. LCJ 254; ἀρχθήσομαι).

[13] cf. Zuntz 238.

Gram 58. 동사 ἀκούω의 지배격

동사 ἀκούω는 속격과 대격을 모두 취할 수 있으며 그 의미는 동일하다.

(1) ἀκούω **τῆς φωνῆς** αὐτοῦ. 내가 그의 음성을 듣는다.

(2) ἀκούω **τὴν φωνὴν** αὐτοῦ. 내가 그의 음성을 듣는다.

Gram 59. 부정어(Negative) οὐ

직설법 동사를 부정하고자 할 때 부정어 **οὐ** ('not')를 부정하고자 하는 단어 바로 앞에 둔다. 그리고 모음이 뒤따를 경우엔 **οὐκ**로, 더구나 거친숨표를 동반한 모음일 경우엔 **οὐχ**로 바뀐다. 아래의 문장들이 가져올 수 있는 각각의 뉘앙스를 살펴보라. 부정어가 어디에 놓이냐에 따라 그 지배하는 의미영역이 달라진다.

(1) οὐκ ἐγὼ διδάσκω δούλους ἐν τῷ ἱερῷ.
내가 성전에서 종들을 가르치는 것은 아니다.

(2) διδάσκω δούλους οὐκ ἐν τῷ ἱερῷ.
나는 *성전에서는* 종들을 가르치지 아니한다.

(3) διδάσκω οὐ δούλους ἐν τῷ ἱερῷ.
나는 성전에서 *종들을* 가르치지는 아니한다.

Gram 60. 접속사 ὅτι

(1) **명사절을** 주문장(Main sentence)의 **목적어 자리에 접속**시킬 때 사용한다(영어의 접속사 that에 해당함).

흔히 앞에 콤마가 오지 아니한다. 왜냐하면 동사가 콤마없이 목적절을 취해야 자연스럽게 의미단락이 완성되기 때문이다.

예: λέγω αὐτοῖς **ὅτι** ὁ θεὸς ἐστὶν ὁ κύριος μου.
나는 하나님께서 나의 주인 되신다는 사실을 그들에게 말한다.

참고로 ὅτι는 주로 발화동사(Speaking verbs)들 뒤에서 발화의 내용을 이끌며 간접화법(Indirect Discourse) 구문을 만든다(22과 참조).

(2) **이유를 나타내는 부사절을** 주문장의 **종속절로 접속**시킬 때.

흔히 앞에 콤마가 온다.

예: φέρω τὰ κακά, **ὅτι** ὁ θεὸς ἐστὶν ὁ κύριος μου.
나는 그 악한 것들을 견딘다. 왜냐하면 하나님께서 나의 주인 되시기 때문이다.

Gram 61. 도구, 수단을 나타내는 여격(Dative)
여격은 원래 도구격 및 처소격과 그 형태가 달랐다. 그러나 후에 도구격과 처소격 격형태가 여격으로 통합되면서 현재의 5격 시스템을 이루었고 여격이 도구(수단)의 의미까지 담당하게 된 것이다. 여격이 도구(수단)의 의미로 쓰인 것인지의 여부는 문맥으로 결정한다.

예: σωζόμεθα **τῷ λόγῳ** τοῦ θεοῦ.
우리는 하나님의 말씀으로 구원받는다.
= σωζόμεθα ὑπὸ τοῦ λόγου τοῦ θεοῦ.

단어공부

명 사: ἁμαρτωλός, ὁ (a sinner 죄인)

동 사: ἀκούω (I hear 듣다) Cf. 속격과 대격을 모두 취함.
σώζω (I save 구원하다) 혹은 σῴζω
ἄρχω (I rule 지배하다/다스리다) Cf. 중간태(ἄρχομαι)에서 '시작하다'
※ ἄρχω나 ἄρχομαι의 경우에 있어서 항상 속격을 취함.
ἀποκρίνομαι [Depo](I answer 대답하다) – 전치사 ἀπό와 결합된 합성동사.
γίνομαι [Depo](I become 되다)
ἔρχομαι [Depo](I come/I go 오다/가다)
διέρχομαι [Depo](I go through 통과하다) – 전치사 διά와 결합된 합성동사.
εἰσέρχομαι [Depo](I go in/I enter 들어가다) – 전치사 εἰς와 결합됨.
ἐξέρχομαι [Depo](I go out 나가다) – 전치사 ἐκ와 결합됨.
πορεύομαι [Depo](I go 가다)

전치사: ὑπό + 속격 (by ~으로 말미암아)
+ 대격 (under ~아래에)

부정어: οὐ (not 아니) (1) 모음 앞에서 οὐκ
(2) 거친숨표를 동반한 모음 앞에서 οὐχ

접속사: ὅτι (that, because ~는 것, 왜냐하면)
ἀλλά (but 그러나) Cf. δέ보다 더 강한 어조에서 쓰임.

Pop Quiz

Q1. 다음 중 디포넌트 동사인 것은?
① ἀποκρίνομαι ② ἄρχομαι ③ ἀκούομαι ④ σῴζομαι

Q2. 괄호 안의 동사를 알맞은 어형으로 변화시켜 아래 해석을 완성하시오.
οὐ (πορεύομαι) σὺ πρὸς αὐτόν.
너는 그에게로 가지 아니한다.

답: 1. ① 2. πορεύῃ

연습문제

1. ***λύονται*** *οὗτοι οἱ δοῦλοι ὑπὸ τοῦ κυρίου.*
풀리움을 당한다 이 종들이 주님으로 말미암아

해석: 이 종들이 주님으로 말미암아 풀리움을 받는다.

★ *λύονται* – λύω의 현재 수동태 직설법 3인칭 복수

2. *τῷ λόγῳ τοῦ κυρίου* ***ἀγόμεθα*** *εἰς τὴν ἐκκλησίαν τοῦ θεοῦ.*
말씀으로 주님의 우리가 인도함 받는다 그 교회 안으로 하나님의

해석: 우리는 주님의 말씀으로써 하나님의 교회 안으로 인도함 받는다.

★ *ἀγόμεθα* – ἄγω의 현재 수동태 직설법 1인칭 복수

3. *οὐκ* ***ἀκούετε*** *τῆς φωνῆς τοῦ προφήτου, ἀλλ᾽* ***ἐξέρχεσθε*** *ἐκ τοῦ οἴκου αὐτοῦ.*
아니 너희는 듣는다 그 음성을 그 예언자의 오히려 너희는 나간다 그의 집 밖으로

해석: 너희는 그 예언자의 음성을 듣지 아니하며 오히려 그의 집 밖으로 나간다.

★ *ἀκούετε* – ἀκούω의 현재 능동태 직설법 2인칭 복수

★ *ἐξέρχεσθε* – ἐξέρχομαι의 현재 중간/수동태 디포넌트 직설법 2인칭 복수

4. *τῷ λόγῳ αὐτοῦ τοῦ κυρίου* ***γίνεσθε*** *μαθηταὶ αὐτοῦ.*
그 말씀으로 자신의 주님 너희는 ~가 된다 제자들 그의

해석: 너희는 주님 자신의 말씀으로 그의 제자들이 된다.

★ *γίνεσθε* – γίνομαι의 현재 중간/수동태 디포넌트 직설법 2인칭 복수

5. *ἐκεῖνοι οἱ ἀγαθοὶ διδάσκαλοι οὐκ* ***εἰσέρχονται*** *εἰς τοὺς οἴκους τῶν ἁμαρτωλῶν.*
저 선한 선생들은 아니 들어간다 그 집들 안으로 그 죄인들의

해석: 저 선한 선생들은 그 죄인들의 집들 안으로 들어가지 아니한다.

★ *εἰσέρχονται* – εἰσέρχομαι의 현재 중간/수동태 디포넌트 직설법 3인칭 복수

6. *οὐ* ***βαπτίζονται*** *οἱ ἁμαρτωλοὶ ὑπὸ τῶν ἀποστόλων, ἀλλ᾽* ***ἐξέρχονται*** *ἐκ τούτων τῶν οἴκων πρὸς ἄλλους διδασκάλους.*
아니 세례받는다 그 죄인들은 그 사도들로 말미암아 오히려 그들은 나간다 이 집들 밖으로 ~에게로 다른 선생들

해석: 그 죄인들은 그 사도들에게 세례받지 아니하고 오히려 이 집들 밖으로 나가 다른 선생들에게로 (향한다).

★ *βαπτίζονται* – βαπτίζω의 현재 수동태 직설법 3인칭 복수

★ *ἐξέρχονται* – ἐξέρχομαι의 현재 중간/수동태 디포넌트 직설법 3인칭 복수

7. ***λέγετε*** *ἐκείνοις τοῖς ἁμαρτωλοῖς ὅτι* ***σῴζεσθε*** *ὑπὸ τοῦ θεοῦ ἀπὸ τῶν ἁμαρτιῶν ὑμῶν.*
너희는 말한다 저 죄인들에게 ~라는 사실을 너희가 구원받는다 하나님에 의해 ~로부터 그 죄악들 너희의

해석: 너희는 저 죄인들에게 너희가 하나님에 의해 너희의 죄들로부터 구원받는다고 말한다.

★ *λέγετε* – λέγω의 현재 능동태 직설법 2인칭 복수

★ *σῴζεσθε* – σῴζω의 현재 수동태 직설법 2인칭 복수

8. ***ἄρχει*** *αὐτὸς ὁ θεὸς τῆς βασιλείας αὐτοῦ.*
지배하다 자신이 하나님 그 나라를 그의

해석: 하나님 자신께서 그의 나라를 지배하신다.

★ *ἄρχει* – ἄρχω의 현재 능동태 직설법 3인칭 단수

9. *εἰρήνην* ***ἔχει*** *ἡ ἐκκλησία, ὅτι* ***σῴζεται*** *ὑπὸ τοῦ κυρίου αὐτῆς.*
평화를 가진다 그 교회는 왜냐하면 그것이 구원받는다 주님에 의해 그것의

해석: 그 교회는 평화를 가진다. 왜냐하면 그것(=그 교회)은 그(=교회)의 주님에 의해 구원받고 있기 때문이다.

★ *ἔχει* – ἔχω의 현재 능동태 직설법 3인칭 단수
★ *σῴζεται* – σῴζω의 현재 수동태 직설법 3인칭 단수

10. *οὐκ* ***ἀποκρινόμεθα*** *τῷ ἀποστόλῳ ὅτι οὐ* ***γινώσκομεν*** *αὐτόν.*
아니 우리가 대답한다 그 사도에게 아니 우리가 안다 그를

해석: 우리는 그 사도에게 우리가 그를 알지 못한다고 대답하지 아니한다.

발화동사(speaking verbs)는 흔히 발화의 내용을 ὅτι절로 나타낸다.

★ *ἀποκρινόμεθα* – ἀποκρίνομαι의 현재 중간/수동태 디포넌트 직설법 1인칭 복수
★ *γινώσκομεν* – γινώσκω의 현재 능동태 직설법 1인칭 복수

11. *οὐχ ὑπὸ τῶν μαθητῶν* ***σῴζῃ*** *ἀπὸ τῶν ἁμαρτιῶν σου, ἀλλ' ὑπ' αὐτοῦ τοῦ θεοῦ.*
아니 그 제자들로 말미암아 너는 구원받는다 그 죄들로부터 너의 오히려 ~로 말미암아 자신 하나님

해석: 너는 그 제자들에 의해서가 아니라 오히려 하나님 자신으로 말미암아 너의 죄들로부터 구원받는다.

★ *σῴζῃ* – σῴζω의 현재 수동태 직설법 2인칭 단수

12. *οὐ* ***πορεύῃ*** *ἐν τῇ ὁδῷ τῇ κακῇ, ἀλλὰ* ***σῴζῃ*** *ἀπὸ τῶν ἁμαρτιῶν σου καὶ οἱ ἀδελφοί σου* ***ἀκούουσι*** *τῆς φωνῆς τοῦ κυρίου.*
아니 너는 간다 ~안에 그 길 그 악한 오히려 너는 구원받는다 그 죄들로부터 너의 그리고 그 형제들은 너의 듣는다 그 음성을 주님의

해석: 너는 그 악한 길을 가지 아니하고 오히려 너의 죄들로부터 구원받는다. 그리고 너의 형제들은 주님의 음성을 듣는다.

★ *πορεύῃ* – πορεύομαι의 현재 중간/수동태 디포넌트 직설법 2인칭 단수
★ *σῴζῃ* – σῴζω의 현재 수동태 직설법 2인칭 단수
★ *ἀκούουσι* – ἀκούω의 현재 능동태 직설법 3인칭 복수

13. *μετὰ τῶν ἀδελφῶν αὐτοῦ* ***ἄγεται*** *εἰς τὴν βασιλείαν τοῦ θεοῦ τῇ φωνῇ τῶν ἀποστόλων.*
~와 함께 그 형제들 그의 그는 인도받는다 그 왕국 안으로 하나님의 그 음성으로써 그 사도들의

해석: 그는 그 사도들의 음성에 의해 그의 형제들과 함께 하나님의 나라 안으로 인도함을 받

는다.

★ ἄγεται – ἄγω의 현재 수동태 직설법 3인칭 단수

14. οὐ **γίνῃ** μαθητὴς τοῦ κυρίου, ὅτι οὐκ **εἰσέρχῃ** εἰς τὴν ἐκκλησίαν
아니 너는 된다 제자가 주님의 왜냐하면 아니 너는 들어간다 그 교회 안으로
αὐτοῦ.
그의

해석: 너는 주님의 제자가 되지 아니한다. 왜냐하면 너는 그의 교회 안으로 들어가지 않기 때문이다.

★ γίνῃ – γίνομαι의 현재 중간/수동태 디포넌트 직설법 2인칭 단수

★ εἰσέρχῃ – εἰσέρχομαι의 현재 중간/수동태 디포넌트 직설법 2인칭 단수

<참고>

Gram 62. 중간태 (Middle Voice)

매우 생소해 보이는 문법일 뿐 아니라 아직도 학계에서 논의중인 개념이다. 그러나 기본 개념은 이렇다. 우선 태(Voice)를 정의해보자. 태란 동사의 동작과 주어의 관계에 대한 정의이다. 예를 들어, 능동태(Active Voice)에선 주어가 동작을 능동적으로 일으키는 작인(Agent)이다. 그리고 능동태에서 동작의 방향은 주어자신이 아닌 목적어를 향한다. 이와 반대로, 수동태(Passive Voice)는 능동문에서 목적어로 왔던 것이 수동문의 주어가 되어 동작의 결과는 주어가 받는다.

그렇다면 중간태(Middle Voice)는 어떠한가. 어떤 면에서 중간태란, 능동과 수동의 '중간' 개념으로서 동작의 작인이 주어자신이며 동시에 동작의 결과를 주어 자신이 받는다. 그러므로 **λύομαι**는 '나 자신을 풀어주다'란 의미를 갖게 된다. 그러나 이런 재귀적(reflexive)인 해석은 중간태의 한 해석패턴일 뿐 사실은 더욱 포괄적인 해석패턴을 갖는다. 그 모든 해석패턴들의 공통된 특징을 꼽는다면 '재귀대명사'가 어떤 식으로든 거의 관련되어 있다는 것인데 이해를 돕기 위해 Moulton의 관찰을 빌어 설명하겠다(cf. Moulton, *Prolegomena* 152). **λύω**가 중간태 꼬리를 취하여 **λύομαι**로 되었을 때 후자가 전자에 대해 갖는 차이점은 인칭꼬리(**−ομαι**)가 길어져 '강조'되고 있다는 것이다. 나머지 꼬리들(**ῃ** [원래는 [ε]σαι], [ε]ται, [ο]μεθα, [ε]σθε [ο]νται)에 있어서도 마찬가지이다. 능동태형에서 '동작'과 '동작이 목적어에 가져온 결과'가 강조되었다면 중간태형에선 동작의 '주체'가 강조된 것이다(cf. Wallace 415). 말하자면, 다음의 두 문장에서 이태릭체 부분을 강조해서 발음할 경우에 가져오게 되는 의미적 차이점과 유사하다.

(a) I *destroyed the city*.

(b) *I* destroyed the city.

−ω를 취하는 능동태 동사가 문장 안에서 **−ομαι** 를 취했을 때, 그리고 그것이 분명 수동태꼬리가 아님이 문맥 안에서 확실해 질 때, 해석자는 그것을 중간태꼬리로 간주하고 해석하게 된다. 그렇다면 중간태꼬리를 취함으로써 '주어'(즉, 인칭꼬리)가 강조된 동사들은 문장 안에서 어떠한 의미를 갖게 되는가. 중간태가 갖는 의미패턴은 헬라어의 발전시기에 따라 약간의 차이를 보이지만[1] 문법연구가들은 대체로 다음과 같이 몇가지로 분류하여 정리해 놓았다. **λύομαι**를 예로 들자면 문맥에 따라 아래와 같은 식의 의미를 나타낼 수 있다(cf. Black, *Learn* 79−80):

---

[1] 주어 자신이 동작의 작인(agent)이며 동시에 목적어(patient/theme)가 되는 재귀적 용법이야말로 중간태의 이름에 걸맞는 의미패턴이 되겠지만 이러한 용법은 코이네 시대에 접어들어 점차로 줄어들게 되었다. 코이네 시대의 저자들은 중간태를 재귀적 의미패턴으로 사용하는 것을 되도록 지양하고 오히려 나머지 다양한 의미패턴으로 사용하고자 하는 양상을 띠게 되었다(cf. Wallace 415). 그러나 Neo-Hellenic 시대에는 다시 거의 모든 타동사들이 중간태에서 재귀적 용법을 허용하는 양상을 보이기도 했다. 언어 발전의 단계들에 있어서 '태'의 쓰임은 이처럼 조금씩 변화하고 있다고 Robertson은 말한다(cf. Robertson, *Grammar*, 333, 807).

(1) **'나 자신을** 풀어준다' I loose **myself**. [재귀적 용법]
(2) **'나 자신이** 풀어준다' I **myself** loose. [강조적 용법]
(3) **'나 자신(의 이익)을 위해** 풀어준다' I loose **for myself**. [주어의 이익]

다시 정리하자면, 중간태를 취하여 인칭꼬리가 강조된 동사는 대체로 재귀대명사가 일정한 패턴으로 개입되는 방식으로써 해석되는데 그 중 어떠한 의미패턴을 드러낼 것인가는 문맥에 따라 다르다. 재귀대명사를 직접목적어로 취하는 듯한 해석을 가져오는 용법을 'Direct Middle'이라 하며, 재귀대명사에 전치사를 결합시킨 듯한 해석을 가져와 **by** oneself, **for** oneself 등의 의미가 되게 하는 용법을 'Indirect Middle'이라 한다. 특히 후자의 해석패턴들은 주어가 일으키는 동작이 주어의 관심이나 이익과 깊이 관련되어 있거나 혹은 주어 자신과 특별한 이해관계 속에서 일어나는 것으로 파악된다. 그러나 위에 소개한 세 가지 패턴은 어디까지나 문법가들이 관찰을 통해 그 기본적 원리로서 단순화시켜 재구해 놓은 것에 불과하다. 이 중 어떤 원리에 적용되어 – 혹은 위의 세 범주에 속하지 않는 경우도 얼마든지 있다 – 실제로 어떤 식의 의미를 갖게 될 것이냐는 (1) **동사가 지닌 의미의 속성과** (2) **문맥**에 의해 결정된다. 다른 동사들의 실제 쓰임을 살펴보자.

Direct Middle: **λούω**(씻기다)라는 능동태 동사는 문맥에 따라 중간태를 취하고서 재귀대명사를 직접 취한 듯한 해석을 가질 수 있다. 이 경우 '목욕하다'(**λούομαι**)란 뜻을 갖게 된다(물론, 문맥에 따라 Direct Middle 용법을 상정할 수 없는 경우엔 다른 의미를 지니겠지만 말이다. 이를 테면 '*(다른 사람이 아닌) 나 자신이 직접* 씻기다'란 의미로서 주어를 강조하는 방식). 풀이하자면 '자기 자신을 씻기다'이므로 첫번째 해석범주에 포함된다. 이와 비슷하게 **ἀπάγχω**(...를 매달다. cf. **ἀπάγχομαι** 목매달다[=자신을 매달다])도 마찬가지이다. 이렇게 재귀대명사를 직접목적어로 취한 듯한 패턴은 동사의 의미속성에 따라 때론 타동사에서 자동사로 전환하는 방편이 되기도 한다: cf. **παύω**(정지시키다), **παύομαι**(멈추다[=자신을 멈추게 하다]).

Indirect Middle: 동사의 의미속성 상(혹은 주어진 문맥 상) 첫번째 의미패턴(Direct Middle)을 적용시키기 곤란한 경우 또다른 의미패턴으로서 Indirect Middle 용법을 상정해 볼 수 있겠다. 그 중 첫번째는 재귀대명사를 직접목적어의 자리가 아닌 주어 옆에 놓아 주어 자신을 강조하는 방식의 의미패턴이나(이를 다시 Intensive 용법이라 하며 Indirect Middle 용법의 하위항목에 위치시킬 수 있다). 이 경우 기본적으로 어휘적 의미변화는 없이, '다른사람이 아닌' 바로 '주어 자신'의 행동임을 강조하는 해석적 뉘앙스를 가져오게 된다: '예수께서 우리를 위해 영원한 구속을 *찾아주셨다*'(히9:12) 라는 문장에서 히브리서 저자는 '찾아주셨다'를 중간태로 사용함으로써 '(다른이가 아닌 바로) ***그가*** (혹은 ***그 홀로*** by himself)찾아주셨다'란 의미를 강조하고 있다(cf. Robertson, *Grammar* 809). 그러나 문맥에 따라 그 의미적 강조점이 좀더 미묘하고 잘 드러나지 않는 경우도 있는데 이는 뒤에서 다시 살펴보겠다. **Indirect Middle** 용법 중, 능동태에서의 어휘적 의미를 변화시키지 않고 단지 주어의 행위가 '주어자신의 사적인 이익을 위해'(for oneself, in one's own defense, in one's own interest) 취해진 것임을 암시하는 뉘앙스의 의미를 가질 수도 있다(Wallace는 이를 Benefactive 용법이라 칭한다). 즉, 그 행동을 취한 주어의 행위가 다소 개인적 관심사나 자기방어적인 동기에서 비롯된 것임을 알 수 있다. 행5:2에서 아나니아가 삽비라와 함께 소유를 팔아 그 값의 얼마를 따로 떼어 놓았는데 이때 '따로 떼어놓다'(keep back)란 능동태 동사에 중간태꼬리를 붙여놓음으로써 사도행전의 저자는 이들의 행위가 사적인 이익을 위해 취해진 것임을 나타낸다. 또한 신약저자들은 '요구하다'(αἰτέω)란 동사를 하나님의 소명과 관련하여서는 능동태로 사용하지만, 군중들이 예수를 죽이고 바라바를 놓아달라고 '요구했다'는 부분에선 일관되게 중간태꼬리를 붙인다(cf. Robertson, *Grammar* 805). 그러나 주어의 개인적 관심사를 위해 취해진 행동은 때론 그 어휘적 의미마저 바꾸는 경우가 많은데 일례로, ἐκδίδωμι(포기하다)는 중간태(ἐκδίδομαι)에서 '임대하다'(=자신의 이익을 위해 어떠한 것을 남에게 빌려줌으로써 잠시동안 포기하는 것이므로!)의 의미가 된다.

한편, 어떤 동사에 있어서는 중간태에서도 그 기본의미가 바뀌지 않을 뿐만 아니라 뉘앙스의 뚜렷한 변화를 보이지 않는 경우가 있다:

διαστέλλω(명령하다. cf. LXX) vs. διαστέλλομαι(명령하다. cf. NT)

위 동사가 중간태를 취하고 쓰인 문맥을 살펴보면, '명령을 내리는 주체'를 강조하는 뉘앙스로 쓰였거나 혹은 그 내리는 명령이 '주어 자신의 어떤 이익을 위한 것'임을 나타내는 어조로 쓰였다고 볼 수도 있을 것이다. 하지만 LXX에선 '명령하다'의 의미로 능동태를 취하는 반면(cf. 창30:28; 왕상8:12 etc.) 신약본문에선 일관되게 중간태를 취하고서 '명령하다'의 의미를 나타내는데 둘의 경우를 비교할 때 능동태와 중간태의 의미상의 구분이 매우 모호한 경우가 많다. 또한 신약에서 이 동사는 수동태로는 쓰이면서도('명령되어지는 것' cf. 히12:20) 능동태로는 잘 안쓰이고, 능동태꼬리가 기대되는 문맥에서 중간태꼬리가 대신 붙어 사용된다. Robertson은 동일한 동사에 있어서도 시대에 따라 그 사용되어지는 '태'가 변화될 수 있음을 지적한다(Robertson, *Grammar* 805). 이는 중간태 꼬리가 의미나 뉘앙스의 뚜렷한 변화없이 그저 헬라어 사용자들의 문체적 기호(stylistic preference) 정도를 반영할 수도 있음을 보여준다.[2] 다음의

---

[2] 칠십인경(LXX)에선 능동태꼬리를 취했으나 신약본문에선 일관되게 능동태꼬리 대신 중간태꼬리만을 취하는 이 같은 경향을 통해 발견할 수 있는 사실은, 일부 동사들에서 중간태형이 코이네 시대로 접어들면서 점차로 능동태형을 대신해 사용되기 시작하는 경향을 보인다는 것인데 이것은 언어의 의미적 변이가 아닌 문체적 기호(stylistic preference)의 변화 때문인 것으로 보여진다(cf. 이는 일부 동사들에 있어서 중간태가 점차로 사라져가는 일반적 경향에 거스르고 있음을 보여주고 있는데 이러한 현상과 관련하여 언급하고 있는 다음의 서적들을 참조하라: cf. Zerwick §235; BDF §316). 이와 아주 유사한 것이 εὐαγγελίζω 동사이다. 칠십인경에선 능동태꼬리(분사형태로)를 취하기도 하지만(삼상31:9) 신약본문에선 요한계시록을 제외하곤 거의 일관되게 중간태 꼬리가 이를 대신하고 있다. 하지만 그렇다고 디포넌트 동사화 된 것으로 보기엔 어렵다. 이는 능동태어형이 엄연히 존재하며 또한 수동태꼬리가 붙어 수동의미로도 사용되고 있기 때문이다(마11:5; 눅16:16 etc.). cf. **Gram63 <참고>**

Cf. 이와 반대로, 칠십인경에선 미래시제에서 일관되게 중간태 꼬리를 취했지만 신약본문에선 칠십인

두 병행구절을 비교해보라: cf. 눅18:21[ἐφύλαξα] vs. 막10:20[ἐφυλαξάμην]. 어쨌든 능동태의 어휘적 의미에 더해지는 추가적 의미나 뉘앙스의 변화가 발견되지 아니하는 이러한 중간태 용법을 'Dynamic Middle'이라 하는데[3] 문법가들은 이런 용법으로 쓰인 중간태 동사들에선 중간태적 의미(즉, 재귀대명사가 개입한 방식의 의미패턴이나 혹은 적어도 능동태 어형의 의미와는 다른 어떤 뉘앙스)를 전혀 찾아볼 수 없기에 도대체 능동태와 비교하여 그 의미적 차이점이 어디에 놓여있는가를 밝혀내려 애써왔다. Robertson은 Gildersleeve와 Moulton의 말을 인용하여 지적하길 'Dynamic Middle'이 (능동태와는 다른) 특별한 의미적 뉘앙스를 갖고 있는가 찾아내려 하는 시도들은 아무리 노력해봐야 제자리 걸음이며 결국은 쓸데없는 짓이라는 지적에 어느정도 공감한다(Robertson, *Grammar* 812). 그러나 Robertson은, 경우에 따라서 이들 Dynamic Middle은 능동태와는 다른 분위기의 어조적 뉘앙스를 풍기기도 한다고 지적하며, 예를 들어 신약에서 αἰτῶ(요구하다)는 구어적인(colloquial) 표현인 반면 중간태형인 αἰτοῦμαι는 좀더 고상한 어법(elevated style)을 나타내 준다고 밝힌다. 또한 Robertson은 주장하길, 이 같은 용법조차 모든 저자들에게 공통된 것은 아닌데 일례로 LXX에선 각 부분의 저자마다 그 용법에 있어서 차이를 보이고 있다고 지적한다(Robertson, *Grammar* 814). 나시말해, 중간태꼬리를 사용함에 있어서 어떤 엄격한 문법적 가이드라인이 존재하는 것은 아니며 더욱이 개별 작가의 문화적 배경이나 심지어 그때 그때의 느낌에 따라 중간태꼬리의 의미패턴이 좌우되는 경향을 보이고 있다는 것이다. 이 같은 것은 일찍이 Winer가 고찰한 바 있으며 Robertson은 Blass의 용어를 빌어 'arbitrary interchange'라고 표현한다(Robertson, *Grammar* 805, 814). 이처럼 호머(Homer)의 작품에서 코이네 헬라어에 이르기까지 다수의 중간태 동사들은 그 의미적 뉘앙스를 정의하기가 애매하며 신약의 중간태 동사들 역시 이와 크게 다르지 않다고 Robertson은 지적한다. Wallace는 신약에서 Indirect Middle 용법으로 쓰인 중간태 동사들 중에는 Dynamic Middle, 혹은 주어를 강조하거나 혹은 주어의 행위가 '주어자신의 이익을 고려하여 취해진 행동'임을 암시하는 뉘앙스(혹은 어조)를 풍기는 것들이 많다고 지적한다.[4]

한편 중간태꼬리를 취했을 때 능동태와 그 (진지한) 의미적(혹은 뉘앙스) 차이를 거의 찾아볼 수 없는 이 같은 Dynamic Middle 용법은, 원래 가지고 있었던 중간태적 의미의 독특성

경 인용구를 제외하곤 모두 (미래시제에서) 능동태 꼬리를 취하는 동사들이 있다(ἁμαρτήσω, ἁρπάσω γελάσω, κλαύσω, κράξω etc.)-이 동사들은 중간태가 점차로 쇠퇴해 가고 있음을 단적으로 보여주는 예들로 제시되기도 한다(cf. Zerwick §226; Robertson, *Grammar* 333). 이는 아마도 칠십인경이 쓰여졌던 시대에서는 일부 동사들이 미래시제를 표현함에 있어서 주어 자신의 미래적 의지를 강조하려 하다보니 자연스럽게 인칭꼬리가 강조되어 중간태 꼬리를 취했을 것으로 짐작해 볼 수 있다.

[3] 일부 문법학자들은 Dynamic Middle 이 의미적으로 디포넌트 동사와 다를게 없다고 판단하여 디포넌트 동사와 같은 부류로 취급한다(예를 들면, Black). 그러나 Robertson은 이들 Dynamic Middle 이 능동태 어형을 가지고 있다는 점에서 디포넌트 동사와는 구분되어야 한다고 지적하며, 이러한 입장에 찬성하여 Wallace는 Dynamic Middle 을 Indirect Middle 용법의 하위부류로 귀속시킨다(cf. Robertson, *Grammar* 812; Wallace 419).

[4] cf. Wallace 420-21; ἐξελέξατο(눅10:42; 엡1:4), ἐνοσφίσατο(행5:2), ἐξαγοραζόμενοι(엡5:16), ἀπενίψατο(마27:24).

을 점차 잃어서 생겨난 경우도 있다[5] – 그러나 어쨌든 능동태와 의미적(혹은 뉘앙스) 구분이 거의 없는 이러한 부류의 중간태 동사라 할지라도 그것을 디포넌트 동사로 규정하는 것은 곤란하다. 이에 관하여는 **Gram63**의 **<참고>** 논의를 살펴보라.

그밖의 중간태적 의미패턴: 주어 자신과 관련된 행위로서의 중간태적 해석(Indirect Middle)은 비단 재귀대명사 앞에 for, by 등의 전치사를 결합시킨 해석만 가져오는 것이 아니다. 그보다는 훨씬 더 포괄적이다. 예를 들어 **ἀποτίθημι**(치워놓다)는 중간태(**ἀποτίθεμαι**)에서 '자신으로부터(from myself) 치워버리다[=벗다]'의 의미를 지니게 된다(McKay 21).

또한 동작의 방향이 재귀대명사를 향하도록(to oneself) 함으로써 주어를 사역적인 동작의 대상으로 갖는 중간태 동사들도 있다. 이러한 용법들은 'Indirect Middle'과 구분하여 특별히 'Causative Middle' 용법으로 분류되는데 다음 동사들이 능동태에서 갖는 의미와 중간태에서 갖게 되는 사역적 의미(Causative sense)를 비교해보라(McKay 22):

δανείζω(빌려주다 lend) – **δανείζομαι**(빌리다/꾸다 borrow).
μισθόω(세놓다 let out) – **μισθοῦμαι**(세얻다 hire)
κρίνω(판단하다 judge) – **κρίνομαι**(소송걸다 go to suit = I have myself to be judged)

위의 해석패턴들 이외에 또 하나의 패턴을 추가시키자면 'Reciprocal Middle'이 그것이다. 어떤 동사들은 중간태에서 상호적인 의미를 낳게 되어 주어의 행위가 단순히 일방적으로 상대에게 전달되는 것이 아니라 주어 자신도 그 행위의 일부 대상이 됨으로써 의미의 변화를 갖게 되는 것이다.

예: **βουλεύω**(권고하다) → **βουλεύομαι**(의논, 협의하다)

이상의 실례들을 종합해 보면, 중간태 해석패턴의 원리만으로는 실제 개별 동사들에 있어서 그 중간태적 의미가 실제로 무엇인지를 알아내는 일은 어렵다는 것을 느끼게 된다. 위에서도 언급했듯이 중간태적 의미는 문맥 뿐 아니라 단어의 의미적 속성에 의해 결정되기 때문에 아주 다양하면서도 예측하기 힘든 방식으로 '임의적이고 새로운' 의미를 창출해낸다. **κόπτω**(때리다)는 중간태에서 '애도하다, 슬퍼하다'(**κόπτομαι** 자기 자신을 때려 아프게 하는 것이므로! cf. 마11:17)라는 의미로, **ἅπτω**(고정시키다, 불을 켜다)는 중간태에서 '손대다, 해치다'(**ἅπτομαι** 자기 자신[의 손]을 어떤 대상에 고정시키는 것이므로! cf. 마8:3)라는 의미로 쓰인다. **ἄρχω**(지배하다. **메이첸 교본 10과**)는 중간태에서 '시작하다'(**ἄρχομαι**)란 의미를 갖게 되는데 이 경우엔 비록 중간태의 의미패턴들 중 어떠한 범주에도 넣기 어렵지만 동사의 어원을 따져볼 때 비로서 그 의미적 변이를 이해할 수 있게 된다. 즉 **ἄρχω**는 '시작, 머리'란 의미의 명사

---

[5] 코이네 이전시기에서 **γαμέω**(I marry)는 남자가 장가가는 것을, **γαμέομαι**(I am given in marry)는 여자가 시집가는 것(cf. '자신에게로 남자의 장가듦을 허용하다')을 의미했으나 신약에 와선 그 구분이 모호해졌다(Wallace 415, f.17. cf. 막10:12; 고전7:9-10; 딤전4:3).

ἀρχή와 관련있는데, '머리'란 의미는 '지배하다'란 의미와, 그리고 '시작'은 '시작하다'란 중간태 의미와 연관된다(cf. Zunts 238).

결국 문법 연구가들이 규정해 놓은 중간태의 위와 같은 의미패턴들은 실제로 개별동사들이 중간태를 취했을 때 갖게 되는 다양한 의미들을 다 포괄해 내지 못하고 있다는 사실을 깨닫게 된다.[6] 사실, 문법학자들이 이름붙여 놓은 '중간' 태라는 용어 자체만 놓고 보더라도, 개별동사들이 중간태에서 창출해 내는 임의적이고 역동적인 다양한 의미들을 포괄하기에 얼마나 협소한 의미인가를 알 수 있다. 일례로 Wallace는 중간태의 의미패턴이 너무나 다양하고 종잡을 수 없기에 그것을 정의하는 데조차 많은 어려움을 느낀다고 호소하면서 – Robertson과 마찬가지로 – '중간' 태라는 이름은 '잘못 지어진 이름'이라고 지적한다(Wallace 414–15; Robertson, *Grammar* 806).[7] 특히 중간태의 전형적 의미패턴들 중 주류를 이루고 있는 것은 재귀적인 패턴(Direct Middle)이 아니라, 주어의 관심이나 이익(on subject's own behalf)과 관련된 행위로 해석되는 패턴(즉, Indirect Middle 용법에 관련한 항목들)인데 이 같은 사실과 관련하여 일찍이 Robertson이 지적하길 중간태란 본질적으로 주어 자신의 관심(personal interest)을 반영하는 태라고 정의한 것에 대해 많은 문법가들이 공감한다(cf. Robertson, *Grammar* 804; Vaughan 91; Wallace 419).[8] 더욱이 문제는, 앞서 밝혔듯이 주어 자신의 관심에 관련한 행위를 나타내는 중간태끼리가 종종 능동태의 기본의미를 크게 확장시켜 예측불가능한 의미를 낳는 경우가 있는가 하면 또한 문맥에 따라 다양한 뉘앙스를 낳게 된다는 것이다. 《διδάσκομεν τοὺς παῖδας》는 'We teach the children'의 의미를 갖지만 중간태를 취했을 때에는 문맥에 따라 아래와 같은 의미를 갖게 될 수도 있다(cf. Ruck 48):

《διδάσκομεν τοὺς παῖδας》 We teach ***our*** sons.

그러나 지금까지의 논의들을 통해 내릴 수 있는 한가지 결론은 있다. 그것은 중간태가 왜 생겨났는가 하는 질문에 관련한 것이다.[9] 언어란 무엇보다 실용성의 가치를 중심에 두고 진화해 가고 있는데 즉, 좀 더 사용하기 편한 언어로 발전해가고 있는 것이다. 헬라어에 중간태가 생겨난 것도 역시 이러한 실용성이 주된 목적들 중 하나였을 것이다. 표현해야 할 의미들

---

[6] Robertson은 거의 모든 문법가들이 중간태를 하나의 개념으로 통일성 있게 설명해 보고자 애를 쓰지만 실상 중간태의 용법은 너무 포괄적이어서 재귀대명사와 아무 관련없는 해석이 요구되는 경우도 많이 있다고 토로한다(Robertson, *Grammar* 806).

[7] 'Middle' 이라는 명칭은 능동과 수동의 중간개념만 나타내 주고 있는데 이는 중간태의 재귀적 용법과는 잘 부합할지 몰라도 나머지 용법들에 있어서는 아니다. 특히 코이네 시대로 접어들어 재귀적 용법은 현저히 줄어들고 있는 바 '중간태'란 이름은 실제 중간태 동사들의 다양한 해석패턴들을 더더욱 아우르지 못하게 되었다.

[8] 이러한 이유로 메이첸 교본에서 중간태를 소개할 때에 'for myself'(나 자신을 위하여)를 그 대표적 의미로 제시한다.

[9] 물론 Moulton을 비롯한 헬라어 역사 연구가들이 관찰해 놓은 바, 초기단계에는 능동태와 중간태밖에 없었으며 중간태는 수동태가 형태적으로 좀더 독립할 때까지 수동태의 의미를 대신하는 문법적 기능까지 담당하였다(cf. Moulton, *Grammar* 152). 그러나 수동태로서의 기능 이외에 중간태가 지닌 고유적인 특징과 그 기본적 성격에 관해 고찰해 보려는 것이다.

(meaning)은 많지만, 그것을 위해 무한정 새로운 어휘소(lexeme)를 만들어낸다면 언어사용자들에게 큰 부담이 아니 될 수 없다. 따라서 마치 영어에서 기본동사들을 사용하여 새로운 의미의 관용어(Idiom)를 만들어 내듯, 헬라어 사용자들은 새로운 동사의 줄기를 만들어내기 보다는 기존의 능동태 동사 줄기에 일정한 인칭꼬리 시스템(=중간태꼬리)을 붙여 숙어적인 표현을 포함하여 다양한 의미들로 사용한 것이다.[10] 물론, 중간태가 일정한 의미패턴을 가지고 있지 않은 것은 아니다. 문맥과 동사의 의미속성에 따라 재귀적이고, 강조적, 주어의 관심사, 상호적, 혹은 사역적으로 해석되는 패턴들이 있으며, 이 패턴들을 따라 능동태의 기본의미를 활용하여 타동사에서 자동사로, 혹은 일정한 방식으로 전치사와 재귀대명사가 결합한 듯한 의미를 낳게 된다. 하지만 때론 능동태의 기본의미가 대폭 확대되는 경우가 있는데 이 경우, 앞서 소개한 의미패턴들은 능동태의 기본 의미로부터 좀더 다양한 의미들을 생성하는데 필요한 '의미의 전환 내지 확대 과정의 논리적 범주'만 설정해 줄 뿐이다. 헬라어 사용자들은 이러한 기본틀 덕에 어느정도 제한된 의미적 기대를 가지고 중간태 동사들을 사용하거나 인지했으며, 특정한 중간태 동사에 있어선 사용자들 간의 '임의적인 약속'에 의해 그 독특한 의미가 결정되고 점차 고정되어 간 것이다. 따라서 우리가 그 '임의적인 약속들'을 어떤 원리에 의해 추측해내기란 사실상 어려운 일이 된다. 일례로, '음식을 먹는다'(προσλαμβάνω)란 의미에서 어떻게 '따로 불러내다, 혹은 영접하다'(προσλαμβάνομαι)란 의미를 추론해 낼 수 있겠는가. 많은 문법가들은 수많은 중간태 동사들의 개별용례들을 중간태적 해석패턴의 어느 한 범주에 집어넣어 설명하려 시도한다. 하지만 그러한 작업 중에도 그들은 중간태 동사와 그 '적용된 의미' 사이에 존재하는 '임의성'을 늘 인식하고 있다(cf. Wallace 415). 필자가 헬라어 학습자들에게 조언하고 싶은 것은, '중간태'라는 것이 마치 능동태 동사가 수동태 꼬리를 취했을 때 갖게 되는 의미를 쉽게 추론할 수 있듯 중간태도 그렇게 예측가능한 문법적 장치 정도로만 이해해서는 안된다는 것이다.

정리하자면, 중간태 인칭꼬리 시스템의 성격은 일차적으론 **어휘적**(lexical) **차원**의 기능을 담당하기 위한 것으로 요약될 수 있다.[11] 즉, 재귀적 용법, 상호적 용법, 사역적 용법, 그리고 주어의 관심에 관련한 용법 등은 새로운 의미의 어휘(lexeme)를 대신하기 위한 측면이 두드러진다. Wallace는 중간태의 이러한 성격을 놓치지 않고 파악하긴 하였으나, 그 임의적인 속성보다는 의미전환의 논리적 합리성에 좀더 초점을 맞추어 중간태를 소개하고 있다(Wallace, 415-16). 이외에 단순히 주어를 강조하는 용법, 혹은 주어자신의 이익을 고려하여 취해진 행동임을 암시하는 어조적 성격의 중간태, 더 나아가 능동태와 거의 의미적 차이를 보이지 않고 단지 '문체적 기호'나 '고상한 표현' 정도로 귀속시킬만한 중간태적 용법들은 일종의 부사나 조동사적 역할을 대신하여 어법의 완곡함이나 강조, 혹은 일부 통사적 기능(syntactic)을 담당

---

[10] Robertson은 Simcox의 말을 인용하여 중간태가 헬라어의 관용적 표현을 나타내는 기능을 담당하고 있는데 신약에 와서는 다소 그러한 특징들이 희미해지기 시작했지만 그래도 어느정도는 여전히 그 기능들을 남겨두고 있다는데에 동의한다(cf. Robertson, *Grammar* 814).

[11] Robertson은 Gildersleeve의 견해를 지지하여 말하길, 중간태꼬리가 능동태꼬리와 구별되는 그 특징적 기능은 문법적(grammatical)이기보다는 오히려 어휘적인(lexical) 성격을 띤다고 지적한다(Robertson, *Grammar* 804).

하고 있는 것으로 파악된다.[12] 물론 중간태 동사가 어휘적 기능을 요구하게 될 것인지 아니면 어법의 뉘앙스 내지는 단순한 통사적 기능을 요구하게 될 것인지는 그것이 사용되고 있는 개별 문맥과 저자의 경향에 의해 드러나게 될 것이다. 이것은 중간태 동사가 사용자들 간의 '임의적인 약속'에 의해 전혀 새로운 의미의 어휘적인 기능을 담당하고 있다는 것(**의미의 임의성**) 말고도 또 하나의 의미속성을 지니고 있음을 말해준다. 그것은 다름아닌 **의미적 다중성(혹은 모호성)**의 속성이다.

의미의 임의성: 중간태 동사가 갖는 의미적 특징에 대해 그간의 문법학자들이 더 이상의 뚜렷한 틀을 세우지 못하는 까닭은 어휘적 기능에 있어서의 '임의성' 때문이다. ἀποκρίνομαι(대답하다)는 사실 ἀποκρίνω(따로 분리하다 set apart)에서 출발한 중간태 동사였다(cf. LCJ). '분리하다'와 '대답하다' 사이에 놓인 그 의미적 거리만큼이나, '새로운 어휘'로서의 중간태 동사의 의미는 임의적이며 역동적이다. 그러므로 능동태 동사가 중간태 꼬리를 취하고서 새로운 의미를 창출하게 될 경우에, 헬라어 학습자는 마치 별개의 새로운 단어를 익히듯 그 뜻을 익혀야 할 경우가 많다.[13] 마치 구동사나 관용어처럼 말이다. 여기서 우리는 다시 한번 언어가 지닌 공시적인 속성을 생각해 볼 필요가 있다. 단어와 그 의미는 일차적으론 어디까지나 당시의 사용자들 간에 이루어진 '임의적 약속'이기에, 우리가 세워놓은 '원리들' 안에 억지로 집어넣어 그 의미를 규정하려 해서는 안 되는 것이다.

의미적 다중성(혹은 모호성): 중간태 동사가 문맥 안에서 어휘적으로 쓰일 지 – 즉, 재귀적이거나 상호적, 사역적, 주어의 관심 등에 관련한 어휘적 의미패턴을 취할 지 – 혹은 어법적이거나 통사적인 기능으로 쓰일 지 – 즉, 강조적(Intensive) 용법을 포함한 어조적이고 비어휘적인 용법들 – 이 모호함의 경향은 '분명하고 명확한' 의사소통을 추구한 코이네 시대의 언어적 특징과 배치되었다(cf. Wallace 414-30). 따라서 코이네 시대로 접어들면서 중간태꼬리의 사용은 점차로 자제되었다(비록 반대의 경우를 지닌 동사들[어법적 스타일의 기호에 의한 중간태 꼬리]도 앞서 살펴보았지만 이들 동사들은 새로운 의미를 확장시키기보다는 거의 능동태와 동일한 어휘적 의미의 Dynamic Middle 용법으로 굳어진 것들이다). 중간태 동사들은 일면으론 고정된 의미가 없이 너무 문맥에 의존하는 성향을 띠게 되면서 의미적 모호성을 초래한 것이다.[14] 중간태는 추

[12] 통사적 기능이라 함은, 예를 들어 특정한 주어(남자나 여자, 인칭이나 비인칭 등)에 따라 중간태를 요구하게 되는 경우를 말한다. cf. 인칭주어가 주로 능동태 동사를 요구하는 반면 비인칭주어는 항상 중간태 동사만을 요구하는 경우가 있다(Wallace 416. f.19; ἐνεργέω, ἐνεργέομαι – 막14:2; 고전12:11; 엡2:2); 또한 비록 신약에 와서 그 구분이 모호해졌지만 고이네 이전시기에서 γαμέω(장가들다)는 남자주어에, γαμέομαι(시집가다)는 여자주어에 사용되었다. γαμέομαι가 여자주어만 허락한 것은 이 동사가 원래는 중간태의 Causative 용법으로 쓰였음을 짐작케 한다. 즉, '여자가 남자로 하여금 자기에게 장가들도록 허락하다'란 의미에서 '시집가다'란 어휘로 쓰였던 것이다(cf. Wallace 415).

[13] 하지만 중간태 동사를 또 하나의 새로운 어휘소(lexeme)로 간주하여 사전의 어휘목록에 따로 등재시켜야 한다는 의미는 아니다.

[14] 실제로, 순수한 재귀적 해석(direct reflexive)을 분명히 해야 할 경우엔 이미 코이네 이전시기(e.g. classical Greek period)에서도 중간태 동사를 사용하기 보다는 대부분 능동태와 재귀대명사, 혹은 중간태와

가적인 어휘소의 생성 없이도 새로운 의미들을 생성해 낼 수 있으며, 문맥에 따라서 다양한 어법적(어조적)인 스타일로 여러 뉘앙스를 나타낼 수 있기에 문학적이고 수사적인 도구로 사용될 때에 화려한 느낌을 줄 수 있었겠지만, 한편으론 의미의 명확성이 떨어져 처음엔 장점으로 출발했던 것이 점차 단점으로 부각되기 시작했을 것이다. 물론 중간태적 용법으로 계속 사용되어 남아있게 된 동사들이 신약에 소수 있기는 하다. 그것이 어휘적인 용법으로 쓰이게 된 것이든, 아니면 능동태 꼬리를 대신하면서 특별한 의미적 변화도 없이 그냥 어법적(stylistic) 유행으로서 즐겨 사용된 것이든 간에, 분명하건 사람들이 어느 한가지 용법으로 굳혀가며 자주 사용하게 된 동사들이기 때문에 계속 존속하게 된 것이라는 사실이다. 마치 영어 동사에 있어서 과거형에서 복잡한 굴절을 갖는 동사들이 중세영어로 넘어오면서 모두 소멸되는 와중에도 자주 쓰이는 동사들, 즉 be 동사나 조동사의 복잡한 과거형, 생존이나 기본생활에 필요한 동사들(먹다, 말하다, 가다 ...등)의 불규칙 과거형들은 그대로 존속하게 된 것과 비슷하다. 따라서 헬라어의 중간태 동사들이 점차로 없어지게 된 코이네 시대에 있어서 (그럼에도 불구하고) 계속 존속하고 있는 중간태 동사들은 어떤 의미에서 그 중간태적 의미가 비교적 안정화된 것들로 간주될 수 있을 것이다. 예를 들어, 신약의 어떤 능동태 동사들은 중간태를 취했을 때엔 항상 재귀적 패턴을 취하여 어휘적 기능을 갖는 것으로 굳어졌다.[15] 이 같은 이해는 한편으론 다음의 사실을 귀결짓는다. 즉, 신약의 중간태 동사들은 이전의 특징을 벗어나 새로운 용법을 형성하지는 않았다는 것이다. Robertson(*Grammar* 814)이 지적하듯 신약 헬라어는 다만 이전의 중간태 용법들을 비교적 드물게 사용할 뿐이지 새로운 경향을 만들어낸 것은 아니다.

마지막으로, 신약 헬라어 중간태 동사들이 새로운 경향을 만들어낸 것이 아니라 단지 고전 헬라어의 중간태 용법을 드물게 사용하고 있을 뿐이라면 우리는 다음의 이슈를 생각해 봐야 한다. 신약 저자들은 고전 헬라어의 중간태 용법에 어느정도 깊게 관여하고 있는가. 즉, 신약의 중간태 용례에 있어서 양의 문제가 아닌 질의 문제를 따져보자는 것이다. 예를 들어, 신약본문에서 중간태꼬리를 취하고 등장하는 어떤 동사들에 있어서 그 기본의미의 변화는 없으나 뭔가 중간태적 뉘앙스를 풍기고 있는 'Indirect Middle' 용법으로 판단될 때, 해석자는 Indirect Middle 용법의 어떤 하위항목에 적용시켜 – 즉, 동작의 결과보다는 동작의 주체에 초점맞추어진 표현인지 혹은 주어의 이익과 관련해서 취해진 행동임을 암시하는 것인지, 아니면 그밖의 어조적 강조점이 있는지 – 그 적절한 뉘앙스를 강조해야 할 것인가의 문제이다. 여기엔 두 가지 입장이 있다. 먼저, 신약저자들이 고전시대 헬라어의 섬세한 뉘앙스에 매우 민감한 감수성을 유지

재귀대명사로써 그 의미를 명확히 했다(Smith, §1723). 마찬가지로, 주어 자신에 대한 강조, 혹은 상호적인 해석을 분명히 해야할 경우라면 굳이 중간태를 사용하기 보다는 αὐτός 특별용법, 상호대명사 등과 함께 능동태 동사만으로도 얼마든지 그 명확한 의미를 만들어낼 수 있기에 중간태 동사는 점차로 그 설 자리를 잃게 되었을 것이다(cf. Black, *Learn* 79–80). 실제로 상호적인 용법으로 사용된 중간태 동사는 코이네 시대에 와서 능동태 동사와 상호대명사로 대체되었으며(Wallace 427), 또한 주어를 강조해야 할 경우 신약에선 중간태 동사와 강조적용법(intensive)의 αὐτός를 함께 사용하기도 했다(Wallace 420. cf. 행27:36; 28:28; 히5:2).

[15] cf. Wallace 416: ἀπηγξάμην, θερμαίνομαι, περίζομαι, ἐνδύομαι, περιβαλλομαι etc.)

한 채 중간태 동사들을 사용하고 있다는 입장이 있다. 다음으론, 신약저자들은 고전시대의 중간태 용법에 그리 깊이 관여하고 있지 않기에 'Indirect Middle'의 뉘앙스에 너무 민감할 필요 없이 그저 고정되고 일상화된 표현정도로 간주하라는 입장이 그것이다.[16] 그러나 이러한 문제는 어느 한 전제에 서서 해결하려고 해선 곤란하며, 개별용례들에서 과연 '문맥'이 어떠한 뉘앙스를 허용하는가를 검증해야 한다. 신약의 헬라어 본문을 연구함에 있어서 의미론이나 화용론적인 언어학적 범주의 보다 충분한 연구들은 점차로 이러한 물음들에 확실한 빛을 던져줄 것이다. 따라서 신약본문에서 사용되고 있는 중간태 동사들의 개별의미들은 지금껏 논의해온 중간태 해석패턴의 기본틀 안에서 이해하되, 지나친 엄격성을 갖고 적용시킬 것이 아니라(즉, 규범적인[prescriptive] 태도로서 그 의미를 규정하려 할 것이 아니라) 좀더 유연하고 기술적(predicate)인 태도로서 '문맥 안에서' 그 의미를 고찰하고 기술하려는 자세가 필요하다. 앞으로 설명하게 될 '디포넌트 동사'에 대해서도 마찬가지이다[**Gram63** 참조].

---

[16] Robertson이나 Wallace가 지적했듯이, 전자의 입장에 선 대표적인 문법가로는 Blass나 Zerwick을 들 수 있다(Robertson, *Grammar* 805; Wallace 420). 예를 들어, Zerwick은 신약저자들이 특정 문맥에서 왜 능동태 혹은 중간태를 써야 했는지 섬세하게 지적하고 있다(cf. Zerwick §227).

<참고> Gram 63

1. 디포넌트 동사란?

디포넌트 속성(deponency)을 정의하는데 있어서 문법가들 간에 다소의 혼란과 이견(異見)들이 존재한다. Moulton과 Robertson의 정의(definition)는 이러한 혼란을 정리해 줄 수 있는 단초가 될 뿐만 아니라 형태론적 분석결과와도 잘 부합된다.

우선, 디포넌트 동사들의 특징은 (1) **중간태나 수동태의 꼬리를 취하고서 '능동태꼬리의 기능과 의미를 대신하는' 것이다**(cf. 학계에서는 흔히 '능동의미를 지닌다'라고만 기술되어진다). 그리고 무엇보다도 간과해서는 안 될 중요한 특징은 Moulton이 지적해 놓은 바, (2) 디포넌트 동사들이 **'능동태 어형을 아예 가지고 있지 않다'**는 형태론적 특징이다(Moulton, *Prolegomena* 153). 특히 전자의 특징인 '능동태꼬리의 기능과 의미를 대신한다'는 개념은 의미론적 입장에서 기술한 정의인데 이에 관하여는 문법가들 간에 약간의 개념적 혼란이 존재한다. 이것은 좀더 뒤에 가서 다루도록 하겠다. 어쨌든 이 두 가지 요소는 디포넌트 여부를 결정짓는 주요 구분점들(Criteria)로 제시되고 있으며(Wallace 428) 일부 문법가들은 전자의 요소(의미론적 정의)에 대해 개념적인 모호성을 지닌채 그것을 유일한 시금석으로 삼아 디포넌트 여부를 결정짓는다. 이 역시 본 논의의 후반부에서 비판적으로 고찰하겠다.

디포넌트 동사가 능동태 어형을 가지고 있지 않은 현상과 관련하여 지금까지의 문법서들은 그러한 형태적 특징이 함의하는 바가 무엇인지 명확한 설명을 주지 않고 있다. 다만 주목할만한 두 권의 고전적인 문법서만이 이 현상을 주요한 특징으로 지적하고 '관찰'할 뿐이다.[1] 그러나 현대 언어학의 분석도구를 빌어 고찰할 때 디포넌트의 개념과 분류에 관한 혼란이 어디에서 비롯되었는가를 좀더 명확하게 살펴볼 수 있게 된다. 먼저 디포넌트 동사들을 형태론적 관점에서 살펴본다면, 능동태 어형이 없다는 것은 곧 '능동태꼬리'(active ending)를 **저지**(Blocking)한 것이라고 기술할 수 있겠다. 'Blocking'이라 함은 동일한 의미의 두 어형이 불필요하게 공존하는 것을 막기 위해 어느 한쪽이 상대편의 출현을 막는 현상이라 정의할 수 있다. 다시말해, 동의어 회피의 원칙(avoid synonym principle)이라 할 수 있는데 예를 들면 아래 왼쪽의 형용사들에 대해 두 가지 타잎(Type A vs. Type B)의 명사들이 서로 저지시키는 현상과도 비슷하다(김영석 285-86. cf. Aronoff 43-45; Clark 798).

형용사	명사 (Type A)	명사 (Type B)	명사 (Type C)
various	Ø	variety	variousness
curious	Ø	curiosity	curiousness
tenacious	Ø	tenacity	tenaciousness

---

[1] cf. Moulton, *Prolegomena* 153; Robertson, Grammar 812. Robertson은 디포넌트를 정의함에 있어서 두 부류의 학자들을 소개한다. 먼저는 형태론적 관점에서 보아 **능동태 어형을 가지고 있지 않는 것**(즉, 능동태꼬리를 '제껴놓음')을 그 특징으로 꼽는 학자들인데 Moulton이 그 대표적이다. 다음으론 의미론적 관점에서 보아 중간태나 수동태 어형을 취했으나 그 독특한 의미를 '제껴놓고서'(deponere) 단순히 **능동의 의미를 지니는** 것을 그 특징으로 꼽는 학자들인데 Thompson이 그 대표적이다. Robertson은 Moulton의 정의를 지지하면서 전자의 특징이야말로 디포넌트를 가늠하는 가장 중요한 잣대임을 밝혀둔다(Robertson, *Grammar* 812).

precious	Ø	preciosity	preciousness
glorious	glory	Ø	gloriousness
furous	fury	Ø	furiousness
gracious	grace	Ø	graciousness
spacous	space	Ø	spaciousness
fallacious	fallacy	Ø	fallaciousness

다시 헬라어로 돌아와서, -ω동사가 중간태 굴절접미사(인칭꼬리) ομαι를 취하게 되면 능동태 어형에서 지녔던 의미에 어휘적이거나 어조적인 뉘앙스가 문맥에 따라 다양하게 추가되어 그 기본의미를 어쨌든 바꾸어 놓게 된다. 그런데 어떤 동사들은 -ω어형을 현재기본형으로 갖지 아니하고 -ομαι를 현재기본형으로 취하게 되는데 그것은 동사의 여섯개 기본형에 있어서 **현재시제 직설법 기본형**의 위치인 **첫번째 자리**를 -ομαι어형이 -ω어형을 저지시키고서 대신한 것을 의미한다. 곧 -ομαι어형이 -ω어형의 의미를 대신하기에 -ω어형은 굳이 출현할 필요가 없게 되는 것이다. 그러므로 현재시제에서 -ομαι를 기본형으로 갖는 동사들은 능동태 어형(-ω)을 저지(Blocking)시키고 – 혹은 '제껴놓고'(deponere) – 대신 출현한 **현재 디포넌트 동사**이다.

그런데 어떤 헬라어 동사들은 능동태와 중간태 어형을 모두 가지고 있음에도 불구하고 그 의미적 차이가 워낙 미묘하고 섬세하여 뭐라 설명할 수 없는 경우가 많다.[2] 이들 두 어형들의 경우 왜 저지현상(Blocking)을 일으키지 않는가 하고 반문할 수도 있을 것이다. 일부 문법가들은 능동태와의 의미적 구분을 뚜렷이 할 수 없다는 이유로 이러한 종류의 중간태 동사들을 Dynamic Middle 이라 명명한 뒤 Deponent와 동일시한다(cf. 이 입장에 동의하지 않는 대표적 문법가는 다음의 두 명이다: Robertson, *Grammar* 811; Wallace 419). 그러나 엄밀한 의미에서는 뉘앙스의 차이가 있는 것이다. 이 미묘한 뉘앙스, 혹은 어법의 형식적인(stylistic) 차이로 인해 – 꼭 진지한 의미적 차이는 없더라도 – 저지현상은 일어나지 않으며 두 형태가 모두 공존하여 쓰이는 것이라 할 수 있다. 예를 들면 위의 표에서 형용사들이 명사형을 따로 가지고 있으면서 왜 Type C의 명사들(*ness)을 또다시 생산성있게 출현시키는가 반문할 수 있다. 그러나 형태론 학자 Clark가 밝혀놓은 바 '동의어 회피의 원칙'에 의하면 영어에서 gloriousness와 glory가 공존하는 것은 그것들이 정확히는 동의어가 아니기 때문이라고 설명될 수 있다(김영석 286).[3]

이와 관련지어 고찰해 볼 때, 어떤 중간태 동사들은 오랜 시간을 사이에 두고 LXX에선 능동태 어형을, 신약에선 중간태 어형만을 취한다: διαστέλλω(LXX), διαστέλλομαι(NT), εὐαγγελίζω(LXX), εὐαγγελίζομαι(NT. cf. 가끔 능동태를 취함 계10:7). 앞서 밝혔지만, 이들 동사들이 NT에서 문맥상 능동태 꼬리가 기대되는 곳에서조차 일관되게 중간태 꼬리를 취하는 것을 두고 일부 문법학자들은 Dynamic Middle로 정의한 후 Deponent와 같은 부류에 넣으려고 하는데 이러한 부류의 Dynamic Middle은 – 비록 시간적 거리가 있긴 하지만 – LXX에서 능동태 어형을 엄연히 가지고 있다는 점에서 과연 Deponent와 동일시 하는 것이 형태론

---

[2] cf. 눅18:21[ἐφύλαξα] vs. 막10:20[ἐφυλαξάμην].

[3] cf. 김영석 284–85. 물론 영어형태론이 헬라어형태론을 대신할 수는 없겠지만, 현대 언어학에서 그러하듯 언어 일반적인 통찰에 기대어 헬라어의 현상들을 비교 분석함으로써 좀더 만족할만한 결과를 얻을 수 있다면 그것 역시 유용한 검증도구가 될 수 있을 것이라 믿는다.

적인 관점에서 타당한지 재고해봐야 한다. 다행스럽게도 Wallace는 Dynamic Middle을 Deponent 동사로 취급하지 않고 Indirect Middle 용법의 하위 항목으로 귀속시키고 있긴 하지만, 이러한 부류의 중간태 동사들(Dynamic Middle)을 의미론적 관점에서 능동태 동사들과 어떻게 구분지어 위치시켜야 할 것인지는 그 구체적 설명을 생략한다(cf. Wallace 419-21). 그러나 Robertson은 Dynamic Middle이 일부 신약저자들에 있어서 능동태와는 달리 고상한 어조를 나타낼 수도 있음을 지적한다(Robertson, *Grammar* 814; αἰτῶ vs. αἰτοῦμαι). 또한 동일한 동사에 있어서도 시대에 따라 그 사용되어지는 '태'가 변화될 수 있기에(Robertson, *Grammar* 805), LXX에서 능동태 어형을 취했던 동사들이 NT에서 일관되게 중간태 어형을 취하는 것은 어법의 형식적 기호(stylistic preference) 정도로 간주하고서 그 화용론적 뉘앙스는 계속 연구해야 할 과제로 남겨두어야 할 것이다. 이와 더불어 동일한 본문을 인용함에 있어서 각기 다른 인칭꼬리를 취하는 동사들도 마찬가지이다: 눅18:21 [ἐφύλαξα] vs. 막10:20[ἐφυλαξάμην]. 참고로, Dynamic Middle이 디포넌트로 간주될 수 없는 또 한가지 이유를 첨언하자면, 현재시제 디포넌트 동사들은 그 인칭꼬리 -ομαι가 중간태 굴절접미어든 수동태 굴절접미어든 상관없이 항상 능동태 어형의 의미만 나타낸다는 것이 거의 일반적인 경향인 반면, Dynamic Middle 동사는 경우에 따라 수동태 굴절접미어 -ομαι를 취하고서 '수동의 의미'를 지니기 때문이다: διαστέλλομαι(cf. 히12:20, 분사형태로 '명령되어지는 것'); εὐαγγελίζομαι (cf. 마11:5; 눅16:16, '복음이 전파되다'). [**Gram 62** 참조] [4]

위의 논의를 요약하자면, Dynamic Middle이 능동태와의 의미적 구분을 뚜렷이 하지 않거나 혹은 심지어 '신약본문'이라는 제한된 시공간적 범위에서 보아[5] 능동태 어형을 전혀 사용하지 않고 있는 경우에 있어서조차도, 그것은 저자의 뉘앙스나 시대에 따른 어법의 형식적 기호(stylistic preference)에 기인한 것일 뿐 능동태 어형의 의미를 완전히 대신하고 있는 것은 아니다. 따라서 Dynamic Middle은 능동태 어형을 잘 취하지 않고 있을 뿐이지, 중간태(혹은 수동

---

[4] Dynamic Middle을 디포넌트로 분류하고자 하는 대표적인 문법가로는 Black (*Intermediate* 95)을 들 수 있으며, 특히 본 초급헬라어 교본의 원저자인 메이첸(Machen)도 εὐαγγελίζομαι를 디포넌트로 분류한다(cf. Machen, Lesson XXI). 그러나 이러한 분류방식은 교정되어야 할 것 같다. 계10:7과 14:6 뿐만 아니라(εὐηγγέλισεν, εὐαγγελίσαι) LXX삼상31:9에는 현재능동분사 어형(εὐαγγελίζοντες)이 사용되기 있기 때문이다(**Gram131**의 논의 참조). 물론 Black은 ἄρχομαι가 그 현재기본형인 ἄρχω 어형을 가지고 있음을 명시해 놓고서도 디포넌트로 분류한다. 그것은 Black이 디포넌트 동사의 형태적 특징(곧, 능동어형이 없다는 것)을 고려하지 않고 오로지 의미적 관점에서만 정의했음을 보여주는데, 아마도 메이첸도 그와 같은 입장인 것으로 보여진다.

[5] 이렇듯 언어를 일정하게 제한된 시공간적 범위에서 파악하는 수평적 관점을 공시적(synchronic) 관점이라 하며, 반대로 시간과 공간을 초월하여 수직적으로 파악하는 관점을 통시적(diachronic) 관점이라 한다. 예를 들어, 텍스트를 해석함에 있어서 동시대 다른 문헌들에서 쓰인 명사나 동사들의 쓰임새를 파악함으로써 해당 텍스트의 의미를 조명하려고 한다면 그것은 공시적인 접근이며, 명사나 동사들의 역사적 기원이나 어원 등을 거슬러 올라가 텍스트의 의미를 조명하고자 한다면 통시적인 접근이다. 이들 두 접근은 양자택일의 방법론이 아니라 상호보완적인 방법론이 되어야 하는데 그것은 '언어'라는 것이 본래 다차원적인 성격을 지니기 때문이다.

태)의 꼬리가 능동태꼬리의 기능과 의미를 대신하여 능동태어형의 출현을 저지시키고 있는 것은 아니다.[6]

이제 다시 본론으로 돌아와서, 디포넌트 동사들이 능동태 어형을 가지고 있지 않다는 의미에 대해 고찰해 보자. Robertson(*Grammar* 812)이 고찰해 놓았듯이, 대개의 디포넌트 동사들은 그 능동태 어형의 흔적을 문헌적으로 찾아볼 수 없는 경우가 많다. 한편, Wallace(429)는 어떤 디포넌트 동사들에선 의미적으로 볼 때 전혀 중간태의 흔적을 찾아볼 수 없는가 하면, δέχομαι 같은 디포넌트 동사에서는 중간태의 고유한 의미(e.g. Reciprocal Usage)를 발견할 수 있기에 이것이 원래는 헬라어 역사의 어느 이른 시점에서 능동태 어형을 가지고 있지 않았겠는가 하는 추측을 조심스럽게 제기한다. 이처럼 디포넌트 동사들이란 원래부터 능동태 어형 없이 시작했거나 혹은 순수 중간태 동사로 출발했음을 짐작해 볼 수 있는데, 어찌되었든 공시적으로 보아 능동태 어형을 가지고 있지 않은 동사들임에는 틀림없다. 먼저, 원래 능동태 어형을 가지고 있었으나 나중에 소실한 것으로 확실히 파악되는 동사를 논의해보자. 그 대표적인 것이 ἀποκρίνομαι(대답하다) 동사이다. 원래 이 동사는 ἀποκρίνω(따로 분리하나 set apart)의 중간태 어형으로서 능동태에서 그 의미가 어휘적으로 확장된 경우에 해당한다(cf. LCJ). 그러나 신약시대로 접어들어 ἀποκρίνω 어형은 사용되지 않아 사어(dead language)가 된 반면 ἀποκρίνομαι는 '대답하다'란 의미로 굳어져 계속 쓰여졌으므로, 공시적으로 보아 결국엔 능동태 어형이 없는 디포넌트 동사가 된 셈이다(cf. LCJ). 엄밀히 말해서, ἀποκρίνομαι(대답하다)는 능동태 어형(ἀποκρίνω set apart)의 의미를 '대신'하고 있는 것은 아니다(둘의 의미는 다르지 않은가!). 그러나 능동태 어형을 소실한 ἀποκρίνομαι는 어떤 문맥에서건 '대답하다'의 의미로 쓰일 뿐, 능동태 어형의 의미(set apart)를 문맥에 따라 어휘적이거나 어조적으로 확장시켜야 하는 '의미적 다중성'을 열어놓지 않게 되었다. 따라서 결과적으로 ἀποκρίνομαι는 능동태 어형없이 독립된 어휘소(lexeme)가 되어 디포넌트 동사와 동일한 처지에 놓이게 되었다. 처음부터 디포넌트로 출발한 동사들은 능동태 어형을 원래부터 가지고 있지 않기에 중간태꼬리가 기능하는 바 '문맥에 따른 의미적 다중성'을 닫아놓고서 아예 능동태 어형의 의미를 대신하였다면, ἀποκρίνομαι처럼 순수 중간태동사로 출발한 동사는 능동태 어형을 소실하고서 독립된 어휘소(lexeme)가 되어 문맥에 관계없이 능동태어휘처럼 항상 일정하고 고정된 방식으로 해석되기에 공시적 입장에서 보아 디포넌트 동사로 분류될 수 있는 것이다. 우리는 이점에 있어서 능동태와 중간태 어형이 공존한다는 것이 무엇을 의미하는지 반추해 볼 필요가 있다. 이 두 어형이 공존하게 될 때엔 서로 의미적인 영향을 주고 받게 되는 바 즉, 중간태 어형은 항상 다양한 문맥 속에서 그 능동태 어형의 의미를 다양하게 – 어휘적이거나 어조적으로 – 확장시켜야 하는 '의미적 다중성'을 안게 마련이다. 그러나 둘 중 어느 한쪽이 없어지면, 나머지 한편의 기본의미에 기대어 문맥에 따라 확장시키거나 전환시켜야 할 '(뉘앙스 혹은)

---

6 한편, Liddell&Scott 사전은 가끔 동일한 동사를 두고서 중간태로 파악하기도 하며 경우에 따라선 디포넌트로 파악하기도 하는데 이러한 이유는 당시 헬라어 사용자들 간에 공통된 어휘목록(즉, 사전)을 가지고 있지 않음에 기인한 것으로 보여진다. 인쇄술이 발달하지 아니하였거나 혹은 지형적인 이유로 인해 언어적 소통이 원활치 못했던 시대의 고대 언어들에서 흔히 발견되는 현상이다(cf. διαλέγω/ομαι; δωρέω/ομαι; προχειρίζω/ομαι; χράω/ομαι).

의미적 다중성'도 닫히게 되는 것이다. 디포넌트 동사가 능동태 어형을 가지고 있지 않다는 형태론적 특징은 이처럼 의미론적인 차이점을 수반하게 된다.

능동태 어형을 소실하고서 디포넌트 동사가 된 경우로서 이번엔 좀 달리 취급해야 할 동사를 소개하겠다. McKay의 관찰에 의하면 **πορεύομαι**(가다)는 원래 수동태 굴절접미어 **-ομαι**를 취하고서 '수동의 의미'로 출발한 수동태 동사였다. 이 단어를 공시적(synchronic)으로 보아, 코이네 시대의 일정한 시공간적 범위(특히, 신약이나 초대교부로 그 문헌적 범위를 제한할 때)로 한정시켜 관찰하면 그 원형은 능동태형이 없는 **πορεύομαι**이다. 그러나 좀더 이른 시기엔 **πορεύω**라는 동사가 발견된다(cf. LCJ). 그 의미는 '운반하다'(convey)인데 이 동사는 주로 수동태를 취하고서 나귀나 기타 '탈 것'(vehicle)을 타고 '운반되다'란 뜻으로 쓰였다. 어색한 의미로 들릴 수도 있겠으나 그저 '길을 나서다'란 의미로 쓰이는 관용어구 정도로 이해하면 좋을 듯 싶다. 그러나 언어발전단계의 어느 시점에 있어서 **πορεύω**의 수동태 어형들은 그 '수동의 의미'를 완전히 벗어나서 나귀를 타고 가든 걸어가든 간에 모든 종류의 '여행'에 사용할 수 있는 포괄적인 의미로 확장되기 시작했다(cf. McKay 26). 따라서 형식은 수동태이지만 그 의미는 '가다'라는 능동의 의미를 갖게 되었다. 그리고 주로 '운반되어지다'란 수동의미를 만들기 위해 사용되어졌던 능동태 어형 **πορεύω**는 사어가 되어 **πορεύομαι**만 남게 되었다. MaKay의 가설이 타당성이 있다면 **πορεύομαι**는 수동태에서 출발한 디포넌트이다. 어떻게 보면 '현재 수동태 디포넌트'라 분해해야겠지만 사실 현재시제에서 수동태 어형은 형태적으로 분화되지 않았고 중간태 굴절접미어가 문맥에 따라 수동의미의 기능까지 담당한 것으로도 볼 수 있기에 그 형태적인 분해는 '중간태' 디포넌트로 해두어도 무방할 것이다(cf. Nathan E. Han의 분해집 참조) – 그러나 본서에선 **현재 중간태 굴절접미어**와 **현재 수동태 굴절접미어**를 개념상으로 구분하여 Bworks의 분해주처럼 **현재 중간태/수동태 디포넌트**로 분해하도록 하겠다(cf. 참고로, 과거시제에서는 중간태와 수동태의 형태가 나뉘어지므로 **ἐπορεύθην**을 분해할 때엔 **과거 수동태 디포넌트**로 분해해야 함이 당연하다.[7] **ἀποκρίνομαι**와 마찬가지로, **πορεύομαι** 동사 역시 능동태 어형의 의미를 '대신'하고 있는 것은 아니다. 그러나 능동태 어형을 소실한 **πορεύομαι**는 독립된 어휘소(lexeme)가 되어 어떤 문맥에서건 '가다'라는 일정하고 고정된 의미만을 나타낼 뿐, 원래의 능동태 어형 의미('운반하다')에서 문맥에 따라 다양하게 해석될 수 있는 '의미적 다중성'은 갖지 않게 되었다.

앞선 논의에서 필자는 디포넌트 동사란, 능동태 어형과 공존하지 않기에 중간태 굴절접미어가 기능하는 바 '문맥에 따른 의미적 다중성'을 닫아놓는다고 설명하였다. 이제 디포넌트의

---

[7] **πορεύω**는 헬라어의 이른 시기에서 과거형으로 **ἐπόρευσα**와 **ἐπορευσάμην**을 가지고 있었다. 그러나 헬레니즘 시대에선 일부 문헌들을 제외하곤 거의 사용되지 않았기에 – 그리고 특히 LXX 및 신약과 초기교부문헌들에선 아예 안쓰이기에 – Bauer 사전은 공시적 관점에서 어휘공백으로 남겨두고 있다. 그러나 메이첸은 – LCJ를 따라서 – 교재 뒤 어휘장에 **ἐπορευσάμην**을 **ἐπορεύθην**과 함께 기록해 두었는데 사실 이것은 수정되어야 한다. 신약을 포함해서 LXX 어디에서도 **πορεύομαι**의 과거형은 – 모든 법(Mood)에서 – 일관되게 **ἐπορεύθην**이 사용되었음에 반해 **ἐπορευσάμην**은 단 1회의 용례도 나타나지 않고 있음을 밝혀둔다.

개념을 좀더 비판적이고도 명확히 드러내어 볼 필요가 있다. 사실, 19세기 초중엽의 Robertson을 비롯하여 최근의 Wallace에 이르기까지 작금의 헬라어 문법가들은 디포넌트의 속성을 논의함에 있어서 그것이 의미적으로는 중간태나 수동태꼬리가 갖게 되는 바 '태(Voice)의 의미'를 대체로 벗어나고 있다는 데에 어느정도까지는 의견을 일치한다. '중간태나 수동태의 의미'를 '제껴놓았다'는 개념이 가지는 불명료성과 모호성은 본 논의의 후반부에 가서 다루도록 하고, 우선 **중간태 디포넌트**에 관한 문법가들의 이견들과 결론을 간략히 소개하자면 이렇다. Robertson은 일찍이 그의 기념비적인 저서 *A Grammar of the Greek New Testament in the Light of Historical Research* 에서 디포넌트의 개념과 관련하여 현재까지 끊임없이 이슈가 되는 문제를 제기해 놓는다. 그것은 중간태 디포넌트 동사들이 과연 중간태적 의미나 뉘앙스를 *완전히* '제껴놓고' 있는가 하는 질문이다. 본 참고논의의 후반부에서 다시 상세히 정리해 놓겠지만, Robertson뿐 아니라 최근의 헬라어 문법서 저자들로 잘 알려진 Black, Young, Wallace 등의 문법가들 모두가 인정하고 있는 바는, 중간태 디포넌트 동사들이 일부에 있어서는 완전히 그 의미를 '벗어난' 것들도 있지만 한편 일부에 있어서는 그 중간태적 의미나 뉘앙스를 희미하게나마 여전히 간직하고 있다는 사실이다.[8] 여기서 '중간태적 의미나 뉘앙스'란 곧 재귀대명사가 일정한 방식으로 결합되는 해석(e.g. 'reflexive idea')을 말하는 것인데 Robertson이 일찍이 그의 저서에서 주장한 바는, 중간태 디포넌트 동사들이 'reflexive idea'를 반드시 '제껴놓는' 것은 아니기에 결국은 의미론적 관점에서의 디포넌트 정의(definition)가 그 일관성을 획득하지 못하고 있다는 것이다. Robertson이 이 같은 것을 문제삼은 이유는 디포넌트를 정의함에 있어서 당대의 문법가들(예를 들면, Thompson)이 형태적인 특징에 기초하지 아니하고 의미적인 특징에 기초하여 정의하고자 하는 태도에 대해 불만을 표하기 위함이었다. Robertson이 불을 지펴놓은 이 논쟁의 초점은 중간태 디포넌트 동사들이 과연 그 의미적 특성에 있어서 'reflexive idea'를 벗어나야 그 디포넌트됨(deponency)을 결정할 수 있는 것인가 하는 문제에 놓여있으며, 결국엔 형태적 특징에 근거해서 디포넌트를 결정해야 좀더 일관성있는 정의가 되지 않겠느냐는 제의가 함의되어 있다. 어쨌든 디포넌트 논의에 관한 최근의 결론은 **수동태 디포넌트** 동사들은 그 수동의 의미를 벗어나 확실히 능동의 의미를 갖게 되는 반면, **중간태 디포넌트** 동사들은 그 중간태적 의미를 완전히 벗어나기도 혹은 여전히 간직하기도 한다는 관찰로 마감하고 있다(cf. Wallace, Black, Young).

그러나 엄밀히 말하자면 디포넌트 동사란 그 형태적 분포(distribution)가 보여주듯이 **능동태 어형이 없다**는 사실에서 그 정의(definition)가 시작되어야 하며, 더 정확히는 – 동의어 회피의 원칙(Blocking)이 시사하는 바와 같이 – **능동태꼬리의 기능과 의미를 대신하고 있는가**라는 질문을 적용시킴으로써 그 분류(assortment)가 완성되어야 한다. Robertson을 비롯하여 최근의 Wallace에게서 보듯, 디포넌트를 정의함에 있어서 기본적으로 형태적 특징을 그 출발점으로 삼고자 하는 입장은 다행한 일이긴 하나, 이들에게 있어서조차도 후자의 질문은 발견되지 아니한다(단지 '능동의미를 지니는가?'라는 의미적으로 모호한 질문을 던져놓는다). 작금

[8] Robertson은 '정신적 활동과 관계된 디포넌트 동사들'에서, Wallace는 특히 δέχομαι같은 동사와 여타 디포넌트 동사들에서, 그리고 Black은 더욱 체계적으로 그 'reflexive idea'의 흔적을 제시한다(cf. Robertson, *Grammar* 812; Wallace 428–30; Black, *Learn* 80–81).

에 논의되어 온 바 디포넌트 정의가 가져오는 모호함은 본 논의의 **수동태 디포넌트 동사들**에 관한 고찰에서 명확히 드러낼 것이나, 우선 **중간태 디포넌트 동사들**에 관해 고찰해 보도록 하자.

중간태 디포넌트 동사들이 디포넌트됨(deponency)은 그것들이 중간태적 의미를 벗어났기 때문에 그러한 것이 아니라, 정확히는 중간태꼬리를 취하고서 능동태 어형의 의미를 대신하기 때문이다(즉, 중간태꼬리가 능동태꼬리의 기능과 의미를 대신하고 있기 때문이다). 이것은 형태론적으로는 능동태 어형을 갖지 않게 되는 결과를 수반함과 동시에, 의미론적으로는 중간태꼬리가 갖고 있던 '태의 의미'를 벗어나게 되는 특징을 가져온다. 그러나 여기서 '중간태적 의미'를 벗어난다는 것이 무엇을 의미하는가. 분명히 그것은 능동태 어형의 의미를 대신하기 위해서 반드시 선행되어야 할 논리적 과정처럼 보여진다. 작금의 문법가들은 이 '중간태적 의미'를, 중간태꼬리가 지니는 '중간태적 의미의 논리범주'로만 국한시키고자 하는 경향을 보여왔다. 그래서 Black은 ἄρχω(지배하다)의 중간태 ἄρχομαι(시작하다)가 '중간태적 의미의 논리범주'(즉, reflexive idea)를 벗어났다 하여 – 그것이 능동태 어형을 가지고 있음에도 불구하고 – **중간태 디포넌트**로 분류하는 반면(cf. Black, *Intermediate* 95), Wallace는 그것이 비록 능동태와 중간태 간에 '의미적 중복'이 없기는 하지만[9] 어쨌든 능동태 어형이 존재하기에 디포넌트로 분류할 수는 없다고 결론지었다(cf. Wallace 415, 428). Black의 판단은 **'중간태적 의미를 벗어난다'**는 의미론적 정의에 기초하고 있으며, Wallace의 판단은 **'능동태 어형을 가지고 있지 않다'**는 형태론적 정의에 기초해 있다. 그러나 두 문법가 모두 디포넌트를 결정함에 있어서 시금석과 같은 질문(**능동태꼬리의 기능과 의미를 대신하고 있는가**)을 던지는데에는 실패했다. 디포넌트 속성을 파악하는데 있어서 Black은 피상적인 의미론적 고찰에 그쳤으며, Wallace는 형태론적인 관찰에만 그치고 좀더 깊은 의미론적 고찰에까지 이르지 못했다. ἄρχομαι(시작하다)가 디포넌트가 아닌 것은 중간태의 의미적 논리범주를 벗어났기 때문이 아니라[10] 그것이 능동태 어형(ἄρχω)의 의미('지배하다')를 대신하지 못하기 때문이다. 능동태 어형의 의미를 대신함은 다음과 같은 의미론적 사실을 귀결하는 바 곧 '중간태적 의미'를 포기한다는 것이다. 여기서 '중간태적 의미'란, '중간태적 의미의 논리범주'를 의미하지 않는데 그 이유는 앞서 설명했듯이 '중간태 디포넌트 동사들이 그 중간태 의미적 논리범주를 완전히 벗어나는가' 하는 이슈에 있어서 이미 Robertson 이래의 주요 문법연구가들이 타당성있는 관찰을 통해 '그렇지 않다'고 결론내렸기 때문이다(**이에 관한 상세한 내용은 본 논의의 후반부에서 밝혀놓았다**). 중간태 디포넌트 동사들이 일부에 있어서 그 중간태적 의미의 논리범주들('reflexive idea') 중 어느 하나를 간직하고 있는 이유는 디포넌트의 기원과 관련하여 설명되어야 할 것이다. Wallace가 예리하게 관찰한 것처럼 동사의 줄기(stem) – 혹은, 어휘소(lexeme) – 자체가 'reflexive idea'를 지니고 있는 디포넌트 동사의 경우라면, 아마도 그러한 의미속성과 어울리기 위해 원래부터 중

---

[9] '의미적 중복'이 없다 함은 곧 중간태에서의 의미('시작하다')가 능동태의 기본의미('지배하다')에서 'reflexive idea'(중간태적 의미범주)를 통해 확장된 것으로는 보이지 않는다는 판단이다.

[10] **Gram62**에서도 밝혔듯이, 사실 중간태의 기능은 상당히 포괄적이므로 'reflexive idea'에만 그 기능을 국한시킬 순 없다. ἄρχω와 ἄρχομαι는 의미적 중복이 없는 것이 아니라 '머리/ 시작' (ἀρχή)라는 어원적 의미를 공유하여 '지배하다'에서 '시작하다'의 의미로 중간태꼬리를 매개삼아 전환하고 있는 것이다(cf. Zunts 238).

간태 인칭꼬리를 취한 것일 수도 있다(Wallace 430). 또는 원래 순수 중간태 동사로 시작했다가 나중에 능동태 어형을 소실하면서 그 결과로 중간태적 의미범주들 중 어느 하나로 굳어져 능동태 어형의 의미를 대신하고 나머지 대부분의 'reflexive idea'는 잃어버리게 되었을 수도 있다—물론 능동태 어형의 소실이 먼저 일어났는지 혹은 그 역(逆)이 먼저 일어났는지의 여부는 동사마다 다를 것이다. 디포넌트로 출발한 것이든 순수 중간태 동사로 출발한 것이든, 어느 경우든 'reflexive idea'중 어느 한 의미범주에 속하여 남아있는 것이 얼마든지 가능하기에, 결국 디포넌트란, 중간태적 의미의 논리범주 자체('reflexive idea')를 배제시킨 것이 아니라 그 **의미적 가변성(다중성/모호성)**을 배제시킨 것이라고 할 수 있겠다. 다시말해 디포넌트 동사에 있어서 중간태적 의미들('reflexive idea') 중 어느 고정된 한 가지 '의미'는 남아있을 수 있지만 '문맥에 따른 의미적 확장의 선택가능성'으로서의 '의미범주'가 남아있을 수는 없다. 그러므로 중간태 디포넌트 동사들이 능동태 어형의 의미를 대신하면서 동시에 포기하고 있는 바 '중간태적 의미'란 '**문맥에 따라 중간태꼬리가 열어놓는 바, 곧 의미적 다중성**'(semantic ambiguity)이라고 결론지어야 한다. 이 같은 결론은 우리로 하여금 다음과 같은 수사적 질문을 던질 수 있게 한다. 디포넌트 동사들이 문맥에 따라서 그 의미나 뉘앙스를 달리하는 것을 보았는가? 디포넌트 동사는 결코 그렇지 않다. 그것이 능동태꼬리의 기능과 의미를 대신하게 됨으로써 갖게 되는 결과는 (1) 형태론적으론, **능동태 어형을 저지**(Blocking)시킨다는 것이고 (2) 의미론적으론, 중간태의 의미속성 즉 '**문맥에 따라 중간태꼬리가 열어놓은 바, 의미적 다중성**'을 닫아놓고 그저 일정하고 고정된 의미를 갖게 되었다는 점이다. Wallace는 ἄρχομαι(시작하다)를 그 형태적인 분석에 근거하여 '디포넌트'가 아닌 ἄρχω(지배하다)의 '중간태'로 옳게 분류하긴 했으나, 그것이 단순히 형태적인 특징에 그치지 않고 디포넌트 동사와 어떻게 의미론적인 차이점을 지니는가를 밝혀놓았어야 했다. 다음의 두 동사를 비교해 보라. 아래의 두 동사 γίνομαι(되다)와 ἄρχομαι(시작하다)는 Black과 Wallace에게 있어서 모두 '중간태적 의미범주'를 완전히 벗어난 것으로 파악되고 있는 동사들이며, 따라서 그 차이는 기껏해야 능동태 어형의 유무에 그친다.

(1) ἄρχομαι 능동태 어형을 따로 가지고 있지만, 중간태 의미의 일반적 논리범주들 중 어디에도 속하지 않음.
(2) γίνομαι 능동태 어형을 따로 가지고 있지 않으며, 중간태 의미의 논리범주들 중 어디에도 속하지 않음.

그러나 위 두 동사는 형태론적 차이점 이외에도 의미론적으로 엄격히 구분된다. 전자는 문맥에 따라서 '의미적 다중성'을 열어놓은 반면, 후자는 그렇지 아니하다는 것이다. 전자는 능동태 어형을 따로 가지고 있으며 중간태에선 다른 의미를 갖게 될 뿐만 아니라(cf. 그리고 Dynamic Middle도 그 의미적 뉘앙스를 완전히 고정시키지 않았다는 점에서 마찬가지이다; **Gram62** 참조), 수동태를 취하고서 수동의 의미를 갖기도 한다.[11] 그러나 후자는 아니다. 왜냐하면 중간

11 cf. LCJ 254; 사실 ἄρχω는 능동태에서도 '시작하다'란 의미를 취하기도 한다. 따라서 ἄρχειν τοῦ λόγου는 '대화를 시작하다'(to open a conversation)란 의미를 갖는다. 그러나 중간태를 취하면 문맥

태 어형이 능동태 어형의 의미뿐 아니라 그 고정된 의미속성까지 대신하고 있기 때문이다 – 능동태 어형이 없다는 것은 능동태 어형의 기본의미에 기대어 문맥에 따라 그 의미적(혹은 어휘적) 뉘앙스를 달리할 여지를 가지고 있지 않음을 의미한다. 이처럼 디포넌트 동사들이 중간태 동사들과 비교되는 외형적인 차이점은 능동태 어형을 'Blocking'하고 있다는 사실이지만 이것은 의미적으로도 위와 같은 차이를 가져오게 되는 것이다. 헬라어 학습자들에게 동사의 디포넌트 여부를 반드시 묻는 까닭은 결국 해석적 작업과 관련한 문제인데, 곧 중간태 디포넌트라 함은 중간태꼬리들이 문맥 안에서 열어놓은 '의미적 다중성'(sementic ambiguity)을 닫아놓은 동사들임을 염두에 두어야 하기 때문이다.

이제 앞서 디포넌트를 정의하고 분류하는데 사용되었던 두 명제들 – (1) 능동태 어형이 없다; (2) 능동태 어형의 의미를 대신하고 있는가 – 을 시금석으로 삼아서 수동태 디포넌트 동사들에 적용시킨 후, 작금의 문법가들이 제시해 놓은 정의와 분류방식이 어느 정도의 타당성을 가지고 있으며 이 두 명제들은 어느정도 유효한 가설인지를 검증해보도록 하자. 중간태꼬리가 열어놓는 바 '의미적 다중성'은 어디까지나 중간태의 고유한 속성이지 수동태의 속성은 아니다. (디포넌트가 아닌 일반) 수동태 동사는 어떤 문맥에서도 '의미적 다중성'을 열어놓지 않는다. 이점에 있어서 수동태 디포넌트 동사는 '의미적 다중성'을 닫아놓은 것이 아니라 단지 능동태 어형의 의미를 '대신'한 것으로 그 특징을 간결히 한다. 수동태 디포넌트 동사의 의미속성을 검증하기 위해서는 특별히 **과거시제**의 그것을 검증해야 보다 명확히 드러난다. 현재시제에선 중간태와 수동태 굴절접미어가 그 형태를 공유하기에 – 그리고 좀더 원론적으로 논의하자면 중간태 굴절접미어가 문맥에 따라 수동의미까지 기능하는 것이기에(cf. Robertson, *Grammar* 814–19) – 현재시제에서 디포넌트인 동사는 그 굴절접미어 **ομαι**가 중간태의 것이든 수동태의 것이든 상관없이 능동태 어형의 의미를 대신하게 된다. 따라서 현재시제 디포넌트 동사는 인칭꼬리 **ομαι**의 고유한 기능인 바 '문맥에 따른 의미적 다중성(;수동의미기능까지 포함하여!)'을 포기하고 능동태 어형의 의미를 대신하게 된다.

한편, 과거시제에서는 수동태 어형이 독립적으로 분화된다. 따라서 과거시제에 있어서 **과거중간태 디포넌트** 동사가 중간태꼬리의 고유한 기능인 '문맥에 따른 의미적 다중성'을 포기하고 능동태 어형의 기능과 의미를 대신하는 반면, **과거수동태 디포넌트** 동사는 수동태꼬리의 고유한 기능인 '수동의미'를 포기하고 능동태 어형의 의미를 대신하게 되는 것으로 기술할 수 있겠다. 과거시제에 있어서 디포넌트의 의미적 정의가 이처럼 서로 다른 것은 디포넌트 개념을 달리 적용시켰기 때문이 아니라 중간태와 수동태의 기능과 속성이 서로 다른데서 기인한다. 디포넌트 동사는 항상 능동태 어형의 의미를 대신하기 위해 그것이 취한 중간태 혹은 수동태

에 따라 주어 자신과 관련된 행위임을 나타낼 수 있다: **ἄρχεσθαι τοῦ λόγου** '나 자신의 말을 시작하다'(to begin one's speech). 이 같은 사실로 미루어보아 **ἄρχομαι**는 문맥에 따라서 '(다른 사람이 아닌) 바로 나 자신이 시작하다' 라든가 혹은 그 시작한 행위가 주어의 이익을 위해 취해진 동작임을 암시하여 '(나 자신의 이익을 위해)' 시작하다' 라는 식의 의미적 뉘앙스를 나타낼 수 있음은 재론의 여지가 없다. 뿐만 아니라 얼마든지 수동태를 취하고서 '지배받다'(to be ruled, governed)란 의미를 나타낼 수 있다는 점에서 (cf. LCJ; **ἀρχθήσομαι**) 디포넌트 동사들과는 차이점을 보인다.

꼬리의 기능을 포기할 뿐이다.

필자는 본 논의의 서두에서 디포넌트란, **중간태나 수동태의 꼬리를 취하고서 '능동태꼬리의 기능과 의미'를 대신하는 것**(또는 **능동태어형의 의미를 대신하는 것**)이라고 정의한 바 있다. 그러나 Robertson(*Grammar* 812)이 그의 저서에서 소개하고 있는 바, 디포넌트를 의미론적 관점에서 파악하려는 당대의 문법가들은 아래와 같이 좀 다른 방식의 정의를 내린다(cf. Thompson; 그리고 최근의 Young; [Black]):

(1) 중간태나 수동태를 취하고서 그 중간태나 수동태적 의미를 벗어나는 동사들.

그리고 다른 문법가들은 위와 비슷하게 다음과 같은 정의를 내린다(cf. Wallace; Black):[12]

(2) 중간태나 수동태를 취하고서 능동의 의미를 지니는 동사들.

위의 두 유사한 정의들에 있어서 밑줄 친 부분의 표현이 과연 **능동태꼬리의 기능과 의미를 대신한다**는 개념을 포함하는지는 언뜻 명확하지 않아보인다. 여기서 문법가들이 정의하는 바 '능동의 의미를 지닌다'는 개념은 '능동태꼬리의 기능과 의미를 대신한다'는 개념과는 다른데, 이들이 내린 정의(definition)의 모호성은 **과거수동태 디포넌트 동사**를 어떻게 분류하고 있는가를 살펴볼 때에 비로소 명확하게 드러나게 된다. Robertson을 포함하여 Young과 Black, Swetnam 등의 문법가들은 **φοβέω**(두렵게하다)의 수동태 **φοβέομαι**(두려워하다/떨다)를 **수동태 디포넌트 동사**로 분류한다(cf. Robertson, *Grammar* 813; Swetnam 253; Young 136).[13] 왜냐하면 이들이 정의해 놓은 바대로 **φοβέομαι**는 수동태를 취하고 '수동의 의미'를 벗어났기 때문이며 혹은 적어도 '능동의 의미'를 지니기 때문이다. 물론 **φοβέομαι**(두려워하다)가 과연 '수동의 의미'를 벗어났는가 하는 질문을 던져볼 수도 있을 것이다. 이 동사는 수동태를 취할 경우 자동사로 쓰이게 되어 '두려워 떨다'의 의미를 갖게 되는데, 그 원래 의미는 '두려움으로 가득차다'라는 의미로서 수동의 의미가 희미하게 내포되어 있다. 그러나 동사의 주어를 두려움으로 가득채운 어떤 외적인 요소가 암시되고 있다 하여 이것에 근거해서 이 동사를 디포넌트가 아닌 순수 수동태 동사라고 정의하는 것이 타당할 것인가. 이 동사를 좀더 살펴보자면 경우에 따라서 아예 타동사적으로 사용되어 목적어를 취하기도 한다(cf. 눅12:5, **τίνα φοβηθῆτε** -'누구를 무서워해야 할 것인지를'). 뿐만 아니라 수동태를 취하고서 전혀 '수동의 의미'을 일으키는 '삭인'이 암시되지 않는 수동태 동사들도 있다: 대표적인 예로, **ἐγείρω** 의 과거수동태 명령법 **ἐγέρθητε**는 '일어나라'의 뜻을 갖는다(마17:7). Young(136)은 이것 역시 과거시제에서 능동태 어형을 가지고 있음에도 불구하고 그것이 '수동의 의미'를 벗어나 '능동

---

[12] cf. Wallace는 능동태 어형을 가지고 있지 않아야 한다는 요소를 반드시 함께 고려한다는 점에서 Young이나 Black의 입장과는 차이를 보인다.

[13] Robertson은 '디포넌트 동사는 능동태 어형을 갖지 않는다'는 형태론적 정의를 세워놓고도 **φοβέομαι**에 있어서는 자신의 정의에 일관되지 못한 결정을 내리고 말았다. 그의 이러한 태도는 디포넌트 동사가 능동태 어형을 갖지 않는다는 것이 정확히는 '능동태꼬리의 기능과 의미를 대신한다'는 개념을 함의하고 있음을 간파하지 못한데서 오는 혼란이다(cf. Robertson, *Grammar* 813).

의 의미'를 지닌다는 이유로 **수동태 디포넌트**로 분류한다.[14] 우리는, 이 동사를 디포넌트로 분류함에 있어서 Young이 단순히 형태적인 특징을 고려하지 않았다는 이유로 그의 결정에 반대하는 것이 과연 타당할 것인가. 수동태를 취하고서 자동사적 의미나 심지어 타동사적 의미를 허용하는 동사들은 이외에도 얼마든지 있다. 물론 Young이나 Swetnam, Black에게 있어서 이 모든 동사들은 수동태 디포넌트로 분류될 것이다:

(1) **ἐπεστράφην** ('돌아섰다'–능동태에선 '돌이키게 하다')
(2) **ἐθαυμάσθην** ('놀랐다'–능동태에서 '놀라다 혹은 놀래키다')
(3) **συνήχθησαν** ('모였다'–능동태에서 '모으다')
(4) **ἐντραπήσονται** (cf. 마21:37, '우러러 보다'–능동태에서 '부끄럽게 하다')
(5) **ὀργίζομαι**('분노하다'–능동태에서 '분노하게 만들다').
(6) **ὄφθητι** (cf. 왕상18:1, [가서 아합을] '만나라'; 직역하면, '[아합에게] 보임당하라'–능동태에선 '보다') – 수동태를 취하고서 **'causative'** 해석을 허용하는 경우.
이외에도, ὤφθην πρὸς Αβρααμ I appeared to Abraham (LXX출6:3).
(7) **ἐδιδάχθητε** (cf. 살후2:15, '배우다/가르침받다'–능동태에선 '가르치다')
(8) **κατηχημένος τὴν ὁδόν** ([완료분사] cf.행18:25, '도를 배워서'–능동태에선 '가르치다')
(9) **μὴ φοβηθῆτε αὐτούς** (cf. 마10:26, '그들을 두려워 말라')

위의 동사들은 모두 수동태에서 능동태 어형을 가지고 있으며, 수동태를 취하고는 자동사적 의미를 허용하거나 심지어 타동사적 의미를 허용하여 목적어까지 취한다. 혹자는 위의 동사들을 그 능동태 어형이 존재한다는 이유로 디포넌트라 정의하기를 반대할지 모른다. 그러나 단지 능동태 어형이 존재한다는 이유로 위의 동사들을 '디포넌트'가 아닌 '수동태 동사'로 결정하려 한다면, 그 같은 주장은 단지 *'수동태를 취하고서 능동의 의미를 지닌다면 디포넌트로 결정할 수 있다'*는 Young의 입장에 대해 아무런 반론도 내세울 수가 없을 것이다. 이들 양자의 주장 모두는 디포넌트 속성(deponency)에 대한 한가지 중요한 이해를 결핍하고 있다: **능동태꼬리의 기능과 의미를 대신하고 있는가 (즉, 능동태어형을 대신하고 있는가). φοβέομαι**를 포함하여 위의 모든 동사들은 모두 디포넌트가 아닌 수동태 동사들이다. 왜냐하면 위에서 밝혀놓은 바와 같이 수동태를 취하고 얻게 된 의미는 – 자동사적 의미이건 타동사적 의미이건 간에 – **능동태 어형의 의미**와 **'다르기'** 때문이다. 이들이 취한 수동태꼬리들은 능동태꼬리의 기능과 의미를 대신하고 있지 않으며 오히려 수동태라는 형식을 통해 자동사적(혹은 또다른 타동사적) 의미로 기본의미를 확장시켜나고 있다. 이들이 과거시제에서 능동태 어형을 저지(Blocking)시키지 못하는 이유는 두 어형이 **의미적 동의어**를 이루지 못하고 있기 때문이다. 다시 말해, **이들 동사들이 능동태어형을 저지시키지 못하는 것은 그 수동태꼬리가 능동태꼬리의 기능과 그 의미를 대신하지 않고 있기 때문이다. φοβέομαι**의 경우, 과거시제 능동태 어형은 **ἐφόβησα** 로서 '두렵게 했다'의 의미를 지니는데 수동태 어형인 **ἐφοβήθην**은 '두려워했다'란 의미를 지님으로써 능동태 어형과 '의미적 동의어' 관계가 성립되지 않는다:

---

[14] 초급헬라어 교재의 원저자인 메이첸(Machen)도 φοβέομαι를 디포넌트로 분류하는데(cf. Machen, Lesson XXIV), 메이첸에게는 미안한 말이지만 이러한 분류방식은 교정되어야 한다.

예1: τοῦ φοβῆσαι αὐτοὺς 그들을 두렵게 하기 위해 to terrify them (LXX 대하32:18)
예2: ἐφοβήθην 나는 두려워했다 I feared (LXX 창3:10)

동사의 디포넌트 현상이 함의하는 바는, 서로 다른 두 어형이 그 의미에 있어서 '개념적 공지시'(conceptual co-reference)이기 때문에 – 즉, 동일한 의미를 가리키고 있기 때문에 – 둘 중 어느 하나가 저지(Blocking)되어 어휘공백으로 나타나는 현상이다. 어떤 동사가 만약 과거시제에서 능동태 어형을 취한 경우를 거의 보이지 아니하고 수동태꼬리만을 취하고 나타나 '능동의 의미'를 지니게 된다면, 능동태 어형을 취한 경우가 발견되지 않는다 해서 성급하게 디포넌트로 규정해서는 안된다(cf. ἐφοβήθην이 그 대표적인 경우인데 사실 이 동사의 과거능동태 어형은 신약에선 발견되지 아니하고 LXX에서 부정사 어형으로만 한 번 나타날 뿐이다). 이 경우엔, 현재시제 기본형의 의미를 살펴본 후 그 과거시제의미를 유추하여 그것이 과거수동태 어형의 의미와 동일한가를 검증하면 쉽게 알 수 있다: 또 한가지 실례로서 ἐχάρην을 살펴보자. 사전을 찾아보면 현재시제 기본형은 χαίρω(기뻐하다)이며 과거시제에선 능동태나 중간태 어형 없이 ἐχάρην이란 수동태 어형만 등장한다. 과거시제에서 능동태 어형을 쉽게 찾을 수 없을 경우, 그것은 ἐφοβήθην처럼 동사의 의미속성상 주로 수동태어형만을 사용하는 경우이거나 아니면 과거디포넌트 동사로서 수동태(혹은 중간태)를 취하고서 능동태어형을 저지시킨 경우이다. 만약 과거수동태어형의 의미가 **현재능동태의 의미**와 – 시제만 바뀌었을 뿐 – 동일한 의미를 지니고 있다면 그것은 **과거능동태 어형의 의미**를 '대신'하고 있는 것으로 확실히 검증되었으므로 **과거수동태디포넌트 동사**로 분류해 낼 수가 있겠다(그러므로 ἐχάρην[기뻐했다]은 과거에서 수동태를 취하고 디포넌트가 되는 동사이다).[15]

수동태꼬리는 위 (4)번과 (6)번의 예에서 보듯이 그 능동태 어형의 의미를 어휘적으로 전환시키는가 하면 나머지 예들에서처럼 타동사에서 자동사로 전환시키는 매개가 된다(cf. BDF § 313). '태'의 이러한 기능은 중간태도 마찬가지이다(cf. **Gram62** 참조). 중간태꼬리 역시 능동태 어형의 의미를 타동사에서 자동사로(παύω 정지시키다 – παύομαι 멈추다), 혹은 'cuasative idea'용법을 통해 타동사에서 또다른 타동사로(κρίνω 판단하다 – κρίνομαι 소송에 부치다) 전환시킨다. 한편 πάσχω(고난당하다/경험하다)의 경우에서 보듯, 능동태가 반드시 능동의 의미만을 나타내는 것은 아니며 마찬가지로 수동태 또한 반드시 동작의 '사인'을 드러내기 위해 사용되어지는 것은 아니다. 언어에 있어서 동사의 '태'는 비교적 자유롭게 그 의미적 상대영역을 드나들고 있음을 발견하게 되는데 이것은 비단 헬라어에만 해당되는 것은 아니다.[16] Robertson은 수동태의 이러한 쓰임을 잘 간파하긴 하였으나 다소 혼란스럽게 분류해놓았다(cf. *Grammar* 815-19): 위의 예들 중 (7), (8)번은 비록 타동사로 전환되었어도 수동의 의미를 여전히 간직

[15] 그러나 학습자의 편의를 위해 좀더 손쉬운 힌트를 제공하자면, 현재기본형에서 목적어를 취할 수 없는 동사(e.g. 자동사)가 과거에서 수동태 어형으로 등장하면 디포넌트 동사이다.

[16] 영어에서 sell, cut, read 등의 동사들은 주어에 따라서 수동태 어형을 취하지 않고서도 수동의 의미를 지닐 수 있다: 팔리다, 잘리다, 읽히다. 또한 한국어에서 수동태를 나타내는 보조용언인 바 '...되었다'는 어쩔 수 없는 상황이나 예정된 일정 등을 암시하는 능동의 표현에도 주로 사용된다: '죄송하게 됐습니다. 그때쯤이면 뵙게 되겠네요' 물론 이 경우엔 어떤 '상황'이 막연한 작인(agent)으로 암시된다.

하고 있는 것으로 파악하여 '타동사적으로 사용되는 수동태'로 명명하고, (7)번은 수동의 의미를 벗어났다고 판단하여 자신이 내려놓은 엄정한 형태론적 정의(Definition)에 거스려 수동태 디포넌트로 분류한 후 'transitive passive deponent'라 이름해 놓는다. 더 나아가 (6)번은 재귀적인 해석패턴(causative)을 허용한다고 해서 디포넌트로 분류하기를 꺼린다(cf.*Grammar* 819). Robertson이 유독 수동태 동사에 대해 보이고 있는 이러한 혼란은 자신이 중간태 디포넌트 동사에 대해 소신있게 내려놓은 정의 – **'능동태 어형을 가지지 않는다'**란 명제 – 가 함의하는 바 형태론적 현상(e.g. Blocking)에 관련한 언어학적 이해를 충분히 가지고 있지 못함에서 기인한다. 물론 형태론적 분석도구는 현대 언어학의 발전이 가져온 산물이므로 이전시대의 문법가들만 탓할 수는 없을 것이다. 그러나 최근의 문법가들에게서 발견되는 바 디포넌트를 정의함에 있어서의 비일관성과 혼란은 많은 점에서 아쉬움을 남긴다.[17]

디포넌트 속성에 관련하여 한가지 더 살펴봐야 할 것이 남아있다. 지금까지 디포넌트란 '능동태 어형의 출현을 저지하고서 그 의미를 대신하는 중간태 혹은 수동태 동사'로 정의내렸으며, 그 종류에 있어서는 **중간태 디포넌트 동사**와 **수동태 디포넌트 동사**로 나뉘고 있음을 살펴보았다. 그렇다면 디포넌트됨(deponency)이란 본질적으로 중간태 어형이나 혹은 수동태 어형에 각각 개별적으로 귀속하는 속성인가? 달리 말하자면, **중간태를 취하고 디포넌트인 동사가 – 그리고 그것이 타동사적 의미를 지니고 있는 경우에 – 수동태를 취했을 경우 '수동의 의미'를 지닐 수 있겠는가** 하는 물음이다. 대답하자면 '그렇다'이다. 그러나 현재시제에서는 매우 드문 현상이다. 예를 들자면 **δέχομαι**동사가 문맥에 따라서 수동태꼬리 **ομαι**를 취하고서 '영접받다'란 의미로 해석되는 경우는 거의 드물다고 봐야한다. 작금의 문법서들은 **현재시제 디포넌트 동사**가 문맥에 따라서 '수동의 의미'를 지니게 되는 실례를 *거의* 발견해 내지 못한다. 그것은 현재시제에서 중간태와 수동태의 굴절접미어가 형태적으로 분화되어 있지 않음에 기인한 것으로 보여진다. 사실, 우리가 개념적으로는 현재시제에 있어서 중간태와 수동태꼬리를 구분하고 있지만, 헬라어의 이른시기엔 중간태꼬리 **ομαι**가 문맥에 따라서 '수동의미의 기능'도 담당한 것으로 볼만한 여러 증거들이 있다.[18] Smyth는 현재시제(및 미완료)에서 디포넌

---

[17] 수동태 디포넌트 이슈와 관련하여 Robertson의 저서를 비롯한 대부분의 문법서들이 거론하고 있는 두 동사 **ἐφοβήθην**과 **ἐγέρθητι**에 대해서 유일하게 Wallace만 (놀랍게도) 구체적 언급이 없다. 다만, 수동태 디포넌트에 대해 '형식은 수동태이나 의미는 능동의 의미이며, 능동태 어형은 가지고 있지 않은 동사들'이란 정의만을 밝혀놓고 **ἐγενήθην**과 **ἀπεκρίθην**을 그 예로서 제시할 뿐이다. Wallace의 정의대로라면 **ἐφοβήθην** 동사의 경우 능동태 어형은 (적어도 신약본문엔) 그 용례가 없으며 경우에 따라 목적어를 취하고서 타동사로 사용되고 있기에 다른 문법가들과 마찬가지로 수동태 디포넌트로 분류되어야 한다. 단, 능동태 어형의 유무를 진지하게 고려해서인지, 자신의 두번째 저서(*Intermediate*, 440)에서는 **φοβέω**의 수동태 명령법 **φοβοῦ**(눅1:13)를 'permissive passive'로 간략하게 언급할 뿐이다: cf. *Greek Grammar Beyond The Basics* (1996), *The Basics of New Testament Syntax: An Intermediate Greek Grammar* (2000); "A verb that has no active *form* may be active in meaning though passive in form. ...... See the discussion of the deponent middle for material that is equally relevant for the deponent passive."

[18] Robertson은 심지어 미래나 과거시제에서 중간태와 수동태의 형태가 분화되어 있음에도 불구하고 중간태가 수동의 의미를 대신하는 경우가 고대 산문작가들의 후기작품들 속에서도 적잖이 발견되고 있음을 지적한다(Robertson, *Grammar* 818-19)[**Gram62** 참조]

트인 동사들이 문맥에 따라 수동의 의미를 갖게 되는 용례는 양질의 작가들('good writers')에서는 회피되고 있는 현상이며, 극히 소수의 디포넌트 동사들에 있어서만 모든 시제에서 문맥에 따라 수동의 의미를 지닐 수도 있음을 지적한다: **ὠνέομαι**(buy, am bought) (Smyth §221). 그러나 신약에서 바울은 **λογίζομαι**(reckon)란 디포넌트 동사를 현재시제에서 디포넌트로 사용하다가 또다시 어떤 문맥에서는 수동의 의미가 되도록 사용한다(BDF §311): **λογίζομαι** ('is reckoned' – 롬4:4,5) vs. **λογίζῃ** ('you reckon' – 롬2:3). 한편, Smyth는 **현재완료시제에서 디포넌트**인 동사의 경우 – 참고로, 현재완료는 중간태와 수동태가 꼬리형태를 공유한다 – 문맥에 따라 수동의 의미를 취하는 경우가 흔히 있다고 지적하며, Robertson도 다음의 동사들을 실례로 들고 있다:

예: **ὁ ἐκλελεγμένος** '택함받은 자가'(눅9:35) – cf. **ὃν ἐκλέλεκται** '그가 택하신 자를'(LXX, 삼상10:24). cf. 이외에 **παρῃτημένον** (눅14:19), **κεκορεσμένοι**(고전4:8).

더욱이 **과거시제**에 있어서는 능동태 어형 없이 중간태를 취하고서 **과거디포넌트 동사**가 되는 것들 가운데에, 타동사적 의미를 지니는 동사들 중 일부는 수동태를 취하고서 '수동의 의미'를 지니는 동사들이 적잖이 발견된다. 물론 이들 동사들은 **과거중간태에서만 디포넌트**이며, 수동태에서는 아니다. McKay는 과거시제에서 중간태 디포넌트인 동사에 수동태를 취하고서는 '수동의 의미'를 지니는 것으로 아래 한 개 동사[(1)번]를 옳게 지목하고 있으나, 나머지 한 개의 그릇된 실례[(2)번]는 수동태 디포넌트 개념에 대한 기존의 모호한 정의를 그대로 반영하고 있다.

(1) 행10:29 **μεταπεμφθείς** ; 보냄 받은 후 (과거수동태분사)
(2) 행10:31 **ἐμνήσθησαν** ; (네 구제들이) 기억되었다 (과거수동태직설법)

전자의 동사는 그 원형이 **μεταπέμπω**(보내다)로 소개되고 있으나 과거시제 기본형은 능동태 어형 없이 **μετεπεμψάμην**로 등장하기에 과거디포넌트 동사임을 알 수 있다. 그리고 행10:29은 과거수동태를 취하고서 '수동의 의미'를 지닌다. 그러나 McKay가 제시하고 있는 두번째 구절(행10:31)의 경우엔 원형 **μιμνήσκω** (remind 회상시키다)가 과거수동태를 취하고서 자동사적 의미를 허용한 것으로 보아야 한다. 왜냐하면 현재기본형의 의미인 '회상시키다'와 과거수동태의 의미인 '기억났다/기억되었다'(**ἐμνήσθησαν**)는 의미적 동의어가 아니며 타동사에서 자동사로 그 의미가 전환되었기 때문이다[19](cf. 이는 **ἐφοβήθην**과 유사하다).

McKay는 오히려 Robertson이 밝혀놓은 것처럼 다음의 확연한 증거들을 제시했어야 했다(cf. Robertson, *Grammar* 818). 신약본문에서 **과거시제 중간태 디포넌트** 동사이면서 수동태를 취했을 경우 '수동의 의미'를 갖는 것들로는 아래와 같다(**Gram88** 참조):

(1) **ἀπαρνέομαι** (부인하다)의 과거수동태 **ἀπηρνήθην** (눅12:9에는 미래수동태 어형

---

[19] McKay는 자신의 서적에서 중간태나 수동태를 취하고서 능동의 의미를 갖게 되면 디포넌트 동사라고 정의하는 바, 행10:31의 관찰도 그의 이러한 모호한 디포넌트 정의에 기초해 있음을 알 수 있다(cf. McKay 21–26).

으로 '부인당할 것이다'; cf. 과거기본형은 ἀπηρνησάμην)

(2) ἰάομαι(치료하다)의 과거수동태 ἰάθην(마8:8에는 미래수동태 어형으로 '치유될 것이다'; cf.과거기본형은 ἰασάμην)

(3) θεάομαι(응시하다)의 과거수동태 ἐθεάθην(마6:1에는 과거수동태부정사 어형으로 '보이려고'; cf.과거기본형은 ἐθεασάμην)

(4) κατεργάζομαι(만들다)의 과거수동태 κατηργάσθην (고후12:12 '이루어졌다'; cf.과거기본형은 κατειργασάμην)

(5) λογίζομαι(여기다)의 과거수동태 ἐλογίσθην (눅22:37 '여김받았다'; cf. 과거기본형은 ἐλογισάμην)

(6) ῥύομαι(구원하다)의 과거수동태 ἐρρύσθην(딤후4:17 '건지웠다'; cf. 과거기본형은 ἐρρυσάμην)

(7) χαρίζομαι(허락하다)의 과거수동태 ἐχαρίσθην(빌1:29 '허락되었다'; cf. 과거기본형은 ἐχαρισάμην)

이외에도 δέχομαι(받다; cf.과거기본형은 ἐδεξάμην)의 과거수동태 어형을 줄기로 삼은 미래수동태 δεχθήσομαι(받아들여질 것이다)는 수동의 의미를 지니고서 LXX(특히, 레위기)에서 빈번하게 등장한다(cf. 마찬가지로, 합성동사로 신약에 등장하는 παρεδέχθησαν, 행15:4). 또한 Liddell&Scott 사전(LCJ)은 καταγωνίζομαι(정복하다; cf. 과거기본형은 κατηγωνισάμην)가 과거수동태(κατηγωνίσθην)에서 수동의 의미를 지닐 수 있으며, 또한 모든 시제에서 디포넌트 동사인 ἐργάζομαι(성취하다)는 몇몇 시제에 있어서 수동의미를 취할 수 있다고 밝혀놓는다. 또한 앞서 말한대로 현재완료에서 디포넌트이지만 완료 수동태를 취하고서 수동의 의미를 지니는 분사들이 있다(cf. Robertson, Grammar 818).

이상의 실례에서 보듯, 어느 한 시제에서 중간태를 취하고 디포넌트이나 또 한편으론 동일시제의 수동태를 취하고서 '수동의 의미'를 나타내는 동사들은 그 디포넌트 속성이 중간태에만 귀속된 것임을 말해준다. 한편 이와는 역(逆)으로, 수동태를 취하고 디포넌트이나 동일시제의 중간태를 취하고는 디포넌트가 되지 못하는 용례는 단 한 건도 발견되지 아니한다(**Gram88** 참조). 이 같은 사실은 헬라어 인칭꼬리 시스템에 있어서 중간태 굴절어미가 수동태 굴절어미보다 훨씬 더 고전적인 위치를 차지하고 있음(즉, 중간태가 먼저 있었고, 수동태 굴절어미가 형태적으로 분화된 것은 나중의 일임)을 반증해 주는 듯 하다. 한가지 첨언하자면, 과거시제에서 중간태 디포넌트인 동사들이 수동태를 취하고서 '수동의 의미'를 지니게 될 것인지의 여부는 개별동사의 어형이나 의미의 발전사에 관련하여 개별적 속성에 귀속시켜야 할 것이다.

과거시제에서 중간태와 수동태 모두를 취하고 디포넌트인 동사들도 적잖이 발견되는데, 이것은 한편으로 디포넌트 동사가 '태의 형식'과 '의미'를 아예 분리시키고자 하는 속성을 지니게 됨을 보여준다. 이러한 '형식과 의미의 분리' 현상이 코이네 시대로 접어들수록 심화되고 있다는 증거가 McKay에 의해 제시되고 있다. McKay는 디포넌트 동사들이 태(Voice)의 형식으로부터 점차로 자유로워져 중간태 디포넌트 동사들이 점차로 중간태 꼬리를 포기하고 의미의 변화없이 수동태 꼬리로 전환하는 실례에 주목하였다. 이것은 이미 많은 문법가들에 의해 거론되고 있는 것인바(cf. Zerwick §229) ἀποκρίνομαι가 그 고전적 과거 기본형 어형인 ἀπεκρινάμην를 점차로 포기하고 오히려 ἀπεκρίθην을 대신 취하는 경향이다. 이미 신약본문에서 수도 없이 등장하는 이 어형은 디포넌트 동사들이 점차로 형식과 의미를 완전히 분리시키고 있음을 증거하는 대표적인 사례이다. 물론 LCJ에 밝혀놓았고 또 Wallace가 지적하고 있는 바 이 두 단어는 어조적 뉘앙스의 차이를 보이는 경향을 지니기도 한다: 보다 엄숙한 어조에선 ἀπεκρινάμην이 쓰이는 경향이 그것임. 그러나 McKay의 관찰 역시 주목할 필요가 있다. 과거시제에서 중간태와 수동태 어형을 모두 취하고서 디포넌트가 되는 이와 같은 예로서 γίνομαι의 과거형인 ἐγενόμην과 ἐγενήθην을 들 수 있다. 이 두 어형은 전자가 주로 무생물 주어를 취하고 후자는 인칭주어를 취한다는 통사적(syntactical) 특징을 보이기도 하지만, 전자가 인칭주어를 취하는 경우도 얼마든지 있어 결국 엄격한 통사적 차이는 없이 사용되고 있다고 볼 수 있다. 가끔 메이첸 교본 연습문제[**19과 연습19번**]에서 ἀπεκρίθη 를 '대답되었다'라는 식의 수동의미로 해석하는 학습자들이 더러 있는데, 디포넌트 동사의 해석방법은 헬라어에 있어서 초급자에게 요구되는 매우 기본적인 문법사항이므로 반드시 숙지하고 넘어갈 것을 바란다.

2. 디포넌트 동사에 관한 학습포인트

(1) 만약 어떤 동사가 현재나 과거에서 디포넌트인지 아닌지의 여부를 알고 싶다면, 해당 동사의 시제기본형을 사전에서 스스로 확인해보라. 만약 현재에서 그 기본형이 –ω로 소개되어 있지 않고 –ομαι로 소개되어 있다면 그것은 논의의 여지 없이 **현재 디포넌트** 동사이다(물론 일부 동사들에 있어선, 해당 사전이 그 어휘자료(Morphological stock)를 어느 시대의 어느 문헌까지로 한정하느냐 하는 문제가 남아있기는 하지만 말이다!). 마찬가지로, 과거에서 그 기본형이 **ϵ*σα**(1과거능동)나 **ϵ*ον**(2과거능동)으로 소개되어 있지 않고 **ϵ*σαμην**(1과거디포)이나 **ϵ*ομην**(2과거디포)으로 소개되어 있다면 그 동사는 논의의 여지없이 과거 디포넌트 동사이다. 그러나 과거시제에서 능동태와 중간태 어형을 모두 가지고 있지 않다면 그것은 과거수동태 어형(**ϵ*θην**)을 취하고서 과거디포넌트가 되는 동사이다. 한가지 주의해야 할 것은 과거시제에서 **중간태 디포넌트**인 동사들 가운데 그 의미가 타동사적인 것들이라면 과거수동태를 취하고서 혹 문맥이 '수동의 의미'를 허락하고 있지 않은가 살펴봐야 한다.

(2) 동사의 디포넌트 여부는 직설법 시제를 근간으로 하여, 해당시제의 모든 법(Mood)에 적용된다. 예를 들어, A라는 동사가 **현재시제직설법**에서 **디포넌트**가 되면, 현재시제에 관한 한 모든 법에서 즉, **현재** 분사(Participle), **현재** 부정사(Infinitive), **현재** 가정법(Subjunctive), **현재** 명령법(Imperative), **현재** 희구법(Optative)에서 **디포넌트**가 된다. 이것은 '현재시제 중간태/수동태 디포넌트' 동사이면 **나머지 모든 법의 현재시제**에서 **'중간태/수동태' 꼬리만 취하여** 디포넌트 속성을 유지하게 됨을 의미한다. 마찬가지로, **과거시제직설법에서** 중간태를 취하고 **디포넌트**인 동사는 과거시제에 관한 한 모든 법에서 **'중간태'** 꼬리만을 취하고 디포넌트 속성

을 유지하게 된다(18과 이후를 참조하라).

3. 사전의 서로 다른 원형표기

사전마다 개개의 동사에 있어서 그 원형을 무엇으로 결정한 것인가에 관해 약간의 차이가 있다. 그것은 헬라어 어휘목록을 작성함에 있어서 통시적(diachronic)인 성격을 취할 것인가 혹은 공시적(synchronic)인 성격을 취할 것인가 하는 사전마다의 기본 성격에 따라 다르다. 대표적인 사전으로서 Liddell&Scott Greek-English 사전(LSJ)은 통시적인 입장에서 헬라어 어휘목록을 작성한 것이기에 신약시대를 포함한 헬레니즘 시대 이전의 문헌까지 포괄하여 동사의 원형을 찾아 소개하는 반면, Bauer 사전(BAGD)이나 Moulton의 사전은 신약시대 및 초대교부시대 문헌 등 코이네 헬라어만을 그 대상으로 삼아 동사의 원형을 밝힌다. 예를 들어 헬라어의 이른 시기에 능동태 어형을 지녔던 ἀποκρίνω(set apart)동사는 신약시대에 와서 사어가 되고 그 중간태형인 ἀποκρίνομαι (answer)만 남게 되어 디포넌트가 되었다. 헬레니즘 이전시대 문헌에서 ἀποκρίνομαι는 중간태로 분석되지만 신약본문에선 디포넌트이다. 따라서 Bauer 사전이나 Moulton의 사전은 LSJ 와 달리 이 동사의 원형을 ἀποκρίνομαι로 소개한다. LXX를 포함하여 신약본문과 교부문헌을 다루게 되는 우리의 경우엔 Bauer 사전이나 Moulton의 사전을 해석도구의 근간으로 삼아야 할 것이지만, Bauer 사전은 – 그 공시적 범위를 다소 협소하게 전제한 듯 – 더러 일부 동사들에 있어선 그 원형을 잘못 파악해 놓았기에 비판을 받는다 – 이와 비교하여 Moulton 사전(*The Vocabulary of the Greek Testament*)의 경우, 방금 예시해 놓은 동사는 옳게 표기해 놓았으나 나머지 동사들에 대해서 필자가 일일이 검토해보지 못했음을 밝혀둔다. 대표적인 예로 Wallace는 BAGD가 ἐκλέγω(choose out/ select)의 원형을 ἐκλέγομαι로 소개하고 있다고 지적한다(cf. Wallace 428). BAGD의 입장대로라면 신약본문에 나오는 ἐκλέγω의 모든 중간태 어형들은 디포넌트로 분석되어야 하지만 사실은 디포넌트가 아닌 중간태 동사이다. 이 같은 분석적 오류 외에도, 개개의 동사에 있어서 공시적 범위설정이 모호한 경우가 있다. 예를 들어, πορεύομαι는 분명 우리가 다루는 문헌적 범주 내에선 디포넌트이지만 좀더 이른 시기의 다른 문헌들에선 능동태 어형('운반하다'의 의미)이 나타나고 있다(cf. BAGD, οἱ πορεύοντες). BAGD는 차라리 그 문헌적 범위에 충실하여 원형을 πορεύομαι로 소개했더라면 더욱 신약어휘를 위한 사전적 목적에 부합했을 것이다.

보다 객관적이고 합리적인 공시적 관점을 유지하고서 동사의 원형을 파악하기란 헬라어 문법가들에게 있어서 그리 쉬운 일은 아닌 듯 싶다. 바로 이러한 이유 때문에 Wallace는 디포넌트 여부를 결정하는 일이 결코 쉬운 일이 아니라고 지적한다. 더우기 특정한 시대의 다양한 작가들이 가진 'morphological stock'이 동일할 것이라고 간주될 수만은 없기에 LXX나 신약만을 위주로 한 어휘자료들을 인용하는데는 어느 정도 한계가 있음을 지적한다(Wallace 429). 여기에 덧붙여 사람에 의한 단순한 실수도 학습자의 혼란에 한 몫을 한다. 필자가 즐겨 사용하는 검색도구인 BibleWorks에 있어서도 종종 동사의 원형을 잘못 소개해 놓고 있다. 일례로, μιμνῄσκω (remind)동사는 수동태 꼬리를 취하고서 관용적으로 자동사적 의미를 허용하는 동사인데 BibleWorks는 분해(parsing)는 제대로 해놓고도 그 원형을 μιμνῄσκομαι로 소개해 놓아 디포넌트 개념에 소소한 혼란을 끼치고 있다.

4. 디포넌트 논의에 관한 역사적 개관

디포넌트를 어떻게 정의할 것인가에 관하여 문법가들 간에 논란이 있어 왔다. 필자는 이것을 본 논의의 서두에서 대강 언급해 두었지만 좀더 심도있는 학습을 위해서는 반드시 필요한 내용이기에 상세히 그 논의과정을 소개하겠다.

(1) 디포넌트를 정의함에 있어서 크게 두 입장이 있어왔다. 먼저는 디포넌트 동사들의 형태적 특징을 우선적인 분류기준으로 삼고자 하는 입장인데 Moulton이 그 대표적인 인물이다. 그러나 이 문제를 본격적인 화두로 거론한 문법가는 Robertson이라 할 수 있다. Robertson은 디포넌트란 기본적으로 형태적 차원에서 보아 '능동태 어형이 없는 중간태 혹은 수동태 동사들'로 정의하되, 의미론적으로 볼 때에 그것이 중간태적 의미(reflexive idea)를 벗어나는지의 여부에 관하여는 그럴 수도 있고 그렇지 않을 수도 있다는 태도를 피력했다.[20] 먼저 그는 Moulton의 정의를 지지하고서 주장하길, 디포넌트란 능동태 어형을 가지고 있지 않은 – 그리고 좀더 보충하자면, 능동태 어형을 가지고 나타난 적이 한번도 없기에 능동태를 원형으로서 상정할 수도 없는 – 동사를 말한다고 단언한다(cf. Robertson, *Grammar* 812). 그리고 Robertson은 디포넌트를 좀 다른 각도에서 정의하는 문법가들(e.g. Thompson)을 함께 소개하면서 이들에 의하면 중간태 디포넌트 동사는 – 의미론적 측면에서 보아 – 그 중간태적 의미를 완전히 벗어난다는 취지에서 'Deponent'란 명칭이 적용되고 있음을 밝힌다. 여기서 Robertson은 디포넌트에 대한 서로 다른 시각에서의 두 정의들(즉, 형태론적 정의와 의미론적 정의) 중 후자의 것에 대해선 불만족스러운 입장을 나타낸다.[21] 왜냐하면 이들은 '능동태 어형이 존재하면서 동시에 중간태를 취하는 어떤 동사들에 있어서 의미적으로는 능동태와 거의 차이를 보이지 않는' 이른바 'Dynamic Middle'을 디포넌트와 동일시 여기거나 혹은 적어도 디포넌트와 비슷한 부류로 포함시키려 하기 때문이었다. Robertson은 이 'Dynamic Middle'이 비록 그 중간태적 의미(reflexive idea)를 거의 찾을 수는 없으나 그렇다고 능동태 어형의 의미와 뉘앙스의 차이도 없이 사용되는 것은 아님을 지적한다(cf. Robertson, *Grammar* 814; 중간태를 취하고서 좀더 고상한 어투를 나타내는 αἰτέω가 그 예). 더 나아가 Robertson은 '정신적 활동'과 관계된 일련의 디포넌트 동사 및 'Dynamic Middle' 동사들을 나열해 놓고서 이든 동

---

[20] 중간태 디포넌트 동사들과는 달리, 수동태 디포넌트 동사에 있어서는 그 '수동의 의미'를 완전히 벗어나고 있다는 데에 Robertson은 암묵적으로 동의한다. 그러므로 Robertson은 '중간태 디포넌트 동사들에 있어서 과연 일관되게 중간태적 의미를 벗어나는가'란 질문을 중심이슈로 부각시킨다(cf. Robertson, *Grammar* 812). 그러나 Robertson은 수동태 디포넌트를 정의함에 있어서, 형태론에 기초한 종전의 입장을 버려 그 일관성을 잃고 말았다.

[21] Robertson은 'Deoponent'라는 명칭 자체가 오해를 불러일으키기 쉽기 때문에 매우 부서설한 용어라고 지적한다. 왜냐하면 '제쳐놓다'(deponere)란 의미는 마치 능동태 어형이 존재하지만 그것을 단지 기피하고 중간태 어형을 즐겨 취하는 동사들(e.g. Dynamic Middle)까지 디포넌트에 포함시킬 수 있다는 식의 여지를 남기기 때문이다. 이에 Robertson은 디포넌트 동사는 능동태 어형이 아예 존재하지 않음을 못박는다(cf. Robertson, Grammar 811-12). Robertson의 이러한 염려는 당시 문법가들 사이에서 디포넌트의 형태적 특징을 간과한 채 단지 의미론적으로만 정의함으로써 능동태 어형을 따로 가지고 있는 중간태 동사들(e.g. Dynamic Middle)까지 디포넌트 부류에 포함시키고자 하는 경향 때문으로 보여진다.

사들이 모두 주어를 강조하거나 주어의 관심을 나타내는 방식으로써 중간태적 의미(reflexive idea)를 여전히 간직하고 있음을 지적한다.[22] Robertson은 이를 통해, 중간태 어형을 취한 동사가 그 중간태적 의미를 가지고 있는가의 여부는 Dynamic Middle이나 디포넌트 속성(Deponency)과 상관있는 것이 아니라 동사 자체의 의미속성과 관계된 것임을 보여주고 있다. 계속해서 Robertson은 '정신적 활동'과 관계된 디포넌트 동사들 중 일부는 과거시제에서 디포넌트가 아님을 지적하기도 한다. 그리고 다음으론, 어떤 식으로든 중간태적 의미(reflexive idea)를 전혀 가지고 있지 않아 보이는 일련의 디포너트 동사들을 소개한다.[23] 그리고 또다시, 이러한 동사들이 모든 시제에서 디포넌트가 되지는 않고 있음을 지적한다(γέγονα, ἦλθον ἐληλυθα, ἔλαθον). Robertson이 이를 통해 제시하고자 하는 결론은, Dynamic Middle이건 Deponent이건 간에 '의미론적인 정의'는 그 일관성을 얻기가 힘들다는 사실이다. 따라서 형태론적 분석이야말로 더 의미있는 분석이 될 것임을 역설한다.

Robertson은 여기까지의 고찰을 통해, 중간태 디포넌트 동사들이 그 중간태적 의미를 여전히 가지고 있을 수도 혹은 가지고 있지 않을 수도 있다고 결론내리는 데 이러한 그의 고찰이 일면 타당성을 얻었음에는 의심의 여지가 없다. 그러나 Robertson은 수동태 디포넌트 동사에 있어서는 형태론적 차원에서 세워놓은 자신의 엄정한 정의를 거스려 다소 모호한 입장을 드러낸다. 예를 들어, φοβέω 동사의 수동태 어형인 φοβέομαι를 그 '수동의미'를 벗어났다 하여 수동태 디포넌트로 분류하고 있는데 이는 다시 디포넌트를 의미론적으로 정의하고자 하는 태도를 보여준다(Robertson, *Grammar* 813). 왜냐하면 φοβέομαι는 엄연히 그 능동태 어형인 φοβέω를 가지고 있기 때문이다. 그러나 좀더 정확히는 φοβέομαι가 디포넌트로 분류될 수 없는 까닭은 그것이 – 능동태 어형이 존재하기 때문이 아니라 – 능동의 의미를 대신하고 있지 않기 때문이다: 이것을 더욱 극명하게 보여주는 예가 ἐφοβήθην이다. Robertson은 디포넌트를 정의함에 있어서 형태론적 특징에 기초해 출발하긴 하였으나 '능동태 어형이 없다'는 명제가 함의하고 있는 바 언어학적 의미들을 통찰해 내는데 실패하였기에 수동태 디포넌트를 분류함에 있어서 혼란에 빠지고 말았다. 그러나 수동태 디포넌트에 이르러 혼란에 빠진 것은 Robertson의 상대편에 서있던 문법가들도 마찬가지이다.

---

[22] cf. Robertson, *Grammar* 812; αἰσθάνομαι(눅9:45 이해하다), ἀρνέομαι(눅12:9 부인하다), προαιτιάομαι(롬3:9 고발하다), ἀσπάζομαι(행25:13 인사하다), εὔχομαι(롬9:3 간절히 바라다), ἡγέομαι(빌3:8 여기다), λογίζομαι(빌4:8 곰곰히 생각하다), μαίνομαι(행26:25 미치다), μέμφομαι(롬9:19 책망하다), φείδομαι(롬8:32 아끼다)) Robertson은 이외에도 디포넌트 동사는 아니나 정신적 활동과 관계되는 중간태 동사들을 함께 소개하여 모두 주어자신을 강조하거나 혹은 동사의 속성상 주어의 특별한 관심을 반영하고 있는 것으로 간주될 만한 동사들을 아우르고 있다. 물론 이들 동사들은 능동태 어형을 따로 그 원형으로 간직하고 있으나 주어진 본문에선 중간태 어형을 취하고서 등장하고 있다: διαβεβαιοῦμαι(딛3:8 힘있게 주장하다), καταλαμβάνομαι(행4:13 깨닫다), ἐντέλλομαι(히11:22 지시하다), ἐπιλανθάνομαι(마16:5 잊어버리다).

[23] cf. Robertson, *Grammar* 813; γίνομαι(마8:26 되다), ἅλλομαι(요4:14 솟구치다), ἀφικνέομαι(롬16:19 [소문등이] 퍼지다), διαμαρτύρομαι(행2:40 증언하다), ἔρχομαι(요1:39 오다), ἐργάζομαι(마25:16 장사하다), καθέζομαι(마26:55 앉다/머무르다), κάθημαι(마13:1 앉다), συνέπομαι(행20:4 동행하다).

(2) 디포넌트를 – 그 형태론적 특징(**능동태 어형이 없다**)을 간과한 채 – 의미론적 차원에서만 정의하려는 태도는 Robertson 당대의 Thompson 뿐 아니라 최근의 학자들 중 Black이나 Young에게서도 전형적으로 발견된다. Black은 그의 책에서 디포넌트란 '*능동태 어형이 없고* 중간태나 수동태 어형을 가지지만 그 의미는 능동인 동사'라고 정의해 놓고 있지만[24] 놀랍게도 실제 디포넌트 동사들을 분류함에 있어서 그의 이런 정의를 전혀 일관성있게 적용시키지 않고 있다. 대표적인 실례로, 동사 **ἄρχομαι** (시작하다)는 **ἄρχω** (지배하다)라는 능동태 어형을 가지고 있으면서 중간태에선 '시작하다'의 의미가 되어 그 중간태적 의미(reflexive idea)를 찾아보기 힘든 대표적인 경우로 흔히 제시되는데, Black은 이것을 디포넌트로 분류한다(cf. Black, *Intermediate* 95). 이 외에도 그가 디포넌트 동사들을 실제 분류해 놓은 목록들을 자세히 들여다 보면 거기엔 능동태 어형을 가지고 있는 것과 가지고 있지 않은 것들이 섞여있다. 이를 통해 알게 되는 것은 Black이 그의 두번째 문법서(*Intermediate*)에서 좀더 명확하게 정의해 놓은 바 '능동태꼬리는 가지지 않았는데 중간태나 수동태 꼬리를 취하고서 능동의 의미를 지니는 동사'란, 그 형태적 분석을 사전의 어휘목록에 기초하지 않고 다만 개별 동사 자체를 놓고 분석한 것이라는 사실이다. 다시 말해, Black에게 있어서 디포넌트 동사란 그것이 사전의 어휘목록에 동일한 줄기를 지닌 능동태 어형의 형태소(lexeme)가 존재하든 말든 그것에 상관없이, 개별동사가 문장 내에서 중간태나 수동태 꼬리를 취하고서 능동의 의미를 갖게 된다면 그 자체로 디포넌트 동사라는 개념이다. 그가 혹 **ἄρχομαι**와 **ἄρχω**를 별개의 형태소(lexeme)로 간주하고 있는지는 모르지만, 동일한 줄기를 공유한 채 엄연히 존재하고 있는 능동태 어형을 고려하지 않는 이 같은 방식의 정의는 혼란만 부추길 뿐이다. 아마도 그는 **Dynamic Middle**을 포함해서 디포넌트 동사를 정의하는 듯 보인다. 어쨌든 Black이 정의하는 바 디포넌트 동사란, 그것이 동일한 줄기의 능동태 어형을 가지고 있든 말든 그것에 상관없이 중간태나 수동태꼬리를 취하고서 그 '태'의 의미를 벗어나게 된다면 그것은 그 자체로 디포넌트 동사가 되는 셈이다. 그러나 결국 그의 이러한 의미론적 정의마저도 어떤 일관성을 획득하지는 못하는데, 그것은 Black 자신이 스스로 인정하는 바 중간태 디포넌트 동사들에 있어서 상당수가 그 중간태적 의미를 여전히 간직하고 있는 것으로 파악되기 때문이다. Black은 자신이 나름의 방식에 의해 정의하고 있는 바 '중간태 디포넌트' 동사들이 그 중간태적 의미를 어떠한 식으로 간직하고 있는지 체계적으로 분류해 놓기까지 한다.[25] Black은 중간태 디포넌트

[24] cf. "A number of Greek verbs have middle or passive forms without any corresponding active forms. These are called *deponent* verbs." (Black, *Learn* 80)

cf. "Many berbs in Greek, alas, do not have any active voice endings. The meaning is active, to be sure, but the ending is either in the middle or the passive voice. These are called **deponent verbs**..." (Black, *Intermediate* 95)

[25] cf. Black, *Learn* 80-81. 아래 분류된 동사들 가운데 능동태 어형을 따로 가지고 있는 것들은 필자가 옆에 이탤릭체로 밝혀 놓았는데 그것은 BAGD를 기준으로 한 것이다:
(1)상호적인 의미: **δέχομαι**(영접하다), **λυτρόομαι**(속량하다 *cf. λυτρόω*), **χαρίζομαι**(용서하다), **ἰάομαι**(치유하다), **μάχομαι**(싸우다), **ψεύδομαι**(속이다), **ἀσπάζομαι**(인사하다), **ἀποκρίνομαι**(대답하다); (2)재귀적인 의미: **τυφλόομαι**(스스로를 속이다/눈이 멀다. *cf. τυφλόω*), **ἐπενδύομαι**(옷입다), **μιμέομαι**(흉내내다), **ἐγκρατεύομαι**(절제하다); (3)동작에 대한 주어자신의 특별한 관여도: **ἔρχομαι**(가다), **διαλογίζομαι**(숙

동사들이 *대부분의 경우에 있어서* 그 중간태적 의미를 '제껴놓고' 있지만 *일부* 동사들은 그렇지 않고 있음을 지적하고 있는 듯하다. 필자가 Black의 디포넌트 정의 방식을 '의미론적인' 것으로 국한시킨 까닭은 그의 형태론적 분석이 결국은 사전의 어휘목록에 등재된 능동태 어형을 고려하지 않았기 때문이며, 따라서 그가 정의하는 바 디포넌트란 중간태나 수동태의 의미를 '제껴놓느냐'의 여부에 달려있기 때문이다. 그러나 그의 이러한 정의방식마저 자신이 소개해 놓은 자료들에 의해 그 일관성을 잃고 있기에 이 의미론적 관점의 정의는 수정되어야 한다. 참고로 아래에서 살펴보게 되겠지만, 적어도 중간태 디포넌트 동사들에 있어서 상당수가 중간태적 의미를 여전히 간직하고 있음은 Robertson이나 Wallace에 의해서도 상세히 밝혀지고 있다(cf. Robertson, *Grammar* 812; Wallace 429-30).

한편, Young은 아예 '디포넌트란 (단지) 중간태나 수동태를 취하고서 능동의미를 갖게 되는 동사'라고 정의해 놓고선 자신의 정의를 일관성 있게 적용시켜 디포넌트 동사들을 분류한다.[26] 어쨌든 이런 입장에 서 있는 문법가들에게 있어서 동사가 능동태 어형을 따로 가지고 있는가 그렇지 않은가는 전혀 문제되지 않는다. 중요한 건 동사가 중간태나 수동태를 취하고서 그 독특한 중간태적 의미나 혹은 수동태적 의미를 벗어났는가의 여부에 있다.

그러나 (Black이나) Young의 의미론적 정의가 중간태 디포넌트 동사에 있어서 그 일관성을 얻지 못하고 있다는 사실은 차치하고서라도, 이들의 의미론적 정의는 수동태 디포넌트에 이르러 그 개념적 한계를 드러내고 만다. Young 역시 Robertson과 마찬가지로 **φοβέομαι**와 **ἐφοβήθην**을 '수동의 의미'를 벗어났다 하여 디포넌트로 분류하고 있는데, 이는 결국 이들이 기초로 삼았던 형태론적 혹은 의미론적인 방법론이, 디포넌트 속성을 밝히는데 있어서 피상적인 분석도구에 그쳤음을 보여준다(cf. Young 136).

(3) 최근의 문법가들 중 디포넌트에 관한 Moulton과 Robertson의 형태론적 정의를 좀더 수정하여 확고히 하는 동시에 그 의미론적 정의를 신중히 검토해 보고자 하는 학자들이 있는데 Wallace가 그 대표적인 인물이다. Wallace는 Moulton과 Robertson의 기본 정의를 받아들여 말하길 디포넌트란 우선 능동태 어형을 가지고 있지 않아야 함을 분명히 한다. 그러나 동시에 디포넌트 동사는 중간태나 수동태를 취하고서 그 의미특성을 벗어나 능동의미를 지녀야 한다고 정의한다. 더욱이 그는 이 두 요소야말로 디포넌트를 정의하고 분류함에 있어서 근간이 되는 개념(**'the root of definiton'**)임을 밝힌다(Wallace 428). 그러나 Wallace는 자신이 단언해 놓은 바 두 요소 중 후자의 것은 수동태 디포넌트의 경우에만 확고히 적용되고 있는 것으로 간주하고 있는 듯 하다. 그래서 Wallace는 곧이어 Robertson이 제기해 놓은 바 일부 중간태 디포넌트 동사들이 그 중간태적 의미를 여전히 간직하고 있음에 전적으로 동의한다. 특히 **δέχομαι**(영접하다) 동사가 중간태적 의미를 확연히 가지고 있다고 판단한 Robertson의 견해(Robertson, *Grammar* 813)에 동의하면서 다음과 같은 조심스런 결론에 이른다:

'중간태적 의미를 간직하고 있는 디포넌트 동사들은 과거 이른 어느 시기에 있어서 능동

고하다), **ἡγέομαι**(간주하다), **ὀργίζομαι**(분노하다. *cf. ὀργίζω*), **βούλομαι**(원하다).

[26] cf. Young 135; "A deponent verb is one that has a middle voice form but active voice meaning." 일례로 Young 은 **ἐγείρω**(일으키다)의 과거수동태명령법 **ἐγέρθητι**(일어나라!)가 수동의 의미를 벗어나 자동사적 의미를 허용한다고 하여 디포넌트로 분류한다.

태 어형이 있었음을 보여주는 증거이기에 이들 중간태 디포넌트 동사들이 "능동태 어형을 한 번도 가지고 있었던 적이 없다" 고 – *Robertson이 주장하듯* – 단언하는 것은 좀 성급한 주장이다. *(이 같은 가설의 당연한 귀결로서)* 또한 중간태 디포넌트 동사들이 반드시 그 중간태적 의미를 전혀 가지고 있지 않아야 하는 것은 아니다' (cf. Wallace 429)

이미 Robertson 뿐만 아니라 Black도 상세히 밝혀놓았듯이, 중간태 디포넌트 동사들이 반드시 중간태적 의미를 벗어나는 것은 아니다. Wallace는 이 같은 사실에 동의하면서 디포넌트 동사들이 처음엔 순수한 중간태 동사였을 수도 있다는 조심스런 가설을 세워놓고 그 실례적 증거로서 **δέχομαι**동사를 제시한다.[27] 또한 Wallace는 Robertson이 밝혀놓은 바 정신적 활동과 관계된 중간태 디포넌트 동사들에 대해선 그 어휘소(lexeme) 자체가 이미 주어자신에 대한 강조적 뉘앙스를 가지고 있음을 지적한다. 계속해서 주장하길, 과연 이런 부류의 동사들이 자신과 동일한 줄기를 가진 능동태 어형과 경쟁관계에 있었는지 아니면 원래부터 능동태 어형없이 그저 디포넌트였는지는 알 길이 없기에, 이것들을 디포넌트로 결정하는데 있어서 현재로선 그 뚜렷한 해결책을 얻을 수 없다고 결론내린다(cf. Wallace 430. f. 65). Wallace는 이어서 중간태적 의미를 전혀 가지고 있지 않아보이는 일련의 중간태 디포넌트 동사들을 나열해 놓는다. Wallace가 이러한 관찰을 통해 주장하고자 하는 바는, 중간태 디포넌트 동사들이란 (1) 원래 순수 중간태 동사였던 것들이 있는가 하면 – 따라서 역사적으로 능동태 어형이 없었다고 말할 순 없다; (2) 이미 줄기(즉, 어휘소) 자체가 의미속성 상 주어자신에 대한 강조적 뉘앙스를 가지고 있는 디포넌트 동사들도 있고 – 이들의 경우 능동태 어형이 따로 있었는지는 알 수 없다; (3) 중간태적 뉘앙스를 전혀 가지고 있지 않아보이는 그야말로 순수한 디포넌트 동사들이 있다 – Wallace는 이 경우엔 능동태 어형을 상정할 수 없음을 암시하는 듯 하다.

이제까지 문법가들 간의 다소 복잡한 논의들을 살펴보았는데 현재 가장 핵심이 되는 이슈는 **중간태 디포넌트 동사들**의 기본 성격을 어떻게 규정할 것이냐의 문제와 관련된다. 물론 디포넌트를 결정하는 첫번째 요소인 바 공시적으로 볼 때 그 능동태 어형을 가지고 있지 않는다는 형태론적 고찰에는 Moulton과 Robertson에 이어 Wallace 같은 문법가들이 더욱 확고히 해나가고 있다. 그러나 디포넌트를 결정하는 두번째 요소에 관련한 바, 중간태 디포넌트 동사들이 더러는 중간태적인 뉘앙스를 가지고 있는가 하면 그렇지 않은 것도 있는데 과연 중간태 디포넌트를 결정짓는 기준점을 – 의미론적인 관점에서 볼 때에 – 어디에 두어야 하는 것인가의 문제는 중간태 디포넌트 동사의 기원문제와 맞물려 증명하기도 어려울 뿐만 아니라 어떤 가설이든 많은 반대이론에 직면하게 된다.

한가지 지적하고 싶은 것은 중간태 디포넌트 동사들이 그 의미에 있어서 어느 정도 중간태적 뉘앙스를 가지고 있는가 하는 문제에 있어서 문법가들 간에 의견일치를 이루기 쉽지 않다는 점이다. 물론 일부 중간태 디포넌트 동사들에 있어서는 주어자신의 관심사나 강조적 뉘앙스가 확연히 드러난다. 그렇지만 애매한 경우도 얼마든지 있다. 예를 들어, Wallace는

---

[27] 물론 Wallace는 **δέχομαι**를 공시적인 관점에서 보아 디포넌트로 분명하게 분류하고 있다. 그러나 과거 이른 어느 시기에는 능동태 어형을 따로 가지고 있었던 중간태 동사였지 않겠느냐는 입장을 조심스럽게 나타낸다.

ἔρχομαι(가다), **χαρίζομαι**(용서하다), **βούλομαι**(원하다), **ἀποκρίνομαι**(대답하다)를 중간태적 뉘앙스를 전혀 가지고 있지 않은 순수 디포넌트 동사로 분류하는 반면(Wallace 430), Black은 각기 상호적인 용법이나 혹은 행위에 관련한 주어자신의 관여도를 강조하는 중간태적 뉘앙스를 지닌 것으로 분류해 낸다(Black, *Learn* 80-81). 이것은 무엇을 의미하는가. 디포넌트 동사들이 실제 문장 가운데서 쓰일 때 해석자가 중간태의 어떤 논리범주에 어느정도까지 적용시켜 그 역동적 뉘앙스를 찾아낼 것이냐의 문제는 일찍이 Robertson이 그의 책에서 Dynamic Middle을 두고 지적한 것과 마찬가지로 '아무리 설명하려고 해봐야 별 소득을 얻지 못하게' 될 것이다(Robertson, *Grammar* 812).

그러므로 중간태 디포넌트 동사의 의미적 속성과 관련하여 내릴 수 있는 결론적인 고찰은 이것이다. 필자는 **Gram62**의 마지막에서, 신약본문에 쓰인 중간태 동사들과 관련하여 놓여있는 해석적인 과제가 있다면 그것은 본문에 쓰인 **중간태 동사들**이 과연 얼마만큼 코이네 이전 시기의 특징들을 간직하고 있는 것인가를 문맥을 통해 밝혀내는 일이라고 Wallace의 견해를 빌어 소개한바 있다. 그런데 우리는 이 같은 해석적 과제와 더불어 이렇게 질문해 볼 수 있다. **중간태 디포넌트 동사**도 그러한가? 대답은 '아니다'이다. 중간태 디포넌트 동사들이 문맥 안에서 의미적으로 열려있는 경우는 없다. Robertson이후 Wallace에 이르기까지의 디포넌트 논의들은 중간태 디포넌트 동사들이 반드시 중간태적 의미속성을 벗어나는 것은 아님에 어느정도 합의하고 있다. 또한 동시에, 중간태 디포넌트 동사들이 문맥에 따른 의미적 다중성을 허용하지 않고서 어느 한가지 의미로 굳어져 있음에도 암묵적으로 동의하고 있는 듯 하다. 그러나 디포넌트 동사의 의미적 속성과 관련하여 정작 논의되어야 할 바가 여전히 남아있다. 그것은 중간태 디포넌트를 정의함에 있어서 상반된 방법론으로 출발했음에도 불구하고 서로 마주보고 있는 양쪽 문법가들의 분류방식이 동일한 결론을 내리게 되는 바 곧 수동태 디포넌트를 정의하는데 보이고 있는 비일관성과 모호함의 문제이다. 이러한 문제점은 - 이미 본 논의의 중반부에서 충분히 언급했듯이 - 디포넌트 동사들의 형태론적 현상이 함의하는 바 '**능동태 어형의 의미를 대신한다**'는 의미론적 명제를 새로운 출발점으로 삼아 교정되어야 한다.

11과

미완료 능동태 직설법. εἰμί 의 미완료.

핵심문법요약

Gram 64. λύω의 미완료 능동태 직설법 (Imperfect Active Indicative)

	단수	복수
1인칭	ἔλυον	ἐλύομεν
2인칭	ἔλυες	ἐλύετε
3인칭	ἔλυε(ν)[1]	ἔλυον

미완료 능동태는 단수1인칭과 복수3인칭의 형태가 동일하다. 둘 중 어느 것으로 쓰였는지는 문맥을 통해서 결정하고 해석한다.

미완료시제를 비롯하여 부정과거시제(14,15,16과)와 과거완료시제(29과), 이 세 개 시제들은 과거의 사건을 기술하므로 **제2시제**(Secondary Tense)로 분류되며, 접두모음(augment) ϵ을 붙인다는 점에서 제1시제(Primary Tense – 현재, 미래, 현재완료)와 우선적으로 구분된다.

Gram 65. 미완료 직설법의 어형성 (Word formation)

미완료 직설법은 **현재 직설법의 줄기**에 기초해서 어형을 형성한다. 그러므로 사전에는 미완료 시제의 어형이 따로 소개될 필요가 없다. 주의할 것은, 현재 직설법 기본형이 -ω로 소개되는 동사들만이 미완료에서 위의 변화를 따른다는 것이다. 그러므로 현재 직설법 기본형이 **-ομαι**로 소개되는 이른바 디포넌트 동사들은 미완료에서 위의 변화를 따르지 않는다.

(1) 자음으로 시작되는 -ω동사의 미완료: **접두모음 ϵ 을 붙임.**

예: ἔβλεπον (I was seeing 내가 보고 있었다)
ἐδίδασκον (I was teaching 내가 가르치고 있었다)
ἔλεγον (I was saying 내가 말하고 있었다)

---

[1] 단수 3인칭에서 발음의 편의성을 위해 ν가 삽입될 수도 있다(**Gram11**의 각주를 참조하라).

(2) 모음으로 시작되는 -ω동사의 미완료: **첫 모음을 길게 함.**
※ α는 η로, ϵ은 η로, ο는 ω로 길어진다.[2]

예: ἦρον (I was taking away 내가 제거하고 있었다)
먼저 α가 η로 길어진 후, 뒤의 모음 ι가 장모음 뒤에 서게 되었으므로 η 밑으로 하기된다.
ἤσθιον (I was eating 내가 먹고 있었다. Cf. ἐσθίω)
ἤκουον (I was hearing 내가 듣고 있었다. Cf. ἀκούω)
ἦγον (I was leading 내가 인도하고 있었다. Cf. ἄγω)

αἴρω의 미완료

1	ἦρον	ἤρομεν
2	ἦρες	ἤρετε
3	ἦρε	ἦρον

Gram 66. 합성동사의 미완료형

전치사와 결합된 합성동사(Compound verbs)의 경우 먼저 전치사를 떼어낸 후 위 **Gram65**의 과정을 거쳐서 다시 전치사를 결합시킨다.[3] 이때 전치사의 뒷 모음은 (모음충돌로 인해) 떨어져 나간다.[4]

---

[2] 참고로 그밖의 모음으로 시작할 경우는 아래와 같다:

η ► η	ι ► ι	υ ► υ
ω ► ω	αυ ► ηυ	ϵυ ► ϵυ/ηυ
αι ► ῃ	ϵι ► ϵι/ῃ	οι ► ῳ

Cf. 줄기의 첫 모음이 간혹 변칙적으로 길어지는 경우가 드물게 있다(ἔχω의 미완료 ► εἶχον). 혹은 자음으로 시작되는 줄기에 ϵ 대신 η가 붙는 경우가 간혹 있다(θέλω의 미완료 ► ἤθελον 22과; μέλλω의 미완료 ► ἤμελλον 22과). 이러한 현상과 관련하여 두 가지 가설이 제기되어 있다(cf. Mounce, *Morphology* 65-68; Smyth §433). 이외에도 접두모음이 이중으로 붙는 경우가 발견된다(ὁράω의 미완료 → ἑώρων). 또한 ρ로 시작할 경우 제2시제 어형성에 있어서 접두모음을 붙이기 전에 ρ를 중복하여 표기한다(λέγω의 과거수동태 ἐρρέθην)(cf. Mounce, *Morphology* 65). 이러한 특별한 경우들은 그 수치로 볼 때 아주 예외적인 것으로 간주할 수 있기에 위에서 언급한 것을 표준적인 것으로 삼아도 좋다.

[3] 합성과정에서 전치사의 뒷 자음이 동사의 첫자음이 지닌 조음점(articulation point)에 동화된 경우도 있다. 이 경우 제2시제 어형을 형성할 때엔 원래의 모습을 회복한다: (1) συν+λεγω ► συλλέγω cf. συνέλεγον; (2) συν+φέρω ► συμφέρω cf. συνέφερον; (3) συν+σῴζω ► συσσῴζω cf. συνέσῳζον; (4) ϵν+γράφω ► ἐγγράφω cf. ἐνέγραφον etc. (cf. Mounce, *Morphology* 37, 70).

[4] 단, 전치사 περί와 πρό는 항상 예외적이어서 뒷모음이 탈락되지 않는다: περιπατέω ► περιεπάτουν.

예: ἀνέβαινον (I was going up 내가 올라가고 있었다)
ἀπέθνησκον (I was dying 내가 죽고 있었다)
ἀπέκτεινον (I was killing 내가 죽이고 있었다)
ἀπέστελλον (I was sending 내가 보내고 있었다)
κατέβαινον (I was going down 내가 내려가고 있었다)
παρελάμβανον (I was receiving 내가 받고 있었다)
συνῆγον[5] (I was gathering together 내가 모으고 있었다)

Gram 67. εἰμί의 미완료 직설법 (Imperfect Indicative)

	단수	복수
1인칭	ἤμην	ἦμεν[6]
2인칭	ἦς[7]	ἦτε
3인칭	ἦν	ἦσαν

이오타 첨자(subscript)가 전혀 없음에 주의하라. 참고로, 1인칭 단수를 제외한 나머지에서 써컴플렉스가 표기되었다.

εἰμί는 미완료시제가 과거를 대신한다. 왜냐하면 be 동사는 그 의미적 속성상 동작이 아닌 상태이기 때문에 동작의 발생과 종료를 나타내는 부정과거(Aorist)가 어울리지 않기 때문이다.

예: **ἦμεν** μαθηταὶ αὐτοῦ. 우린 그의 제자였다.[불완전 자동사]
ἦν ἐν τῷ ἱερῷ. 그가 그 성전 안에 있었다. [완전 자동사]

---

[5] 합성동사의 액센트는 전치사의 뒷모음까지만 표기된다. 즉 전치사를 완전히 넘어서지 못한다. 그러나 이러한 규칙도 직설법에만 해당되며 다른법(mood)에 있어선 해당되지 않는다(부록의 **동사패러다임** 참조).

[6] 가끔 중간태 꼬리가 붙은 어형이 1인칭 복수를 대신하기도 한다: ἤμεθα (마23:30; 행27:37; 갈4:3; 엡2:3; 삼상[LXX]25:16). Mounce는 εἰμί가 미완료에서 그 꼬리가 능동태와 중간태, 수동태의 것을 혼합적으로 취하고 나타나고 있음을 지적한다(cf. Mounce, *Morphology* 316. f. 4).

[7] ἦς의 옛 어형으로 ἦσθα가 있다(cf. Mounce, *Morphology* 160. f. 4).

단어공부

명 사: ἄρτος, ὁ (bread 빵)

동 사: αἴρω (I take away 치우다/제거하다)
ἐσθίω (I eat 먹다)
ἀναβαίνω (I go up 올라가다) – 전치사 ἀνά와 결합된 합성동사.
ἀποθνήσκω (I die 죽다) – 전치사 ἀπό와 결합된 합성동사.
혹은 ἀποθνῄσκω
ἀποκτείνω (I kill 죽이다) – 전치사 ἀπό와 결합된 합성동사.
ἀποστέλλω (I send 보내다) – 전치사 ἀπό와 결합된 합성동사.
καταβαίνω (I go down 내려가다) – 전치사 κατά와 결합된 합성동사.
παραλαμβάνω (I receive, bring along 받다, 데리고 가다) – παρά와 결합됨.
συνάγω (I gather together 모으다) – 전치사 σύν과 결합된 합성동사.

전치사: κατά + 속격 (against ~에 대항하여)
+ 대격 (according to ~에 따라서)

παρά + 속격 (from ~로부터)
+ 여격 (beside ~곁에)
+ 대격 (beside/ alongside of ~곁에/ 나란히)

σύν + 여격 (with ~와 함께)

부 사: οὐκέτι [직설법과 함께 쓰임] (no longer 더이상 아니)
τότε (then 그때에)

기 타: μέν...δέ (on the one hand...on the other 또 한편으론)

연습문제

1. **ἠκούομεν** τῆς φωνῆς αὐτοῦ ἐν ἐκείναις ταῖς ἡμέραις, νῦν δὲ οὐκέτι
우리가 듣고 있었다 그 음성을 그의 저 날들에 지금 그러나 더 이상
ἀκούομεν αὐτῆς.
듣지 않는다 그것을 (= 그의 음성을)

해석: 저 날들에 (=그 때에 cf.마3:1) 우리는 그의 음성을 듣고 있었다. 그러나 지금은 우리가 더 이상 그것을 듣지 않는다.

★ ἠκούομεν – ἀκούω의 미완료 능동태 직설법 1인칭 복수
★ ἀκούομεν – ἀκούω의 현재 능동태 직설법 1인칭 복수

2. ὁ δὲ μαθητὴς τοῦ κυρίου **ἔλεγε** παραβολὴν τοῖς ἀδελφοῖς αὐτοῦ.
그 그러나 제자는 주님의 말하고 있었다 비유를 그 형제들에게 그의

해석: 그러나 주님의 제자는 그의 형제들에게 비유를 말하고 있었다.

★ ἔλεγε – λέγω의 미완료 능동태 직설법 3인칭 단수

3. **ἀπέκτεινον** οἱ δοῦλοι τὰ τέκνα σὺν τοῖς μαθηταῖς.
죽이고 있었다 그 종들이 그 아이들을 ~와 함께 그 제자들과

해석: 그 종들이 그 아이들을 그 제자들과 함께 죽이고 있었다.

★ ἀπέκτεινον – ἀποκτείνω의 미완료 능동태 직설법 3인칭 복수

4. τότε μὲν **κατέβαινον** εἰς τὸν οἶκον, νῦν δὲ οὐκέτι **καταβαίνω**.
그때에 나는 내려가고 있었다 그 집 안으로 지금 그러나 더 이상 아니 내려간다

해석: 그때에 나는 그 집 안으로(=그 집을 향해) 내려가고 있었다. 그러나 지금은 더 이상 내려가지 않는다.

εἰς는 문맥에 따라 '~근처에, ~쪽으로 [near/ toward]'란 의미를 갖는다. cf. 요3:22; 4:5.
★ κατέβαινον – καταβαίνω의 미완료 능동태 직설법 1인칭 단수
★ καταβαίνω – καταβαίνω의 현재 능동태 직설법 1인칭 단수

5. **παρελαμβάνετε** τὸν ἄρτον παρὰ τῶν δούλων καὶ **ἠσθίετε** αὐτόν.
너희가 받고 있었다 그 빵을 그 종들로부터 그리고 먹고있었다 그것을 (=빵)

해석: 너희는 그 종들로부터 그 빵을 받고 있었고 또 그것을 먹고 있었다.

★ παρελαμβάνετε – παραλαμβάνω의 미완료 능동태 직설법 2인칭 복수
★ ἠσθίετε – ἐσθίω의 미완료 능동태 직설법 2인칭 복수

6. *διὰ τὴν ἀλήθειαν* ***ἀπέθνησκον*** *οἱ μαθηταὶ ἐν ταῖς ἡμέραις*
그 진리 때문에 죽고 있었다 그 제자들이 날들에
ἐκείναις.
저

해석: 저 날들에 (=그 때에) 그 제자들이 그 진리 때문에 죽고 있었다.

★ *ἀπέθνησκον* – ἀποθνήσκω의 미완료 능동태 직설법 3인칭 복수

7. ***συνῆγεν*** *οὗτος ὁ ἀπόστολος εἰς τὴν ἐκκλησίαν τοὺς μαθητὰς τοῦ*
모으고 있었다 이 사도가 그 교회 안으로 그 제자들을
κυρίου ἡμῶν.
주님의 우리의

해석: 이 사도가 우리 주님의 제자들을 그 교회 안으로 모으고 있었다.

★ *συνῆγεν* – συνάγω의 미완료 능동태 직설법 3인칭 단수

8. *νῦν μὲν* ***διδασκόμεθα*** *ὑπὸ τῶν ἀποστόλων, τότε δὲ* ***ἐδιδάσκομεν***
지금 우리는 가르침 받는다 그 사도들로 말미암아 그때에 그러나 가르치고 있었다
ἡμεῖς τὴν ἐκκλησίαν.
우리가 그 교회를

해석: 지금 우리는 그 사도들로 말미암아 가르침 받고 있지만 그때에는 우리가 그 교회를 가르치고 있었다.

★ *διδασκόμεθα* – διδάσκω의 현재 수동태 직설법 1인칭 복수

★ *ἐδιδάσκομεν* – διδάσκω의 미완료 능동태 직설법 1인칭 복수

9. *ὁ κύριος ἡμῶν* ***ἦρε*** *τὰς ἁμαρτίας ἡμῶν.*
주님께서 우리의 제거하고 계셨다 죄악들을 우리의

해석: 우리의 주님께서 우리의 죄악들을 제거하고 계셨다.

★ *ἦρε* – αἴρω의 미완료 능동태 직설법 3인칭 단수

10. *τότε μὲν* ***ἀνέβαινον*** *εἰς τὸ ἱερόν, νῦν δὲ οὐκέτι* ***ἀναβαίνουσιν****.*
그때에 그들은 올라가고 있었다 그 성전 안으로 지금 그러나 더 이상 아니 그들은 올라간다

해석: 그때에 그들은 그 성전 안으로(=그 성전을 향해) 올라가고 있었다. 그러나 지금은 그들이 더 이상 올라가고 있지 않다.

εἰς는 문맥에 따라 '~근처에, ~쪽으로 [near/ toward]'란 의미를 갖는다. cf. 요3:22; 4:5.

★ *ἀνέβαινον* – ἀναβαίνω의 미완료 능동태 직설법 3인칭 복수

★ *ἀναβαίνουσιν* – ἀναβαίνω의 현재 능동태 직설법 3인칭 복수

11. πονηροὶ **ἦτε**, ἀγαθοὶ δὲ **ἐστέ**.
악한 너희는 ~였다 선한 그러나 너희는 ~하다

해석: 너희는 악했다. 그러나 (지금은) 너희가 선하다.
★ ἦτε – εἰμί의 미완료 직설법 2인칭 복수
★ ἐστέ – εἰμί의 현재 직설법 2인칭 복수

12. ὑμεῖς μέν **ἐστε** ἀγαθοί, ἡμεῖς δέ **ἐσμεν** πονηροί.
너희는 ~이다 선한 우리는 그러나 ~이다 악한

해석: 너희는 선하지만 우리는 악하다.
★ ἐστε – εἰμί의 현재 직설법 2인칭 복수
★ ἐσμεν – εἰμί의 현재 직설법 1인칭 복수

13. τότε **ἤμην** ἐν τῷ ἱερῷ καὶ **ἐδίδασκέ** με ὁ κύριος.
그때에 나는 ~에 있었다 그 성전 안에 그리고 가르치고 있었다 나를 주님께서

해석: 그때에 나는 그 성전 안에 있었고 주님께서는 나를 가르치고 계셨다.
★ ἤμην – εἰμί의 미완료 직설법 1인칭 단수
★ ἐδίδασκε – διδάσκω의 미완료 능동태 직설법 3인칭 단수

14. **λέγομεν** ὑμῖν ὅτι ἐν τῷ οἴκῳ ὑμῶν **ἦμεν**.
우리는 말한다 너희에게 ~라는 사실을 집 안에 너희의 우리가 있었다

해석: 우리는 너희에게 우리가 너희의 집 안에 있었다고 말한다.
★ λέγομεν – λέγω의 현재 능동태 직설법 1인칭 복수
★ ἦμεν – εἰμί의 미완료 직설법 1인칭 복수

15. **ἐξέβαλλες** αὐτοὺς ἐκ τοῦ ἱεροῦ.
네가 내쫓고 있었다 그들을 그 성전 밖으로

해석: 네가 그들을 그 성전 밖으로 내쫓고 있었다.
★ ἐξέβαλλες – ἐκβάλλω의 미완료 능동태 직설법 2인칭 단수

16. **ἀπέστελλον** οἱ ἄνθρωποι τοὺς δούλους αὐτῶν πρός με.
보내고 있었다 그 사람들이 그 종들을 그들의 나에게로

해석: 그 사람들이 그들의 종들을 나에게로 보내고 있었다.
★ ἀπέστελλον – ἀποστέλλω의 미완료 능동태 직설법 3인칭 복수

17. ὁ κύριος **ἀπέστελλεν** ἀγγέλους πρὸς ἡμᾶς.
주님께서 보내고 계셨다 천사들을 우리에게로

해석: 주님께서 천사들을 우리에게로 보내고 계셨다.
★ ἀπέστελλεν – ἀποστέλλω의 미완료 능동태 직설법 3인칭 단수

18. ἐν τῷ κόσμῳ **ἦν** καὶ ὁ κόσμος οὐκ **ἔβλεπεν** αὐτόν.
세상 안에 그가 계셨다 그리고 세상은 보지 않고 있었다 그를

해석: 그가 세상 안에 계셨다. 그리고 세상은 그를 보지 않고 있었다.
★ ἦν – εἰμί의 미완료 직설법 3인칭 단수
★ ἔβλεπεν – βλέπω의 미완료 능동태 직설법 3인칭 단수

19. δοῦλος **ἦς** τοῦ πονηροῦ, ἀλλὰ νῦν οὐκέτι **εἶ** δοῦλος.
종 너는~였다 그 악한 자의 그러나 지금 더 이상 아니 너는~이다 종

해석: 너는 그 악한 자의 종이었다. 그러나 지금 너는 더 이상 종이 아니다.
★ ἦς – εἰμί의 미완료 직설법 2인칭 단수
★ εἶ – εἰμί의 현재 직설법 2인칭 단수

20. τοῦτό **ἐστι** τὸ δῶρον τοῦ ἀνθρώπου, καλὸν δὲ οὐκ **ἔστιν**.
이것은 ~이다 그 선물 그 사람의 아름다운 그러나 그것은~하지 못하다

해석: 이것은 그 사람의 선물이다. 그러나 그것은 아름답지 못하다.
★ ἐστι – εἰμί의 현재 직설법 3인칭 단수
★ ἔστιν – εἰμί의 현재 직설법 3인칭 단수

12과

미완료 중간태/수동태 직설법.

핵심문법요약

Gram 68. λύω의 미완료 중간태/수동태 직설법
(Imperfect Middle/Passive Indicative)

	단수	복수
1인칭	ἐλυόμην	ἐλυόμεθα
2인칭	ἐλύου [1]	ἐλύεσθε
3인칭	ἐλύετο	ἐλύοντο

모든 동사의 미완료 중간태와 수동태는 (현재시제에서 그랬던 것처럼) 동일하다. 그것이 중간태인지 수동태인지는 문맥으로 판단해야 한다.

Gram 69. 미완료 수동태 직설법의 어형성 (Word formation)
현재 직설법에서 **그 기본형이 -ω로 소개되는 모든 타동사적 의미의 동사들**은 미완료 수동태를 위와 같이 표현한다. 몇몇 주요 동사들의 예를 들자면 아래와 같다.

원형	미완료수동태직설법	의미
γράφω	► ἐγραφόμην	I was being written 기록되어지고 있었다
διδάσκω	► ἐδιδασκόμην	I was being taught 가르침 받고 있었다
βλέπω	► ἐβλεπόμην	I was being seen 보여지고 있었다
φέρω	► ἐφερόμην	I was being brought 운반되고 있었다
ἀκούω	► ἠκουόμην	I was being heard 들려지고 있었다
ἐγείρω	► ἠγειρόμην	I was being raised 일으킴을 받고 있었다
ἄγω	► ἠγόμην	I was being led 인도받고 있었다
αἴρω	► ἠρόμην	I was being taken away 제거되고 있었다
ἀποστέλλω	► ἀπεστελλόμην	I was being sent 보냄받고 있었다
ἄρχω	► ἠρχόμην	I was being ruled 지배받고 있었다

---

[1] **Gram51**의 각주 비교참조. 2인칭 단수의 꼬리는 원래 (ε)σο이다. 그러나 앞의 연결모음(connecting vowel) ε과 뒤의 모음 ο 사이의 σ는 'intervocalic consonant'가 되어 발음상의 편의를 위해 생략된다. 따라서 ε와 ο는 단축법(23과)에 의해 ου가 되었다.

Cf. 신약에서 ἄρχω 동사는 중간태를 취할 경우 일관되게 '시작하다'의 뜻을 지닌다. 따라서 현재시제에서 뿐 아니라 미완료 시제에서도 문맥 상 수동태 꼬리가 아닌 중간태 꼬리로 판단될 경우(;현재와 미완료는 중간태와 수동태가 동일함을 기억하라), '시작하고 있었다'라고 해석해야 한다.

Gram 70. 디포넌트 동사들의 미완료 직설법 어형성 (Word formation)
현재 직설법에서 **그 기본형이 -ομαι로 소개되는 모든 동사들**은 미완료를 위와 같이 표현한다. ※ 동사분해는 아래의 경우를 참고하라.

예: ἐπορευόμην 내가 가고 있었다. (cf. 행 22:5)
→ πορεύομαι의 미완료 중간/수동 **디포넌트** 직설법 1인칭 단수

ἐγίνετο (그것이) 발생하고 있었다. (cf. 행 2:43)
→ γίνομαι의 미완료 중간/수동 **디포넌트** 직설법 3인칭 단수
〈참고〉 γίνομαι 동사가 미완료시제로 쓰일 때 주로 '존재/발생'의 의미를 나타낸다.

1	ἐπορευόμην	ἐπορευόμεθα
2	ἐπορεύου	ἐπορεύεσθε
3	ἐπορεύετο	ἐπορεύοντο

1	ἐγινόμην	ἐγινόμεθα
2	ἐγίνου	ἐγίνεσθε
3	ἐγίνετο	ἐγίνοντο

[중요] 현재 직설법에서 -ω를 기본형으로 가지는 **능동태 동사**는 **현재시제의 줄기를 공유하는 미완료 시제에서도** 역시 능동태 동사가 되어 **능동꼬리를 취하고서 능동의미를** 지니게 된다(cf. **수동태 꼬리를 취하면 수동의미를** 지니게 된다). 그러나 현재 직설법에서 **-ομαι**를 기본형으로 가지는 **디포넌트 동사는** 현재시제의 줄기를 공유하는 **미완료에서도 역시 디포넌트 동사**가 되어 **반드시 중간/수동의 꼬리만을 취하면서 능동의미를 지닌다.**

주요 디포넌트 동사들의 미완료형은 다음과 같다.

원형	미완료 직설법	의미
γίνομαι [Depo]	► ἐγινόμην	I was becoming ~ 나는 ~되고 있었다
ἔρχομαι [Depo]	► ἠρχόμην [2]	I was coming/going 오고있었다/가고있었다
πορεύομαι [Depo]	► ἐπορευόμην	I was going 가고 있었다
ἀποκρίνομαι [Depo]	► ἀπεκρινόμην	I was answering 대답하고 있었다

[2] ἄρχω의 미완료 중간태(혹은 미완료 수동태)의 형태와 동일하다.

δέχομαι [Depo] ► ἐδεχόμην I was receiving 영접하고 있었다
ἀπέρχομαι [Depo] ► ἀπηρχόμην I was going away 가버리고 있었다
ἐκπορεύομαι [Depo] ► ἐξεπορευόμην I was going out 나가고 있었다

Gram 71. 중성복수주어와 단수동사

동사와 명사주어는 인칭과 수가 일치해야 하지만, **명사주어가 중성복수일 경우**에는 **단수동사도 허용**한다. 따라서 아래의 문장들은 모두 문법적으로 타당하다.

(1) τὰ δαιμόνια ἐξέρχεται. (=τὰ δαιμόνια ἐξέρχονται.)
그 귀신들이 나간다.

(2) ταῦτά ἐστι τὰ καλὰ δῶρα. (=ταῦτά εἰσι τὰ καλὰ δῶρα.)
이것들이 그 아름다운 선물들이다.

Cf. 문법적인 성이 중성일 뿐 사람을 나타내는 중성명사의 복수도 마찬가지로 단수동사 및 복수동사를 취할 수 있다(τέκνον, τό 어린아이[7과]; ἔθνος, τό 이방인[25과]. cf. 엡4:17)

Gram 72. καί와 οὐδέ의 용법

(1) 위의 두 접속사는 중복하여 사용할 경우 'both...and...'의 의미(καί...καί)가 되거나 혹은 'neither...nor...'의 의미(οὐδέ...οὐδέ)가 된다. 이 경우 동사, 주어, 목적어, 전치사구 등 문장의 어느 요소에든지 그 앞에 올 수 있다.

예1: τοῦτο λέγουσιν καὶ οἱ ἀπόστολοι καὶ οἱ δοῦλοι.
이것을 그 사도들도 말하고 그 종들도 말한다(그 사도들과 종들 모두 이것을 말한다)

예2: τοῦτο καὶ βλέπουσιν καὶ λαμβάνουσιν οἱ δοῦλοι.
그 종들이 이것을 보기도 하고 취하기도 한다. (both see and take)

예3: καὶ τοῦτο καὶ ἐκεῖνο βλέπουσιν οἱ δοῦλοι.
그 종들이 이것도 보고 저것도 본다. (...both this and that)

Cf. 위의 두 접속사가 순수한 접속사로 쓰였을 경우엔 반드시 동일한 문법단위를 접속시킨다. 아래의 예를 살펴라.

예1: λέγω τοῦτο **καὶ** σὺ (λέγεις) ἐκεῖνο. [절과 절을 접속]
나는 이것을 말하고 너는 저것을 말한다.

예2: λέγω **καὶ** βλέπω ἐκεῖνο. [동사와 동사를 접속]
나는 저것을 말하고 또 본다.

예3: ἀπόστολοι **καὶ** δοῦλοι βλέπουσιν ἐκεῖνο. [주어와 주어를 접속]
사도와 종들이 저것을 본다.

(2) 그러나 καὶ나 οὐδε가 동일한 문법단위를 접속하는 것이 아닐 때(즉, 앞 뒤에 동일한 문법단위가 존재하지 않을 때), 그것은 접속사가 아니라 아래와 같은 **부사적인 기능**을 떠안게 된다.

예1: λέγω καὶ ἐκεῖνο.
나는 저것까지도 말한다. I say **even that**.

예2: λέγω καὶ ἐγὼ ἐκεῖνο.
나도 저것을 말한다. **Even I** say that. (= **I also** …)

예3: ἐκεῖνο οἱ δοῦλοι καὶ λαμβάνουσιν.
그 종들이 저것을 (심지어) 취하기까지 한다. The servants **even take** that.

예4: ἐκεῖνο οἱ δοῦλοι λαμβάνουσιν καὶ ἐν τῷ ἱερῷ.
그 종들이 저것을 (심지어) 성전에서도 취한다. (…**even in the temple.**)

예5: λέγω οὐδὲ ἐκεῖνο.
나는 저것까지도 말하지 아니한다. I do not say **even that**.

예6: λέγω οὐδὲ ἐγὼ ἐκεῖνο.
나까지도 저것을 말하지 아니한다. **Even I** do not say that.

예7: ἐκεῖνο οἱ δοῦλοι οὐδὲ βλέπουσιν.
그 종들이 저것을 (심지어) 보지도 아니한다. The servants do not **even see** that.

예8: ἐκεῖνο οἱ δοῦλοι λέγουσιν οὐδὲ ἐν τῷ ἱερῷ.
그 종들이 저것을 (심지어) 성전에서도 말하지 아니한다. not…**even in the temple.**

단어공부

명 사: βιβλίον, τό (a book 책)
δαιμόνιον, τό (a demon 귀신)
ἔργον, τό (a work 일)
πλοῖον, τό (a boat 배)
θάλασσα, ἡ (a lake, a sea 호수, 바다)

동 사: δέχομαι [Depo](I receive 받다, 받아들이다/영접하다)
ἀπέρχομαι [Depo](I go away 가버리다) – 전치사 ἀπό와 결합된 합성동사.
κατέρχομαι [Depo](I go down 내려가다) – 전치사 κατά와 결합된 합성동사.
συνέρχομαι [Depo](I come together 모이다) – 전치사 σύν과 결합.
ἐκπορεύομαι [Depo](I go out 나가다) – 전치사 ἐκ와 결합.

전치사: περί + 속격 (concerning/ about ~에 관하여)
+ 대격 (arround ~주변에)

ὑπέρ + 속격 (in behalf of ~를 위해)
+ 대격 (above ~위에)

부 사: ἔτι (still/ yet 아직도/ 여전히)
οὔπω (not yet 아직 아니)

기 타: καί (also/ even ~도 역시/ ~까지도) – 강조의 부사처럼 쓰임.
καί...καί (both...and ~와 ~가 모두)
οὐδέ (nor/ not even ~도 역시 아니/ ~까지도 아니) – 강조의 부사처럼 쓰임.
οὐδέ...οὐδέ (neither...nor ~와 ~가 모두 아니)

Pop Quiz

Q1. 다음 중 수동의 의미를 지닌 동사는?
① ἐπορεύου ② ἐγινόμην ③ ἐδέχετο ④ ἐσωζόμεθα

Q2. 아래의 문장을 해석하고 밑줄 친 동사를 분해하시오.
ἐφέρετο τὰ δῶρα καὶ πρὸς τοὺς δούλους.

답: 1. ④
2. 그 선물들이 그 종들에게까지 운반되고 있었다.
φέρω의 미완료 수동태 직설법 3인칭 단수

연습문제

1. **ἐγράφοντο** οὗτοι οἱ λόγοι ἐν βιβλίῳ.
쓰여지고 있었다 이 말씀들이 책 안에

해석: 이 말씀들이 책 안에 쓰여지고 있었다.

★ ἐγράφοντο – γράφω의 미완료 수동태 직설법 3인칭 복수

2. **ἐδιδασκόμην** ὑπ᾽ αὐτοῦ ἐκ τῶν βιβλίων τῶν προφητῶν.
내가 가르침 받고 있었다 그로 말미암아 그 책들 중에서 (out of) 그 예언자들의

해석: 나는 그로 말미암아 그 예언자들의 책들 중에서 가르침 받고 있었다.

★ ἐδιδασκόμην – διδάσκω의 미완료 수동태 직설법 1인칭 단수

3. ἐν ἐκείναις ταῖς ἡμέραις καὶ **ἐδιδασκόμεθα** ὑπ᾽ αὐτοῦ καὶ
저 날들에 우리는 가르침 받고 있었고 그에게 또한
ἐδιδάσκομεν τοὺς ἄλλους, ἀλλὰ νῦν οὐδὲ **διδασκόμεθα** οὐδὲ
우리가 가르치고 있었다 그 다른 자들을 그러나 지금은 우리가 가르침 받지도 아니하고
διδάσκομεν.
가르치지도 아니한다

해석: 저 날들에(=그 때에) 우리는 그에게 가르침 받고 있었으며 또 그 다른 자들을 우리가 가르치고 있었다. 그러나 지금은 우리가 가르침 받지도 아니하며 또 가르치지도 아니한다.

★ ἐδιδασκόμεθα – διδάσκω의 미완료 수동태 직설법 1인칭 복수
★ ἐδιδάσκομεν – διδάσκω의 미완료 능동태 직설법 1인칭 복수
★ διδασκόμεθα – διδάσκω의 현재 수동태 직설법 1인칭 복수
★ διδάσκομεν – διδάσκω의 현재 능동태 직설법 1인칭 복수

4. **ἀπήρχοντο** οἱ ἁμαρτωλοὶ πρὸς τὴν θάλασσαν.
가버리고 있었다 그 죄인들이 그 바다로

해석: 그 죄인들이 그 바다로 가버리고 있었다.

★ ἀπήρχοντο – ἀπέρχομαι의 미완료 중간/수동태 디포넌트 직설법 3인칭 복수

5. **ἐξεπορεύετο** πρὸς αὐτὸν ἡ ἐκκλησία, ἀλλὰ νῦν οὐκέτι
나가고 있었다 그에게로 그 교회가 그러나 지금은 더 이상 아니
ἐκπορεύεται.
나가고 있다

해석: 그 교회가 그에게로 나가고 있었다. 그러나 지금은 더 이상 나가고 있지 않다.

★ ἐξεπορεύετο – ἐκπορεύομαι의 미완료 중간/수동태 디포넌트 직설법 3인칭 단수

★ ἐκπορεύεται – ἐκπορεύομαι의 현재 중간/수동태 디포넌트 직설법 3인칭 단수

6. οὔπω **βλέπομεν** τὸν κύριον ἐν τῇ δόξῃ αὐτοῦ, ἀλλὰ **ἐδιδασκόμεθα**
아직도 우리는 보지 않는다 주님을 그 영광 안에 그의 그러나 우리는 가르침 받고 있었다
ὑπ' αὐτοῦ καὶ ἐν ταῖς ἡμέραις ταῖς κακαῖς.
그로 말미암아 그 날들에도 그 악한

해석: 우리는 아직도 주님을 그의 영광 가운데 보지 못한다. 그러나 우리는 그 악한 날들에도 그로 말미암아 가르침 받고 있었다.

★ βλέπομεν – βλέπω의 현재 능동태 직설법 1인칭 복수
★ ἐδιδασκόμεθα – διδάσκω의 미완료 수동태 직설법 1인칭 복수

7. **ἐλέγετο** ἐν τῷ ἱερῷ καλὸς λόγος περὶ τούτου τοῦ ἀποστόλου.
말해시고 있었다 그 성전 안에서 아름다운 말씀이 (~에 관해) 이 사도에 관해

해석: 그 성전 안에서 이 사도에 관해 아름다운 말씀이 말해지고 있었다.

★ ἐλέγετο – λέγω의 미완료 수동태 직설법 3인칭 단수

8. περὶ αὐτὸν **ἐβλέπετο** ἡ δόξα αὐτοῦ.
(~ 옆에) 그 옆에 보여지고 있었다 영광이 그의

해석: 그 옆에 그의 영광이 보여지고 있었다.

★ ἐβλέπετο – βλέπω의 미완료 수동태 직설법 3인칭 단수

9. **ἐφέρετο** τὰ δῶρα καὶ πρὸς τοὺς πονηρούς.
운반되고 있었다 그 선물들이 (~까지도) 그 악한자들에게까지도

해석: 그 선물들이 그 악한 자들에게까지도 운반되고 있었다. [**Gram71**]

★ ἐφέρετο – φέρω의 미완료 수동태 직설법 3인칭 단수

10. **ἐδέχου** τὰ βιβλία ἀπὸ τῶν προφητῶν.
너는 받고 있었다 그 책들을 그 예언자들로부터

해석: 너는 그 책들을 그 예언자들로부터 받고 있었다.

★ ἐδέχου – δέχομαι의 미완료 중간/수동태 디포넌트 직설법 2인칭 단수

11. **συνήρχοντο** οἱ μαθηταὶ πρὸς τοῦτον.
모이고 있었다 그 제자들이 이 사람에게로

해석: 그 제자들이 이 사람에게로 모이고 있었다.

★ συνήρχοντο – συνέρχομαι의 미완료 중간/수동태 디포넌트 직설법 3인칭 복수

12. τὰ ἔργα τοῦ πονηροῦ πονηρά **ἐστιν**.
그 일들은 그 악한 자의 악한 ~이다

해석: 그 악한 자의 일들은 악하다. [Gram71]
★ ἐστιν – εἰμί의 현재 직설법 3인칭 단수

13. οὐδὲ αὐτὸς πονηρὸς οὐδὲ τὰ ἔργα πονηρά.
(~도 않다) 그 자신도 악하지 않다 (~도 않다) 그 일들도 악하지 않다

해석: 그 자신도 악하지 않으며 그 일들도 악하지 않다.

14. ὑπὲρ τῆς ἐκκλησίας αὐτοῦ **ἀπέθνησκεν** ὁ κύριος.
(~을 위해) 그 교회를 위해 그의 죽고 계셨다 주님께서

해석: 주님께서 그분의 교회를 위해 죽고 계셨다.
★ ἀπέθνησκεν – ἀποθνήσκω의 미완료 능동태 직설법 3인칭 단수

15. οὐκ **ἔστιν** μαθητὴς ὑπὲρ τὸν διδάσκαλον αὐτοῦ οὐδὲ δοῦλος
아니 있다 제자가 ~ 위에 선생 그의 (~도 않다) 종이
ὑπὲρ τὸν κύριον αὐτοῦ.
~위에 주인 그의

해석: 제자가 그의 선생 위에 있지 아니하며 종도 그의 주인 위에 있지 아니한다.
(= 제자가 그의 선생보다 높지 못하고 ... 마10:24)
★ ἔστιν – εἰμί의 현재 직설법 3인칭 단수

16. ἐν τῷ πλοίῳ **ἤγου** πρὸς τὸν κύριον διὰ τῆς θαλάσσης.
그 배를 타고 네가 인도받고 있었다 주님께로 그 바다를 통하여 (=지나서)

해석: 네가 그 배 안에서(=배를 타고) 그 바다를 지나 주님께로 인도받고 있었다.
★ ἤγου – ἄγω의 미완료 수동태 직설법 2인칭 단수

17. **ἐξήρχεσθε** ἐκ τῶν οἴκων ὑμῶν.
너희가 나가고 있었다 그 집들 밖으로 너희의

해석: 너희는 너희의 집들 밖으로 나가고 있었다.
★ ἐξήρχεσθε – ἐξέρχομαι의 미완료 중간/수동태 디포넌트 직설법 2인칭 복수

18. *ταῦτα τὰ δαιμόνια* ***ἐξήρχετο*** *διὰ τοῦ λόγου αὐτοῦ.*

이 귀신들이 나가고 있었다 말씀을 통해 그의

해석: 이 귀신들이 그의 말씀을 통해 나가고 있었다.

★ *ἐξήρχετο* – ἐξέρχομαι의 미완료 중간/수동태 디포넌트 직설법 3인칭 단수

19. ***ἠκούοντο*** *καὶ* ***ἤκουον·*** ***ἀκούονται*** *καὶ* ***ἀκούουσιν.***

그들이 들려지고 있었다 또 듣고 있었다 그들이 듣고 있었다 또 듣고 있다

해석: 그들이 들려지고 있었고 또 듣고 있었다. 그들이 들려지고 있고 또 듣고 있다.

★ *ἠκούοντο* – ἀκούω의 미완료 수동태 직설법 3인칭 복수

★ *ἤκουον* – ἀκούω의 미완료 능동태 직설법 3인칭 복수

★ *ἀκούονται* – ἀκούω의 현재 수동태 직설법 3인칭 복수

★ *ἀκούουσιν* – ἀκούω의 현재 능동태 직설법 3인칭 복수

20. ***ἠρχόμην*** *πρὸς τὸν κύριον,* ***ἦγον*** *δὲ καὶ τοὺς ἄλλους.*

나는 가고 있었다 주님께로 나는 인도하고 있었다 (~까지) 그 다른 자들까지도

해석: 나는 주님께로 가고 있었다. 그러나 나는 그 다른 자들까지도 인도하고 있었다.

★ *ἠρχόμην* – ἔρχομαι의 미완료 중간/수동태 디포넌트 직설법 1인칭 단수

★ *ἦγον* – ἄγω의 미완료 능동태 직설법 1인칭 단수

13과

미래 능동태 직설법 & 미래 중간태 직설법.

핵심문법요약

Gram 73. 헬라어의 6개 직설법 기본형들

헬라어 사전은 동사를 소개함에 있어서 6개의 **직설법 기본형들**을 소개한다: **현재, 미래, 과거, 현재완료능동, 현재완료중간/수동, 과거수동태.** 이들 6개 기본형들을 소개하는 순서는 약속되어 있다. 지금은 그 두 번째 기본형인 미래 직설법에 관해 소개하고자 한다. **기본형**이란 어형의 기초가 되는 것으로서 반드시 사전을 통해서만 그 정확한 어형을 확인할 수 있는 단어를 말한다. 이해를 돕기 위해 영어사전의 경우를 예로 들자. 동사 'go'에 관하여 영어사전은 그 과거와 과거분사가 각각 went와 gone 임을 밝힌다. 그러나 미래시제에서 'will go'가 될 것이라는 사실은 굳이 밝히지 않는다. 왜냐하면 영어동사에서 미래시제는 조동사를 사용함으로써 사전없이 도출되기 때문이다. 따라서 영어동사의 기본형은 모두 3개(현재, 과거, 과거분사)가 되는 셈이다. 영어동사에 있어서 모든 시제적 표현(미래, 현재완료, 과거수동... 등)은 이 세 개의 기본형과 조동사(will, have, be)를 사용해 만들 수 있다. 반면 헬라어는 이 같은 시제적 표현들을 만들어내기 위해서 그 기본형을 6개나 필요로 하게 된다. 이것은 사전을 통해서만 확인할 수 있는 기본어형들이며 우리가 임의로 도출할 수 없다. 하지만 미완료 직설법(11,12과)과 18과 이후부터 배우게 될 나머지 모든 법들(분사, 가정법, 부정사, 명령법, 희구법), 그리고 몇몇 직설법 어형들(미래수동태, 과거완료 등)은 이 6개 기본형들의 줄기에서 만들어진다.[1] 특히 4개의 주요 직설법 기본형(현재/미래/과거/과거수동)을 다루는 3과에서 16과까지의 동사들은 그 철자를 암기해 두는 것이 헬라어 학습의 지름길임을 밝혀둔다.

---

[1] 참고로 과거완료능동태 직설법(29과)은 현재완료능동태(네번째 기본형)에서, 과거완료중간/수동태 직설법(29과)은 현재완료중간/수동태 직설법(다섯번째 기본형) 줄기에서 만들어진다.

Gram 74. λύω의 미래 능동태 직설법 (Future Active Indicative)

	단수	복수
1인칭	λύσω	λύσομεν
2인칭	λύσεις	λύσετε
3인칭	λύσει	λύσουσι(ν)

미래시상접미어 시그마(σ)가 현재 능동태인칭꼬리와 어우러져 **미래 능동태 인칭꼬리를 형성하고 있다.**

헬라어 입문자들이 겪게 되는 혼란들 중 하나는 미래 능동태 직설법 어형이 현재 능동태 직설법 어형에 시그마(σ)를 첨가하여 만드는 것이 아닌가 하는 오해이다. 만일 그렇다면 미래 능동태 직설법은 더 이상 6개 기본형에 속할 수 없기에 사전에 등재할 필요가 없으며, 따라서 분사(18과)처럼 사전의 도움없이 그 어형을 도출할 수 있어야 할 것이다. 그러나 헬라어의 미래 능동태 직설법 기본형은 반드시 사전을 통해서만 그 정확한 어형을 확인할 수 있으며 동사의 6개 기본형들 중 그 두번째 위치에 오게 된다. (참고: λύω동사는 그 줄기가 공교롭게도 모든 시제에서 규칙성을 띄고 나타나고 있는 것일 뿐, 현재기본형에서 도출해 낼 수 있는 굴절어형적인 성질의 것이 아니다.)

미래시제 기본형이 –σω (혹은 –ψω/ξω)로 소개되는 모든 동사들은 위의 변화를 따른다: λύσω (I will loose/ destroy), ἀναβλέψω (I will look up), διδάξω (I will teach) διώξω (I will pursue/ persecute), δοξάσω (I will glorify), ἕξω (I will have) κηρύξω (I will proclaim)

Gram 75. λύω의 미래 중간태 직설법 (Future Middle Indicative)

	단수	복수
1인칭	λύσομαι	λυσόμεθα
2인칭	λύσῃ	λύσεσθε
3인칭	λύσεται	λύσονται

미래시상접미어 시그마(σ)가 현재중간태인칭꼬리와 어우러져 미래중간태 인칭꼬리를 형성하고 있다.

헬라어 사전에서 동사의 미래형을 확인하였을 때, 그 기본형이 -σω (-ξω/ψω)로 소개되는 동사가 있는가 하면 어떤 동사들은 -σομαι (-ξομαι/ψομαι)로 소개되어 있다. 전자는 능동태 꼬리를 취하고서 미래기본형으로 소개되었지만, 후자의 경우는 중간태 꼬리를 취하고서 미래기본형으로 나타난 것이다. **Gram63**에서도 밝혔듯이 동사가 능동태 꼬리를 취하지 못하고 중간태나 수동태 꼬리를 취하고서 기본형으로 소개되어 있다면 그것을 디포넌트 동사로 정의할 수 있다. 중간태나 수동태 꼬리가 능동태 꼬리의 기능을 대신하고 있기에 능동태 꼬리의 출현을 저지(blocking)시키게 되는 것이다. 따라서 미래에서 중간태를 취하고 기본형으로 소개되는 모든 동사들은

미래 디포넌트 동사가 되며 위의 변화를 따른다:

γενήσομαι (I will become), γνώσομαι (I will know), ἐλεύσομαι (I will come/go)
λήμψομαι (I will take), προσεύξομαι (I will pray), βήσομαι (I will go-합성동사에서만).

예: **γενήσῃ** μαθητὴς τοῦ κύριου. 너는 주님의 제자가 될 것이다.
→ (분해) γίνομαι의 미래 중간태 **디포넌트** 직설법 2인칭 단수

Gram 76. 반(Semi) 디포넌트 동사와 완전(Full) 디포넌트 동사[2]
현재시제에선 능동태를 취하고서 그 기본형을 형성하는 이른바 능동태 동사이지만 미래시제로 가면 중간태를 취하고서 그 기본형을 형성하는 디포넌트 동사가 있다.

예: γινώσκω (현재기본형) → γνώσομαι (미래기본형)

혹은 반대로 미래시제에선 능동태 동사이나 현재시제에선 디포넌트인 동사, 혹은 현재에선 디포넌트이나 과거에선 능동태인 동사 등, 현재나 미래, 과거시제에 따라 그 디포넌트의 여부를 달리하고 나타나는 동사들이 있다. 이러한 동사들을 **반 디포넌트 동사**(Semi-deponent verb)라 하며, 한편 모든 시제에서 디포넌트인 동사를 **완전 디포넌트 동사**(Full-deponent verb)라고 한다. 헬라어 동사는 이렇듯 각 시제의 기본형을 사전에서 찾아본 후에야 그 디포넌트 여부를 확인할 수 있다.

2 혹은 'partially deponent'나 'completely deponent'로 명명할 수도 있을 것이다(cf. Wallace 429).

단어공부

명 사: τυφλός, ὁ (a blind man 소경)

동 사: ἀναβλέπω (I look up, I receive my sight 쳐다보다, 시력을 회복하다)
— 전치사 ἀνά와 결합된 합성동사.
미래형은 ἀναβλέψω (I will look up, I will receive my sight)
κηρύσσω (I proclaim/ I preach 선포하다/ 전파하다)
미래형은 κηρύξω (I will proclaim, I will preach)
διώκω (I pursue, I persecute 뒤쫓다, 박해하다)
미래형은 διώξω (I will pursue, I will persecute)
δοξάζω (I glorify 영화롭게 하다/ 영광돌리다)
미래형은 δοξάσω (I will glorify)
προσεύχομαι (I pray 기도하다) — 전치사 πρός와 결합된 합성동사.
미래형은 προσεύξομαι (I will pray)

ἕξω[3] (I will have 가질 것이다) [ἔχω의 미래]
γενήσομαι [Depo](I will become 될 것이다) [γίνομαι의 미래]
γνώσομαι [Depo](I will know 알 것이다) [γινώσκω의 미래]
ἐλεύσομαι [Depo](I will come/go 올/갈 것이다) [ἔρχομαι의 미래]
λήμψομαι [Depo](I will take 취할 것이다) [λαμβάνω의 미래]
βήσομαι [Depo](I will go 갈 것이다) [βαίνω의 미래]
Cf. ἀναβήσομαι (I will go up) [ἀναβαίνω의 미래]
καταβήσομαι (I will go down) [καταβαίνω의 미래]

---

[3] 거친숨표를 주의하라. 만약 연한숨표가 표기되어 ἔξω가 되면 전혀 다른 뜻(부사, '밖에' outside)이 된다.

연습문제

1. ***ἄξει*** *ὁ κύριος τοὺς μαθητὰς αὐτοῦ εἰς τὴν βασιλείαν.*
인도하실 것이다 주께서 그 제자들을 그의 그 왕국 안으로

해석: 주께서 그의 제자들을 그 왕국 안으로 인도하실 것이다.
★ *ἄξει* – ἄγω의 미래 능동태 직설법 3인칭 단수

2. ***γνωσόμεθα*** *καὶ τοὺς ἀγαθοὺς καὶ τοὺς πονηρούς.*
우리가 알 것이다 (~까지도) 그 선한 자들을 (~까지도) 그 악한 자들을

해석: 우리는 그 선한 자들과 그 악한 자들 모두를 알게 될 것이다.
★ *γνωσόμεθα* – γινώσκω의 미래 중간태 디포넌트 직설법 1인칭 복수

3. ***λήμψεσθε*** *τὰ πλοῖα ἐκ τῆς θαλάσσης.*
너희가 취할 것이다 그 배들을 그 바다 중에서 (=out of)

해석: 너희는 그 배들을 그 바다에서 취할 것이다.
★ *λήμψεσθε* – λαμβάνω의 미래 중간태 디포넌트 직설법 2인칭 복수

4. ***λύσεις*** *τοὺς δούλους.*
네가 풀어줄 것이다 그 종들을

해석: 네가 그 종들을 풀어줄 것이다.
★ *λύσεις* – λύω의 미래 능동태 직설법 2인칭 단수

5. ***ἕξουσιν*** *οἱ πονηροὶ οὐδὲ χαρὰν οὐδὲ εἰρήνην.*
가질 것이다 그 악한 자들이 (~도 아니) 기쁨을 (~도 아니) 평화를

해석: 그 악한 자들은 기쁨도 평화도 모두 가지지 못할 것이다.
★ *ἕξουσιν* – ἔχω의 미래 능동태 직설법 3인칭 복수

6. *ἐν ἐκείνῃ τῇ ὥρᾳ* ***ἐλεύσεται*** *ὁ υἱὸς τοῦ ἀνθρώπου σὺν τοῖς*
저 시간에 올 것이다 그 아들이 그 사람의 (~와 함께)
ἀγγέλοις αὐτοῦ.
천사들과 그의

해석: 저 시간에 인자가 그의 천사들과 함께 올 것이다.
★ *ἐλεύσεται* – ἔρχομαι의 미래 중간태 디포넌트 직설법 3인칭 단수

7. ἁμαρτωλοὶ **ἐστέ**, **γενήσεσθε** δὲ μαθηταὶ τοῦ κυρίου.
죄인들 너희는 ~이다 ~가 될 것이다 그러나 제자들 주님의

해석: 너희는 죄인들이다. 그러나 너희는 주님의 제자들이 될 것이다.
★ ἐστε – εἰμί의 현재 직설법 2인칭 복수
★ γενήσεσθε – γίνομαι의 미래 중간태 디포넌트 직설법 2인칭 복수

8. **διώκουσιν** οἱ πονηροὶ τοὺς προφήτας, ἀλλ᾽ ἐν ταῖς ἡμέραις τοῦ
핍박한다 그 악한 자들이 그 예언자들을 그러나 그 날에 그
υἱοῦ τοῦ ἀνθρώπου οὐκέτι **διώξουσιν** αὐτούς.
아들의 그 사람의 더 이상 아니 핍박할 것이다 그들을

해석: 그 악한 자들이 그 예언자들을 핍박한다. 그러나 인자의 날들에는 (그 악한 자들이) 그들을 더 이상 핍박하지 못할 것이다.
★ διώκουσιν – διώκω의 현재 능동태 직설법 3인칭 복수
★ διώξουσιν – διώκω의 미래 능동대 직설법 3인칭 복수

9. **προσεύξῃ** τῷ θεῷ σου καὶ **δοξάσεις** αὐτόν.
너는 기도할 것이다 하나님께 너의 그리고 영화롭게 할 것이다 그를

해석: 너는 너의 하나님께 기도할 것이며 그를 영화롭게 할 것이다.
★ προσεύξῃ – προσεύχομαι의 미래 중간태 디포넌트 직설법 2인칭 단수
★ δοξάσεις – δοξάζω의 미래 능동태 직설법 2인칭 단수

10. τότε **γνώσεσθε** ὅτι αὐτός **ἐστιν** ὁ κύριος.
그때에 너희는 알 것이다 (that) 그 자신이 ~이다 주님

해석: 그때에 너희는 그분 자신이 주님이심을 알게 될 것이다.
★ γνώσεσθε – γινώσκω의 미래 중간태 디포넌트 직설법 2인칭 복수
★ ἐστιν – εἰμί의 현재 직설법 3인칭 단수

11. ταῦτα **γνώσομαι** οὐδὲ ἐγώ
이것들을 나는 알게 될 것이다 아니 나까지도

해석: 나까지도 이것들을 알지 못할 것이다.
★ γνώσομαι – γινώσκω의 미래 중간태 디포넌트 직설법 1인칭 단수

12. ἄλλους **διδάξει** ὁ δοῦλος, ἀλλ' ἐμὲ **διδάξει** ὁ διδάσκαλος ὁ
다른 자들을 가르칠 것이다 그 종은 그러나 나를 가르칠 것이다 그 선생은 그
πιστός.
신실한

해석: 그 종은 다른 자들을 가르칠 것이다. 그러나 그 신실한 선생은 나를 가르칠 것이다.
★ διδάξει – διδάσκω의 미래 능동태 직설법 3인칭 단수

13. ἐκεῖνα **λήμψονται** οἱ ἀπόστολοι, ταῦτα δὲ καὶ οἱ ἀδελφοί.
저것들을 취할 것이다 그 사도들은 이것들을 그러나 (~까지도) 그 형제들까지도

해석: 그 사도들은 저것들을 취할 것이다. 그러나 그 형제들도 역시 이것들을 (취할 것이다).
★ λήμψονται – λαμβάνω의 미래 중간태 디포넌트 직설법 3인칭 복수

14. διὰ τοῦ λόγου τοῦ κυρίου **ἀναβλέψουσιν** οἱ τυφλοὶ οὗτοι.
~을 통하여 말씀 주님의 시력을 회복할 것이다 소경들이 이

해석: 주님의 말씀을 통하여 이 소경들이 시력을 회복할 것이다.
★ ἀναβλέψουσιν – ἀναβλέπω의 미래 능동태 직설법 3인칭 복수

15. ὁ προφήτης αὐτὸς **γράψει** ταῦτα ἐν ταῖς γραφαῖς.
그 예언자가 자신이 기록할 것이다 이것들을 (~ 안에) 그 책들 안에

해석: 그 예언자 자신이 이것들을 그 책들 안에 기록할 것이다.
★ γράψει – γράφω의 미래 능동태 직설법 3인칭 단수

16. **ἐλεύσονται** κακαὶ ἡμέραι.
올 것이다 악한 날들이

해석: 악한 날들이 올 것이다.
★ ἐλεύσονται – ἔρχομαι의 미래 중간태 디포넌트 직설법 3인칭 복수

17. **ἀπελεύσῃ** καὶ σὺ εἰς τὰς ὁδοὺς τῶν πονηρῶν καὶ **διδάξεις** οὕτως
가버릴 것이다 너까지도 ~안으로 그 길들 그 악한자들의 그리고 너는 가르칠 것이다 그렇게
τοὺς ἀνθρώπους.
그 사람들을

해석: 너 역시 그 악한 자들의 길들 안으로 가버릴 것이다. 그리고 너는 그렇게 그 사람들을 가르칠 것이다.
★ ἀπελεύσῃ – ἀπέρχομαι의 미래 중간태 디포넌트 직설법 2인칭 단수
★ διδάξεις – διδάσκω의 미래 능동태 직설법 2인칭 단수

18. **κηρύξουσιν** καὶ αὐτοὶ τὸ εὐαγγέλιον ἐν τούτῳ τῷ κόσμῳ τῷ
전파할 것이다 그 자신들도 그 복음을 ~ 안에서 이 세상
κακῷ.
악한

해석: 그 자신들도 이 악한 세상 안에서 그 복음을 전파할 것이다.

★ κηρύξουσιν – κηρύσσω의 미래 능동태 직설법 3인칭 복수

19. **ἐλεύσεται** καὶ αὕτη πρὸς αὐτόν, καὶ αὐτὸς **διδάξει** αὐτήν.
갈 것이다 이 여자까지도 그에게로 그리고 그분 자신이 가르칠 것이다 그녀를

해석: 이 여자도 그분께로 갈 것이다. 그리고 그분 자신께서 그녀를 가르치실 것이다.

★ ἐλεύσεται – ἔρχομαι의 미래 중간태 디포넌트 직설법 3인칭 단수
★ διδάξει – διδάσκω의 미래 능동태 직설법 3인칭 단수

20. **ἐκηρύσσετο** τὸ εὐαγγέλιον ἐν ταῖς ἡμέραις ταῖς
전파되고 있었다 그 복음이 ~안에서 그 날들에 그
κακαῖς, **κηρύσσεται** δὲ καὶ νῦν, ἀλλ' ἐν ἐκείνῃ τῇ ἡμέρᾳ **ἐλεύσεται** ὁ
악한 전파되고 있다 그런데 지금도 그러나 저 날에 오실 것이다
κύριος αὐτός.
주님 자신께서

해석: 그 악한 날들에 그 복음이 전파되고 있었는데 지금도 전파되고 있다. 그러나 저 날에는 주님 자신께서 오실 것이다.

★ ἐκηρύσσετο – κηρύσσω의 미완료 수동태 직설법 3인칭 단수
★ κηρύσσεται – κηρύσσω의 현재 수동태 직설법 3인칭 단수
★ ἐλεύσεται – ἔρχομαι의 미래 중간태 디포넌트 직설법 3인칭 단수

14과

제1과거 능동태 직설법 & 중간태 직설법.

핵심문법요약

Gram 77. 헬라어 동사의 두 가지 과거형 (Two Aorist Forms)

이해를 돕기 위해 먼저 영어동사의 과거형 시스템을 살펴보자. 영어에선 동사의 과거형을 나타내는 패턴이 크게 두 개의 시스템으로 나뉜다. 첫째는 현재원형에 과거를 나타내는 굴절어미의 표준(Default)값인 –ed를 붙여 만드는 과거시스템이다. 둘째는 과거시제에서 그 어형을 전혀 예측할 수 없는 시스템인데, 이를 테면 wear의 과거 wore, go의 과거 went 등이 이에 속한다. 전자의 시스템에 속한 그룹은 후자의 그룹에 비해 과거형에서 그 변화율이 일정하고 크지 않기에 '약변화 동사'라고 할 수 있는 반면, 후자의 그룹은 '강변화 동사'라 칭할 수 있을 것이다. 그러나 이 두 개의 그룹은 과거시제에서 그 어형성 시스템이 다를 뿐이지 그저 과거의미를 나타내는 것임에는 차이가 없다. 마찬가지로 헬라어 동사도 두 개의 과거 시스템을 가지고 있다. **첫번째 그룹은 과거시상접미어**(Aorist Tense Formative) **'σα'를 그 인칭꼬리에 포함**시키는 동사들이고, **두번째 그룹은** 과거시상접미어 'σα'를 포함한 인칭꼬리 대신 **미완료시제의 인칭꼬리를 붙여** 부정과거를 표현하는 동사들이다. 변화율이 비교적 크지 않은 전자의 시스템을 **제1과거**(First Aorist System)라 칭하고, 후자는 **제2과거**(Second Aorist System)라 칭한다. 그러나 헬라어에서 제1과거 시스템은 영어의 약변화(–ed형)와는 달리 규칙적(regular) 변화패턴을 의미하지 않는다. 헬라어에서 제1과거와 제2과거는 규칙과 불규칙의 개념이 아닌 단지 시상접미어의 유무에 따른 상이한 어형성 패턴일 뿐이며,[1] 어느쪽이든 그 정확한 과거형의 줄기(stem)는 어떤 '규칙'(rule)이 아니라 '**사전**'(dictionary)**에 기대어 확인**되어야 한다. 물론 어떤 동사가 어떤 과거시스템을 취할것이냐 하는 것도 임의적인 성격을 띠며 사전을 통해서만 확인할 수 있다. Cf. λύω 는 제1과거 시스템을 취하는 동사이다.

---

[1] 그리고 좀더 정확히는, 시상접미어의 사용 유무와 더불어 '연결모음'(connecting vowel)이 개입하느냐의 여부가 중요한 구분점이 된다(**Gram91** 참조).

Gram 78. λύω의 부정과거 능동태 직설법 (Aorist Active Indicative)

	단수	복수
1인칭	ἔλυσα	ἐλύσαμεν
2인칭	ἔλυσας	ἐλύσατε
3인칭	ἔλυσε[2]	ἔλυσαν

3인칭 단수에서만 예외적으로 σε 가 오고, 나머지 인칭꼬리들에선 과거시상접미어 σα가 왔음에 주목하라.

Gram73과 **Gram74**에서 말한 바와 마찬가지로, 헬라어 동사의 과거형 역시 – 그것이 제1과거 패턴이든 제2과거 패턴이든 간에 – 현재에서 도출되는 것이 아니라 사전을 통해서만 확인할 수 있는 바 6개의 기본형들 중 세번째에 속하는 기본형이 된다. 과거시제에서 그 기본형이 ϵ*σα (혹은 ϵ*ξα/ϵ*ψα)로 소개되는 모든 동사는 제1과거 시스템에 속하는 능동태 동사로서 위의 변화를 따른다:

ἔλυσα (I loosed, destroyed), ἀπέλυσα (I released), ἐκήρυξα (I proclaimed)
ἐπέστρεψα (I returned), ἡτοίμασα (I prepared), ἐθαύμασα (I wondered at)
ἐθεράπευσα (I healed), ἔπεισα (I persuaded), ἐπίστευσα (I believed)
ὑπέστρεψα (I returned).

Gram 79. λύω의 부정과거 중간태 직설법 (Aorist Middle Indicative)

	단수	복수
1인칭	ἐλυσάμην	ἐλυσάμεθα
2인칭	ἐλύσω[3]	ἐλύσασθε
3인칭	ἐλύσατο	ἐλύσαντο

2인칭 단수에서 음운 변화를 겪어 σω 가 오고, 나머지 인칭꼬리들에선 과거시상접미어 σα가 왔다. [아래 각주 참조]

과거형에서 제1과거 시스템을 갖는 동사들 중에 그 기본형이 중간태의 꼬리를 달고 소개되는 동사들이 있다. 사전을 찾아보면 이러한 동사들은 (**Gram73**에서 밝혔듯이) 동사의 6개 기본형들 중 세번째 기본형(즉, 과거기본형)의 자리를 능동태의 어형 대신 차지한다. 과거에서 그 기본형이 능동태 꼬리를 취하지 않고 중간태 꼬리를 취하여 ϵ*σαμην (혹은 ϵ*ξαμην/ϵ*ψαμην)로 소개되는 모든 동사들은 위의 변화를 따

[2] 단수 1인칭과 3인칭에서는 인칭꼬리가 오지 않고 시상접미어가 과거줄기의 끝에 서있다. 그런데 단수 3인칭에서는 단수 1인칭과의 혼동을 피하기 위해 시상접미어의 모음 α를 (미완료 능동태 3인칭 단수의 형태를 따라) ϵ으로 바꾸었다(cf. Mounce, *Morphology* 98).

[3] 원래 과거중간태 인칭꼬리는 시상접미어 σα를 제외하곤 단수에서 μην, σο, το였다. 그러나 단수 2인칭에서 과거시상접미어 σα와 인칭꼬리 σο의 만남은 두번째 σ를 'intervocalic consonant'(모음사이에 놓인 자음)로 만들어 탈락하게 만들고, 결국 α와 ο는 단축법(23과)에 의해 ω로 남게 되어 지금의 -σω 형태가 되었다(**Gram 51**, **Gram 68** 비교참조).

른다. 이러한 동사들은 **과거에서 디포넌트 동사**가 되는 것이다. 과거형에서 제1과거 시스템에 속하면서 동시에 디포넌트인 동사는 다음과 같다:
ἐδεξάμην (I received, δέχομαι의 과거)

1	ἐδεξάμην	ἐδεξάμεθα
2	ἐδέξω	ἐδέξασθε
3	ἐδέξατο	ἐδέξαντο

Cf. 연습 5, 10, 12, 16, 18번 참조.

예: **ἐδέξω** αὐτόν. 너는 그를 영접했다.
→ (분해) δέχομαι의 제1과거 중간태 **디포넌트** 직설법 2인칭 단수.

Gram 80. πιστεύω의 지배격

동사 πιστεύω (I believe 믿다)는 목적어를 직접 취할 경우에 주로 **여격**을 지배하며 전치사와 εἰς와 함께 취할 경우 **대격**을 취한다.[4] 각각의 경우는 전자가 '신뢰하다', 후자가 '신앙하다'로 정도로 해석된다. 그러나 이 둘의 구분이 엄격한 것은 아니다 (cf. 딛3:8 …θεῷ)

예: πιστεύω **αὐτῷ**. 나는 그를 믿는다(신뢰한다).
πιστεύω **εἰς αὐτόν**. 나는 그를 믿는다(신앙한다).
πιστεύω **τῷ λόγῳ**. 나는 그 말씀을 믿는다(cf. 눅1:20).

단어공부

동 사: ἀπολύω (I release 해산시키다/ 놓아주다) – 전치사 ἀπό와 결합된 합성동사.
미래형은 ἀπολύσω (I will release),
과거형은 ἀπέλυσα (I released).
ἐπιστρέφω (I return 돌이키다) – 전치사 ἐπί와 결합된 합성동사.
미래형은 ἐπιστρέψω (I will return),
과거형은 ἐπέστρεψα (I returned).

---

[4] 참고로, 이 외에도 πιστεύω 동사는 전치사 ἐπί와 함께 사람 목적어를 취할 경우에 대격(ἐπὶ τὸν κύριον)이나(행9:42) 여격(ἐπ' αὐτῷ)을 취하며(롬9:33), 특히 ὅτι절을 취하기도 한다(마9:28). 또한 앞 문장의 사실을 지시대명사가 받을 경우 대격인 τοῦτο가 온다: πιστεύεις τοῦτο; 네가 이것을 믿느냐? (요11:26)

ἑτοιμάζω (I prepare 준비하다)
미래형은 ἑτοιμάσω (I will prepare),
과거형은 ἡτοίμασα (I prepared).
θαυμάζω (I wonder at 놀라다/ 기이히 여기다)
미래형은 θαυμάσω (I will wonder at),
과거형은 ἐθαύμασα (I wondered at).
θεραπεύω (I heal 치유하다/ 낫게하다)
미래형은 θεραπεύσω (I will heal),
과거형은 ἐθεράπευσα (I healed).
πείθω (I persuade 설득하다)
미래형은 πείσω (I will persuade),
과거형은 ἔπεισα (I persuaded).
πιστεύω (I believe 믿다)
미래형은 πιστεύσω (I will believe),
과거형은 ἐπίστευσα (I believed).
ὑποστρέφω (I return 돌이키다) – 전치사 ὑπό와 결합된 합성동사.
미래형은 ὑποστρέψω (I will return),
과거형은 ὑπέστρεψα (I returned).

ἐκήρυξα (I preached/ I proclaimed 선포/전파했다) [κηρύσσω의 과거]

부 사: ἤδη (already 이미)

Pop Quiz

Q1. 다음 중 미래형이 잘못된 것을 고르시오.
① ἀναβαίνω – ἀναβήσομαι ② γίνομαι – γενήσομαι
③ δοξάζω – δοξάσω ④ ἔχω ἕξω

Q2. 괄호 안의 인칭대명사를 적설한 형태로 격변화시키시오.
πιστεύω (σύ) 당신을 믿습니다.

답: 1. ④ 2. σοί

연습문제

1. **ἀπέλυσεν** ὁ κύριος τὸν δοῦλον αὐτοῦ, ὁ δὲ δοῦλος οὐκ **ἀπέλυσε** τὸν
놓아주었다 그 주인이 그 종을 그의 그 그러나 종은 아니 놓아주었다 그
ἄλλον.
다른 자를

해석: 그 주인은 그의 종을 놓아주었으나 그 종은 그 다른 사람을 놓아주지 않았다.

★ ἀπέλυσεν – ἀπολύω의 1과거 능동태 직설법 3인칭 단수

2. ἤδη **ἐπέστρεψαν** οὗτοι πρὸς τὸν κύριον, ἐκεῖνοι δὲ **ἐπιστρέψουσιν**
이미 돌이켰다 이 사람들은 주님께로 저 사람들은 그러나 돌이킬 것이다
ἐν ταῖς ἡμέραις ταῖς κακαῖς.
~안에는 날들 그 악한

해석: 이 사람들은 이미 주님께로 돌이켰으나 저 사람들은 그 악한 날들에 돌이킬 것이다.

★ ἐπέστρεψαν – ἐπιστρέφω의 1과거 능동태 직설법 3인칭 복수

★ ἐπιστρέψουσιν – ἐπιστρέφω의 미래 능동태 직설법 3인칭 복수

3. **ἐπιστεύσαμεν** εἰς τὸν κύριον καὶ **σώσει** ἡμᾶς.
우리는 믿었다 주님을 그는 구원할 것이다 우리를

해석: 우리는 주님을 믿었고 그분은 우리를 구원할 것이다.

★ ἐπιστεύσαμεν – πιστεύω의 1과거 능동태 직설법 1인칭 복수

★ σώσει – σῴζω의 미래 능동태 직설법 3인칭 단수

4. καὶ **ἐπίστευσας** εἰς αὐτὸν καὶ **πιστεύσεις**.
(~도 역시) 너는 믿었다 그를 (~도 역시) 너는 믿을 것이다

해석: 너는 그를 믿었으며 또한 믿을 것이다.

★ ἐπίστευσας – πιστεύω의 1과거 능동태 직설법 2인칭 단수

★ πιστεύσεις – πιστεύω의 미래 능동태 직설법 2인칭 단수

5. **ὑπέστρεψας** πρὸς τὸν κύριον καὶ **ἐδέξατό** σε εἰς τὴν ἐκκλησίαν
너는 돌이켰다 주님께로 그리고 그가 영접하셨다 너를 교회 안으로
αὐτοῦ.
그의

해석: 너는 주님께로 돌이켰고 그분께서는 너를 그의 교회 안으로 영접하셨다.

★ ὑπέστρεψας – ὑποστρέφω의 1과거 능동태 직설법 2인칭 단수

★ ἐδέξατο – δέχομαι의 1과거 중간태 디포넌트 직설법 3인칭 단수

6. ἐν ἐκείναις ταῖς ἡμέραις **ἐπορεύεσθε** ἐν ταῖς ὁδοῖς ταῖς κακαῖς.
저 날들에 너희는 가고 있었다 ~안에 그 길들 그 악한

해석: 저 날들에(=그 때에) 너희는 그 악한 길들을 가고 있었다.
★ ἐπορεύεσθε – πορεύομαι의 미완료 중간/수동태 디포넌트 직설법 2인칭 복수

7. **ἐπεστρέψατε** πρὸς τὸν κύριον καὶ **ἐθεράπευσεν** ὑμᾶς.
너희는 돌이켰다 주님께로 그리고 그분은 고치셨다 너희를

해석: 너희는 주님께로 돌이켰고 그분께서는 너희를 고치셨다.
★ ἐπεστρέψατε – ἐπιστρέφω의 1과거 능동태 직설법 2인칭 복수
★ ἐθεράπευσεν – θεραπεύω의 1과거 능동태 직설법 3인칭 단수

8. ἐκεῖνοι πονηροί, ἀλλ' ἡμεῖς **ἐπείσαμεν** αὐτούς.
저 사람들은 악했다 그러나 우리는 설득시켰다 그들을

해석: 저 사람들은 악했다. 그러나 우리는 그들을 설득시켰다.
문맥상, εἰμί 동사의 미완료 ἦσαν이 생략된 것으로 보아야 한다.
★ ἐπείσαμεν – πείθω의 1과거 능동태 직설법 1인칭 복수

9. **ἡτοίμασα** ὑμῖν τόπον ἐν τῷ οὐρανῷ.
내가 준비했다 너희를 위해 한 장소를 그 하늘 안에

해석: 내가 너희를 위해 그 하늘 안에 한 장소를 준비했다.
★ ἡτοίμασα – ἑτοιμάζω의 1과거 능동태 직설법 1인칭 단수

10. **ἐδεξάμην** σε εἰς τὸν οἶκόν μου, ἀλλ' οὗτοι οἱ πονηροὶ οὐκ
나는 영접했다 너를 집 안으로 나의 그러나 이 악한 자들은 아니
ἐδέξαντο.
영접했다

해석: 나는 너를 나의 집 안으로 영접했다. 그러나 이 악한 자들은 (너를) 영접하지 않았다.
★ ἐδεξάμην – δέχομαι의 1과거 중간태 디포넌트 직설법 1인칭 단수
★ ἐδέξαντο – δέχομαι의 1과거 중간태 디포넌트 직설법 3인칭 복수

11. **ἀνέβλεψαν** οἱ τυφλοί.
시력을 회복했다 그 소경들이

해석: 그 소경들이 시력을 회복했다.
★ ἀνέβλεψαν – ἀναβλέπω의 1과거 능동태 직설법 3인칭 복수

12. ***ἔσωσα*** *ὑμᾶς ἐγώ, ὑμεῖς δὲ ἐμὲ οὐκ* ***ἐδέξασθε*** *εἰς τοὺς οἴκους*
구원했다 너희를 내가 너희는 그러나 나를 아니 영접했다 집들 안으로
ὑμῶν.
너희의

해석: 내가 너희를 구원했다. 그러나 너희는 나를 너희의 집들 안으로 영접하지 않았다.
★ *ἔσωσα* – σῴζω의 1과거 능동태 직설법 1인칭 단수
★ *ἐδέξασθε* – δέχομαι의 1과거 중간태 디포넌트 직설법 2인칭 복수

13. *πονηροὶ* ***ἦσαν*** *αὐτοί, πονηροὺς δὲ* ***ἔπεμψαν*** *εἰς τὴν ἐκκλησίαν.*
악한 그들은 ~였다 자신들은 악한 자들을 그러나 그들은 보냈다 그 교회 안으로

해석: 그들 자신들은 악했다. 그러나(그런데) 그들은 악한 자들을 그 교회 안으로 보냈다.
★ *ἦσαν* – εἰμί의 미완료 직설법 3인칭 복수
★ *ἔπεμψαν* – πέμπω의 1과거 능동태 직설법 3인칭 복수

14. ***ἐδίδαξάς*** *με ἐν τῷ ἱερῷ.*
너는 가르쳤다 나를 그 성전 안에서

해석: 너는 나를 그 성전 안에서 가르쳤다.
★ *ἐδίδαξας* – διδάσκω의 1과거 능동태 직설법 2인칭 단수

15. *τότε* ***ἠκούσαμεν*** *ταύτας τὰς ἐντολάς, ἄλλας δὲ* ***ἀκούσομεν*** *ἐν τῇ*
그때에 우리는 들었다 이 계명들을 다른 (계명들을) 그러나 우리는 들을 것이다
ἐκκλησίᾳ.
그 교회 안에서

해석: 그때에 우리는 이 계명들을 들었다. 그러나 그 교회 안에서 우리는 다른 (계명들)을 들을 것이다.
형용사 ἄλλας가 ἐντολάς와 성(gender)을 일치시켜 여성으로 나타났음에 주의하라.
★ *ἠκούσαμεν* – ἀκούω의 1과거 능동태 직설법 1인칭 복수
★ *ἀκούσομεν* – ἀκούω의 미래 능동태 직설법 1인칭 복수

16. *ἐν ἐκείνῃ τῇ ὥρᾳ* ***ἐξελεύσονται*** *ἐκ τοῦ κόσμου, τότε δὲ* ***ἐδέξαντο***
저 시간에 그들은 나갈 것이다 세상 밖으로 그때에 그러나 그들은 영접했다
ἡμᾶς.
우리를

해석: 저 시간에 그들은 세상 밖으로 나갈 것이다. 그러나 그때에 그들은 우리를 영접했다.
★ *ἐξελεύσονται* – ἐξέρχομαι의 미래 중간태 디포넌트 직설법 3인칭 복수
★ *ἐδέξαντο* – δέχομαι의 1과거 중간태 디포넌트 직설법 3인칭 복수

17. **ἤκουσαν** αὐτοῦ καὶ **ἐθαύμασαν**.
그들이 들었다 그를 그리고 그들이 놀랐다

해석: 그들이 그를 듣고 놀랐다.
★ ἤκουσαν – ἀκούω의 1과거 능동태 직설법 3인칭 복수
★ ἐθαύμασαν – θαυμάζω의 1과거 능동태 직설법 3인칭 복수

18. **ἐδέξω** σὺ τὸ εὐαγγέλιον, οὗτοι δὲ οὐ **δέξονται** αὐτό.
받았다 네가 그 복음을 이 사람들은 그러나 아니 받을 것이다 그것을(=복음)

해석: 너는 그 복음을 받아들였다. 그러나 이 사람들은 그것을 받아들이지 않을 것이다.
★ ἐδέξω – δέχομαι의 1과거 중간태 디포넌트 직설법 2인칭 단수
★ δέξονται – δέχομαι의 미래 중간태 디포넌트 직설법 3인칭 복수

19. οὐδὲ **ἠκούσαμεν** τὸν κύριον οὐδὲ **ἐπιστεύσαμεν** εἰς αὐτόν.
~도 아니 우리는 들었다 주님을 ~도 아니 우리는 믿었다 그를

해석: 우리는 주님을 듣지도 않았고 또 그분을 믿지도 않았다.
★ ἠκούσαμεν – ἀκούω의 1과거 능동태 직설법 1인칭 복수
★ ἐπιστεύσαμεν – πιστεύω의 1과거 능동태 직설법 1인칭 복수

15과

제2과거 능동태 직설법 & 중간태 직설법.

핵심문법요약

Gram 81. λείπω의 제2과거 능동태 직설법 (2nd Aorist Active Indicative)

	단수	복수
1인칭	ἔλιπον	ἐλίπομεν
2인칭	ἔλιπες	ἐλίπετε
3인칭	ἔλιπε(ν)	ἔλιπον

제2과거 능동태 인칭꼬리는 미완료 능동태 인칭꼬리와 그 형태가 동일하다[**Gram64** 참조]. 그러므로 단수1인칭과 복수3인칭이 같음에 주의하라.

Gram78에서 살펴보았듯이 λύω동사는 제1과거 시스템을 갖는다. 그러나 또 다른 부류의 동사들은 λύω동사와 달리 제2과거 시스템을 갖고서 동사의 6개 기본형들 중 세번째 자리에 위치하게 된다(**Gram73** 참조). λείπω (I left 떠나다)동사도 그 중 하나인데 메이첸 교본은 이 동사를 빌어서 제2과거 동사의 변화표를 소개하고 있다. 제2과거 동사 역시 현재기본형에서 도출되는 것이 아니라 사전을 통해서만 확인할 수 있으며, 어떠한 동사가 제1과거 시스템을 가질 것이냐 혹은 제2과거 시스템을 가질 것이냐 하는 것은 전적으로 동사의 고유한 영역에 속하는 것이다. 과거 기본형이 시상접미어 σα를 포함하지 않고서 ε*ον으로 소개되는 모든 동사는 제2과거 시스템을 갖는 능동태 동사로서 위의 변화를 따른다:

ἔλιπον (I left 떠났다), ἔβαλον (I threw 던졌다), εἶδον [1](I saw 보았다), εἶπον (I said 말했다)
ἔλαβον (I took 취했다), ἤγαγον (I led 인도했다), ἦλθον (I came/ went 왔다/ 갔다)
ἔπεσον (I fell 떨어졌다/ 넘어졌다).

---

[1] 원래 βλέπω의 과거는 1과거 형태인 ἔβλεψα다. 그리고 βλέπω와 동의어인 ὁράω의 과거어형이 εἶδον이었다. 그러나 헬라어 사용자들은 '보다'라는 의미를 나타낼 때, 현재나 미완료에선 βλέπω 동사를 주로 사용하였고, 그 이외의 시제(미래, 과거, 현재완료 등)에서는 ὁράω의 미래, 과거, 현재완료 어형을 대신 사용하는 경향을 띠게 되었다. 따라서 메이첸 교재에서는 βλέπω의 과거형을 아예 εἶδον으로 소개하고 있다. 참고로, εἶδον을 분해할 시엔 그 원형을 ὁράω로 밝히는 것이 보다 정확한 소개가 되겠으나, 동의어인 βλέπω를 원형으로 밝혀도 무방하다. Cf. 그러나 βλέπω가 합성동사를 이룰 시에는 철저히 βλέπω 자신의 과거형을 사용하고 있음에 주의하라: ἀνέβλεψα.

Gram 82. λείπω의 제2과거 중간태 직설법 (2nd Aorist Middle Indicative)

	단수	복수
1인칭	ἐλιπόμην	ἐλιπόμεθα
2인칭	ἐλίπου[2]	ἐλίπεσθε
3인칭	ἐλίπετο	ἐλίποντο

제2과거 중간태 인칭꼬리는 미완료 중간태/수동태 인칭꼬리와 그 형태가 동일하다. [**Gram68** 참조]

동사의 6개 기본형들(cf. **Gram73**) 중 그 세번째 기본형(즉, 과거기본형)이 시상접미어 σα를 포함하지 않을 뿐 아니라 더욱이 능동태 꼬리가 아닌 중간태 꼬리를 취하고서 ϵ*ομην으로 소개되는 동사가 있다. 이러한 동사는 우선 제2과거 시스템에 속하며 또한 **과거 디포넌트 동사**가 된다. 본 범위에서 제2과거 디포넌트 동사는 하나뿐이며 이런 부류에 속하는 신약의 모든 동사들은 모두 위의 변화를 따른다: ἐγενόμην (I became, γίνομαι의 과거)

1	ἐγενόμην	ἐγενόμεθα
2	ἐγένου	ἐγένεσθε
3	ἐγένετο	ἐγένοντο

cf. 연습 3, 4, 9, 20번 참조.

예: **ἐγένου** μαθητὴς αὐτοῦ. 너는 그의 제자가 되었다.
→ (분해) γίνομαι의 제2과거 중간태 **디포넌트** 직설법 2인칭 단수.

Gram 83. 미완료와 제2과거 동사의 구분

문장에서 ϵ*ον이나 ϵ*ομην의 형태를 갖는 동사가 발견된다면 해석자는 우선 그것이 미완료 동사인지 아니면 부정과거 동사인지를 판단해야 한다. 이때 인칭꼬리만으로는 그 여부를 확인할 수 없으므로, 접두모음(ϵ)과 인칭꼬리(ον/ ομην)를 제외한 나머지 부분, 즉 줄기(Stem)를 확인해야 한다. 미완료는 그 어형성(Word formation)의 특성상(cf. **Gram 64**, **68**, **69**, **70**) 항상 현재의 줄기를 가지고 만드는 것이므로, 만약 문제의 동사 줄기가 현재시제줄기와 '동일'하다면 그것은 논의의 여지없이 미완료 동사이다.

예1. ἔβαλες ταῦτα. 너는 이것들을 던졌다 [부정과거]
→ βάλλω의 제2과거 능동태 직설법 2인칭 단수.

ἔβαλλες ταῦτα. 너는 이것들을 던지고 있었다 [미완료]
→ βάλλω의 미완료 능동태 직설법 2인칭 단수.

---

2 연결모음 ϵ과 원래의 인칭꼬리 σο가 음운변화를 겪어 ου로 되었다(cf. **Gram68**).

예2: ἐγενόμην μαθητὴς αὐτοῦ. 나는 그의 제자가 되었다 [부정과거]
→ γίνομαι의 제2과거 중간태 **디포넌트** 직설법 1인칭 단수.

ἐγινόμην μαθητὴς αὐτοῦ. 나는 그의 제자가 되고 있었다[3] [미완료]
→ γίνομαι의 미완료 중간/수동 **디포넌트** 직설법 1인칭 단수.

예3: ἐβλέπετο ἡ δόξα αὐτοῦ. 그의 영광이 보여지고 있었다 [미완료]
→ βλέπω의 미완료 수동태 직설법 3인칭 단수.

Gram 84. ἤνεγκα의 어형

φέρω의 과거시제 동사로서 ἤνεγκα가 소개되고 있다. 사실 φέρω의 과거형은 제2과거 동사인 ἤνεγκον이다. 이 어형은 Liddell&Scott 사전에 소개되고 있으며 물론 고전 문헌에 아무 문제없이 사용되어온 어형이다. 그러나 신약에선 ἤνεγκα형태가 더 자주 쓰이는 경향을 보이기에 메이첸 교본은 오히려 이것을 소개하고 있는 것이다. 이 형태는 제2과거 동사에서 인칭꼬리를 떼어버리고 그대신 제1과거 꼬리를 시그마(σ) 없이 붙여놓은 형태이다. 비록 본래는 제2과거 동사이지만 인칭꼬리는 제1과거 시스템에 속하므로 분해(Parsing) 시에는 편의상 '제1과거'로 분해한다.

ἤνεγκα	ἠνέγκαμεν
ἤνεγκας	ἠνέγκατε
ἤνεγκε	ἤνεγκαν

이와 유사한 어형들로는 εἴδαμεν (우리가 보았다), εἶδαν (그들이 보았다), εἶπα (내가 말했다), εἶπας (네가 말했다), εἶπαν (그들이 말했다), ἦλθα (내가 왔다), ἤλθαμεν (우리가 왔다), ἤλθατε (너희가 왔다), ἦλθαν (그들이 왔다) 등이 있다.

제2과거 능동태 직설법 변화는 미완료의 꼬리와 같아서 단수 1인칭과 복수 3인칭의 모양이 같다. 물론 문맥으로 어느 정도 판단이 설 수 있겠으나 모호한 경우의 가능성도 충분히 상정해 볼 수 있다. 아마도 이러한 이유 때문에 제2과거 능동태 동사는 경우에 따라 그 (미완료를 닮은) 인칭꼬리를 포기하고 1과거 꼬리를 취함으로써 단수 1인칭과 복수 3인칭의 구분을 명확히 하고자 했던 것으로 보여진다. 비록 과거시상접미어에서 시그마(σ)를 빠뜨린 형태의 꼬리를 붙였지만 그래도 혼란없이 통용될

---

[3] 설명을 위해 γίνομαι의 미완료 동사를 예로 들기는 했으나, 사실 'become'이란 동사는 그 의미속성상 동작의 성취에 긴 시간을 필요로 하지 않는 달성동사(Achievements)로 분류되기에 예문과 같은 미완료 시제로는 거의 활용되지 않는다. 다만, 성경에서 미완료로 활용되는 용례의 경우는 γίνομαι의 주어가 비인칭으로서 'happen'(발생하다)의 의미로 쓰인 것인데, 이처럼 달성동사가 미완료로 표현될 경우엔 문맥에 따라서 과거의 반복적이고 지속적 동작을 묘사하게 된다. Cf. 행5:12, '사도들의 손에 의해 많은 기사와 표적이 발생하고(ἐγίνετο) 있었다.

수 있었을 것이다.[4] 이러한 변칙적 형태들은 단수 1인칭과 복수 3인칭에서만 쓰인 것이 아니고 아예 단수 2,3인칭 및 복수 1,2에서도 얼마든지 쓰이고 있다.

단어공부

동 사: πίπτω (I fall 떨어지다/ 넘어지다)
　　과거형은 ἔπεσον (I fell 떨어졌나/ 넘어졌다).
　πρoσφέρω (I bring to/ offer 가져가다, 바치다) – 전치사 πρός와 결합.

　ὄψομαι [Depo] (I will see 볼 것이다)
　　현재형은 βλέπω (I see 보다)[3과]
　　그러나 좀더 정확히는 ὁράω (I see 보다)가 그 원형. **Gram81** 단어각주참조.
　　cf. ἀναβλέψω (I will look up)[13과] ἀνόψομαι [X]

　ἤνεγκα (I bore/ brought 짊어졌다, 견디었다, 운반했다) [**Gram84** 참조]
　　현재형은 φέρω (I bear/ bring 짊어지다, 견디다, 운반하다)[7과]
　ἔλιπον (I left 떠났다)
　　현재형은 λείπω (I leave 떠나다)
　ἔβαλον (I threw 던졌다)
　　현재형은 βάλλω (I throw 던지다)[7과]
　εἶδον (I saw 보았다)
　　현재형은 βλέπω [ὁράω](I see 보다)[3과]
　εἶπον (I said 말했다)
　　현재형은 λέγω (I say 말하다)[3과]
　ἔλαβον (I took 취했다)
　　현재형은 λαμβάνω (I take 취하다)[3과]
　ἤγαγον (I led 인도했다)
　　현재형은 ἄγω (I lead 인도하다)[7과]
　ἦλθον (I came/ went 왔다/ 갔다)
　　현재형은 ἔρχομαι (I come/ go 오다/ 가다)[10과]

---

[4] 물론 미완료시제 역시 단수1인칭과 복수3인칭이 똑같아 혼란을 일으키기는 마찬가지인데 왜 유독 제2과거 능동태 동사만이 이러한 '꼬리 교체 시스템'을 허용하느냐 하는 의문을 가질 수 있겠다. 그러나 미완료는 그 인칭꼬리 시스템이 한 가지 밖에 없지만, 부정과는 1과거와 2과거라는 두 개의 시스템을 가지고 있기에 제2과거 동사가 그 잇점을 누릴 수 있음을 생각해 보면 쉽게 의문이 풀릴 것이다.

ἐγενόμην [Depo] (I became 되었다) [**Gram 82** 참조]
현재형은 γίνομαι (I become 되다)[10과]

접속사: γάρ (for 왜냐하면)
Cf. 후치사(Postpositive)이므로 문장의 맨 앞에는 서지 않는다.

연습문제

1. *καὶ* ***εἴδομεν*** *τὸν κύριον καὶ* ***ἠκούσαμεν*** *τοὺς λόγους αὐτοῦ.*
~까지도 우리는 보았다 주님을 ~까지도 우리는 들었다 말씀들을 그분의

해석: 우리는 주님을 보기도 하고 또 그분의 말씀들을 듣기도 했다.

★ *εἴδομεν* – βλέπω (혹은 ὁράω)의 2과거 능동태 직설법 1인칭 복수

★ *ἠκούσαμεν* – ἀκούω의 1과거 능동태 직설법 1인칭 복수

2. *οὐδὲ γὰρ* ***εἰσῆλθες*** *εἰς τοὺς οἴκους αὐτῶν οὐδὲ* ***εἶπες*** *αὐτοῖς παραβολήν.*
~도 아니 왜냐하면 너는 들어갔다 그 집들 안으로 그들의 ~도 아니 너는 말했다 그들에게 비유를

해석: 왜냐하면 너는 그들의 집들 안으로 들어가지도 않았으며 또 그들에게 비유를 말하지도 않았기 때문이다.

★ *εἰσῆλθες* – εἰσέρχομαι의 2과거 능동태 직설법 2인칭 단수

★ *εἶπες* – λέγω의 2과거 능동태 직설법 2인칭 단수

3. *ἐν ἐκείνῃ τῇ ὥρᾳ* ***ἐγένοντο*** *μαθηταὶ τοῦ κυρίου.*

저 시간에 그들이 되었다 제자가 주님의

해석: 저 시간에 그들은 주님의 제자가 되었다.

★ *ἐγένοντο* – γίνομαι의 2과거 중간태 디포넌트 직설법 3인칭 복수

4. *οὗτοι μὲν* ***ἐγένοντο*** *μαθηταὶ ἀγαθοί, ἐκεῖνοι δὲ ἔτι* ***ἦσαν*** *πονηροί.*

이 사람들이 되었다 제자들이 선한 저 사람들은 그러나 여전히 ~였다 악한

해석: 이 사람들은 선한 제자들이 되었으나 저 사람들은 여전히 악했다.

★ *ἐγένοντο* – γίνομαι의 2과거 중간태 디포넌트 직설법 3인칭 복수

★ *ἦσαν* – εἰμί의 미완료 직설법 3인칭 복수

5. ***προσέφερον*** *αὐτῷ τοὺς τυφλούς.*

내가/그들이 데려오고 있었다 그에게 그 소경들을

해석: 내가 (혹은 그들이) 그에게 그 소경들을 데려오고 있었다.

★ *προσέφερον* – προσφέρω의 미완료 능동태 직설법 1인칭 단수 (혹은 3인칭 복수)

6. ***ἔπεσον*** *ἐκ τοῦ οὐρανοῦ οἱ ἄγγελοι οἱ πονηροί.*

떨어졌다 그 하늘 밖으로 그 천사들이 그 악한

해석: 그 악한 천사들이 그 하늘 밖으로 떨어졌다.

★ *ἔπεσον* – πίπτω의 2과거 능동태 직설법 3인칭 복수

7. *τὰ μὲν δαιμόνια* ***ἐξεβάλετε***, *τὰ δὲ τέκνα* ***ἐθεραπεύσατε***.

그 귀신들을 너희가 쫓아냈다 그 그리고 어린아이들을 너희가 고쳤다

해석: 너희가 그 귀신들을 쫓아냈다. 그리고 그 어린아이들을 너희가 고쳤다.

접속사 δέ는 문맥에 따라 '그런데, 그리고, 그래서' 등의 의미도 갖는다.

★ *ἐξεβάλετε* – ἐκβάλλω의 2과거 능동태 직설법 2인칭 복수

★ *ἐθεραπεύσατε* – θεραπεύω의 1과거 능동태 직설법 2인칭 복수

8. *τοὺς μὲν πονηροὺς* ***συνηγάγετε*** *ὑμεῖς εἰς τοὺς οἴκους ὑμῶν, τοὺς δὲ ἀγαθοὺς ἡμεῖς.*

그 악한 자들을 모았다 너희는 그 집들 안으로 너희의 그 그러나 선한 자들을 우리는

해석: 너희는 그 악한 자들을 너희의 집들 안으로 모았으나 우리는 그 선한 자들을 (모았다).

★ *συνηγάγετε* – συνάγω의 2과거 능동태 직설법 2인칭 복수

9. οὐκ **ἐκήρυξας** τὸ εὐαγγέλιον ἐν τῇ ἐκκλησίᾳ, οὐδὲ γὰρ **ἐγένου** μαθητής.
아니 너는 전파했다 그 복음을 그 교회 안에서 ~도 아니 왜냐하면 네가 되었다 제자가

해석: 너는 그 복음을 그 교회 안에서 전파하지 않았다. 왜냐하면 너는 제자가 되지도 않았기 때문이다.

★ ἐκήρυξας – κηρύσσω의 1과거 능동태 직설법 2인칭 단수

★ ἐγένου – γίνομαι의 2과거 중간태 디포넌트 직설법 2인칭 단수

10. νῦν μὲν **λέγετε** λόγους ἀγαθούς, **εἶπον** δὲ οὗτοι τοὺς αὐτοὺς λόγους καὶ ἐν ταῖς ἡμέραις ἐκείναις.
지금 너희는 말한다 말씀들을 선한 말했다 그러나 이 사람들은 바로 그 말씀들을 ~까지도 날들에 저

해석: 지금 너희는 선한 말씀들을 말하고 있으나 이 사람들은 저 날들에도(=그때에도) 바로 그 말씀들을 말했다.

★ λέγετε – λέγω의 현재 능동태 직설법 2인칭 복수

★ εἶπον – λέγω의 2과거 능동태 직설법 3인칭 복수

11. **ἐπιστεύσαμεν** εἰς τὸν κύριον, οἱ γὰρ μαθηταὶ **ἤγαγον** ἡμᾶς πρὸς αὐτόν.
우리는 믿었다 주님을 그 왜냐하면 제자들이 인도했다 우리를 그분께로

해석: 우리는 주님을 믿었다. 왜냐하면 그 제자들이 우리를 그분께로 인도했기 때문이다.

★ ἐπιστεύσαμεν – πιστεύω의 1과거 능동태 직설법 1인칭 복수

★ ἤγαγον – ἄγω의 2과거 능동태 직설법 3인칭 복수

12. ταῦτα μὲν **εἶπον** ὑμῖν ἐν τῷ ἱερῷ, ἐκεῖνα δὲ οὔπω **λέγω**.
이것들을 내가 말했다 너희에게 그 성전 안에서 저것들을 그러나 아직 아니 나는 말한다

해석: 내가 너희에게 이것들을 그 성전 안에서 말했으나 아직 저것들을 말하지는 아니한다.

★ εἶπον – λέγω의 2과거 능동태 직설법 1인칭 단수

13. τότε μὲν **εἰσήλθετε** εἰς τὴν ἐκκλησίαν, ἐν ἐκείνῃ δὲ τῇ ἡμέρᾳ **εἰσελεύσεσθε** εἰς τὸν οὐρανόν.
그때에 너희는 들어갔다 그 교회 안으로 저 그러나 날에 너희는 들어갈 것이다 그 하늘 안으로

해석: 그때에 너희는 그 교회 안으로 들어갔으나 저 날에는 그 하늘 안으로 들어갈 것이다.

★ εἰσήλθετε – εἰσέρχομαι의 2과거 능동태 직설법 2인칭 복수

★ εἰσελεύσεσθε – εἰσέρχομαι의 미래 중간태 디포넌트 직설법 2인칭 복수

14. τότε **ὀψόμεθα** τὸν κύριον ἐν τῇ δόξῃ αὐτοῦ· **ἐπιστεύσαμεν** γὰρ
그때에 우리가 볼 것이다 주님을 그 영광 안에 그의 우리가 믿었다 왜냐하면
εἰς αὐτόν.
그분을

해석: 그때에 우리가 주님을 그의 영광 가운데 볼 것이다. 왜냐하면 우리는 그분을 믿었기 때문이다.

★ ὀψόμεθα – βλέπω의 미래 중간태 디포넌트 직설법 1인칭 복수

★ ἐπιστεύσαμεν – πιστεύω의 1과거 능동태 직설법 1인칭 복수

15. ὁ μὲν κύριος **ἐξῆλθε** τότε ἐκ τοῦ κόσμου, οἱ δὲ μαθηταὶ αὐτοῦ ἔτι
주님께서 나가셨다 그때에 세상 밖으로 그 그러나 제자들은 그의 아직
μένουσιν ἐν αὐτῷ.
머무르고 있다 그 안에 (=세상)

해석: 주님께서는 그때에 세상 밖으로 나가셨으나 그의 제자들은 아직 세상 안에 머무르고 있다.

★ ἐξῆλθε – ἐξέρχομαι의 2과거 능동태 직설법 3인칭 단수

★ μένουσιν – μένω의 현재 능동태 직설법 3인칭 복수

16. ταύτας τὰς ἐντολὰς **ἔλαβον** ἀπὸ τοῦ κυρίου, **ἤμην** γὰρ μαθητὴς
이 계명들을 나는 받았다 주께로부터 나는 ~였다 왜냐하면 제자
αὐτοῦ.
그의

해석: 나는 이 계명들을 주께로부터 받았다. 왜냐하면 나는 그의 제자였기 때문이다.

★ ἔλαβον – λαμβάνω의 2과거 능동태 직설법 1인칭 단수

★ ἤμην – εἰμί의 미완료 직설법 1인칭 단수

17. τότε μὲν **παρελάβετε** τὴν ἐπαγγελίαν παρὰ τοῦ κυρίου, νῦν δὲ
그때에 너희가 받았다 그 약속을 주께로부터 지금은 그러나
καὶ **κηρύσσετε** αὐτὴν ἐν τῷ κόσμῳ.
~까지도 너희가 전파한다 그것을(=약속) 세상 안에서

해석: 그때에 너희가 그 약속을 주께로부터 받았는데 지금은 너희가 세상 안에서 그것을 전파하기까지 한다.

★ παρελάβετε – παραλαμβάνω의 2과거 능동태 직설법 2인칭 복수

★ κηρύσσετε – κηρύσσω의 현재 능동태 직설법 2인칭 복수

18. ***ἤλθετε*** *πρὸς τὸν κύριον καὶ* ***παρελάβετε*** *παρ' αὐτοῦ ταῦτα.*
너희가 갔다 주님께로 그리고 너희가 받았다 그로부터 이것들을

해석: 너희가 주님께로 갔고 그로부터 이것들을 받았다.
★ *ἤλθετε* – ἔρχομαι의 2과거 능동태 직설법 2인칭 복수
★ *παρελάβετε* – παραλαμβάνω의 2과거 능동태 직설법 2인칭 복수

19. ***συνήγαγεν*** *ἡμᾶς αὐτὸς εἰς τὴν ἐκκλησίαν αὐτοῦ.*
그가 모았다 우리를 자신이 그 교회 안으로 그의

해석: 그 자신이 우리를 그의 교회 안으로 모았다.
★ *συνήγαγεν* – συνάγω의 2과거 능동태 직설법 3인칭 단수

20. ***εἶδον*** *οἱ ἄνθρωποι τὸν υἱὸν τοῦ θεοῦ·* ***ἐγένετο*** *γὰρ αὐτὸς*
보았다 그 사람들이 그 아들을 하나님의 그가 되었다 왜냐하면 자신이
ἄνθρωπος καὶ ***ἔμενεν*** *ἐν τούτῳ τῷ κόσμῳ.*
사람이 그리고 그가 머무르고 있었다 이 세상 안에

해석: 그 사람들이 하나님의 아들을 보았다. 왜냐하면 그 자신이 사람이 되셨고 또 이 세상 안에 머무르고 계셨기 때문이다.
★ *εἶδον* – βλέπω의 2과거 능동태 직설법 3인칭 복수
★ *ἐγένετο* – γίνομαι의 2과거 중간태 디포넌트 직설법 3인칭 단수
★ *ἔμενεν* – μένω의 미완료 능동태 직설법 3인칭 단수

16과

과거 수동태 직설법 & 미래 수동태 직설법.

핵심문법요약

Gram 85. λύω의 과거 수동태 직설법 (Aorist Passive Indicative)

	단수	복수
1인칭	ἐλύθην	ἐλύθημεν
2인칭	ἐλύθης	ἐλύθητε
3인칭	ἐλύθη	ἐλύθησαν

과거수동태의 시상접미어 θε가 인칭끄리들과 결합하면서 θη로 길어졌다.

과거 수동태 직설법은 동사의 6개 기본형들 중 마지막 어형이다(cf. 네번재와 다섯번째 어형인 현재완료능동태 및 현재완료중간/수동태는 29과에 소개되고 있다). 그러므로 이것 역시 사전을 통해서만 그 정확한 어형을 확인할 수 있다.[1] 과거시제에서 그 기본형이 능동태꼬리를 취하는 동사들 중 타동사적 의미를 지니는(즉, 의미적으로 수동태 구문이 가능한 동사) 모든 동사들은 위와 같이 과거수동태직설법 어형을 가지고서 '수동의 의미'를 지니게 된다. 아래의 동사들은 모두 '과거수동'의 의미를 갖는 동사들이다:

★표는 연습문제에 자주 사용되는 과거수동태어형들이다.

원형	과거수동태기본형	의미
βάλλω	ἐβλήθην★	I was thrown 던져졌다
γινώσκω	ἐγνώσθην★	I was known 알려졌다/ 인지되었다
διδάσκω	ἐδιδάχθην★	I was taught 가르침 받았다
κηρύσσω	ἐκηρύχθην★	I was preached/proclaimed 선포/전파되었다
λαμβάνω	ἐλήμφθην★	I was taken 취하여졌다

---

[1] 메이첸 교본은 과거수동태직설법 어형과 관련하여 동사의 줄기끝 특정 자음들이 과거수동태시상접미어 –θε와 만나서 기음화 현상(Aspiration)을 일으키며 철자에 변화를 가져오는 것에 관해 설명한다. 이 설명으로 인해 초급자들이 겪는 혼란은 이것이 마치 원형으로부터 과거수동태직설법 어형을 도출해내는 공식이 아닌가 하는 오해이다. 결론을 말하자면, 과거수동태직설법 동사의 줄기 자체는 임의적이고 고유한 성격을 띠기에 그 정확한 형태는 사전을 통해서만 확인할 수 있다. 이 과거수동태직설법 어형이 동사의 '여섯번째 기본형'으로 소개되고 있음을 기억하자.

ἐγείρω	ἠγέρθην★	I was raised 일으킴 받았다
ἀκούω	ἠκούσθην★	I was heard 들려졌다
φέρω	ἠνέχθην★	I was brought 운반되어졌다
ἄγω	ἤχθην★	I was led 인도되어졌다
βλέπω	ὤφθην★	I was seen 보여졌다
πιστεύω	ἐπιστεύθην★	I was believed 믿어진 바 되었다
πέμπω	ἐπέμφθην★	I was sent 보냄받았다
σώζω	ἐσώθην★	I was saved 구원받았다
δοξάζω	ἐδοξάσθην★	I was glorified 영화롭게 되었다
ἑτοιμάζω	ἡτοιμάσθην★	I was prepared 준비되어졌다

Gram 86. γράφω의 과거 수동태 직설법 어형

	단수	복수
1인칭	ἐγράφην	ἐγράφημεν
2인칭	ἐγράφης	ἐγράφητε
3인칭	ἐγράφη	ἐγράφησαν

Gram85의 변화와 다른 점은 과거수동태 시상접미어의 자음 θ가 빠져있다는 것뿐이다.

과거수동태직설법 동사들 중 시상접미어의 자음 θ를 누락시킨 채 변화를 갖는 부류가 있는데 그 대표적인 것이 γράφω 동사이다. 단지 형태적인 변이형(variant) 정도로 이해하면 충분하다. 이렇게 시상접미어의 자음 θ를 누락시킨 인칭꼬리 시스템을 **과거수동태 제2형**(Second Aorist Passive)이라 부른다. 참고로 시상접미어의 자음 θ의 누락 원인은 줄기끝 자음과의 음운적 갈등에 있지 않으며 전적으로 동사 자체의 임의적인 속성으로 간주된다(cf. ἐγράφην과 동일한 음운환경을 가진 ὤφθην ἐλήμφθην, ἐπέμφθην 등을 비교해보라). 마찬가지로 과거수동태에서 제2형(Second Form)을 갖는 어형들로는 ἀπεστάλην(24과), ἐσπάρην (24과) 등이 있다.[2] 그러나 이것 역시 유음(Liquid; λ, ρ, ν, μ)과 시상접미어 θε와의 음운적 갈등과는 아무 상관없는데 이는 ἠγέρθην 같은 어형과 비교해 보아서도 알 수 있다(유음이 가져오는 음운적 갈등에 관하여는 24과를 참고하라).

---

[2] 이외에도 과거수동태 '제2형들'(Second form)의 유형은 다양하다(Mounce, *Morphology* 126): ἠγγέλην(ἀγγέλλω); ἐκόπην(κόπτω); ἐκρύβην(κρύπτω); ἐπλάκην(πλέκω); ἐρύην(ῥέω); ἐφάνην (φαίνω).

Gram 87. 과거 디포넌트 동사 (Aorist Deponent)

앞서 **Gram55**에서 디포넌트 동사란 '능동태 어형을 가지고 있지 않으며 중간태나 수동태꼬리가 능동태 꼬리의 기능을 대신하는 동사'로 정의하였다. 10과에선 **현재 디포넌트 동사**가 **-ομαι의 기본형**을 가지고 있음을 확인하였다. 그런데 현재시제에서는 중간태와 수동태의 꼬리형태가 동일하므로 현재 디포넌트 동사는 그 기본형을 -ομαι로 가지는 한 가지 부류만 있게 된다. 그러나 과거시제에서는 중간태와 수동태의 형태가 나뉘어지므로 디포넌트 동사 역시 두 가지 부류로 나뉜다: 즉, (1) **과거 중간태 꼬리**를 취하고서 디포넌트인 동사(15과)와 (2) **과거 수동태 꼬리**를 취하고서 디포넌트인 동사(16과).

14과와 15과에서는 과거시제에서 능동태 어형을 취하지 아니하고 **제1,2과거 중간태(ϵ*σαμην, ϵ*ομην)**를 취하고서 기본형으로 나타난 **과거 디포넌트 동사**들을 살펴보았다. 본 과에서는 과거시제에서 **수동태 꼬리**를 취하고 과거기본형으로 나타나는 **과거 디포넌트 동사**가 소개된다. 과거시제에서 중간태 꼬리를 취하고 디포넌트 동사가 되든지 아니면 수동태 꼬리를 취하고 디포넌트 동사가 되든지 간에, 어느 경우든 과거디포넌트 동사는 능동태 어형을 가지고 있지 않은 것이 특징이다. 따라서 임의의 동사를 사전에서 찾았을 때 6개 기본형태들 중 세번째(즉, 과거기본형) 자리에 능동태 어형을 가지고 있지 않다면 그 동사는 분명히 중간태꼬리를 갖거나 아니면 수동태꼬리를 취하고서 **과거 디포넌트**가 되는 동사이다(**Gram63** 참조).

과거기본형 자리에 능동태 어형이 없는 경우 대개는 중간태 어형이 오게 마련이지만, 어떤 동사들은 중간태 어형마저 없고 수동태 어형만을 가지고서 디포넌트 동사가 된다. 어떤 동사가 과거 중간태 어형을 갖고서 과거 디포넌트인 경우, 대개는 과거수동태 어형을 갖지 않게 되며 그 역도 마찬가지이다. 그러나 소수의 동사에 있어서는 **두 가지 꼬리를 모두 취하고서 과거 디포넌트**로 나타난다.

예1: 중간태 꼬리를 취하고 과거 디포넌트가 되는 동사
δέχομαι (I receive 받다/영접하다) → ἐδεξάμην (I received 영접했다)[3]

예2: 수동태 꼬리를 취하고 과거 디포넌트가 되는 동사[4]
πορεύομαι (I go 가다) → ἐπορεύθην (I went 갔다)

---

[3] 메이첸은 책 뒤 단어장에서 δέχομαι가 ἐδέχθην의 형태도 가지고 있는 것으로 소개하고 있으며 LSJ와 Bauer 사전도 마찬가지이나. 그러나 사실은 신약과 LXX 에서 ἐδέχθην의 형태는 단 한번도 등장하지 아니하며 다만 합성동사의 형태로만 나타날 뿐이다. 따라서 어떤 코이네 헬라어 교본에는 δέχομαι의 과거수동태 어형을 어휘공백으로 남겨둔다(cf. Hansen). 그러나 ἐδέχθην의 형태를 추론할 수 있는 것은 LXX에서 미래수동태로 δεχθήσεται가 나타나기 때문이다. 이 경우 드물게도 과거중간태 디포넌트 동사로서 수동태를 취하고 수동의 의미를 지니게 된다(**Gram63** 참조).

[4] 메이첸은 책 뒤 어휘목록에서 πορεύομαι가 ἐπορευσάμην의 형태도 가지고 있는 것으로 소개하고 있으나 사실은 신약과 LXX에서 이 어형은 나타나지 않으며 단지 합성동사의 형태로만 발견될 뿐이다. 따라서 실제로 πορεύομαι의 과거로 쓰이는 형태는 ἐπορεύθην 뿐이다(**Gram63** 참조).

χαίρω (I rejoice 기뻐하다)[32과] → ἐχάρην (I rejoiced 기뻐했다)

예3: 중간태와 수동태 모두를 취하고 과거 디포넌트가 되는 동사[5]
γίνομαι (I become 되다)
→ ἐγενόμην (I became 되었다)[15과]
→ ἐγενήθην (I became 되었다)[16과]

ἀποκρίνομαι (I answer 대답하다)[10과]
→ ἀπεκρινάμην (I answered 대답했다)[cf. 24과]
→ ἀπεκρίθην (I answered 대답했다)[cf. 19과 연습19번].

<참고>

Gram 88. 디포넌트 동사의 저지(Blocking)현상

앞서 **Gram63**에서 살펴보았듯이, 동사에 있어서 디포넌트가 되는 여부를 결정짓는 것은 일차적으론 형태론적 특징에 근거한 것이다. 그것은 다름아닌 능동태 꼬리를 갖지 아니한다는 것인데 이처럼 디포넌트 동사가 중간태 혹은 수동태 꼬리를 취하면서 능동태 어형의 등장을 저지(Blocking)하고 있는 현상은 일관된 특징으로 관찰된다. 형태론에 있어서 저지(Blocking)현상이 의미하는 바는 명확하다. 그것은 '의미적으로 동일한 또다른 형태'의 불필요한 출현을 막기 위함이다. 즉, 중간태나 수동태의 꼬리를 취하고서 '능동태꼬리가 지녔어야 할 의미'를 지닌다면 이미 그것으로 더 이상 능동태 어형을 필요로 하지 않게 됨을 의미한다.[6] 디포넌트 동사에 있어서 이러한 저지현상은 주로 능동태 어형과 중간태 어형 사이에서 일어나는 현상으로 - 혹은 능동태 어형과 수동태 어형 사이에서도! - 관찰되고 있으며, 더 나아가 중간태와 수동태 어형 사이에도 어느정도의 상보적 분포(complementary distribution)[7]를 이루고 있음을

---

[5] 과거에서 어느 경우로 쓰이든 의미적인 차이는 거의 없다 - 메이첸은 의미에 있어 동일한 것(exactly the same thing)으로만 소개한다. 수동태를 취하고 디포넌트인 경우가 신약에선 (직설법외 다른법도 포함하여) 약 45회, 중간태를 취하고 디포넌트인 경우는 (직설법외 다른법도 포함하여) 약 123회 정도이다. 그러나 약간의 통사적인(syntactic) 차이를 보이기도 하는데, 중간태를 취하였을 땐 주로 비인칭이 주어가 되어 존재, 발생의 의미로 쓰이고 수동태를 취하였을 땐 주로 인칭주어를 취하는 경향이 있으나 그 반대의 예도 얼마든지 있다(cf. 마26:6; 27:54; 눅1:2; 행1:16; 4:11; 고전9:20; 골1:25; 눅18:23).

[6] 뒤집어 생각해 보면, 중간태로 해석되는 동사들은 능동태 꼬리를 취했을 경우와 그 의미적 뉘앙스(혹은 어조적 뉘앙스)가 어쨌든 다르기에 능동태와 중간태 어형을 모두 가지고 있는 것으로 볼 수 있다(비록 다수 중간태 동사들에 있어서 그 중간태적 해석이 '능동태꼬리를 취했을 경우에 갖는 의미'와 거의 구분할 수 없는 미묘한 경우가 많지만 그 경우에 있어서조차도 의미론적인 차이는 분명 있기 마련인데 필자는 이것을 문체적 기호(stylistic preference) 정도로 간주하고자 한다(예를 들면 영어에서 glory와 gloriousness가 보이는 아주 미묘한 의미적 차이와도 같을 것이다).

[7] 어휘분포에 있어서, A가 존재하면 B가 존재하지 않고, B가 존재하면 A가 존재하지 않는 관계를 상보적 관계라 칭한다.

보게된다. 즉, 과거 디포넌트 동사는 대개 중간태를 취한 디포넌트이거나 아니면 수동태를 취한 디포넌트가 된다. 과거 디포넌트 동사들의 양상을 살펴보면 아래와 같다:

현재 기본형	과거 기본형		
	능동태	중간태	수동태
ἅλλομαι (leap, spring up)	Ø	ἡλάμην	Ø
ἀπασπάζομαι (say good-bye)	Ø	ἀπησπασάμην	Ø
ἀποφθέγγομαι (declare)	Ø	ἀπεφθεγξάμην	Ø
ἀρνέομαι (deny, disown)	Ø	ἠρνησάμην	Ø
ἀσπάζομαι (greet, salute)	Ø	ἠσπασάμην	Ø
ἀφικνέομαι (arrive at, reach)	Ø	ἀφικόμην	Ø
διαμαρτύρομαι (testify)	Ø	διεμαρτυράμην	Ø
διηγέομαι (tell, relate)	Ø	διηγησάμην	Ø
δωρεομαι (give, bestow)	Ø	ἐδωρησάμην	Ø
ἐξηγεομαι (explain, report)	Ø	ἐξηγησάμην	Ø
ἐπιλανθανομαι (forget, disregard)	Ø	ἐπελαθόμην	Ø
ἐπισκεπτομαι (visit, look after)	Ø	ἐπεσκεψάμην	Ø
ἐργάζομαι (work, accomplish)	Ø	ἠργασάμην	Ø
ἡγέομαι (consider, regard)	Ø	ἡγησάμην	Ø
καταράομαι (curse)	Ø	κατηρασάμην	Ø
κταομαι (acquire)	Ø	ἐκτησάμην	Ø
ὀρχέομαι (dance)	Ø	ὠρχησάμην	Ø
παραβιάζομαι (prevail)	Ø	παρεβιασάμην	Ø
παραιτέομαι (make excuse, refuse)	Ø	παρῃτησάμην	Ø
παρρησιάζομαι (speak boldly)	Ø	ἐπαρρησιασάμην	Ø
προαιτιάομαι (accuse beforehand)	Ø	προῃτιασάμην	Ø
προενάρχομαι (begin before)	Ø	προενηρξάμην	Ø
προσδέχομαι (receive, wait for)	Ø	προσεδεξάμην	Ø
προσεργάζομαι (gain, make more)	Ø	προσηργασάμην	Ø
προσεύχομαι (pray)	Ø	προσηυξάμην	Ø
προχειρίζομαι (ordain, appoint)	Ø	προεχειρισάμην	Ø
πυνθάνομαι (inquire)	Ø	ἐπυθόμην	Ø
συλλογίζομαι (discuss, debate)	Ø	συνελογισάμην	Ø
ὑποδέχομαι (welcome, receive)	Ø	ὑπεδεξάμην	Ø
φειδομαι (spare)	Ø	ἐφεισάμην	Ø
χράομαι (use, deal with)	Ø	ἐχρησάμην	Ø
ὠνέομαι (buy, purchase)	Ø	ὠνησάμην	Ø
ἐντέλλομαι (command)	Ø	ἐνετειλάμην	Ø
# ἐπιλαμβανομαι/ −ω (grasp, seize)	*(ἐπέλαβον)*	ἐπελαβόμην	Ø
# ἐπαγγέλλομαι/ −ω(promise, offer)	*(ἐπήγγειλα)*	ἐπηγγειλάμην	Ø
# ἀμύνομαι/ −ω (defend, rescue)	*(ἤμυνα)*	ἠμυνάμην	Ø
δέομαι (beseech)	Ø	*(ἐδησάμην)*	ἐδεήθην
αὐλιζομαι (spend the night, lodge)	Ø	Ø	ηὐλίσθην
βούλομαι (wish, determine)	Ø	Ø	ἐβουλήθην
ἐπαισχύνομαι (to be ashamed at)	Ø	Ø	ἐπαισχύνθην

ἐπιμελέομαι (take care of)	∅	∅	ἐπεμελήθην
κοιμάομαι (sleep)	∅	∅	ἐκοιμήθην
πορεύομαι (go)	∅	∅	ἐπορεύθην
σεβάζομαι (worship)	∅	∅	ἐσεβάσθην
σπλαγχνίζομαι (feel sympathy with)	∅	∅	ἐσπλαγχνίσθην
συνυποκρίνομαι (act falsely)	∅	∅	συνυπεκρίθην
χαίρω (rejoice)	∅	∅	ἐχάρην
ἀποκρίνομαι (answer)	∅	ἀπεκρινάμην	ἀπεκρίθην
ἀπολογέομαι (defend oneself)	∅	ἀπολογησάμην	ἀπελογήθην
γίνομαι (become)	∅	ἐγενόμην	ἐγενήθην
διαλέγομαι (discuss, argue)	∅	διελεξάμην	διελέχθην
δύναμαι (be capable of)	∅	ἠδυνάμην	ἠδυνήθην
ἐμβριμάομαι (admonish sternly)	∅	ἐνεβριμησάμην	ἐνεβριμήθην
ἀπαρνέομαι (deny)	∅	ἀπηρνησάμην	*ἀπηρνήθην (受動意味)*
δέχομαι (welcome, receive)	∅	ἐδεξάμην	*ἐδέχθην (受動意味)*
ἰάομαι (heal, cure)	∅	ἰασάμην	ἰάθην (受動意味)
θεάομαι (look on, gaze at)	∅	ἐθεασάμην	ἐθεάθην (受動意味)
καταγωνίζομαι (conquer, defeat)	∅	κατηγωνισάμην	*κατεγωνίσθην(受動意味)*
κατεργάζομαι (work out, produce)	∅	κατειργασάμην	κατηργάσθην(受動意味)
λογίζομαι (reckon, consider)	∅	ἐλογισάμην	ἐλογίσθην (受動意味)
ῥύομαι (rescue, deliver)	∅	ἐρρυσάμην	ἐρρύσθην (受動意味)
χαρίζομαι (give freely, forgive)	∅	ἐχαρισάμην	ἐχαρίσθην (受動意味)

위의 표에서 원형(즉, 현재 기본형)이 -ομαι로 소개되는 동사는 **현재 디포넌트**이다. 현재시제에서 디포넌트인 동사들은 대개 과거시제에서도 디포넌트가 되는 경향을 보이지만 꼭 그러한 것만은 아니다. 그렇다면 **과거 디포넌트** 여부를 어떻게 판단할 것인가. 아주 간단하다. 과거 기본형이 소개되어 있어야 할 자리에 능동태형(ε*σα/ ε*ον)이 보이지 않는다면 그 동사는 과거 디포넌트이다. 문제는 중간태를 취하고서 디포넌트이냐 아니면 수동태를 취하고서 디포넌트이냐의 여부이다. 만약 중간태(ε*σαμην/ ε*ομην)를 취하고 기본형으로 소개되었다면 대부분의 경우는 수동태 형태를 저지(Blocking)시킨다. 만약 중간태를 취하고 나타난 기본형마저 보이지 않는다면 그 동사는 수동태(ε*θην)를 취하고서 디포넌트가 되는 동사이다. 수동태를 취하고서 디포넌트인 동사들은 대부분 중간태 어형을 저지(Blocking)시킨다. 두 개의 어형 역시 서로를 저지시키는 이유는 물론 의미적으로 동일한 두 개의 어형이 존재할 필요가 없기에 또다른 'blocking' 현상을 보이는 것으로 간주할 수 있다. 그러나 소수의 동사에 있어서 중간태와 수동태 꼬리를 모두 가지고서 과거 디포넌트인 동사들이 있다. 이 경우엔 어조적이거나 통사적인 쓰임에서 두 개의 어형이 차이를 보이는 동사들이 있기는 하지만(**Gram87** 〈예3〉 참조), 무엇보다도 '태의 형식'과 '의미'의 분리현상이 중간태에서 수동태로 전이된 것으로 볼 수 있겠다(**Gram63** 참조). 그러나 일부 동사에 있어서는 수동태에서 '수동의 의미'를 취하는 동사들이 눈에 띄는데 이 경우 모두 **중간태 디포넌트**라는 것이 공통점이다. 즉, 수동태를 취하고 수동의 의미를 지닐 수 있는 것은 '타동사적 의미를 지니는' **중간태 디포넌트** 동사들 중

일부에서만 발견되는 현상이다. 따라서 과거 디포넌트 동사에 있어서 중간태가 어휘공백으로 나타나면 이를 반드시 수동태가 채워넣게 되어있지만, 만약 중간태가 채워져 있으면 (1) 수동태는 중간태꼬리가 지닌 '의미와 태의 분리현상(Deponency)'에 전이되어 함께 능동태 어형을 대신하든가, 혹은 (2) 중간태꼬리만 능동태 어형을 대신하고 수동태 어형은 수동의 의미를 취하게 되는 경향으로 흐른다고 결론내릴 수 있겠다. 이러한 현상들은 일부 동사들에 있어서 디포넌트 속성(deponency)이 일차적으론 '중간태'에 귀속되어 있음을 드러내 주고 있다.

(특수기호 # 이 표시된 동사는 현재와 과거시제에서 능동태 어형을 가지고 있었으나 코이네 시대에 접어들어 중간태 꼬리로만 사용되는 경향을 보이는 단어들이다. 이들 동사들은 신약에서 직설법 뿐만 아니라 다른 법에서도 일관되게 중간태꼬리만을 취하는 경향을 보이는데 이는 디포넌트 동사들의 전형적인 특징인 바 아마도 거의 디포넌트화 되어가는 동사로 간주할 수도 있을 것이다.[8] Bauer 사전은 이들 동사들의 원형을 디포넌트로 밝히고 있다.)

〈일반동사와 디포넌트 동사의 분포 및 정의〉

	현재시제		과거시제		
	*ω	*ομαι	ϵ*σα ϵ*ον	ϵ*σαμην ϵ*ομην	ϵ*θην
A(일반동사)	O	O	O	O	O
B(Depo)	X	O	X	O	X
C(Depo)	X	O	X	X	O
D(Depo)	X	O	X	O	O
E(Depo)	X	O	X	O	O

(1) **동사 A:** 현재와 과거시제에서 능동태 어형 이외에도 중간태 어형을 가지고 있다. 이는 중간태 어형이 능동태 어형과 의미적으로 다른 해석(혹은 뉘앙스)을 지니기 때문이다. 중간태 꼬리를 취하고서 어떤 의미(혹은 뉘앙스)를 지닐 것인가는 문맥에서 결정되므로 의미적 중의성(내지 모호성)을 수반하게 된다. 물론 타동사적 의미를 지닌 모든 일반동사들은 수동태 꼬리(ομαι/ ϵ*θην)를 취할 수 있으며 이 경우 '수동의 의미'를 지니게 된다.

(2) **동사 B:** 현재와 과거시제에서 모두 능동태 어형을 가지고 있지 않다. 이는 중간태 어형이 능동태 어형의 의미를 대신하고 있기에 굳이 능동태 꼬리가 출현해야 할 필요를 상실했기 때문이다. 이때 중간태 어형은 문맥에 따른 의미적 중의성(내지 모호성)을 갖지 않으며 그저 능동태 어형을 대신하여 일정한 의미를 지니게 될 뿐이다.

(3) **동사 C:** 위의 동사 B와 동일하다. 다만 과거시제에서 중간태 어형 대신 수동태 어형이

---

[8] 참고로, Liddell&Scott 사전은 가끔 동일한 동사를 두고 중간태로 파악하기도 하며 경우에 따라선 디포넌트로 파악하기도 한다. 이러한 이유는 당시 헬라어 사용자들 간에 공통된 어휘목록(즉, 사전)을 가지고 있지 않음에 기인한 것으로 보여지며 인쇄술이 발달하지 아니하였거나 혹은 지형적인 이유로 인해 언어적 소통이 원활치 못했던 시대의 고대 언어들에서 흔히 발견되는 현상과 비교할 만 하겠다(cf. διαλέγω/ομαι; δωρέω/ομαι; προχειρίζω/ομαι; χράω/ομαι).

나타나 능동태 어형의 의미를 대신하게 된다.

(4) **동사 D:** 위의 동사 B 및 동사 C와 동일하다. 다만 중간태와 수동태 어형이 모두 출현하여 능동태 어형을 대신하는 Deponency 현상을 보인다. 이때 중간태와 수동태 어형 사이에 의미적 차이는 없으며 약간의 통사적 쓰임의 차이가 존재할 뿐인데 저자에 따라서 이마저도 엄격하게 지켜지는 것은 아니다.

(5) **동사 E:** 과거시제에서 중간태 어형이 능동태 어형의 의미를 대신하는 디포넌트 동사이다. 그러나 중간태 어형에서 보이는 '태와 의미의 분리 현상'(Deponency)이 수동태 어형까지 전이되지 않았다는 점에서 동사 D와는 구분된다. 이러한 디포넌트 동사들은 과거 중간태에서만 디포넌트 의미를 지니며 과거 수동태에서는 '수동의 의미'를 지니게 된다.

Cf. 과거시제에서 디포넌트인 동사가 대개 중간태나 수동태를 상보적으로(complementary) 취하고서 디포넌트가 되는 경향과 비교해 볼 때, 미래시제 디포넌트 동사는 그러한 경향을 보이고 있지 않다. 그것은 과거중간태와 과거수동태가 6개의 직설법 기본형들 중에 속하는 반면, 미래시제에 있어서는 유독 미래수동태가 6개의 직설법 기본형에 속하지 않고 과거수동태기본형의 어형에 의존해 있기 때문이다.

Gram 89. λύω의 미래 수동태 직설법 (Future Passive Indicative)

	단수	복수
1인칭	λυθήσομαι	λυθησόμεθα
2인칭	λυθήσῃ	λυθήσεσθε
3인칭	λυθήσεται	λυθήσονται

과거수동태 시상접미어 θε와 미래 시상 접미어 σ가 결합된 후 현재 중간/수동태 꼬리가 붙었다. (θε는 σ와 결합되면서 θη로 길어짐)

미래 수동태 λυθήσομαι는 '내가 풀리워질 것이다'(I shall be loosed)의 의미를 지닌다. **미래수동태 어형**은 **과거수동태직설법에서** 접두모음을 뺀 나머지 (시상접미어까지의) 줄기를 가지고 만든다. 따라서 사전의 여섯개 기본형에 속하지 않으며, 과거수동태 어형이 존재하는 한 미래수동태 어형의 도출은 형태론적 이론상 그 생산성이 무한하고 어휘공백을 가질 이유가 없다(**Gram106** 참조).[9] 미래수동태임을 나타내는 시상접미어는 θησ가 되는 셈이다.

[9] 다만, 헬라어 문헌들에서 미래수동태 동사가 적은 까닭은 이 어형이 비교적 늦은 시기에 나왔으며 그 이전까지는 미래 중간태가 미래수동의 의미를 대신하였기 때문이다(cf. Robertson, *Grammar* 818-19).

★표는 연습문제에 자주 사용되는 미래수동태 어형들이다.

과거수동태	미래수동태직설법	의미
ἐβλήθην	► βληθήσομαι	I will be thrown 던져질 것이다
ἐγνώσθην	► γνωσθήσομαι	I will be known 알려질 것이다
ἐδιδάχθην	► διδαχθήσομαι	I will be taught 가르침 받을 것이다
ἐκηρύχθην	► κηρυχθήσομαι★	I will be preached/ proclaimed 선포될 것이다
ἐλήμφθην	► λημφθήσομαι	I will be taken 취하여질 것이다
ἠγέρθην	► ἐγερθήσομαι★	I will be raised 일으킴 받을 것이다
ἠκούσθην	► ἀκουσθήσομαι★	I will be heard 들려질 것이다
ἠνέχθην	► ἐνεχθήσομαι	I will be borne/ brought 운반되어질 것이다
ἤχθην	► ἀχθήσομαι	I will be led 인도되어질 것이다
ὤφθην	► ὀφθήσομαι★	I will be seen 보여질 것이다
ἐπιστεύθην	► πιστευθήσομαι	I will be believed 믿겨질 것이다
ἐπέμφθην	► πεμφθήσομαι★	I will be sent 보냄받을 것이다
ἐσώθην	► σωθήσομαι	I will be saved 구원받을 것이다
ἐδοξάσθην	► δοξασθήσομαι	I will be glorified 영화롭게 될 것이다
ἡτοιμάσθην	► ἑτοιμασθήσομαι★	I will be prepared 준비되어질 것이다

Cf. ἐγράφην ► γραφήσομαι (I will be written 쓰여질 것이다)

Gram 90. 미래 수동태에서 디포넌트인 동사 (Future Passive Deponent)

미래수동태직설법은 과거수동태직설법에서 만든다. 어형성(word formation)에 있어서 줄기(stem)를 변형없이 그대로 빌어서 만드는 것을 '굴절'(inflection)이라 하는데 (**Gram106** 참조), 헬라어에서 굴절관계에 있는 두 어형은 그 디포넌트 속성(deponency)까지 일관되게 공유한다. 따라서 **과거수동태에서 디포넌트인 동사는** 예외없이 **미래수동태에서도 디포넌트**가 되므로 '수동의 의미'는 여전히 '제껴지고' 시제만 과거에서 미래로 바뀌게 된다. 여기에 예외가 되는 것은 없다.

ἐπορεύθην (Depo. 갔다) → πορευθήσομαι (Depo. 갈 것이다. Cf. LXX 룻기2.9)
ἀπεκρίθην (Depo. 대답했다) → ἀποκριθήσομαι (Depo. 대답할 것이다)[10]

Cf. ἐγενήθην(Depo. 되었다)도 역시 미래수동태의 어형성에 있어서 그 생산성이 기대되나 ([γενηθήσομαι]) 신약과 LXX에선 발견되지 않는다. 따라서 이는 직설법 어형의 부재로 인한

---

10 미래기본형을 ἀποκρινοῦμαι로 가지고 있으나 신약과 LXX에선 오히려 미래수동태 어형만 사용된다. cf. 마25:37, 44, 45.

어형공백이 아니라, 단지 특정 동사에 대한 사용자들의 임의적인 선택으로 보아야 한다.

단어공부

동 사: ἀναλαμβάνω (I take up 들어 올리다) – 전치사 ἀνά와 결합된 합성동사.

ἐβλήθην (I was thrown 던져졌다)
현재기본형은 βάλλω (I throw 던지다).
ἐγνώσθην (I was known 알려졌다/ 인지되었다)
현재기본형은 γινώσκω (I know 알다).
ἐδιδάχθην (I was taught 가르침 받았다)
현재기본형은 διδάσκω (I teach 가르치다)
ἐκηρύχθην (I was preached/ proclaimed 선포되었다/ 전파되었다)
현재기본형은 κηρύσσω (I proclaim, preach 선포하다)
ἐλήμφθην (I was taken 취하여졌다)
현재기본형은 λαμβάνω (I take 취하다)
ἠγέρθην (I was raised 일으킴 받았다)
현재기본형은 ἐγείρω (I raise up 일으키다)
ἠκούσθην (I was heard 들려졌다)
현재기본형은 ἀκούω (I hear 듣다).
ἠνέχθην (I was brought 운반되어졌다)
현재기본형은 φέρω (I bear, bring 짊어지다, 견디다, 가져오다/가져가다).
ἤχθην (I was led 인도되어졌다)
현재기본형은 ἄγω (I lead 인도하다)
ὤφθην (I was seen 보여졌다)
현재기본형은 ὁράω 혹은 βλέπω (I see 보다)
ἐπέμφθην (I was sent 보내졌다)
현재기본형은 πέμπω (I send 보내다)
ἐπιστεύθην (I was believed 믿겨졌다)
현재기본형은 πιστεύω (I believe 믿다)
ἐσώθην (I was saved 구원받았다)
현재기본형은 σώζω (I save 구원하다)
ἐδοξάσθην (I was glorified 영화롭게 되었다)
현재기본형은 δοξάζω (I glorify 영화롭게 하다)
ἡτοιμάσθην (I was prepared 준비되어졌다)
현재기본형은 ἑτοιμάζω (I prepare 준비하다)

ἐπορεύθην [Depo] (I went 갔다)
현재기본형은 πορεύομαι (I go 가다)
ἐγενήθην [Depo] (I became 되었다)
현재기본형은 γίνομαι (I become 되다)

형용사: ἕτερος, α, ον (another 다른)

Pop Quiz

Q1. 다음 중 수동의 의미를 지니는 동사를 고르시오.
① ἐγενύμην ② ἐπορεύθην ③ ἀπεκρίθην
④ ἐγράφην ⑤ ἀποκριθήσομαι

Q2. 미래수동태 동사는 과거수동태 동사와 줄기(stem)를 공유한다. 아래 주어진 미래수동대 동사를 참고하여 과거수동태 동사(1인칭 단수형)를 추론해 쓰시오.

ὀφθήσομαι → ( )

답: 1. ④ 2. ὤφθην

연습문제

1. ***ἐπιστεύσαμεν*** *εἰς τὸν κύριον καὶ* ***ἐγνώσθημεν*** *ὑπ' αὐτοῦ.*
우리가 믿었다 주님을 그리고 알리어졌다 그분에게

해석: 우리가 주님을 믿었고 그분께 알려졌다.

★ *ἐπιστεύσαμεν* – πιστεύω의 1과거 능동태 직설법 1인칭 복수
★ *ἐγνώσθημεν* – γινώσκω의 과거 수동태 직설법 1인칭 복수

2. *ταῦτα* ***ἐγράφη*** *ἐν τοῖς βιβλίοις.*
이것들이 쓰여졌다 그 책들 안에

해석: 이것들이 그 책들 안에 쓰여졌다.

★ *ἐγράφη* – γράφω의 과거 수동태 직설법 3인칭 단수

3. ***ἐδιδάξατε*** *τὰ τέκνα,* ***ἐδιδάχθητε*** *δὲ καὶ αὐτοὶ ὑπὸ τοῦ κυρίου.*
너희가 가르쳤다 그 어린아이들을 가르침 받았다 그러나 (너희) 자신들도 주님으로 말미암아

해석: 너희가 그 어린아이들을 가르쳤으나 너희 자신들도 역시 주님에게 가르침 받았다.

★ *ἐδιδάξατε* – διδάσκω의 1과거 능동태 직설법 2인칭 복수
★ *ἐδιδάχθητε* – διδάσκω의 과거 수동태 직설법 2인칭 복수

4. ***ἐλήμφθησαν*** *οἱ πιστοὶ εἰς τὸν οὐρανόν,* ***ἐξεβλήθησαν*** *δὲ ἐξ αὐτοῦ*
취하여졌다 그 신실한 자들이 그 하늘 안으로 쫓겨났다 그러나 그 (=하늘) 밖으로
οἱ ἄγγελοι οἱ πονηροί.
그 천사들은 그 악한

해석: 그 신실한 자들이 그 하늘 안으로 취하여졌다. 그러나 그 악한 천사들은 그 (=하늘) 밖으로 쫓겨났다.

★ *ἐλήμφθησαν* – λαμβάνω의 과거 수동태 직설법 3인칭 복수
★ *ἐξεβλήθησαν* – ἐκβάλλω의 과거 수동태 직설법 3인칭 복수

5. ***ἐγερθήσονται*** *οἱ νεκροὶ τῷ λόγῳ τοῦ κυρίου.*
일으킴 받을 것이다 그 죽은 자들이 그 말씀으로 주님의

해석: 그 죽은 자들이 주님의 말씀으로 일으킴 받을 것이다.

★ *ἐγερθήσονται* [← ἠγέρθην] – ἐγείρω의 미래 수동태 직설법 3인칭 복수 **Verb 8c**

6. *οὗτοι οἱ τυφλοὶ* ***συνήχθησαν*** *εἰς τὴν ἐκκλησίαν.*
이 소경들이 모여졌다/모였다 그 교회 안으로

해석: 이 소경들이 그 교회 안으로 모였다(came together).

★ *συνήχθησαν* – συνάγω의 과거 수동태 직설법 3인칭 복수

수동태에서 자동사로 전환함. **Verb 30** cf. 요18:2; 마26:3; 행4:26; 계19:17 등. 이 문장을 혹 '모여졌다'라는 해석이 무리없이 허용될 수 있는 것으로 보아, 주어를 모이게 끔 만든 어떤 이유나 주변 상황을 작인(agent)으로 삼아 표현한 수동태 문장으로 간주할 수 있을 지는 모르겠다. 그러나 신약본문에서 이 동사는 분명히 수동태를 취하고서 자동사로 사용되며 그것은 명령법에서 더욱 확연히 드러난다. 사실 이 동사는 수동태에서 '수동의 의미'를 지니지 않지만 그렇다고 디포넌트는 아니다. 그 까닭은 φοβέω 동사와 마찬가지로(**Gram178**), 수동태 어형의 의미가 '능동태 어형 συνήγαγον'의 의미와 다르며 따라서 능동태 어형의 출현을 저지시키고 있지 못하기 때문이다(**Gram63** 참조).

7. ***ἐξεβλήθη*** *τὰ δαιμόνια· ὁ γὰρ κύριος* ***ἐξέβαλεν*** *αὐτά.*
내쫓겼다 그 귀신들이 왜냐하면 주께서 내쫓았다 그것들을

해석: 그 귀신들이 내쫓겼다. 왜냐하면 주께서 그것들을 내쫓았기 때문이다.
★ *ἐξεβλήθη* – ἐκβάλλω의 과거 수동태 직설법 3인칭 단수
★ *ἐξέβαλεν* – ἐκβάλλω의 2과거 능동태 직설법 3인칭 단수

8. ***πέμπονται*** *μὲν καὶ νῦν οἱ μαθηταί,* ***ἐπέμφθησαν*** *δὲ τότε οἱ*
보냄 받고 있다 지금도 그 제자들이 보냄 받았다 그러나 그때에 그
ἀπόστολοι καὶ ***πεμφθήσονται*** *ἐν ἐκείνῃ τῇ ἡμέρᾳ καὶ οἱ ἄγγελοι.*
사도들이 그리고 보냄 받았다 저 시간에 ~까지도 그 천사들

해석: 그 제자들이 지금도 보냄 받고 있다. 그러나 그때에는 그 사도들이 보냄 받았으며, 저 날에는 그 천사들까지도 보냄 받을 것이다.
★ *πέμπονται* – πέμπω의 현재 수동태 직설법 3인칭 복수
★ *ἐπέμφθησαν* – πέμπω의 과거 수동태 직설법 3인칭 복수
★ *πεμφθήσονται* [← ἐπέμφθην] – πέμπω의 미래 수동태 직설법 3인칭 복수 **Verb 12c**

9. ***εἰσῆλθες*** *εἰς τὴν ἐκκλησίαν καὶ* ***ἐβαπτίσθης.***
네가 들어갔다 그 교회 안으로 그리고 네가 세례받았다

해석: 네가 그 교회 안으로 들어갔고 또 세례받았다.
★ *εἰσῆλθες* – εἰσέρχομαι의 2과거 능동태 직설법 2인칭 단수
★ *ἐβαπτίσθης* – βαπτίζω의 과거 수동태 직설법 2인칭 단수

10. ***ἐπιστεύθη*** *ἐν κόσμῳ,* ***ἀνελήμφθη*** *ἐν δόξῃ.*
그가 믿어졌다 세상에서 그가 올리워졌다 영광 중에

해석: 그가 세상에서 믿어졌고 영광 중에 올리워졌다.
★ *ἐπιστεύθη* – πιστεύω의 과거 수동태 직설법 3인칭 단수
★ *ἀνελήμφθη* – ἀναλαμβάνω의 과거 수동태 직설법 3인칭 단수

11. οἱ ἁμαρτωλοὶ **ἐσώθησαν** ἐν ἐκείνῃ τῇ ὥρᾳ καὶ **ἐγενήθησαν**
그 죄인들이 구원받았다 저 시간에 그리고 되었다
μαθηταὶ τοῦ κυρίου.
제자들이 주님의

해석: 그 죄인들이 저 시간에 구원받았고 또 주님의 제자들이 되었다.

★ ἐσώθησαν – σῴζω의 과거 수동태 직설법 3인칭 복수

★ ἐγενήθησαν – γίνομαι의 과거 수동태 디포넌트 직설법 3인칭 복수

12. **ἐπορεύθημεν** εἰς ἕτερον τόπον· οὐ γὰρ **δέξονται** ἡμᾶς οὗτοι.
우리는 갔다 다른 장소 안으로 아니 왜냐하면 영접할 것이다 우리를 이 사람들이

해석: 우리는 다른 장소로 갔다. 왜냐하면 이 사람들이 우리를 영접하지 않을 것이기 때문이다.

★ ἐπορεύθημεν – πορεύομαι의 과거 수동태 디포넌트 직설법 1인칭 복수

★ δέξονται – δέχομαι의 미래 중간태 디포넌트 직설법 3인칭 복수

13. **ἐδοξάσθη** ὁ θεὸς ὑπὸ τοῦ υἱοῦ, **ἐδόξασε** δὲ αὐτόν.
영광 받으셨다 하나님께서 그 아들로 말미암아 그가 영화롭게 하셨다 그러나 그를

해석: 하나님께서 그 아들로 말미암아 영광 받으셨다. 그러나 그분(=하나님)께서 그를(=아들) 영화롭게 하셨다.

★ ἐδοξάσθη – δοξάζω의 과거 수동태 직설법 3인칭 단수

★ ἐδόξασε – δοξάζω의 1과거 능동태 직설법 3인칭 단수

14. τὸ εὐαγγέλιον **ἐκηρύχθη** ἐν ταῖς ἡμέραις ἐκείναις, **κηρυχθήσεται**
그 복음이 전파되었다 날들에 저 그것이 전파될 것이다
δὲ καὶ νῦν.
그러나 지금도

해석: 저 날들에(=그 때에) 그 복음이 전파되었다. 그러나 지금도 그것이 전파될 것이다.

★ ἐκηρύχθη – κηρύσσω의 과거 수동태 직설법 3인칭 단수

★ κηρυχθήσεται [←ἐκηρύχθην] – κηρύσσω의 미래 수동태 직설법 3인칭 단수 **Verb 33c**

15. **ἑτοιμασθήσεται** ἡμῖν τόπος ἐν οὐρανῷ κατὰ τὴν ἐπαγγελίαν τοῦ
준비되어질 것이다 우리에게 한 장소가 하늘 안에 ~를 따라서 그 약속을 (따라서)
κυρίου.
주님의

해석: 주님의 약속을 따라서 하늘 안에 한 장소가 우리에게 준비되어질 것이다.

★ ἑτοιμασθήσεται [←ἡτοιμάσθην] – ἑτοιμάζω의 미래 수동태 직설법 3인칭 단수 **Verb 39c**

16. τὰ τέκνα **προσηνέχθησαν** τῷ κυρίῳ.
그 아이들이 데려와졌다 주님에게

해석: 그 아이들이 주님에게 데려와졌다.
★ προσηνέχθησαν – προσφέρω의 과거 수동태 직설법 3인칭 복수

17. **εἶδον** οὗτοι τὸ πρόσωπον τοῦ κυρίου καὶ **ἤκουσαν** τῆς φωνῆς
보았다 이 사람들이 얼굴을 주님의 그리고 그들이 들었다 그 음성을
αὐτοῦ.
그의

해석: 이 사람들이 주님의 얼굴을 보았고 그의 음성을 들었다.
★ εἶδον – βλέπω의 2과거 능동태 직설법 3인칭 복수
★ ἤκουσαν – ἀκούω의 1과거 능동태 직설법 3인칭 복수

18. ἐν τῷ μικρῷ οἴκῳ **ἀκουσθήσεται** ἡ φωνὴ τοῦ ἀποστόλου.
그 작은 집 안에서 들려질 것이다 그 음성이 그 사도의

해석: 그 작은 집 안에서 그 사도의 음성이 들려질 것이다.
★ ἀκουσθήσεται [←ἠκούσθην] – ἀκούω의 미래 수동태 직설법 3인칭 단수 **Verb 16c**

19. πρῶτός **εἰμι** τῶν ἁμαρτωλῶν, **ἐσώθην** δὲ καὶ ἐγώ.
처음(으뜸)의 나는 ~이다 그 죄인들의 (=죄인들 중) 구원받았다 그러나 나 역시도

해석: 나는 그 죄인들 중 으뜸이다. 그러나 나 역시도 구원받았다.
★ εἰμι – εἰμί의 현재 직설법 1인칭 단수
★ ἐσώθην – σῴζω의 과거 수동태 직설법 1인칭 단수

20. **ὀψόμεθα** μὲν τοὺς ἀγγέλους, **ὀφθησόμεθα** δὲ καὶ ὑπ' αὐτῶν.
우리는 볼 것이다 그 천사들을 우리가 보여질 것이다 그러나 그들에 의해서도

해석: 우리는 그 천사들을 볼 것인데 그들에게도 역시 우리가 보여질 것이다.
★ ὀψόμεθα – βλέπω의 미래 중간태 디포넌트 직설법 1인칭 복수
★ ὀφθησόμεθα [←ὤφθην] – βλέπω의 미래 수동태 직설법 1인칭 복수 **Verb 1c**

<참고>

Gram 91. 직설법 동사의 어형구조 (Word Structure)

지금까지 직설법 동사의 6개 기본형들 가운데 현재완료능동태 및 중간/수동태(29과)를 제외한 4개 기본형들(현재, 미래, 과거, 과거수동태)을 살펴보았다. (미완료시제를 포함하여) 이들 동사의 어형구조가 갖는 전체적인 특징을 익히는 일은 앞으로 비직설법(Non-Indicative) 동사들(분사/가정법/부정사/명령법)과 현재완료시제(29과), 그리고 -μι동사(31과 이후)의 어형구조를 파악하는데 있어서 매우 중요한 기초가 된다.

우리는 지금껏 동사의 변화표를 익혀오면서 어형을 크게 3개 요소(접두모음과 줄기, 인칭꼬리)로 나누어 분석해왔다. 그러나 사실은 다음의 표들에서 보듯, 현재와 미완료 시제에 있어서 각각의 인칭꼬리들은 **연결모음**(Connection Vowel)을 통해 동사의 줄기(Stem)에 붙는다. 우리가 편의상 익혀온 현재와 미완료시제의 인칭꼬리들에는 '연결모음'(ο나 ε)이 포함되어 있었던 것이다. 연결모음의 패턴은 아주 일정하다. 그리고 연결모음을 제외한 순수 인칭꼬리들만을 비교해 볼 때, 현재를 제외한 나머지 제2시제들(Secondary Tense; 미완료, 부정과거, 과거수동, [과거완료])은 인칭꼬리 패턴이 거의 같다는 점에 주목할 필요가 있다.

[제1시제 인칭꼬리들]

	능동태		중간태	
	Sg.	Pl.	Sg.	Pl.
1	∅	μεν	μαι	μεθα
2	ις	τε	σαι	σθε
3	ι	σι(ν)	ται	νται

[제2시제 인칭꼬리들]

	능동태		중간태	
	Sg.	Pl.	Sg.	Pl.
1	(ν)	μεν	μην	μεθα
2	ς	τε	σο	σθε
3	∅	ν	το	ντο

현재, 미완료, 제2과거 시제에서 연결모음은 오른쪽과 같이 모두 동일한 패턴으로 오는데, 인칭꼬리가 μ나 ν로 시작될 경우 연결모음은 ο이 오며, 나머지에선 ε이 온다.
(cf. Mounce, *Morphology* 78)

	능동태 & 중간태	
	Sg.	Pl.
1	ο	ο
2	ε	ε
3	ε	ο

(1) 제1시제 (Primary Tense) – 미래와 미래수동태, 현재완료(29과)는 생략함.

λύω의 현재 능동태 직설법

	Sg.	Pl.
1.	λυ ω Ø[1]	λυ ο μεν
2.	λυ ε ις[2]	λυ ε τε
3.	λυ ε ι[4]	λυ ου σι(ν)[5]

λύω의 현재 중간/수동태 직설법

	Sg.	Pl.
1.	λυ ο μαι	λυ ο μεθα
2.	λυ ε σαι ► ῃ[3]	λυ ε σθε
3.	λυ ε ται	λυ ο νται

(2) 제2시제 (Secondary Tense)

λύω의 미완료 능동태 직설법

	Sg.	Pl.
1.	ε λυ ο ν	ε λυ ο μεν
2.	ε λυ ε ς	ε λυ ε τε
3.	ε λυ ε Ø	ε λυ ο ν

λύω의 미완료 중간/수동태 직설법

	Sg.	Pl.
1.	ε λυ ο μην	ε λυ ο μεθα
2.	ε λυ ε σο ► ου[6]	ε λυ ε σθε
3.	ε λυ ε το	ε λυ ο ντο

λύω의 과거 능동태 직설법

	Sg.	Pl.
1.	ε λυ <u>σα</u>	ε λυ <u>σα</u> μεν
2.	ε λυ <u>σα</u> ς	ε λυ <u>σα</u> τε
3.	ε λυ <u>σε</u>[8]	ε λυ <u>σα</u> ν

λύω의 과거 중간태 직설법

	Sg.	Pl.
1.	ε λυ <u>σα</u> μην	ε λυ <u>σα</u> μεθα
2.	ε λυ <u>σα</u> σο►σω[7]	ε λυ <u>σα</u> σθε
3.	ε λυ <u>σα</u> το	ε λυ <u>σα</u> ντο

λείπω의 2과거 능동태 직설법

	Sg.	Pl.
1.	ε λιπ ο ν	ε λιπ ο μεν
2.	ε λιπ ε ς	ε λιπ ε τε
3.	ε λιπ ε Ø	ε λιπ ο ν

λείπω의 2과거 중간태 직설법

	Sg.	Pl.
1.	ε λιπ ο μην	ε λιπ ο μεθα
2.	ε λιπ ε σο ► ου[9]	ε λιπ ε σθε
3.	ε λιπ ε το	ε λιπ ο ντο

---

[1] 인칭꼬리가 누락된 대신 연결모음 ο이 ω로 길어졌다(cf. Mounce, *Morphology* 80).

[2] 원래의 인칭꼬리는 σι였으나 음위전환(Metathesis)이 발생하여 ις가 되었다고 분석된다(cf. Mounce, *Morphology* 80). 그러나 중요한건 연결모음 ε이 있다는 사실이다.

[3] 연결모음 ε과 원래의 인칭꼬리 σαι가 음운변화를 겪어 ῃ가 되었다(cf. **Gram51**).

[4] 이오타의 출처에 관하여 몇 개의 가설이 제기되고 있긴 하지만, 중요한건 연결모음 ε이 있다는 사실이다(cf. Mounce, *Morphology* 80).

[5] σι 앞에서 연결모음이 ου로 길어졌다.

[6] 연결모음 ε과 원래의 인칭꼬리 σο가 음운변화를 겪어 ου가 되었다(cf. **Gram68**).

[7] 시상접미어 σα와 원래의 인칭꼬리 σο가 음운변화를 겪어 σω가 되었다(cf. **Gram79**).

[8] 단수3인칭에서 인칭꼬리는 오지 않았으며, 시상접미어 σα는 단수1인칭과의 형태적 혼동을 피하기 위해 미완료 능동태 단수3인칭의 연결모음에 동화된 형태를 취하고 있다(cf. Mounce, *Morphology* 98).

[9] 연결모음 ε과 원래의 인칭꼬리 σο가 음운변화를 겪어 ου가 되었다(cf. **Gram82**).

λύω의 과거 수동태 직설법

	Sg.	Pl.
1.	ϵ λυ θη ν	ϵ λυ θη μεν
2.	ϵ λυ θη ς	ϵ λυ θη τϵ
3.	ϵ λυ θη ∅ [10]	ϵ λυ θη σαν

제1과거와 과거수동태 어형들에서 보듯, 이들 두 시상접미어(σα, θη)를 사용하는 경우엔 인칭꼬리가 연결모음 없이 시상접미어(Tense Formative)와 함께 동사의 줄기에 붙는다. 그러나 미완료와 제2과거에서는 시상접미어 없이 연결모음을 사용하고 있다. 한편, 미래시상접미어(σ)와 미래수동태 시상접미어(θησ)를 사용하는 경우에는 연결모음이 시상접미어 뒤에 붙어 사용된다(cf. λύσομεν, λυθησόμεθα). 이처럼 연결모음의 사용은 – 인칭꼬리들과는 달리 – 제1시제와 제2시제의 구분을 두지 않으며, 시상접미어의 유무와도 관계없다. 그러나 연결모음은 시상접미어를 앞서지 않으며 제1시제 시상접미어(미래, 미래수동)에 한해서만 함께 쓰인다.

연결모음과 인칭꼬리들을 개별 형태요소로서 구분함은 특히 가정법이나 -μι동사의 복잡한 어형구조를 파악하기 위한 분석도구로서 유용한데, 연결모음이 사용되는 동사변화는 'Thematic Conjugation'으로, 연결모음이 사용되지 않는 동사변화는 'Athematic Conjugation'으로 범주화된다(cf. Smyth §602; Robertson, *Short* §§254–255; BDF §§92-100; Mounce, *Morphology* 77-78). [참고. 'thematic vowel' = connecting vowel]

---

[10] η는 연결모음이 아니라 시상접미어 θϵ의 ϵ가 길어진 것이므로 시상접미어의 일부로 보아야 한다(cf. Mounce, *Morphology* 78).

17과

제3변화 명사

핵심문법요약

Gram 92. 3변화 명사 개관 (Introduction)

1, 2변화 명사의 줄기가 모음(ο, α)으로 끝나는 반면(**Gram15**, **Gram24** 참조), 3변화 명사의 줄기는 자음이나 반모음(ι, υ)으로 끝난다(Mounce, *Basics* 72).[1] 그런데 3변화 명사는 그 속성상 단수 주격에서 격꼬리가 시그마(ς)로 오든가 아니면 아예 안오기 때문에 단수주격의 줄기 끝 자음이 소실되거나 혹은 시그마로 인해 음운적 마찰을 겪어 형태상의 변형을 초래하게 된다. 이로 인해 외관상으로 단수 주격에는 줄기의 온전한 원래 모습이 드러나 있지 않게 된다.[2] 따라서 소유격 어형을 통해 줄기의 원래 모습을 확인한 후 일정한 패턴에 따라 나머지 격꼬리를 붙이면 된다. 학습자는 (1) **명사의 성**(Gender)과 함께 (2) **주격과 소유격 어형**을 모두 알고 있어야 변화패턴을 예측할 수 있으며, 사전은 3변화 명사를 등재함에 있어서 성(Gender)은 물론이고 반드시 주격과 소유격 어형을 나란히 소개하기 마련이다. 참고로 3변화 명사의 격변화는 메이첸 초급교본에 소개된 것들 이외에도 매우 다양한 패턴들이 존재하며 그 종류들을 다 암기하기란 매우 어렵다. 17과와 25과에서 소개되는 3변화 패턴들은 비교적 폭넓은 어휘층을 가진 가장 일반적인 것들임을 알아두기 바란다. 특히 3변화 명사들은 격변화 어형에 있어서 이형(variant)들이 많기에 일일이 변이형들을 암기하는 것보다는 우선 격(Case)이 취하는 일반적 특징들을 파악해 두는 것이 중요하다. 헬라어 명사변화의 추가적인 패턴은 Mounce(*Morphology* 163–242)의 책을 참조하라.

---

[1] ι와 υ은 반모음(semi–vowel)이다. ι는 영어의 반자음(=반모음) 'y'에 해당하는 음가를, υ은 입술을 가깝게 오므리고 발음하기에 순음(labial)화된 반모음인 영어의 반자음(=반모음) 'w/v'에 가까운 음가를 갖는다. 줄기끝이 반모음으로 끝나는 3변화 명사의 예: πόλις, πόλεως; βασιλεύς, βασιλέως. 참고로 3변화 명사가 어떤 변화패턴에 속할 것인가는 주로 줄기 끝의 철자가 무엇이냐의 여부에 달렸다(cf. Mounce, *Basics* 74).

[2] 한편 어떤 3변화 명사들은 단수주격에서 그 줄기를 속격과 전혀 달리 갖는 것들이 있다. 이런 이유로 인해 3변화 명사는 반드시 단수주격과 속격을 나란히 사전에 등재해 놓기 마련이다.

Gram 93. 3변화 명사의 성과 격변화 꼬리들

우선 3변화 명사의 일반적인 격꼬리 패턴을 소개하자면 (1) **남성/여성 명사의 패턴**과 (2) **중성명사 패턴**으로 나뉜다. 3변화 명사의 성(Gender)은 *일부* 중성(neuter)만 형태의존적인 반면[3] 남성(masculine)과[4] 여성(feminine)은 단수주격과 속격의 형태만으로는 그 성을 파악할 수 없으며 매우 임의적이고 고유한 방식으로 성(Gender)이 주어진다. 명사의 성이 **남성/여성**인지 혹은 **중성**인지에 따라 *대개의 경우엔* 아래의 두 가지 패턴이 적용된다.

(1) 남성이나 여성 명사의 격변화 꼬리들

단수의 주격과 호격에서 각각 격꼬리가 **시그마(ς)로 오든가 혹은 오지 않는다**. 따라서 단수주격과 호격을 제외하고 나머지 공통된 격꼬리 시스템은 오른쪽과 같다.

	단수	복수
주격		ες
속격	ος	ων
여격	ι	σι(ν)
대격	α[5]	ας
호격		ες

(2) 중성명사의 격변화 꼬리들

3변화 명사들 중 단주주격에서 **-μα로 끝나는 것은 모두 중성명사**이며 이때 단수의 주격과 호격에는 격꼬리가 오지 않는다. 그러므로 격꼬리 시스템은 단순하다. 편의상 3변화 중성명사의 특징적인 줄기끝 형태인 -μα를 격꼬리에 포함시켜 암기에 도움이 되도록 오른쪽과 같이 소개한다. <u>※복수 주격/대격/호격에서 α가 나타나는 것은 2변화 중성명사에서도 보듯 모든 중성명사의 특징이다.</u>

	단수	복수
주격	μα	ματα
속격	ματος	ματων
여격	ματι	μασι(ν)
대격	μα	ματα
호격	μα	ματα

---

[3] 3변화 명사들 중 단수주격에서 -μα로 끝나거나, 혹은 단수주격과 속격에서 -ος, ους패턴(25과 참조)이면 모두 중성이다. 또한 이들 둘의 혼합형으로서, 줄기끝자음을 τ로 갖고서 단수주격 격꼬리로 시그마가 오는 중성명사들도 있다. 이들의 경우엔 단수주격과 속격의 패턴만으로는 성을 짐작할 수 없다. 다만, 이런 혼합형 중성명사들은 단수속격에서 -ατος나 -ωτος의 형태를 갖는다는 것이 특징적 경향인데 -ωςㄴ나 -ιτος 형태를 갖는 중성명사도 극소수 존재한다: ἅλας, ἅλατος; κέρας, κέρατος; γόνυ, γόνατος; ὕδωρ, ὕδατος; φῶς, φωτός; οὖς, ὠτός; γάγα, γάλακτος; μέλι, μέλιτος; κρέας, κρέως. 이러한 패턴을 갖는 중성명사의 목록은 Mounce(*Morphology* 163-242)의 책을 참조하라.

[4] 빈, 단수주격에서 -ευς로 끝날 경우엔 모두 남성명사이다(cf. Mounce, *Morphology* 204). Bworks(version 6.0)에선 LXX 대하 5:6의 ἀναφορεύς를 여성으로 분해하고 있으나 그것은 분해주 오류이다(cf. LCJ 사전 참조).

[5] 일부 3변화 명사에선 남성/여성 단수대격에서 α대신에 1, 2변화명사의 단수대격 특징인 ν가 온다: χάριν; πόλιν (25과 참조).

Gram 94. ἐλπίς의 변화

	단수	복수
주격	ἐλπίς	ἐλπίδες
속격	ἐλπίδος	ἐλπίδων
여격	ἐλπίδι	ἐλπίσι(ν)
대격	ἐλπίδα	ἐλπίδας
호격	ἐλπί	ἐλπίδες

이오타(ι)는 언제나 단수와 복수 여격의 특징인데 3변화 명사에서도 마찬가지이다. 또한 복수속격의 ων도 모든 변화 명사들의 공통된 격꼬리이다. **참고로, 몇몇 부류의 명사에서 단수의 주격과 호격이 다름에 주의하라.**

17과에는 가장 흔한 패턴의 3변화가 소개된다. 첫째는 ἐλπίς, ἐλπίδος (hope 소망)명사에서 보는 바와 같이 단수주격에서 –ς, 속격에서 –δος로 끝나는 부류이다.[6] **줄기 끝이 치음계열**(dental- δ/τ/θ)로 끝나면서 **단수주격에서 격꼬리 시그마**가 오는 모든 3변화 남성 및 여성 명사들(-ς,-δος /-ς,-τος /-ς,-θος)은 모두 ἐλπίς의 변화를 따르며 **단수호격 끝의 자음은 시그마 없이 소실**된다(– χάρις, χάριτος **Gram179**)(Mounce, *Morphology* 194–95).

〈참고〉 단수주격 격꼬리는 시그마(ς)가 오고 호격에선 오지 않았다. 단수주격에선 줄기끝 δ가 ς와 음운적 마찰을 겪고서 사라지고 대신 이오타(ι)가 장모음으로 남는다(ϵλπιδς 〉 ϵλπις). 그런데 호격에선 시그마가 오지 않았는데도 불구하고 δ가 사라진 이유는 δ나 τ, θ가 일반명사의 끝에 올 경우 견디지 못하고 없어지는 습성때문이다(ϵλπιδ 〉 ϵλπι)(cf. Mounce, *Basics* 80). 나머지 격꼬리들은 복수여격을 제외하고는 모두 모음이 앞서고 있으므로 줄기끝 자음 δ와 음운적 마찰을 일으키지 않았다.

메이첸 교본에서 위의 변화패턴을 따르는 명사로는 πούς, ποδός, ὁ (a foot 발)[26과]가 있다.

---

[6] 예: ἐλπίς, ἐλπίδος; χιλιάς, χιλιάδος; πούς, ποδός. 이와 유사하게, 단수주격과 속격에서 –ς, –θος 패턴을 보이는 3변화 명사도 있다: ὄρνις, ὄρνιθος(hen, 마23:37; 왕상5:3)[25과 참조].

Gram 95. νύξ의 변화

	단수	복수
주격	νύξ	νύκτες
속격	νυκτός	νυκτῶν
여격	νυκτί	νυξί(ν)
대격	νύκτα	νύκτας
호격	νύξ	νύκτες

단수 주격과 호격이 동일한 것은 격꼬리 시그마(ς)가 주격과 호격 모두에 왔기 때문이다.

단수주격과 속격에서 -ξ, -κτος인 명사는 모두 위의 변화를 따른다. νύξ (night 밤)도 ἐλπίς와 마찬가지로 **줄기끝자음이 치음계열**(δ/τ/θ)이므로 기본적인 변화패턴은 같다. 그러나 줄기끝자음 τ 앞에 연구개음 κ가 있음으로 인해 아래(**Gram96**) σάρξ의 변화패턴을 따라 **단수호격에 격꼬리 시그마**가 오게 된다. 단수주격의 줄기끝자음 τ가 시그마 앞에서 음운적 마찰로 인해 사라진 후, 그 다음 자음인 κ는 시그마와 결합하여 ξ가 됐다. 참고로 τ의 소실로 인해 모음 υ은 장모음으로 길어졌다(cf. 복수 여격도 마찬가지!).

Gram 96. σάρξ의 변화

σάρξ, σαρκός, ἡ (flesh 육신)는 **줄기끝자음이 연구개음계열**(velar- γ/κ/χ)이라는 점에서 ἐλπίς, ἐλπίδος와 구분된다. 물론 줄기끝자음이 치음계열인 ἐλπίς와 그 기본적인 변화패턴이 같기는 하지만, 한가지 주의할 것은 σάρξ처럼 줄기끝자음이 연구개음으로 끝나는 모든 3변화 남성 및 여성명사는 **단수호격에도 격꼬리 시그마**(ς)가 와서 주격과 모양이 같아진다는 사실이다(cf. Mounce, *Morphology* 192–93).

	단수	복수
주격	σάρξ	σάρκες
속격	σαρκός	σαρκῶν
여격	σαρκί	σαρξί(ν)
대격	σάρκα	σάρκας
호격	σάρξ	σάρκες

〈참고〉 줄기끝자음이 연구개음 계열인 3변화 명사들로는 -ξ, γος 패턴과 -ξ, χος 패턴을 추가할 수 있으며 그 변화패턴은 **σάρξ**와 동일하다(cf. Mounce, *Morphology* 192).[7]

	σάλπιγξ Sg.	Pl.	θρίξ Sg.	Pl.
N	σάλπιγξ	σάλπιγγες	θρίξ	τρίχες
G	σάλπιγγος	σαλπίγγων	τριχός	τριχῶν
D	σάλπιγγι	σάλπιγξι(ν)	τριχί	τριξί(ν)
A	σάλπιγγα	σάλπιγγας	τρίχα	τρίχας
V	σάλπιγξ	σάλπιγγες	θρίξ	τρίχες

※정리: 단수주격에 격꼬리 시그마(-ς)가 오면서 줄기끝자음이 연구개음(velar- γ/κ/χ), 치음(dental- δ/τ/θ), 순음(Labial- β/π/φ)으로 오는 모든 3변화 남성 및 여성 명사는 지금껏 소개한 격변화를 취한다. 다만, 줄기끝자음이 치음계열인 3변화 명사는 유독 단수호격에서 격꼬리 시그마 없이 줄기끝자음을 소실하게 된다는 사실만 기억해 두자.

[7] 참고로, 줄기끝자음을 순음(Labial- β/π/φ)으로 갖는 3변화 명사의 경우도 그 기본패턴이 동일하여 아래와 같은 변화형식을 취한다. Cf. 단수호격은 주격과 항상 같다.

	λαῖλαψ, λαίλαπος, ἡ (storm 폭풍)	
N	λαῖλαψ	λαίλαπες
G	λαίλαπος	λαιλάπων
D	λαίλαπι	λαίλαψιν
A	λαίλαπα	λαίλαπας
V	λαῖλαψ	λαίλαπες

	ἄραψ, ἄραβος, ὁ (an Arab 아랍인)	
N	ἄραψ	ἄραβες
G	ἄραβος	ἀράβων
D	ἄραβι	ἄραψιν
A	ἄραβα	ἄραβας
V	ἄραψ	ἄραβες

Gram 97. ἄρχων의 변화

	단수	복수
주격	ἄρχων	ἄρχοντες
속격	ἄρχοντος	ἀρχόντων
여격	ἄρχοντι	ἄρχουσι(ν)
대격	ἄρχοντα	ἄρχοντας
호격	ἄρχων	ἄρχοντες

단수 주격과 호격이 동일한 것은 격꼬리 시그마(ς)가 주격과 호격에 모두 오지 않았기 때문이다.

단수 주격과 속격에서 -ων, -οντος인 것은 모두 위의 변화를 따른다.[8] ἄρχων(ruler 통치자)의 경우 역시 줄기끝자음이 치음계열이긴 하나, 단수주격과 호격에서 격꼬리 시그마가 오지 않았다는 점에서 다르다(cf. Mounce, *Morphology* 195–96). 따라서 단수주격의 줄기끝자음 τ는 – δ와 마찬가지로 – 일반명사의 끝에 위치할 때 견디지 못하고 소실된다. 그리고 τ의 소실을 보상하기 위해 모음 o은 길어져 ω가 되었다. 호격도 주격과 마찬가지이다. 복수여격에서는 τ가 시그마(σ) 앞에서 음운적 마찰을 겪고 없어짐과 동시에 앞의 ν도 유음인 까닭에 시그마와 음운적 마찰을 겪어 함께 없어지게 되는데 이러한 경우 o은 ου로 길어진다(cf. Mounce, *Basics* 79).[9]

Cf. 위의 변화와 비슷한 명사로는 αἰών(age 시대)을 들 수 있다. 단, αἰών의 경우 줄기끝자음이 τ가 아니라 ν이므로 단수주격에서 단어 끝에 위치하였으나 소실되지 않는다. 참고로, 복수여격에서는 시그마 앞에서 ν가 음운적 갈등을 겪어 소실되었으나 남아있는 모음 ω가 장모음이기에 여타 모음을 길게 할 것 없이 그대로 ω로 남는다(Robertson, *Short* §189). 사실 αἰών은 줄기끝이 유음으로 끝나는 3변화 명사로서 그 변화패턴을 따로 다루어야 하겠으나 비교적 단순한 변화를 갖기 때문에 17과에는 변화표없이 어휘로만 소개되고 있다. 좀 더 상세한 사항은 Mounce의 책을 참조하라(*Morphology* 163–242).

	Sg	Pl
N	αἰών	αἰῶνες
G	αἰῶνος	αἰώνων
D	αἰῶνι	αἰῶσι
A	αἰῶνα	αἰῶνας
V	αἰών	αἰῶνες

8 참고로, -ων, ωνος 혹은 -ων, ονος 패턴을 취하는 3변화 명사도 ἄρχων의 변화를 따른다: αἰών, αἰῶνος; λεγιών, λεγιῶνος; σιαγών, σιαγόνος.

9 이와 동일한 경우는 2변화 남성명사 복수대격에서 오미크론(o)이 격꼬리 νς를 만나 ν가 없어짐과 동시에 ου로 길어진 것이다(**Gram16** 참조).

Gram 98. ὄνομα의 변화

	단수	복수
주격	ὄνομα	ὀνόματα
속격	ὀνόματος	ὀνομάτων
여격	ὀνόματι	ὀνόμασι(ν)
대격	ὄνομα	ὀνόματα
호격	ὄνομα	ὀνόματα

모든 중성명사가 그러하듯, 3변화 중성명사 역시 주격과 대격, 호격이 단복수에서 각각 동일하다.

단수주격에서 **μα로 끝나는 모든 3변화 명사는 중성**이며 위의 변화를 따른다. 특히 **Gram 93**에서 밝힌 바, 3변화 중성명사의 복수 격꼬리 시스템이 남성/여성 명사의 그것과 다름에 주의하라. 단수 주격과 호격에서 격꼬리는 오지 않았다. 그러나 줄기끝자음 τ가 단어 끝에서 견디지 못하고 소실되고[10] 한편, 복수여격에선 τ가 시그마 앞에서 음운적 갈등을 겪어 사라졌고 그 부상으로 모음 α가 장모음화 되었다.

메이첸 교본에서 위의 변화패턴을 따르는 명사들로는 아래와 같다:
αἷμα, αἵματος, τό (blood 피), **γράμμα, γράμματος, τό** (a letter 문자/글)
θέλημα, θελήματος, τό (a will 뜻/의향), **πνεῦμα, πνεύματος, τό** (a spirit, the Spirit 영, 성령), **ῥῆμα, ῥήματος, τό** (a word 말), **σῶμα, σώματος, τό** (a body 몸/신체) [17과], **στόμα, στόματος, τό** (a mouth 입) [32과].

Cf. 그 밖의 3변화 중성명사는 25과를 참조하라.

---

[10] 단어 끝에서 소실되지 아니하고 견디는 철자는 - 격꼬리나 인칭꼬리들을 제외하고는 - 오직 ν, ρ, σ, ξ, ψ 뿐이다(cf. Mounce, *Morphology* 32, 166).

단어공부

명 사: ἐλπίς, ἐλπίδος, ἡ (a hope 소망)
νύξ, νυκτός, ἡ (a night 밤)
σάρξ, σαρκός, ἡ (flesh [영과 반대되는 개념으로서의] 육신)

ἄρχων, ἄρχοντος, ὁ (a ruler 통치자)
αἰών, αἰῶνος, ὁ (an age 시대)
Cf. [숙어] εἰς τὸν αἰῶνα (for ever 영원히)
εἰς τοὺς αἰῶνας τῶν αἰώνων (for ever and ever 영원무궁히)

ὄνομα, ὀνόματος, τό (a name 이름)
αἷμα, αἵματος, τό (blood 피)
γράμμα, γράμματος, τό (a letter 문자/글)
θέλημα, θελήματος, τό (a will 뜻/의향)
πνεῦμα, πνεύματος, τό (a spirit, the Spirit 영, 성령)
ῥῆμα, ῥήματος, τό (a word 말)
σῶμα, σώματος, τό (a body 몸/신체)

형용사: ἅγιος, α, ον (holy 거룩한) Cf. οἱ ἅγιοι (the saints 거룩한 자들/성도들)

Pop Quiz

Q. 왼쪽의 관사에 성, 수, 격이 일치하게 끔 3변화 명사들을 연결시키시오.

(1) ταῖς	•	•	(a) ἄρχοντας
(2) τῆς	•	•	(b) νυκτός
(3) τοὺς	•	•	(c) ἐλπίσιν

답: (1)-(c), (2)-(b), (3)-(a)

연습문제

1. ἐλπίδα οὐκ **ἔχουσιν** οὐδὲ τὸ πνεῦμα τὸ ἅγιον.
소망을 아니 그들이 갖는다 --도 아니 영 거룩한

해석: 그들이 소망도 갖지 못하고 성령도 갖지 못한다.
★ ἔχουσιν – ἔχω의 현재 능동태 직설법 3인칭 복수

2. διὰ τὴν ἐλπίδα τὴν καλὴν **ἤνεγκαν** ταῦτα οἱ μαθηταὶ τοῦ κυρίου.
~ 때문에 그 소망 그 아름다운 짊어졌다 이것들을 그 제자들이 주님의

해석: 그 아름다운 소망 때문에 주님의 제자들이 이것들을 짊어졌다(=견디었다). Cf. 히13:13
혹은 문맥에 따라 '... 이것들을 가져왔다'로 해석될 수도 있음.
★ ἤνεγκαν – φέρω의 과거 능동태 직설법 3인칭 복수

3. ταῦτά **ἐστιν** τὰ ῥήματα τοῦ ἁγίου πνεύματος.
이것들은 ~이다 그 말씀들 성령의

해석: 이것들은 성령의 말씀들이다.
★ ἐστιν – εἰμί의 현재 직설법 3인칭 단수

4. **ἐγράφη** τὰ ὀνόματα ὑμῶν ὑπὸ τοῦ θεοῦ ἐν τῷ βιβλίῳ τῆς ζωῆς.
쓰여졌다 그 이름들이 너희의 하나님으로 말미암아 그 책 안에 그 생명의

해석: 너희의 이름들이 하나님으로 말미암아 그 생명의 책 안에 쓰여졌다.
★ ἐγράφη – γράφω의 과거 수동태 직설법 3인칭 단수

5. τῷ λόγῳ τοῦ κυρίου **ἔσωσεν** ἡμᾶς ὁ θεός.
그 말씀으로 주님의 구원하셨다 우리를 하나님께서

해석: 주님의 말씀으로 하나님께서 우리를 구원하셨다. (cf. 수단의 여격, **Gram61**)
★ ἔσωσεν – σῴζω의 1과거 능동태 직설법 3인칭 단수

6. οἱ ἄρχοντες οἱ πονηροὶ οὐκ **ἐπίστευσαν** εἰς τὸ ὄνομα τοῦ κυρίου.
그 통치자들이 그 악한 아니 믿었다 그 이름을 주님의

해석: 그 악한 통치자들이 주님의 이름을 믿지 않았다.
★ ἐπίστευσαν – πιστεύω의 1과거 능동태 직설법 3인칭 복수

7. ταῦτα **εἶπον** ἐκεῖνοι τοῖς ἄρχουσιν τούτου τοῦ αἰῶνος.
이것들을 말했다 저 사람들이 그 통치자들에게 이 시대의

해석: 저 사람들이 이 시대의 통치자들에게 이것들을 말했다.

★ εἶπον – λέγω의 2과거 능동태 직설법 3인칭 복수

8. **ὄψεσθε** ὑμεῖς τὸ πρόσωπον τοῦ κυρίου εἰς τὸν αἰῶνα, ἀλλ' οὐκ
볼 것이다 너희가 그 얼굴을 주님의 영원히 그러나 아니
ὄψονται αὐτὸ οἱ πονηροί, ὅτι οὐκ **ἐπίστευσαν** εἰς τὸ ὄνομα αὐτοῦ.
볼 것이다 그것을 그 악한 자들은 왜냐하면 아니 그들이 믿었다 이름을 그의

해석: 너희가 주님의 얼굴을 영원히 볼 것이다. 그러나 그 악한 자들은 그것(=얼굴)을 보지 못할 것이다. 왜냐하면 그들이 그의 이름을 믿지 않았기 때문이다.

★ ὄψεσθε – βλέπω의 미래 중간태 디포넌트 직설법 2인칭 복수

★ ὄψονται – βλέπω 의 미래 중간태 디포넌트 직설법 3 인칭 복수

★ ἐπίστευσαν – πιστεύω 의 1 과거 능동태 직설법 3 인칭 복수

9. οὐκέτι κατὰ σάρκα **γινώσκομεν** τὸν κύριον.
더 이상 아니 ~를 따라서 육체 우리가 안다 주님을

해석: 우리는 더 이상 육체를 따라서 주님을 알지 아니한다. (cf. 고후5:16)

★ γινώσκομεν – γινώσκω의 현재 능동태 직설법 1인칭 복수

10. ἐν τῇ σαρκὶ ὑμῶν **εἴδετε** τὸν θάνατον, ἀλλὰ διὰ τοῦ ἁγίου
육체 안에서 너희의 너희가 보았다 그 죽음을 그러나 ~을 통하여 거룩한
πνεύματος **ἔχετε** ἐλπίδα καλήν.
영 너희가 가진다 소망을 아름다운

해석: 너희는 너희의 육체 안에서 그 죽음을 보았다. 그러나 성령을 통하여는 너희가 아름다운 소망을 가진다.

★ εἴδετε – βλέπω의 2과거 능동태 직설법 2인칭 복수

★ ἔχετε – ἔχω 의 현재 능동태 직설법 2 인칭 복수

11. τὸ μὲν γράμμα **ἀποκτείνει**, ἐν τῷ δὲ πνεύματι **ἔχετε** ζωήν.
그 글은 죽인다 그 그러나 영 안에서 너희가 가진다 생명을

해석: 그 글은 죽인다. 그러나 영(=성령) 안에서는 너희가 생명을 가진다.

★ ἀποκτείνει – ἀποκτείνω의 현재 능동태 직설법 3인칭 단수

★ ἔχετε – ἔχω 의 현재 능동태 직설법 2 인칭 복수

12. ***βλέπομεν*** *τὸ πρόσωπον τοῦ κυρίου καὶ ἐν νυκτὶ καὶ ἐν ἡμέρᾳ.*
우리가 본다 그 얼굴을 주님의 ~까지도 밤에 ~까지도 낮에

해석: 우리는 주님의 얼굴을 밤낮으로(=항상) 본다.
★ *βλέπομεν* – βλέπω의 현재 능동태 직설법 1인칭 복수

13. ***ἐδίδαξαν*** *οἱ μαθηταὶ καὶ τοὺς ἄρχοντας καὶ τοὺς δούλους.*
가르쳤다 그 제자들이 ~까지도 그 통치자들을 ~까지도 그 종들을

해석: 그 제자들이 그 통치자들과 그 종들을 모두 가르쳤다.
★ *ἐδίδαξαν* – διδάσκω의 1과거 능동태 직설법 3인칭 복수

14. *ἐν ἐκείνῃ τῇ νυκτὶ* ***εἴδετε*** *τὸν ἄρχοντα τὸν πονηρόν.*
저 밤에 너희가 보았다 그 통치자를 그 악한

해석: 저 밤에 너희가 그 악한 통치자를 보았다.
★ *εἴδετε* – βλέπω의 2과거 능동태 직설법 2인칭 복수

15. *μετὰ τῶν ἀρχόντων* ***ἤμην*** *ἐν ἐκείνῳ τῷ οἴκῳ.*
~와 함께 그 통치자들과 나는 ~에 있었다 저 집 안에

해석: 나는 그 통치자들과 함께 저 집 안에 있었다.
★ *ἤμην* – εἰμί의 미완료 직설법 1인칭 단수

16. *μετὰ δὲ ἐκείνην τὴν νύκτα* ***ἦλθεν*** *οὗτος ἐν τῷ πνεύματι εἰς τὴν*
~ 후에 그러나 저 밤 갔다 이 사람이 그 영 안에서 그
ἔρημον.
광야 안으로

해석: 그러나 이 사람이 저 밤 후에 그 영 안에서 (=성령 안에서) 그 광야 안으로 갔다.
★ *ἦλθεν* – ἔρχομαι의 2과거 능동태 직설법 3인칭 단수

17. *ταῦτά* ***ἐστιν*** *ῥήματα ἐλπίδος καὶ ζωῆς.*
이것들은 ~이다 말씀들 소망의 그리고 생명의

해석: 이것들은 소망과 생명의 말씀들이다.
★ *ἐστιν* – εἰμί의 현재 직설법 3인칭 단수

18. ***ἤγαγεν*** *αὐτὸν τὸ ἅγιον πνεῦμα εἰς τὸ ἱερόν.*
인도했다 그를 성령이 그 성전 안으로

해석: 성령이 그를 그 성전 안으로 인도했다.

★ *ἤγαγεν* – ἄγω의 2과거 능동태 직설법 3인칭 단수

19. *ταῦτα τὰ ῥήματα* ***ἐκηρύχθη*** *ἐν ἐκείνῃ τῇ νυκτὶ τοῖς δούλοις τοῦ ἄρχοντος.*
이 말씀들이 전파되었다 저 밤에 그 종들에게 그 통치자의

해석: 이 말씀들이 저 밤에 그 통치자의 종들에게 전파되었다.

★ *ἐκηρύχθη* – κηρύσσω의 과거 수동태 직설법 3인칭 단수

20. ***ἠγέρθησαν*** *τὰ σώματα τῶν ἁγίων.*
일으킴 받았다 그 몸들이 그 거룩한 자들의 (=성도들의)

해석: 성도들의 몸들이 일으킴 받았다.

★ *ἠγέρθησαν* – ἐγείρω의 과거 수동태 직설법 3인칭 복수

18과

현재분사. 분사의 용법.

핵심문법요약

Gram 99. λύω의 현재 능동태 분사 (Present Active Participle)

	남성		여성		중성	
	단수	복수	단수	복수	단수	복수
주격	λύων	λύοντες	λύουσα	λύουσαι	λῦον	λύοντα
속격	λύοντος	λυόντων	λυούσης	λυουσῶν[1]	λύοντος	λυόντων
여격	λύοντι	λύουσι(ν)	λυούσῃ	λυούσαις	λύοντι	λύουσι(ν)
대격	λύοντα	λύοντας	λύουσαν	λυούσας	λῦον	λύοντα
호격	λύων	λύοντες	λύουσα	λύουσαι	λῦον	λύοντα

Cf. 현재분사의 액센트는 동사의 액센트 법칙에 따라 표기된다(cf. **Gram9**). 여성복수속격(ῶν)의 경우엔 격꼬리가 ων으로 왔으므로 줄기끝모음 α와 단축되었다.

Gram 100. 현재 능동태 분사의 어형성 (Word formation)

현재분사는 현재직설법의 기본형에서 그 줄기(Stem)를 빌어와 현재분사의 줄기와 꼬리를 붙여 만든다. 따라서 분사(Participle)는 동사의 여섯개 기본형들에 속하지 않으며 언제나 사전의 도움없이 도출된다. 위에 소개한 변화표는 현재능동태분사이다. 그러므로 현재직설법 기본형이 -ω로 소개되는 모든 능동태 어형의 동사들은 위의 표와 같이 현재능동태분사를 만들 수 있다. 각각의 어형들이 갖는 어형성 과정은 아래와 같다(cf. Mounce, *Morphology* 152):

---

[1] 여성분사복수속격의 액센트는 1변화명사의 복수속격과 마찬가지로 단축현상이 일어난 결과이다(cf. Mounce, *Morphology* 152, 165).

(1) 현재능동태분사 남성

현재직설법	현재직설법줄기	연결모음	분사능동줄기	남성분사 격꼬리	
	*λυ	+ ο	+ ντ	Ø	► λύων
λύω	*λυ	+ ο	+ ντ	+ ος	► λύοντος
	*λυ	+ ο	+ ντ	+ ι	► λύοντι

(i) 남성분사(그리고 중성)의 주된 특징은 **3변화 격꼬리를 차용**한다는 것이다. 남성단수의 주격과 호격은 분사의 줄기만 있고 격꼬리가 오지 않는다. 따라서 단어의 끝에 서게 된 τ는 발음의 약화로 견디지 못하고 떨어져 나가게 되며, 자음의 소실로 인해 그 보상으로 모음 ο을 ω로 길게 하였다:

*λυοντ + Ø ► λυοντ ► λυον ► λυων

(ii) 남성복수여격은 분사의 줄기끝 자음 τ가 남성분사 복수여격 격꼬리 σιν을 만나 음운적 갈등을 겪고 사라지게 된다. 또한 그 앞의 자음 ν도 유음(Liquid)이라는 이유로 시그마와 음운적 갈등을 겪고 사라진다. 두 자음의 소실로 인해 그 보상으로 모음 ο은 ου로 길어졌다:

*λυοντ + σιν ► λυοντσιν ► λυοσιν ► λυουσιν

(2) 현재능동태분사 여성

현재직설법	현재직설법줄기	연결모음	분사능동줄기	여성분사격꼬리	
	*λυ	+ ο	+ ντ	+ σα[2]	► λύουσα
λύω	*λυ	+ ο	+ ντ	+ σης	► λυούσης
	*λυ	+ ο	+ ντ	+ σῃ	► λυούσῃ

(i) 여성분사의 경우, 분사의 줄기까지는 남성과 동일하지만 **분사격꼬리**를 **1변화패턴**과 동일하게 갖는다(Cf. 단수속격과 여격에서 σας/σᾳ 대신 σης/σῃ가 된 까닭은 1변화명사의 혼합 α변화(δόξα)가 보이는 현상과 관련있다). 여성분사의 어형은 남성과 외형상 많은 차이를 보인다. 그러나 사실은 분사의 줄기끝 두 자음 ντ가 여성분사격꼬리 σ와 음운적 갈등을 겪은 후 소실되고 연결모음 ο을 ου로 길게한 결과이다:

*λυοντ + σα ► λυοντσα ► λυοσα ► λυουσα

(ii) 남성과 중성분사의 격꼬리는 3변화(17과)의 것을 빌어오는 반면, 여성분사는 1변화의 것을 빌어온다. 그래서 분사의 격꼬리는 **2-1-2 패턴**을 취하게 된다(Cf. **Gram32**, 형용사의 2-1-2 패턴과 비교).

---

[2] 여성분사 격꼬리들이 σα의 형태로 온 것에 관하여는 좀더 세부적인 논의가 포함되어 있다. 그것은 현재완료(29과) 여성분사에 가서 살펴보도록 하자(cf. Mounce, *Morphology* 152, 155, 157).

(3) 현재능동태분사 중성

현재직설법	현재직설법줄기	연결모음	분사능동줄기	중성분사 격꼬리	
	*λυ	+ ο	+ ντ	Ø	► λῦον
λύω	*λυ	+ ο	+ ντ	+ ος	► λύοντος
	*λυ	+ ο	+ ντ	+ ι	► λύοντι

중성분사 역시 남성분사처럼 **3변화 격꼬리**를 차용한다. 중성단수 주격과 호격은 남성과 마찬가지로 분사의 줄기만 있고 격꼬리가 오지 않는다. 단어의 끝에 서게 된 τ는 발음의 약화로 견디지 못하고 소실되었다. 그러나 남성분사의 경우와 달리, 모음 ο은 ω로 길게 하지 않는데 그것은 남성단수주격과 어형이 동일하게 되는 것을 피하기 위함이다(Cf. 중성분사 단수주격/호격에서 모음이 길어지지 않는 현상은 중성분사가 갖는 특징적 경향으로 굳어지게 된다):

*λυοντ + Ø ► λυοντ ► λυον

Gram 101. 분사의 개관 및 한정적 용법 (Introduction & Attributive Usage)

분사(Participle)란 **동사를 형용사화**시켜놓은 것을 말한다. 동사의 속성을 가지고 있기에 목적어나 부사를 취할 수 있으며, 동시에 형용사의 속성을 지니기에 성/수/격을 가지고 명사를 수식한다. 그 이름이 나타내듯 'Participle'이란 두 가지 품사의 속성에 '나누어 참여한다'는 특징을 갖는다(Robertson, *Short* §460). 따라서 분사는 심층구조(Deep Structure)에선 '성/수/격이 일치하는 명사'를 주어로 갖는 직설법 동사가 되며, 표층구조(Surface Structure)에서는 형용사절을 이끌고서 **'성/수/격이 일치하는 명사'**를 **의미상 주어**로 삼아 수식하게 된다. 이처럼 분사는 항상 의미상 주어가 되는 명사와 관계되어서 사용되기 마련이다(Smyth §2042).

우선, 분사는 성/수/격이 일치하는 명사를 갖는다. 이때 이 명사는 분사의 의미상 주어(Sense Subject)가 된다. 이제 분사가 그 **의미상 주어되는 명사를 어떤 방식으로 수식할 것인가**의 문제가 남아있다. 형용사와 마찬가지로, 그것은 주로 분사가 관사를 동반하느냐의 여부에 달려있다. **관사를 동반할 경우**에 분사는 **한정적인 위치**(Attributive Position)에 서서 의미상의 주어가 되는 명사를 한정적 용법의 형용사처럼 수식하게 된다(cf. **Gram36, 37**).

(1) 중요한 것은 분사가 한정적인 위치(=관사 뒤)에 놓였는가의 여부이다.

ὁ λέγων ταῦτα ἀπόστολος
이것들을 말하고 있는 사도가
the apostle who is saying these things
= **ὁ λέγων** ταῦτα ὁ ἀπόστολος

= ὁ ἀπόστολος **ὁ λέγων** ταῦτα
= ἀπόστολος **ὁ λέγων** ταῦτα (cf. 고전2:7)

(2) 주격이외의 다른 격들

γινώσκω τοὺς ἀδελφοὺς τοῦ **λέγοντος** ταῦτα ἀποστόλου.
나는 이것들을 말하고 있는 사도의 형제들을 알고 있다.
I know the brothers of the apostle who is saying these things.

ἔρχομαι τῷ **λέγοντι** ταῦτα ἀποστόλῳ.
나는 이것들을 말하고 있는 사도에게 간다.
I go to the apostle who is saying these things.

διὰ τὸν **λέγοντα** ταῦτα ἀπόστολον
이것들을 말하고 있는 사도 때문에
for the apostle who is saying these things

(3) 성/수/격이 일치하는 명사 없이 **독립적인 용법**(Substantive Usage)으로 쓰일 수도 있다.

οἱ **λέγοντες** ταῦτα εἰσὶν ἀγαθοί.
이것들을 말하고 있는 자들은 선하다.
Those who are saying these things are good.

γινώσκω τὸν ἀδελφὸν τῆς **λεγούσης** ταῦτα.
나는 이것들을 말하고 있는 여자의 형제를 알고 있다.
I know the brother of the woman who is saying these things.

Cf. 분사가 독립적인 용법으로 쓰일 때는 – 형용사와는 달리(**Gram38**) – *거의 항상* **관사를 동반**하게 된다.[3] (참고로, 분사의 독립적인 용법은 분사가 주로 관사를

[3] 독립적 용법으로 쓰인 분사에 있어서 임의적이고 불특정적(indefinite) 의미를 강조하게 될 경우 관사 없이도 분사 홀로 독립적인 해석을 낳는다(cf. Smyth §2052; ἀδικοῦντα πειρασόμεθα... 누구든 해를 끼치는 자를 우리가 보복할 것이다). 그러나 LXX와 신약본문에서 독립적인 용법의 분사는 거의 항상 관사를 동반한다.

참고로 분사가 명사와 함께 한정적인 용법으로 쓰일 때, 명사의 의미적 속성상 관사를 필요로 하지 않는 경우 분사도 함께 관사를 동반하지 않을 수 있다(cf. Robertson, *Short* §460b; ὕδωρ ζῶν 요4:10). 혹은 분사의 의미상 주어를 굳이 특정인으로 상정할 필요가 없을 경우 그 의미상 주어(명사)는 관사를 동반하지 아니하고 분사도 관사를 동반하지 않게된다. 분사와 의미상 주어(명사)가 둘 다 관사를 동반하지 아니한 다음의 경우는 한정적인 해석도 가능하고 서술적인 해석도 가능하다: ὑμεῖς ὅμοιοι ἀνθρώποις προσδεχομένοις τὸν κύριον ἑαυτῶν... (눅12:36). 한편, 다음의 경우는 분사의 한정적인 용법이 분명하게 드러난다(cf. Young, 151): παντὶ ἀνθρώπῳ περιτεμνομένῳ (할례받는 모든 자들에게, 갈5:3).

동반하고서 명사화되어 해석된다는 이유로 한정적인 용법의 하위항목으로 다루어진다. cf.Smyth §§2049-53)

Gram 102. 분사의 서술적 용법 (Predicate Usage)

관사를 동반한 분사가 그 의미상 주어인 '성/수/격이 일치하는 명사'를 수식할 때, 분사는 그 명사를 한정적으로 수식하게 된다. 그러나 **분사가 관사를 동반하지 않은 채** 관사붙은 명사와 성/수/격을 일치시킬 경우, 분사는 그 의미상 주어를 반드시 **서술적으로 수식**하게 된다(cf. Smyth §2054). 분사의 서술적 용법에서 주의할 것은, 명사는 대개 관사를 동반하고 있는 반면 분사는 반드시 관사를 동반하지 않는다는 점이다. 만약 분사가 관사를 동반했다면 – 명사가 관사를 동반했는가의 여부에 관계없이 – 반드시 한정적인 용법으로만 쓰인다(cf. Robertson, *Short* 460).

분사가 서술적인 방식으로 그 의미상 주어를 수식할 때, 현재분사는 **'~하면서/~할 때에'**의 해석을 갖게된다.[4] 이때 현재분사는 문장의 **주동사**(즉, 직설법 동사)**와 동일한 시제**에 일어난 사건을 나타낸다. 따라서 분사의 시제는 절대시제(Absolute Tense)가 아닌 **상대시제**(Relative Tense)이다.

(1) ὁ ἀπόστολος **λέγων** ταῦτα βλέπει ἐκεῖνα. [주동사가 현제시제]
그 사도는 이것들을 말하면서 저것들을 본다.
The apostle, saying these things, sees those things.

Cf. ὁ ἀπόστολος ὁ **λέγων** ταῦτα βλέπει ἐκεῖνα.
이것들을 말하고 있는 사도가 저것들을 본다. [한정적인 수식]
The apostle who is saying these things sees those things.

ὁ ἀπόστολος **λέγων** ταῦτα εἶδε τὸν κύριον. [주동사가 과거시제]
그 사도는 이것들을 말하면서 주님을 보았다.
The apostle saw the Lord saying these things.[5]
=While the apostle was saying these things, he saw the Lord.

Cf. 한국어에선 시제를 일치시킬 필요없이 그대로 해석한다.

[4] 19과와 20과에서 배우게 될 과거분사는 '**~한 후에/~하고서**'의 해석을, 미래분사(범위 밖)는 '**~하려고/~하려는데**'의 해석을 갖게 된다.

[5] 영어문장에선 이 같은 분사구문을 직역할 경우 중의성(ambiguity)이 생긴다: (1) saying의 의미상주어를 the apostle로 보거나 (2) the Lord를 의미상 주어로 볼 수도 있다. 비록 영어사용자들은 대개의 경우 주문장의 주어인 the apostle을 saying의 주어로 볼 것이지만 Machen은 혼란의 여지를 없애기 위해 되도록이면 부대상황 부사구를 이끄는 접속사 'While'을 사용하여 해석할 것을 제안한다.

ὁ ἀπόστολος **λέγων** ταῦτα ὄψεται ἐκεῖνα. [주동사가 미래시제]
그 사도는 이것들을 말하면서 저것들을 보게 될 것이다.
The apostle will see those things saying these things.

Cf. 한국어에선 시제를 일치시킬 필요없이 그대로 해석한다.

(2) **λέγων** ταῦτα βλέπει ἐκεῖνα.
그는 이것들을 말하면서 저것들을 본다.
He, saying these things, sees those things.

분사와 성/수/격이 일치하는 명사가 없을 경우, 그 의미상 주어는 주동사 안에 있는 숨은 주어(Unexpressed Subject)이다. 직설법 동사 안의 숨은주어는 항상 주문장의 주어이기에 주격(Nominative) 분사가 오기 마련이며, 위 문장의 경우엔 주어가 단수이기에 **단수주격** 분사가 되었다.

λέγουσαι ταῦτα βλέπουσιν ἐκεῖνα.
그녀들은 이것들을 말하면서 저것들을 본다.
The women, saying these things, see those things.

주동사 안에 있는 숨은주어(Unexpressed Subject)가 여성임을 나타낸다.

(3) εἶπον ταῦτα αὐτῷ **διδάσκοντι** δούλους.
그가 종들을 가르치고 있을 때 나는 그에게 이것들을 말하였다.
While he was teaching servants, I said these things to him.

ἀκούω τοῦ ἀποστόλου **λέγοντος** λόγους.
그 사도가 말씀들을 말할 때에 나는 그를 듣는다.
While the apostle is saying words, I listen to him.

εἶδον αὐτὴν **διδάσκουσαν** δούλους.
그녀가 종들을 가르치고 있을 때 나는 그녀를 보았다.
= 나는 그녀가 종들을 가르치고 있는 것을 보았다.
While she was teaching servants, I saw her.

(4) **분사의 서술적 용법 추가 (범위 밖)**
지금까지 살펴본 분사의 서술적 용법은 가장 기본적인 용법인 바, 곧 의미상 주어의 부대상황(Circumstantance)을 나타내는 부사구(Adverbial Phrases)로서 시간(Time)적 상황에 관련한 용법이다. 그러나 영어에서의 분사구문과 마찬가지로 헬라어 분사구문 역시 그 문맥에 따라서 시간적 상황 이외에도 이유(Reason), 조건(Condition), 양보(Concession), 수단(Means), 양식(Manner), 목적(Purpose), 결과(Result) 등을 나타내는 부사구로 해석된다. 그러나 이러한 해석방식들은 메이첸 교본의 초급문법 범위를 벗어나므로 아래 각주로만 간

략히 언급해 놓았다.[6]

(5) **분사의 기타 용법 (범위 밖)**
영어에서 동작의 진행이나 생생함을 표현하기 위한 방식으로 be 동사와 함께 분사를 사용하여 미완료(was/were~ing), 현재진행(is/are~ing), 미래진행(will be~ing)을 만든다. 마찬가지로 헬라어에서도 εἰμί동사의 미완료/현재/미래 시제를 현재분사주격(혹은 현재완료분사주격)과 함께 사용하여 미완료, 현재진행, 미래진행의 의미를 보다 구어적인 어법으로써 강조한다(Periphrastic Usage; 우언적 용법).[7] 또한 분사 홀로 (마치 εἰμί동사의 명령법과 함께 쓰인 듯이) 명령의 의미를 나타내는가 하면(cf. 벧전3:1), 직설법 동사 대신 사용되기도 한다(cf. 롬5:11).

---

[6] 예를 들면, 동일한 분사구문이라 할지라도 문맥에 따라 대략 아래와 같은 해석을 지닐 수 있게 된다. 오른쪽에 참조된 성구들과 비교하여 해석해보라.

(1) 이유: μὴ γινώσκων τὸν λόγον οὐ σωθήσῃ.
그 말씀을 알지 못하므로 너는 구원받지 못할 것이다 (cf. 마22:29)

(2) 조건: πιστεύων τῷ λόγῳ σωθήσῃ.
그 말씀을 믿고있다면(혹은 믿고 있으므로) 너는 구원받을 것이다 (cf. 마21:22)

(3) 양보: γινώσκων τὸν λόγον οὐ πιστεύεις εἰς τὸν θεόν.
너는 그 말씀을 알고 있으면서도 하나님을 믿지 아니하는구나 (cf. 요9:25)

(4) 수단: διδάσκων δούλους ὁ κύριος ἄγει αὐτοὺς εἰς τὴν ἀληθείαν.
주께서 종들을 가르치심으로써 그들을 진리 안으로 인도하신다 (cf. 마6:27)

(5) 양식: ἔχων δῶρα ἦλθον πρὸς αὐτόν.
나는 선물들을 가지고 그에게로 갔다. (cf. 막1:22)

(6) 목적: παραλαμβάνων δῶρα ἦλθον πρὸς αὐτόν.
나는 선물들을 받으러 그에게로 갔다 (cf. 롬15:25)
미래분사(παραλημψόμενος)를 사용할 경우엔 목적/의도의 의미가 더욱 분명해진다.

(7) 결과: ἦν τύφλος, πίπτων ἐν τῇ ὁδῷ.
그가 소경이므로 길에서 넘어졌다 (cf. 요5:18)
위 (6)번이 행위의 의도를 나타낸 것이라면, (7)번과 같이 문맥상 행위가 이미 성취된 것이 분명한 경우엔 결과적 용법으로 볼 수 있다.

[7] ἤμην λέγων ταῦτα (나는 이것들을 말하고 있었다); εἰμὶ διδάσκων δούλους (나는 지금 종들을 가르치고 있다); οἱ ἀστέρες ἔσονται πίπτοντες (별들이 떨어지게 될 것이다). 이 같은 방식들은 처음엔 생동감있는 동작의 상(Aspect)을 강조했으나, 코이네 시대로 접어들어선 그러한 강조점이 희석되고 단지 구어적인 표현으로만 남게 되었다. 한편, 완료분사를 사용할 경우엔 γίνομαι, ὑπάρχω, ἔχω 등의 동사와도 함께 쓰인다(cf. Wallace, *Basics* 281-82).

Gram 103. λύω의 현재 중간태/수동태 분사 (Present Middle/Passive Participle)

	남성		여성		중성	
	단수	복수	단수	복수	단수	복수
주	λυόμενος	λυόμενοι	λυομένη	λυόμεναι	λυόμενον	λυόμενα
속	λυομένου	λυομένων	λυομένης	λυομένων	λυομένου	λυομένων
여	λυομένῳ	λυομένοις	λυομένῃ	λυομέναις	λυομένῳ	λυομένοις
대	λυόμενον	λυομένους	λυομένην	λυομένας	λυόμενον	λυόμενα
호	λυόμενος	λυόμενοι	λυομένη	λυόμεναι	λυόμενον	λυόμενα

현재시제에 있어서 직설법 뿐만 아니라 분사에서도 – 현재시제에 관한 한 – 중간태와 수동태의 어형이 동일하다. 현재시제 중간태/수동태 분사의 어형성은 다음과 같다:

현재직설법	현재직설법 줄기	연결모음	분사 중간/수동 줄기 및 꼬리	
λύω	*λυ	+ ο	+ μεν + ος	► λυόμενος
	*λυ	+ ο	+ μεν + ου	► λυομένου

현재시제 기본형이 -ω로 소개되는 모든 타동사적 의미의 동사들은 현재수동태분사를 위와 같이 갖는다. 일례로 다음의 빈출 어형들을 소개한다:

βλεπόμενος (being seen 보여지는/보여지면서)
γραφόμενος (being written 기록되어지는/기록되어지면서)
διδασκόμενος (being taught 가르침받는/가르침받으면서)
λαμβανόμενος (being taken 취함받는/취함받으면서)
λεγόμενος (being said 일컬어지는/얘기되어지면서)
διωκόμενος (being persecuted 박해받는/박해받으면서)
σωζόμενος (being saved 구원받는/구원받으면서)
κηρυσσόμενος (being preached 전파되어지는/전파되어지면서)
βαπτιζόμενος (being baptized 세례받는/세례받으면서)

예: ἡ **λεγομένη** Ἀννα 한나라 불리워지는 여자 [독립적 용법]
ἦλθον αὐτῷ **διδασκομένῳ** ὑπὸ τοῦ κυρίου.
그가 주님으로부터 가르침 받고 있을 때 나는 그에게로 갔다.

Gram 104. 현재 디포넌트 동사들의 분사 (Present Deponent Participle)
현재시제에서 디포넌트인 동사들을 현재분사로 만들어 쓰고자 할 때, 절대로 능동태 분사꼬리를 붙여선 안된다. **현재시제**에서 디포넌트인 동사들이 **미완료시제**에서도 디포넌트이듯이(cf. **Gram70**), **현재시제에 관한 한**, 직설법이외의 **다른 법**(즉, **현재분사, 현재가정법, 현재부정사, 현재명령법**)에서도 **반드시 디포넌트**가 된다. 따라서 현재분사의 능동꼬리를 취할 수 없고 반드시 중간/수동태 꼬리만을 취하고서 마치 능동태 동사인양 '능동의 의미'를 갖게 된다. 이처럼 현재분사는 현재직설법에서 그 줄기를 빌어와 만드는데, 이때 줄기만 빌어오는 것이 아니라 디포넌트의 의미속성(Deponency)까지 모두 가져오게 되는 것이다. 좀더 추가적인 설명은 아래 **Gram106**을 참조하도록 하고, 지금의 범위 내에서 디포넌트 동사들의 분사어형을 소개하자면 다음과 같다:

δεχόμενος (receiving 영접하는/영접하면서 cf. δέχομαι)
ἐρχόμενος (going, coming 가고있는/가면서 cf. ἔρχομαι)
γινόμενος (becoming 되는/되면서 cf. γίνομαι)
πορευόμενος (going 가고있는/가면서 cf. πορεύομαι)
προσευχόμενος (praying 기도하는/기도하면서 cf. προσεύχομαι)
ἀποκρινόμενος (answering 대답하는/대답하면서 cf. ἀποκρίνομαι)

예: ἡ **δεχομένη** ἡμᾶς 우리를 영접하는 여자

Gram 105. εἰμί의 현재 분사 (Present Participle)

	남성		여성		중성	
	단수	복수	단수	복수	단수	복수
주격	ὤν	ὄντες	οὖσα	οὖσαι	ὄν	ὄντα
속격	ὄντος	ὄντων	οὔσης	οὐσῶν	ὄντος	ὄντων
여격	ὄντι	οὖσι(ν)	οὔσῃ	οὔσαις	ὄντι	οὖσι(ν)
대격	ὄντα	ὄντας	οὖσαν	οὔσας	ὄν	ὄντα

εἰμί의 현재분사는 연결모음을 포함한 ω동사의 현재분사줄기와 그 꼬리이다. 쉽게 말해서 λύω동사의 분사꼬리와 동일하다. εἰμί분사의 용법은 일반동사의 분사용법과 동일하다.

예: ὁ **ὢν** ἐν τῷ ἱερῷ δοῦλος ἐστὶν ἀγαθός. [한정적 용법]
성전 안에 있는 종은 선하다.

διδάσκω τοὺς **ὄντας** ἐν τῷ ἱερῷ. [독립적 용법]
나는 성전 안에 있는 자들을 가르친다.

εἶδον αὐτὴν **οὖσαν** ἐν τῷ ἱερῷ. [서술적 용법]
나는 그 여자가 성전 안에 있을 때에 그녀를 보았다.
= 나는 그 여자가 성전 안에 있는 것을 보았다.

ἤνεγκεν τὸν υἱὸν αὐτῆς **ὄντα** νεκρὸν πρὸς τὸν προφήτην.
그(녀)는 자신의 아들이 죽었을 때 아들을 그 선지자에게 데려갔다. [서술적 용법]

Gram 106. 직설법과 다른 법 간의 굴절관계 (중요)
(Inflection system between indicative and other moods)

초급헬라어 문법에 있어서 동사의 굴절체계에 대한 이해는 공부의 승패를 가를 만큼 중요하다. 이는 단지 직설법 변화표나 여타 변화표들 자체만을 말하는 것이 아니라, 직설법 6개 기본형들과 다른 법들(분사/가정법/부정사/명령법)의 어형들 간에 보이고 있는 굴절관계를 말하는 것이다. 우선 **굴절**(Inflection)이라 함은 파생(Derivation)의 개념과 구분된다. '파생'이라 함은 동일한 어원을 공유하고서 동사에서 명사로, 명사에서 동사로, 혹은 형용사나 부사로 그 품사(word class)를 바꾸는 것을 말한다. 일례로 **λόγος**(말씀)라는 명사는 **λέγω**라는 동사와 파생관계에 있는데 이 두 단어는 품사에 있어서는 다르지만 '말'과 관련된 기본개념을 담고 있는 자음인 바, 람다(λ)와 감마(γ)를 공통된 어원으로 공유하고 있다.[8] 그러나 명사에서 동사로 전환한 파생과정에 있어 '줄기속' 모음들이 바뀐데서 볼 수 있듯, 파생과정은 줄기자체가 바뀌게 되며 그 과정을 예측할 수 없게 되는 것이다. 반면, **굴절**은 **줄기를 바꾸지 않고 그대로 빌어다** 만들게 된다. 예를 들면 명사에 있어 단수형에서 복수형으로의 전환(word/words; **λόγος/λόγοι**), 동사에 있어서 인칭과 수의 전환(speak/speaks; **λέγω/ λέγει**)이 그 흔한 예가 된다. 그러나 본 논의에 있어서 좀더 의미있게 주목해야 할 것은 (1) 직설법에서 **또 다른시제의 직설법**에로 전환하거나 (2) 직설법에서 **동일시제의 다른법**들로 전환하는 굴절시스템이다. 영어의 굴절현상이 갖는 특징에 관해 어느 형태론 학자(김영석 103)가 정리해 놓은 통찰들은, 일면 헬라어 동사의 굴절현상이 보이는 특징들을 파악하는데 유용한 도구가 된다:

(1) 굴절은 품사(word class)를 바꾸는 일이 결코 없다. 헬라어 직설법에서 또 다른 직설법 시제로, 혹은 다른 법(mood)으로 굴절됨에 있어서 언제나 동사(내지는 준동사)로서 그 품사를 유지하게 된다.

[8] 언어에 있어서 그 핵심의미를 담지하고 있는 요소는 모음이 아니라 자음인데, 그 한 예로 모음없이 자음들만을 나열해 놓으면 언어사용자들 간에 그 의미가 어느정도 통하게 되어 자음을 중심으로 축약어를 만들게 된다.

(2) 파생어미는 단어의 중간에 올 수도 있는 반면, 굴절어미는 단어의 끝에만 오게 된다. 즉, 헬라어 동사체계의 굴절현상은 접두모음이나 인칭꼬리(혹은 격꼬리)의 전환만 허용할 뿐 결코 줄기의 변화를 가져오지 않는다.
(3) 굴절접사는 매우 생산적이기에 어형변화 계열(paradigm)에 예측할 수 없는 공백이 거의 오지 않는다. 즉, 어형이 예측가능하다. 다만 LXX나 신약본문에서 검색되지 않는 어형이 있다면 그것은 형태론적 제약이 있어서가 아니라 단지 동사의 의미속성상 그렇게 쓰이지 않거나, 또는 모든 언어현상을 담아내기에는 성경본문의 양적 범위가 제한되어 있기 때문이다.
(4) 어간(Stem)과 굴절형 사이에 의미적 일관성(semantic coherence) 내지 규칙성(semantic regularity)이 있다. 특히 헬라어에 있어서 디포넌트의 의미시스템이 그러하다. 직설법의 어느 한 특정시제에서 디포넌트인 동사는 동일한 시제의 관련된 모든 굴절어형들에서 반드시 디포넌트가 된다.

이제 헬라어 동사들의 굴절관계를 정리하자면 다음과 같다. 주목할 것은, **모든 굴절현상의 중심엔 항상 직설법 동사가 놓여있다**는 사실이다. 그리고 아래의 모든 경우에 있어서 **중간태 어형**은 항상 **능동태의 줄기에서** 굴절된다. 특히 ★표시된 굴절관계는 28과(명령법)까지의 범위 내에 있는 가장 중요한 굴절현상들이니 반드시 숙지해 두어야 한다. 각 동사의 주요 굴절어형들에 관해서는 본서의 뒤편에 실어놓은 **동사 패러다임**에서 상세히 밝혀놓았다. 아래의 굴절관계표를 포함해서 **동사패러다임**에서 밝혀놓은 모든 굴절어형들은 시제기본형들로부터 굴절원리만으로 사전없이 도출되는 것들이다. 그러나 굳이 일일이 정리해 놓은 까닭은, 매 동사에 대한 굴절어형들을 이제껏 배운 원리에 따라 굴절시켜보고 이를 쉽게 확인해 보도록 돕고자 함이다.

〈여섯개 직설법 기본형과 그에 기초한 굴절시스템〉

현재직설법 기본형 **(=원형)** [첫번째 시제기본형]	▷ 미완료 **직설법**(11-12과)★ ▷ 현재분사(18과)★ ▷ 현재가정법(21과)★ ▷ 현재부정사(22과)★ ▷ 현재명령법(28과)★ ▷ 현재희구법(33과)
미래직설법 기본형 [두번째 시제기본형]	▷ 미래분사(20과) ▷ 미래부정사(22과) ▷ 미래희구법(범위밖)
과거직설법 기본형 [세번째 시제기본형]	▷ 과거분사(19-29과)★ ▷ 과거가정법(21과)★ ▷ 과거부정사(22과)★ ▷ 과거명령법(28과)★

과거수동태직설법 기본형 [여섯번째 시제기본형]	▷ 미래수동태**직설법**(16과)★	▷ 미래수동태분사(20과) ▷ 미래수동태부정사(22과) ▷ 미래수동태희구법(범위밖)
	▷ 과거수동태분사(20과)★ ▷ 과거수동태가정법(21과)★ ▷ 과거수동태부정사(22과)★ ▷ 과거수동태명령법(28과)★ ▷ 과거수동태희구법(범위밖)	
현재완료능동태 직설법 기본형 [네번째 시제기본형]	▷ 과거완료능동태**직설법**(29과) ▷ 현재완료분사(29과) ▷ 현재완료가정법(29과) ▷ 현재완료부정사(29과) ▷ 현재완료희구법(범위밖)	
현재완료 중간/수동 직설법 기본형 [다섯번째 시제기본형]	▷ 과거완료중간/수동 **직설법**(29과) ▷ 미래완료수동태 **직설법**(범위밖)	▷ 미래완료수동태 분사(범위밖) ▷ 미래완료수동태 부정사(범위밖) ▷ 미래완료수동태희구법(범위밖)
	▷ 현재완료중간/수동 분사(29과) ▷ 현재완료중간/수동 가정법(29과) ▷ 현재완료중간/수동 부정사(29과) ▷ 현재완료중간/수동희구법(범위밖)	

단어공부

동 사: προσέρχομαι [Depo] (I come to, I go to 오다/가다)
– 전치사 πρός와 결합된 합성동사.

ὤν, οὖσα, ὄν [εἰμί 의 현재분사] (being 존재하여 있는)

연습문제

1. ***διωκόμενοι*** *ὑπὸ τοῦ ἄρχοντος* ***προσευχόμεθα*** *τῷ θεῷ.*
박해 받으면서 그 통치자로 말미암아 우리가 기도한다 하나님께

해석: 우리가 그 통치자에게 박해 받으면서 하나님께 기도한다.
★ *διωκόμενοι* – διώκω의 현재 수동태 분사 남성 복수 주격 **Verb 34a**
★ *προσευχόμεθα* – προσεύχομαι 의 현재 중간/수동태 디포넌트 직설법 1 인칭 복수

2. *ὁ σὲ* ***δεχόμενος δέχεται*** *καὶ τὸν κύριον.*
너를 영접하는 자는 영접한다 ~까지도 주님을

해석: 너를 영접하는 자는 주님까지도 영접한다.
★ *δεχόμενος* – δέχομαι의 현재 중간/수동태 디포넌트 분사 남성 단수 주격 **Verb 31a**
★ *δέχεται* – δέχομαι 의 현재 중간/수동태 디포넌트 직설법 3 인칭 단수

3. *ταῦτα* ***λέγομεν*** *τοῖς* ***πορευομένοις*** *εἰς τὸν οἶκον περὶ τοῦ* ***ἐγείροντος*** *τοὺς νεκρούς.*
이것들을 우리는 말한다 가는 자들에게 그 집 안으로 ~에 대해
일으키는 자 그 죽은 자들을

해석: 우리는 그 집 안으로 들어가는 자들에게 그 죽은 자들을 일으키는 자에 관해 이것들을 말한다.
★ *λέγομεν* – λέγω의 현재 능동태 직설법 1인칭 복수
★ *πορευομένοις* – πορεύομαι 의 현재 중간/수동태 디포넌트 분사 남성 복수 여격 **Verb 23a**
★ *ἐγείροντος* – ἐγείρω 의 현재 능동태 분사 남성 단수 속격

4. ***ἐξερχομένοις*** *ἐκ τῆς ἐκκλησίας* ***λέγει*** *ἡμῖν ταῦτα.*
나가고 있을 때에 그 교회 밖으로 그는 말한다 우리에게 이것들을

해석: 그는 우리가 그 교회 밖으로 나가고 있을 때에 우리에게 이것들을 말한다.
★ *ἐξερχομένοις* – ἐξέρχομαι의 현재 중간/수동태 디포넌트 분사 남성 복수 여격 **Verb 21a**
★ *λέγει* – λέγω 의 현재 능동태 직설법 3 인칭 단수

5. *αἱ ἐκκλησίαι αἱ* ***διωκόμεναι*** *ὑπὸ τῶν ἀρχόντων* ***πιστεύουσιν*** *εἰς τὸν κύριον.*
그 교회들은 그 박해 받고 있는 그 통치자들로 말미암아 믿는다
주님을

해석: 그 통치자들로 말미암아 박해 받고 있는 그 교회들은 주님을 믿는다.
★ *διωκόμεναι* – διώκω의 현재 수동태 분사 여성 복수 주격 **Verb 34a**

★ *πιστεύουσιν* – πιστεύω 의 현재 능동태 직설법 3 인칭 복수

6. *οἱ* ***πιστεύοντες*** *εἰς τὸν κύριον* ***σῴζονται***.
믿는 자들은 주님을 구원받는다

해석: 주님을 믿는 자들은 구원받는다.

★ *πιστεύοντες* – πιστεύω 의 현재 능동태 분사 남성 복수 주격

★ *σῴζονται* – σῴζω 의 현재 수동태 직설법 3 인칭 복수

7. ***γινώσκει*** *ὁ θεὸς τὰ* ***γραφόμενα*** *ἐν τῷ βιβλίῳ τῆς ζωῆς*.
아신다 하나님께서 그 기록되고 있는 것들을 책 안에 그 생명의

해석: 하나님께서 그 생명의 책 안에 기록되고 있는 것들을 아신다.

★ *γινώσκει* – γινώσκω의 현재 능동태 직설법 3인칭 단수

★ *γραφόμενα* – γράφω 의 현재 수동태 분사 중성 복수 대격 **Verb 3a**

8. ***ἐξήλθομεν*** *πρὸς αὐτοὺς* ***ἄγοντες*** *τὰ τέκνα*.
우리는 나갔다 그들에게 인도하면서 그 아이들을

해석: 우리는 그 아이들을 인도하면서 그들에게로 나갔다.

★ *ἐξήλθομεν* – ἐξέρχομαι의 2과거 능동태 직설법 1인칭 복수

★ *ἄγοντες* – ἄγω 의 현재 능동태 분사 남성 복수 주격

9. ***εἴδομεν*** *τοὺς* ***λαμβάνοντας*** *τὰ δῶρα ἀπὸ τῶν τέκνων*.
우리는 보았다 취하는 자들을 그 선물들을 그 아이들로부터

해석: 우리는 그 아이들로부터 그 선물들을 취하는 자들을 보았다.

★ *εἴδομεν* – βλέπω의 2과거 능동태 직설법 1인칭 복수

★ *λαμβάνοντας* – λαμβάνω 의 현재 능동태 분사 남성 복수 대격

10. *οὗτός* ***ἐστιν*** *ὁ ἄρχων ὁ* ***δεχόμενός*** *με εἰς τὸν οἶκον αὐτοῦ*.
이 사람은 ~이다 그 통치자 영접하는 나를 그 집 안으로 그의

해석: 이 사람은 나를 그의 집 안으로 영접하는 통치자이다.

★ *ἐστιν* – εἰμί의 현재 직설법 3인칭 단수

★ *δεχόμενος* – δέχομαι 의 현재 중간/수동태 디포넌트 분사 남성 단수 주격

11. ἅγιοί εἰσιν οἱ **πιστεύοντες** εἰς τὸν κύριον καὶ **σωζόμενοι** ὑπ' αὐτοῦ.
거룩한 ~이다 믿는 자들 주님을 그리고 구원받고 있는 그로 말미암아

해석: 주님을 믿고 또 그로 말미암아 구원받고 있는 자들은 거룩하다.
★ πιστεύοντες – πιστεύω의 현재 능동태 분사 남성 복수 주격
★ σωζόμενοι –σώζω 의 현재 수동태 분사 남성 복수 주격 **Verb 17a**

12. τοῦτό **ἐστι** τὸ πνεῦμα τὸ **σῶζον** ἡμᾶς.
이것은 ~이다 그 영 구원하는 우리를

해석: 이것은 우리를 구원하는 영이다.
★ ἐστι – εἰμί의 현재 직설법 3인칭 단수
★ σῶζον – σώζω 의 현재 능동태 분사 중성 단수 주격

13. **ἦσαν** ἐν τῷ οἴκῳ τῷ **λυομένῳ** ὑπὸ τοῦ ἄρχοντος.
그들은 ~에 있었다 그 집 안에 파괴되고 있는 그 통치자로 말미암아

해석: 그들은 그 통치자로 말미암아 파괴되고 있는 집 안에 있었다.
★ ἦσαν – εἰμί의 미완료 직설법 3인칭 복수
★ λυομένῳ – λύω 의 현재 수동태 분사 남성 단수 여격

14. **ἦσαν** ἐν τῷ οἴκῳ **λυομένῳ** ὑπὸ τοῦ ἄρχοντος.
그들은 ~에 있었다 그 집 안에 파괴되고 있을 때 그 통치자로 말미암아

해석: 그들은 그 집이 그 통치자로 말미암아 파괴되고 있을 때 그 집 안에 있었다.
★ ἦσαν – εἰμί의 미완료 직설법 3인칭 복수
★ λυομένῳ – λύω 의 현재 수동태 분사 남성 단수 여격

15. αὕτη **ἐστὶν** ἡ ἐκκλησία ἡ **πιστεύουσα** εἰς τὸν κύριον.
이것은 ~이다 그 교회 믿는 주님을

해석: 이것은 주님을 믿는 교회이다.
★ ἐστὶν – εἰμί의 현재 직설법 3인칭 단수
★ πιστεύουσα – πιστεύω 의 현재 능동태 분사 여성 단수 주격

16. ***διδασκόμενοι*** *ὑπὸ τοῦ κυρίου* ***ἐπορεύεσθε*** *ἐν τῇ ὁδῷ τῇ*
가르침 받으면서 주님으로 말미암아 너희는 가고 있었다 그 길에
ἀναβαινούσῃ *εἰς τὴν ἔρημον.*
올라가는 그 광야 안으로

해석: 너희는 주님으로 말미암아 가르침 받으면서 그 광야 안으로 올라가는 길을 가고 있었다.

★ *διδασκόμενοι* – διδάσκω의 현재 수동태 분사 남성 복수 주격 **Verb 4a**

★ *ἐπορεύεσθε* – πορεύομαι 의 미완료 중간/수동태 디포넌트 직설법 2 인칭 복수 **Verb 23a**

★ *ἀναβαινούσῃ* – ἀναβαίνω 의 현재 능동태 분사 여성 단수 여격

17. ***ἐκηρύχθη*** *ὑπ' αὐτῶν τὸ εὐαγγέλιον τὸ* ***σῶζον*** *τοὺς ἁμαρτωλούς.*
전파되었다 그들로 말미암아 그 복음이 구원하는 그 죄인들을

해석: 그 죄인들을 구원하는 복음이 그들로 말미암아 전파되었다.

★ *ἐκηρύχθη* – κηρύσσω의 과거 수동태 직설법 3인칭 단수

★ *σῶζον* – σώζω 의 현재 능동태 분사 중성 단수 주격

18. *τοῦτό* ***ἐστιν*** *τὸ εὐαγγέλιον τὸ* ***κηρυσσόμενον*** *ἐν τῷ κόσμῳ καὶ*
이것은 ~이다 그 복음 전파되고 있는 세상 안에 그리고
σῶζον *τοὺς ἀνθρώπους.*
구원하는 그 사람들을

해석: 이것은 세상 안에서 전파되고 있고 또 그 사람들을 구원하는 복음이다.

★ *ἐστιν* – εἰμί의 현재 직설법 3인칭 단수

★ *κηρυσσόμενον* – κηρύσσω 의 현재 수동태 분사 중성 단수 주격 **Verb 33a**

★ *σῶζον* – σώζω 의 현재 능동태 분사 중성 단수 주격

19. ***ἦλθον*** *πρὸς αὐτὸν* ***βαπτίζοντα*** *τοὺς μαθητάς.*
나는 갔다 그에게로 세례주고 있을 때에 그 제자들을

해석: 그가 그 제자들을 세례주고 있을 때에 나는 (혹은 그들은) 그에게로 갔다.

★ *ἦλθον* – ἔρχομαι의 2과거 능동태 직설법 1인칭 단수 (혹은 3인칭 복수)

★ *βαπτίζοντα* – βαπτίζω 의 현재 능동태 분사 남성 단수 대격

20. *ἔτι* ***ὄντα*** *ἐν τῷ ἱερῷ* ***εἴδομεν*** *αὐτόν.*
아직 있을 때에 그 성전 안에 우리는 보았다 그를

해석: 그가 아직 그 성전 안에 있을 때에 우리는 그를 보았다.

★ *ὄντα* – εἰμί의 현재 분사 남성 단수 대격

★ *εἴδομεν* – βλέπω 의 2 과거 능동태 직설법 1 인칭 복수

19과

과거분사 능동태와 중간태

핵심문법요약

Gram 107. λύω의 과거 능동태 분사 (Aorist Active Participle)

	남성		여성		중성	
	단수	복수	단수	복수	단수	복수
주	λύσας	λύσαντες	λύσασα	λύσασαι	λῦσαν	λύσαντα
속	λύσαντος	λυσάντων	λυσάσης	λυσασῶν	λύσαντος	λυσάντων
여	λύσαντι	λύσασι(ν)	λυσάσῃ	λυσάσαις	λύσαντι	λύσασι(ν)
대	λύσαντα	λύσαντας	λύσασαν	λυσάσας	λῦσαν	λύσαντα
호	λύσας	λύσαντες	λύσασα	λύσασαι	λῦσαν	λύσαντα

Gram 108. 과거 능동태 분사의 어형성 (Word formation)
앞서 현재분사는 현재직설법 기본형의 줄기에 기초하여 그 분사어형을 형성하게 됨을 확인하였다. 이와 마찬가지로 **과거분사**는 **과거직설법 기본형에서** 그 과거줄기(Stem)를 빌어와 현재분사의 줄기와 꼬리를 붙여 만든다(cf. **Gram106**). 따라서 과거분사를 만들기 위해 필요한 것은 사전에서 해당동사의 과거지설법 기본형을 찾아보는 일 뿐이다. 그런데 헬라어 동사에 있어서 과거시제어형을 취하는 방식은 크게 두 가지로 나뉘며(1과거/2과거), 분사도 그에 따라 그 어형성 패턴이 두 가지로 나뉘게 된다. 위에 소개해 놓은 표는 **제1과거 패턴을 갖는 직설법 능동태 동사들**의 과거능동분사 변화표이다. 그러므로 과거직설법 기본형이 ϵ*σα (혹은 ϵ*ξα/ϵ*ψα)로 소개되는 모든 동사들은 위의 패턴을 따라 과거분사를 형성한다. 각각의 어형들이 갖는 어형성 과정은 아래와 같다(cf. Mounce, *Morphology* 155):

(1) 과거능동태분사 남성

1과거직설법	과거직설법줄기	연결모음	분사능동줄기	남성분사격꼬리	
	*λυσα	–	+ ντ	+ ς	► λύσας
ἔλυσα	*λυσα	–	+ ντ	+ ος	► λύσαντος
	*λυσα	–	+ ντ	+ ι	► λύσαντι

〈참고〉 과거능동태직설법 어형에서 과거의 줄기란, 접두모음을 뺀 후 시상접미어까지 포함한 부분을 말한다. 이제껏 과거능동태꼬리를 외울 때 **σα, σας, σε**...라고 익혀왔겠지만, 사실은 줄기의 끝부분인 시상접미어가 손쉬운 구분점이 되기에 그것이 마치 인칭꼬리의 시작이 되는양 학습해 온 것이다(**Gram91** 참조).

(i) 우선 주목하여 볼 것은, 현재능동분사와 달리 연결모음(ο) 없이 직접 현재분사줄기 ντ가 왔다는 점이다. 사실, 분사줄기는 현재분사(18과)나 과거분사(19과)나 과거수동태분사(20과)에 있어서 항상 ντ가 온다. 현재분사에만 연결모음(ο)이 개입할 뿐, 과거와 과거수동태 분사에는 연결모음 없이 분사줄기 ντ가 붙는다.

(ii) 현재능동분사와 달리 **남성단수 주격과 호격에서**는 **분사격꼬리 시그마(ς)**가 온다. 따라서 단어의 끝에 서게 된 τ는 시그마와 음운적 마찰을 겪고 떨어져 나가게 되며 그 앞의 ν도 마찬가지의 이유로 없어지게 된다. 자음의 소실로 인해 그 보상으로 시상접미어의 모음 α는 장모음 α로 길어진다. 이 같은 이유로 모든 제1과거 분사 남성단수주격 어형들(*σας/*ξας/*ψας)은 얼티마에 항상 장모음 α를 갖게 되어 언제나 피널트(penult)에 액센트가 오게 된다(cf. 동사의 액센트법칙 **Gram9**참조).

*λυσα + ντ + ς ► λυσαντς ► λυσανς ► λυσας ► λύσας

예1: **διδάσκω**의 과거분사 남성단수주격.
[ἐδίδαξα 과거능동태직설법 기본형; 14과]
*διδαξα + ντ + ς ► διδαξαντς ► διδαξας ► διδάξας

예2: **ὑποστρέφω**의 과거분사 남성단수주격.
[ὑπέστρεψα 과거능동태직설법 기본형; 14과]
*ὑποστρεψα + ντ + ς ► ὑποστρεψαντς ► ὑποστρέψας

Cf. 언제나 **접두모음을 뺀 나머지 과거줄기만 사용**한다는 점에 유의하자.

(iii) 현재분사와 마찬가지로, 남성복수여격은 분사의 줄기끝 자음 τ가 남성분사 복수여격 격꼬리 **σιν**을 만나 음운적 갈등을 겪고 사라지게 된다. 또한 그 앞의 자음 ν도 유음(Liquid)이라는 이유로 시그마와 음운적 갈등을 겪고 사라진다. 두 자음의 소실로 인해 그 보상으로 시상접미어의 모음 α는 긴 α가 된다. 마지막 음절은 단모음(ι)이므로 액센트는 안티피널트(antepenult)에 오게 된다.

*λυσα + ντ + σιν ► λυσαντσιν ► λυσασιν ► λύσασιν

예: διδάσκω의 과거능동분사 남성복수여격
[ἐδίδαξα →] διδάξασιν

ὑποστρέφω의 과거능동분사 남성복수여격
[ὑπέστρεψα →] ὑποστρέψασιν

(2) 과거능동태분사 여성

1과거직설법	과거직설법줄기	연결모음	분사능동줄기	여성분사 격꼬리	
	*λυσα	–	+ ντ	+ σα	► λύσασα
ἔλυσα	*λυσα	–	+ ντ	+ σης	► λυσάσης
	*λυσα	–	+ ντ	+ σῃ	► λυσάσῃ

현재분사에서와 마찬가지로, 과거능동분사 여성은 줄기까지는 남성과 동일하되 격꼬리를 **1변화패턴**과 동일하게 갖는다. 현재여성분사에서는 분사줄기 ντ가 분사격꼬리 σα 앞에서 소실됨으로 인해 연결모음 ο이 ου로 길어졌지만(cf. λύουσα), 과거여성분사에선 과거줄기의 끝모음 α가 긴 α로 남게 되어 아래의 결과를 갖게 된다. 여성분사격꼬리 σα는 짧은 α이므로 액센트는 안티피널트(antepenult)에 오게 된다.

*λυσα + ντ + σα ► λυσαντσα ► λυσασα ► λύσασα

예1: διδάσκω의 과거분사 여성단수주격.
[ἐδίδαξα →] διδάξασα

예2: ὑποστρέφω의 과거분사 여성단수주격.
[ὑπέστρεψα →] ὑποστρέψασα

(3) 과거능동태분사 중성

1과거직설법	과거직설법줄기	연결모음	분사능동줄기	중성분사 격꼬리	
	*λυσα		+ ντ	Ø	► λῦσαν
ἔλυσα	*λυσα	–	+ ντ	+ ος	► λύσαντος
	*λυσα	–	+ ντ	+ ι	► λύσαντι

중성단수 주격과 호격은 남성과 달리 분사격꼬리가 오지 않는다. 따라서 단어의 끝에 서게 된 τ는 발음의 약화로 견디지 못하고 소실되었다. 그러나 중성분사에서는 자음이 소실되어도 모음을 길게 하지 않는 것이 하나의 경향으로 굳어졌기 때문에 – 과거분사

의 경우, 남성주격과의 형태적 동화를 피해야 할 이유가 없음에도 불구하고 – 모음 α는 길어지지 않았다(cf. λύω의 모음 υ은 원래 장모음이므로 동사액센트법칙에 따라 피널트에 써컴플렉스가 오게 된다).

*λυσα + ντ + Ø ▸ λυσαντ ▸ λυσαν ▸ λῦσαν

〈참고〉 현재 및 1과거 동사의 분사 중성단수주격/대격/호격 액센트는 다소 불규칙한 양상을 띠고 있으나, 중성분사의 활용은 매우 드물기 때문에 그다지 중요한 사안은 아니다.[1]

주요 1과거 능동태 분사들

★표는 연습문제에 자주 사용되는 분사들이다.

원형	과거기본형	과거분사(남성)	과거분사(여성)	과거분사(중성)
σῴζω	ἔσωσα	σώσας★	σώσασα★	σῶσαν
διώκω	ἐδίωξα	διώξας★	διώξασα★	διῶξαν
ἀκούω	ἤκουσα	ἀκούσας★	ἀκούσασα★	ἀκοῦσαν
κηρύσσω	ἐκήρυξα	κηρύξας★	κηρύξασα★	κηρῦξαν
διδάσκω	ἐδίδαξα	διδάξας★	διδάξασα★	διδάξαν
πιστεύω	ἐπίστευσα	πιστεύσας★	πιστεύσασα★	πιστεῦσαν
ἐπιστρέφω	ἐπέστρεψα	ἐπιστρέψας	ἐπιστρέψασα	ἐπιστρέψαν
θαυμάζω	ἐθαύμασα	θαυμάσας	θαυμάσασα	θαυμάσαν
θεραπεύω	ἐθεράπευσα	θεραπεύσας	θεραπεύσασα	θεραπεῦσαν
πείθω	ἔπεισα	πείσας	πείσασα	πεῖσαν

Gram 109. 과거분사의 개관 및 용법 (Introduction & Usage)

과거분사의 용법은 현재분사의 그것과 동일하다(cf. **Gram101,102**). 다만, 분사의 시제가 과거인고로 – 상대시제(Relative Tense)를 적용시켜 – 주동사의 시제보다 앞선 동작을 나타낸다.[2] 따라서 **'~한/~하고서'**라는 해석을 갖게 된다.

---

[1] 현재와 1과거 중성분사 단수주격/대격/호격의 액센트는 특별한 이유 없이 피널트에 오는데 이는 여성분사와 대조를 이룬다(cf. διανοῖγον, κατακαλύπτον, λαλῆσαν, ποιῆσαν, φωνῆσαν, σπαράξαν etc.).

[2] 그러나 때론 (미래분사를 제외하고는) 분사의 시제가 주동사와 갖는 관계는 문맥이 결정하기도 한다. 이것은 영어에서도 마찬가지이다. 현재분사(V-ing)구분이 주동사와 동일한 시제를 나타낼 수도 있지만, 문맥에 따라 주동사보다 이전시제를 나타낼 수도 있다. 그러나 헬라어에 있어서 현재분사는 문맥에 따라 '의도'를 나타내어 주동사의 이후 시제까지 나타낼 수 있다(cf. Young 156; 롬15:25). 또한 헬라어의 과거분사는 문맥에 따라 거의 동시적인 동작을 나타내는데에 사용되기도 한다(cf. Zerwick §127). 더 나아가, 헬라어 분사의 시제는 경우에 따라 상대적 시제(Relative Tense) 개념이 아닌 – 부정사(22과)나 가정법(21

예1: ὁ ἀπόστολος **διδάξας** δούλους βλέπει τὸν κύριον. [주동사가 현재시제]
그 사도가 종들을 가르치고 나서 주님을 본다.
The apostle, having taught servants, is seeing the Lord.

예2: **πιστεύσας** τῷ κυρίῳ ὄψῃ τὸν θεόν. [주동사가 미래시제]
너는 주님을 믿고 나서 하나님을 보게 될 것이다.
When[or after] you have believed in the Lord, you will see God.

예3: **πιστεύσασαν** τῷ κυρίῳ ἤλθομεν πρὸς αὐτήν. [주동사가 과거시제]
그녀가 주님을 믿고 난 후 우리는 그녀에게로 갔다.
When[or after] she had believed in the Lord, we came to her.

예4: ἐδεξάμεθα τὰς **πιστευσάσας** τῷ κυρίῳ. [분사의 독립적용법]
우리는 주님을 믿은 여자들을 영접했다.
We received the women who had believed in the Lord.

Gram 110. λύω의 과거 중간태 분사 (Aorist Middle Participle)

	남성		여성		중성	
	단수	복수	단수	복수	단수	복수
주	λυσάμενος	λυσάμενοι	λυσαμένη	λυσάμεναι	λυσάμενον	λυσάμενα
속	λυσαμένου	λυσαμένων	λυσαμένης	λυσαμένων	λυσαμένου	λυσαμένων
여	λυσαμένῳ	λυσαμένοις	λυσαμένῃ	λυσαμέναις	λυσαμένῳ	λυσαμένοις
대	λυσάμενον	λυσαμένους	λυσαμένην	λυσαμένας	λυσάμενον	λυσάμενα
호	λυσάμενος	λυσάμενοι	λυσαμένη	λυσάμεναι	λυσάμενον	λυσάμενα

과거시제에서는 직설법을 포함한 모든 법(moods)에서 중간태와 수동태의 어형이 분화된다. 위의 **과거중간태분사는 과거능동태직설법의 줄기를 빌어와** 현재중간/수동태 분사줄기와 꼬리(μενος/μενη/μενον)를 연결모음 없이 붙여 만든다. 메이첸의 초급헬라어 교본에서는 중간태적 해석을 배제하기로 약속했으므로, 본 교재에선 -ω/-σα동사가 분사로 전환될 경우 –몇몇 동사를 제외하곤– 항상 능동태분사어형(*ων/*σας)만을 취하게 될 것이다. 그러나 λύω동사를 빌어 과거중간태분사 어형변화를 소개하는 까닭은 과거시제 디포넌트 동사들을 다루기 위함이다. '과거 중간태 디포넌트 분사'의 예는 아래 **Gram111**을 참조하라.

과)에서처럼 – 화자의 관점에서 본 동작의 양상(Aspect) 개념을 나타낸다(cf. Young 147; Smyth §1872, 2043).

Gram 111. 과거 디포넌트 동사들의 분사 (Aorist Deponent Participle)

과거시제기본형을 능동태 어형이 아닌 중간태 어형으로 갖는 동사를 **과거디포넌트 동사**라 한다. 과거시제 직설법에서 디포넌트인 동사는 과거시제 분사에서도 디포넌트이므로 과거능동분사의 꼬리를 취해선 안된다. 특히 과거시제 디포넌트 직설법 동사들 중에 그 중간태꼬리를 **제1과거 패턴**(*σαμην/*ξαμην/*ψαμην)**으로 갖는 디포넌트 동사들**은 과거분사어형을 위 **Gram110**과 같이 형성한다. 그 어형성은 접두모음을 뺀 과거시제 직설법줄기에 현재분사 중간/수동태 꼬리를 연결모음없이 취함으로 완성한다. 과거디포넌트 동사들 중에 제1과거 패턴을 갖는 동사로는 지금의 범위에선 ἐδεξάμην(영접했다)를 들 수 있다:[3]

1과거 직설법	과거직설법줄기	연결모음	분사 중간/수동 줄기 및 꼬리	
ἐδεξάμην	*δεξα	–	+ μεν + ος	► δεξάμενος
	*δεξα	–	+ μεν + ου	► δεξαμένου

〈비교〉 현재 수동태 분사: διδασκ +ο+μεν+ος ► διδασκόμενος

예: ἐδέχου τοὺς **δεξαμένους** τὸν μαθητὴν τοῦ κυρίου.
너는 주의 제자를 영접한 자들을 영접하고 있었다.
(19과 연습 2번, 20과 연습 12번)

---

[3] 참고로, προσεύχομαι(기도하다, 12과)도 과거시제에서 1과거패턴을 취하는 디포넌트 동사이다: προσηυξάμην(기도했다)[cf. Verb44b]

Gram 112. 제2과거 능동태 동사들의 과거분사 (2nd Aorist Active Participle)

앞서 **Gram107**에서는 λύω동사의 과거능동태분사 변화를 살펴보았다. 그런데 그것은 어디까지나 과거시제 직설법에서 제1과거패턴을 갖는 동사들의 경우에 해당한다. 과거시제 직설법에서 **제2과거 패턴을 취하는 동사들**은 직설법 이외의 다른 법에서도 그 어형성 과정을 달리 갖는다. 제2과거패턴을 취하는 대표적인 동사로서 βλέπω의 과거능동분사 변화를 소개하자면 다음과 같다:

	남성		여성		중성	
	단수	복수	단수	복수	단수	복수
주격	ἰδών	ἰδόντες	ἰδοῦσα	ἰδοῦσαι	ἰδόν	ἰδόντα
속격	ἰδόντος	ἰδόντων	ἰδούσης	ἰδουσῶν[4]	ἰδόντος	ἰδόντων
여격	ἰδόντι	ἰδοῦσι(ν)	ἰδούσῃ	ἰδούσαις	ἰδόντι	ἰδοῦσι(ν)
대격	ἰδόντα	ἰδόντας	ἰδοῦσαν	ἰδούσας[5]	ἰδόν	ἰδόντα
호격	ἰδών	ἰδόντες	ἰδοῦσα	ἰδοῦσαι	ἰδόν	ἰδόντα

과거시제 직설법에서 2과거 패턴을 취하는 모든 ϵ*ον 능동태 동사들은 그 능동분사어형을 위와 같이 만든다. 즉, 접두모음과 (연결모음을 포함한) 인칭꼬리를 뺀 나머지 **2과거 줄기를 빌어다** ϵἰμί분사(=현재분사의 줄기와 꼬리부분)를 붙인다.

2과거 능동태 직설법	2과거직설법 줄기	ϵἰμί 분사	
ϵἶδον	*ιδ	+ ων	► ἰδών
	*ιδ	+ οντος	► ἰδόντος

주목할 것은, **2과거 동사의 줄기를 빌어 만든 분사**의 **액센트 규칙**은 – 동사액센트 일반법칙을 어기고서라도 – 2과거 줄기에 액센트를 허락하지 아니한다는 것이다 따라서 신약본문을 읽다가 현재능동태 분사꼬리를 취한 어형을 만났을 경우, 만약 액센트의 위치가 분사꼬리에만 머물러 있음을 확인했다면 그것은 나름아닌 2과거분사의 표시인 것이다. 지금의 범위까지 2과거 패턴을 갖는 능동태 직설법 동사들을 망라하여 그 과거분사어형을 정리해보자면 다음과 같다:

[4] 여성분사복수속격의 액센트는 1변화명사의 복수속격과 마찬가지로 단축현상이 일어난 결과이다(cf. Mounce, *Morphology* 152, 165).

[5] 1변화 여성복수대격의 격꼬리는 원래 νς가 왔다(cf. 단수에서는 ν가 옴). 그러나 ν는 ς와의 음운적 갈등으로 인해 소실되고, 그 보상으로 모음을 길게 하였기에 여성복수대격 ας의 α는 항상 길다. 따라서 1변화 복수꼬리를 빌어서 분사어형을 만든 위의 경우에 있어서 액센트는 ἰδούσας가 된다.

주요 2과거 능동태 분사들

★표는 연습문제에 자주 사용되는 분사들이다.

원형	과거기본형	과거분사(남성)	과거분사(여성)	과거분사(중성)
πίπτω	ἔπεσον	πεσών★	πεσοῦσα★	πεσόν
φέρω	ἤνεγκον	ἐνεγκών★	ἐνεγκοῦσα★	ἐνεγκόν
προσφέρω	προσήνεγκα	προσενεγκών★	προσενεγκοῦσα★	προσενεγκόν
λείπω	ἔλιπον	λιπών	λιποῦσα	λιπόν
βάλλω	ἔβαλον	βαλών	βαλοῦσα	βαλόν
λέγω	εἶπον	εἰπών★	εἰποῦσα★	εἰπόν
λαμβάνω	ἔλαβον	λαβών★	λαβοῦσα★	λαβόν
ἄγω	ἤγαγον	ἀγαγών★	ἀγαγοῦσα★	ἀγαγόν
ἔρχομαι	ἦλθον	ἐλθών★	ἐλθοῦσα★	ἐλθόν
ἀπέρχομαι	ἀπῆλθον	ἀπελθών★	ἀπελθοῦσα★	ἀπελθόν
ἀποθνήσκω	ἀπέθανον	ἀποθανών★	ἀποθανοῦσα★	ἀποθανόν

〈참고1〉 **φέρω**의 과거기본형은 원래 2과거패턴의 어형(**ἤνεγκον**)이기에 과거분사도 2과거분사 패턴을 취함은 당연하다. 그러나 1과거꼬리를 취한 어형인 **ἤνεγκα**가 더욱 즐겨 사용되는 까닭에 과거분사어형도 아예 **ἐνέγκας, ἐνέγκασα, ἐνέγκαν** 형태가 주를 이룬다(cf. 행1:2; 14:13; 에스라4:2). 이러한 현상은 2과거 패턴을 가지고서 1과거 인칭꼬리를 시그마 없이 취하는 동사들에서 흔히 발견되며(cf.**Gram84**), 분사 뿐 아니라 부정사(22과)와 명령법(28과)에 있어서도 마찬가지로 발견된다.

예: **εἶπον** (or **εἶπα**) – **εἴπας** (1과거 능동분사 남성단수주격, LXX 창22:7)
εἴπαντες (1과거 능동분사 남성복수주격, LXX 렘43:2/50:2)

〈참고2〉 **φέρω**의 과거형 **ἤνεγκα**에서 과거분사형을 만들기 위해서는 우선 접두모음을 떼어내야 한다. 이때 과거어형의 첫 철자 **η**의 경우, 접두모음이 붙지 않았던 상태로 환원시키면 **α**나 **ϵ** 중 하나가 될 터인데 둘 중 어느 것인지 학습자가 알 길은 없다. 직설법에서 다른 법으로 굴절시킴에 있어서 그 무한한 생산성과 규칙성에도 불구하고 학습자가 약간의 사전적 도움을 받아야 할 때가 바로 이러한 경우이다.

〈참고3〉 **λέγω**의 과거동사 **εἶπον**의 과거분사어형은 **ἰπών**이 아니라 **εἰπών**이 되는데, 그것은 과거직설법 어형성 과정에서 줄기가 이중모음으로 시작할 경우 접두모음이 적용되어도 그냥 변형없이 남아있는 동사들이 가끔 있기 때문이다. **εἶπον**의 경우 역시 접두모음과 인칭꼬리를 뺀 과거줄기(Stem)는 ***ειπ**이다. 이와 유사하게 **εὐλογέω**(축복하다)란 동사 역시 과거직설법 기본형이 *주로* **εὐλόγησα**로 나타나며(cf.**ηὐλόγησα** 창27:33), 과거분사어형은 **εὐλογήσας**이다. 그러나 **ευ**가 **ευ**로 남아있는 경우는 흔치 않으며 대개 다음과 같은 규칙에 의해 동사줄기의 첫 모음들이 제2시제(Secondary Tense)에서 길어진다(cf. Mounce, *Morphology* 67).

홀모음(Single Vowel)		이중모음(Diphthong)	
α ► η	ἀγαπάω/ ἠγάπησα	αυ ► ηυ	αὐξάνω/ ηὔξανεν
ϵ ► η	ἐγείρω/ ἤγειρα	ϵυ ► ηυ	ϵὐλαβέομαι/ ηὐλαβήθην
ο ► ω	ὀνομάζω/ ὠνόμασα	ϵυ ► ϵυ	ϵὐλογέω/ ϵὐλόγησα
η ► η	ἡγέομαι/ ἡγήσατο	αι ► ῃ	αἰτέω/ ᾐτήσατο
ι ► ι	ἰσχύω/ ἴσχυσα	ϵι ► ῃ	LXX와 NT엔 없음.
υ ► υ	ὑστερέω/ ὑστέρησα	ϵι ► ϵι	ϵἴκω/ ϵἶξα
ω ► ω	ὠφελέω/ ὠφελήσεν	οι ► ῳ	οἰκοδομέω/ ᾠκοδόμησεν

Gram 113. 제2과거 디포넌트 동사들의 과거분사
(2nd Aorist Middle Deponet Participle)

	남성		여성		중성	
	단수	복수	단수	복수	단수	복수
주	γενόμενος	γενόμενοι	γενομένη	γενόμεναι	γενόμενον	γενόμενα
속	γενομένου	γενομένων	γενομένης	γενομένων	γενομένου	γενομένων
여	γενομένῳ	γενομένοις	γενομένῃ	γενομέναις	γενομένῳ	γενομένοις
대	γενόμενον	γενομένους	γενομένην	γενομένας	γενόμενον	γενόμενα
호	γενόμενος	γενόμενοι	γενομένη	γενόμεναι	γενόμενον	γενόμενα

앞서 **Gram111**에선 과거시제에서 제1과거패턴을 취하는 과거디포넌트 동사의 분사어형을 살펴보았다. 그렇다면 과거시제에서 **제2과거패턴을 취하는 과거디포넌드 동사**의 경우 그 분사어형을 어떻게 만들 것인가. 그것은 제2과거 능동태 직설법동사가 그 과거줄기만을 가지고 현재능동분사의 꼬리(즉, ϵἰμί분사)를 취하여 만들었듯이(cf. **Gram112**), **제2과거 디포넌트 직설법동사** 역시 그 과거줄기만을 가지고 **현재 중간/수동 분사의 꼬리**(ομενος)를 취하여 만든다(cf. **Gram103**). 지금의 범위에서 제2과거 패턴을 위하는 과거디포넌트 직설법 동사로는 ἐγενόμην (γίνομαι의 과거)이 유일하다:[6]

---

[6] 물론 γίνομαι는 과거시제에서 중간태 뿐 아니라 수동태를 취하고도 디포넌트인 동사이다. 따라서 과거분사어형은 과거중간태로부터 만든 것과 과거수동태로부터 만든 것 두 개를 갖게 되며 의미의 차이는 거의 없다(cf. 20과 참조).

2과거 직설법 기본형	2과거직설법 줄기	연결모음	분사 중간/수동 줄기및꼬리	
ἐγενόμην	*γεν	+ ο	+ μεν + ος	► γενόμενος
	*γεν	+ ο	+ μεν + ου	► γενομένου

예: ὁ **γενόμενος** μαθητὴς τοῦ κυρίου λέγει ταῦτα.
주님의 제자가 된 자가 이것들을 말한다.

Gram 114. 분사의 부정어 μή

직설법을 부정할 때엔 부정어 οὐ를 사용한다(cf.**Gram59**). 그러나 **직설법 이외의 다른법**에선 μή를 사용한다. 따라서 분사를 부정할 때엔 분사 바로 앞에 μή를 놓는다.[7]

예: ὁ **μὴ πιστεύων** οὐ σῴζεται.[8]
믿지 아니하는 자는 구원받지 못한다.

μὴ ἰδοῦσα ἡμᾶς ἀπῆλθεν.
그녀는 우리를 보지 않고 가버렸다.

Gram 115. 보어와 격의 일치 (Complement & Agreement)

일치(Agreement)와 관련하여 우리는 지금까지 형용사나 분사가 명사를 수식함에 있어서 성/수/격을 일치시켜야 함을 살펴보았다. 한정적인 위치에 선 형용사나 분사는 제한적인 수식어(Attributive modifier)로서 기능하는 반면, 서술적인 위치에 선 형용사나 분사는 보어(Complement)로서 기능한다. 특히 보어로서의 기능은 형용사나 분사를 포함하여 명사나 부정사[22과]가 담당하게 되는데, 그것이 주격보어(Subject-Complement)냐 혹은 목적격 보어(Object-Complement)냐에 따라 주어(Subject) 혹은 목적어(Object)와 성/수/격을 일치시켜 의미를 보충해주게 된다.

---

[7] cf. 고전헬라어(classical Greek)에서는 조건절과 양보절로 쓰인 분사구에서만 μή를 쓰고, 나머지 경우엔 οὐ를 썼다. 그러나 코이네 시대로 접어들어 분사의 부정은 대부분 μή를 사용하게 되었다. 그러나 조건적 진술이 아닌 사실적 사건에 대해 아주 강한 부정을 나타낼 경우엔 μή 대신에 οὐ를 쓰고자 하는 경향이 여전히 신약에 남아있다. 마22:11과 벧전1:8엔 사실을 직시하여서는 οὐ를 써서 부정하고, 조건이나 현재상황에 대한 진술에서는 μή를 사용하고 있다(cf. Robertson, *Short* §463; Smyth §2045): εἶδεν ἄνθρωπον οὐκ ἐνδεδυμένον([그 왕은] 어떤 사람이 [혼인예복을] 입지 않은 것을 보았다); οὐκ ἰδόντες([여러분들은 그리스도를] 본일이 없으면서도 [그를 사랑합니다])

[8] 남성과 여성을 총칭하여 일반적인 개개인을 나타낼 경우에도 분사와 함께 남성관사 ὁ가 사용된다(cf. Smyth §2052).

(1) **목적격 보어:** 동사가 목적어를 취할 때 목적어가 자신의 보어를 동반하게 되면 이를 목적격 보어(Objective-Complement)라 한다. 목적격 보어는 그것이 의미적으로 보충하고 있는 명사(목적어)와 성/수/격을 일치시키게 된다. cf. (형용사나 분사가 아닌) 명사가 목적격 보어일 경우 성은 다를 수 있으며 다만 '수와 격'을 일치시키게 된다.

예: Δαυὶδ ἐν πνεύματι καλεῖ αὐτὸν κύριον. [αὐτὸν의 목적격보어]
다윗은 성령으로 그를 주라 부른다 (마22:43)

ἐποίησεν τὸ ὕδωρ οἶνον. [ὕδωρ의 목적격보어]
그가 물을 포도주로 만들었다 (요4:46)
(cf. ὕδωρ, τό 물; οἶνος, ὁ 포도주)

παρελάβετε τὸν Χριστὸν Ἰησοῦν τὸν κύριον. [Ἰησοῦν의 목적격보어]
너희가 그리스도 예수를 주로 받았다 (골2:6)

εἶδον αὐτὴν λεγοῦσαν ταῦτα. [αὐτὴν의 목적격보어]
나는 그녀가 이것들을 말하는 것을 보았다

(2) **주격 보어:** 어떤 동사(e.g. γίνομαι)는 목적어가 아닌 주격보어(Subject-Complement)를 취하게 된다. 이때 주격보어는 그것이 의미적으로 보충하고 있는 명사(=주어)와 성/수/격을 일치하게 된다. cf. (형용사나 분사가 아닌) 명사가 보어일 경우 성은 다를 수 있으며 다만 '수와 격'을 일치시키게 된다.

예1: ὁ δοῦλος ἐγενήθη μαθητὴς τοῦ ἀποστόλου. [ὁ δοῦλος의 주격보어]
그 종은 그 사도의 제자가 되었다.

예2: γίνομαι가 직설법이 아닌 분사로 쓰일 경우 그것이 취하는 주격보어(Subject-Complement)는 더 이상 '수격'을 취하지 아니하고, γίνομαι의 의미상 주어와 격을 일치시키게 된다. **아래 굵은 활자의 명사들은 각각 보어로 쓰였다.**

βλέπω τὸν δοῦλον τὸν γενόμενον **μαθητὴν** τοῦ κυρίου.
나는 주님의 제자가 된 종을 보고 있다.

πιστεύω τῷ δούλῳ τῷ γενομένῳ **μαθητῇ** τοῦ κυρίου.
나는 주님의 제자가 된 종을 믿는다.

περὶ Ἰούδα τοῦ γενομένου **ὁδηγοῦ** τοῖς συλλαβοῦσιν Ἰησοῦν
예수를 잡은 자들에게 안내자가 된 유다에 관하여 [행1:16]
(cf. ὁδηγός, ὁ 안내자)

[연습 14번] εἴδομεν τοὺς γενομένους **μαθητὰς** τοῦ κυρίου. [분사의 독립적 용법]

우리는 주님의 제자들이 된 자들을 보았다.

〈비교〉 εἴδομεν <u>τοὺς δεξάμενας μαθητὰς</u> τοῦ κυρίου.
우리는 주님의 제자들을 영접한 자들을 보았다.
μαθητάς는 주격보어가 아니라 δεξάμενας의 목적어이다.

εἴδομεν <u>τοὺς πιστεύσαντας μαθητῇ</u> τοῦ κυρίου.
우리는 주님의 제자를 믿은 자들을 보았다.

단어공부

동 사: ἀπέθανον (I died 죽었다) [2과거동사 cf.15과]
현재기본형은 ἀποθνήσκω (I die 죽다). [11과]
ἀπεκρίθην [Depo] (I answered 대답했다)
현재기본형은 ἀποκρίνομαι (I answer 대답하다). [10과]

ἀγαγών [ἄγω의 2과거 능동태 분사] (having led 인도한/ 인도한 후)
εἰπών [λέγω의 2과거 능동태 분사] (having said 말한/ 말한 후)
ἐλθών [ἔρχομαι의 2과거 능동태 분사] (having come 온/ 온 후 , 간/ 간 후)
ἐνεγκών [φέρω의 2과거 능동태 분사] (having brought 운반한/ 운반한 후)

연습문제

1. ***λαβόντες*** *ταῦτα παρὰ τῶν* ***πιστευόντων*** *εἰς τὸν κύριον* ***ἐξήλθομεν***
취한 후 이것들을 믿는 자들로부터 주님을 우리가 나갔다
εἰς τὴν ἔρημον.
그 광야 안으로

해석: 우리는 주님을 믿는 자들로부터 이것들을 취한 후에 그 광야로 나갔다.

★ *λαβόντες* [←ἔλαβον] – λαμβάνω의 2과거 능동태 분사 남성 복수 주격 **Verb 5b**

★ *πιστευόντων* – πιστεύω 의 현재 능동태 분사 남성 복수 속격

★ *ἐξήλθομεν* – ἐξέρχομαι 의 2 과거 능동태 직설법 1 인칭 복수

2. *πισταί εἰσιν αἱ* ***δεξάμεναι*** *τοὺς* ***διωκομένους*** *ὑπὸ τοῦ ἄρχοντος.*
신실한 ~이다 영접한 여자들은 박해 받는 자들을 그 통치자로 말미암아

해석: 그 통치자로 말미암아 박해 받는 자들을 영접한 여자들은 신실하다.

★ *δεξάμεναι* [←ἐδεξάμην] – δέχομαι의 1과거 중간태 디포넌트 분사 여성 복수 주격 **Verb 31b**

★ *διωκομένους* – διώκω 의 현재 수동태 분사 남성 복수 대격 **Verb 34a**

3. ***εἴδομεν*** *αὐτοὺς καὶ* ***μένοντας*** *ἐν τῷ οἴκῳ καὶ* ***ἐξελθόντας*** *ἐξ αὐτοῦ.*
우리가 보았다 그들을 ~까지도 머무르고 있을 때 그 집 안에 ~까지도 나갔을 때 그 (=집) 밖으로

해석: 우리는 그들이 그 집 안에 머무르고 있을 때에도 또 그 집 밖으로 나갔을 때에도 그들을 보았다.

★ *εἴδομεν* – βλέπω의 2과거 능동태 직설법 1인칭 복수

★ *μένοντας* – μένω 의 현재 능동태 분사 남성 복수 대격

★ *ἐξελθόντας* [←ἐξῆλθον] – ἐξέρχομαι 의 2 과거 능동태 분사 남성 복수 대격 **Verb 21b**

4. *οἱ* ***ἰδόντες*** *τὸν κύριον* ***ἦλθον*** *πρὸς τοὺς* ***ἀγαγόντας*** *τὸν μαθητὴν ἐκ*
본 자들이 주님을 갔다 에게로 인도한 사람들을 그 제자를
τοῦ ἱεροῦ.
그 성전 밖으로

해석: 주님을 본 자들이 그 제자를 그 성전 밖으로 인도한 자들에게로 갔다.

★ *ἰδόντες* [←εἶδον] – βλέπω의 2과거 능동태 분사 남성 복수 주격 **Verb 1b**

★ *ἦλθον* – ἔρχομαι 의 2 과거 능동태 직설법 3 인칭 복수

★ *ἀγαγόντας* [←ἤγαγον] – ἄγω 의 2 과거 능동태 분사 남성 복수 대격 **Verb 9b**

5. ταῦτα **εἴπομεν** περὶ τοῦ **σώσαντος** ἡμᾶς.
이것들을 우리는 말했다 ~에 관하여 구원하신 분 우리를

해석: 우리는 우리를 구원하신 분에 관하여 이것들을 말했다.

★ εἴπομεν – λέγω의 2과거 능동태 직설법 1인칭 복수

★ σώσαντος [← ἔσωσα] – σώζω 의 1 과거 능동태 분사 남성 단수 속격 **Verb 17b**

6. οὗτοί **εἰσιν** οἱ **κηρύξαντες** τὸ εὐαγγέλιον, ἀλλ᾽ ἐκεῖνοί **εἰσιν** οἱ
이 사람들은 ~이다 전파한 자들 그 복음을 그러나 저 사람들은 ~이다
διώξαντες τοὺς **πιστεύοντας**.
박해한 자들 믿는 자들을

해석: 이 사람들은 그 복음을 전파한 자들이나, 저 사람들은 믿는 자들을 박해한 자들이다.

★ εἰσιν – εἰμί의 현재 직설법 3인칭 복수

★ κηρύξαντες [← ἐκήρυξα] – κηρύσσω 의 1 과거 능동태 분사 남성 복수 주격 **Verb 33b**

★ διώξαντες [← ἐδίωξα] – διώκω 의 1 과거 능동태 분사 남성 복수 주격 **Verb 34b**

★ πιστεύοντας – πιστεύω 의 현재 능동태 분사 남성 복수 대격

7. **προσενεγκόντες** τῷ κυρίῳ τὸν **διωκόμενον** ὑπὸ τοῦ ἄρχοντος τοῦ
데려간 후에 주님에게로 박해받는 자를 그 통치자로 말미암아 그
πονηροῦ **ἀπήλθετε** εἰς ἄλλον τόπον.
악한 너희가 떠났다 다른 장소 안으로

해석: 너희는 그 악한 통치자에게 박해받는 자를 주님께로 데려간 후에 다른 장소로 떠났다.

★ προσενεγκόντες [← προσήνεγκον] – προσφέρω의 2과거 능동태 분사 남복주 **Verb 45b**

★ διωκόμενον – διώκω 의 현재 수동태 분사 남성 단수 대격

★ ἀπήλθετε – ἀπέρχομαι 의 2 과거 능동태 직설법 2 인칭 복수

8. **προσῆλθον** τῷ κυρίῳ **ἐλθόντι** εἰς τὸ ἱερόν.
우리가/그들이 갔다 주님께로 가신 후에 그 성전 안으로

해석: 주님께서 그 성전 안으로 가신 후에 나는 (혹은 그들은) 주님께로 갔다.

★ προσῆλθον – προσέρχομαι의 2과거 능동태 직설법 1인칭 단수 (혹은 3인칭 복수)

★ ἐλθόντι [← ἦλθον] – ἔρχομαι 의 2 과거 능동태 분사 남성 단수 여격 **Verb 21b**

9. **ἐπίστευσας** εἰς αὐτὸν **εἰπόντα** ταῦτα.
네가 믿었다 그를 말한 후에 이것들을

해석: 그가 이것들을 말한 후에 너는 그를 믿었다.

★ ἐπίστευσας – πιστεύω의 1과거 능동태 직설법 2인칭 단수

★ εἰπόντα [← εἶπον] – λέγω 의 2 과거 능동태 분사 남성 단수 대격 **Verb 6b**

10. ταῦτα **εἶπον ἐξελθὼν** ἐκ τῆς ἐκκλησίας.
이것들을 나는 말했다 나간 후 그 교회 밖으로

해석: 나는 그 교회 밖으로 나간 후에 이것들을 말했다.
★ εἶπον – λέγω의 2과거 능동태 직설법 1인칭 단수
★ ἐξελθὼν [← ἐξῆλθον] – ἐξέρχομαι 의 2 과거 능동태 분사 남성 단수 주격 **Verb 21b**

11. ὁ μὴ **ἰδὼν** τὸν κύριον οὐκ **ἐπίστευσεν** εἰς αὐτόν.
아니 본 자는 주님을 아니 믿었다 그분을

해석: 주님을 보지 않은 자는 그분을 믿지 않았다.
★ ἰδὼν [← εἶδον] – βλέπω의 2과거 능동태 분사 남성 단수 주격 **Verb 1b**
★ ἐπίστευσεν – πιστεύω 의 1 과거 능동태 직설법 3 인칭 단수

12. ταῦτα **εἶπεν** ὁ κύριος ἔτι **ὢν** ἐν τῇ ὁδῷ τοῖς **ἐξελθοῦσιν** ἐκ τοῦ
이것들을 말했다 주께서 아직 계실 때에 그 길에 나간 자들에게 그
οἴκου καὶ **πορευομένοις** μετ' αὐτοῦ.
집 밖으로 그리고 가고 있는 자들에게 그와 함께

해석: 주님께서, 아직 그 길에 계실 때에, 그 집 밖으로 나와 그분과 함께 가고 있는 자들에게 이것들을 말씀하셨다.
★ εἶπεν – λέγω의 2과거 능동태 직설법 3인칭 단수
★ ὢν – εἰμί의 현재 분사 남성 단수 주격
★ ἐξελθοῦσιν [← ἐξῆλθον] – ἐξέρχομαι 의 2 과거 능동태 분사 남성 복수 여격
★ πορευομένοις – πορεύομαι 의 현재 중간/수동태 디포넌트 분사 남성 복수 여격

13. **ἀκούσαντες** τὰ **λεγόμενα** ὑπὸ τοῦ κυρίου **ἐπίστευσαν** εἰς αὐτόν.
들은 후에 말해지고 있는 것들을 주님으로 말미암아 그들은 믿었다 그분을

해석: 그들은 주님으로 말미암아 말해지고 있는 것들을 들은 후에 그분을 믿었다.
★ ἀκούσαντες [← ἤκουσα] – ἀκούω의 1과거 능동태 분사 남성 복수 주격 **Verb 16b**
★ λεγόμενα – λέγω 의 현재 수동태 분사 중성 복수 대격 **Verb 6a**
★ ἐπίστευσαν – πιστεύω 의 1 과거 능동태 직설법 3 인칭 복수

14. ***εἴδομεν*** *τοὺς* ***γενομένους*** *μαθητὰς τοῦ κυρίου καὶ ἔτι* ***μένοντας*** *ἐν*
우리는 보았다 된 자들을 제자들이 주님의 그리고 아직 머물러 있는 자들을
τῇ ἐλπίδι αὐτῶν τῇ πρώτῃ.
소망 안에 그들의 처음의

해석: 우리는, 주님의 제자들이 된 후 아직 자신들의 처음 소망 안에 머물러 있는 자들을 보았다.

하나의 관사[τούς]에 두 개의 분사[γενομένους, μένοντας]가 καί로 연결되고 있음에 주의하라.

★ *εἴδομεν* – βλέπω의 2과거 능동태 직설법 1인칭 복수

★ *γενομένους* [← ἐγενόμην] – γίνομαι 의 2 과거 중간태 디포넌트 분사 남성 복수 대격 **Verb 20b**

★ *μένοντας* – μένω 의 현재 능동태 분사 남성 복수 대격

15. *τὰ τέκνα τὰ* ***λαβόντα*** *ταῦτα ἀπὸ τῶν* ***ἀκουσάντων*** *τοῦ κυρίου*
그 아이들이 취한 이것들을 들은 자들로부터 주님을
εἶδον *αὐτὸν ἔτι* ***ὄντα*** *ἐν τῷ οἴκῳ.*
보았다 그분을 아직 계실 때에 그 집 안에

해석: 주님을 들은 자들로부터 이것들을 취한 아이들은, 그분이 아직 그 집 안에 계실 때에 그분을 보았다.

★ *λαβόντα* [← ἔλαβον] – λαμβάνω의 2과거 능동태 분사 남성 단수 대격 **Verb 5b**

★ *ἀκουσάντων* [← ἤκουσα] – ἀκούω 의 1 과거 능동태 분사 남성 복수 속격

★ *εἶδον* – βλέπω 의 2 과거 능동태 직설법 3 인칭 복수

★ *ὄντα* – εἰμί의 현재 분사 남성 단수 대격

16. ***ἰδοῦσαι*** *αὗται τὸν* ***κηρύξαντα*** *τὸ εὐαγγέλιον ἐκεῖνο* ***ἦλθον*** *πρὸς*
본 후 이 여자들이 전파한 자를 복음을 저 갔다
αὐτὸν ***ἐρχόμενον*** *εἰς τὸν οἶκον.*
그에게로 가고 있을 때에 그 집 안으로

해석: 이 여자들은 저 복음을 전파한 자를 본 후, 그가 그 집 안으로 들어가고 있을 때에 그에게로 갔다.

★ *ἰδοῦσαι* [← εἶδον] – βλέπω의 2과거 능동태 분사 여성 복수 주격

★ *κηρύξαντα* [← ἐκήρυξα] – κηρύσσω 의 1 과거 능동태 분사 남성 단수 대격

★ *ἦλθον* – ἔρχομαι 의 2 과거 능동태 직설법 3 인칭 복수

★ *ἐρχόμενον* – ἔρχομαι 의 현재 중간/수동태 디포넌트 분사 남성 단수 대격

17. *οἱ ἄγγελοι οἱ* ***πεσόντες*** *ἐκ τοῦ οὐρανοῦ πονηροὶ* ***ἦσαν.***
그 천사들이 떨어진 그 하늘 밖으로 악한 ~였다

해석: 그 하늘 밖으로 떨어진 천사들은 악했다.

★ *πεσόντες* [← ἔπεσον] – πίπτω의 2과거 능동태 분사 남성 복수 주격 **Verb 44b**

★ *ἦσαν* – εἰμί의 미완료 직설법 3 인칭 복수

18. **ἰδόντες** τοὺς ἔτι **ὄντας** ἐν τῷ ἱερῷ **ἐκήρυξαν** αὐτοῖς τὴν
본 후 / 아직 ~에 있는 자들을 / 그 성전 안에 / 그들이 전파했다 / 그들에게
βασιλείαν τοῦ θεοῦ.
왕국을 / 하나님의

해석: 그들이, 아직 그 성전 안에 있는 자들을 본 후, 그들에게(=성전 안에 있는 자들) 하나님의 나라를 전파했다.

★ ἰδόντες [← εἶδον] – βλέπω의 2과거 능동태 분사 남성 복수 주격
★ ὄντας –εἰμί의 현재 분사 남성 복수 대격
★ ἐκήρυξαν –κηρύσσω 의 1과거 능동태 직설법 3 인칭 복수

19. ταῦτα **ἀπεκρίθη** τοῖς **προσενεγκοῦσιν** αὐτῷ τὰ τέκνα.
이것들을 / 그가 대답했다 / 데려온 자들에게 / 그에게 / 그 / 아이들을

해석: 그는 그 아이들을 자기에게 데려온 자들에게 이것들을 대답했다.

★ ἀπεκρίθη - ἀποκρίνομαι의 과거 수동태 디포넌트 직설법 3인칭 단수
★ προσενεγκοῦσιν [← προσήνεγκον] –προσφέρω 의 2 과거 능동태 분사 남성 복수 여격

20. **ἀπήλθομεν** μὴ **ἰδόντες** τὸν **διδάξαντα** ἡμᾶς.
가버렸다 / 아니 / 본 후 / 가르친 자를 / 우리를

해석: 우리는 우리를 가르친 자를 보지 않고 가버렸다.

★ ἀπήλθομεν – ἀπέρχομαι의 2과거 능동태 직설법 1인칭 복수
★ ἰδόντες [← εἶδον] –βλέπω 의 2 과거 능동태 분사 남성 복수 주격
★ διδάξαντα [← ἐδίδαξα] –διδάσκω 의 1 과거 능동태 분사 남성 단수 대격 **Verb 4b**

20과

과거 수동태 분사. 독립속격구문.

핵심문법요약

Gram 116. λύω의 과거 수동태 분사 (Aorist Passive Participle)

	남성		여성		중성	
	단수	복수	단수	복수	단수	복수
주	λυθείς	λυθέντες	λυθεῖσα	λυθεῖσαι	λυθέν	λυθέντα
속	λυθέντος	λυθέντων	λυθείσης	λυθεισῶν	λυθέντος	λυθέντων
여	λυθέντι	λυθεῖσι(ν)	λυθείσῃ	λυθείσαις	λυθέντι	λυθεῖσι(ν)
대	λυθέντα	λυθέντας	λυθεῖσαν	λυθείσας	λυθέν	λυθέντα
호	λυθείς	λυθέντες	λυθεῖσα	λυθεῖσαι	λυθέν	λυθέντα

Cf. 액센트의 위치에 주의하라.

Gram 117. 과거 수동태 분사의 어형성 (Word formation)
과거수동태분사는 **과거수동태직설법 기본형에서** 그 줄기(Stem)를 빌어와 능동분사의 줄기와 꼬리를 붙여 만든다(cf. **Gram106**). 따라서 과거수동태분사를 만들기 위해서 필요한 것은 사전에서 해당동사의 과거수동태직설법 기본형을 찾아보는 일 뿐이다. 과거수동태직설법 기본형을 확인한 후에는 사전의 도움 없이 그 과거수동태분사 어형을 도출해 낼 수 있다. 현재시제 직설법기본형에서 타동사적(transitive) 의미를 갖는 거의 모든 동사들은 과거수동태직설법 기본형을 가지고 있다. 과거수동태직설법 어형을 가지고 있는 이상, 반드시 그 과거수동태분사형도 가지고 있게 마련이다. 과거수동태분사의 어형성 과정은 아래와 같다(cf. Mounce, *Morphology* 159):

(1) 과거수동태분사 남성

과거수동직설법	과거수동직설법 줄기	연결모음	분사능동줄기	남성분사격꼬리	
	*λυθε	–	+ ντ	+ ς	► λυθείς
ἐλύθην	*λυθε	–	+ ντ	+ ος	► λυθέντος
	*λυθε	–	+ ντ	+ ι	► λυθέντι

〈참고〉 과거수동태직설법 기본형에서 그 접두모음을 뺀 나머지 과거수동태시상접미어(θε)까지가 **과거수동줄기**이다. 이때 시상접미어 θε는 인칭꼬리들 앞에서 θη로 길어져 사용되었던 것이므로 분사를 만들 때는 원래의 형태인 θε로 복원시켜야 한다.

과거수동태분사는 – 과거능동태분사처럼 – <u>연결모음(ο) 없이</u> 직접 능동분사줄기 ντ가 온다(cf.**Gram108**). 그리고 남성단수 주격과 호격에서 분사격꼬리 시그마가 온다. 시그마 앞에서 ντ는 음운적 갈등을 겪고 소실되며, 짧아진 음절을 보상하기 위하여 모음 ε이 ει로 길어졌다. **<u>과거수동태분사는 액센트가 과거수동줄기에 붙지 않으니 반드시 주의하자.</u>**

*λυθε +ντ +ς ► λυθεντς ► λυθες ► λυθεις ► λυθείς

예1: διδάσκω의 과거수동태분사 남성
[ἐδιδάχθην 과거수동태직설법 기본형; 16과]
*διδαχθε + ντ + ς ► διδαχθεντς ► διδαχθες ► διδαχθείς

διδαχθείς/ διδαχθέντος/ διδαχθέντι/ διδαχθέντα

예2: γράφω의 과거수동태분사 남성
[ἐγράφην 과거수동태직설법 기본형; 16과, **Gram86**]
*γραφε + ντ + ς ► γραφεντς ► γραφες ► γραφείς

γραφείς/ γραφέντος/ γραφέντι/ γραφέντα

Cf. **과거수동태에서 제2형태를 갖는 경우, 시상접미어가 누락된 채로 분사의 어형을 형성한다.**

〈비교〉 γράφεις (현재능동태직설법 2인칭 단수)
γραφείς (과거수동태분사 남성단수주격)

(2) 과거수동태분사 여성

과거수동직설법	과거수동직설법줄기	연결모음	분사능동줄기	여성분사격꼬리	
	*λυθε	-	+ ντ	+ σα	► λυθεῖσα
ἐλύθην	*λυθε	–	+ ντ	+ σης	► λυθείσης
	*λυθε	–	+ ντ	+ σῃ	► λυθείσῃ

과거수동태분사의 여성격꼬리는 현재능동태분사 및 과거능동태분사와 마찬가지로 σα가 온다. σα 앞에서 분사줄기 ντ가 음운적 갈등을 겪고 소실됨으로 인해 과거수동줄기의 끝모음 ε이 ει로 길어졌다.

*λυθε +ντ +σα ► λυθεντσα ► λυθεσα ► λυθεῖσα

예1: διδάσκω의 과거수동태분사 여성
[ἐδιδάχθην →] διδαχθεῖσα

διδαχθεῖσα/ διδαχθείσης/ διδαχθείσῃ/ διδαχθεῖσαν

예2: γράφω의 과거수동태분사 여성
[ἐγράφην →] γραφεῖσα

(3) 과거수동태분사 중성

과거수동직설법	과거수동직설법 줄기	연결모음	분사능동줄기	중성분사격꼬리	
	*λυθε	–	+ ντ	∅	► λυθέν
ἐλύθην	*λυθε	–	+ ντ	+ ος	► λυθέντος
	*λυθε	–	+ ντ	+ ι	► λυθέντι

중성단수의 주격과 호격은 남성과 달리 분사 격꼬리가 오지 않는다. 따라서 단어의 끝에 서게 된 τ는 발음의 약화로 견디지 못하고 소실되었다. 그러나 중성분사에서는 자음이 소실되어도 모음을 길게 하지 않는 것이 하나의 경향으로 굳어졌기 때문에 과거수동줄기의 끝모음 ε은 길어지지 않았다.

*λυθε + ντ + ∅ ► λυθεντ ► λυθεν ► λυθέν

예1: διδάσκω의 과거수동태분사 중성
[ἐδιδάχθην →] διδαχθέν

예2: γράφω의 과거수동태분사 중성
[ἐγράφην →] γραφέν

Gram 118. 과거 수동태 분사의 개관 및 용법 (Introduction & Usage)

과거수동태분사는 과거분사의 용법과 동일하다. 주동사(main verb)보다 한 시제 앞선 동작을 나타내되 '수동의 의미'로 해석된다. 따라서 '**~되어진/~되어진 후**'라는 해석을 갖게 된다.

예1: ὁ ἀπόστολος **διδαχθείς** ὑπὸ τοῦ κυρίου λέγει ταῦτα.
그 사도가 주님에 의해 가르침을 받은 후 이것들을 말한다.
The apostle, having been taught by the Lord, is saying these things.

예2: ἤλθομεν πρὸς αὐτὴν **διδαχθεῖσαν** ὑπὸ τοῦ κυρίου.
우리는 그녀가 주님에 의해 가르침을 받았을 때[받은 후], 그녀에게로 갔다.
We came to her after [or when] she had been taught by the Lord.

예3: αἱ **διδαχθεῖσαι** ὑπὸ τοῦ κυρίου λέγουσιν ταῦτα. [독립적 용법]
주님에 의해 가르침 받은 여자들이 이것들을 말한다.
The women who had been taught by the Lord are saying these things.

주요 과거수동태 분사들

★표는 연습문제에 자주 사용되는 분사들이다.

원형	과거수동태기본형	과거수동분사(남)	과거수동분사(여)	과거수동분사(중)
ἐγείρω	ἠγέρθην	ἐγερθείς★	ἐγερθεῖσα★	ἐγερθέν
βάλλω	ἐβλήθην	βληθείς★	βληθεῖσα★	βληθέν
διώκω	ἐδιώχθην	διωχθείς★	διωχθεῖσα★	διωχθέν
κηρύσσω	ἐκηρύχθην	κηρυχθείς★	κηρυχθεῖσα★	κηρυχθέν
διδάσκω	ἐδιδάχθην	διδαχθείς	διδαχθεῖσα	διδαχθέν
λαμβάνω	ἐλήμφθην	λημφθείς★	λημφθεῖσα★	λημφθέν
θεραπεύω	ἐθεραπεύθην	θεραπευθείς★	θεραπευθεῖσα★	θεραπευθέν
σπείρω	ἐσπάρην	σπαρείς★	σπαρεῖσα★	σπαρέν★
σώζω	ἐσώθην	σωθείς	σωθεῖσα	σωθέν
γινώσκω	ἐγνώσθην	γνωσθείς	γνωσθεῖσα	γνωσθέν
ἀκούω	ἠκούσθην	ἀκουσθείς	ἀκουσθεῖσα	ἀκουσθέν
φέρω	ἠνέχθην	ἐνεχθείς	ἐνεχθεῖσα	ἐνεχθέν
ἄγω	ἤχθην	ἀχθείς	ἀχθεῖσα	ἀχθέν
βλέπω	ὤφθην	ὀφθείς	ὀφθεῖσα	ὀφθέν

Cf. **σπείρω**[24과]의 과거수동분사 **σπαρείς**는 **γράφω**의 과거수동분사 **γραφείς**와 마찬가지로 과거수동태에서 시상접미어의 자음 θ가 빠진 제2형태를 갖는다[cf. **24과 연습5번**]. 이처럼 제2형태를 갖는 모든 과거수동태동사들은 θ가 빠진 채로 과거수동태분사의 어형을 형성한다.

Gram 119. 과거수동태 디포넌트 동사들의 분사
(Aorist Passive Deponent Participle)

과거시제에서 디포넌트인 동사들은 대개 중간태를 취하고서 디포넌트이든가 혹은 수동태를 취하고서 디포넌트이다(cf. 혹은 일부 동사에 있어서 둘 다 취함). **과거수동태 디포넌트 직설법동사는** – 과거중간태 디포넌트 직설법동사와 마찬가지로 – 직설법 이외의 다른 법(mood)에서도 **과거수동태에 관한 한** 모두 **디포넌트**이다(즉, **과거수동태** 분사, **과거수동태**가정법, **과거수동태**부정사, **과거수동태**명령법). 왜냐하면 과거수동태직설법의 줄기를 빌어 어형성을 꾀할 때 그 디포넌트 의미속성(deponency)까지도 일관성 있게 가져오기 때문이다. 과거수동태 디포넌트 직설법동사는 지금의 범위에서 γίνομαι와 πορεύομαι, ἀποκρίνομαι를 들 수 있다(cf. **Gram87**).
(cf. 물론 γίνομαι와 ἀποκρίνομαι는 중간태를 취하고도 디포넌트이기에 과거분사에 있어서 두 개의 어형을 갖게 되며 그 의미적 차이는 거의 없다)

예1: πορεύομαι의 과거수동태 디포넌트 분사 [연습1, 2번]
πορευθείς, πορευθεῖσα, πορευθέν
[← ἐπορεύθην 과거수동태직설법 기본형; 16과]

(예문) αἱ **πορευθεῖσαι** πρὸς τὸν κύριον λέγουσιν ταῦτα.
주님께로 간 여자들이 이것들을 말한다.

예2: γίνομαι의 과거 디포넌트 분사
(1) γενόμενος, γενομένη, γενόμενον (cf.막9:33)
[← ἐγενόμην 과거직설법 기본형; 15과]
(2) γενηθείς, γενηθεῖσα, γενηθέν (cf.히6:4)
[← ἐγενήθην 과거수동태직설법 기본형; 16과]

(예문) ὁ **γενηθείς** μαθητὴς αὐτοῦ εἶπεν ταῦτα.
= ὁ **γενόμενος** μαθητὴς αὐτοῦ εἶπεν ταῦτα.
그의 제자가 된 자가 이것들을 말하였다.

예3: ἀποκρίνομαι의 과거 디포넌트 분사
(1) [ἀποκρινάμενος, ἀποκριναμένη, ἀποκρινάμενον]
Cf. LXX와 신약엔 나오지 아니한다.
[← ἀπεκρινάμην 과거직설법 기본형; 24과 유음동사]
(2) ἀποκριθείς, ἀποκριθεῖσα, ἀποκριθέν
[← ἀπεκρίθην 과거수동태직설법; 19과 연습19번]

(예문) **ἀποκριθεὶς** δὲ ὁ Ἰησοῦς εἶπεν πρὸς αὐτόν. (cf.마3:15)
그런데 예수께서 대답하여 그를 향해 말씀하셨다.

〈정리〉 현재, 과거, 과거수동태 분사의 어형적 특징을 정리하면 아래와 같다.

	시상접미어	연결모음	분사줄기	남성단수 주격꼬리	여성단수 주격꼬리	중성단수 주격꼬리
현재	–	ο	ντ	– λύων	σα λύουσα	– λῦον
1과거	σα	–	ντ	ς λύσας	σα λύσασα	– λῦσαν
2과거	–	ο	ντ	– ἰδών	σα ἰδοῦσα	– ἰδόν
과거수동	θε	–	ντ	ς λυθείς	σα λυθεῖσα	– λυθέν

	시상접미어	연결모음	분사줄기 및 꼬리
현재 중간/수동태 혹은 현재 디포넌트	–	ο	μεν ος ἐρχόμενος
1과거 중간태 혹은 1과거 디포넌트	σα	–	μεν ος δεξάμενος

위의 표에서 보는 바와 같이 시상접미어의 유무에 따라 연결모음의 유무 및 남성단수 주격꼬리의 유무가 결정된다.

	분사줄기	남성단수주격	속격
현재	*οντ	*οντ +∅ ► –ων	–οντος
1과거	*σαντ	*σαντ +ς ► –σας	–σαντος
과거수동	*θεντ	*θεντ +ς ► –θεις	–θεντος
현재 중간/수동 혹은 현재 디포	*ομεν	*ομεν +ος ► –ομενος	–ομενου
1과거 중간 혹은 1과거 디포	*σαμεν	*σαμεν +ος ► –σαμενος	–σαμενου

Gram 120. 독립소유격구문 (Absolute Genitive Structure)

영어의 독립분사구문에 해당하는 것으로서 헬라어에는 독립소유격구문이 있다. 이 구문의 특징은 두 개의 절(clause)을 하나의 문장(sentence)으로 만들되, 하나는 주절(main sentence)로 다른 하나는 분사구(participal phrase)로 처리하는 것이다. 이 구문의 요점은 영어의 독립분사구문과 마찬가지로 분사구의 의미상 주어와 주절의 주어가 다르다는 것이다:[1]

예1: The apostle having said these things, he went away.
그 사도가 이것들을 말한 후, 그는 가버렸다. [apostle ≠ he]

예2: **τοῦ ἀποστόλου εἰπόντος ταῦτα** βλέπει ἐκεῖνα.
그 사도가 이것들을 말한 후, 그는 저것들을 본다. [τοῦ ἀποστόλου ≠ βλέπει의 숨은주어]

영어에 있어서 '독립분사구문'이란, 분사구의 의미상 주어가 주절의 주어와 다르기에 그 의미상 주어를 따로 독립적으로 내세웠다고 해서 그렇게 칭한다. 그러나 헬라어에 있어서 '독립소유격구문'이란, 분사구의 속격명사와 속격분사가 하필 왜 속격을 취했는지 그 문법적인 논리성을 결여한 채 나머지 문장요소들과 문법적인 연결고리를 잃어버렸기에 그렇게 칭한다(cf. Smyth §2076). 중요한 것은 독립소유격구문의 분사가 **관사없이** (=서술적 위치에 서서) 그 의미상 주어되는 명사와 성/수/격을 일치시킨다는 것이다. 독립소유격구문은 **흔히 주절보다 선행하여 나타나므로** (Smyth §2073), 문장의 서두에서 속격명사(혹은 속격대명사)와 속격분사가 성/수/격을 일치시켜 등장한다면 일단 독립소유격구문이 아닌가 살펴봄이 필요하다.[2]

단순분사구의 서술적 용법과 마찬가지로 독립속격분사구문도 문맥에 따라, 시간, 이유, 조건, 양보, 단순한 부대조건(Attendant Circumstance) 등의 해석을 낳는다 (Smyth §2070)[**Gram102**(4)참조]. 그러나 메이첸 교본에선 단지 시간적(Temporal) 부대상황만을 다루고 있음을 참고하기 바란다.

예: **αὐτῆς ἐσθιούσης** τὸν ἄρτον λέγομεν ταῦτα αὐτῇ.
그녀가 그 빵을 먹고 있을 때 우리는 그녀에게 이것들을 말한다.

---

[1] 예외적인 구문(irregular construction)으로서, 독립속격구문의 의미상 주어(=속격명사)가 주동사(주절)의 주어와 동일할 수도 있다. 이것은 주어의 부대적 상황(시간,이유, 조건 등)을 강조하기 위해 단순분사구문 대신 독립속격구문을 사용한 것이다(Smyth §2073; Robertson, *Short* §462b).

[2] 문맥에서 독립속격구문의 의미상 주어가 분명히 드러날 경우엔 속격명사를 생략하고 분사로만 나타낸다(Smyth §2072). 예: ἐλθόντος καὶ κρούσαντος (눅12:36) (Robertson, *Short* §462b).

<참고> Gram 121. 독립목적격구문 (Absolute Accusative Structure)
독립소유격구문과 마찬가지의 구문으로서, 소유격 대신에 대격이 오면서 나머지 문장요소와의 문법적 연결고리를 잃어버리는 분사구문을 '독립목적격구문'이라 한다. Robertson (*Short* 462c)은 행26:3의 'γνώστην ὄντα σε'(네가 지식이 많은 사람인고로)를 독립목적격구문으로 파악하고 있으며, Young(21-22)은 엡2:1의 'ὑμᾶς ὄντας νεκρούς'(너희가 [죄와 허물로] 죽었을 때에)를 그 예로 추가한다. 그러나 신약에서 몇 안되는 이 독립목적격구문에 대해 문법가들 간에 논란이 있는 까닭은, Smyth(§2059, §2076)가 밝혔듯이 고전헬라어(classical Greek)에서 독립목적격구문은 분사의 의미상 주어가 비인칭인 경우에나 쓰였기 때문이다. 그러나 어쨌든 메이첸은 독립목적격구문에 관한 설명을 본문에서 생략하고 있으나, 그 역시 **27과 연습17번**과 **28과 연습 2번**에서 인칭을 주어로 하는 독립목적격구문을 소개하고 있다.[3]

<참고> Gram 122. 미래 능동태 분사와 미래 중간태 분사 (Future Participle)
지금까지는 현재분사와 과거분사만 다루었으나 LXX와 신약본문은 미래분사도 자주 사용하고 있다. 다만 현재 및 과거 분사들에 비해 그 사용빈도가 비교적 낮을 뿐이다. 미래분사는 '**~하려고**'라는 해석을 낳음으로써 미래의지 내지는 의도를 반영한다. 미래분사는 미래직설법기본형에 현재능동분사의 줄기 및 꼬리들을 붙여만든다(cf.**Gram106**). cf. 미래시제에서 디포넌트인 경우에는 현재중간/수동분사의 줄기 및 꼬리들을 붙인다.

예1: **διδάξων** δούλους εἰσέρχεται εἰς τὸν οἶκον. [←διδάξω 13과]
그가 종들을 가르치려고 그 집으로 들어간다.
He comes into the house to teach servants.

예2: **λημψόμενος** τοὺς πιστεύοντας ἦλθεν εἰς Ἰερουσαλήμ. [←λήμψομαι]
그가 믿는 자들을 잡으려고 예루살렘으로 갔다.
He came to Jerusalem to take the ones who are believing.

	남성		여성		중성	
	단수	복수	단수	복수	단수	복수
주격	λύσων	λύσοντες	λύσουσα	λύσουσαι	λῦσον	λύσοντα
속격	λύσοντος	λυσόντων	λυσούσης	λυσουσῶν	λύσοντος	λυσόντων
	(이하생략)	(이하생략)	(이하생략)	(이하생략)	(이하생략)	(이하생략)

[3] 마찬가지로, 27과 연습1번에서는 독립주격(Absolute Nominative)이 등장하고 있다. 독립주격구문의 여러 용법들 중 하나는, 강조적인(intensive) 효과를 위해 문장내 다른요소와의 문법적인 연결고리를 끊어버리고 주격으로 나타내는 수사법이다(cf. Young 14-15): ὁ νικῶν δώσω αὐτῷ καθίσαι μετ' ἐμοῦ ἐν τῷ θρόνῳ μου 승리하는 자, 그에게 ~을 주리라 (계3:21).

〈중간태〉

주격	λυσόμενος	λυσόμενοι	λυσομένη	λυσόμεναι	λυσόμενον	λυσόμενα
속격	λυσομένου	λυσομένων	λυσομένης	λυσομένων	λυσομένου	λυσόμενων
	(이하생략)	(이하생략)	(이하생략)	(이하생략)	(이하생략)	(이하생략)

<참고> Gram 123. 미래 수동태 분사 (Future Passive Participle)

과거수동태직설법에서 미래수동태직설법어형이 굴절되며(cf. **Gram89**), 미래수동태분사는 미래수동태직설법에서 굴절되므로(cf. **Gram106**) 결국엔 미래수동태분사를 알기 위해선 과거수동태직설법 어형을 떠올려야 한다. 어형성 루트(rout)가 다소 복잡한 과정을 거치는 것 같지만 그것은 미래와 과거시제에서 중간태와 수동태가 형태적으로 나뉘는 데에 기인한 것일 뿐, 미래수동태분사는 미래능동태분사의 반대편 '태'에 해당하는 미래분사이다.

남성분사: λυθησόμενος, λυθησόμενοι
여성분사: λυθησομένη, λυθησόμεναι
중성분사: λυθησόμενον, λυθησόμενα
(나머지 어형들은 모두 생략함)

Gram 124. 직설법과 분사의 굴절관계 정리

동사들마다 과거에서 1과거패턴을 갖기도 하고 2과거패턴을 갖기도 한다. 또는 과거에서 1과거 디포넌트(e.g. ἐδεξάμην)이든가 혹은 2과거 디포넌트(e.g. ἐγενόμην)가 된다. 과거디포넌트 동사들 가운데 어떤 것은 중간태를 취하지 아니하고 수동태를 취하여 과거기본형으로 나타나기도 한다(e.g. ἐπορεύθην). 어떤 것들은 중간태와 수동태 모두를 취하고서 의미적 차이 없이 과거디포넌트로 나타나기도 한다(e.g. ἀπεκρινάμην/ ἀπεκρίθην; ἐγενόμην/ ἐγενήθην). 두 개의 어형을 갖는 경우, 분사도 그에 따라 두 개의 어형을 갖는다. 이것은 다른 법들(가정법, 부정사, 명령법)에서도 마찬가지이다. 어떤 동사는 현재에서는 디포넌트이나 과거시제에선 능동태 동사인 것이 있다(ἔρχομαι). 혹은 그 반대일 수도 있다. 현재에서 디포넌트라면 현재시제에 관한 한 일관되게 다른법(mood)에서도 디포넌트이다. 그러나 과거에서 능동태 동사가 된다면, 과거시제에 관한 한 다른법(mood)에서도 일관되게 능동태분사꼬리를 취하게 된다.

원형	현재분사	과거분사	과거수동분사
διδάσκω	διδάσκων	διδάξας (← ἐδίδαξα)	διδαχθείς(← ἐδιδάχθην)
γράφω	γράφων	γράψας (← ἔγραψα)	γραφείς (← ἐράφην)
βλέπω	βλέπων	ἰδών (← εἶδον)	ὀφθείς (← ὤφθην)
ἔρχομαι	ἐρχόμενος	ἐλθών (← ἦλθον)	Ø (직설법어형이 없음)
δέχομαι	δεχόμενος	δεξάμενος(← ἐδεξάμην)	(범위밖)[4]
πορεύομαι	πορευόμενος	Ø (직설법어형이 없음)	πορευθείς (능동의미) (← ἐπορεύθην)
γίνομαι	γινόμενος	γενόμενος (← ἐγενόμην)	γενηθείς (능동의미) (← ἐγενήθην)
ἀποκρίνομαι	ἀποκρινόμενος	[ἀποκρινάμενος] (← ἀπεκρινάμην)[24과]	ἀποκριθείς (능동의미) (← ἀπεκρίθην)

단어공부

명　사: οἰκία, ἡ (a house 집) [οἶκος 와 동의어]
συναγωγή, ἡ (a synagogue 회당)
φυλακή, ἡ (a guard, a prison 파수, 감옥)
στρατιώτης, ὁ (a soldier 군인) cf.**Gram29**
ἱμάτιον, τό (a garment 의복/옷)
παιδίον, τό (a little child 어린아이)

부　사: ἐκεῖ (there 거기에)
εὐθέως (immediately 즉시/곧)
[= εὐθύς]

동　사: γραφείς [γράφω의 과거수동태 분사] (having been written 쓰여진/ 쓰여진 후)

---

4 cf. **Gram63**. 신약과 LXX에서 과거수동태어형은 나타나지 않으나, 레위기에서 미래수동태직설법 어형(δεχθήσομαι)이 빈번하게 등장한다. 따라서 과거수동태어형은 당연히 ἐδέχθην임을 알 수 있다. 그러나 미래수동태에서 '수동의 의미'를 지니는 것으로 보아 과거수동태에서 이미 '수동의 의미'를 지니는 것임에 틀림없다. 과거시제에서 능동태 어형 없이 중간태와 수동태를 모두 취하는 동사들의 경우, 어떤 동사들은 중간태에서만 디포넌트가 되며 수동태에서는 수동의 의미를 갖게 된다(cf. **Gram88**, **Gram63**).

Pop Quiz

Q1. 다음 중 법(Mood)이 다른 하나를 고르시오.

① ἐνέγκας ② σώσας ③ ἐπίστευσας ④ γραφείς ⑤ εἰπόν

Q2. 보기에 주어진 다섯 개의 번호들을 적절히 배열하여 아래 해석을 완성하시오.

〈보기〉 ① πιστεύων ② σώζεται ③ ὁ ④ οὐ ⑤ μή

믿지 않는 자는 구원받지 못한다.

답: 1. ③ 2. ③-⑤-①-④-② (혹은 ④-②-③-⑤-①)

연습문제

1. ***πορευθέντος*** *τοῦ ἄρχοντος πρὸς τὸν κύριον οἱ δοῦλοι* ***εἶπον*** *ταῦτα τοῖς μαθηταῖς.*

(간 후에 / 그 통치자가 / 주님께로 / 그 종들이 / 말했다 / 이것들을 / 그 제자들에게)

해석: 그 통치자가 주님께로 간 후에 그 종들이 이것들을 그 제자들에게 말했다.

★ *πορευθέντος* [← ἐπορεύθην]-πορεύομαι의 과거 수동태 디포 분사 남성 단수 속격 **Verb23c**

★ *εἶπον* –λέγω 의 2 과거 능동태 직설법 3 인칭 복수

2. ***πορευθεὶς*** *πρὸς αὐτοὺς ὁ ἄρχων* ***ἐπίστευσεν*** *εἰς τὸν κύριον.*

(간 후에 / 그들에게로 / 그 통치자가 / 믿었다 / 주님을)

해석: 그 통치자는 그들에게로 간 후 주님을 믿었다.

★ *πορευθεὶς* [← ἐπορεύθην] – πορεύομαι의 과거 수동태 디포넌트 분사 남성 단수 주격

★ *ἐπίστευσεν* –πιστεύω 의 1 과거 능동태 직설법 3 인칭 단수

3. ***πιστευσάντων*** *ὑμῶν εἰς τὸν κύριον εὐθὺς* ***ἐπίστευσε*** *καὶ ὁ ἄρχων.*

(믿은 후에 / 너희가 / 주님을 / 즉시 / 믿었다 / ~까지도 그 / 통치자가)

해석: 너희가 주님을 믿은 후에 그 통치자까지도 즉시 믿었다.

★ *πιστευσάντων* [← ἐπίστευσα] – πιστεύω의 1과거 능동태 분사 남성 복수 속격

★ *ἐπίστευσε* – πιστεύω 의 1 과거 능동태 직설법 3 인칭 단수

4. ***εἰσελθόντος*** *εἰς τὴν οἰκίαν τοῦ* ***ἐγερθέντος*** *ὑπὸ τοῦ κυρίου οἱ*
들어간 후에 그 집 안으로 일으킴 받은 자가 주님으로 말미암아 그
μαθηταὶ ***ἐθαύμασαν***.
제자들이 놀랐다

해석: 주님으로 말미암아 일으킴 받은 자가 그 집 안으로 들어가자 그 제자들이 놀랐다.

★ *εἰσελθόντος* [← εἰσῆλθον] – εἰσέρχομαι의 2과거 능동태 분사 남성 단수 속격
★ *ἐγερθέντος* [← ἠγέρθην] – ἐγείρω 의 과거 수동태 분사 남성 단수 속격 **Verb 8c**
★ *ἐθαύμασαν* – θαυμάζω 의 1과거 능동태 직설법 3 인칭 복수

5. ***ἐκβληθέντος*** *αὐτοῦ ἐκ τῆς συναγωγῆς* ***συνήχθησαν*** *οἱ ἄρχοντες*.
쫓겨난 후에 그가 그 회당 밖으로 모여졌다(=모였다) 그 통치자들이

해석: 그가 그 회당 밖으로 쫓겨난 후에 그 통치자들이 모였다.

★ *ἐκβληθέντος* [← ἐξεβλήθην] – ἐκβάλλω의 과거 수동태 분사 남성 단수 속격 **Verb 10c**
★ *συνήχθησαν* – συνάγω 의 과거 수동태 직설법 3 인칭 복수

6. ***ἐκβληθέντα*** *ἐκ τῆς συναγωγῆς* ***ἐδίδαξεν*** *αὐτὸν ὁ κύριος*.
쫓겨난 후 그 회당 밖으로 가르쳤다 그를 주님께서

해석: 그가 그 회당 밖으로 쫓겨난 후 주님께서 그를 가르치셨다.

★ *ἐκβληθέντα* [← ἐξεβλήθην] – ἐκβάλλω의 과거 수동태 분사 남성 단수 대격
★ *ἐδίδαξεν* – διδάσκω 의 1과거 능동태 직설법 3 인칭 단수

7. ***εἰπόντος*** *ταῦτα τοῦ πνεύματος τοῦ ἁγίου οἱ μαθηταὶ* ***ἐκήρυξαν*** *τὸν*
말한 후에 이것들을 성령께서 그 제자들이 전파했다
λόγον τοῦ θεοῦ.
말씀을 하나님의

해석: 성령께서 이것들을 말씀하신 후에 그 제자들이 하나님의 말씀을 전파했다.

★ *εἰπόντος* [← εἶπον] – λέγω의 2과거 능동태 분사 중성 단수 속격
★ *ἐκήρυξαν* – κηρύσσω 의 1과거 능동태 직설법 3 인칭 복수

8. *τοῖς* ***θεραπευθεῖσιν*** *ὑπ᾽ αὐτοῦ* ***εἴπετε*** *ῥήματα ἐλπίδος καὶ ζωῆς*.
고침받은 자들에게 그로 말미암아 너희가 말했다 말씀들을 소망의 그리고 생명의

해석: 너희는 그로 말미암아 고침받은 자들에게 소망과 생명의 말씀들을 말했다.

★ *θεραπευθεῖσιν* [← ἐθεραπεύθην] – θεραπεύω의 과거 수동태 분사 남성 복수 여격 **Verb 41c**
★ *εἴπετε* – λέγω 의 2 과거 능동태 직설법 2 인칭 복수

9. ***ἐλθόντος*** *τούτου εἰς τὴν οἰκίαν αὐτοῦ εὐθέως* ***εἴπομεν*** *τοῖς ἄλλοις*
간 후 이 사람이 그 집 안으로 그의 즉시 우리가 말했다 그 다른 자들에게
τὰ ῥήματα τὰ ***παραλημφθέντα*** *ἀπὸ τοῦ κυρίου.*
그 말씀들을 받아진/ 넘기워진 주님으로부터

해석: 이 사람이 그의 집 안으로 간 후 즉시 우리는 그 다른 자들에게 주님으로부터 넘기워진 말씀들을 말했다.

★ *ἐλθόντος* [←ἦλθον] –ἔρχομαι의 2과거 능동태 분사 남성 단수 속격

★ *εἴπομεν* –λέγω 의 2 과거 능동태 직설법 1 인칭 복수

★ *παραλημφθέντα* [←παρελήμφθην] –παραλαμβάνω 의 과거 수동태 분사 중 복 대 **Verb 5c**

10. ***βληθέντες*** *εἰς φυλακὴν διὰ τὸ εὐαγγέλιον τὸ* ***κηρυχθὲν*** *αὐτοῖς*
던져진 후 감옥 안으로 그 복음 때문에 전파된 그들에게
ὑπὸ τοῦ ἀποστόλου ***ἐδόξασαν*** *ἐκεῖ τὸν* ***σώσαντα*** *αὐτούς.*
그 사도로 말미암아 그들이 영화롭게 했다 거기서 구원하신 분을 그들을

해석: 그들은 그 사도로 말미암아 자기들에게 전파된 그 복음 때문에 감옥 안으로 던져진 후, 거기서 자신들을 구원하신 분을 영화롭게 했다(=영광돌렸다).

★ *βληθέντες* [←ἐβλήθην] –βάλλω의 과거 수동태 분사 남성 복수 주격

★ *κηρυχθὲν* [←ἐκηρύχθην] –κηρύσσω 의 과거 수동태 분사 중성 단수 대격 **Verb 33c**

★ *ἐδόξασαν* –δοξάζω 의 1 과거 능동태 직설법 3 인칭 복수

★ *σώσαντα* [←ἔσωσα] – σώζω 의 1 과거 능동태 분사 남성 단수 대격

11. ***ἀναλημφθέντος*** *αὐτοῦ εἰς οὐρανὸν* ***εἰσῆλθον*** *οἱ μαθηταὶ εἰς τὴν*
올리워진 후에 그가 하늘 안으로 들어갔다 그 제자들이 그
οἰκίαν αὐτῶν.
집 안으로 그들의

해석: 그가 하늘 안으로 올리워진 후에 그 제자들이 그들의 집 안으로 들어갔다.

★ *ἀναλημφθέντος* [←ἀνελήμφθην] –ἀναλαμβάνω의 과거 수동태 분사 남성 단수 속격 **Verb 5c**

★ *εἰσῆλθον* –εἰσέρχομαι 의 2 과거 능동태 직설법 3 인칭 복수

12. ***ἐδέξασθε*** *τοὺς* ***ἐκβληθέντας*** *ἐκ τῆς συναγωγῆς καὶ τὰς* ***δεξαμένας***
너희가 영접했다 쫓겨난 자들을 그 회당 밖으로 그리고 영접한 여자들을
αὐτοὺς εἰς τὰς οἰκίας αὐτῶν.
그들을 그 집들 안으로 그들의

해석: 너희는 그 회당 밖으로 쫓겨난 자들과 또 그들을 자신들의 집들 안으로 영접한 여자들을 영접했다.

★ *ἐδέξασθε* – δέχομαι의 1과거 중간태 디포넌트 직설법 2인칭 복수

★ *ἐκβληθέντας* [←ἐξεβλήθην] –ἐκβάλλω 의 과거 수동태 분사 남성 복수 대격

★ *δεξαμένας* [←ἐδεξάμην] – δέχομαι 의 1 과거 중간태 디포넌트 분사 여성 복수 대격

13. αὗταί **εἰσιν** αἱ **διωχθεῖσαι** καὶ ἔτι **διωκόμεναι** ὑπὸ τῶν ἀρχόντων.
이 여자들은 ~이다 박해받은 여자들 그리고 아직 박해받고 있는 (여자들) 그 통치자들로 말미암아

해석: 이 여자들은 그 통치자들로 말미암아 받해받았고 또 여전히 박해받고 있는 자들이다.
★ εἰσιν – εἰμί의 현재 직설법 3인칭 복수
★ διωχθεῖσαι [← ἐδιώχθην] – διώκω 의 과거 수동태 분사 여성 복수 주격 **Verb 34c**
★ διωκόμεναι – διώκω 의 현재 수동태 분사 여성 복수 주격

14. αὕτη **ἐστὶν** ἡ ἐλπὶς ἡ **κηρυχθεῖσα** ἐν τῷ κόσμῳ ὑπὸ τῶν **ἰδόντων** τὸν κύριον.
이것은 ~이다 그 소망 전파된 세상 안에 본 자들로 말미암아 주님을

해석: 이것은 주님을 본 자들로 말미암아 세상에 전파된 그 소망이다.
★ ἐστὶν – εἰμί의 현재 직설법 3인칭 단수
★ κηρυχθεῖσα [← ἐκηρύχθην] – κηρύσσω 의 과거 수동태 분사 여성 단수 주격
★ ἰδόντων [← εἶδον] – βλέπω 의 2 과거 능동태 분사 남성 복수 속격

15. τῶν στρατιωτῶν **διωξάντων** ἡμᾶς εἰς τὴν οἰκίαν **ἐδέξαντο** ἡμᾶς οἱ **ὄντες** ἐκεῖ.
그 군인들이 쫓아온 후에 우리를 그 집 근처까지 영접했다 우리를 있는 자들이 거기에 (= 그 집 안에)

해석: 그 군인들이 우리를 그 집 근처까지 쫓아오자, 거기에 있는 자들이 우리를 영접했다.
εἰς는 문맥에 따라 '~근처에, ~쪽으로 [near/ toward]'란 의미를 갖는다. cf. 요3:22; 4:5.
★ διωξάντων [← ἐδίωξα] – διώκω의 1과거 능동태 분사 남성 복수 속격
★ ἐδέξαντο – δέχομαι 의 1 과거 중간태 디포넌트 직설법 3 인칭 복수
★ ὄντες – εἰμί의 현재 분사 남성 복수 주격

16. **διωχθέντας** ἡμᾶς ὑπὸ τῶν στρατιωτῶν **ἐδέξαντο** οἱ **ὄντες** ἐν τῇ οἰκίᾳ.
박해 받은 후에 우리를 그 군인들로 말미암아 영접했다 있는 자들이 그 집 안에

해석: 우리가 그 군인들로 말미암아 박해 받은 후에, 그 집 안에 있는 자들이 우리를 영접했다.
★ διωχθέντας [← ἐδιώχθην] – διώκω의 과거 수동태 분사 남성 복수 대격
★ ἐδέξαντο – δέχομαι 의 1 과거 중간태 디포넌드 직설법 3 인칭 복수
★ ὄντες – εἰμί의 현재 분사 남성 복수 주격

17. ***εἰσερχομένῳ*** *σοι εἰς τὴν οἰκίαν* ***προσῆλθον*** *οἱ ἄρχοντες,*
들어가고 있을 때 너에게 그 집 안으로 왔다 그 통치자들이
εἰσελθόντα *δὲ* ***ἐξέβαλον.***
들어간 후에 그러나 내쫓았다

해석: 네가 그 집 안으로 들어가고 있을 때 그 통치자들이 너에게 왔으나, (네가) 들어간 후에는 (너를) 내쫓았다.

문맥상 뒷문장에 σέ가 생략된 것으로 볼 수 있겠다.

★ *εἰσερχομένῳ* – εἰσέρχομαι의 현재 중간/수동태 디포넌트 분사 남성 단수 여격
★ *προσῆλθον* –προσέρχομαι 의 2 과거 능동태 직설법 3 인칭 복수
★ *εἰσελθόντα* [← εἰσῆλθον] –εἰσέρχομαι 의 2 과거 능동태 분사 남성 단수 대격
★ *ἐξέβαλον* –ἐκβάλλω 의 2 과거 능동태 직설법 3 인칭 복수

18. *ταῦτα μὲν* ***εἶπον*** *αὐτοῖς* ***προσφέρουσι*** *τὰ παιδία τῷ κυρίῳ, ἐκεῖνα*
이것들을 나는 말하였다 그들에게 데려오고 있을 때에 그 아이들을 주님께로 저것들을
δὲ ***προσενεγκοῦσιν.***
그러나 데려온 후에는

해석: 나는 (혹은 그들은) 그들이 그 아이들을 주님께로 데려오고 있을 때 그들에게 이것들을 말하였으나, 데려온 후에는 (그들에게) 저것들을 (말하였다).

★ *εἶπον* – λέγω의 2과거 능동태 직설법 1인칭 단수 (혹은 3인칭 복수)
★ *προσφέρουσι* –προσφέρω 의 현재 능동태 분사 남성 복수 여격
★ *προσενεγκοῦσιν* [← προσήνεγκον] – προσφέρω 의 2 과거 능동태 분사 남성 복수 여격

19. ***πορευομένου*** *μὲν τοῦ κυρίου μετὰ τῶν μαθητῶν αὐτοῦ* ***ἔλεγον*** *οἱ*
가고 계실 때 주님께서 그의 제자들과 함께 말하고 있었다 그
ἀπόστολοι ταῦτα, ***ἐλθόντος*** *δὲ εἰς τὴν οἰκίαν ἐκεῖνα.*
사도들이 이것들을 간 후에는 그러나 그 집 안으로 저것들을

해석: 주님께서 그의 제자들과 함께 가고 계실 때에 그 사도들은 이것들을 말하고 있었으나, (주님께서) 그 집 안으로 들어가신 후에는 저것들을 (말하고 있었다, 혹은 말하였다).

★ *πορευομένου* – πορεύομαι의 현재 중간/수동태 디포넌트 분사 남성 단수 속격
★ *ἔλεγον* –λέγω 의 미완료 능동태 직설법 3 인칭 복수
★ *ἐλθόντος* [← ἦλθον] –ἔρχομαι 의 2 과거 능동태 분사 남성 단수 속격

20. *ταῦτα* ***εἶπον*** *ὑμῖν ἔτι* ***οὖσιν*** *μετ' ἐμοῦ.*
이것들을 내가 말했다 너희에게 아직 있을 때에 나와 함께

해석: 너희가 아직 나와 함께 있을 때에 나는 (혹은 그들은) 너희에게 이것들을 말했다.

★ *εἶπον* – λέγω의 2과거 능동태 직설법 1인칭 단수 (혹은 3인칭 복수)
★ *οὖσιν* –εἰμί의 현재 분사 남성 복수 여격

21과

가정법

핵심문법요약

Gram 125. λύω의 현재 능동태 가정법과 그 어형성
(Present Active Subjunctive & Word formation)

	단수	복수
1인칭	λύω	λύωμεν
2인칭	λύῃς	λύητε
3인칭	λύῃ	λύωσι(ν)

단수 2인칭과 3인칭에서 이오타 첨자(subscript)를 주의하라. 그리고 단수1인칭은 직설법 어형과 동일하다.

현재능동태가정법은 현재능동태직설법의 어형성 과정에서 **연결모음들이 길어진 결과**이다(cf. **Gram 91**).

	단 수	복 수
1	λυ ο ∅ ► λυω	λυ ο μεν ► λυωμεν
2	λυ ε ις ► λυ η ις ► λυῃς	λυ ε τε ► λυητε
3	λυ ε ι ► λυ η ι ► λυῃ	λυ ο σιν ► λυωσιν

현재능동태가정법은 **현재능동태직설법 줄기에 기초**하여 굴절된다(cf **Gram100**). 따라서 현재직설법기본형을 -ω로 가지는 모든 동사들은 현재능동태가정법 꼬리들(ω/ῃς/ ῃ/ ωμεν/ ητε/ ωσιν)을 취하여 그 가정법 어형을 형성한다.

Gram 126. λύω의 현재 중간태/수동태 가정법과 그 어형성
(Present Middle/Passive Subjunctive & Word formation)

	단수	복수
1인칭	λύωμαι	λυώμεθα
2인칭	λύῃ	λύησθε
3인칭	λύηται	λύωνται

단수 2인칭이 직설법 어형과 동일함에 주의하라.

현재 중간/수동태 가정법 역시 현재 중간/수동태 직설법의 어형성 과정에서 연결모음들이 길어진 결과이다(cf. **Gram 91**).

	단 수	복 수
1	λυ ο μαι ► λυωμαι	λυ ο μεθα ► λυωμεθα
2	λυ ε σαι ► λυ η σαι ► λυῃ	λυ ε σθε ► λυησθε
3	λυ ε ται ► λυηται	λυ ο νται ► λυωνται

현재직설법기본형을 -ω로 가지는 모든 (타동사적 의미의) 동사들은 현재 중간/수동태 가정법 꼬리들(ωμαι/ ῃ/ ηται/ ωμεθα/ ησθε/ ωνται)을 취하여 수동의미의 가정법 동사를 만들 수 있다.

예: ἐὰν **διδάσκηται** ὁ δοῦλος ὑπὸ ἐμοῦ
그 종이 나에게 가르침을 받는다면

Cf. 특히 현재능동태가정법 3인칭 단수와 현재 중간/수동태 가정법 2인칭 단수는 그 인칭꼬리가 동일하기에 문맥을 통해 판단해야 한다.

ἐὰν διδάσκῃ
(1) 그가 가르친다면 [현재능동태가정법 3인칭 단수]
(2) 네가 가르침 받는다면 [현재수동태가정법 2인칭 단수]

Gram 127. 현재 디포넌트 동사의 가정법
(Present Middle/Passive Deponent Subjunctive)

현재직설법기본형이 -ομαι로 소개되는 바 곧 **현재디포넌트 동사**들은 **현재시제에 관한 한, 가정법에서도 디포넌트**가 된다. 따라서 현재가정법 중간/수동 인칭꼬리만 취하여 현재가정법 어형을 형성하게 된다(ωμαι/ ῃ/ ηται/ ωμεθα/ ησθε/ ωνται).

ἀποκρίνωμαι,	γίνωμαι,	ἔρχωμαι,	πορεύωμαι,	δέχωμαι,	προσευχωμαι.
대답한다면	된다면	온/간다면	간다면	영접한다면	기도한다면

예: ἐὰν **δέχηται** σε 만약 그가 너를 영접한다면

Gram 128. λύω의 과거 능동태 가정법 (Aorist Active Subjunctive)

	단수	복수
1인칭	λύσω	λύσωμεν
2인칭	λύσῃς	λύσητε
3인칭	λύσῃ	λύσωσι(ν)

과거시상접미어 이후부분은 현재능동가정법 꼬리와 동일하다.

과거능동태가정법 어형은 **과거능동태직설법 줄기에 기초**하여 굴절된다. 그러므로 과거능동태가정법 동사를 만들기 위해 필요한 것은 사전에서 과거능동태직설법 기본형을 찾아보는 일 뿐이다(cf. **Gram106**). 위의 표는 특히 과거시제에서 **제1과거 능동태 패턴을 취하는 동사들의 과거가정법 변화패러다임**이다. 따라서 과거시제 직설법에서 그 기본형을 ε*σα (혹은 ε*ξα, ε*ψα)로 취하는 모든 동사는 위의 변화를 따른다.

1과거 능동태 직설법	과거직설법 줄기	현재가정법 인칭꼬리	
ἔλυσα	*λυσ	+ ω	► λύσω
	*λυσ	+ ῃς	► λύσῃς

과거줄기에서 과거시상접미어(σα)의 시그마까지만 빌어와 현재가정법 인칭꼬리를 붙인다.

[ἐδίδαξα →] *διδαξ + ῃς ► διδάξῃς [과거능동태가정법 2인칭 단수]

예: ἐὰν **διδάξῃς** τὸν δοῦλον
네가 그 종을 가르친다면

주요 1과거 능동태 가정법 동사들

★표는 연습문제에 자주 사용되는 1과거패턴 가정법 동사들이다
(단수 1, 2인칭만 소개해 두고 나머지 어형은 생략한다)

원형	과거기본형	과거가정법 (1단)	과거가정법 (2단)
σώζω	ἔσωσα	σώσω	σώσῃς
διώκω	ἐδίωξα	διώξω	διώξῃς
ἀκούω	ἤκουσα	ἀκούσω★	ἀκούσῃς★
κηρύσσω	ἐκήρυξα	κηρύξω★	κηρύξῃς★
διδάσκω	ἐδίδαξα	διδάξω★	διδάξῃς★
πιστεύω	ἐπίστευσα	πιστεύσω★	πιστεύσῃς★
ἐπιστρέφω	ἐπέστρεψα	ἐπιστρέψω★	ἐπιστρέψῃς★
γράφω	ἔγραψα	γράψω★	γράψῃς★

θεραπεύω	ἐθεράπευσα	θεραπεύσω	θεραπεύσῃς
πείθω	ἔπεισα	πείσω	πείσῃς

Gram 129. 제2과거 능동태 동사의 가정법 (2nd Aorist Active Subjunctive)

	단수	복수
1인칭	ἴδω [1]	ἴδωμεν
2인칭	ἴδῃς	ἴδητε
3인칭	ἴδῃ	ἴδωσι(ν)

2과거 줄기를 제외한 나머지 부분은 현재능동가정법 꼬리와 동일하다.

과거시제에서 그 기본형을 **2과거 패턴으로 갖는 모든 능동태 동사들**은 과거능동가정법 어형을 위와 같이 갖는다. **2과거 직설법 줄기**를 빌어다 **현재능동태가정법 꼬리**를 붙이되 – 2과거 능동분사와는 달리(**Gram112**) – 액센트는 2과거 줄기에도 붙는다.

2과거 능동태 직설법	2과거직설법 줄기	현재가정법 인칭꼬리	
εἶδον	*ιδ	+ ω	► ἴδω
	*ιδ	+ ῃς	► ἴδῃς

주요 2과거 능동태 가정법 동사들

★표는 연습문제에 자주 사용되는 분사들이다.
(단수 1, 2인칭만 소개해 두고 나머지 어형은 생략한다)

원형	2과거기본형	과거가정법 (1단)	과거가정법 (2단)
βλέπω	εἶδον	ἴδω★	ἴδῃς★
πίπτω	ἔπεσον	πέσω	πέσῃς
φέρω	ἤνεγκον	ἐνέγκω	ἐνέγκῃς
προσφέρω	προσήνεγκα	προσενέγκω	προσενέγκῃς
λείπω	ἔλιπον	λίπω	λίπῃς
βάλλω	ἔβαλον	βάλω	βάλῃς

[1] 과거직설법 어형이 이중모음 ει로 시작하는 동사들은 대개 접두모음을 환원시켰을 경우에도 ει로 남는다(cf. εἰρήνευσα/ εἰρηνεύσας). 그것은 과거직설법 어형성 과정에서 이중모음 ει에 접두모음을 적용시켜도 η로 길어지지 않고 ει로 하기 때문이다. 한편 과거직설법 어형이 모음 ι로 시작하는 동사들도 접두모음을 환원시킬 경우 여전히 ι로 남는다. Cf. **Gram112** 〈참고3〉. 그러나 특이하게도 εἶδον은 접두모음을 제거한 과거줄기가 분명 ι로 시작함에도 불구하고 과거직설법 어형성 과정에서 ι로 하지 않고 ει로 하였음을 보게 된다. Cf. ἱκάνωσα/ ἱκανώσας (골1:12)

λέγω	εἶπον	εἴπω	εἴπῃς
λαμβάνω	ἔλαβον	λάβω	λάβῃς
ἄγω	ἤγαγον	ἀγάγω	ἀγάγῃς
ἔρχομαι	ἦλθον	ἔλθω★	ἔλθῃς★
ἀπέρχομαι	ἀπῆλθον	ἀπέλθω	ἀπέλθῃς
ἀποθνήσκω	ἀπέθανον	ἀποθάνω	ἀποθάνῃς

Gram 130. λύω의 과거 중간태 가정법 (Aorist Middle Subjunctive)

	단수	복수
1인칭	λύσωμαι	λυσώμεθα
2인칭	λύσῃ	λύσησθε
3인칭	λύσηται	λύσωνται

본 초급과정에선 중간태적 해석을 배제하기로 했다. 그러나 과거중간태가정법 변화를 소개하는 까닭은 과거직설법에서 1과거중간태어형을 기본형으로 취하는 과거디포넌트 동사들 때문이다. **1과거패턴을 취하는 과거디포넌트 동사들**은 과거가정법 어형을 만들 때 **위의 변화를 따른다.** 아래를 참조하라.

Gram 131. 제1과거 중간태 디포넌트 동사의 가정법 (1st Middle Deponent Subjunctive)

과거시제 직설법에서 그 기본형을 ϵ*σαμην (ϵ*ξαμην, ϵ*ψαμην)으로 취하는 모든 **제1과거 디포넌트 동사**는 **Gram 130**의 변화를 따라 과거가정법 어형을 만든다. 과거직설법 줄기에서 시상접미어(σα) 시그마까지의 부분을 빌어다 현재 중간/수동 가정법 꼬리를 아래와 같이 붙인다.

1과거 디포넌트 직설법	1과거줄기	현재가정법 인칭꼬리	
ἐδεξάμην	*δεξ	+ ωμαι	► δέξωμαι
	*δεξ	+ ῃ	► δέξῃ

예: ἐὰν **δέξῃ** τὸν δοῦλον
네가 그 종을 영접한다면

주요 1과거 디포넌트 가정법 동사들

지금의 범위에서는 아래 두 동사를 예로 들 수 있으나 연습문제 범위에선 제외되어 있다.

원형	과거기본형	과거가정법 (1단)	과거가정법 (2단)
δέχομαι	ἐδεξάμην	δέξωμαι	δέξῃ
προσεύχομαι	προσηυξάμην	προσεύξωμαι	προσεύξῃ

※ 참고로, 메이첸은 εὐαγγελίζω 동사를 현재와 과거시제 모두에서 디포넌트 동사로 간주한 듯 하다.[2] 그러나 '능동태가 어형공백이 되는 동사만이 디포넌트이다'는 엄격한 정의를 적용시킬 경우, 이 동사는 현재나 과거시제 어디에서도 디포넌트가 아니며 다만 Dynamic Middle 용법으로 쓰이는 중간태 동사로 간주되어야 할 것이다(cf. **Gram62**). 비록 이 동사가 중간태를 취하고서 능동태와의 의미적 차이를 거의 보이지 않는다 해도, 디포넌트의 정의('능동태 어형을 저지하고서 그 능동꼬리의 기능과 의미를 대신함')에 비추어 생각해 본다면, 능동태 어형과 중간태 어형이 공존한다는 사실 자체는 적어도 어법적인 기호(stylistic preference)나 미묘한 뉘앙스의 차이를 전제하고 있는 것이다(cf. **Gram63**): glory와 gloriousness의 관계에 관하여 **Gram88**을 참조하라. 참고로 LXX삼상31:9에는 현재능동분사 어형(εὐαγγελίζοντες)이 쓰이고 있으며, 계10:7엔 과거직설법 어형으로 εὐηγγέλισεν (3인칭 단수)이, 계14:6은 과거능동태부정사 어형 εὐαγγελίσαι를 보여주고 있다.[3] 따라서 필자는 **21과 연습1번**의 εὐαγγελισώμεθα 어형을 '1과거 <u>중간태</u> 가정법 1인칭 복수'로 분해하여 놓았다(cf. **연습5번**의 직설법 어형도 마찬가지이다).

Gram 132. 제2과거 중간태 디포넌트 동사의 가정법
(2nd Aorist Middle Deponent Subjunctive)

과거시제 직설법에서 그 기본형을 ε*ομην으로 취하는 모든 **제2과거 디포넌트 동사**는 아래와 같이 제2과거 줄기를 빌어다 현재 중간/수동 가정법 꼬리를 붙임으로써 과거가정법 어형을 형성한다. 제2과거능동태가정법과 마찬가지로 액센트는 2과거줄기에도 붙는다. 지금의 범위에선 과거시제에서 중간태와 수동태 모두를 취하고 디포넌트가 되는 γίνομαι 동사를 예로 들 수 있다(ἐγενόμην, ἐγενήθην).

---

[2] 메이첸은 어휘집에서 εὐαγγελίζω와 εὐηγγέλισα를 각각 현재와 과거시제 기본형으로 소개하고 있으나 이 동사가 중간태를 취하고서 종종 디포넌트가 된다고 밝혀놓는다.

[3] BAGD는 이 동사의 능동태 어형이 계시록에 집중되고 있는 것에 근거하여, 이것이 원래는 디포넌트 동사였으나 후대에 가서 능동태 동사가 되었을 것이라는 가설을 제기한다. 그러나 이러한 입장은 LXX 삼상31:9에 능동태 분사어형이 사용된 용례와 관련하여서도 납득할만한 설명을 제시해야 한다.

2과거 디포넌트 직설법	2과거줄기	현재 중간/수동 가정법 인칭꼬리	
ἐγενόμην	*γεν	+ ωμαι	► γένωμαι
	*γεν	+ ῃ	► γένῃ

예: 21과 연습6번 γενώμεθα

ἐὰν **γένῃ** μαθητὴς πιστός
네가 신실한 제자가 된다면

1	γένωμαι	γενώμεθα
2	γένῃ	γένησθε
3	γένηται	γένωνται

Gram 133. λύω의 과거 수동태 가정법 (Aorist Passive Subjunctive)

	단수	복수
1인칭	λυθῶ	λυθῶμεν
2인칭	λυθῇς	λυθῆτε
3인칭	λυθῇ	λυθῶσι(ν)

※ 모든 과거수동태가정법 동사들은 액센트를 왼쪽과 같이 갖는다.

과거수동태가정법 어형은 **과거수동태직설법 줄기에 기초**해서 굴절된다(cf. **Gram 106**). 따라서 과거수동태직설법 기본형을 가진 모든 동사는 당연히 과거수동태가정법 어형을 가지게 마련이다(cf.**Gram117**). 어형성 과정은, 과거수동태직설법의 줄기에서 과거수동시상접미어(θε)까지 빌어다 현재능동태가정법 꼬리들을 붙인다. 이때 시상접미어의 원래 형태인 **θε와 가정법 인칭꼬리들이 모음충돌**을 일으키게 되어 위와 같은 모양으로 **단축액센트**를 갖게 되는데, 그 단축원리와 단축 액센트공식은 23과에 소개되어 있으니 일단 위의 인칭꼬리들과 액센트 모양을 익히도록 하자.

과거 수동태 직설법	과거수동줄기	현재 능동 가정법 인칭꼬리	모음충돌로 인한 단축
ἐλύθην	*λυθε	+ ω	► λυθῶ
	*λυθε	+ ῃς	► λυθῇς
ἐδιδάχθην	*διδαχθε	+ ω	► διδαχθῶ
	*διδαχθε	+ ῃς	► διδαχθῇς

예: ἐὰν **διδαχθῇς** ὑπὸ αὐτοῦ
네가 그로 말미암아 가르침을 받게 된다면

Cf. 과거수동태에서 제2형태를 갖는 동사들은 시상접미어의 자음 θ가 누락된 채로 과거수동가정법 어형을 형성한다.

예1: γράφω의 과거수동태가정법:
[ἐγράφην →] γραφῶ, γραφῇς, γραφῇ

예2: σπείρω[24과]의 과거수동태가정법:
[ἐσπάρην →] σπαρῶ, σπαρῇς, σπαρῇ

주요 과거수동태 가정법들

★표는 연습문제에 자주 사용되는 가정법 동사이다.
(단수 1, 2인칭만 소개해 두고 나머지 어형은 생략한다)

원형	과거수동태기본형	과거수동 1단	과거수동 2단
ἐγείρω	ἠγέρθην	ἐγερθῶ	ἐγερθῇς
βάλλω	ἐβλήθην	βληθῶ	βληθῇς
διώκω	ἐδιώχθην	διωχθῶ	διωχθῇς
κηρύσσω	ἐκηρύχθην	κηρυχθῶ	κηρυχθῇς
διδάσκω	ἐδιδάχθην	διδαχθῶ	διδαχθῇς
λαμβάνω	ἐλήμφθην	λημφθῶ	λημφθῇς
σώζω	ἐσώθην	σωθῶ★	σωθῇς★
θεραπεύω	ἐθεραπεύθην	θεραπευθῶ	θεραπευθῇς
σπείρω	ἐσπάρην	σπαρῶ	σπαρῇς
γινώσκω	ἐγνώσθην	γνωσθῶ	γνωσθῇς
ἀκούω	ἠκούσθην	ἀκουσθῶ	ἀκουσθῇς
φέρω	ἠνέχθην	ἐνεχθῶ	ἐνεχθῇς
ἄγω	ἤχθην	ἀχθῶ	ἀχθῇς
βλέπω	ὤφθην	ὀφθῶ	ὀφθῇς

Cf. σπείρω[24과]의 과거수동가정법 σπαρῶ는 γράφω의 과거수동가정법 γραφῶ와 마찬가지로 과거수동태에서 시상접미어의 자음 θ가 빠진 제2형태를 갖는다. 이처럼 제2형태를 갖는 모든 과거수동태동사들은 θ가 빠진 채로 과거수동태가정법 어형을 형성한다.

Gram 134. 과거 수동태 디포넌트 동사의 가정법
(Aorist Passive Deponent Subjunctive)

과거시제 직설법에서 수동태를 취하고 디포넌트가 되는 모든 **과거수동태디포넌트 동사들은 과거수동태에 관한 한** 직설법 이외의 **다른법**(분사/가정법/부정사/명령법)**에서도**

일관되게 디포넌트가 된다(cf.**Gram119**). 그러므로 과거수동태에서 디포넌트 동사인 γίνομαι, πορεύομαι, ἀποκρίνομαι 동사들은(cf.**Gram87**) 과거가정법 어형을 아래와 같이 형성한다(cf. 물론 γίνομαι는 중간태를 취하고도 디포넌트이기에 과거시제 가정법에 있어서 두 개의 어형을 갖게 되며 그 의미적 차이는 거의 없다).

예1: πορεύομαι의 과거수동태 디포넌트 가정법
[ἐπορεύθην 과거수동태직설법 기본형; 16과]
πορευθῶ, πορευθῇς, πορευθῇ...

(예문) ἐὰν **πορευθῇς** αὐτῷ 네가 그에게 간다면(cf. 요14:3)

예2: γίνομαι의 과거 디포넌트 가정법
(1) γένωμαι, γένῃ, ... [← ἐγενόμην 과거직설법 기본형; 15과]
(2) γενηθῶ, γενηθῇς, ... [← ἐγενήθην 과거수동태직설법 기본형; 16과]

(예문) ἐὰν **γενηθῇς** μαθητὴς αὐτοῦ (cf. 딛3:7)
네가 그의 제자가 된다면
= ἐὰν **γένῃ** μαθητὴς αὐτοῦ (cf. 고전9:23)

예3: ἀποκρίνομαι의 과거 디포넌트 가정법
(1) [ἀποκρίνωμαι, ἀποκρίνῃ, ...]
[← ἀπεκρινάμην 과거직설법 기본형; 24과 유음동사]
(2) ἀποκριθῶ, ἀποκριθῇς, ...
[← ἀπεκρίθην 과거수동태직설법 기본형; 19과 연습19번]

(예문) ἐὰν **ἀποκριθῇς** τοῦτο αὐτῷ (cf. 막14:40)
네가 이것을 그에게 대답하면
= ἐὰν **ἀποκρίνῃ** τοῦτο αὐτῷ

〈참고〉 ἀποκρίνομαι의 과거가정법과 현재가정법
[ἀποκρίνομαι 현재지설법 기본형]
→ 현재가정법 ἀποκρίνωμαι, ἀποκρίνῃ, ἀποκρίνηται ..

[ἀπεκρινάμην 과거직설법 기본형. 24과 유음동사]
→ 과거가정법 ἀποκρίνωμαι, ἀποκρίνῃ, ἀποκρίνηται ... [4]

---

[4] ἀποκρίνομαι는 공교롭게도 현재와 과거줄기가 접두모음을 제외하곤 동일하다. 따라서 위의 어형들은 형태론적 논리상으로는 현재가정법이 될 수도 있고 과거가정법이 될 수도 있다. 그러나 LXX와 신약에서는 오직 과거수동태어형을 빌어 과거가정법을 나타내는데 이는 아마도 현재가정법과의 혼란을 피하기 위한 것으로 보여진다. 그러나 κρίνω나 ἐγείρω 같은 유음동사들은 과거가정법이 현재어형과 동화되어도 어쩔 수 없이 사용되고 있다(cf. LXX 겔35:11). 과거시상접미어 시그마가 붙지 않는 이 같은 유음동사에

이 경우 현재가정법과 어형이 같아지므로 문맥에 따라 그 시상적 의미를 판단해야 한다.

Cf. 과거수동태 디포넌트 가정법 동사들은 연습문제에서 제외되어 있다.

Gram 135. εἰμί의 현재가정법 (Present Subjunctive)

	단수	복수
1인칭	ὦ	ὦμεν
2인칭	ᾖς	ἦτε
3인칭	ᾖ	ὦσι(ν)

-ω동사의 현재능동태가정법 꼬리와 동일하다. 단수2,3인칭에서 이오타 첨자(subscript)에 주의하라.

예1: ἐὰν ᾖ ὁ δοῦλος ἐκεῖ 만일 그 종이 거기에 있게 되면 (cf. 눅10:6)
예2: ἐὰν ᾖ ὁ δοῦλος πιστός 만일 그 종이 신실할 것이면 (cf. 마6:22)

Gram 136. 가정법 개관 (Introduction)

영어의 if절에 해당하는 조건문(Conditional Sentence)을 만들기 위해서는 헬라어에서 두 개의 접속사(εἰ, ἐάν)를 사용하게 된다.[5] 그리고 각각의 접속사는 아래와 같이 직설법이나 가정법 동사와 결합하여 **조건절**(protasis)을 이끌게 된다:

(1) **εἰ +직설법:** 과거의 사실이나 현재의 사실에 대한 조건적 진술.
(혹은 가정적 상황설정이나 논리적 전제를 나타낼 때)[6]

(2) **ἐάν +가정법:** 미래의 개연성 있는 사실에 대한 조건적 진술.
(혹은 가정적 상황설정이나 논리적 전제를 나타낼 때)[7]

관하여는 24과를 참조하라.

[5] εἰ의 자리에 ἐάν이 대신하는 경우가 종종 있으며(cf. 눅19:40; 살전3:8), 반대로 ἐάν의 자리에 εἰ가 대신하는 경우(cf. 빌3:12)가 간혹 있다(Robertson, *Short* §§436-439).

[6] 예: 이 사람들이 잠잠하면 돌들이 소리지를 것이다(ἐὰν σιωπήσουσιν, κράξουσιν 눅19:40) [☞ 이 경우 조건절에 미래직설법 동사가 쓰였으나, 귀결절의 내용으로 보아 미래의 개연성 있는 사실을 진술했다기 보다는 논리적 결론을 도출하기 위한 전제문으로 보아야한다]; 죽은 자들이 살아나는 일이 없다면 그리스도께서 살아나신 일도 없었을 것이다(εἰ οὐκ ἐγείρονται, οὐδὲ ἐγήγερται 고전15:16).

[7] 예: 사람이 낮에 걸어다니면 이 세상의 빛을 보므로 걸려서 넘어지지 않는다(ἐὰν τις περιπατῇ ἐν τῇ ἡμέρᾳ, οὐ προσκόπτει 요11:9); 나팔이 분명하지 않은 소리를 내면 누가 전투를 준비하겠는가(ἐὰν ἄδηλον σάλπιγξ φωνὴν δῷ, τίς παρασκευάσεται εἰς πόλεμον; 고전14:8).

예1: **εἰ εἶδεν** τὸν κύριον, κηρύξει τοὺς λόγους περὶ αὐτοῦ ἡμῖν.
그가 주님을 보았다면, 그는 그분에 관한 말씀들을 우리에게 전해줄 것이다.
If he saw the Lord, he will preach the words about him to us.

예2: **εἰ κηρύσσεις** τοὺς λόγους περὶ τοῦ κυρίου, εἶ μαθητὴς αὐτοῦ.
네가 주님에 관한 말씀들을 전파하고 있다면, 너는 그의 제자이다.
If you are preaching the words about the Lord, you are a disciple of him.

예3: **ἐὰν κηρύξῃς** τοὺς λόγους δούλοις, σωθήσονται τοῖς λόγοις.
네가 종들에게 그 말씀들을 전파한다면, 그들은 그 말씀들로 인해 구원받을 것이다.
If you preach the words to servants, they will be saved through the words.

예4: **ἐὰν κηρύσσῃς** τοὺς λόγους δούλοις, διώξουσιν σε.
네가 종들에게 그 말씀들을 계속 전파한다면, 그들은 널 핍박할 것이다.
If you keep on preaching the words to servants, they will persecute you.

위의 예문들에서 보는 바와 같이, 예문1과 예문2는 접속사 **εἰ**가 각각 직설법 과거동사나 현재동사와 결합하여 (주로) 과거의 사실이나 현재의 사실에 관해 조건적 진술을 이끈다. 이 경우, 귀결절(apodosis)은 흔히 직설법 현재동사 혹은 미래동사가 오겠지만 경우에 따라 권유의 가정법이나 명령법이 올 수도 있다.

한편, 예문3과 예문4에서는 ἐάν이 가정법 동사들과 결합하여 (주로) 미래사실에 관한 조건절을 이끈다. 그리고 귀결절에선 주로 미래시제 직설법 동사나 명령법 동사가 사용된다. 주목하여 볼 것은, 예문3에는 과거가정법이, 예문4에는 현재가정법이 쓰이고 있다는 점이다. 가정법은 현재시제든 과거시제든 기본적으로 개연성 있는 미래의 사실을 논하는 것이므로 시제(Tense)는 이미 미래(Future)로 고정되어 있다.[8] 따라서 현재가정법이니 과거가정법이니 하는 현재(Present) 혹은 과거(Aorist)의 용어는 더 이상 시간적 개념에서 이해할 것이 아니다. 둘 다 미래시간을 상정하는 것이기에 **가정법에서의 현재와 과거시제는** 시간개념이 아닌 **동작의 양상**(Aspect)**을 나타내주기 위한 문법적 장치**가 된다.[9] 아래의 정의들을 살펴보고 예문3과 예문4를

---

[8] 가정적 상황설정이나 논리적 전제에 사용되는 가정법에선 미래사실의 개연성이 아닌 논리적 전제나 가정적인 상황을 나타낸다. 그리고 이 경우에 있어서도 가정법 동사는 동작이 발생한 시간적 위치를 알려주는 시제적 기능을 담당하는 것이 아니라, 동작의 양상에 관한 정보를 제공할 뿐이다.

[9] 시제(Tense)는 발화시점이나 (시간부사에 의한) 기준시점과의 관계에서 그 사건의 시간적 위치를 정해주는 기능을 하는 반면, 시상(Aspect)은 그 사건이 진행중(반복적)인지 아니면 완료(단회성/종결성)되었는지에 관한 동작의 내면적 양상을 보여주는 기능을 한다. 영어에선 조동사를 통해 현재진행이나 완료 등의 시상을 나타내는 반면, 헬라어 동사는 시제와 시상을 둘 다 어휘소(lexeme)에 나타내고 있다. 특히 헬라어 직설법 동사는 시제와 시상을 모두 드러내고 있는 반면, 분사에서는 시상을 드러내는 동시에 시제는 상대시제로 바뀌게 되며, 가정법과 부정사(22과), 명령법(28과)에선 시제가 시상을 드러내는 역할만을 담당

비교해보라.

(1) **과거가정법:** 행위자가 일회성 동작으로 어떤 행위를 발생시킬 경우에 사용한다. 그러므로 행위의 속성에 있어서 시작점과 종결점을 강조하여 '**사건적 성격**'을 띠게 된다.[10]

(2) **현재가정법:** 행위자가 반복적이고 지속적인 양상으로 어떤 행위를 지속함을 의미할 때 사용한다. 그러므로 행위의 속성에 있어서 시작점과 종결점을 강조하는 것이 아니라 어떤 '**지속적 상태**'에 그 의미적 초점이 놓여있다.[11]

개별 동사에 있어서 과거가정법을 사용할 것인지 혹은 현재가정법을 사용할 것인지의 여부는 규범적이지 않으며 화자의 주관적인 필요와 발화상황에 의존할 때가 많다. 또한 동일한 동사라 할지라도 과거가정법을 사용하느냐 혹은 현재가정법을 사용하느냐에 따라 그 의미적 강조점이 달라질 수 있다.[12] 따라서 헬라어 동사의 시상

하게 된다.

[10] Cf. 이성범 342–82: 대개 상(Aspect)은 상태와 비상태로 크게 나누어 지는데, 상태동사와 비상태동사의 속성적 차이점은 후자가 행위의 시작점과 종결점을 상정할 수 있는 것에 반하여 전자는 뚜렷한 시작점과 종결점에 관한 관심을 배제하고 있다는 것이다. 일례로, 의미론에서 '사랑하다'란 동사는 행위의 시작점과 종결점에 관한 관심을 배제한 채 움직임이 없는 상태를 나타내는 동사인데 이것을 시간부사와 함께 사용하여 동작의 시작과 종결점이 있음을 암시하게 되면 그것은 더 이상 상태동사가 아닌 특정한 행위임을 나타내는 동사로 쓰이게 되는 것이다: '나는 어제 저녁에 그녀와 사랑했다' (성적행위임을 암시함)

이처럼 헬라어에 있어서도 개별동사의 상(Aktionsart)은 어휘적으로는 어느 정도 이미 고정되어 있지만, 실제 사용에 있어서는 상태(진행)를 나타내는 상(e.g. 현재시제로 표현한 비직설법동사)과 비상태(시작점과 종결점)를 나타내는 상(e.g. 과거시제로 표현한 비직설법 동사)을 발화상황에 따라 번갈아 이용함으로써 훨씬 다양하게 그 의미를 넓혀갈 수 있는 것이다. 헬라어 상태동사(stative)를 과거시제 비직설법으로 나타내면 시작과 끝이 있는 일회성 동작의 성격을 띠게 되며, 반대로 비상태동사(non-stative)를 현재시제 비직설법으로 나타내면 원래의 어휘적 상(Aktionsart)에 반복적(습관적)이거나 지속적인 동작의 성격을 부여하게 된다(아래 πιστεύω 동사의 경우 의미론적 관점에서 볼 때에 상태동사에 속하지만 성경저자는 과거시제 비직설법 동사로도 만들어 사용함으로써 '상태'보다는 '사건적 성격'에 초점을 맞추기도 한다).

[11] εἰμί 동사는 그 의미속성상 '상태'(state)를 기술하므로 시작과 종결점을 상정하는 상(Aspect)을 나타낼 수 없다. 따라서 과거가정법은 없고 현재가정법 어형만 존재할 뿐이다.

[12] 일례로 πιστεύω 동사의 경우, 현재가정법을 사용하고 있는 본문들과 과거가정법을 사용하고 있는 본문들을 비교하여 보면, 후자의 본문들은 주로 구체적 사건과 관련하여 사건적 행위로서의 '믿음'을 기술하고 있다(이 경우, 화자는 믿음행위의 대상들을 구체적이고 종결성이 있는 하나의 사건으로 인지하고 있음을 볼 수 있으며 그렇기에 매 사건이 생길 때마다 다시 그 믿음의 행위를 요구할 수 있을 것이다).

(1) 현재가정법- 막11:23; 요6:29; 10:38; 17:21; 19:35.

(2) 과거가정법- 마24:23; 마15:32; 눅22:67; 요1:7; 4:48; 8:24; 9:36; 11:15; 11:40; 11:42.

cf. 명령법(28과)도 가정법과 마찬가지로 현재 및 과거시제에서 동작의 양상을 나타내는데, 다음의 경우엔 동일한 본문을 두고 하나는 현재명령법으로, 다른 하나는 과거명령법으로 표현하고 있다: 막5:36 vs.

(Aspect)에 관련한 논의는 의미론적 영역에서 다루어지며 신약본문해석에 있어서 매우 중요한 어젠더(agenda)가 된다. 그러나 본 교재는 메이첸 초급교본을 설명하는 해설서이므로 주로 어형론적 논의에 그 초점을 두도록 하겠다. 앞으로 개별동사들이 현재가정법을 취하든 과거가정법을 취하든, 그와 관련된 시상적(aspectual) 뉘앙스는 간과하기로 하고 그 기초해석만을 다루도록 하겠다. 헬라어 동사의 시상에 관한 상세하고도 포괄적인 논의는 Porter의 책(*Verbal Aspect in the Greek of the New Testament, with Reference to Tense and Mood*, PeterLang, 1993)을 참조하라.

Gram 137. 가정법의 부정어 μή

가정법을 부정할 때에는 그 앞에 부정어 **μή**를 붙인다.

예: ἐὰν **μὴ ἴδῃς** αὐτὸν 만일 네가 그를 보지 않으면

※ 두 개의 부정어 **οὐ**와 **μή**를 연이어 붙여놓고 가정법 동사를 결합시키면 미래에 대한 강한 부정이 되어 '결코 ~하지 아니하리라'의 해석을 낳게 된다(cf. Robertson, *Short* 470k, 마24:2; 15:6; 눅18:7).

예: **οὐ μὴ ἰδῶσιν** τὸν θεὸν οἱ κακοί.
그 악한 자들은 결단코 하나님을 보지 못할 것이다.

Gram 138. 권유적 용법의 가정법 (Hortatory Subjunctive)

가정법 1인칭 복수는 접속사 없이 홀로 쓰일 때 '권유'의 의미를 지니게 되어 '**~합시다!**'란 해석을 낳는다. 이때 현재가정법으로 쓰일 수도 있고 과거가정법으로 쓰일 수도 있다(cf. 물론 각각의 경우가 나타내는 동작의 양상은 다를 것이다).

예1: **πιστεύσωμεν** τὸν σώσαντα ἡμᾶς.
우리를 구원해 주신 분을 믿읍시다. [과거가정법]

예2: εἰ ἐσμὲν μαθηταὶ τοῦ κυρίου, **κηρύσσωμεν** τοὺς λόγους αὐτοῦ.
우리가 (현재) 주님의 제자들이라면 그분의 말씀들을 (계속) 전파합시다. [현재가정법]

예3: μὴ **ἔλθωμεν** πρὸς αὐτήν.
그녀에게 가지 맙시다. [부정적 권유]

눅8:50.

Gram 139. 목적을 나타내는 가정법 (Subjunctive in Purpose Clause)
가정법 동사는 접속사 ἵνα와 결합하여 목적을 나타낼 수 있으며, 이 경우 **'~하기 위해'**란 해석을 낳는다. 이때 현재가정법이 올 수도 있고 과거가정법이 올 수도 있다(cf. 위와 마찬가지로 시상의 차이가 있을 뿐이다).

예: πιστεύσωμεν αὐτῷ **ἵνα** μὴ **ὦμεν** δοῦλοι τῆς ἁμαρτίας.
우리가 죄의 종이 되지 않기 위해 그분을 믿읍시다.

Gram 140. 금지의 명령 (Negative Commands)
부정어 **μή** 와 **과거가정법**을 사용하여 금지의 명령을 나타낼 수 있다. 이때 과거가정법 동사는 거의 항상 2인칭(단수나 복수)으로 온다(cf. Wallace, *Basics* 320). 중요한 것은 반드시 현재가정법이 아닌 **과거가정법을 사용해야 한다**는 점이다. 그것은 금지시키는 행위가 아직 범해지지 않은 동작으로서 여전히 행위의 시작점을 바라보고 있음을 나타내기 위해 과거가정법을 사용하는 것인데, 이에 반하여 이미 행하여지고 있는 행위에 대한 금지의 명령으로는 **μή**와 현재명령법이 사용된다(cf. **Gram221**).

예: **μὴ ἴδῃς** αὐτό. 너는 그것을 보지 말아라

Gram 141. 직설법과 가정법의 굴절관계 정리
직설법과 가정법의 굴절관계는 직설법과 분사와의 굴절관계와 동일하다. **Gram124**의 설명을 참조하라.

원형	현재가정법	과거가정법	과거수동가정법
διδάσκω	διδάσκω	διδάξω (← ἐδίδαξα)	διδαχθῶ(← ἐδιδάχθην)
γράφω	γράφω	γράψω (← ἔγραψα)	γραφῶ (← ἐράφην)
βλέπω	βλέπω	ἴδω (← εἶδον)	ὀφθῶ (← ὤφθην)
ἔρχομαι	ἔρχωμαι	ἔλθω (← ἦλθον)	Ø (직설법어형이 없음)
δέχομαι	δέχωμαι	δέξωμαι (← ἐδεξάμην)	(범위밖) **Gram124**참조
πορεύομαι	πορεύωμαι	Ø (직설법어형이 없음)	πορευθῶ (능동의미) (← ἐπορεύθην)
γίνομαι	γίνωμαι	γένωμαι (← ἐγενόμην)	γενηθῶ (능동의미) (← ἐγενήθην)
ἀποκρίνομαι	ἀποκρίνωμαι	(수동태어형으로 대신 사용함)	ἀποκριθῶ (능동의미) (← ἀπεκρίθην)

단어공부

명 사: λαός, ὁ (a people 백성)
ὄχλος, ὁ (a crowd/ a multitude 군중/무리)
δικαιοσύνη, ἡ (righteousness 의로움)
μαρτυρία, ἡ (a witnessing, a testimony 증거, 증언)

형용사: λοιπός, ή, όν (remaining 남은) cf. οἱ λοιποί 남은 자들.
μακάριος, η, ον (blessed 복있는)

동 사: ἁμαρτάνω (I sin 죄짓다)
εὐαγγελίζω (I preach good news 좋은 소식을 전하다)
※신약에서는 주로 중간태(εὐαγγελίζομαι)를 취하고 '복음전하다'의 뜻을 지니는데 이는 Dynamic Middle 용법의 중간태로 볼 수 있다(**Gram62**, **63** 참조)

Cf. 그러나 계10:7은 과거능동태직설법 어형을 보여준다(εὐηγγέλισεν). 또한 계14:6은 과거능동태부정사 어형(εὐαγγελίσαι)을, LXX삼상31:9은 현재능동태분사 어형(εὐαγγελίζοντες)을 보여준다.

조건접속사: ἐάν [가정법과 함께 미래조건절을 이끈다] (if 만일)
εἰ [직설법과 함께 과거조건절 및 현재조건절을 이끈다] (if 만일)

목적접속사: ἵνα [가정법과 함께 목적절을 이끈다] (in order that ~하기 위해)

부 사: μηκέτι [직설법 이외의 다른법과 함께] (no longer 더 이상 아니)
Cf. οὐκέτι [직설법과 함께] (no longer 더 이상 아니) [11과]

기 타: μηδέ [직설법 이외의 다른법과 함께] (and not, nor, not even ~도 아니)
μηδέ... μηδέ (neither... nor ~와 ~가 모두 아니)

Cf. οὐδέ [직설법과 함께] (and not, nor, not even ~도 아니) [12과]
οὐδέ... οὐδέ (neither... nor ~와 ~가 모두 아니)

Pop Quiz

Q1. 왼쪽의 가정법들이 어떠한 용법으로 쓰였는지 줄로 이으시오.

(1) μηκέτι ἁμαρτάνωμεν.	•	• (a) 목적
(2) ἐὰν πιστεύσῃς τῷ κύριῳ...	•	• (b) 미래부정
(3) ἵνα ἀκούσω τοῦ λόγου μου...	•	• (c) 권고
(4) οὐ μὴ ἴδητε αὐτόν.	•	• (d) 미래조건

Q2. 다음은 모두 '직설법:가정법' 의 쌍들이다. 인칭(person)이 불일치하는 쌍을 하나 고르시오.

① ἦς : ᾖς ② ἦτε : ἦτε ③ γράφω : γραφῶ
④ διδάσκῃ : διδάσκῃ ⑤ ἐδέξω : δέξῃ

답: 1. (1)–(c), (2)–(d), (3)–(a), (4)–(b) 2. ④

연습문제

1. *ἐὰν* ***εὐαγγελισώμεθα*** *ὑμᾶς*, ***λήμψεσθε*** *σωτηρίαν καὶ ἐλπίδα.*
만일 우리가 복음 전한다면 너희를(=너희에게) 너희가 받을 것이다 구원을 그리고 소망을

해석: 만일 우리가 너희에게 복음 전한다면 너희는 구원과 소망을 얻을 것이다.

★ *εὐαγγελισώμεθα* [← εὐηγγέλισα] – εὐαγγελίζω의 1과거 중간태 가정법 1인칭 복수 **Verb 47b**
εὐαγγελίζω는 능동태 꼬리가 기대되는 곳에서 주로 중간태를 취한다. 그러나 능동태 어형이 중간태 어형에 의해 저지된 것[즉, 어형공백]이 아니라 단지 중간태 꼬리를 선호하는 저자의 기호에 의한 것이므로 이것을 디포넌트 동사로 분류할 수는 없다. 따라서 Dynamic Middle 용법으로 쓰인 중간태 동사로 보아야 할 것이다. **Gram131** 참조)

★ *λήμψεσθε* – λαμβάνω 의 미래 중간태 디포넌트 직설법 2 인칭 복수

2. *ἐὰν μὴ* ***δέξησθε*** *τὴν μαρτυρίαν ἡμῶν, οὐ* ***σωθήσεσθε.***
만일 아니 너희가 받아들인다면 증거를 우리의 아니 너희가 구원받을 것이다

해석: 너희가 만일 우리의 증거를 받아들이지 아니한다면 너희는 구원받지 못할 것이다.
★ *δέξησθε* [← ἐδεξάμην] – δέχομαι의 1과거 중간태 디포넌트 가정법 2인칭 복수 **Verb 31b**
★ *σωθήσεσθε* [← ἐσώθην] – σώζω 의 미래 수동태 직설법 2 인칭 복수

3. *ἐὰν μὴ* ***ἴδῃ*** *οὗτος τὸν κύριον, οὐ* ***πιστεύσει*** *εἰς αὐτόν.*
만일 아니 본다면 이 사람이 주님을 아니 그가 믿을 것이다 그분을

해석: 만일 이 사람이 주님을 보지 않는다면 그는 그분을 믿지 않을 것이다.
★ *ἴδῃ* [← εἶδον] – βλέπω의 2과거 능동태 가정법 3인칭 단수 **Verb 1b**
★ *πιστεύσει* – πιστεύω 의 미래 능동태 직설법 3 인칭 단수

4. *εἰ* ***κηρύσσεται*** *ἡμῖν ὅτι ἀγαθός* ***ἐστιν*** *ὁ κύριος, ἀγαθοὶ* ***ὦμεν*** *καὶ*
만일 전파되고 있다면 우리에게 (that) 선한 ~이다 주님은 선한 우리가 ~됩시다 ~까지도
ἡμεῖς, ἵνα ***διδάσκωμεν*** *τοὺς λοιπούς.*
우리 우리가 가르치기 위해 그 남은 자들을

해석: 만일 우리에게 주님이 선하시다고 전파되고 있다면, 우리도 선한 자들이 되어 그 남은 자들을 가르칩시다.(=그 남은 자들을 가르치기 위해 우리도 선한 자들이 됩시다)
★ *κηρύσσεται* – κηρύσσω의 현재 수동태 직설법 3인칭 단수
★ *ἐστιν* – εἰμί의 현재 직설법 3 인칭 단수
★ *ὦμεν* – εἰμί의 현재 가정법 1 인칭 복수
★ *διδάσκωμεν* – διδάσκω 의 현재 능동태 가정법 1 인칭 복수

5. ***εὐηγγελισάμην*** *αὐτοὺς ἵνα* ***σωθῶσιν*** *καὶ* ***ἔχωσιν*** *ζωήν.*
내가 복음 전했다 그들을(=그들에게) 그들이 구원받기 위해 그리고 가지기 위해 생명을

해석: 나는 그들에게 그들이 구원받고 또 생명을 가지도록 복음 전했다.
★ *εὐηγγελισάμην* – εὐαγγελίζω의 1과거 중간태 직설법 1인칭 단수
★ *σωθῶσιν* [← ἐσώθην] – σώζω 의 과거 수동태 가정법 3 인칭 복수 **Verb 17c**
★ *ἔχωσιν* – ἔχω 의 현재 능동태 가정법 3 인칭 복수

6. *μηκέτι* ***ἁμαρτάνωμεν,*** *ἵνα* ***γενώμεθα*** *μαθηταὶ πιστοί.*
더 이상 아니 우리가 죄짓지 맙시다 우리가 되기 위해 제자들이 신실한

해석: 우리가 신실한 제자들이 되기 위해 더 이상 죄 짓지 맙시다.
★ *ἁμαρτάνωμεν* – ἁμαρτάνω의 현재 능동태 가정법 1인칭 복수
★ *γενώμεθα* [← ἐγενόμην] – γίνομαι 의 2 과거 중간태 디포넌트 가정법 1 인칭 복수 **Verb 20c**

7. *μακάριοί* ***εἰσιν*** *οἱ ὄχλοι, ἐὰν* ***ἀκούσωσιν*** *τὰ ῥήματά μου.*
복있는 ~이다 그 무리들이 만일 그들이 듣게 된다면 말들을 나의

해석: 만일 (그들이) 나의 말들을 듣게 된다면 그 무리들은 복이 있다.

★ *εἰσιν* – εἰμί의 현재 직설법 3인칭 복수

★ *ἀκούσωσιν* [← ἤκουσα] – ἀκούω 의 1 과거 능동태 가정법 3 인칭 복수 **Verb 16b**

8. *ἐὰν* ***εἰσέλθωσιν*** *εἰς ἐκείνην τὴν οἰκίαν οἱ* ***πιστεύοντες*** *εἰς τὸν*
만일 (그들이) 들어간다면 저 집 안으로 믿는 자들이
κύριον, ***εὐαγγελισόμεθα*** *αὐτοὺς ἐκεῖ.*
주님을 우리가 복음 전할 것이 그들을(=그들에게) 거기서

해석: 만일 주님을 믿는 자들이 저 집 안으로 들어간다면 우리가 거기서 그들에게 복음 전할 것이다.

★ *εἰσέλθωσιν* [← εἰσῆλθον] – εἰσέρχομαι의 2과거 능동태 가정법 3인칭 복수 **Verb 21b**

★ *πιστεύοντες* – πιστεύω 의 현재 능동태 분사 남성 복수 주격

★ *εὐαγγελισόμεθα* – εὐαγγελίζω 의 미래 중간태 직설법 1 인칭 복수

사실은 –ιζω 로 끝나는 동사들 중 상당수가 미래시제에서 고전적 미래형(Attic Future)을 취하게 되는 경우가 많은데 εὐαγγελίζω 도 εὐαγγελιῶ라는 고전형을 갖는다 (cf.BAGD, LXX 삼하 18:19). 따라서 미래 중간태 직설법 1 인칭 복수는 εὐαγγελιούμεθα 가 되어야 할 것이다(cf.LXX 사 60:6). 그러나 –ιζω 로 끝나는 동사들 중 고전적 미래형을 취하지 않는 γνωρίζω (fut. γνωρίσω) 같은 동사들도 있는데 메이첸은 아마도 LXX 의 용례를 간과한 채 이러한 동사들에 유추하여 미래어형을 소개한 것으로 보인다. **Gram204** 의 각주 참조.

9. ***ἐκηρύξαμεν*** *τούτῳ τῷ λαῷ τὰ ῥήματα τῆς ζωῆς, ἵνα* ***δέξωνται*** *τὴν*
우리가 전파했다 이 백성에게 말씀들을 그 생명의 그들이 받기 위해 그
ἀλήθειαν καὶ ***σωθῶσιν****.*
진리를 그리고 그들이 구원받기 위해

해석: 우리가 이 백성에게 그 생명의 말씀들을 전파했는데 그것은 그들이 그 진리를 받고 또 구원받도록 하기 위함이다.

★ *ἐκηρύξαμεν* – κηρύσσω의 1과거 능동태 직설법 1인칭 복수

★ *δέξωνται* [← ἐδεξάμην] – δέχομαι 의 1 과거 중간태 디포넌트 가정법 3 인칭 복수 **Verb 31b**

★ *σωθῶσιν* [← ἐσώθην] – σώζω 의 과거 수동태 가정법 3 인칭 복수 **Verb 17c**

10. ***προσέλθωμεν*** *τῷ* ***ἰδόντι*** *τὸν κύριον, ἵνα* ***διδάξῃ*** *ἡμᾶς περὶ αὐτοῦ.*
우리가 갑시다 본 자에게 주님을 그가 가르치도록 우리를 그분에 관하여

해석: 그(=주님을 본 자)가 그분(주님)에 관하여 우리를 가르치도록, 주님을 본 자에게 갑시다.

★ *προσέλθωμεν* [← προσῆλθον] – προσέρχομαι의 2과거 능동태 가정법 1인칭 복수

★ *ἰδόντι* [← εἶδον] – βλέπω 의 2 과거 능동태 분사 남성 단수 여격

★ *διδάξῃ* [← ἐδίδαξα] – διδάσκω 의 1 과거 능동태 가정법 3 인칭 단수 **Verb 4b**

11. *ταῦτα* ***εἰπόντων*** *αὐτῶν ἐν τῷ ἱερῷ οἱ* ***ἀκούσαντες ἐδέξαντο*** *τὰ*
이것들을 말하고 난 후 그들이 그 성전 안에서 그 들은 자들이 받아들였다 그
λεγόμενα, *ἵνα* ***κηρύξωσιν*** *αὐτὰ καὶ τοῖς λοιποῖς.*
말해지고 있는 것들을 그들이 전파하기 위해 그것들을 그 남은 자들에게도

해석: 그들이 이것들을 그 성전 안에서 말하자, 그 경청한 자들이 그 남은 사람들에게도 전파하기 위해 그 말해지고 있는 것들을 받아들였다.

★ *εἰπόντων* [← εἶπον] – λέγω의 2과거 능동태 분사 남성 복수 속격
★ *ἀκούσαντες* [← ἤκουσα] – ἀκούω 의 1 과거 능동태 분사 남성 복수 주격
★ *ἐδέξαντο* – δέχομαι 의 1 과거 중간태 디포넌트 직설법 3 인칭 복수
★ *λεγόμενα* – λέγω 의 현재 수동태 분사 중성 복수 대격
★ *κηρύξωσιν* [← ἐκήρυξα] – κηρύσσω 의 1 과거 능동태 가정법 3 인칭 복수 **Verb 33b**

12. ***πιστεύσωμεν*** *εἰς τὸν* ***ἀποθανόντα*** *ὑπὲρ ἡμῶν, ἵνα* ***γράψῃ*** *τὰ*
우리가 믿읍시다 죽으신 분을 우리를 위하여 그가 쓰시도록 그
ὀνόματα ἡμῶν εἰς τὸ βιβλίον τῆς ζωῆς.
이름들을 우리의 그 책 안에 그 생명의

해석: 그분(=우리를 위하여 죽으신 분)께서 우리의 이름들을 그 생명의 책 안에 쓰시도록 하기 위해, 우리를 위하여 죽으신 분을 믿읍시다.

★ *πιστεύσωμεν* [← ἐπίστευσα] – πιστεύω의 1과거 능동태 가정법 1인칭 복수 **Verb 43b**
★ *ἀποθανόντα* [← ἀπέθανον] – ἀποθνήσκω 의 2 과거 능동태 분사 남성 단수 대격 **Verb 27b**
★ *γράψῃ* [← ἔγραψα] – γράφω 의 1 과거 능동태 가정법 3 인칭 단수 **Verb 3b**

13. ***ἐλεύσομαι*** *πρὸς τὸν* ***σώσαντά*** *με, ἵνα μὴ* ***λύω*** *τὰς ἐντολὰς αὐτοῦ*
내가 갈 것이다 구원하신 분께 나를 아니 파괴하기 위해 계명들을 그의
μηδὲ ***πορεύωμαι*** *ἐν ταῖς ὁδοῖς τοῦ θανάτου.*
~도 아니 내가 가기 위해 ~안으로 그 길들 그 죽음의

해석: 나는 그의 계명들을 파괴하지 않고 또 그 죽음의 길들로도 가지 않기 위해, 나를 구원하신 분께로 갈 것이다.

★ *ἐλεύσομαι* – ἔρχομαι의 미래 중간태 디포넌트 직설법 1인칭 단수
★ *σώσαντα* [← ἔσωσα] σῴζω 의 1 과거 능동태 분사 남성 단수 대격
★ *πορεύωμαι* – πορεύομαι 의 현재 중간/수동태 디포넌트 가정법 1 인칭 단수 **Verb 23a**

14. *ταῦτα* ***εἶπον*** *ἐν τῷ ἱερῷ, ἵνα οἱ* ***ἀκούσαντες σωθῶσιν*** *ἀπὸ τῶν*
이것들을 나는 말했다 그 성전 안에서 들은 자들이 구원받기 위해 ~로부터
ἁμαρτιῶν αὐτῶν καὶ ***ἔχωσιν*** *τὴν δικαιοσύνην τοῦ θεοῦ.*
죄악들로부터 그들의 그리고 갖기 위해 그 의를 하나님의

해석: 나는 그 성전 안에서 이것들을 말했는데 그것은 그 경청한 자들이 그들의 죄악들로부터 구원받고 또 하나님의 의를 갖도록 하기 위함이다.

★ *εἶπον* – λέγω의 2과거 능동태 직설법 1인칭 단수 (혹은 3인칭 복수)

★ *ἀκούσαντες* [←ἤκουσα] – ἀκούω 의 1과거 능동태 분사 남성 복수 주격

★ *σωθῶσιν* [←ἐσώθην] – σῴζω 의 과거 수동태 가정법 3 인칭 복수 **Verb 17c**

★ *ἔχωσιν* – ἔχω 의 현재 능동태 가정법 3 인칭 복수

15. *εἰ* ***εἴδετε*** *ταῦτα ἐν ταῖς ἡμέραις ταῖς κακαῖς,* ***ὄψεσθε*** *τὰ αὐτὰ καὶ*
만일 너희가 보았다면 이것들을 날들에 그 악한 너희는 볼 것이다 그 동일한 것들을
νῦν καὶ εἰς τὸν αἰῶνα.
지금도 또 영원히

해석: 만일 너희가 그 악한 날들에 이것들을 보았다면 너희는 그 동일한 것들을 지금도 (보고) 또 영원히 볼 것이다.

★ *εἴδετε* – βλέπω의 2과거 능동태 직설법 2인칭 복수

★ *ὄψεσθε* – βλέπω 의 미래 중간태 디포넌트 직설법 2 인칭 복수

16. *ἐὰν μὴ* ***διδαχθῇς*** *ὑπὸ τοῦ κυρίου, οὐ* ***γνώσῃ*** *αὐτὸν εἰς τὸν αἰῶνα.*
만일 아니 네가 가르침 받는다면 주님으로 말미암아 아니 네가 알 것이다 그를 영원히

해석: 만일 네가 주님에게 가르침 받지 않는다면 너는 그를 영원히 알지 못할 것이다.

★ *διδαχθῇς* [←ἐδιδάχθην] – διδάσκω의 과거 수동태 가정법 2인칭 단수 **Verb 4c**

★ *γνώσῃ* – γινώσκω의 미래 중간태 디포넌트 직설법 2인칭 단수

17. *ὁ λύων τὰς ἐντολὰς τοῦ θεοῦ οὐκ* ***ἔχει*** *ἐλπίδα, ἐὰν μὴ* ***ἐπιστρέψῃ***
파괴하는 자는 그 계명들을 하나님의 아니 가진다 소망을 만약 아니 그가 돌이키면
πρὸς τὸν κύριον.
주님께로

해석: 하나님의 계명들을 파괴하는 자는 주께로 돌이키지 아니할 경우 소망을 가지지 못한다.

★ *ἔχει* – ἔχω 의 현재 능동태 직설법 3 인칭 단수

★ *ἐπιστρέψῃ* [←ἐπέστρεψα] – ἐπιστρέφω 의 1 과거 능동태 가정법 3 인칭 단수 **Verb 38b**

18. *ταῦτα* ***παρέλαβεν*** *ἀπὸ τοῦ* ***ἀποθανόντος*** *ὑπὲρ αὐτοῦ, ἵνα*
이것들을 그가 받았다 죽으신 분으로부터 그를 위하여
παραλαβόντες *αὐτὰ οἱ λοιποὶ* ***σωθῶσιν*** *καὶ αὐτοί.*
받은 후 그것들을 그 남은 자들이 구원받기 위해 그들 자신들도

해석: 그가 그를 위하여 죽으신 분으로부터 이것들을 받았는데 이는 그 남은 자들 자신들까지도 그것들을 받아 구원받도록 하기 위함이다.

★ *παρέλαβεν* – παραλαμβάνω 의 2 과거 능동태 직설법 3 인칭 단수

★ *ἀποθανόντος* [← ἀπέθανον] – ἀποθνήσκω 의 2 과거 능동태 분사 남성 단수 속격

★ *παραλαβόντες* [←παρέλαβον] – παραλαμβάνω 의 2 과거 능동태 분사 남성 복수 주격

★ *σωθῶσιν* [←ἐσώθην] –σώζω 의 과거 수동태 가정법 3 인칭 복수

19. ***συνελθόντες*** *εἰς τὴν οἰκίαν* ***δεξώμεθα*** *τὴν μαρτυρίαν τοῦ*
함께 간 후에 그 집 안으로 받아들입시다 그 증거를
εὐαγγελισαμένου *ἡμᾶς*.
복음 전한 자의 우리를(=우리에게)

해석: 우리가 그 집 안으로 함께 간 후에, 우리에게 복음 전한 자의 증거를 받아들입시다.

★ *συνελθόντες* [← συνῆλθον] –συνέρχομαι의 2과거 능동태 분사 남성 복수 주격

★ *δεξώμεθα* [←ἐδεξάμην] –δέχομαι 의 1 과거 중간태 디포넌트 가정법 1 인칭 복수

★ *εὐαγγελισαμένου* [← εὐηγγέλισα] – εὐαγγελίζω 의 1 과거 중간태 분사 남단속 **Verb 47b**

20. ***διωξάντων*** *τῶν στρατιωτῶν τοὺς ἁγίους ἵνα μὴ* ***πιστεύσωσιν*** *εἰς*
박해한 후 그 군인들이 그 거룩한 자들을 아니 그들이 믿도록
τὸν ***σώσαντα*** *αὐτούς*, ***συνῆλθον*** *οὗτοι εἰς τὴν συναγωγήν*.
구원하신 분을 그들을 함께 왔다 이 사람들이 그 회당 안으로

해석: 그 군인들이 그 성도들로 하여금 그들(=성도들)을 구원하신 분을 믿지 못하도록 박해하자, 이 사람들이 그 회당 안으로 함께 왔다(=모였다).

★ *διωξάντων* [←ἐδίωξα] – διώκω의 1과거 능동태 분사 남성 복수 속격

★ *πιστεύσωσιν* [←ἐπίστευσα] – πιστεύω 의 1 과거 능동태 가정법 3 인칭 복수

★ *σώσαντα* [←ἔσωσα] –σώζω 의 1 과거 능동태 분사 남성 단수 대격

★ *συνῆλθον* –συνέρχομαι 의 2 과거 능동태 직설법 3 인칭 복수

22과

현재부정사 & 과거부정사

핵심문법요약

Gram 142. λύω의 부정사 변화표 (Infinitive Paradigm)

	현재시제	과거시제
능동태	λύειν	λῦσαι
중간태	λύεσθαι	λύσασθαι
수동태	λύεσθαι	λυθῆναι

부정사는 인칭과 수에 따른 변화가 없으며 오직 태와 시상(미래부정사는 태와 시제를!)을 가지고 있을 뿐이다.

Gram 143. 부정사 개관 (Introduction)

동사를 형용사화(化) 함으로써 동사와 형용사의 속성에 나누어 참여한 것이 분사(Participle)라면, 부정사는 **동사를 명사화(化)** 함으로써 동사와 명사의 속성에 나누어 참여한다. 따라서 해석은 **'~함/~하기'** 정도의 의미를 갖게 된다. 그러나 부정사(Infinitive)는 – 그 명칭이 말해주듯이 – 그 의미상 주어의 인칭(person)과 수(number)에 따른 특정한 인칭꼬리를 일일이 취함 없이 그저 태(Voice)와 시상(Aspect)만을 그 어휘에 반영한다는 점에서 분사와 다르다. 그 기본 특징들을 요약하자면 다음과 같다.

(1) **명사를 대신하여** 주어, 보어, 목적어의 자리에 설 수 있다(cf.Smyth §1970). 우선, 부정사는 **주어**로 쓰이거나 **동사의 목적어** 자리에 올 수 있다. 그리고 항상 **중성 단수로 취급**한다.

예1: καλὸν ἐστὶν **κηρύσσειν** λόγους.
말씀을 전하는 일은 아름답다

예2: θέλω **κηρύσσειν** λόγους αὐτοῖς.
나는 그들에게 말씀을 전하기를 원한다

(2) **관사를 취할 수 있다.** 부정사는 이미 그 자체로 명사이지만, 관사를 취함으로써 명사적 성격을 좀 더 드러내고 또한 (대화의 문맥 속에서) 지시적인 (demonstative) 속성을 지니게 된다. 관사를 취하게 될 경우엔 항상 **중성단수관사**만 취할 수 있다(τό/τοῦ/τῷ/τό). 주어로 쓰인 부정사는 관사를 취할 수도 취하지 않을 수도 있다.[1] 그러나 전치사와 함께 쓰이게 될 경우엔 반드시 전치사의 지배격에 맞는 중성단수관사를 동반해야 한다(cf. **Gram155**).[2]

예: καλὸν ἐστὶν **τὸ κηρύσσειν** λόγους.
말씀을 전하는 일은 아름답다

(3) 부정사는 동사로부터 굴절된 것이기에 일반동사와 마찬가지로 지배격에 따라 주격/속격/여격/대격의 목적어를 자유롭게 취할 수 있다(cf. Smyth § 1966).

예1: θέλω **ἄρχειν** τῆς βασιλείας.
나는 그 왕국을 다스리길 원한다

예2: θέλω **πιστεύειν** αὐτῷ.
나는 그를 믿기 원한다

(4) 부정사는 – 가정법과 마찬가지로 – 현재시제와 과거시제를 통해 시간적인 위치가 아닌 **동작의 양상**(Aspect)을 나타낸다.[3] (cf. 가정법과 마찬가지로 본 초급과정에선 시상의 의미적 뉘앙스를 간과하고 기초해석만을 다루겠다)

Gram 144. 부정사의 의미상 주어 (Sense Subject)
아래의 문장에서 부정사의 주어는 곧 주동사(main verb)의 주어이다:

예1: θέλω **διδάσκειν** τοὺς δούλους.
나는 그 종들을 가르치기 원한다

---

[1] 그러나 위 (1)의 예문2처럼 동사의 의미를 완성하기 위해 목적어의 자리에 온 부정사는 'complementary infinitive'라 하여 관사를 동반하지 않는다. 이런 종류의 동사로는 다음과 같다(cf. Wallace, *Basics* 259). θέλω(~하길 원하다), μέλλω(~하려하다), ὀφείλω(~할 의무가 있다), κελεύω(~하기를 명하다), ζητέω(~하기를 구하다), ἄρχομαι(~하기 시작하다), βούλομαι(~할 의향이다), δύναμαι(~할 수 있다).

[2] 그외 속격이나 여격을 지배하는 동사의 목적어 자리에 설 때에도 반드시 관사를 동반해야 한다 (Smyth §1969).

[3] 그러나 미래부정사는 주로 μή와 함께 미래의 금지명령이나 부정적 미래의지를 나타내어 시상이 아닌 시제적 정보를 드러낸다(cf. 창21:23; 26:29; 욥27:4; 34:12; 삼상30:15).

그러나 부정사의 의미상 주어를 따로 갖고자 할 경우에는 항상 **대격**으로 나타난다:

예2: θέλω **διδάσκειν** τὸν ἀπόστολον τοὺς δούλους.
나는 그 사도가 그 종들을 가르치기 원한다

부정사의 의미상 주어가 대격을 취하는 것에 관하여 이해를 돕자면 이렇다. 위의 문장과 같이 부정사가 그 의미상 주어를 따로 갖고서 나타났을 때, 부정사는 대격 명사의 보어로 온 것과 같다. 아래의 영어문장을 참조하고 그 이치를 생각해보라(cf. Wallace, *Basics* 87).

I want the apostle to teach the servants. [목적격보어로 사용된 부정사]

때로는 부정사와 함께 두 개의 대격 명사가 나란히 서게 된 위(**Gram144** 예문2)와 같은 경우, 어느 것이 부정사의 의미상 주어이고 어느 것이 부정사의 목적어인지 모호한 경우가 발생한다. 일반적인 어순을 고려해 볼 때, 부정사에 가까이 있는 것이 의미상 주어가 되겠지만 그 반대일 수도 있으니 항상 문맥을 최종적인 판단의 기준으로 삼아야 할 것이다(cf. Wallace, *Basics* 87-88). 가끔 부정사의 의미상 주어가 부정사 앞에 서기도 한다. 한편 부정사의 의미상 주어가 문맥상 명확할 경우엔 생략하기도 한다(Smyth §1972).

Gram 145. 현재 능동태 및 수동태 부정사의 어형성
(Word formation of Present Active and Passive Infinitive)

현재부정사는 **현재능동태직설법 줄기에 기초**해서 굴절된다(cf. **Gram106**). 즉, 현재기본형이 -ω로 소개되는 모든 능동태 동사들은 현재부정사 능동꼬리 -ειν을 취하고서 부정사 어형을 만든다:

πάσχω(겪다)/**πάσχειν**([고난등을] 경험함),* **ἔχω**(가지다)/**ἔχειν**(가짐)
λέγω(말하다)/**λέγειν**(말함), **δοξάζω**(영화롭게 하다)/**δοξάζειν**(영광돌림) 등.

한편, 현재기본형이 -ω로 소개되는 동사들 가운데 타동사적 의미를 지니는 모든 동사들은 현재부정사 수동꼬리 -εσθαι를 취하고서 수동의 의미를 나타낸다:

현재직설법기본형	현재직설법줄기	연결모음	현재 중간/수동 부정사꼬리	현재 수동태 부정사
διδάσκω	*διδασκ	+ ε	+ σθαι	► διδάσκεσθαι

λέγω (말하다)/λέγεσθαι (언급되어짐), δοξάζω (영화롭게하다)/δοξάζεσθαι (영광받음) 등.

Gram 146. 현재 디포넌트 동사의 부정사 (Present Deponent Infinitive)
현재기본형이 -ομαι로 소개되는 모든 **현재디포넌트 동사**들은 현재부정사 중간/수동 꼬리 **-εσθαι를 취하고서 부정사 어형**을 만든다:

★표는 연습문제에 자주 사용되는 현재디포넌트 부정사들이다.

원형	현재부정사	의미
ἀποκρίνομαι	► ἀποκρίνεσθαι ★	to answer 대답하기
γίνομαι	► γίνεσθαι	to become 되기
ἔρχομαι	► ἔρχεσθαι ★	to go/ to come 가기/ 오기
πορεύομαι	► πορεύεσθαι	to go 가기
δέχομαι	► δέχεσθαι	to receive 영접하기, 받기
προσεύχομαι	► προσεύχεσθαι	to pray 기도하기

Gram 147. 과거 능동태 부정사의 어형성 (1st Aorist Active Infinitive)
과거부정사는 **과거능동태직설법 줄기에 기초**해서 굴절된다(cf. **Gram106**). 특히 과거 기본형이 ε*σα (혹은 ε*ξα/ε*ψα)로 소개되는 모든 **제1과거 능동태 동사**들은 (시상접미어를 포함한) 과거줄기에 **제1과거 능동부정사 꼬리 -ι를** 취하고서 과거부정사 어형을 만든다. 주의할 것은, **제1과거 능동부정사의 액센트는** (동사액센트 법칙을 벗어나) **항상 피널트에** 온다는 점이다.

과거직설법기본형	과거직설법줄기	제1과거 부정사꼬리	제1과거 능동 부정사
ἐδίδαξα	*διδαξα	+ ι	► διδάξαι
ἔγραψα	*γραψα	+ ι	► γράψαι

주요 1과거 능동태 부정사들
★표는 연습문제에 자주 사용되는 과거부정사들이다.

원형	과거기본형	과거능동부정사
σώζω	ἔσωσα	σῶσαι
διώκω	ἐδίωξα	διῶξαι ★
ἀκούω	ἤκουσα	ἀκοῦσαι

κηρύσσω	ἐκήρυξα	κηρύξαι
διδάσκω	ἐδίδαξα	διδάξαι
πιστεύω	ἐπίστευσα	πιστεῦσαι★
ἐπιστρέφω	ἐπέστρεψα	ἐπιστρέψαι
θαυμάζω	ἐθαύμασα	θαυμάσαι
θεραπεύω	ἐθεράπευσα	θεραπεῦσαι
πείθω	ἔπεισα	πεῖσαι

Gram 148. 2과거 능동태 동사들의 과거부정사 (2nd Aorist Active Infinitive)
과거기본형이 ε*ον으로 소개되는 모든 **제2과거 능동태 동사들**은 **2과거줄기에** 현재 능동부정사 꼬리 **-ειν을 취하고서 과거부정사 어형**을 만든다. 주의할 것은, **제2과거 능동부정사의 액센트는** (동사액센트 법칙을 벗어나) **항상 얼티마에 써컴플렉스**로 온다는 점이다.

2과거능동직설법	2과거줄기	현재능동부정사꼬리	제2과거 능동 부정사
εἶδον	*ιδ	+ ειν	► ἰδεῖν

주요 2과거 능동태 부정사들

★표는 연습문제에 자주 사용되는 2과거 능동부정사들이다.

원형	과거기본형	과거능동부정사
βλέπω	εἶδον	ἰδεῖν★
πίπτω	ἔπεσον	πεσεῖν
φέρω	ἤνεγκον	ἐνεγκεῖν
προσφέρω	προσήνεγκα	προσενεγκεῖν
λείπω	ἔλιπον	λιπεῖν
βάλλω	ἔβαλον	βαλεῖν
λέγω	εἶπον	εἰπεῖν
λαμβάνω	ἔλαβον	λαβεῖν★
ἄγω	ἤγαγον	ἀγαγεῖν
ἔρχομαι	ἦλθον	ἐλθεῖν★
ἀποθνήσκω	ἀπέθανον	ἀποθανεῖν★

〈참고〉 φέρω의 과거기본형은 원래 2과거패턴의 어형(ἤνεγκον)이기에 과거부정사도 제2과거 패턴을 취함은 당연하다(cf.**Gram112**). 그러나 1과거꼬리를 취한 어형인 ἤνεγκα가 더욱 즐겨 사용되는 까닭에 과거부정사어형도 아예 ἐνέγκαι 어형이 주를 이룬다(ex.막6:27. cf.LXX 레 21:21). 이러한 현상은 2과거패턴을 가지고서 1과거 인칭꼬리를 시그마 없이 취하는 동사들에서 흔히 발견되며(cf.**Gram84**), 분사(**Gram112**)나 부정사(22과) 뿐 아니라 명령법(28과)에 있

어서도 마찬가지로 발견된다.

예: εἶπον (or εἶπα) – εἶπαι (1과거 능동 부정사, LXX 겔33:8)

Gram 149. 과거 디포넌트 동사의 부정사 (Aorist Deponent Infinitive)

과거기본형이 ε*σαμην (혹은 ε*ξαμην/ε*ψαμην)로 소개되는 **제1과거패턴 디포넌트 동사들은** (시상접미어를 포함한) 제1과거줄기에 현재 중간/수동 부정사 꼬리를 연결모음없이 취하여 과거부정사 어형을 만든다.

과거직설법기본형	과거직설법줄기	연결모음	현재 중간/수동 부정사꼬리	제1과거 디포 부정사
ἐδεξάμην	*δεξα	–	+ σθαι	► δέξασθαι

〈참고〉 액센트는 동사의 액센트 법칙을 따른다는 점에서 1과거능동부정사와 다르다.

예: θέλω **δέξασθαί** σε τὸν μαθητήν.
나는 네가 그 제자를 영접하기 원한다.

Cf. 지금의 범위에서는 아래 두 동사를 예로 들 수 있으나 연습문제 범위에선 제외되어 있다.

원형	과거기본형	과거부정사
δέχομαι	ἐδεξάμην	δέξασθαι
προσεύχομαι	προσηυξάμην	προσεύξασθαι

한편, 과거기본형이 ε*ομην으로 소개되는 **제2과거 패턴 디포넌트 동사들은** 제2과거줄기에 현재 중간/수동 부정사 꼬리 -εσθαι를 취하여 과거부정사 어형을 만들되, 액센트는 2과거줄기에 붙지 아니한다. 지금의 범위에선 γίνομαι를 그 예로 들 수 있다.

과거직설법기본형	2과거 줄기	연결모음	현재 중간/수동 부정사 꼬리	제2과거 디포 부정사
ἐγενόμην	*γεν	+ ε	+ σθαι	► γενέσθαι

예: θέλω **γενέσθαι** σε μαθητήν μου.
나는 네가 나의 제자가 되기를 원한다. (cf. 연습12번)

Gram 150. 과거 수동태 동사의 부정사 (Aorist Passive Infinitive)

과거수동태부정사는 **과거수동태직설법 줄기에 기초**해서 굴절된다(cf. **Gram106**). 시상접미어(θε)를 포함한 과거수동태줄기에 과거수동부정사 꼬리 **ναι**를 붙이고 시상접미어의 모음은 **η**로 길게 한다. 주의할 것은, **액센트가** (동사액센트 법칙을 벗어나) **항상 피널트에** 온다는 점이다. 과거수동태직설법 기본형을 가진 동사는 예외없이 과거수동태부정사 어형도 가지게 마련이다(cf. **Gram117**, **133**).

과거수동태직설법기본형	과거수동줄기	과거수동 부정사꼬리	과거 수동 부정사
ἐδιδάχθην	*διδαχθε	+ ναι	► διδαχθῆναι

예: θέλω **διδαχθῆναί** σε ὑπ' αὐτοῦ.
나는 네가 그로 말미암아 가르침 받기를 원한다.

주요 과거 수동태 부정사들

★ 표는 연습문제에 자주 사용되는 과거수동태 부정사들이다.

원형	과거수동태기본형	과거수동태부정사
ἐγείρω	ἠγέρθην	ἐγερθῆναι★
βάλλω	ἐβλήθην	βληθῆναι
διώκω	ἐδιώχθην	διωχθῆναι
κηρύσσω	ἐκηρύχθην	κηρυχθῆναι
διδάσκω	ἐδιδάχθην	διδαχθῆναι
λαμβάνω	ἐλήμφθην	λημφθῆναι
θεραπεύω	ἐθεραπεύθην	θεραπευθῆναι
σπείρω	ἐσπάρην	σπαρῆναι
σώζω	ἐσώθην	σωθῆναι★
ἀπολύω	ἀπελύθην	ἀπολυθῆναι★
γινώσκω	ἐγνώσθην	γνωσθῆναι
ἀκούω	ἠκούσθην	ἀκουσθῆναι
φέρω	ἠνέχθην	ἐνεχθῆναι
ἄγω	ἤχθην	ἀχθῆναι
βλέπω	ὤφθην	ὀφθῆναι

Cf. **σπείρω**[24과]의 과거수동부정사 **σπαρῆναι**는 **γράφω**의 과거수동부정사 **γραφῆναι**와 마찬가지로 과거수동태에서 시상접미어의 자음 θ가 빠진 제2형태를 갖는다. 이처럼 제2형태를 갖는 모든 과거수동태동사들은 θ가 빠진 채로 부정사 어형을 형성한다.

Gram 151. 과거 수동태 디포넌트 동사의 부정사
(Aorist Passive Deponent Infinitive)

과거시제에서 수동태를 취하고 디포넌트가 되는 모든 **과거수동태디포넌트 동사들**은 **과거수동태에 관한 한**, 직실법 이외의 **다른법**(분사/가정법/부정사/명령법)**에서도 일관되게 디포넌트**가 된다(cf.**Gram119, 134**). 그러므로 과거수동태에서 디포넌트 동사인 γίνομαι, πορεύομαι, ἀποκρίνομαι 동사들은(cf.**Gram87**) 과거부정사 어형을 아래와 같이 형성한다(cf. 물론 γίνομαι와 ἀποκρίνομαι는 중간태를 취하고도 디포넌트이기에 과거부정사에 있어서 두 개의 어형을 갖게 되며 그 의미적 차이는 거의 없다). cf. 과거수동태 디포넌트 부정사들은 연습문제의 범위에서 제외되어 있다.

예1: πορεύομαι의 과거수동태 디포넌트 부정사
πορευθῆναι [← ἐπορεύθην 과거수동태직설법 기본형; 16과]

(예문) θέλω **πορευθῆναι** πρὸς τὸν αὐτόν. (cf. 행1:25)
나는 그에게 가기를 원한다.

예2: γίνομαι의 과거 디포넌트 부정사
(1) γενέσθαι [← ἐγενόμην 과거직설법 기본형; 15과]
(2) γενηθῆναι [← ἐγενήθην 과거수동태직설법 기본형; 16과]

(예문) θέλω **γενηθῆναί** σε μαθητήν μου. (cf. 마20:26)
나는 네가 나의 제자가 되길 원한다.
= θέλω **γενέσθαι** σε μαθητήν μου. (cf. 히5:5)

예3: ἀποκρίνομαι의 과거 디포넌트 부정사
(1) [ἀποκρίνασθαι] (cf. 수동태어형을 대신 사용함)
[← ἀπεκρινάμην 과거직설법 기본형; 24과 유음동사]
(2) ἀποκριθῆναι [← ἀπεκρίθην 과거수동태직설법 기본형]

(예문) δεῖ **ἀποκριθῆναί** σε τοῦτο αὐτῷ. (cf. 마22:46)
너는 그에게 이것을 대답해야 한다.
= δεῖ **ἀποκρίνασθαι** σε τοῦτο αὐτῷ.

Gram 152. 비인칭 동사 δεῖ 와 ἔξεστιν

δεῖ와 ἔξεστιν은 사람을 주어로 삼지 않고 항상 부정사구를 단수로 취급하여 주어로 삼는 이른바 비인칭 동사(impersonal verb)이다. δεῖ의 뜻은 'It is necessary (for ~ to ~)' (~가 ~함이 반드시 필요하다)로서 '부정사와 그 의미상 주어인 대격명사가 이루는 명사절'을 주어로 삼는다. 이처럼 부정사와 그 의미상주어되는 대격 명사는 하나의

단위로 묶임으로써 목적어의 자리에 올 뿐만 아니라 주어의 자리에도 오게 되는데, 이는 마치 영어에서 부정사와 그 의미상 주어명사가 주어의 자리에 오는 것과 비교할 만 하다.

예: **δεῖ** σὲ εἶναι μετ' αὐτοῦ. 너는 그와 함께 있어야 한다
For you to be with him is necessary.
= It is necessary for you to be with him.

한편, **ἔξεστιν**과 함께 쓰이는 부정사구는 그 의미상 주어를 주로 여격으로 갖는데, 이때는 관점의 여격으로 해석될 수도 있을 것이다: 'It is lawful (for~to~)' (~에게 있어서 ~함이 정당하다/합당하다). 그러나 대격명사가 의미상 주어로 올 경우도 가끔은 있다:

예1: οὐκ **ἔξεστίν** μοι ὃ θέλω ποιῆσαι
내가 나의 원하는 바를 행하는 것은 합당치 않다 (cf. 마20:15)
예2: **ἔξεστιν** ἡμᾶς Καίσαρι φόρον δοῦναι...;
우리가 가이사에게 세를 바치는 것이 합당하니이까? (눅20:22)

이들 **비인칭 동사들도 직설법 동사**이기에 부정의 의미를 나타내고자 할 경우에는 앞에 **οὐ**를 붙인다.[4]

예1: **οὐκ ἔξεστιν** λαβεῖν σὲ αὐτήν.
네가 그녀를 취함은 합당치 못하다
예2: **οὐ δεῖ** λαβεῖν ὑμᾶς ἐκεῖνο.
너희는 마땅히 저것을 취하지 말아야 한다 (cf.딤후2:24)

Gram 153. 부정사의 부정어 μή

부정사를 부정할 경우, 부정어 **μή**를 바로 앞에 놓는다.

예: θέλω **μὴ ἰδεῖν** αὐτόν. 나는 그를 보지 않기를 원한다 (cf. 롬13:3)
= **οὐ θέλω** ἰδεῖν αὐτόν. 나는 그를 보기를 원치 않는다 (cf. 마2:18)

---

[4] 참고로, **δεῖ**의 직설법 이외 어형으론 다음과 같다: **ἔδει**(미완료, 마18:33), **δέον**(분사, 행19:36), **δέῃ**(가정법, 마26:35), **δεῖν**(부정사, 눅18:1).

Cf. **ἔξεστιν**의 직설법 이외 어형으론 다음과 같다: **ἐξόν**(분사, 마12:4). cf. 그밖의 어형은 LXX와 신약에는 나타나지 않는다: **ἐξεῖναι**(부정사, 3Maccabees 1:11), **ἐξῆν**(미완료), **ἔξῃ**(가정법).

Gram 154. εἰμί의 부정사

εἰμί의 현재부정사는 εἶναι이다.[5] εἰμί는 동작의 시작과 종결이 없고 다만 상태를 나타낼 뿐이므로 과거부정사 어형이 존재하지 않는다.

예1: διὰ τὸ **εἶναι** αὐτὸν ἐκεῖ συνήλθομεν.
그가 거기에 계시기에 우리가 모였다.

예2: ἐγίνωσκον **εἶναι** αὐτὸν τὸν κύριον.
나는 그가 주님이심을 알고 있었다.

τὸν κύριον은 의미상의 주어인 αὐτόν의 주격보어이기에 격을 일치시켰다.

Gram 155. 부정사 추가용법 (Additional Usage)

분사(Participle)가 문맥에 따라서 시간, 이유, 양보, 목적, 수단 등의 부사구로 해석될 수 있듯이(**Gram102**(4) 각주 참조), 부정사도 온갖의미의 부사구로 해석될 수 있다. 그러나 대개의 경우엔 전치사와 함께 사용된다는 점에서 분사와 구문적인 차이를 보인다(cf. **전치사와 함께 쓰일 경우** 부정사는 반드시 **중성단수관사를 동반**해야 한다). 아래의 경우들에서 부정사의 시제는 주로 동작의 양상(Aspect)을 나타내게 되는데, 각각의 경우가 지니는 의미적 뉘앙스는 초급문법의 범위를 벗어나므로 참고만 하도록 하라(cf. Young 165-172):

(1) **ἐν + τῷ + 부정사**(현재 및 과거시제): '~하는 동안에'(while)라는 시간부사구로 해석됨.[6]

예1: ἐν τῷ **διδάσκειν** δούλους ὄψῃ τὴν δόξαν τοῦ θεοῦ.
너는 종들을 가르치는 동안에 하나님의 영광을 보게 될 것이다.

예2: ἐν τῷ **διδάξαι** δούλους ὄψῃ τὴν δόξαν τοῦ θεοῦ.
너는 종들을 가르치는 동안에 하나님의 영광을 보게 될 것이다.

가르침의 행위가 습관적인 것이 아닌 일회성의 사건적 성격을 띠고 있음을 암시함.

(2) **μετὰ + τό + 부정사**(주로 과거 및 완료시제[29과]로만 쓰임): '~이후에'(after)라는 시간부사구로 해석됨.

특정한 시점 이후를 가리키는 것이므로 행위의 종결성이 강조되어 과거나 현재완료 부정사가 주로 옴. 그러나 εἰμί동사가 사용될 경우엔 당연히 현재부정

---

[5] 참고로, εἰμί의 미래부정사 어형으로는 중간태꼬리를 취한 ἔσεσθαι가 있다(cf. Mounce, *Morphology* 160): 행11:28; 23:30; 24:15; 27:10; LXX-민14:31; 욥12:6).

[6] 경우에 따라서 수단(means)을 표현하거나(cf. 행3:26) 이유(reason)를 나타낼 때(cf. 행2:1) 쓰이기도 한다(cf. Young 166-7).

사가 쓰일 수 있을 것이다. 아래 (3)을 참조하라.

예: μετὰ τὸ **ἰδεῖν** σε ἐλεύσομαι πρὸς αὐτόν.
너를 본 후 나는 그에게로 갈 것이다.

(3) **πρὸ + τοῦ + 부정사**(주로 과거시제, 가끔 현재시제): '~이전에'(before)라는 시간부사구로 해석됨.

예1: πρὸ τοῦ σε **εἶναι** μετὰ ἐμοῦ
네가 나와 함께 있기 전에 (cf. 요17:5)
예2: πρὸ τοῦ **ἰδεῖν** σε ἐλεύσομαι πρὸς αὐτόν.
너를 보기 전에 나는 그에게로 갈 것이다.

(4) **διὰ + τό + 부정사**(현재 및 과거시제): '~까닭에'(because)라는 이유나 원인을 나타내는 부사구로 해석됨.[7]

예1: διὰ τὸ **διδάξαι** αὐτὸν εἶ διδάσκαλος αὐτοῦ.
네가 그를 가르쳤기에 너는 그의 선생이다.
예2: διὰ τὸ μὴ **ἔχειν** ῥίζαν 뿌리가 없으므로 (막4:6)
뿌리를 가지고 있지 않은 것은 사건적 성격이 아닌, 상태를 나타내기에 현재 부정사가 쓰였다.

(5) **εἰς + τό + 부정사**(주로 과거시제, 가끔 현재시제): '~하기 위하여'(in order to)라는 목적을 나타내는 부사구로 해석됨.[8]

예1: εἰς τὸ μὴ **ἰδεῖν** κακά 악한 것들을 보지 않기 위해
예2: εἰς τὸ **εἶναι** μετ' αὐτοῦ 그와 함께 있기 위해

(6) **[참고] 기타용법:** ἀντὶ τοῦ+부정사;[9] ἕως τοῦ+부정사;[10] 결과를 나타내는 부정사;[11] 도구/수단을 나타내는 부정사;[12] 부사처럼 쓰이는 부정사;[13] 형용

---

[7] 이외에도 이유를 나타내기 위해서는 (1) ἐν τῷ +부정사[행2:1] (3) τῷ +부정사[고후2:13] (4) ἕνεκεν τοῦ +부정사[고후7:12] 등의 방식이 쓰일 수 있다.

[8] 이외에도 목적을 나타내기 위해서는 (1) **부정사 홀로** 쓰이거나 (2) τοῦ +부정사[마13:3] (3) εἰς τό +부정사[롬4:18] (4) πρὸς τό +부정사[엡6:11] (5) ὥστε +부정사[마27:1] (6) ὡς +부정사[눅9:52] 등의 방식이 쓰일 수 있다.

[9] '~하는 것 대신에'(instead of)(약4:15).

[10] '~하기까지'(until ~ing)(행8:40).

[11] 목적을 나타내는 부정사와 일면 유사하지만, 동작이 성취되었다면 결과를 나타내는 용법으로 보아야 한다. **결과적 용법**의 부정사는 다음의 세 가지 형태들 중 하나를 취한다: (1) ὥστε +부정사[막1:27] (2) εἰς τό +부정사[롬1:20] (3) τοῦ +부정사[마21:32].

사를 부사적으로 수식하는 부정사;[14] 명령의 의미를 지니는 부정사.[15]

Gram 156. 〈참고〉 부정사와 간접화법 (Indirect Discourse)

간접화법이란, 직접화법에서 쓰인 문장을 명사절로 삼아 내포문(imbedded sentence)으로 처리하여 전달하는 간접적 화법을 말한다. 간접화법구문은 대개 인지동사(perceptive verb)[16]나 발화동사(speaking verb)[17] 내지 의사전달동사(communicative verb)[18]가 이끌게 되며 ὅτι절이나 부정사구문을 목적절로 취한다. 초급과정에 있어서 간접화법의 문법적 중요도는 높지 않다. 그러나 개략적인 사항은 다음과 같다(cf. Robertson, *Short* §§ 451-53).

(1) 직접화법에서 쓰였던 시제(Tense)와 법(Mood)이 간접화법에서도 그대로 쓰인다.[19]

예1: λέγουσιν ὅτι ὁ δοῦλος **ἐστὶν** ἐν τῷ ἱερῷ.
They say that the servant is in the temple.

예2: εἶπαν ὅτι ὁ δοῦλος **ἐστὶν** ἐν τῷ ἱερῷ.
They said that the servant was in the temple.

Cf. 이른바 토의적 질문(deliberative questions)에는 가정법이 쓰이는데(**Gram205**), 이를 간접화법으로 나타낼 경우에 직접화법에 쓰였던 가정법이 인칭(person)만 바뀐 채 그대로 쓰인다(cf. **27과 연습3번**).

---

[12] 도구적 용법(by means of)의 부정사는 다음의 세 가지 형태들 중 하나를 취한다: (1) 부정사 홀로 [계2:14] (2) ἐν τῷ +부정사[행3:26] (3) ἐκ τοῦ +부정사[고후8:11].

[13] 부사처럼 쓰이는 부정사는 다음의 두 가지 형태들 중 하나를 취한다: (1) εἰς τό +부정사[롬12:3] (2) πρὸς τό +부정사[마5.28]

[14] 부정사 홀로 형용사 뒤에 쓰여 형용사를 부사적으로 수식한다(cf. 영어에서 형용사 뒤를 수식하는 to부정사와 비교해보라): οὐκέτι εἰμὶ ἄξιος κληθῆναι υἱός σου 당신의 아들이라 일컬어지기에 합당치 아니한 (눅15:19).

[15] 종종 격언이나 법조문에서 부정사는 홀로 명령법 동사처럼 쓰인다(삼우3:14).

[16] δοκέω(간주하다); κρίνω(판단하다); νομίζω(추측하다) 등.

[17] ἐρωτάω(부탁하다); κελεύω(명하다); λέγω(말하다); παρακαλέω(권고하다) 등.

[18] γράφω(기록하다).

[19] 그러나 가끔 직접화법에서 쓰였던 시제가 간접화법구문에서 바뀌게 되는 경우도 있다: ἔγνωσαν ὅτι τὸν πατέρα αὐτοῖς ἔλεγεν 저희는 그분이 자신들에게 아버지를 가리켜 말씀하시고 계셨던 것임을 알지 못했다(요8:27)(cf. Robertson, *Short* §365).

(2) 그러나 인칭(person)에 있어서는 - 영어에서와 마찬가지로 - 간접화법에서 변화를 겪게 마련이다.

예: εἶπεν ὁ δοῦλος ὅτι **εἶδεν** τὸν προφήτην.
The servant said that he had seen the prophet.

(3) 한편, 간접화법에 사용된 부정사의 시제(Tense)는 - 직접화법에서와 마찬가지로 - 동작이 발생한 시간적 위치를 말해주지 아니하며 다만 동작의 양상(Aspect)을 말해줄 뿐이다.[20]

예: ἐγράφη **ἐγερθῆναι** αὐτόν.
그가 일으킴 받음이 기록되었다.

Cf. 위 문장은 문맥에 따라 다음의 두 가지 해석이 얼마든지 가능하다.
(i) 그가 일으킴 받았음이 기록되었다.
(ii) 그가 일으킴 받을 것임이 기록되었다(눅24:46).

Cf. 그러나 현재나 과거부정사가 동작의 양상을 나타내는 것과는 달리, 미래부정사는 동작이 발생하는 시점이 미래의 시간에 속한 것임을 드러낸다. 따라서 간접화법에서 미래부정사가 쓰일 경우엔 직접화법에서 미래시제 직설법 동사가 쓰였음을 말해준다(cf. 요21:25).

Gram 157. Ἰησοῦς (Jesus)의 변화

주격	Ἰησοῦς
속격	Ἰησοῦ
여격	Ἰησοῦ
대격	Ἰησοῦν
호격	Ἰησοῦ

인칭명사의 격변화는 **일정한 패턴이 없이 매우 불규칙**하여서 부분적으로만 격꼬리를 취하거나 혹은 아예 격변화를 보이지 않는다. 그것은 대부분의 인칭명사들이 히브리어나 아람어 혹은 라틴어에서 차용된 것들이기에 원래의 발음을 보호하기 위한 취지에서 그렇게 한 것이다. 그러나 대개의 경우엔 문맥을 통해 인칭명사의 격을 파악할 수 있다. 특히 대격은 주로 격꼬리 ν를 취하거나 혹은 주어와 동일한 어형

[20] 부정사의 이러한 특성 때문인지는 몰라도, 간접화법구문은 코이네 시대에 접어들어 더욱 o[ti절이 부정사의 자리를 대신하기 시작했다(cf. Robertson, *Short* §451b).

을 보이는 경우가 많으며, 속격과 여격은 3변화 꼬리를 취하거나 혹은 일정한 패턴이 없이 불규칙하다(cf. BDF §36-42, §53-58; Wallace, *Morphology* 211).

Gram 158. 〈참고〉 미래부정사 (Future Infinitive)

현재와 과거부정사가 동작의 양상(Aspect)을 나타내는 반면, 미래부정사는 동작이 발생하는 시간적 위치가 미래에 속하였음을 나타내므로 분사와 마찬가지로 시간적(Temporal) 정보를 제공한다. 용법에 있어서는 주로 μή와 함께 미래의 금지명령(cf.LXX 창26:29)이나 부정적인 미래의지(cf.LXX 욥27:4;34:12)를 나타내는데 사용된다. 그 어형성은 미래직설법 기본형의 줄기에 현재부정사 꼬리를 붙임으로 완성된다. 미래부정사는 본 초급문법과정에 있어서 범위 밖에 해당되므로 참고만 하기 바란다.

미래직설법기본형	미래직설법줄기	현재부정사꼬리	미래부정사
διδάξω	*διδαξ	ειν	► διδάξειν
ὄψομαι	*οψ	εσθαι	► ὄψεσθαι

Cf. εἰμί의 미래부정사는 ἔσεσθαι. (cf.행11:28)

Gram 159. 〈참고〉 미래수동태부정사 (Future Passive Infinitive)

미래수동태부정사는 미래수동태직설법 줄기에 기초해서 굴절된다(cf.**Gram106**). 그런데 다시 미래수동태직설법은 과거수동태직설법에서 굴절되므로, 결국엔 미래수동태부정사가 그 어형론적 기초로 삼고 있는 줄기는 과거수동태지설법 줄기인 셈이다(cf.**Gram123**). 미래수동태부정사는 미래능동태부정사의 반대편 '테'에 해당하는 미래부정사이다.

과거수동태직설법	미래수동태직설법	미래수동태줄기	중간/수동부정사꼬리	미래수동태부정사
ἐδιδάχθην	διδαχθήσομαι	*διδαχθησ	+ εσθαι	► διδαχθήσεσθαι

Cf. 신약에는 미래수동태부정사가 나오지 않는다(cf. LXX 사54:9)

Gram 160. 직설법과 부정사의 굴절관계 정리

직설법과 부정사의 굴절관계는 직설법과 분사(**Gram124**) 및 직설법과 가정법(**Gram141**)과의 굴절관계와 동일하다.

원형	현재부정사	과거부정사	과거수동태부정사
διδάσκω	διδάσκειν	διδάξαι (← ἐδίδαξα)	διδαχθῆναι(← ἐδιδάχθην)
γράφω	γράφειν	γράψαι (← ἔγραψα)	γραφῆναι (← ἐράφην)
βλέπω	βλέπειν	ἰδεῖν (← εἶδον)	ὀφθῆναι (← ὤφθην)
ἔρχομαι	ἔρχεσθαι	ἐλθεῖν (← ἦλθον)	Ø (직설법어형이 없음)
δέχομαι	δέχεσθαι	δέξασθαι (← ἐδεξάμην)	(범위밖) **Gram124**참조
πορεύομαι	πορεύεσθαι	Ø (직설법어형이 없음)	πορευθῆναι (능동의미) (← ἐπορεύθην)
γίνομαι	γίνεσθαι	γενέσθαι (← ἐγενόμην)	γενηθῆναι (능동의미) (← ἐγενήθην)
ἀποκρίνομαι	ἀποκρίνεσθαι	[ἀποκρίνασθαι] (← ἀπεκρινάμην 24과)	ἀποκριθῆναι (능동의미) (← ἀπεκρίθην)

단어공부

명 사: Ἰησοῦς, ὁ (Jesus 예수)
Ἰουδαῖος, ὁ (a Jew 유대인)
Φαρισαῖος, ὁ (a Pharisee 바리새인)
Χριστός, ὁ (Christ 그리스도)

κώμη, ἡ (a village 마을)
σωτηρία, ἡ (salvation 구원)

Cf. 본 과에서 소개하고 있는 동사들은 주로 부정사와 함께 쓰여 그 의미를 완성하는 동사들이다. 영어로 말하자면 'want to, start to, ought to, be about to, …' 등에 해당되며, to부정사를 목적어로 취하는 동사(구)들에 비교할만 하다.

동 사: θέλω (I wish 원하다)
κελεύω (I command 명령하다)
μέλλω (I am about *to do*, I am going *to do* ~하려하다)
ὀφείλω (I ought, I owe 빚지다, ~해야한다)
πάσχω (I suffer 고난당하다, 겪다)

δεῖ [비인칭 동사](it is necessary *that* ~하는 것이 필요하다)
ἔξεστι(ν) [비인칭 동사](it is lawful *that* ~하는 것이 합당하다)

전치사: πρό + 속격 (before ~전에)

Pop Quiz

Q1. 괄호 안에 적절한 단어를 하나 써넣어 아래 해석을 완성하시오.

(①) δεῖ λαβεῖν ὑμᾶς ἐκεῖνο

= δεῖ (②) λαβεῖν ὑμᾶς ἐκεῖνο.

너희가 마땅히 저것을 취하지 말아야 한다.

Q2. 다음 중 부정사 구문에 있어서 부정어(negative)를 적절히 표기한 문형은?

① εἰς μὴ τὸ γενέσθαι ② εἰς τὸ μὴ γενέσθαι

③ μὴ εἰς τὸ γενέσθαι ④ εἰς οὐ τὸ γενέσθαι

답: 1. ① οὐ ② μή 2. ②

연습문제

1. οὐκ **ἔξεστίν** σοι **ἔχειν** αὐτήν.
아니 합당하다 네가 소유하기 그녀를

해석: 네가 그녀를 갖는 것은 합당치 아니하다(cf. 마14:4).
★ ἔξεστιν – 비인칭 동사
★ ἔχειν – ἔχω 의 현재 능동태 부정사

2. **κελεύσας** δὲ τοὺς ὄχλους **ἀπολυθῆναι** **ἐξῆλθεν** εἰς τὴν ἔρημον.
명한 후 그러나 그 무리들이 해산되기 그가 나갔다 그 광야 안으로

해석: 그러나 그는 그 무리들이 해산될 것을 명한 후 그 광야로 나갔다.
★ κελεύσας [← ἐκέλευσα] – κελεύω의 1과거 능동태 분사 남성 단수 주격
★ ἀπολυθῆναι [← ἀπελύθην] – ἀπολύω 의 과거 수동태 부정사 **Verb 37c**
★ ἐξῆλθεν – ἐξέρχομαι 의 2 과거 능동태 직설법 3 인칭 단수

3. οὐκ **ἔστιν** καλὸν **λαβεῖν** τὸν ἄρτον τῶν τέκνων καὶ **ἐκβαλεῖν**
아니 ~이다 아름다운 취하기 그 떡을 그 아이들로부터 그리고 내던지기
αὐτόν.
그것을(=떡)

해석: 그 아이들로부터 그 떡을 취하고 또 그것을 내던지는 것은 아름답지 못하다.
★ ἔστιν – εἰμί의 현재 직설법 3인칭 단수
★ λαβεῖν [← ἔλαβον] – λαμβάνω 의 2 과거 능동태 부정사 **Verb 5b**
★ ἐκβαλεῖν [← ἐξέβαλον] – ἐκβάλλω 의 2 과거 능동태 부정사 **Verb 10b**

4. **ἤρξατο** δὲ ὁ Ἰησοῦς **λέγειν** τοῖς Ἰουδαίοις ὅτι **δεῖ** αὐτὸν **ἀπελθεῖν**.
시작하셨다 그러나 예수께서 말씀하기 그 유대인들에게 (that) 필요하다 그가 떠나기

해석: 그러나 예수께서 그 유대인들에게 자신이 떠나야 한다고 말씀하기 시작했다.
★ ἤρξατο – ἄρχω의 1과거 중간태 직설법 3인칭 단수
★ λέγειν – λέγω 의 현재 능동태 부정사
★ ἀπελθεῖν [← ἀπῆλθον] – ἀπέρχομαι 의 2 과거 능동태 부정사 **Verb 21b**

5. **μέλλει** γὰρ ὁ υἱὸς τοῦ ἀνθρώπου **ἔρχεσθαι** ἐν δόξῃ μετὰ τῶν
하려한다 왜냐하면 인자가 오기 영광 안에서 ~와 함께
ἀγγέλων αὐτοῦ.
천사들 그의

해석: 왜냐하면 인자가 영광 가운데 그의 천사들과 함께 오려고 하기 때문이다.
★ μέλλει – μέλλω의 현재 능동태 직설법 3인칭 단수

★ ἔρχεσθαι – ἔρχομαι 의 현재 중간/수동태 디포넌트 부정사 **Verb 21a**

6. εἰ **θέλει** μετ' ἐμοῦ **ἐλθεῖν**, δεῖ αὐτὸν **ἀποθανεῖν**.
 만일 그가 원한다면 나와 함께 가기 필요하다 그가 죽기

해석: 만일 그가 나와 함께 가기를 원하고 있다면 그는 죽어야 한다.

★ θέλει – θέλω의 현재 능동태 직설법 3인칭 단수

★ ἐλθεῖν [← ἦλθον] – ἔρχομαι 의 2 과거 능동태 부정사 **Verb 21b**

★ ἀποθανεῖν [← ἀπέθανον] – ἀποθνήσκω 의 2 과거 능동태 부정사 **Verb 27b**

7. καλόν σοί **ἐστιν** εἰς ζωὴν **εἰσελθεῖν**.
 아름다운/좋은 네게 ~이다 생명 안으로 들어가기

해석: 생명 안으로 들어가는 것은 네게 좋다.

★ ἐστιν – εἰμί의 현재 직설법 3인칭 단수

★ εἰσελθεῖν [← εἰσῆλθον] – εἰσέρχομαι 의 2 과거 능동태 부정사

8. ἐν δὲ τῷ **λέγειν** με τοῦτο **ἔπεσε** τὸ πνεῦμα τὸ ἅγιον ἐπ' αὐτούς.
 ~동안 그러나 말하기 내가 이것을 임했다 영이 거룩한 그들 위에

해석: 그러나 내가 이것을 말하는 동안 성령이 그들 위에 떨어졌다(=임했다).

★ λέγειν – λέγω의 현재 능동태 부정사

★ ἔπεσε – πίπτω 의 2 과거 능동태 직설법 3 인칭 단수

9. μετὰ δὲ τὸ **ἐγερθῆναι** τὸν κύριον **ἐδίωξαν** οἱ Ἰουδαῖοι τοὺς
 ~ 후에 그러나 일으킴 받기 주께서 핍박했다 그 유대인들이
μαθητὰς αὐτοῦ.
 제자들을 그의

해석: 그러나 주께서 일으킴 받으신 후 그 유대인들이 그의 제자들을 핍박했다.

★ ἐγερθῆναι [← ἠγέρθην] – ἐγείρω의 과거 수동태 부정사 **Verb 8c**

★ ἐδίωξαν – διώκω 의 1 과거 능동태 직설법 3 인칭 복수

10. πρὸ δὲ τοῦ **βληθῆναι** εἰς φυλακὴν τὸν προφήτην **ἐβάπτιζον** οἱ
 ~전에 그러나 던져지기 감옥 안으로 그 예언자가 세례주고 있었다
μαθηταὶ τοῦ Ἰησοῦ τοὺς **ἐρχομένους** πρὸς αὐτούς.
 제자들이 예수의 오는 자들을 그들에게로(=제자들)

해석: 그러나 그 예언자가 감옥 안으로 던져지기 전에, 예수의 제자들은 자기들에게로 오는 자들에게 세례주고 있었다.

★ βληθῆναι [← ἐβλήθην] – βάλλω의 과거 수동태 부정사 **Verb 10c**

★ ἐβάπτιζον –βαπτίζω 의 미완료 능동태 직설법 3 인칭 복수
★ ἐρχομένους –ἔρχομαι 의 현재 중간/수동태 디포넌트 분사 남성 복수 대격

11. διὰ δὲ τὸ **εἶναι** αὐτὸν ἐκεῖ **συνῆλθον** οἱ Ἰουδαῖοι.
~ 때문에 그러나 있기 그가 거기에 함께 왔다 그 유대인들이

해석: 그러나 그가 거기에 계셨기 때문에 그 유대인들이 함께 왔다(=모였다).
★ εἶναι – εἰμί의 현재 부정사
★ συνῆλθον –συνέρχομαι 의 2 과거 능동태 직설법 3 인칭 복수

12. θέλω γὰρ **ἰδεῖν** ὑμᾶς, ἵνα **λάβητε** δῶρον ἀγαθόν, εἰς τὸ **γενέσθαι** ὑμᾶς μαθητὰς πιστούς.
내가 원한다 왜냐하면 보기 너희를 너희가 받기 위해 선물을 선한 ~하기 위해 되기 너희가 제자들 신실한

해석: 왜냐하면 내가 너희를 보기 원하는 것은 너희가 선한 선물을 받아 신실한 제자들이 되도록 하기 위함이다.
선한 선물을 받는 것이 목적하는 바를 다시 εἰς와 부정사 구문으로 나타내었다. 이는 ἵνα를 중복해서 사용하기 보다는 동일한 의미의 다른 표현을 사용함이 훨씬 자연스런 어법이 될 것이기 때문이다. Cf. μαθητάς와 πιστούς가 대격을 취하고 있는 이유에 관하여는 **Gram115**의 보어와 격의 일치를 참조하라.
★ ἰδεῖν [← εἶδον] –βλέπω의 2과거 능동태 부정사 **Verb 1b**
★ λάβητε [← ἔλαβον] – λαμβάνω 의 2 과거 능동태 가정법 2 인칭 복수
★ γενέσθαι [← ἐγενόμην] – γίνομαι 의 2 과거 중간태 디포넌트 부정사 **Verb 20b**

13. **ἀπέθανεν** ὑπὲρ αὐτῶν ὁ Ἰησοῦς εἰς τὸ **σωθῆναι** αὐτούς.
죽으셨다 그들을 위해 예수께서 ~하기 위해 구원받기 그들이

해석: 그들로 구원받도록 하기 위해 예수께서 그들을 위해 죽으셨다.
★ ἀπέθανεν – ἀποθνήσκω의 2과거 능동태 직설법 3인칭 단수
★ σωθῆναι [← ἐσώθην] –σώζω 의 과거 수동태 부정사 **Verb 17c**

14. **ἔπεμψεν** ὁ θεὸς τὸν Ἰησοῦν, ἵνα **ἀποθάνῃ** ὑπὲρ ἡμῶν, εἰς τὸ **δοξάζειν** ἡμᾶς τὸν **σώσαντα** ἡμᾶς.
보내셨다 하나님께서 예수를 그가 죽기 위해 우리를 위해 ~하기 위해 영광 돌리기 우리가 구원하신 분을 우리를

해석: 하나님께서 예수를 보내셨는데 그것은 그가(=예수) 우리를 위해 죽으사 우리로 하여금 우리를 구원하신 분께 영광 돌리도록 하기 위함이다.
★ ἔπεμψεν – πέμπω의 1과거 능동태 직설법 3인칭 단수
★ ἀποθάνῃ [← ἀπέθανον] – ἀποθνήσκω 의 2 과거 능동태 가정법 3 인칭 단수
★ δοξάζειν –δοξάζω 의 현재 능동태 부정사

★ *σώσαντα* [← ἔσωσα] – σῴζω 의 1과거 능동태 분사 남성 단수 대격

15. ***εἶπεν*** *ὁ τυφλὸς ὅτι* ***βλέπει*** *τοὺς ἀνθρώπους.*
말했다 그 소경이 (that) 그가 본다 그 사람들을

해석: 그 소경은 자기가 그 사람들을 보고 있다고 말했다.

★ *εἶπεν* – λέγω의 2과거 능동태 직설법 3인칭 단수

★ *βλέπει* –βλέπω 의 현재 능동태 직설법 3 인칭 단수

16. ***εἶπεν*** *ὁ Ἰησοῦς ὅτι* ***ἐλεύσεται*** *ἐν τῇ βασιλείᾳ αὐτοῦ.*
말씀하셨다 예수께서 (that) 그가 갈 것이다 왕국 안에 그분의

해석: 예수께서는 자기의 왕국 안에 (들어)갈 것이라고 말씀하셨다.

★ *εἶπεν* – λέγω의 2과거 능동태 직설법 3인칭 단수

★ *ἐλεύσεται* – ἔρχομαι 의 미래 중간태 디포넌트 직설법 3 인칭 단수

17. *ταῦτα* ***ἔλεγεν*** *ὁ ἀπόστολος ἔτι ὢν ἐν σαρκί, εἰς τὸ* ***πιστεῦσαι*** *εἰς*
이것들을 말하고 있었다 그 사도가 아직 있을 때에 육체 안에 ~하기 위해 믿기
τὸν Ἰησοῦν τοὺς ***ἀκούοντας.***
예수를 그 듣는 자들이

해석: 그 사도는 아직 육체 안에 있을 때에 이것들을 말하고 있었는데 이는 그 듣는 자들로 하여금 예수를 믿게 하기 위함이었다.

★ *ἔλεγεν* – λέγω의 미완료 능동태 직설법 3인칭 단수

★ *πιστεῦσαι* [← ἐπίστευσα] – πιστεύω 의 1과거 능동태 부정사 **Verb 43b**

★ *ἀκούοντας* –ἀκούω 의 현재 능동태 분사 남성 복수 대격

18. ***κελεύσας*** *ἡμᾶς ὁ Ἰησοῦς* ***ἐλθεῖν*** *εἰς τὴν κώμην εὐθὺς* ***ἀπέλυσε*** *τὸν*
명하신 후 우리가 예수께서 가기 그 마을 안으로 즉시 해산시키셨다 그
ὄχλον.
무리를

해석: 예수께서 우리가 그 마을 안으로 갈 것을 명하신 후 즉시 그 무리를 해산시키셨다.

★ *κελεύσας* [← ἐκέλευσα] – κελεύω의 1과거 능동태 분사 남성 단수 주격

★ *ἐλθεῖν* [← ἦλθον]–ἔρχομαι 의 2 과거 능동태 부정사

★ *ἀπέλυσε* –ἀπολύω 의 1 과거 능동태 직설법 3 인칭 단수

19. ***σωθέντες*** ὑπὸ τοῦ Ἰησοῦ ***ὀφείλομεν*** καὶ ***πάσχειν*** διὰ τὸ ὄνομα
구원받은 후 예수로 말미암아 우리가 ~해야 한다 ~까지도 고난받기 ~을 위해 이름
αὐτοῦ.
그의

해석: 우리는 예수로 말미암아 구원받은 후 그의 이름을 위해 고난도 받아야 한다.

★ σωθέντες [←ἐσώθην] –σῴζω의 과거 수동태 분사 남성 복수 주격

★ ὀφείλομεν –ὀφείλω 의 현재 능동태 직설법 1 인칭 복수

★ πάσχειν –πάσχω 의 현재 능동태 부정사

20. ἐν τῷ ***πάσχειν*** ἡμᾶς ταῦτα ***ἔλεγον*** οἱ ἀδελφοὶ ὅτι ***βλέπουσι*** τὸν
~하는 동안 겪기 우리가 이것들을 말하고 있었다 그 형제들은 (that) 보고 있다
Ἰησοῦν.
예수를

해석: 우리가 이것들을 겪고 있는 동안, 그 형제들은 예수를 보고 있다고 말하고 있었다.

★ πάσχειν – πάσχω의 현재 능동태 부정사

★ ἔλεγον –λέγω 의 미완료 능동태 직설법 3 인칭 복수

★ βλέπουσι –βλέπω 의 현재 능동태 직설법 3 인칭 복수

23과

단축동사

핵심문법요약

Gram 161. 단축동사 개관 (Introduction)

단축동사(Contract verb)란, **줄기끝이 α, ϵ, ο, 이 세개 중 하나**의 모음으로 끝나는 동사를 칭한다. 이 줄기끝모음들은 (1) **미완료**와 (2) **현재시제의 인칭꼬리들**을 이끄는 모음들(=연결모음)과 만나 발음상의 편의를 위해 모음단축현상을 일으키게 된다.[1] 다시 말해서, -ω동사는 미완료 직설법과 현재시제의 모든 법(직설법, 분사, 가정법, 부정사, 명령법, 희구법)에서 연결모음(connecting vowel)이 인칭꼬리들을 이끌고 있는 이른바 'Thematic Conjugation' 체계를 취한다(cf. **Gram91**). 반면, 미래시제와 과거시제, 과거수동태시제(그리고 완료시제[29과])에서는 각각 시상접미어들(σ/σα/θϵ/κ)이 인칭꼬리들을 이끌게 되므로 단축동사의 줄기끝모음들은 모음단축현상을 일으킬 기회를 갖지 못하게 된다. 따라서 단축현상이란 **미완료 직설법**과 **현재시제의 모든법에 관련한 현상**으로 한정된다.

	현재능동 직설법	현재 중간/수동 직설법	미완료능동 직설법	미완료 중간/수동 직설법	현재능동 가정법	현재 중간/수동 가정법
1sg	ω	ομαι	ον	ομην	ω	ωμαι
2sg	ϵις	ῃ	ϵς	ου	ῃς	ῃ
3sg	ϵι	ϵται	ϵ	ϵτο	ῃ	ηται
1pl	ομϵν	ομϵθα	ομϵν	ομϵθα	ωμϵν	ωμϵθα
2pl	ϵτϵ	ϵσθϵ	ϵτϵ	ϵσθϵ	ητϵ	ησθϵ
3pl	ουσιν	ονται	ον	οντο	ωσιν	ωνται

Cf. 현재분사 격꼬리들: ων/οντϵς, ουσα/ουσαι, ον/οντα   cf. ουσιν(3pl)

Cf. 현재부정사 꼬리들: ϵιν/ϵσθαι

Cf. 현재명령법 인칭꼬리들: 28과 참조

[1] 참고로, -υω나 -ιω로 끝나는 동사들은 인칭꼬리들과 모음단축을 일으키지 않으며, -ηω나 -ωω로 끝나는 동사들은 존재하지 않는다.

Gram 162. 단축법 (Rules of Contraction)

위의 인칭꼬리(및 격꼬리)들을 이끄는 모음을 종합하자면 크게 **두 계열의 모음**(ϵ/η와 ο/ω)으로 나뉜다. 그리고 단축동사의 줄기끝모음(α/ϵ/ο)이 이들 두 계열의 모음들을 만나서 일으키는 단축법은 아래와 같다. 맨 오른쪽에 위치한 이중모음 **οι**는 희구법의 연결모음이다. 그러나 희구법은 초급문법의 범위를 벗어나므로 이를 제외한 나머지 단축법들에 좀더 집중하여 학습할 것을 권한다.

Cf. 굵게 강조되어 있는 단축법은 특히 주의를 요하는 경우들이다.

	ϵ	ϵι	η	ῃ	ο	ου	ω	οι
-α	α	ᾳ	α	ᾳ	ω	**ω**	ω	ῳ
-ϵ	**ϵι**	ϵι	η	ῃ	**ου**	**ου**	ω	οι
-ο	**ου**	**οι**	ω	**οι**	**ου**	ου	ω	οι

(i) 동일한 모음으로 시작되는 이중모음을 만날 경우 흡수된다.
예1: ϵ + ϵι ► ϵι
예2: ο + ου ► ου

(ii) 단축되고 남은 이오타는 홀로된 장모음 뒤에 하기(subscript)되거나 혹은 그대로 남는다.
예1: α + ῃ ► ᾳ
예2: ο + ῃ ► οι

(iii) ο/ω계열의 모음들은 어떠한 단축동사를 만나도 역시 ο/ω계열의 이중모음으로 단축되는 특징을 보인다.

(iv) α뒤에 ϵ/η계열의 모음이 올 경우엔 항상 장모음 α/ᾳ로 남게 된다.
예 : α + ϵ = α
α + ϵι = ᾳ
α + η = α
α + ῃ = ᾳ

Gram 163. 단축동사의 액센트 (Accent of Contract Verb)

단축동사의 액센트는 **단축현상을 일으키기 전에** (동사의 액센트 법칙[**Gram9**]을 따라서) **그 위치가 정해진다.** 단축현상을 일으킨 이후, **액센트가 얼티마에 남아있게 되면 써컴플렉스**를 표기하고, 나머지 경우엔 액센트 일반법칙(**Gram7**)을 따라서 표기한다.

예1: ἀγαπάω의 현재능동태직설법 2인칭 단수

(i) ἀγαπα + εις 얼티마가 장모음 ει이므로 액센트는 밑줄친 α에 주어진다.

(ii) ἀγαπᾳς 단축법에 의해 α+ει는 ᾳ가 되며, 액센트는 결국 얼티마에 주어진다.

(iii) ἀγαπᾷς 단축이후, 액센트가 얼티마에 머물면 써컴플렉스를 표기한다.

예2: φιλέω의 현재능동태직설법 1인칭 복수

(i) φιλε + ομεν 얼티마가 단모음 ε이므로 액센트는 밑줄친 ε에 주어진다.

(ii) φιλουμεν 단축법에 의해 ε+ο는 ου가 되며, 액센트는 피널트에 주어진다.

(iii) φιλοῦμεν 피널트가 장음절이고 얼티마가 단음절일 때, 액센트가 피널트에 주어져야 한다면 그땐 반드시 써컴플렉스를 표기한다. → **액센트 일반법칙**

예3: δηλόω의 미완료능동태직설법 3인칭 단수

(i) ε+δηλο + ε 얼티마가 단모음 ε이므로 액센트는 밑줄친 η에 주어진다.

(ii) εδηλου 단축법에 의해 ο+ε는 ου가 되며, 액센트는 피널트에 주어진다.

(iii) ἐδήλου 피널트가 장음절이고 얼티마가 장음절이므로 피널트에 주어지는 액센트는 써컴플렉스가 될 수 없다. → **액센트 일반법칙**

Cf. μετανοέω [회개하다, 24과]의 미완료능동태직설법 1인칭 단수

μετα 전치사와의 합성동사

(i) μετα +ε +νοε +ον

(ii) μετενόουν 단축현상은 줄기끝모음과 인칭꼬리 사이에서만 단회적으로 일어난다.

Gram 164. 단축동사 -α

현재 능동태 직설법

	단수	복수
1	ἀγαπα ω ἀγαπῶ	ἀγαπα ομεν ἀγαπῶμεν
2	ἀγαπα εις ἀγαπᾷς	ἀγαπα ετε ἀγαπᾶτε
3	ἀγαπα ει ἀγαπᾷ	ἀγαπα ουσιν ἀγαπῶσι(ν)

현재 중간태/수동태 직설법

	단수	복수
1	ἀγαπα ομαι ἀγαπῶμαι	ἀγαπα ομεθα ἀγαπώμεθα
2	ἀγαπα η ἀγαπᾷ	ἀγαπα εσθε ἀγαπᾶσθε
3	ἀγαπα εται ἀγαπᾶται	ἀγαπα ονται ἀγαπῶνται

미완료 능동태 직설법

	단수	복수
1	ε ἀγαπα ον ἠγάπων	ε ἀγαπα ομεν ἠγαπῶμεν
2	ε ἀγαπα ες ἠγάπας	ε ἀγαπα ετε ἠγαπᾶτε
3	ε ἀγαπα ε ἠγάπα	ε ἀγαπα ον ἠγάπων

미완료 중간태/수동태 직설법

	단수	복수
1	ε ἀγαπα ομην ἠγαπώμην	ε ἀγαπα ομεθα ἠγαπώμεθα
2	ε ἀγαπα ου ἠγαπῶ	ε ἀγαπα εσθε ἠγαπᾶσθε
3	ε ἀγαπα ετο ἠγαπᾶτο	ε ἀγαπα οντο ἠγαπῶντο

현재분사: (능동태) ὁ **ἀγαπῶν** τὸν θεόν ← ἀγαπα + ων
하나님을 사랑하는 자
(수동태) ὁ **ἀγαπώμενος** ὑπὸ τοῦ θεοῦ ← ἀγαπα + ομενος
하나님께로부터 사랑받는 자

현재가정법: (능동태) ἐὰν **ἀγαπᾷς** αὐτόν ← ἀγαπα + ῃς
만일 네가 그를 사랑한다면
(수동태) ἐὰν **ἀγαπᾷ** ὑπ' αὐτοῦ ← ἀγαπα + ῃ
만일 네가 그로부터 사랑받게 된다면

현재부정사: (능동태) ὀφείλεις **ἀγαπᾶν** αὐτόν. ← ἀγαπα + ειν [cf.**Gram167**]
너는 그를 사랑해야 한다.
(수동태) θέλω **ἀγαπᾶσθαι** ὑπ' αὐτοῦ. ← ἀγαπα + εσθαι
나는 그로부터 사랑받기를 원한다.

Gram 165. 단축동사 -ε

현재 능동태 직설법

1	φιλε ω φιλῶ	φιλε ομεν φιλοῦμεν
2	φιλε εις φιλεῖς	φιλε ετε φιλεῖτε
3	φιλε ει φιλεῖ	φιλε ουσιν φιλοῦσι(ν)

현재 중간태/수동태 직설법

1	φιλε ομαι φιλοῦμαι	φιλε ομεθα φιλούμεθα
2	φιλε ῃ φιλῇ	φιλε εσθε φιλεῖσθε
3	φιλε εται φιλεῖται	φιλε ονται φιλοῦνται

미완료 능동태 직설법

1	ε φιλε ον ἐφίλουν	ε φιλε ομεν ἐφιλοῦμεν
2	ε φιλε ες ἐφίλεις	ε φιλε ετε ἐφιλεῖτε
3	ε φιλε ε ἐφίλει	ε φιλε ον ἐφίλουν

미완료 중간태/수동태 직설법

1	ε φιλε ομην ἐφιλούμην	ε φιλε ομεθα ἐφιλούμεθα
2	ε φιλε ου ἐφιλοῦ	ε φιλε εσθε ἐφιλεῖσθε
3	ε φιλε ετο ἐφιλεῖτο	ε φιλε οντο ἐφιλοῦντο

현재분사: (능동태) ὁ **φιλῶν** τὸν θεόν ← φιλε + ων
하나님을 사랑하는 자
(수동태) ὁ **φιλούμενος** ὑπὸ τοῦ θεοῦ ← φιλε + ομενος
하나님께로부터 사랑받는 자

현재가정법: (능동태) ἐὰν **φιλῇς** αὐτόν ← φιλε + ῃς
만일 네가 그를 사랑한다면

(수동태) ἐὰν **φιλῇ** ὑπ’ αὐτοῦ ← φιλε + ῃ
만일 네가 그로부터 사랑받게 된다면

현재부정사: (능동태) ὀφείλεις **φιλεῖν** αὐτόν. ← φιλε + ειν
너는 그를 사랑해야 한다.
(수동태) θέλω **φιλεῖσθαι** ὑπ’ αὐτοῦ. ← φιλε + εσθαι
나는 그로부터 사랑받기를 원한다.

Gram 166. 단축동사 -ο

현재 능동태 직설법

1	δηλο ω δηλῶ	δηλο ομεν δηλοῦμεν
2	δηλο εις δηλοῖς	δηλο ετε δηλοῦτε
3	δηλο ει δηλοῖ	δηλο ουσιν δηλοῦσι(ν)

현재 중간태/수동태 직설법

1	δηλο ομαι δηλοῦμαι	δηλο ομεθα δηλούμεθα
2	δηλο ῃ δηλοῖ	δηλο εσθε δηλοῦσθε
3	δηλο εται δηλοῦται	δηλο ονται δηλοῦνται

미완료 능동태 직설법

1	ε δηλο ον ἐδήλουν	ε δηλο ομεν ἐδηλοῦμεν
2	ε δηλο ες ἐδήλους	ε δηλο ετε ἐδηλοῦτε
3	ε δηλο ε ἐδήλου	ε δηλο ον ἐδήλουν

미완료 중간태/수동태 직설법

1	ε δηλο ομην ἐδηλούμην	ε δηλο ομεθα ἐδηλούμεθα
2	ε δηλο ου ἐδηλοῦ	ε δηλο εσθε ἐδηλοῦσθε
3	ε δηλο ετο ἐδηλοῦτο	ε δηλο οντο ἐδηλοῦντο

현재분사: (능동태) ὁ **δηλῶν** τὸ θέλημα τοῦ θεοῦ ← δηλο + ων
하나님의 뜻을 드러내는 자
(수동태) τὸ **δηλούμενος** ὑπὸ τοῦ θεοῦ ← δηλο + ομενος
하나님에 의해 밝혀지는 것

현재가정법: (능동태) ἐὰν **δηλοῖς** τὴν ἀγαπὴν τοῦ θεοῦ ← δηλο + ῃς
만일 네가 하나님의 사랑을 보여준다면
(수동태) ἐὰν **δηλῶται** τοῦτο αὐτοῖς ← δηλο + ηται
만일 이것이 그들에게 밝혀지게 된다면

현재부정사: (능동태) ὀφείλεις **δηλοῦν** τοῦτο. ← δηλο + ειν [cf.**Gram167**]
너는 이것을 알려야 한다.
(수동태) θέλω **δηλοῦσθαι** τὸ θέλημα αὐτοῦ. ← δηλο + εσθαι
나는 그의 뜻이 드러나기를 원한다.

Gram 167. 단축동사 현재능동태부정사의 불규칙 어형

-αω와 -οω로 끝나는 단축동사는 유독 **현재능동부정사 꼬리 -ειν을 취할 경우에만** 단축법을 어기고서 아래와 같은 변칙적인 단축을 일으킨다.

예1: ἀγαπα + ειν ► ἀγαπᾶν (O) Cf. ἀγαπᾷν (X)
예2: δηλο + ειν ► δηλοῦν (O) Cf. δηλοῖν (X)

Gram 168. 단축동사의 미래와 과거, 과거수동

단축동사는 미래와 과거, 과거수동태기본형 어형에 있어서 (그리고 완료시제도!) **다소 규칙적인 줄기**를 보여준다. 그러나 그것은 어디까지나 '경향'일 뿐, 6개 기본형의 정확한 어형은 사전을 통해서만 확인할 수 있다.[2] 또한 단축동사의 **줄기끝모음은 대개 시상접미어들**(σ/σα/θε/κ) **앞에서 길어지는데** 어떤 동사의 경우에는 길어지지 아니한 경우도 흔히 발견된다. 개별 동사들이 보이는 각양의 비일관적이고 예측불능한 어형의 실례들은 일일이 열거할 수 없을 정도다. 그러나 메이첸 교본에 소개되고 있는 단축동사들은 몇몇을 제외하고는 매우 일정한 줄기(stem)와 일관적인 어형성을 보여주고 있기에 학습에 도움을 주고자 아래와 같이 정리해 놓는다. 무엇보다 이들 시제기본형들로부터 분사와 가정법, 부정사로 굴절된 다양한 어형들이 연습문제에 사용되고 있음을 염두에 두기 바란다.

단축동사와 주요 직설법 기본형들

★표는 연습문제에 자주 사용되거나 혹은 분사나 가정법, 부정사 등의 굴절어형들로 나타나는 것들이다.

원형	미래기본형	과거기본형	과거수동태기본형
ἀγαπάω	ἀγαπήσω	ἠγάπησα★	ἠγαπήθην
ἀκολουθέω	ἀκολουθήσω	ἠκολούθησα★	Ø
δηλόω	δηλώσω	ἐδήλωσα	ἐδηλώθην
εὐλογέω	εὐλογήσω★	εὐλόγησα	εὐλογήθην
εὐχαριστέω	εὐχαριστήσω	εὐχαρίστησα	εὐχαριστήθην
ζητέω	ζητήσω	ἐζήτησα★	ἐζητήθην
θεωρέω	θεωρήσω★	ἐθεώρησα★	ἐθεωρήθην
καλέω	καλέσω	ἐκάλεσα★	ἐκλήθην★

---

[2] 또한 현재시제에선 능동태 동사였으나 과거시제에서 디포넌트인 것이 있는가 하면(cf. μισθόω/ἐμισθωσάμην), 현재시제에선 단축동사가 아니나 나머지시제에선 단축동사인 것들도 있다(cf. Mounce, *Morphology* 282-83): cf. θέλω/ θελήσω/ ἠθέλησα/ ἠθελήθην. 한편, ὁράω같은 단축동사는 미래시제에서 전혀 다른 줄기를 취하여 ὄψομαι가 된다.

λαλέω	λαλήσω	ἐλάλησα★	ἐλαλήθην
παρακαλέω	παρακαλέσω	παρεκάλεσα★	παρεκλήθην
περιπατέω	περιπατήσω	περιεπάτησα	Ø
ποιέω	ποιήσω★	ἐποίησα★	ἐποιήθην★
προσκυνέω	προσκυνήσω★	προσεκύνησα★	Ø
σταυρόω	σταυρώσω	ἐσταύρωσα	ἐσταυρώθην
τηρέω	τηρήσω	ἐτήρησα★	ἐτηρήθην
τιμάω	τιμήσω	ἐτίμησα	ἐτιμήθην
φιλέω	φιλήσω	ἐφίλησα	ἐφιλήθην
μετανοέω [24과]	μετανοήσω★	μετενόησα★	Ø
φοβέω [24과]	φοβήσω	ἐφόβησα	ἐφοβήθην
ἐρωτάω [27과]	ἐρωτήσω	ἠρώτησα★	ἠρωτήθην
ἐπερωτάω[27과]	ἐπερωτήσω	ἐπηρώτησα★	ἐπηρωτήθην★
ἐλεέω [28과]	ἐλεήσω	ἠλέησα★	ἠλεήθην

(i) 단축동사들은 과거기본형에 있어서 **거의 예외없이 1과거 패턴**을 취한다.[3]
(ii) καλέω의 경우 시상접미어 앞에서 줄기끝모음이 길어지지 않으며, 더욱이 과거수동태 어형은 일반적 경향을 벗어난다.
(iii) ευ로 시작하는 동사들은 제2시제 접두모음(syllabic augment)이 적용되어도 그대로 ευ로 남는 경우가 많다. 그러나 대개의 경우엔 ηυ-의 어형을 동시에 가지고 있다. cf. εὐλόγησα/ ηὐλόγησα; εὐχαρίστησα/ ηὐχαρίστησα.
(iv) 과거수동태기본형을 어휘공백으로 남겨두는 것들은 타동사적 의미를 가지고 있지 아니한 것들이다.
(v) περιπατέω에서와 같이, περι 전치사의 뒷모음 ι는 미완료나 부정과거 등의 제2시제 접두모음 앞에서 소실되지 않는다. Cf. περιεπάτουν (미완료)

Gram 169. 단축동사의 과거분사, 과거가정법, 과거부정사

단축동사는 과거시제 직설법에서 일관되게 제1과거 패턴을 취하므로, 나머지 법(mood)에서도 제1과거 어형의 줄기에 기초하여 어형성과정을 갖는다. 과거수동대직설법과 그에 따른 나머지 법(mood)의 어형들도 마찬가지이다. 먼저는 사전을 참조하여 위와 같이 정확한 어형을 확인하되, 나머지 법(mood)에서의 어형성 과정은 이제껏 배워온 원리대로 적용시키면 되므로 여기서 일일이 그 어형들을 열거할 필요는 없겠다. 직설법 기본형들(원형/미래/과거/과거수동)을 가지고 있는 한 나머지 법(mood)의 어형들은 필연적으로 가지고 있게 마련이다. 다음의 어형들은 연습문제 범위 내에 있는 어형들이니 참고하기 바란다:

---

[3] 만약 2과거 패턴을 취한다면 그것은 복수의 줄기(stem)를 가진 동사이다: αἱρέω/ εἱλόμην. 그러나 이러한 경우는 매우 드물다(cf. Mounce, *Morphology* 273).

ἀκολουθήσας (과거분사), **λαλήσας** (과거분사), **ποιήσας** (과거분사), **καλέσας** (과거분사) **ἐρωτήσας** (과거분사), **μετανοήσας** (과거분사), **κληθείς** (과거수동분사), **ζητήσω** (과거가정법), **μετανοησω** (과거가정법), **ἀγαπησω** (과거가정법), **τηρήσω** (과거가정법), **ποιήσω** (과거가정법), **καλέσαι** (과거부정사).

Cf. 위의 어형들 중 **'과거가정법 1인칭 단수'**와 **'미래직설법 1인칭 단수'**는 **어형이 동화되기 마련**인데, 이는 단축동사의 줄기가 일정한데다 미래시상접미어와 과거시상접미어가 모두 시그마(σ)로 시작하기 때문에 일어나는 현상이다.

예: **ποιήσω**(과거가정법) vs. **ποιήσω**(미래직설법)

과거직설법과 그에 관련한 굴절어형들은 자주 거론되는 것들이니 아래의 표를 참고하기 바란다.

원형	과거기본형	과거분사	과거가정법	과거부정사
ἀγαπάω	ἠγάπησα★	ἀγαπήσας★	ἀγαπήσω★	ἀγαπῆσαι★
ἀκολουθέω	ἠκολούθησα★	ἀκολουθήσας★	ἀκολουθήσω★	ἀκολουθῆσαι★
δηλόω	ἐδήλωσα	δηλώσας	δηλώσω	δηλῶσαι
εὐλογέω	εὐλόγησα	εὐλογήσας	εὐλογήσω	εὐλογῆσαι
εὐχαριστέω	εὐχαρίστησα	εὐχαριστήσας	εὐχαριστήσω	εὐχαριστῆσαι
ζητέω	ἐζήτησα★	ζητήσας★	ζητήσω★	ζητῆσαι★
θεωρέω	ἐθεώρησα★	θεωρήσας★	θεωρήσω★	θεωρῆσαι★
καλέω	ἐκάλεσα★	καλέσας★	καλέσω★	καλέσαι★
λαλέω	ἐλάλησα★	λαλήσας★	λαλήσω★	λαλῆσαι★
παρακαλέω	παρεκάλεσα★	παρακαλέσας★	παρακαλέσω★	παρακαλέσαι★
περιπατέω	περιεπάτησα	περιπατήσας	περιπατήσω	περιπατῆσαι
ποιέω	ἐποίησα★	ποιήσας★	ποιήσω★	ποιῆσαι★
προσκυνέω	προσεκύνησα★	προσκυνήσας★	προσκυνήσω★	προσκυνῆσαι★
σταυρόω	ἐσταύρωσα	σταυρώσας	σταυρώσω	σταυρῶσαι
τηρέω	ἐτήρησα★	τηρήσας★	τηρήσω★	τηρῆσαι★
τιμάω	ἐτίμησα	τιμήσας	τιμήσω	τιμῆσαι
φιλέω	ἐφίλησα	φιλήσας	φιλήσω	φιλῆσαι
μετανοέω	μετενόησα★	μετανοήσας★	μετανοήσω★	μετανοῆσαι★
φοβέω [24과]	ἐφόβησα	φοβήσας	φοβήσω	φοβῆσαι
ἐρωτάω [27과]	ἠρώτησα★	ἐρωτήσας★	ἐρωτήσω★	ἐρωτῆσαι★
ἐπερωτάω [27과]	ἐπηρώτησα★	ἐπερωτήσας★	ἐπερωτήσω★	ἐπερωτῆσαι★
ἐλεέω [28과]	ἠλέησα★	ἐλεήσας★	ἐλεήσω★	ἐλεῆσαι★

단어공부

명 사: **Γαλιλαία, ἡ** (Galilee 갈릴리)
χώρα, ἡ (a country 마을/지방)

동 사: **ἀγαπάω** (I love 사랑하다)
τιμάω (I honor 존경하다)

ἀκολουθέω (I follow 따르다)
εὐλογέω (I bless 축복하다)
εὐχαριστέω (I give thanks 감사하다)
ζητέω (I seek 구하다/청하다, 찾다)
θεωρέω (I behold/I look at 보다)
καλέω (I call 부르다)
미래 **καλέσω** (I will call)
과거 **ἐκάλεσα** (I called)
과거수동 **ἐκλήθην** (I was called)
λαλέω (I speak 말하다)
παρακαλέω (I exhort, I comfort 권고하다, 위로하다)
– 전치사 παρά와 결합된 합성동사.
περιπατέω (I walk 걷다) – 전치사 περί와 결합된 합성동사.
ποιέω (I do, I make 행하다, 만들다)
προσκυνέω (I worship 예배하다) – 전치사 πρός와 결합된 합성동사.
τηρέω (I keep 준수하다, 간직하다)
φιλέω (I love 사랑하다)

δηλόω (I show/ I make manifest 드러내다/보여주다)
σταυρόω (I crucify 십자가에 못박다)

Pop Quiz

Q1. 다음 중 직설법(Indicative) 동사가 <u>아닌</u> 것은?

① δεῖ ② ποιεῖς ③ δηλοῦν ④ ἐσταύρουν

Q2. 다음 중 인칭(person)이 일치하는 것끼리 줄로 이으시오.

(1) περιεπάτει • • (a) ἀγαπᾷ

(2) δηλοῖς • • (b) τιμᾷς

(3) ἐφίλησα • • (c) καλῶ

답: 1. ③ 2. (1)–(a), (2)–(b), (3)–(c)

연습문제

1. *οὐκ* ***εὐλογήσει*** *ὁ θεὸς τὸν μὴ* ***περιπατοῦντα*** *κατὰ τὰς ἐντολὰς τοῦ Ἰησοῦ.*

아니 축복할 것이다 하나님께서 아니 걷는 자를 ~을 따라 계명들 예수의

해석: 하나님께서는 예수의 계명들을 따라 걷지 않는 자를 축복하시지 않을 것이다.

★ *εὐλογήσει* – εὐλογέω의 미래 능동태 직설법 3인칭 단수

★ *περιπατοῦντα* – περιπατέω 의 현재 능동태 분사 남성 단수 대격 **Verb 62a**

2. *οἱ* ***ἀγαπώμενοι*** *ὑπὸ τοῦ Ἰησοῦ* ***ἀγαπῶσι*** *τὸν* ***ἀγαπῶντα*** *αὐτούς.*

사랑받고 있는 자들은 예수로 말미암아 사랑한다 사랑하시는 자를 그들을

해석: 예수로 말미암아 사랑받고 있는 자들은 자기들을 사랑하시는 자를 사랑한다.

★ *ἀγαπώμενοι* – ἀγαπάω의 현재 수동태 분사 남성 복수 주격 **Verb 53a**

★ *ἀγαπῶσι* – ἀγαπάω 의 현재 능동태 직설법 3 인칭 복수

★ *ἀγαπῶντα* – ἀγαπάω 의 현재 능동태 분사 남성 단수 대격 **Verb 53a**

3. ***λαλοῦντος*** *τοῦ Ἰησοῦ τοῖς* ***ἀκολουθοῦσιν*** ***ἤρξατο*** *ὁ ἄρχων* ***παρακαλεῖν*** *αὐτὸν* ***ἀπελθεῖν.***

말씀하실 때에 예수께서 그 따르는 자들에게 시작했다 그 통치자는 권고하기 그가 떠나기

해석: 예수께서 그 따르는 자들에게 말씀하실 때에, 그 통치자는 그가(=예수) 떠나실 것을 권고하기 시작했다.

★ *λαλοῦντος* – λαλέω의 현재 능동태 분사 남성 단수 속격 **Verb 61a**
★ *ἀκολουθοῦσιν* –ἀκολουθέω 의 현재 능동태 분사 남성 복수 여격 **Verb 55a**
★ *ἤρξατο* –ἄρχω 의 1과거 중간태 직설법 3 인칭 단수
★ *παρακαλεῖν* –παρακαλέω 의 현재 능동태 부정사 **Verb 60a**
★ *ἀπελθεῖν* [←ἀπῆλθον]–ἀπέρχομαι 의 2 과거 능동태 부정사

4. **ἀκολουθήσαντες** *τῷ* **λαλήσαντι** *ταῦτα* **ζητήσωμεν** *τὸν οἶκον αὐτοῦ.*
따른 후 / 말한 자를 / 이것들을 / 찾읍시다 / 집을 / 그의

해석: 이것들을 말한 자를 따라가서 그의 집을 찾읍시다.

★ *ἀκολουθήσαντες* [←ἠκολούθησα]– ἀκολουθέω의 1과거 능동태 분사 남복주 **Verb 55b**
★ *λαλήσαντι* [←ἐλάλησα]– λαλέω 의 1 과거 능동태 분사 남성 단수 여격 **Verb 61b**
★ *ζητήσωμεν* [←ἐζήτησα]– ζητέω 의 1 과거 능동태 가정법 1 인칭 복수 **Verb 58b**

5. *εἰ* **ἀγαπῶμεν** *τὸν θεόν*, **τηρῶμεν** *τὰς ἐντολὰς αὐτοῦ καὶ* **ποιῶμεν**
만일 우리가 사랑하고 있다면 / 하나님을 / 지킵시다 / 계명들을 / 그분의 / 그리고 / 행합시다
τὰ **λαλούμενα** *ἡμῖν ὑπὸ τοῦ Ἰησοῦ.*
말해지고 있는 것들을 / 우리에게 / 예수로 말미암아

해석: 만일 우리가 하나님을 사랑하고 있다면, 그분의 계명들을 지키고 또 예수로 말미암아 우리에게 말해지고 있는 것들을 행합시다.

★ *ἀγαπῶμεν* – ἀγαπάω의 현재 능동태 직설법 1인칭 복수
★ *τηρῶμεν* –τηρέω 의 현재 능동태 가정법 1 인칭 복수 **Verb 65a**
★ *ποιῶμεν* –ποιέω 의 현재 능동태 가정법 1 인칭 복수 **Verb 63a**
★ *λαλούμενα* –λαλέω 의 현재 수동태 분사 중성 복수 대격

6. *τοῦτο* **ποιήσαντος** *τοῦ Ἰησοῦ* **ἐλάλει** *περὶ αὐτοῦ ὁ* **θεραπευθεὶς** *τῷ*
이것을 / 행하신 후에 / 예수께서 / 말하고 있었다 / 그분에 관하여 / 그 / 고침받은 자가 / 그
ἀκολουθοῦντι *ὄχλῳ*
따르는 / 무리에게

해석: 예수께서 이것을 행하신 후에, 그 고침받은 자기 그분에 관하여 그 따르는 무리에게 말하고 있었다.

★ *ποιήσαντος* [←ἐποίησα]– ποιέω의 1과거 능동태 분사 남성 단수 속격 **Verb 63b**
★ *ἐλάλει* –λαλέω 의 미완료 능동태 직설법 3 인칭 단수 **Verb 61a**
★ *θεραπευθεὶς* [←ἐθεραπεύθην]–θεραπεύω 의 과거 수동태 분사 남성 단수 주격
★ *ἀκολουθοῦντι* –ἀκολουθέω 의 현재 능동태 분사 남성 단수 여격

7. ***ἐθεώρουν*** *οἱ ἀπόστολοι τὰ ἔργα τὰ* ***ποιούμενα*** *ὑπὸ Ἰησοῦ ἐν τῷ*
보고 있었다 그 사도들이 그 일들을 행하여지고 있는 예수로 말미암아 ~하는 동안에
περιπατεῖν *αὐτοὺς σὺν αὐτῷ.*
걷기 그들이 그와 함께

해석: 그 사도들은 그분과 함께 걷는 동안 예수에 의해 행하여지고 있는 일들을 보고 있었다.

★ *ἐθεώρουν* – θεωρέω의 미완료 능동태 직설법 3인칭 복수 **Verb 59a**

★ *ποιούμενα* – ποιέω 의 현재 수동태 분사 중성 복수 대격

★ *περιπατεῖν* – περιπατέω 의 현재 능동태 부정사

8. *μετὰ τὸ* ***βληθῆναι*** *εἰς φυλακὴν τὸν προφήτην οὐκέτι* ***περιεπάτει*** *ὁ*
~ 후에 던져지기 감옥 안으로 그 예언자가 더 이상 아니 걷고 계셨다
Ἰησοῦς ἐν τῇ χώρᾳ ἐκείνῃ.
예수께서 마을 안에 저

해석: 그 예언자가 감옥 안으로 던져진 후, 예수께서는 더 이상 저 마을 안에서 걷고 계시지 않았다.

★ *βληθῆναι* [← ἐβλήθην] – βάλλω의 과거 수동태 부정사

★ *περιεπάτει* – περιπατέω 의 미완료 능동태 직설법 3 인칭 단수 **Verb 62a**

9. *οἱ* ***ἀγαπῶντες*** *τὸν θεὸν* ***ποιοῦσι*** *τὰς ἐντολὰς αὐτοῦ.*
사랑하는 자들은 하나님을 행한다 계명들을 그의

해석: 하나님을 사랑하는 자들은 그의 계명들을 행한다.

★ *ἀγαπῶντες* – ἀγαπάω의 현재 능동태 분사 남성 복수 주격

★ *ποιοῦσι* – ποιέω 의 현재 능동태 직설법 3 인칭 복수

10. *ταῦτα* ***ἐποίουν*** *τῷ Ἰησοῦ καὶ οἱ* ***θεραπευθέντες*** *ὑπ' αὐτοῦ.*
이것들을 행하고 있었다 예수께 ~까지도 고침받은 자들이 그로 말미암아

해석: 그로 말미암아 고침받은 자들까지도 예수께 이것들을 행하고 있었다.

★ *ἐποίουν* – ποιέω의 미완료 능동태 직설법 3인칭 복수 **Verb 63a**

★ *θεραπευθέντες* [← ἐθεραπεύθην] – θεραπεύω 의 과거 수동태 분사 남성 복수 주격

11. ***ἐζήτουν*** *αὐτὸν οἱ ὄχλοι, ἵνα* ***θεωρῶσι*** *τὰ* ***ποιούμενα*** *ὑπ' αὐτοῦ.*
찾고 있었다 그분을 그 무리들이 그들이 보기 위해 행하여지는 것들을 그분으로 말미암아

해석: 그분으로 말미암아 행하여지는 것들을 보기 위해 그 무리들이 그분을 찾고 있었다.

★ *ἐζήτουν* – ζητέω의 미완료 능동태 직설법 3인칭 복수

★ *θεωρῶσι* – θεωρέω 의 현재 능동태 가정법 3 인칭 복수

★ *ποιούμενα* – ποιέω 의 현재 수동태 분사 중성 복수 대격

12. οὐ **φιλοῦσι** τὸν Ἰησοῦν οἱ μὴ **ποιοῦντες** τὰς ἐντολὰς αὐτοῦ.
아니 사랑한다 예수를 아니 행하는 자들은 계명들을 그의

해석: 그의 계명들을 행하지 않는 자들은 예수를 사랑하지 않는다.

★ φιλοῦσι – φιλέω의 현재 능동태 직설법 3인칭 복수

★ ποιοῦντες –ποιέω 의 현재 능동태 분사 남성 복수 주격

13. **ἀγαπῶμεν** τὸν θεὸν ἐν ταῖς καρδίαις ἡμῶν **ἀγαπῶντες** καὶ τοὺς
우리가 사랑합시다 하나님을 ~안에서 마음들 우리의 사랑하면서 ~까지도 그
ἀδελφούς.
형제들을

해석: 우리의 마음들로 그 형제들까지 사랑하면서 하나님을 사랑합시다.

★ ἀγαπῶμεν – ἀγαπάω의 현재 능동태 가정법 1인칭 복수

★ ἀγαπῶντες –ἀγαπάω 의 현재 능동태 분사 남성 복수 주격

14. ταῦτα **ἐλάλησεν** ὁ Ἰησοῦς τοῖς **ἀκολουθοῦσιν** αὐτῷ ἔτι **περιπατῶν**
이것들을 말씀하셨다 예수께서 따르는 자들에게 그를 아직 걷고 계실 때에
μετ᾽ αὐτῶν ἐν τῇ χώρᾳ τῶν Ἰουδαίων.
그들과 함께 그 마을 안에 그 유대인들의

해석: 예수께서 아직 그 유대인들의 마을 안에서 그들과 함께 걷고 계실 때에 자기를 따르는 자들에게 이것들을 말씀하셨다.

★ ἐλάλησεν – λαλέω의 1과거 능동태 직설법 3인칭 단수

★ ἀκολουθοῦσιν –ἀκολουθέω 의 현재 능동태 분사 남성 복수 여격

★ περιπατῶν –περιπατέω 의 현재 능동태 분사 남성 단수 주격

15. ἐὰν μὴ **περιπατῶμεν** κατὰ τὰς ἐντολὰς του Ἰησοῦ, οὐ **θεωρήσομεν**
만약 아니 우리가 걷는다면 ~를 따라서 그 계명들 예수의 아니 우리가 볼 것이다
τὸ πρόσωπον αὐτοῦ.
얼굴을 그의

해석. 우리가 예수의 계명들을 따라서 걷지 않는다면 우리는 그의 얼굴을 보지 못할 것이다.

★ περιπατῶμεν – περιπατέω의 현재 능동태 가정법 1인칭 복수

★ θεωρήσομεν –θεωρέω 의 미래 능동태 지설법 1 인칭 복수

16. μετὰ τὸ **καλέσαι** αὐτοὺς τὸν Ἰησοῦν οὐκέτι **περιεπάτουν** ἐν ταῖς
~후에 부르기 그들을 예수께서 더 이상 아니 걷고 있었다 그
ὁδοῖς τοῦ πονηροῦ οὐδὲ **ἐποίουν** τὰ πονηρά.
길에 그 악한 자의 ~도 아니 행하고 있었다 그 악한 것들을

해석: 예수께서 그들을 부르신 후에, 그들은 더 이상 그 악한 자의 길들을 걷지 않고 있었고

또 그 악한 것들을 행하지도 않고 있었다.

★ *καλέσαι* [←ἐκάλεσα] – καλέω의 1과거 능동태 부정사

★ *περιεπάτουν* – περιπατέω 의 미완료 능동태 직설법 3 인칭 복수

★ *ἐποίουν* – ποιέω 의 미완료 능동태 직설법 3 인칭 복수

17. *ταῦτα* ***ἐποιεῖτε*** *ἡμῖν διὰ τὸ* ***ἀγαπᾶν*** *ὑμᾶς τὸν* ***καλέσαντα*** *ὑμᾶς εἰς*
이것들을 너희가 행하고 있었다 우리에게 ~때문에 사랑하기 너희가 부르신 자를 너희를
τὴν βασιλείαν αὐτοῦ.
왕국 안으로 그의

해석: 너희는 너희를 자기의 왕국 안으로 부르신 자를 사랑하기 때문에 이것들을 우리에게 행하고 있었다.

★ *ἐποιεῖτε* – ποιέω의 미완료 능동태 직설법 2인칭 복수

★ *ἀγαπᾶν* – ἀγαπάω 의 현재 능동태 부정사 **Verb 53a**

★ *καλέσαντα* [←ἐκάλεσα] – καλέω 의 1 과거 능동태 분사 남성 단수 대격 **Verb 60b**

18. *τῷ Ἰησοῦ* ***λαλήσαντι*** *ταῦτα μετὰ τὸ* ***ἐγερθῆναι*** *ἐκ νεκρῶν*
예수께 말씀하신 후 이것들을 ~ 후에 일으킴 받기 죽은 자들 밖으로(=죽은 자들로부터)
προσεκύνησαν *οἱ* ***κληθέντες*** *ὑπ᾽ αὐτοῦ.*
경배했다 부름받은 자들이 그로 말미암아

해석: 예수께서 죽은 자들로부터 일으킴을 받으신 후에 이것들을 말씀하시자, 그로 말미암아 부름받은 자들이 그분께 경배했다.

★ *λαλήσαντι* [←ἐλάλησα] – λαλέω의 1과거 능동태 분사 남성 단수 여격

★ *ἐγερθῆναι* [←ἠγέρθην] – ἐγείρω 의 과거 수동태 부정사

★ *προσεκύνησαν* – προσκυνέω 의 1 과거 능동태 직설법 3 인칭 복수

★ *κληθέντες* [←ἐκλήθην] – καλέω 의 과거 수동태 분사 남성 복수 주격 **Verb 60c**

19. ***ἐθεώρουν*** *τὸν Ἰησοῦν* ***σταυρούμενον*** *ὑπὸ τῶν στρατιωτῶν αἱ*
보고 있었다 예수를 십자가에 못박히실 때에 그 군인들로 말미암아
ἀκολουθήσασαι *αὐτῷ ἐκ τῆς Γαλιλαίας.*
따라온 여자들이 그를 갈릴리 밖으로 (=갈릴리로부터)

해석: 예수께서 그 군인들로 말미암아 십자가에 못박히실 때에, 갈릴리로부터 그분을 따라온 여자들이 예수를 보고 있었다.

★ *ἐθεώρουν* – θεωρέω의 미완료 능동태 직설법 3인칭 복수

★ *σταυρούμενον* – σταυρόω 의 현재 수동태 분사 남성 단수 대격

★ *ἀκολουθήσασαι* [←ἠκολούθησα] – ἀκολουθέω 의 1 과거 능동태 분사 여성 복수 주격

20. *οὐ* ***θεωρήσομεν*** *αὐτὸν ἐὰν μὴ* ***ἀκολουθῶμεν*** *αὐτῷ* ***περιπατοῦντι*** *ἐν*
아니 우리가 볼 것이다 그를 만약 아니 우리가 따른다면 그를 걷고 계실 때에
τῇ Γαλιλαίᾳ.
갈릴리 안에서

해석: 그가 갈릴리에서 걷고 계실 때에 우리가 그를 따르지 아니한다면 우리는 그를 보지 못할 것이다.

★ *θεωρήσομεν* – θεωρέω의 미래 능동태 직설법 1인칭 복수
★ *ἀκολουθῶμεν* –ἀκολουθέω 의 현재 능동태 가정법 1 인칭 복수
★ *περιπατοῦντι* –περιπατέω 의 현재 능동태 분사 남성 단수 여격

24과

유음동사의 미래와 제1과거. 재귀대명사

핵심문법요약

Gram 170. 유음동사 개관 (Introduction)

유음(Liquid)이란 그 청각적 인상이 액체와 같이 '흐르는 듯한 낭랑한 소리'를 갖는 자음을 말한다. 따라서 유음동사(Liquid verb)란 **줄기끝자음을 λ, μ, ν, ρ 중 하나로 갖는 동사**를 일컫는다. 그런데 문제는 유음동사의 이러한 줄기끝자음들이 (1) **미래**와 (2) **과거시제**의 **시상접미어 자음 시그마(σ)를 만나**게 될 경우 **음운적인 갈등**을 겪게 된다는 데에 있다.[1] 강한 치경마찰음인 시그마는 그 음성적 속성이 유음과 상극이어서 둘 사이에 모음의 삽입을 필요로 하게 되며, 이는 다시 연속된 음운현상을 일으켜 결과적으로 형태상의 변이를 초래하게 된다. 예를 들어 μένω (머무르다)의 미래시제 기본형을 사전에서 찾아보면 μενῶ 라고 소개되어 있는데 미래시상접미어 시그마가 누락되어 있음을 확인할 수 있다. 그것은 미래시제줄기의 끝자음 ν와 미래시상접미어 σ가 음운적 갈등을 일으켜 형태적 변이가 발생했음을 말해준다. 즉, 미래시제에서 줄기끝이 유음이면 미래시상접미어는 모음 ϵ을 동반한 채 ϵσ 로 오게 된다(cf. Mounce, *Morphology* 92).

(i) μϵν + ϵσω   시그마가 intervocalic consonant 가 됨으로써 누락됨
(ii) μϵν + ϵω   ϵ 과 ω가 단축을 일으켜 ῶ가 됨
(iii) μϵνῶ

결과적으로 보면, 유음동사는 미래시제에서 시상접미어를 ϵ으로 갖게 되는 셈이며 단축동사(-ϵω)와 동일한 액센트를 갖게 된다.

유음동사를 이해함에 있어서 한가지 주의할 것은, 미래시제에서 유음동사가 될 것이냐의 여부는 어디까지나 사전의 미래시제 기본형을 확인한 후에나 알 수 있다는 사실이다. 현재시제 원형에서 줄기끝이 유음으로 끝났다 하여 미래시제에서도 꼭 그러한 것은 아니다. 예를 들어 φέρω는 미래에서 전혀 다른 줄기를 취하여 οἴσω라는 미래기본형을 가진다. 이와 반대로 현재시제에서는 유음이 아니지만 미

---

[1] 이와 비슷하게 현재능동태직설법 복수 3인칭을 보자. 원래 (λυ) ονσιν이 되어야 하지만 유음 ν는 인칭꼬리의 시그마와 음운적 마찰을 겪고 소실되었으며 그 보상으로 모음 ο은 ου로 길어졌다: λυουσιν (cf. Mounce, *Morphology* 87).

래에서 유음인 것들도 있다: λέγω/ἐρῶ*, ἀποθνήσκω/ἀποθανοῦμαι.

한편, 과거시제에서 줄기끝자음이 유음인 동사들은 과거시상접미어 σα를 취하는 대신에 시그마를 누락시킨 채 α만을 취한다. 그리고 시그마를 소실한 보상으로써 과거줄기에 속한 모음 중 하나를 길게 함으로 그 과거어형을 형성하게 된다(cf. Mounce, *Morphology* 100). 물론, 아래의 설명은 현재시제기본형에서 과거시제 유음변화동사를 도출해내는 공식이 결코 아니다. 단지 사전에서 확인한 과거직설법 기본형을 놓고 헬라어 음운이론에 기초하여 그 어형성 과정을 거꾸로 유추하여 놓은 것 뿐이다. 이것은 앞서 설명한 미래시제 유음동사의 경우도 마찬가지이다. 과거시제(또는 미래시제)에서 유음변화를 갖는 동사들이 어떠한 어형을 가지고 나타날 것인가는 전적으로 사전(Dictionary)이 제시하고 있는 자료에 기대어 확인해야 한다.

(i) ϵ+μϵν + σα 시그마가 누락됨.
(ii) ϵ+μϵιν + α 시그마 누락으로 인한 보상으로써 줄기를 길게 함.
(iii) ἔμϵινα

미래시제와 마찬가지로, 과거시제에서 유음동사가 될 것이냐의 여부 역시 어디까지나 사전의 과거직설법기본형을 확인한 후에나 알 수 있는 사실이다. 현재시제 원형에서 줄기끝이 유음으로 끝났다 하여 과거시제에서도 꼭 유음동사의 변화패턴을 갖는 것은 아니다. 예를 들어 βάλλω는 미래에서도 유음동사가 되어 βαλῶ라는 미래기본형을 갖지만, 과거시제에선 제2과거 패턴(e.g. ἔβαλον)을 취함으로써 줄기끝 유음과 과거시상접미어 시그마가 만나게 될 기회를 얻지 못하게 된다. 한편 현재시제에서는 유음동사가 아니면서 과거시제에선 유음동사인 경우도 있다: γαμέω/ἔγημα (혹은 ἐγάμησα). 결론적으로 말해서 유음동사란, 특정시제에서의 유음변화패턴을 두고 논의되어지는 것인 바, 곧 **미래**와 **과거시제**에 국한되어진 담론이다. 참고로, 유음(Liquid)은 과거수동태 시상접미어(θϵ)와는 음운적 마찰을 일으키지 아니한다. 공교롭게도 본 24과에는 σπείρω이 과거수동태 ἐσπάρην과, ἀποστέλλω의 과거수동태 ἀπεστάλην에 관계된 굴절어형들을 소개하고 있는데(cf. **연습5번, 20번**) 이들 어형들에서 과거수동태시상접미어의 자음 θ가 누락된 것은 줄기끝자음이 유음이기 때문이 아니다. ἐγράφην과 마찬가지로 그저 과거수동태에서 '제2형태'를 취하고 있을 뿐이다(cf. **Gram86**).[2]

메이췐 교본에서는 주로 미래와 과거에서 줄기끝이 λ, ν, ρ 중 하나로 끝나는 동사들만 다룬다. 신약에는 미래나 과거에서 줄기끝이 μ로 끝나는 동사를 거의 소개하고 있지 않으나 LXX에는 διανέμω라는 동사가 발견된다: διανέμω(원형), διανϵμῶ(미래), διένϵιμα(과거) (cf. LXX신29:26).

---

[2] Cf. Mounce, *Morphology* 126: ἐγείρω/ ἠγέρθην, αἴρω/ ἤρθην, στέλλω/ ἐστάλην etc.

Gram 171. 유음동사의 미래 직설법 (Future Active & Middle Indicative)

〈미래 능동태 직설법〉

	단수	복수
1.	μενῶ	μενοῦμεν
2.	μενεῖς	μενεῖτε
3.	μενεῖ	μενοῦσι(ν)

〈미래 중간태 직설법〉

	단수	복수
1.	μενοῦμαι	μενούμεθα
2.	μενῇ	μενεῖσθε
3.	μενεῖται	μενοῦνται

Cf. 지금의 범위에서 미래 디포넌트 유음동사로는 ἀποθνήσκω(죽다)의 미래기본형인 ἀποθανοῦμαι가 있다(cf. 연습3번). ἀποκρίνομαι(대답하다)도 미래기본형을 유음어형인 ἀποκρινοῦμαι로 가지나 연습문제 범위에선 제외된다.[3]

Gram 172. 유음동사의 과거 직설법 (Aorist Active & Middle Indicative)

〈과거 능동태 직설법〉

	단수	복수
1.	ἔμεινα	ἐμείναμεν
2.	ἔμεινας	ἐμείνατε
3.	ἔμεινε(ν)	ἔμειναν

〈과거 중간태 직설법〉

	단수	복수
1.	ἐμεινάμην	ἐμεινάμεθα
2.	ἐμείνω	ἐμείνασθε
3.	ἐμείνατο	ἐμείναντο

Cf. ἀποκρίνομαι(대답하다)는 과거시제에서도 디포넌트 동사로서, 수동태꼬리를 취한 ἀπεκρίθην과 중간태꼬리를 취한 ἀπεκρινάμην(유음동사)을 가진다. 후자의 유음어형은 주로 법정적 문맥에서 쓰이는 바 엄숙한 뉘앙스를 지니며 신약에 와서 점차로 그 사용빈도가 줄어들고 있다(cf. ἀπεκρινάμην은 연습문제 범위에선 제외되어 있다).

Gram 173. 유음동사의 과거직설법과 다른 법들

유음동사는 미래와 과거시제에서 시그마 없는 유음변화패턴을 가지므로, 직설법 이외의 **다른법**(미래분사, 과거분사, 과거가정법, 과거부정사, 과거명령법)**에서도 시그마 없는 미래 및 과거줄기를 이용하여 굴절어형을 형성**한다. 미래분사는 범위 밖이므로 과거시제 직설법 어형과 관련한 굴절어형들만 아래에 소개한다. 이제껏 배워온대로, 과거시제에 속한 분사, 가정법, 부정사 어형을 만들기 위해 필요한 것은 과거직설법기본형을 사전에서 확인하는 일 뿐이다.

---

[3] 미래어형으로는 오히려 미래수동태 디포넌트인 ἀποκριθήσομαι(대답할 것이다)가 주로 쓰인다.

★표는 연습문제에 자주 사용되는 어형들이다.

원형	과거기본형	과거능동분사	과거능동가정법	과거능동부정사
σπείρω	ἔσπειρα★	σπείρας★	σπείρω	σπεῖραι
ἀποκτείνω	ἀπέκτεινα	ἀποκτείνας★	ἀποκτείνω★	ἀποκτεῖναι★
ἀποστέλλω	ἀπέστειλα	ἀποστείλας★	ἀποστείλω	ἀποστεῖλαι
αἴρω	ἦρα	ἄρας	ἄρω	ἄραι
ἐγείρω	ἤγειρα	ἐγείρας★	ἐγείρω	ἐγεῖραι
μένω	ἔμεινα	μείνας★	μείνω	μεῖναι

Cf. ἐγείρω, σπείρω, ἀποκτείνω, κρίνω는 '현재능동태기본형 단수1인칭'과 '과거능동태가정법 단수1인칭' 어형이 공교롭게도 일치하는데, 이 경우 어느 것으로 사용된 것인지는 문맥에 따라 판단해야 할 것이다:

예: ἐγείρω/ ἐγείρῃς/ ἐγείρῃ/ ἐγείρωμεν/ ἐγείρητε/ ἐγείρωσιν (cf.LXX아2:7)

Gram 174. 과거수동태 제2형태 동사들의 굴절어형들

유음동사를 소개하고 있는 24과는 공교롭게도 σπείρω의 과거수동태 ἐσπάρην과, ἀποστέλλω의 과거수동태 ἀπεστάλην에 관계된 굴절어형들을 소개하고 있다(cf. 연습5번, 20번). 그러나 이 어형들이 과거수동시상접미어를 누락한 까닭은 유음 때문이 아니라 γράφω의 과거수동태 ἐγράφην과 마찬가지로 단지 제2형태를 가졌기 때문이다(cf. Mounce, *Morphology* 125-6). 연습문제 범위에서는 과거수동분사만을 소개하고 있으나, 그외 나머지 굴절어형들도 예외없이 과거수동태줄기에 기초해서 그 어형을 아래와 같이 형성한다(cf. **Gram117**, **133**, **150**).

★표는 연습문제에 사용된 어형들이다

원형	과거수동태기본형	과거수동분사	과거수동가정법	과거수동부정사
σπείρω	ἐσπάρην	σπαρείς (남) σπαρεῖσα (여) σπαρέν★ (중)	σπαρῶ σπαρῇς σπαρῇ	σπαρῆναι
ἀποστέλλω	ἀπεστάλην	ἀποσταλείς★ ἀποσταλεῖσα ἀποσταλέν	ἀποσταλῶ ἀποσταλῇς ἀποσταλῇ	ἀποσταλῆναι
γράφω	ἐγράφην	γραφείς γραφεῖσα γραφέν	γραφῶ γραφῇς γραφῇ	γραφῆναι

Gram 175. εἰμί의 미래직설법 (Future Indicative)

	단수	복수
1인칭	ἔσομαι[4]	ἐσόμεθα
2인칭	ἔσῃ	ἔσεσθε
3인칭	ἔσται	ἔσονται

3인칭 단수에서 연결모음이 없음에 주의하라.

예1: μεθ' ὑμῶν **ἔσομαι**
내가 너희와 함께 있을 것이다. [완전자동사] (cf. 마17:17)

예2: κύριος ὑμῶν **ἔσται**
그는 너희의 주가 될 것이다. [불완전자동사] (cf. 요8:55)

Gram 176. 재귀대명사 (Reflexive Pronoun)

〈1인칭 재귀대명사〉

	남성 단수	남성 복수		여성 단수	여성 복수
속격	ἐμαυτοῦ	ἑαυτῶν	속격	ἐμαυτῆς	ἑαυτῶν
여격	ἐμαυτῷ	ἑαυτοῖς	여격	ἐμαυτῇ	ἑαυταῖς
대격	ἐμαυτόν	ἑαυτούς	대격	ἐμαυτήν	ἑαυτάς

〈2인칭 재귀대명사〉

	남성 단수	남성 복수		여성 단수	여성 복수
속격	σεαυτοῦ	ἑαυτῶν	속격	σεαυτῆς	ἑαυτῶν
여격	σεαυτῷ	ἑαυτοῖς	여격	σεαυτῇ	ἑαυταῖς
대격	σεαυτόν	ἑαυτούς	대격	σεαυτήν	ἑαυτάς

〈3인칭 재귀대명사〉

	남성 단수	남성 복수	여성 단수	여성 복수	중성 단수	중성 복수
속격	ἑαυτοῦ	ἑαυτῶν	ἑαυτῆς	ἑαυτῶν	ἑαυτοῦ	ἑαυτῶν
여격	ἑαυτῷ	ἑαυτοῖς	ἑαυτῇ	ἑαυταῖς	ἑαυτῷ	ἑαυτοῖς
대격	ἑαυτόν	ἑαυτούς	ἑαυτήν	ἑαυτάς	ἑαυτό	ἑαυτά

---

[4] εἰμί는 미래시제에서 중간태꼬리를 취하여 그 기본형을 갖기에 미래디포넌트 동사가 된다. 그러나 εἰμί의 인칭꼬리는 형식일 뿐, 그 태(Voice)를 논하지 않기에 굳이 디포넌트로 분류할 필요가 없다.

재귀대명사는 주격형태로는 사용하지 않는다. 특히 **복수의 형태가 모두 동일**함에 주의하라.[5]

예: δοξάζετε **ἑαυτούς**. 너희는 너희자신들을 영화롭게 한다

Gram 177. 상호대명사 (Reciprocal Pronoun) (cf. Smyth §331)

	남성	여성	중성
속격	ἀλλήλων	ἀλλήλων	ἀλλήλων
여격	ἀλλήλοις	ἀλλήλαις	ἀλλήλοις
대격	ἀλλήλους	ἀλλήλας	ἄλληλα

상호대명사는 그 의미속성상 복수로만 쓰이며 '서로서로'의 의미를 지닌다.

예: βλέπουσιν **ἀλλήλους**. 그들은 서로를 쳐다본다

Gram 178. φοβέω 동사

φοβέω동사는 '두렵게 하다'(terrify, frighten)란 의미를 지니며, 수동태를 취하고서 자동사적 의미(두려워떨다/두려움으로 가득 채워지다)를 갖거나 혹은 타동사적 의미(~를 두려워하다)로 전환되어 그 어휘적 의미를 확장시킨다. 일부 문법가들은 φοβέω동사가 수동태를 취하고서 단지 '능동의미'를 지녔다 하여 디포넌트 동사로 분류하기도 하는데 이는 디포넌트 개념에 대한 혼란과 오해에서 비롯된 것이다. 디포넌트 동사란 중간태나 수동태꼬리를 취한 어형이 능동태꼬리의 기능과 의미를 대신하는 까닭에 능동태 어형의 출현을 저지(Blocking)시키는 부류의 동사를 말한다. 따라서 φοβέω 동사의 수동태 어형인 φοβοῦμαι는 디포넌트 동사가 아닌데 그것은 φοβοῦμαι(떨다/~을 두려워하다)가 φοβέω(두렵게 하다)의 의미를 '대신'하는 것이 아니라, 단지 수동태를 취하고서 어휘적 의미를 '확장'하는 것이기 때문이다. 이는 능동태 동사가 중간태 꼬리를 취하고서 그 어휘적 의미나 뉘앙스를 확장시키는 것과 비교될 만 하다 (cf. **Gram62,63**). φοβέω동사가 수동태 어형을 취하고서 '떨다/~을 두려워하다'의 의미로 쓰이는 것은 직설법에서뿐만 아니라 다른 모든 법(mood)에서도 다 그러하다.

---

[5] 1, 2인칭 재귀대명사 복수형 대신에 인칭대명사와 αὐτός 특별용법을 사용하여 표현하기도 한다: ἡμῶν αὐτῶν 우리 자신들의, ἡμῖν αὐτοῖς/αὐταῖς 우리 자신들에게, ἡμᾶς αὐτούς/αὐτάς 우리 자신들을, ὑμῶν αὐτῶν 너희 자신들의, ὑμῖν αὐτοῖς/αὐταῖς 너희 자신들에게, ὑμᾶς αὐτούς/αὐτάς 너희 자신들을.

한편 능동태 꼬리를 취하고서 '두렵게 하다'의 의미를 갖는 경우로는 LXX에서 다음과 같은 예를 찾아볼 수 있겠다: cf. τοῦ φοβῆσαι αὐτούς 그들을 두렵게 하기 위해 (대하32:18).

현재	미완료	현재분사	현재가정법	현재부정사
φοβοῦμαι★ 두려워하다 (마10:28)	ἐφοβούμην 두려워하고 있었다 (막6:20)	φοβούμενος 두려워하는 (눅1:50)	φοβῶμαι 두려워한다면 (LXX 신6:2)	φοβεῖσθαι 두려워하기 (롬13:3)

과거	미래	과거분사	과거가정법	과거부정사
ἐφοβήθην 두려워했다 (마2:22)	φοβηθήσομαι 두려워할 것이다 (히13:6)	φοβηθείς 두려워하고서 (마25:25)	φοβηθῶ 두려워한다면 (마1:20)	φοβηθῆναι 두려워하기 (LXX 렘39:39)

단어공부

동 사: μετανοέω (I repent 회개하다) – 전치사 μετά와 결합된 합성동사.

σπείρω (I sow 씨뿌리다)

미래 σπερῶ (I will sow) [미래에서 유음동사임]

※과거 ἔσπειρα (I sowed) [과거에서 유음동사임]

※과거수동 ἐσπάρην (I was sown) [과거수동태에서 제2형을 가짐][6]

φοβέω (I terrify/ I frighten 두렵게 하다)

※자동사(두려워하다)로 쓰일 경우엔 언제나 수동태를 취함.[7]

Cf. φοβέομαι (두려워하다/ 떨다 ← '두려움으로 가득 채워지다')

ἔσομαι [εἰμί의 미래직설법](I shall be ~가 될 것이다/ ~에 있을 것이다)

ἀποθανοῦμαι [Depo](I shall die 죽을 것이다)

현재형은 ἀποθνήσκω (I die) [11과]

ἀποκτενῶ (I will kill 죽일 것이다)

현재형은 ἀποκτείνω (I kill) [11과]

※과거 ἀπέκτεινα (I killed)

---

[6] 유음동사는 시상접미어에 시그마(σ)가 있는 두 시제(미래와 과거)에서만 논의될 수 있다. 유음(Liquid)은 과거수동태 시상접미어 θη와는 음운적 마찰을 일으키지 않으므로 ἐσπάρην의 경우 그냥 과거수동태 '제2형'(Second form)일 뿐이다: cf. ἠγέρθην.

[7] Cf. 수동태를 취하고 타동사적(transitive passive)으로 쓰이기도 함.
μὴ φοβηθῆτε αὐτούς (cf. 마10:26, 그들을 두려워 말라) [**Gram63** 참조]

ἀποστελῶ (I will send 보낼 것이다)
현재형은 ἀποστέλλω (I send) [11과]
※과거 ἀπέστειλα (I sent)
ἀρῶ (I will take away 제거할 것이다)
현재형은 αἴρω (I take away) [11과]
※과거 ἦρα (I took away)
βαλῶ (I will throw 던질 것이다)
현재형은 βάλλω (I throw) [7과]
ἐγερῶ (I will raise up 일으킬 것이다)
현재형은 ἐγείρω (I raise up) [6과]
※과거 ἤγειρα (I raised up)
μενῶ (I will remain 머무를 것이다)
현재형은 μένω (I remain) [7과]
※과거 ἔμεινα (I remained)
ἐρῶ (I will say 말할 것이다)
현재형은 λέγω (I say) [3과]
원래 ἐρῶ는 εἴρω (말하다)라는 고대형 동사의 미래어형이었다.

전치사: ἐπί + 속격 (1) over, on ~위에 (2) at the time of ~즈음에/때에.
+ 여격 (1) on ~위에 (2) on the basis of ~에 기초하여
+ 대격 (1) on ~위에 (2) to ~에게 (3) against ~에 대항하여(적대감)

상호대명사: ἀλλήλων (of each other 서로의/각자의)
Cf. ἀλλήλοις (서로에게), ἀλλήλους (서로를)

연습문제

1. οὐ γὰρ ἑαυτοὺς **κηρύσσομεν** ἀλλὰ Χριστὸν Ἰησοῦν κύριον, ἑαυτοὺς
아니 왜냐하면 우리자신을 우리가 전파한다 오히려 그리스도 예수를 주로 우리자신을
δὲ δούλους ὑμῶν διὰ Ἰησοῦν.
그러나/또 종들로 너희의 예수 때문에 (=예수를 위해)

해석: 왜냐하면 우리가 우리자신이 아니라 오히려 그리스도 예수를 주로 전파하고, 또 예수를 위해 우리자신을 너희의 종들로 (전파하기) 때문이다. Cf. 고후4:5
κύριον은 Χριστὸν Ἰησοῦν의 목적격 보어로서 격을 일치시켰다. 물론 이 세 개의 명사를 모두 동격어로 간주할 수도 있겠으나, 뒤따르는 문장의 δούλους가 의미적으로 대조를 이루며 강조되고 있기에 동격어보다는 목적격 보어로 보는 것이 더욱 자연스럽다. **Gram115**의 예문들을 참조하라.
★ κηρύσσομεν – κηρύσσω의 현재 능동태 직설법 1인칭 복수

2. ὁ **ἐγείρας** τὸν κύριον Ἰησοῦν **ἐγερεῖ** καὶ ἡμᾶς σὺν Ἰησοῦ.
일으키신 분께서 주 예수를 일으키실 것이다 ~까지도 우리를 예수와 함께

해석: 주 예수를 일으키신 분께서 예수와 함께 우리까지도 일으키실 것이다.
★ ἐγείρας [← ἤγειρα] – ἐγείρω의 1과거 능동태 분사 남성 단수 주격 **Verb 8b**
★ ἐγερεῖ –ἐγείρω 의 미래 능동태 직설법 3 인칭 단수

3. **εἶπεν** ὁ μαθητὴς ὅτι **ἀποθανεῖται** ὑπὲρ τοῦ Ἰησοῦ.
말했다 그 제자가 (that) 그가 죽을 것이다 예수를 위하여

해석: 그 제자는 자기가 예수를 위하여 죽을 것이라고 말했다.
★ εἶπεν – λέγω의 2과거 능동태 직설법 3인칭 단수
★ ἀποθανεῖται –ἀποθνήσκω 의 미래 중간태 디포넌트 직설법 3 인칭 단수

4. οὐκ **ἐγεροῦμεν** αὐτοὶ ἑαυτούς, ὁ δὲ Ἰησοῦς **ἐγερεῖ** ἡμᾶς ἐν τῇ
아니 우리가 일으킬 것이다 자신들이 우리자신을 그러나 예수께서 일으키실 것이다 우리를 그
ἐσχάτῃ ἡμέρᾳ.
마지막 날에

해석: 우리들 자신이 우리자신들을 일으키지 못할 것이다. 그러나 예수께서 그 마지막 날에 우리를 일으키실 것이다.
★ ἐγεροῦμεν – ἐγείρω의 미래 능동태 직설법 1인칭 복수
★ ἐγερεῖ –ἐγείρω 의 미래 능동태 직설법 3 인칭 단수

5. εὐθὺς **ἦρεν** ὁ πονηρὸς τὸ παρὰ τὴν ὁδὸν **σπαρέν**.
즉시 치웠다 그 악한 자가 ~곁에 그 길 뿌려진

해석: 그 길가에 뿌려진 것을 그 악한 자가 즉시 치웠다.

★ ἦρεν – αἴρω의 1과거 능동태 직설법 3인칭 단수

★ σπαρέν [←ἐσπάρην] – σπείρω 의 과거 수동태 분사 중성 단수 대격 **Verb 70c**

6. ἐὰν **ἀγαπᾶτε** ἀλλήλους, **ἔσεσθε** μαθηταὶ τοῦ **ἀποθανόντος** ὑπὲρ
만약 너희가 사랑한다면 서로를 너희는 ~일 것이다 제자들이 죽으신 분의 ~를 위해
ὑμῶν.
너희

해석: 만약 너희가 서로를 사랑한다면 너희는 너희를 위해 죽으신 분의 제자들이 될 것이다.

★ ἀγαπᾶτε – ἀγαπάω의 현재 능동태 가정법 2인칭 복수

★ ἔσεσθε –εἰμί의 미래 직설법 2 인칭 복수

★ ἀποθανόντος [←ἀπέθανον] – ἀποθνήσκω 의 2 과거 능동태 분사 남성 단수 속격

7. ἐὰν **πιστεύσητε** εἰς τὸν Ἰησοῦν, μετ' αὐτοῦ **μενεῖτε** εἰς τὸν αἰῶνα.
만약 너희가 믿는다면 예수를 그와 함께 너희는 머무를 것이다 영원히

해석: 만약 너희가 예수를 믿는다면 너희는 그와 함께 영원히 머무를 것이다.

★ πιστεύσητε [←ἐπίστευσα] – πιστεύω의 1과거 능동태 가정법 2인칭 복수

★ μενεῖτε –μένω 의 미래 능동태 직설법 2 인칭 복수

8. ὁ **ἀγαπῶν** τὸν υἱὸν **ἀγαπᾷ** καὶ τὸν **ἀποστείλαντα** αὐτόν.
사랑하는 자는 그 아들을 사랑한다 ~까지도 보내신 자를 그를

해석: 그 아들을 사랑하는 자는 그를 보내신 자까지도 사랑한다.

★ ἀγαπῶν – ἀγαπάω의 현재 능동태 분사 남성 단수 주격

★ ἀγαπᾷ –ἀγαπάω 의 현재 능동태 직설법 3 인칭 단수

★ ἀποστείλαντα [←ἀπέστειλα] – ἀποστέλλω 의 1 과거 능동태 분사 남성 단수 대격 **Verb 29b**

9. χαρὰ **ἔσται** ἐπὶ τῷ ἁμαρτωλῷ τῳ ἐπὶ τῷ ῥήματι τοῦ Ἰησοῦ
기쁨이 있을 것이다 ~위에 그 죄인 ~에 기초하여 말씀에 예수의
μετανοήσαντι.
회개한

해석: 예수의 말씀에 기초하여 회개한 죄인 위에 기쁨이 있을 것이다.

★ ἔσται – εἰμί의 미래 직설법 3인칭 단수

★ μετανοήσαντι [←μετενόησα] – μετανοέω 의 1 과거 능동태 분사 남성 단수 여격

10. οἱ **ἀποκτείναντες** τὸν Ἰησοῦν καὶ **διώξαντες** τοὺς μαθητὰς αὐτοῦ
죽인 자들이 예수를 그리고 박해한 (자들이) 제자들을 그의
ἐκβαλοῦσι καὶ ἡμᾶς.
내쫓을 것이다 ~까지도 우리를

해석: 예수를 죽이고 또 그의 제자들을 박해한 자들이 우리까지도 내쫓을 것이다.

★ ἀποκτείναντες [← ἀπέκτεινα] – ἀποκτείνω의 1과거 능동태 분사 남성 복수 주격 **Verb 28b**

★ διώξαντες [← ἐδίωξα] – διώκω 의 1과거 능동태 분사 남성 복수 주격

★ ἐκβαλοῦσι – ἐκβάλλω 의 미래 능동태 직설법 3 인칭 복수

11. **ἐπιστρέψαντες** οὗτοι ἐπὶ τὸν θεὸν **ἔμειναν** ἐν τῇ ἐκκλησίᾳ αὐτοῦ.
돌이킨 후에 이 사람들이 하나님께로 머물렀다 교회 안에 그분의

해석: 이 사람들이 하나님께로 돌이킨 후에 그분의 교회 안에 머물렀다.

★ ἐπιστρέψαντες [← ἐπέστρεψα] – ἐπιστρέφω의 1과거 능동태 분사 남성 복수 주격

★ ἔμειναν – μένω 의 1과거 능동태 직설법 3 인칭 복수

12. **ἐγείραντος** τοῦ θεοῦ τοὺς νεκροὺς **ἐσόμεθα** σὺν τῷ κυρίῳ εἰς τοὺς
일으키신 후에 하나님께서 그 죽은 자들을 우리가 있을 것이다 주님과 함께
αἰῶνας τῶν αἰώνων.
영원 영원히

해석: 하나님께서 그 죽은 자들을 일으키신 후에 우리가 주님과 함께 영원히 있을 것이다.

★ ἐγείραντος [← ἤγειρα] – ἐγείρω의 1과거 능동태 분사 남성 단수 속격 **Verb 8b**

★ ἐσόμεθα – εἰμί의 미래 직설법 1 인칭 복수

13. οὐκ εἰς ἐμαυτὸν **ἐπίστευσα**, ἀλλ' εἰς τὸν κύριον.
아니 나 자신을 나는 믿었다 오히려 주님을

해석: 나는 나 자신이 아닌, 오히려 주님을 믿었다.

★ ἐπίστευσα – πιστεύω의 1과거 능동태 직설법 1인칭 단수

14. **ἔξεστιν** ἡμῖν **λαβεῖν** δῶρα ἀπ' ἀλλήλων, ἀλλ' οὐκ **ἀποκτεῖναι**
합당하다 우리가 취하기 선물들을 서로에게서 그러나 아니 죽이기
οὐδὲ **διῶξαι** ἀλλήλους.
~까지도 박해하기 서로를

해석: 우리가 서로에게서 선물들을 취함은 합당하지만, 서로를 죽이는 것과 박해하는 것은 모두 아니 (합당하다).

★ ἔξεστιν – 비인칭 동사

★ λαβεῖν [← ἔλαβον] – λαμβάνω 의 2 과거 능동태 부정사

★ ἀποκτεῖναι [← ἀπέκτεινα] – ἀποκτείνω 의 1 과거 능동태 부정사 **Verb 28b**

★ *διῶξαι* [← ἐδίωξα] – διώκω 의 1과거 능동태 부정사

15. *οὗτος μέν* ***ἐστιν*** *ὁ ἄρχων ὁ* ***ἀποκτείνας*** *τοὺς προφήτας, ἐκεῖνος*
이 사람은 ~이다 통치자 죽인 그 예언자들을 저 사람은
δέ ***ἐστιν*** *ὁ ἁμαρτωλὸς ὁ* ***μετανοήσας*** *ἐπὶ τῷ ῥήματι τοῦ Ἰησοῦ.*
그러나 ~이다 죄인 회개한 ~에 기초하여 말씀에 예수의

해석: 이 사람은 그 예언자들을 죽인 통치자이지만 저 사람은 예수의 말씀에 기초하여 회개한 죄인이다.
★ *ἐστιν* – εἰμί의 현재 직설법 3인칭 단수
★ *ἀποκτείνας* [← ἀπέκτεινα] – ἀποκτείνω 의 1과거 능동태 분사 남성 단수 주격 **Verb 28b**
★ *μετανοήσας* [← μετενόησα] –μετανοέω 의 1과거 능동태 분사 남성 단수 주격

16. *ἐὰν δὲ τοῦτο* ***εἴπωμεν*** *κατ' αὐτοῦ,* ***φοβούμεθα*** *τοὺς ὄχλους,*
만약 그러나 이것을 우리가 말하면 그를 거스려 우리는 두렵다 그 군중들이
λέγουσι *γὰρ* ***εἶναι*** *αὐτὸν προφήτην.*
그들이 말한다 왜냐하면 ~임 그가 선지자

해석: 그러나 우리가 그를 거스려 이것을 말한다면 우리는 그 군중들이 두렵다. 왜냐하면 그들은 그가 선지라라고 말하고 있기 때문이다.
★ *εἴπωμεν* [← εἶπον] – λέγω의 2과거 능동태 가정법 1인칭 복수
★ *φοβούμεθα* –φοβέω 의 현재 수동태 직설법 1 인칭 복수
★ *λέγουσι* –λέγω 의 현재 능동태 직설법 3 인칭 복수
★ *εἶναι* –εἰμί의 현재 부정사

17. ***ἀποστελεῖ*** *πρὸς αὐτοὺς διδασκάλους καὶ προφήτας, ἵνα*
그가 보내실 것이다 그들에게 선생들을 그리고 예언자들을
μετανοήσωσιν *καὶ* ***φοβῶνται*** *τὸν θεόν.*
그들이 회개하도록 그리고 두려워하도록 하나님을

해석: 그가 그들에게 선생들과 예언자들을 보낼 것인데 이는 그들로 회개하고 또 하나님을 두려워하도록 하게 하기 위함이다.
★ *ἀποστελεῖ* – ἀποστέλλω의 미래 능동태 직설법 3인칭 단수
★ *μετανοήσωσιν* [← μετενόησα] –μετανοέω 의 1과거 능동태 가정법 3 인칭 복수
★ *φοβῶνται* –φοβέω 의 현재 수동태 가정법 3 인칭 복수 **Verb 71a**

18. *μακάριοί* ***εἰσιν*** *οὐχ οἱ ἑαυτοὺς* ***δοξάζοντες*** *ἀλλ' οἱ* ***δοξάζοντες***
복된 ~이다 아니 자신들을 영화롭게 하는 자들이 오히려 영화롭게 하는 자들이
τὸν ***ἀποστείλαντα*** *τὸν υἱὸν αὐτοῦ εἰς τὸν κόσμον.*
보내신 자를 아들을 그의 세상 속으로

해석: 자신들을 영화롭게 하는 자들이 복된 것이 아니라, 오히려 자기의 아들을 세상 속으로 보내신 자를 영화롭게 하는 자들이 복되다.

★ *εἰσιν* – εἰμί의 현재 직설법 3인칭 복수

★ *δοξάζοντες* – δοξάζω 의 현재 능동태 분사 남성 복수 주격

★ *ἀποστείλαντα* [← ἀπέστειλα] – ἀποστέλλω 의 1 과거 능동태 분사 남성 단수 대격 **Verb 29b**

19. ***ἐρχομένου*** *πρὸς αὐτοὺς τοῦ Ἰησοῦ* ***περιπατοῦντος*** *ἐπὶ τῆς*
오실 때에 그들에게로 예수께서 걸으시면서 그
θαλάσσης ***ἐφοβοῦντο*** *οἱ* ***ἰδόντες*** *αὐτὸν μαθηταί.*
바다 위를 두려워하고 있었다 본 그를 제자들은

해석: 예수께서 그 바다 위를 걸으시면서 그들에게로 오실 때에, 그를 본 제자들은 두려워하고 있었다.

★ *ἐρχομένου* – ἔρχομαι의 현재 중간/수동태 디포넌트 분사 남성 단수 속격

★ *περιπατοῦντος* – περιπατέω 의 현재 능동태 분사 남성 단수 속격

★ *ἐφοβοῦντο* – φοβέω 의 미완료 수동태 직설법 3 인칭 복수 **Verb 71a**

★ *ἰδόντες* [← εἶδον] – βλέπω 의 2 과거 능동태 분사 남성 복수 주격

20. *ταῦτα* ***ἐροῦμεν*** *τοῖς* ***ἀποσταλεῖσι*** *πρὸς ἡμᾶς προφήταις.*
이것들을 우리가 말할 것이다 보냄받은 우리에게로 예언자들에게

해석: 우리에게로 보냄받은 예언자들에게 우리가 이것들을 말할 것이다.

★ *ἐροῦμεν* – λέγω의 미래 능동태 직설법 1인칭 복수

★ *ἀποσταλεῖσι* [← ἀπεστάλην] – ἀποστέλλω 의 과거 수동태 분사 남성 복수 여격 **Verb 29c**

25과

제3변화 명사(추가). 제3변화 형용사.

핵심문법요약

Gram 179. χάρις의 변화

	단수	복수
주격	χάρις	χάριτες
속격	χάριτος	χαρίτων
여격	χάριτι	χάρισι(ν)
대격	χάριν[1]	χάριτας
호격	χάρι[2]	χάριτες

단수의 주격과 호격이 다름에 주의하라.

단수주격 격꼬리로 시그마(ς)가 왔으며 줄기 끝 자음 τ는 ἐλπίς의 경우(**Gram94**)처럼 시그마 앞에서 음운적 갈등을 겪고 사라졌다. 복수여격도 마찬가지이다(cf. Mounce, *Morphology* 40). 그리고 ἐλπίς와 마찬가지로 **단수호격 격꼬리는 오지 않으며** 줄기끝자음 τ는 소실되었다. 이로써 χάρις는 ἐλπίς(17과), ὄνις(범위 밖)와 함께 **줄기끝자음이 치음계열**(dental- δ/τ/θ)로 끝나는 대표적인 3변화 명사에 속하며 이들은 다음과 같이 동일한 변화패턴을 취한다:

[1] 줄기 끝 자음이 치음(dental) 계열인 δ, τ, θ 로 끝나는 3변화 명사의 경우, 단수대격꼬리는 모두 α가 오지만 χάρις의 경우엔 1, 2변화 단수대격의 특징인 ν를 오히려 더욱 허용한다. 따라서 메이첸은 아예 χάριν으로 소개하고 있는데, 사실은 χάριτα가 오히려 원래석인 어형이다. cf. 행24:27; 유1:4; 슥4:7; 0:14(LXX).

[2] 줄기 끝 자음이 치음(dental) 계열인 δ, τ, θ 로 끝나는 3변화 명사들은 단수호격에서 격꼬리가 오지 않는다. 따라서 χάρις의 단수호격은 줄기끝자음을 소실한다. 메이첸 교본을 비롯한 일부 문법서들(e.g. Swetnam)은 단수호격을 χάρις로 소개하고 있는데, 이보다는 χάρι로 소개하고 있는 Smyth나 Mounce의 관찰이 더욱 합리적이고 일관성있어 보인다(Smyth §257; Mounce, *Morphology* 194). 참고로, 줄기끝자음이 치음계열이면서 단수호격에서 격꼬리가 시그마(σ)나 뉘(ν)로 오는 3변화 명사는 Classical Greek 에서나 그 예를 찾아볼 수 있다(cf. Smyth §257).

	ἐλπίς (hope)		χάρις (grace)		ὄρνις (hen)	
	Sg.	Pl.	Sg.	Pl.	Sg.	Pl.
N	ἐλπίς	ἐλπίδες	χάρις	χάριτες	ὄρνις	ὄρνιθες
G	ἐλπίδος	ἐλπίδων	χάριτος	χαρίτων	ὄρνιθος	ὀρνίθων
D	ἐλπίδι	ἐλπίσι(ν)	χάριτι	χάρισι(ν)	ὄρνιθι	ὄρνισι(ν)
A	ἐλπίδα	ἐλπίδας	χάριτα	χάριτας	ὄρνιθα	ὄρνιθας
V	ἐλπί	ἐλπίδες	χάρι	χάριτες	ὄρνι	ὄρνιθες

〈참고〉 χάρις는 단수대격에서 χάριν을 취하기도 하는데, 이처럼 단수대격에서 줄기끝자음을 버리고 α대신 ν를 즐겨 취하는 것을 두고 Robertson(*Short* 171)은 이오타(ι)를 줄기에 포함하고 있는 3변화 명사들의 공통된 특징임을 지적한다(cf. πόλις;πόλιν). 반면, ἐλπίς의 경우엔 항상 ἐλπίδα형태를 취하는데 이는 oxytone stem(; 단수주격에서 얼티마에 액센트를 지닌 동사)이기 때문이라고 Robertson은 설명한다. 그러나 단수대격에서 -ιν의 형태를 허용할 것이냐는 궁극적으로 개별명사의 용례에 맡겨야 할 것 같다. 왜냐하면 ὄρνις의 경우엔 barytone stem(;얼티마에 액센트를 갖지 않은 동사)임에도 불구하고 단수대격에서 ὄρνιν의 형태를 보여주고 있지 않기 때문이다.

Gram 180. πόλις의 변화

	단수	복수
주격	πόλις	πόλεις
속격	πόλεως	πόλεων
여격	πόλει	πόλεσι(ν)
대격	πόλιν	πόλεις
호격	πόλι	πόλεις

단수에서 주격과 호격이 다름에 주의하라.

3변화 명사 중 **줄기끝철자가** 자음이 아닌 **반모음**(semi-vowel; ι/υ)으로 끝나는 부류가 있다. 아래(**Gram181**) βασιλεύς 명사를 포함하여 이들 반모음으로 끝나는 3변화 명사는 모두 **단수호격에서 격꼬리가 오지 아니한다**(cf.Mounce, *Morphology* 202-6). 특히 단수주격과 속격에서 -ις, -εως 패턴을 취하는 모든 3변화 명사는 위 πόλις (a city 도시)변화에서 보는 바와 같이 아래의 특징들을 갖는다:

(1) -ις, -εως 패턴을 취하는 3변화 명사는 모음으로 시작하는 격꼬리와 복수여격(σιν) 앞에서 줄기끝철자인 이오타를 잃어버리고 대신 ε을 취한다. 따라서 πόλις도 위와 같은 변화패턴을 갖게 된다.
(2) 단수대격에서는 α대신 ν를 취한다.
(3) 또한 단수속격은 ος대신 ως를 취하고서 안티피널트에 에큐트를 허락하여 액

센트 일반법칙을 벗어난다(cf.**Gram7**). cf. 복수속격의 액센트도 마찬가지!

(1) 특히 복수주격은 격꼬리 ες앞에서 이오타 대신 ε이 왔으므로 단축을 일으켜 εις가 되었다. 그리고 **복수주격에서 -εις형태를 갖게 되는 모든 3변화 명사들은** – 비록 중성은 아니지만 – **복수대격과 복수호격에서도** 주격을 따라 **-εις로** 갖는다(cf. Robertson, *Short* §198b).

(2) 복수 주격/대격/호격에서는 단축을 일으키지만, 나머지 격에서는 단축이 일어나지 아니한다.

단수주격과 속격에서 -ις, -εως 가 되는 모든 3변화 명사는 위의 변화를 따르며, 극소수를 제외하고는 대부분이 여성이다. 지금의 범위에서 위의 변화패턴을 따르는 명사들로는 **πίστις, πίστεως, ἡ** (a faith 믿음)[25과], **κρίσις, κρίσεως, ἡ** (a judgment 심판)[27과], **δύναμις, δυνάμεως, ἡ** (a power, miracle 능력)[33과] 가 있다.

Gram 181. βασιλεύς의 변화

	단수	복수
주격	βασιλεύς	βασιλεῖς
속격	βασιλέως	βασιλέων
여격	βασιλεῖ	βασιλεῦσι(ν)
대격	βασιλέα	βασιλεῖς
호격	βασιλεῦ	βασιλεῖς

단수에서 주격과 호격이 다름에 주의하라.

βασιλεύς(a king 왕)명사도 역시 **줄기끝철자가 반모음**(semi-vowel; ι/υ)으로 끝나는 부류에 속한다. 따라서 πόλις와 마찬가지로 **단수호격에서 격꼬리가 오지 아니한다**. 단수주격과 속격에서 -ευς, -εως 패턴을 취하는 모든 3변화 명사는 위 βασιλεύς 변화에서 보는 비와 같이 아래의 특징들을 갖는다:

(1) 모음으로 시작하는 격꼬리 앞에서 줄기끝철자 υ을 잃어버린다.

(2) 줄기끝철자가 반모음인 명사들은 단수대격에서 하나같이 ν를 취하지만, 단수주격과 속격에서 -ευς, -εως 패턴을 취하는 위와 같은 부류의 명사만은 유일하게 α를 단수대격 꼬리로 취한다.

(3) 단수속격은 ος대신 ως를 취한다.

(4) 특히 복수주격은 격꼬리 ες 앞에서 줄기끝철자 υ이 소실되고 그 앞모음인 ε이 ες와 단축을 일으켜 εις형태를 갖게 된다. 그리고 복수주격에서 εις형태를 갖게 되는 모든 3변화 명사들은 – 위 **Gram180**에서 언급했듯이 – 복수대격과 복수호격에서도 주격을 따라 εις로 갖는다.

(5) 복수 주격/대격/호격에서는 단축을 일으키지만, 나머지 격에서는 단축이 일어

나지 아니한다.

단수주격과 속격에서 -ευς, -εως 가 되는 모든 3변화 명사는 위의 변화를 따르며 **모두 남성**이다. 지금의 범위에서 위의 변화패턴을 따르는 명사들로는 ἀρχιερεύς, ἀρχιερέως, ὁ (a chief priest 대제사장), ἱερεύς, ἱερέως, ὁ (a priest 제사장), γραμματεύς, γραμματέως, ὁ (a scribe 필경가/서기관)[25과] 가 있다.

Gram 182. γένος의 변화

	단수	복수
주격	γένος (γενες + Ø)	γένη (γενεσ +α)
속격	γένους (γενεσ +ος)	γενῶν (γενεσ +ων)
여격	γένει (γενεσ +ι)	γένεσι(ν) (γενεσ+σιν)
대격	γένος (주격과 동일)	γένη (주격과 동일)
호격	γένος (주격과 동일)	γένη (주격과 동일)

※ 중성명사이므로 단/복수에서 주격과 대격, 호격이 동일하다.

3변화 명사들 중 **줄기끝철자가 시그마**(σ)인 명사들이 있다. γένος (a race 민족)도 그 중 하나인데, 특히 이처럼 단수주격과 속격에서 **-ος, -ους 패턴**을 보이는 명사는 **모두 3변화 중성명사**에 속한다. γένος 의 줄기는 γενεσ-이다. 그리고 단수주격에서 격꼬리가 오지 않았으며 단수주격은 특별한 이유없이 모음 ε이 ο으로 변이되어 γενος가 되었다. 나머지 격에서는 줄기(γενεσ-)와 격꼬리들 간에 시그마의 탈락(e.g.intervocalic)과 함께 단축이 규칙적으로 일어났으며, 중성인 이유로 인해 주격과 대격, 호격은 동일한 어형을 갖게 된다.

메이첸 교본 범위에서 위의 변화패턴을 따르는 명사들로는 ἔθνος, ἔθνους, τό (a nation 나라)[25과], ἔτος, ἔτους, τό (a year 해)[26과], σκότος, σκότους, τό (a darkness 어둠)[28과] 가 있다.

Gram 183. 형용사 ἀληθής의 변화

	남성/여성		중성	
N sg	ἀληθής	(αληθεσ +∅)	ἀληθές	(αληθεσ +∅)
G sg	ἀληθοῦς	(αληθεσ +ος)	ἀληθοῦς	(αληθεσ +ος)
D sg	ἀληθεῖ	(αληθεσ +ι)	ἀληθεῖ	(αληθεσ +ι)
A sg	ἀληθῆ	(αληθεσ +α)	ἀληθές	(주격과 동일)
V sg	ἀληθές	(αληθεσ + ∅)	ἀληθές	(주격과 동일)
N pl	ἀληθεῖς	(αληθεσ +ες)	ἀληθῆ	(αληθεσ +α)
G pl	ἀληθῶν	(αληθεσ +ων)	ἀληθῶν	(αληθεσ +ων)
D pl	ἀληθέσι(ν)	(αληθεσ +σιν)	ἀληθέσι(ν)	(αληθεσ +σιν)
A pl	ἀληθεῖς	(주격과 동일)	ἀληθῆ	(주격과 동일)
V pl	ἀληθεῖς	(주격과 동일)	ἀληθῆ	(주격과 동일)

헬라어 형용사의 격변화는 주로 명사의 격꼬리들을 사용한 패턴을 취한다. 1, 2, 3변화 명사 중 어느 변화명사의 격꼬리를 사용할 것인가는 형용사의 줄기끝철자가 모음인가 혹은 자음/반모음인가의 여부에 따라 크게 나뉜다. 만약 형용사의 남성/여성/중성 단수 줄기끝철자가 모음(ο/α)이라면 기본적으로 1, 2변화 명사의 격꼬리를 사용할 것이며, 혹은 줄기끝철자가 자음/반모음이라면 3변화 명사의 격꼬리를 사용하게 될 것이다. 그러나 형용사 변화는 그리 간단치만은 않다. 왜냐하면 형용사마다 그 고유한 속성에 따라 어떤 것은 남성과 여성의 변화패턴이 구분되어 있는 경우가 있는가 하면, 어떤 것은 남성과 여성의 패턴이 같고 중성의 변화패턴만 구분되는 경우가 있기 때문이다. 또한 어떤 것은 3변화와 1변화 꼬리를 혼합적으로 사용하기도 한다.[3] 그러므로 형용사를 익힐 때는 반드시 그것의 남성, 여성, 중성의

[3] 남성-여성-중성변화에 있어서 각각 2변화(ος명사)-1변화(α/η명사)- 2변화(ον명사) 격꼬리를 빌어 사용하는 형용사(6과)를 소위 2-1-2 패턴이라 칭한다. 한편, 어떤 형용사들은 분사처럼 3-1-3 패턴을 취하는가 하면, 어떤 것들은 남성/여성이 2변화(ος명사) 패턴으로 통합되고 중성만 따로 2변화(ον명사) 격꼬리를 갖는 2-2 패턴을 취한다. 그러므로 지금 익히고 있는 ἀληθής, ές는 3-3 패턴이라 칭할 수 있는데 어떤 형용사들은 좀더 부분적이며 불규칙적인 혼합패턴을 취하기도 한다. 이와 관련한 상세한 사항은 Mounce(*Morphology* 163-242)의 책을 참조하라. 참고로, 2-2 패턴을 취하는 형용사는 신약에서 300개가 훨씬 넘는데 이는 2-1-2 패턴 다음으로 많은 수치이다.

ἄδικος, ον (unrighteous 불의한)

	남성/여성		중성	
N	ἄδικος	ἄδικοι	ἄδικον	ἄδικα
G	ἀδίκου	ἀδίκων	ἀδίκου	ἀδίκων
D	ἀδίκῳ	ἀδίκοις	ἀδίκῳ	ἀδίκοις
A	ἄδικον	ἀδίκους	ἄδικον	ἄδικα
V	ἄδικε	ἄδικοι	ἄδικον	ἄδικα

단수주격 어형을 함께 알아두어야 한다(cf. **Gram32**).

형용사 ἀληθής, ές (true 진실한/참된)는 **줄기끝철자가 자음 시그마**(σ)이며 줄기는 αληθεσ-이다. 그러므로 3변화 격꼬리를 빌어 격변화를 가진다. 특히, 남성과 여성의 변화패턴이 구분되어 있지 않으며 중성의 변화패턴만 따로 구분되는데 이를 소위 **3-3패턴**이라 칭한다. 줄기끝철자 시그마는 모음으로 시작하는 격꼬리들 사이에서 탈락(e.g. intervocalic)되며 단축현상이 규칙적으로 일어난다. 단수주격에서는 격꼬리가 오지 않는데, 특히 남성/여성 단수주격은 특별한 이유없이 모음 ε이 길어져서 ἀληθής가 되었다.

지금의 범위에서 위의 변화패턴을 따르는 형용사로는 πλήρης, ες (full 가득찬/충만한)[25과] 가 있다.

Cf. 그밖의 형용사 변화패턴은 Mounce(*Morphology* 163-242)의 책을 참조하라.

Gram 184. ἀνήρ, μήτηρ, πατήρ의 변화

	ἀνήρ (man)		πατήρ (father)		μήτηρ (mother)	
	Sg.	Pl.	Sg.	Pl.	Sg.	Pl.
N	ἀνήρ	ἄνδρες	πατήρ	πατέρες	μήτηρ	μητέρες
G	ἀνδρός	ἀνδρῶν	πατρός	πατέρων	μητρός	μητέρων
D	ἀνδρί	ἀνδράσι(ν)	πατρί	πατράσι(ν)	μητρί	μητράσι(ν)
A	ἄνδρα	ἄνδρας	πατέρα	πατέρας	μητέρα	μητέρας
V	ἄνερ	ἄνδρες	πάτερ	πατέρες	μῆτερ	μητέρες

3변화 명사들 중 **줄기끝철자가 유음**(Liquid)인 것들이 있다. 그 중 ν로 끝나는 3변화 명사들은 그 변화패턴이 매우 단순하며 17과에서 변화표없이 어휘로만 소개되고 있다(e.g. αἰών, αἰῶνος). 그러나 줄기끝철자가 λ나 ρ인 것들은 줄기의 형태가 좀더 복잡한 양상을 띠게 되어 대략 5개 패턴으로 나뉘어 지는데 그 중 가장 어려운 것이 ἀνήρ와 πατήρ/μήτηρ 변화이다(cf. πατήρ와 μήτηρ는 변화패턴이 동일하다). 3변화 유음명사의 전체 패턴에 관하여는 Mounce(*Morphology* 163-242)의 책을 참조하라.

위의 변화들에서 주격의 장모음 η는 모두 호격에서 단모음 ε으로 약화되어 원래의 줄기모습을 나타내고 있다. 다만, ἀνήρ는 두 개의 연속된 유음(νρ)의 발음을 용이하게 하기 위해 단수의 주격과 호격을 제외한 나머지 격어형에 δ를 삽입하고 있다는 점에서 πατήρ(μήτηρ)와 차이를 보인다.[4] 그러나 3변화 명사에 있어서 단수주격과 속격의 어형은 사전에 함께 등재되어야 하는 바 명사의 고유한 속성에 귀

[4] Cf. Mounce(*Morphology* 31)는 이것을 'Epenthetic δ'라 칭한다.

속하기에 학습자가 크게 신경쓸 것은 못된다. 속격을 제외한 나머지 격어형들의 특징을 살피자면 다음과 같다:

(1) ἀνήρ는 속격에서 확인한 줄기(stem)가 호격을 제외하고는 모두 그대로 나타나있다. 다만 복수여격의 α는, ρ의 바로 뒤에 액센트가 주어질 경우에 액센트를 받기 위해 삽입된 것으로 보여진다.[5] 이것은 πατήρ와 μήτηρ도 마찬가지이다: ἀνδράσι, πατράσι, μητράσι.

(2) 한편 πατήρ와 μήτηρ는 단수속격과 여격(그리고 복수여격)에서 두 개의 자음 사이에 놓인 단모음 ε이 극히 약화되어 아예 생략되었으므로 온전한 줄기모습을 간직하지 못하게 된다(cf. Mounce, *Morphology* 11; zero vowel gradation). ε을 간직하고 있는 다른 격어형들과 비교해 볼 때, ε을 생략하고 있는 격어형들은 대체로 액센트를 받지 못하고 있다는 점에 주목하라(cf. 호격의 경우는 음절이 디 이상 진행되지 않으므로 예외가 된다).

(3) 단수주격에서 길어져있던 모음 η는 모두 호격에서 다시 원래대로 짧아져 ε이 된다.

단어공부

명 사: ἱερεύς, ἱερέως, ὁ (a priest 제사장)
ἀρχιερεύς, ἀρχιερέως, ὁ (a chief priest 대제사장)
γραμματεύς, γραμματέως, ὁ (a scribe 서기관)

ἀνήρ, ἀνδρός, ὁ (a man 남자) – 여성과 어린이에 상응하는 개념으로서.
πατήρ, πατρός, ὁ (a father 아버지)
μήτηρ, μητρός, ἡ (a mother 어머니)

πόλις, πόλεως, ἡ (a city 도시)

---

[5] Cf. Mounce(*Morphology* 12)는 이것을 단순히 연속된 ρ와 σ사이의 발음의 용이성을 위한 것이라고 설명하고 있으나, 사실은 액센트가 어디에 주어지냐의 여부에 따라 α삽입 여부가 결정되는 것으로 보아야 한다(ex. θυγατράσιν, 창31:50). 액센트가 다른 곳에 주어지는 다음의 어형들엔 한결같이 α가 삽입되지 않고 있다: ἀρτῆρσιν(LXX 느4:11); διωστῆρσιν(출37:5); τέσσαρσιν(행10:11); χερσίν(마15:20); σωτῆρσιν; ῥήτορσιν.

Cf. 다음의 경우엔 줄기끝이 유음이 아니다: δόρασιν(LXX 대상12:34); κέρασιν(겔34:21).

πίστις, πίστεως, ἡ (faith 믿음)[6]

χάρις, χάριτος, ἡ (grace 은혜)

γένος, γένους, τό (a race, a kind 족속/민족)
ἔθνος, ἔθνους, τό (a nation 나라)[7]
cf. τὰ ἔθνη a nations, the Gentiles 열방, 이방인들.
ὄρος, ὄρους, τό (a mountain 산)[아래 각주참조]

형용사: ἀληθής, ές (true 참된)
πλήρης, ες (full 가득찬/충만한)[8]

---

[6] Cf. **Gram180**

πίστις, πίστεως, ἡ (faith 믿음)

N	πίστις	πίστεις
G	πίστεως	πίστεων
D	πίστει	πίστεσιν
A	πίστιν	πίστεις
V	πίστι	πίστεις

[7] Cf. **Gram182**

	ἔθνος, ἔθνους, τό (nation 나라)			ὄρος, ὄρους, τό (mountain 산)	
N	ἔθνος	ἔθνη	N	ὄρος	ὄρη
G	ἔθνους	ἐθῶν	G	ὄρους	ὀρῶν
D	ἔθνει	ἔθνεσιν	D	ὄρει	ὄρεσιν
A	ἔθνος	ἔθνη	A	ὄρος	ὄρη
V	ἔθνος	ἔθνη	V	ὄρος	ὄρη

[8] Cf. **Gram183**

πλήρης, πλήρες (full 가득찬/충만한)

	남성/여성			중성	
N	πλήρης	πλήρεις	N	πλήρες	πλήρη
G	πλήρους	πλήρων	G	πλήρους	πλήρων
D	πλήρει	πλήρεσιν	D	πλήρει	πλήρεσιν
A	πλήρη	πλήρεις	A	πλήρες	πλήρη
V	πλήρες	πλήρεις	V	πλήρες	πλήρη

연습문제

1\. *ἀληθῆ* ***ἐστι*** *τὰ* ***λαλούμενα*** *ὑπὸ τοῦ ἱερέως τούτου.*
참된 ~이다 말해지고 있는 것들은 제사장으로 말미암아 이

해석: 이 제사장으로 말미암아 말해지고 있는 것들은 참되다.
★ *ἐστι* – εἰμί의 현재 직설법 3인칭 단수
★ *λαλούμενα* – λαλέω 의 현재 수동태 분사 중성 복수 주격

2\. ***συνελθόντων*** *τῶν ἀρχιερέων καὶ γραμματέων ἵνα* ***ἀποκτείνωσι*** *τὸν*
모인 후에 그 대제사장들이 그리고 서기관들이 죽이기 위해
ἄνδρα τοῦτον, ***προσηύξαντο*** *οἱ μαθηταὶ ἐν τῷ ἱερῷ.*
남자를 이 기도했다 그 제자들은 그 성전 안에서

해석: 그 대제사장들과 서기관들이 이 남자를 죽이기 위해 모인 후, 그 제자들은 그 성전 안에서 기도했다.
★ *συνελθόντων* [← συνῆλθον] – συνέρχομαι의 2과거 능동태 분사 남성 복수 속격
★ *ἀποκτείνωσι* [← ἀπέκτεινα] – ἀποκτείνω 의 1과거 능동태 가정법 3 인칭 복수 **Verb 28b**
어형상으론 현재 능동태 가정법도 되겠지만, 위의 문맥에서 죽이는 행동은 반복성을 상정할 수 없기 때문에 과거가정법이 타당하다.
★ *προσηύξαντο* – προσεύχομαι 의 1과거 중간태 디포넌트 직설법 3 인칭 복수

3\. ***ἀπεκρίθη*** *ὁ βασιλεὺς ὁ ἀγαθὸς* ***λέγων*** *ὅτι οὐ* ***θέλει ἀποκτεῖναι***
대답했다 그 왕이 그 선한 말하면서 (that) 아니 그가 원한다 죽이기
τοῦτον.
이 사람을

해석: 그 선한 왕은 자기가 이 사람을 죽이기를 원하지 않는다고 말하면서 대답했다.
★ *ἀπεκρίθη* – ἀποκρίνομαι의 과거 수동태 디포넌트 직설법 3인칭 단수
★ *λέγων* – λέγω 의 현재 능동태 분사 남성 단수 주격
★ *θέλει* – θέλω 의 현재 능동태 직설법 3 인칭 단수
★ *ἀποκτεῖναι* [← ἀπέκτεινα] – ἀποκτείνω 의 1과거 능동태 부정사 **Verb 28b**

4\. *χάριτι δὲ* ***ἐσώθησαν*** *ἐκεῖνοι οἱ ἁμαρτωλοὶ καὶ* ***ἠγέρθησαν*** *ἐν δόξῃ.*
은혜로 그러나 구원받았다 저 죄인들은 그리고 일으킴 받았다 영광 안에서

해석: 그러나 저 죄인들은 은혜로 구원받았고 또 영광 가운데 일으킴 받았다.
★ *ἐσώθησαν* – σώζω의 과거 수동태 직설법 3인칭 복수
★ *ἠγέρθησαν* – ἐγείρω 의 과거 수동태 직설법 3 인칭 복수

5. *τῇ γὰρ χάριτι* ***σῳζόμεθα*** *διὰ πίστεως ἵνα* ***δοξάζωμεν*** *τὸν θεόν.*
그 왜냐하면 은혜로 우리가 구원받는다 믿음을 통하여 우리가 영광돌리기 위해 하나님을

해석: 왜냐하면 우리가 하나님을 영화롭게 하기 위해 믿음을 통하여 그 은혜로 구원받기 때문이다.

★ *σῳζόμεθα* – σῴζω의 현재 수동태 직설법 1인칭 복수

★ *δοξάζωμεν* –δοξάζω 의 현재 능동태 가정법 1 인칭 복수

6. ***ἰδὼν*** *τὸν πατέρα καὶ τὴν μητέρα αὐτοῦ ἐν τῇ πόλει* ***ἔμεινεν*** *σὺν*
본 후 아버지를 그리고 어머니를 그의 그 도시에서 그는 머물렀다
αὐτοῖς.
그들과 함께

해석: 그는 그 도시에서 그의 아버지와 어머니를 본 후 그들과 함께 머물렀다.

★ *ἰδὼν* [← εἶδον] – βλέπω의 2과거 능동태 분사 남성 단수 주격

★ *ἔμεινεν* –μένω 의 1 과거 능동태 직설법 3 인칭 단수

7. *εἰς τὰ ἔθνη* ***ἀποστελεῖς*** *τοὺς ἀποστόλους σου, ἵνα* ***κηρύσσωσιν***
그 이방인들에게 당신이 보낼 것이다 사도들을 당신의 그들이 전파하도록
αὐτοῖς τὸ εὐαγγέλιον τῆς χάριτός σου.
그들에게 복음을 은혜의 당신의

해석: 당신은 그 이방인들에게 당신의 사도들을 보낼 터인데 이는 그들(사도들)로 하여금 당신의 은혜의 복음을 그들(이방인들)에게 전파하도록 하기 위함이다.

★ *ἀποστελεῖς* – ἀποστέλλω의 미래 능동태 직설법 2인칭 단수

★ *κηρύσσωσιν* –κηρύσσω 의 현재 능동태 가정법 3 인칭 복수

8. *ἀγαθὸς* ***ἦν*** *οὗτος ὁ ἀνὴρ καὶ πλήρης πνεύματος ἁγίου καὶ πίστεως.*
선한 ~였다 이 남자는 그리고 충만한 영의 거룩한 그리고 믿음의

해석: 이 남자는 선했으며 또 성령과 믿음으로 충만했다. Cf. 행11:24

속격명사는 형용사를 부사적으로 수식하게 된다: ~ full of the Holy Spirit and faith.

★ *ἦν* – εἰμί의 미완료 직설법 3인칭 단수

9. ***ἰδόντες*** *δὲ τὴν χάριν τοῦ θεοῦ* ***παρεκάλεσαν*** *τὰ ἔθνη* ***μένειν*** *ἐν τῇ*
본 후에 그러나 은혜를 하나님의 그들은 권고했다 이방인들이 머물기
χάριτι σὺν χαρᾷ καὶ ἐλπίδι.
은혜 안에 ~과 함께 기쁨 그리고 소망

해석: 그러나 그들은 하나님의 은혜를 본 후, 이방인들로 기쁨과 소망과 함께 은혜 안에 머물 것을 권고했다.

★ *ἰδόντες* [← εἶδον] – βλέπω의 2과거 능동태 분사 남성 복수 주격

★ *παρεκάλεσαν* – παρακαλέω 의 1 과거 능동태 직설법 3 인칭 복수
★ *μένειν* – μένω 의 현재 능동태 부정사

10. ***καταβαινόντων*** *δὲ αὐτῶν ἐκ τοῦ ὄρους* ***ἐλάλει*** *ταῦτα ὁ Ἰησοῦς.*
내려가고 있을 때 그러나 그들이 그 산 밖으로 말씀하고 계셨다 이것들을 예수께서

해석: 그러나 그들이 그 산에서 내려가고 있을 때 예수께서 이것들을 말씀하고 계셨다.
★ *καταβαινόντων* – καταβαίνω의 현재 능동태 분사 남성 복수 속격
★ *ἐλάλει* – λαλέω 의 미완료 능동태 직설법 3 인칭 단수

11. ***ἀγαπήσωμεν*** *τοὺς πατέρας καὶ τὰς μητέρας ἡμῶν, ἵνα* ***τηρήσωμεν***
우리가 사랑합시다 아버지들을 그리고 어머니들을 우리의 우리가 지키기 위해
τὴν ἐντολὴν τοῦ θεοῦ.
계명을 하나님의

해석: 우리가 하나님의 계명을 지키기 위해 우리의 아버지들과 어머니들을 사랑합시다.
★ *ἀγαπήσωμεν* [← ἠγάπησα] – ἀγαπάω의 1과거 능동태 가정법 1인칭 복수
★ *τηρήσωμεν* [← ἐτήρησα] – τηρέω 의 1 과거 능동태 가정법 1 인칭 복수

12. *τῶν ἀρχιερέων* ***ἰδόντων*** *τοὺς* ***συνερχομένους*** *εἰς τὸ* ***ἀκούειν*** *τοῦ*
그 대제사장들이 본 후 그 모이는 자들을 ~하기 위해 듣기 그
ἀνδρὸς ***εἶπον*** *πρὸς ἑαυτοὺς οἱ ἄρχοντες ὅτι δεῖ αὐτὸν* ***ἀποθανεῖν****.*
남자를 말했다 자신들을 향해 그 통치자들은 (that) 필요하다 그가 죽기

해석: 그 대제사장들이 그 남자를 경청하기 위해 모이는 자들을 본 후, 그 통치자들은 그가 죽어야 한다고 자신들을 향해 말했다.
★ *ἰδόντων* [← εἶδον] – βλέπω의 2과거 능동태 분사 남성 복수 속격
★ *συνερχομένους* – συνέρχομαι 의 현재 중간/수동태 디포넌트 분사 남성 복수 대격
★ *ἀκούειν* – ἀκούω 의 현재 능동태 부정사
★ *εἶπον* – λέγω 의 2 과거 능동태 직설법 3 인칭 복수
★ *ἀποθανεῖν* [← ἀπέθανον] – ἀποθνήσκω 의 2 과거 능동태 부정사 **Verb 27b**

13. *οἱ βασιλεῖς οἱ πονηροὶ* ***ἀπέκτειναν*** *καὶ τοὺς ἄνδρας καὶ τὰ τέκνα.*
그 왕들이 그 악한 죽였다 ~까지도 그 남자들을 ~까지도 그 아이들을

해석: 그 악한 왕들이 그 남자들과 그 어린아이들 모두를 죽였다.
★ *ἀπέκτειναν* – ἀποκτείνω의 1과거 능동태 직설법 3인칭 복수

14. ὁ δὲ θεὸς **ἤγειρεν** αὐτούς, ἵνα **δοξάζωσιν** αὐτὸν εἰς τὸν αἰῶνα.
그러나 하나님께서 일으키셨다 그들을 그들이 영화롭게 하도록 그를 영원히

해석: 그러나 하나님께서 그들을 일으키신 것은 그들로 영원히 그분께 영광돌리게 하기 위함이었다.

★ ἤγειρεν – ἐγείρω의 1과거 능동태 직설법 3인칭 단수

★ δοξάζωσιν – δοξάζω 의 현재 능동태 가정법 3 인칭 복수

15. ἐὰν μὴ χάριν **ἔχωμεν** καὶ πίστιν καὶ ἐλπίδα, οὐ **μετανοήσουσι** τὰ
만약 아니 은혜를 우리가 가진다면 그리고 믿음을 그리고 소망을 아니 회개할 것이다 그
ἔθνη ἐπὶ τῷ λόγῳ ἡμῶν.
이방인들이 우리의 말에 기초하여

해석: 만약 우리가 은혜와 믿음과 소망을 가지지 못한다면 그 이방인들이 우리의 말에 기초하여 회개하지 아니할 것이다.

★ ἔχωμεν – ἔχω의 현재 능동태 가정법 1인칭 복수

★ μετανοήσουσι – μετανοέω 의 미래 능동태 직설법 3 인칭 복수

16. τοῖς ἀνδράσι τοῖς **πεμφθεῖσιν** ὑπὸ τοῦ βασιλέως **προσηνέγκαμεν**
그 남자들에게 그 보냄받은 그 왕으로 말미암아 우리가 데려갔다
τὸν πατέρα καὶ τὴν μητέρα ἡμῶν.
아버지를 그리고 어머니를 우리의

해석: 그 왕으로 말미암아 보냄받은 남자들에게 우리가 우리의 아버지와 어머니를 데려갔다.

★ πεμφθεῖσιν [← ἐπέμφθην] – πέμπω의 과거 수동태 분사 남성 복수 여격 **Verb 12c**

★ προσηνέγκαμεν – προσφέρω 의 과거 능동태 직설법 1 인칭 복수

17. **ἐλθὼν** πρὸς τὸν βασιλέα ταύτης τῆς χώρας **παρεκάλεσας** αὐτὸν
간 후 왕에게로 이 지방의 너는 권고했다 그가
μὴ **ἀποκτεῖναι** τὸν ἄνδρα τοῦτον.
아니 죽이기 남자를 이

해석: 너는 이 지방의 왕에게로 간 후 그로 하여금 이 남자를 죽이지 않도록 권고했다.

★ ἐλθὼν [← ἦλθον] – ἔρχομαι의 2과거 능동태 분사 남성 단수 주격

★ παρεκάλεσας – παρακαλέω 의 1 과거 능동태 직설법 2 인칭 단수

★ ἀποκτεῖναι [← ἀπέκτεινα] – ἀποκτείνω 의 1 과거 능동태 부정사 **Verb 28b**

18. εἰ ἀληθῆ ἐστι τὰ **λεγόμενα** ὑπὸ τῶν **ἀκολουθησάντων** τῷ ἀνδρὶ ἐν
만일 참된 ~이다 말해지고 있는 것들이 그 따르는 자들로 말미암아 그 남자를
τῇ Γαλιλαίᾳ **ἀποκτενοῦσιν** αὐτὸν οἱ ἀρχιερεῖς.
갈릴리에서 죽일 것이다 그를 그 대제사장들이

해석: 만일 갈릴리에서 그 남자를 따르는 자들로 말미암아 말해지고 있는 것들이 참되다면, 그 대제사장들이 그를 죽일 것이다.

★ *λεγόμενα* – λέγω의 현재 수동태 분사 중성 복수 주격

★ *ἀκολουθησάντων* [← ἠκολούθησα] – ἀκολουθέω 의 1 과거 능동태 분사 남성 복수 속격

★ *ἀποκτενοῦσιν* –ἀποκτείνω 의 미래 능동태 직설법 3 인칭 복수

19. *διὰ πίστεως* ***σώσει*** *τοὺς* ***πιστεύοντας*** *εἰς τὸ ὄνομα αὐτοῦ.*

믿음을 통하여 그가 구원하실 것이다 믿는 자들을 이름을 그의

해석: 그가 그의 이름을 믿는 자들을 믿음을 통해 구원하실 것이다.

★ *σώσει* – σώζω의 미래 능동태 직설법 3인칭 단수

★ *πιστεύοντας* –πιστεύω 의 현재 능동태 분사 남성 복수 대격

20. ***ἐδέξαντο*** *δὲ καὶ τὰ ἔθνη τὸ ῥῆμα τυῦ Ἰησοῦ τὸ ἀληθές.*

받아들였다 그러나 ~까지도 이방인들이 말씀을 예수의 참된

해석: 그러나 이방인들까지도 예수의 참된 말씀을 받아들였다.

★ *ἐδέξαντο* – δέχομαι의 1과거 중간태 디포넌트 직설법 3인칭 복수

26과

수사. 전치사구의 한정적, 독립적 용법.

핵심문법요약

Gram 185. 형용사 πᾶς, πᾶσα, πᾶν의 변화

	남성		여성		중성	
	단수	복수	단수	복수	단수	복수
주격	πᾶς	πάντες	πᾶσα	πᾶσαι	πᾶν	πάντα
속격	παντός	πάντων	πάσης	πασῶν	παντός	πάντων
여격	παντί	πᾶσι(ν)	πάσῃ	πάσαις	παντί	πᾶσι(ν)
대격	πάντα	πάντας	πᾶσαν	πάσας	πᾶν	πάντα

형용사 πᾶς, πᾶσα, πᾶν(all, every 모든)은 6과(**Gram32-33**)와 25과(**Gram183**)에서 배운 형용사 변화패턴과는 달리 분사처럼 **3-1-3 패턴**(즉, 3변화-1변화-3변화)을 취한다. 남성단수주격에서 격꼬리 시그마가 왔으며 줄기의 끝자음 **ντ**는 시그마와 음운적 갈등을 겪고 사라졌다. 여성과 중성의 어형들은 분사의 어형성 과정과 동일하다(cf. **Gram100**).

이 형용사는 명사를 수식함에 있어서 관사를 동반하지 않은 채 **서술적인 위치에** 올 수 있으며, 혹은 관사를 동반한 채 **한정적인 위치에도** 올 수도 있다(cf.**Gram37**). 그러나 어느 경우건 의미는 결국 동일하게 '**모든/전체의**'란 뜻으로 귀결된다.

예1: **πᾶσα** ἡ πόλις all the city 그 도시 모두
예2: ἡ **πᾶσα** πόλις the whole city 그 전체 도시

또한 **관사없는 명사와 함께** 쓰여 부정적(Indefinite) 의미의 '**매**'(every)라는 해석을 갖는다.

예3: **πᾶσα** πόλις every city 매 도시마다
예4: **πᾶν** ὄρος every mountain 매 산마다

한편, **독립적 용법으로 쓰인 분사구와 함께** 서술적인 위치에 서서 '**모든/매**'의 의미

를 더하여 준다.

예5: **πᾶς** ὁ πιστεύων everyone who believes 모든 믿는 자마다
예6: **πάντα** τὰ ὄντα ἐκεῖ all the things that are there 거기에 있는 모든 것들

Gram 186. 수사(Numerals)의 변화

수사는 주로 명사와 함께 쓰여 그 개수를 한정해 주므로 마치 형용사와도 같아 한정사에 속하게 된다. 따라서 수식하는 명사의 성/수/격을 일치시키기 위해서는 수사도 성/수/격을 갖추어야 하는 셈이다. 그러나 헬라어의 수사들 중 상당수가 성/수/격을 아예 갖고 있지 않거나 혹은 일부의 성, 혹은 일부의 격만 갖추고 있을 뿐이다. 우선 크게는 격변화가 있는 것과 없는 것으로 나뉠 수 있는데 아래와 같이 정리해 볼 수 있겠다.

(1) 1부터 4까지는 격변화가 있으며, 5부터 199까지는 격변화가 없다.
(2) 그리고 200이후로는 다시 격변화가 있다.
(3) 특히 1부터 4까지의 수사는 그 변화에 있어서 일관된 패턴이 없으며 매우 임의적이고 고유한 특성을 지닌다.
(4) 그러나 200부터 그 이후의 수사는 일관되게 남성/여성/중성의 성이 분화되어 있으며 각각 2변화–1변화–2변화 격꼬리를 취한다(2–1–2패턴).
(5) '하나'를 제외한 나머지 수사들은 – 당연히 – 복수형만 가지게 된다.

Gram 187. 수사 εἷς, μία, ἕν의 변화

	남성	여성	중성
주격	εἷς	μία	ἕν
속격	ἑνός	μιᾶς	ἑνός
여격	ἑνί	μιᾷ	ἑνί
대격	ἕνα	μίαν	ἕν

수사 '하나'는 남성/여성/중성 어형들이 모두 분화되어 있으며 격도 마찬가지이다. 그 변화패턴은 **3–1–3 패턴**(즉, 3변화–1변화–3변화)이며, 물론 복수는 존재하지 않는다. 특히 여성은 남성/중성과 다른 줄기(stem)를 취하고 있음에 주의하라.

예: δι' **ἑνὸς ἀνθρώπου** ἡ ἁμαρτία εἰς τὸν κόσμον εἰσῆλθεν.
한 사람을 통해 죄가 세상 안에 들어왔다 (cf. 롬5:12)

Gram 188. 수사 δύο의 변화

주격	δύο
속격	δύο
여격	δυσί(ν)
대격	δύο

수사 '둘'은 성(Gender)에 따른 어형이 분화되어 있지 않으며 격(Case)도 **여격만 구분되어** 있을 뿐이다.

예1: περὶ τῶν **δύο** ἀδελφῶν. 그 두 형제들에 대한 (cf.마20:24)
예2: εἶδεν **δύο** ἀδελφούς. 그가 두 형제를 보았다 (cf. 마4:18)
예3: τοῖς **δυσὶ** βασιλεῦσιν 그 두 왕에게 (cf.LXX 수2:10)

Gram 189. 수사 τρεῖς, τρία의 변화

	남성/여성	중성
주격	τρεῖς	τρία
속격	τριῶν	τριῶν
여격	τρισί(ν)	τρισί(ν)
대격	τρεῖς	τρία

수사 '셋'은 남성과 여성의 어형이 통합되어 있으며 중성만 분화되어 있는 **3-3 패턴**(즉, 3변화-3변화)을 취한다. 원래의 줄기는 ***τρεσ-**이며 남성/여성의 주격과 대격은 격꼬리 ες앞에서 시그마의 탈락과 함께 단축을 이루게 된다(τρεσ+ες ►τρεῖς). 그러나 나머지 격에서는 다른 줄기(stem)를 취하여 모음 ε이 아닌 ι를 갖게 된다 (*τρισ-).

Gram 190. 수사 τέσσαρες, τέσσαρα의 변화

	남성/여성	중성
주격	τέσσαρες	τέσσαρα
속격	τεσσάρων	τεσσάρων
여격	τέσσαρσι(ν)	τέσσαρσι(ν)
대격	τέσσαρας	τέσσαρα

수사 '넷'은 남성과 여성의 어형이 통합되어 있으며 중성만 분화되어 있는 **3-3 패턴**을 취한다. 줄기는 변화없이 한가지로 갖는다(τέσσαρ-).

Gram 191. 나머지 수사의 변화

5부터 199까지의 수사는 변화가 없이 한가지 어형만을 갖는다. 메이첸 초급교본에서, 변화가 없는 수사로는 '다섯'(πέντε)과 '여섯'(ἕξ)만 소개되고 있다.[1]

예1: ἀπὸ τῶν **πέντε** 그 다섯(사람)으로부터
예2: ἔχω **πέντε** ἀδελφούς. 내가 다섯 형제를 가지고 있다.

한편, 수사 '이백'과 그 이후부터는 일정한 변화패턴을 갖는다(2–1–2패턴). 메이첸 교본에는 '이백'(διακόσιοι, αι, α)과 '오천'(πεντακισχίλιοι, αι, α)이 소개되고 있다.

예:

	남성	여성	중성
N	διακόσιοι	διακόσιαι	διακόσια
G	διακοσίων	διακοσίων	διακοσίων
D	διακοσίοις	διακοσίαις	διακοσίοις
A	διακοσίους	διακοσίας	διακόσια

Gram 192. 부정적 대명사 (Negative Pronouns) οὐδείς, οὐδεμία, οὐδέν.

	남성	여성	중성
주격	οὐδείς	οὐδεμία	οὐδέν
속격	οὐδενός	οὐδεμίας	οὐδενός
여격	οὐδενί	οὐδεμίᾳ	οὐδενί
대격	οὐδένα	οὐδεμίαν	οὐδέν

부정적 대명사는 줄기 οὐδ-에 수사 εἷς, μία, ἕν 을 결합시켜 만든다. 주의할 것은, 이것이 문장 내 어떤 위치에 오게 되든지 간에 문장 전체의 부정적 의미를 낳게 된다는 점이다.

예1: **οὐδεὶς** ἀγαθός.
누구도 선하지 않다 (cf. 막10:18)

예2: ἐπίστευσα τῷ λόγῳ **οὐδενός**.
나는 누구의 말도 믿지 않았다 (cf. 행20:33)

예3: **οὐδενὶ** οὐδὲν εἶπαν.
그들은 아무에게 아무것도 말하지 못하였다 (cf. 막16:8)

---

[1] 〈참고〉 ἑπτα (일곱), ὀκτώ (여덟), ἐννέα (아홉), δέκα (열), ἕνδεκα (열하나), δεκαδύο (열둘), δεκατέσσαρες (열넷), δεκαπέντε (열다섯) 등 (cf. Smyth §§347–354).

예4: **οὐδένα** εἶδον εἰ μὴ αὐτὸν Ἰησοῦν.
그들은 예수 자신을 빼놓고는 아무도 보지 못하였다 (cf. 마17:8)

※ οὐδείς가 직설법 동사와 함께 쓰이는 반면, μηδείς, μηδεμία, μηδέν 은 직설법 이외의 법(mood)과 함께 사용되어 부정적인 해석을 낳는다.

예: εἴπωμεν **μηδενί**. 누구에게도 말하지 맙시다 (cf. 마17:9)

Gram 193. 형용사 πολύς, πολλή, πολύ 의 변화

	남성		여성		중성	
	단수	복수	단수	복수	단수	복수
주	πολύς	πολλοί	πολλή	πολλαί	πολύ	πολλά
속	πολλοῦ	πολλῶν	πολλῆς	πολλῶν	πολλοῦ	πολλῶν
여	πολλῷ	πολλοῖς	πολλῇ	πολλαῖς	πολλῷ	πολλοῖς
대	πολύν	πολλούς	πολλήν	πολλάς	πολύ	πολλά

형용사들 중 특별히 **이중 줄기**를 가지는 것들이 극소수 존재한다(cf. Smyth §311; Robertson, *Short* §211b). πολύς, πολλή, πολύ (many, much)와 아래 **Gram194**의 μέγας, μεγάλη, μέγα (great)가 그 대표적 예다.[2] 전자의 형용사는 πολυ-와 πολλο-를 그 줄기로, 후자의 형용사는 μεγα-와 μεγαλο-를 그 줄기로 갖는데, 이들은 남성과 중성의 단수 주격과 대격에서 좀더 간략한 줄기를 취한다. 나머지 어형들은 **2–1–2 패턴**을 따른다.

Gram 194. 형용사 μέγας, μεγάλη, μέγα 의 변화

	남성		여성		중성	
	단수	복수	단수	복수	단수	복수
주	μέγας	μεγάλοι	μεγάλη	μεγάλαι	μέγα	μεγάλα
속	μεγάλου	μεγάλων	μεγάλης	μεγάλων	μεγάλου	μεγάλων
여	μεγάλῳ	μεγάλοις	μεγάλῃ	μεγάλαις	μεγάλῳ	μεγάλοις
대	μέγαν	μεγάλους	μεγάλην	μεγάλας	μέγα	μεγάλα

[2] 이중줄기를 갖는 형용사는 이외에 하나 더 있다: πραΰς, πραεῖα, πραΰ. (gentle, cf. 마5:5)

Gram 195. 전치사구의 독립적 용법 (Substantive Use of Prepositional Phrases)
전치사구는 관사 뒤 한정적 위치에 서서 형용사처럼 명사를 수식하거나 혹은 심지어 명사없이 독립적으로 해석된다. 이는 **εἰμί** 분사를 삽입해 놓은 것과 마찬가지의 해석을 낳게 되는 셈이다.

예1: οἱ μαθηταὶ οἱ **ἐν τῇ πόλει**
그 도시 안에 있는 제자들
= οἱ μαθηταὶ οἱ ὄντες ἐν τῇ πόλει

예2: οἱ **ἐν τῇ πόλει**
그 도시 안에 있는 자들
= οἱ ὄντες ἐν τῇ πόλει

Gram 196. 속격명사구의 독립적 용법 (Substantive Use of the Genitive Noun Phrases)
속격 명사구는 관사 뒤 한정적 위치에 서서 문맥에 따라 다양한 의미를 나타낼 수 있다.

예1: οἱ **τοῦ Ἰησοῦ** 예수의 사람들
the of−Jesus men, the ones who belong to Jesus
예2: ὁ **τοῦ Ζεβεδαίου** 세베대의 사람
the son of Zebedee, the one who belongs to Zebedee

Gram 197. 시간과 거리를 나타낼 때 쓰이는 대격
(Accusative of Extent of Space and Time)
현대영어에서 시간이나 거리의 단위를 나타내는 명사(구)는 대개 '전치사의 목적어'였다가 전치사를 떼어내고 '부사'로 그 품사가 전이되어 쓰이게 된 경우들이다. 그러나 헬라어에선 시간과 거리의 단위를 나타내는 명사(구)가 전치사의 목적어도 아니며 부사로 전이된 것도 아닌, 마치 동사의 목적어처럼 오게 된다. 따라서 시간이나 거리를 나타내는 명사(구)는 대격 꼬리를 취하고서 동사의 목적어 자리에 직접 서게 되는데 이러한 문법현상이 영어권 사람들에게 생소하게 느껴질 것은 당연하다. 서구의 헬라어 문법서에서 이것을 특이한 문법사항으로 취급하곤 하는 것은 이 때문이다. 그러나 한국어는 헬라어와 마찬가지로 시간이나 거리를 나타내는 명사를 동사의 형식적인 목적어로 직접 취하기에, 오히려 이러한 것을 문법사항으로 다룬다는 것 자체가 우리에게는 생소하게만 느껴질 수 있다.

(한글) 또 누구든지 너로 억지로 오 리를 가게 하거든 그 사람과 십 리를 동행하고
(영어) If someone forces you to go one mile, go with him two miles.

go는 완전자동사이므로 명사구 one mile (two miles)은 목적어가 아니며 '부사' 노릇을 하고 있다. 전치사 for가 생략되어 있는 것이다.
= If someone forces you to go for one mile...

(한글) 그는 그곳에서 이틀을 머물렀다
(영어) He stayed there two days.

two days (= for two days)

헬라어에서는 동사의 형식적 목적어로서 대격을 취하고 와서, 부사적인 의미를 더하여 준다.

예1: ἐπορεύθην μετ' αὐτοῦ **στάδιον ἕν**.
나는 그와 함께 한 스타디온을 갔다.

예2: ἔμεινα **μίαν ἡμέραν**.
나는 하루를 머물렀다.

단어공부

명 사: **Ἰάκωβος, ὁ** (James 야고보)
πούς, ποδός, ὁ (a foot 발)[3]

ἔτος, ἔτους, τό (a year 해) [아래 각주참조]
πλῆθος, πλήθους, τό (a multitude 무리/군중) [아래 각주참조]
στάδιον, τό (1) a stadium 경기장; (2) a furlong [길이의 단위] 약 200미터
Cf. 비록 중성이지만 남성격꼬리를 취하기도 한다(cf. 마14:24).

---

[3] Cf. **Gram94, Gram182**

πούς, ποδός, ὁ (a foot 발)

N	πούς	πόδες
G	ποδός	ποδῶν
D	ποδί	ποσίν
A	πόδα	πόδας
V	–	πόδες

ἔτος, ἔτους, τό (a year 해)

N	ἔτος	ἔτη
G	ἔτους	ἐτῶν
D	ἔτει	ἔτεσιν
A	ἔτος	ἔτη
V	ἔτος	ἔτη

πλῆθος, πλήθους, τό (a multitude 군중)

N	πλῆθος	πλήθη
G	πλήθους	πληθῶν
D	πλήθει	πλήθεσιν
A	πλῆθος	πλήθη
V	πλῆθος	πλήθη

동 사: ἤθελον [θέλω의 불규칙한 미완료형](I was wishing 원하고 있었다)[4]

형용사: καθαρός, ά, όν (clean, pure 깨끗한, 순수한)
ὀλίγος, η, ον (little, few 적은, 소수의)

μέγας, μεγάλη, μέγα (great 위대한)
πολύς, πολλή, πολύ (much, many 많은)

πᾶς, πᾶσα, πᾶν (all, every 모든, 매)

대명사: οὐδείς, οὐδεμία, οὐδέν [직설법과 함께] (no one, nothing 누구도)
μηδείς, μηδεμία, μηδέν [직설법 이외의 법과 함께]
(no one, nothing 누구도)

부 사: ὡς (about [수사와 함께] 대략/어림잡아)

접속사: ἤ (or 혹은)

수 사: εἷς, μία, ἕν (one 하나)
δύο (two 둘)
τρεῖς, τρία (three 셋)
τέσσαρες, τέσσαρα (four 넷)
πέντε (five 다섯)
ἕξ (six 여섯)
διακόσιοι, αι, α (two hundred 이백)
πεντακισχίλιοι, αι, α (five thousand 오천)

[4] 미완료 직설법은 언제나 현재의 줄기를 사용해서 만든다. 다만, 접두모음이 이처럼 불규칙하게 붙는 경우가 더러 있다. Cf. εἶχον (ἔχω의 미완료).

Pop Quiz

Q1. 아래의 어구에 적절하지 못한 어형은?

σὺν τοῖς ____________ ~명과 함께

① τέσσαρσι ② δύο ③ πέντε ④ ἕξ

Q2. 다음 문장을 해석하시오.

λύχνος τοῖς ποσίν μου ὁ λόγος σου.

(참고: λύχνος, ὁ 등불)

답: 1. ② 2. 당신의 말씀은 내 발에 등불입니다

연습문제

1. **μείνας** σὺν αὐτῷ ἔτη τρία **ἦλθεν** εἰς ἐκείνην τὴν πόλιν.
머문 후에 그와 함께 해(years) 세(three) 그가 갔다 저 도시 안으로

해석: 그가 그와 함께 삼 년을 머문 후에 저 도시로 갔다.

★ μείνας [← ἔμεινα] – μένω의 1과거 능동태 분사 남성 단수 주격 **Verb 11b**

★ ἦλθεν –ἔρχομαι 의 2 과거 능동태 직설법 3 인칭 단수

2. **ἰδὼν** δὲ τοὺς ἐν τῇ μεγάλῃ πόλει **ἔγραψε** καὶ τοῖς ἐν τῇ μικρᾷ.
본 후 그러나 자들을 그 큰 도시에 (있는) 그가 썼다 ~까지도 자들에게 그 작은 (도시에 있는)

해석: 그 큰 도시에 있는 자들을 본 후, 그는 그 작은 도시에 있는 자들에게까지 (편지를) 썼다.

★ ἰδὼν [← εἶδον] –βλέπω의 2과거 능동태 분사 남성 단수 주격

★ ἔγραψε –γράφω 의 1 과거 능동태 직설법 3 인칭 단수

3. **πορευθέντες** δὲ οἱ τοῦ Ἰακώβου σταδίους ὡς πέντε **εἶδον** τὸν
간 후에 그러나 사람들이 야고보의 (에 속한) 스타디온을 약 다섯 보았다
Ἰησοῦν καὶ πάντας τοὺς μετ' αὐτοῦ μαθητάς.
예수를 그리고 모든 그와 함께 (있는) 제자들을

해석: 야고보의(에 속한) 사람들이 약 다섯 스타디온을 간 후에 예수와 그와 함께 있는 모든 제자들을 보았다.

야고보에 속한 사람들이 야고보와 정확히 어떤 관계에 있는 자들인지는 주어진 문맥에 따라 다를 수 있다.

★ πορευθέντες [← ἐπορεύθην] – πορεύομαι의 과거 수동태 디포넌트 분사 남성 복수 주격

★ εἶδον –βλέπω 의 2 과거 능동태 직설법 3 인칭 복수

4. **ἀκούσαντες** δὲ ταῦτα πάντα οἱ ἐν τῇ συναγωγῇ **εἶπον** ὅτι
들은 후에 그러나 이것들을 모두를 자들이 그 회당 안에 (있는) 말했다 (that)
θέλουσιν ἰδεῖν τὸν ταῦτα **ποιοῦντα**.
그들이 원한다 보기 이것들을 행하는 자를

해석: 그러나 그 회당 안에 있는 자들이 이것들 모두를 들은 후, 그들이 이것들을 행하는 자를 보기 원한다고 말했다.

★ ἀκούσαντες [← ἤκουσα] –ἀκούω의 1과거 능동태 분사 남성 복수 주격

★ εἶπον –λέγω 의 2 과거 능동태 직설법 3 인칭 복수

★ θέλουσιν –θέλω 의 현재 능동태 직설법 3 인칭 복수

★ ἰδεῖν [← εἶδον] –βλέπω 의 2 과거 능동태 부정사

★ ποιοῦντα –ποιέω 의 현재 능동태 분사 남성 단수 대격

5. **ἐθαύμασεν** πᾶν τὸ πλῆθος ἐν τῷ **βλέπειν** αὐτοὺς τὰ **ποιούμενα** ὑπὸ τοῦ Ἰησοῦ.

놀랐다 모든 그 무리가 ~동안에 보기 그들이 그 행하여지는 것들을 예수로 말미암아

해석: 모든 무리는 그들이 예수로 말미암아 행하여지는 것들을 보는 동안 놀라워했다.

★ ἐθαύμασεν – θαυμάζω의 1과거 능동태 직설법 3인칭 단수

★ βλέπειν – βλέπω 의 현재 능동태 부정사

★ ποιούμενα – ποιέω 의 현재 수동태 분사 중성 복수 대격

6. οὐκ **ἔμεινε** μίαν ἡμέραν ὁ μετὰ δύο ἔτη **ἰδὼν** τὸν ἀπόστολον τὸν **εὐαγγελισάμενον** αὐτόν.

아니 그가 머물렀다 한(one) 날을 ~후에 이 년(two years) 본 자가 그 사도를 복음 전한 그를(=그에게)

해석: 자기에게 복음 전한 사도를 이년 후에 본 자가 하루도 머물지 아니했다.

★ ἔμεινε – μένω의 1과거 능동태 직설법 3인칭 단수

★ ἰδὼν [←εἶδον] – βλέπω 의 2 과거 능동태 분사 남성 단수 주격

★ εὐαγγελισάμενον [← εὐηγγέλισα] – εὐαγγελίζω 의 1 과거 중간태 분사 남단대 **Verb 47b**

7. τῶν ἀρχιερέων **ὄντων** ἐν ἐκείνῃ τῇ μεγάλῃ πόλει **ἔμεινεν** ὁ Ἰησοῦς ἐν τῇ κώμῃ ἡμέρας ὡς πέντε ἢ ἕξ.

그 대제사장들이 있을 때에 저 큰 도시 안에 머물렀다 예수께서 그 마을 안에 날들을 약 다섯 혹은 여섯

해석: 그 대제사장들이 저 큰 도시 안에 있을 때에, 예수께서 그 마을에 약 닷새나 엿새를 머물러 계셨다.

★ ὄντων – εἰμί의 현재 분사 남성 복수 속격

★ ἔμεινεν – μένω 의 1 과거 능동태 직설법 3 인칭 단수

8. δεῖ τοὺς ἐν ταῖς πόλεσιν **ἐξελθεῖν** εἰς τὰ ὄρη.

필요하다 자들이 그 도시들 안에 (있는) 나가기 그 산들 속으로

해석: 그 도시들 안에 있는 자들은 그 산들 속으로 나가야 한다.

★ ἐξελθεῖν [← ἐξῆλθον] – ἐξέρχομαι의 2과거 능동태 부정사

9. **θεραπευθέντος** ὑπὸ τοῦ Ἰησοῦ τοῦ ὑπὸ τῶν τεσσάρων **προσενεχθέντος** αὐτῷ **ἐδόξασαν** πάντες οἱ ἐν τῇ οἰκίᾳ τὸν **ποιήσαντα** τὰ μεγάλα ταῦτα.

고침받은 후에 예수로 말미암아 그 네 (사람)에 의해 데려와진 자가 그에게 영화롭게 했다 모든 자들이 그 집에 (있는) 행하신 자를 큰 일들을 이

해석: 그 네 사람에 의해 예수께 데려와진 자가 그(예수)로 말미암아 고침을 받자 그 집에 있는 모든 자들이 이 큰 일들을 행하신 자를 영화롭게 했다.

★ *θεραπευθέντος* [← ἐθεραπεύθην] – θεραπεύω의 과거 수동태 분사 남성 단수 속격

★ *προσενεχθέντος* [← προσηνέχθην] – προσφέρω 의 과거 수동태 분사 남성 단수 속격

★ *ἐδόξασαν* – δοξάζω 의 1 과거 능동태 직설법 3 인칭 복수

★ *ποιήσαντα* [← ἐποίησα] – ποιέω 의 1 과거 능동태 분사 남성 단수 대격

10. πρὸ δὲ τοῦ **ἐλθεῖν** τοὺς ἐκ τῶν πόλεων **ἦν** ὁ Ἰησοῦς μετὰ τῶν
~ 전에 그러나 가기 자들이 그 도시들 밖으로 (나온) 계셨다 예수께서 ~와 함께
μαθητῶν αὐτοῦ ἐν τῇ ἐρήμῳ.
제자들 그의 그 광야 안에

해석: 그 도시들로부터 온 사람들이 이르기 전에, 예수께서는 그의 제자들과 함께 그 광야 안에 계셨다.

★ *ἐλθεῖν* [← ἦλθον] – ἔρχομαι 의 2 과거 능동태 부정사

★ *ἦν* – εἰμί의 미완료 직설법 3 인칭 단수

11. **ἐποιήθη** μὲν δι' αὐτοῦ ὁ κόσμος καὶ πάντα τὰ ἐν αὐτῷ, αὐτὸς δὲ
만들어졌다 그분을 통하여 세상이 그리고 모든 것들이 그 안에 (있는) 그 자신은 그러나
ἐγένετο δι' ἡμᾶς ὡς δοῦλος.
되셨다 우리를 위해 ~처럼 종

해석: 세상이 그분을 통하여 만들어졌다. 그리고 그 안에(세상) 있는 모든 것들이 (그분을 통해 만들어졌다). 그러나 그 자신은 우리를 위해 종처럼 되셨다.

★ *ἐποιήθη* – ποιέω의 과거 수동태 직설법 3인칭 단수

★ *ἐγένετο* – γίνομαι 의 2 과거 중간태 디포넌트 직설법 3 인칭 단수

12. τοῦτο **ἐποίησεν** ἵνα **σώσῃ** πάντας τοὺς **πιστεύοντας** εἰς αὐτόν.
이것을 그가 행하셨다 구원하기 위해 모든 믿는 자들을 그를

해석: 그를 믿는 모든 자들을 구원하시기 위해 그가 이것을 행하셨다.

★ *ἐποίησεν* – ποιέω의 1과거 능동태 직설법 3인칭 단수

★ *σώσῃ* [← ἔσωσα] – σώζω 의 1 과거 능동태 가정법 3 인칭 단수

★ *πιστεύοντας* – πιστεύω 의 현재 능동태 분사 남성 복수 대격

13. πᾶς ὁ **ἀγαπῶν** τὸν θεὸν **ἀγαπᾷ** καὶ τοὺς ἀδελφούς.
매/마다 사랑하는 자는 하나님을 사랑한다 ~까지도 그 형제들을

해석: 하나님을 사랑하는 모든 자마다 그 형제들까지도 사랑한다.

★ *ἀγαπῶν* – ἀγαπάω의 현재 능동태 분사 남성 단수 주격

★ *ἀγαπᾷ* – ἀγαπάω 의 현재 능동태 직설법 3 인칭 단수

14. ***συνήχθησαν*** *πάντες οἱ ἐν τῇ πόλει ἵνα* ***ἀκούσωσι*** *τὰ* ***λεγόμενα***
모여졌다(=모였다) 모든 자들이 그 도시 안에 (있는) 듣기 위해 그 말해지고 있는 것들을
ὑπὸ τῶν ἀποστόλων.
그 사도들로 말미암아

해석: 그 도시 안에 있는 모든 자들이 그 사도들로 말미암아 말해지고 있는 것들을 듣기 위해 모였다.

★ *συνήχθησαν* – συνάγω의 과거 수동태 직설법 3인칭 복수

★ *ἀκούσωσι* [← ἤκουσα] – ἀκούω 의 1과거 능동태 가정법 3 인칭 복수

★ *λεγόμενα* – λέγω 의 현재 수동태 분사 중성 복수 대격

15. *ταῦτα* ***ἔλεγον*** *οἱ ἐν τῷ οἴκῳ πᾶσι τοῖς ἀρχιερεῦσι καὶ*
이것들을 말하고 있었다 자들이 그 집 안에 (있는) 모든 그 대제사장들에게 그리고
γραμματεῦσι διὰ τὸ ***γινώσκειν*** *αὐτοὺς πάντα τὰ περὶ τοῦ Ἰησοῦ.*
서기관들에게 ~ 때문에 알기 그들이 모든 것들을 예수에 관한

해석: 그 집 안에 있는 자들이 예수에 관한 모든 것들을 알고 있기 때문에 그 모든 대제사장들과 서기관들에게 이것들을 말하고 있었다.

★ *ἔλεγον* – λέγω의 미완료 능동태 직설법 3인칭 복수

★ *γινώσκειν* – γινώσκω 의 현재 능동태 부정사

16. *ταῦτα* ***ἐποίει*** *ὁ βασιλεὺς τῶν Ἰουδαίων,* ***ἤθελε*** *γὰρ* ***ἀποκτεῖναι*** *τὰ*
이것들을 행하고 있었다 그 왕이 그 유대인들의 그가 원하고 있었다 죽이기
ἐν τῇ κώμῃ παιδία.
그 마을 안에 (있는) 어린아이들을

해석: 그 유대인들의 왕이 이것들을 행하고 있었다. 왜냐하면 그는 그 마을 안에 있는 어린아이들을 죽이기 원하고 있었기 때문이다.

★ *ἐποίει* – ποιέω의 미완료 능동태 직설법 3인칭 단수

★ *ἤθελε* – θέλω 의 미완료 능동태 직설법 3 인칭 단수 **Verb 48a** (불규칙적인 접두모음에 주의하라)

★ *ἀποκτεῖναι* [← ἀπέκτεινα] – ἀποκτείνω 의 1과거 능동태 부정사

17. *οὐδεὶς* ***γινώσκει*** *πάντα τὰ ἐν τῷ κόσμῳ εἰ μὴ*[5] *ὁ* ***ποιήσας*** *τὰ*
누구도 아니 알고 있다 모든 것들을 세상 안에 (있는) ~이외는(except) 만드신 분 그
πάντα.
모든 것들을

해석: 그 모든 것들을 만드신 분 이외에는 누구도 세상 안에 있는 모든 것들을 알지 못한다.

★ *γινώσκει* – γινώσκω의 현재 능동태 직설법 3인칭 단수

★ *ποιήσας* [← ἐποίησα] – ποιέω의 1과거 능동태 분사 남성 단수 주격

---

[5] εἰ μή 혹은 ἐὰν μή 는 종종 '~가 아니고서는'(except)의 의미를 지닌다.

18. **σωθήσεται** οὐδεὶς ἐὰν μὴ διὰ πίστεως· **ἐτήρησε** γὰρ οὐδεὶς πάσας
구원받을 것이다 누구도 아니 만약 아니 믿음을 통하여 준수했다 왜냐하면 누구도 아니 모든
τὰς ἐντολὰς τοῦ θεοῦ.
계명들을 하나님의

해석: 만약 믿음을 통하지 않고서는 누구도 구원받지 못할 것이다. 왜냐하면 누구도 하나님의 모든 계명들을 준수하지 못했기 때문이다.

★ σωθήσεται [←ἐσώθην] – σῴζω의 미래 수동태 직설법 3인칭 단수

★ ἐτήρησε – τηρέω 의 1과거 능동태 직설법 3 인칭 단수

19. **προσευχώμεθα** ὑπὲρ τῶν **διωκόντων** ἡμᾶς, ἵνα **γενώμεθα** υἱοὶ τοῦ
우리가 기도합시다 ~을 위하여 박해하는 자들 우리를 우리가 되기 위해 아들들이
πατρὸς ἡμῶν τοῦ ἐν οὐρανοῖς.
아버지의 우리의 하늘들 안에 (계신)

해석: 우리가 하늘들 안에 계신 우리 아버지의 아들들이 되기 위해, 우리를 박해하는 자들을 위하여 기도합시다.

★ προσευχώμεθα – προσεύχομαι 의 현재 중간/수동태 디포넌트 가정법 1인칭 복수

★ διωκόντων – διώκω 의 현재 능동태 분사 남성 복수 속격

★ γενώμεθα [←ἐγενόμην] – γίνομαι 의 2 과거 중간태 디포넌트 가정법 1 인칭 복수 **Verb 20b**

20. μακάριοι οἱ καθαροί, αὐτοὶ γὰρ τὸν θεὸν **ὄψονται**.
복되다 그 깨끗한 자들은 자신들이 왜냐하면 하나님을 그들이 볼 것이다

해석: 그 깨끗한 자들은 복되다. 왜냐하면 그들 자신이 하나님을 볼 것이기 때문이다.

★ ὄψονται – βλέπω의 미래 중간태 디포넌트 직설법 3인칭 복수

27과

의문대명사. 부정대명사. 관계대명사.

핵심문법요약

Gram 198. 의문대명사(Interrogative Pronouns) τίς, τί 의 변화

	남성/여성 단수	남성/여성 복수	중성 단수	중성 복수
주격	τίς	τίνες	τί	τίνα
속격	τίνος	τίνων	τίνος	τίνων
여격	τίνι	τίσι(ν)	τίνι	τίσι(ν)
대격	τίνα	τίνας	τί	τίνα

의문대명사는 3변화 격꼬리를 취한다. 특히 남성과 여성의 어형이 분화되어 있지 않으며 중성의 어형만 구분되어 있기에 **3-3 패턴**에 속하게 된다. 아래 **Gram199**의 **부정대명사와** 비교되는 **외형상의 차이점은**, **액센트**가 반드시 **τί-**에 애큐트로 붙는다는 것이다. 특히 중성단수 주격과 대격(τί)의 경우, 어떤 상황에서도 **결코 그레이브로 바뀌지 않음**에 주의하라.

(1) 의문대명사는 **주어**나 **보어**, **목적어의 자리**에 올 수 있으며 **형용사처럼 명사를 수식하기도** 한다.

예1: **τίς** εἶπεν τοῦτό σοι;
누가 이것을 너에게 말하더냐?
Cf. εἶπεν ὁ δοῦλος τοῦτό σοι;
그 종이 이것을 너에게 말하더냐?

예2: **τίνα** με λέγουσιν οἱ ἄνθρωποι εἶναι;
그 사람들은 내가 누구라고 말하느냐?(막8:27)

예3: **τί** λέγει;
그는 무엇을 말하느냐?

예4: **τίνα** καρπὸν ἔχετε;
너희는 어떤 열매를 가지고 있느냐?

(2) 중성단수 주격 τί는 **문맥에 따라 '왜'**(why?)의 의미를 지닌다.

예: **τί** ποιεῖτε ταῦτα;
너희는 왜 이것들을 행하느냐?

(3) 직접화법에서 쓰였던 의문문은 간접화법에서 인칭만 바뀐 채 그대로 쓰인다.

예: ἠρώτησαν αὐτὸν **τίς** ἐστιν.
그들은 그더러 누구냐고 물었다. They asked him who he was.
Cf. 직접화법 ἠρώτησαν αὐτόν, Τίς εἶ;

Gram 199. 부정대명사(Indefinite Pronouns) τις, τι 의 변화

	남성/여성		중성	
	단수	복수	단수	복수
주격	τις	τινές	τι	τινά
속격	τινός	τινῶν	τινός	τινῶν
여격	τινί	τισί(ν)	τινί	τισί(ν)
대격	τινά	τινάς	τι	τινά

부정대명사는 (1) 명사를 형용사처럼 수식하거나 혹은 (2) 독립적으로 쓰여, **'어떤'** 혹은 **'어떤 사람(것)'**의 의미로 쓰인다. 어형적 특징을 말하자면, 1음절의 경우 액센트가 붙지 않으며, 2음절 이상의 경우 반드시 뒤쪽(얼티마)에 붙는다는 점에서 의문대명사와 구분된다.

예1: εἶπεν **τις** αὐτῷ. 어떤이가 그에게 말하였다 (마12:47)
예2: ἱερεύς **τις** 어떤 왕이 (눅1:5)
= **τις** ἱερεύς

Gram 200. 관계대명사(Relative Pronouns) ὅς, ἥ, ὅ 의 변화

	남성		여성		중성	
	단수	복수	단수	복수	단수	복수
주격	ὅς	οἵ	ἥ	αἵ	ὅ	ἅ
속격	οὗ	ὧν	ἧς	ὧν	οὗ	ὧν
여격	ᾧ	οἷς	ᾗ	αἷς	ᾧ	οἷς
대격	ὅν	οὕς	ἥν	ἅς	ὅ	ἅ

Cf. 거친 숨표(rough breathing)와 액센트가 함께 왔다는 것이 주요한 특징이다.

Gram 201. 관계대명사의 용법

관계대명사, 관계형용사, 관계부사를 총칭하여 관계사(Relatives)라 하는데 이런 것들은 주로 형용사절(adjective clause)을 이끌고 선행사나 주문장에 접속시키는 역할을 한다.

(1) 우선 관계대명사는, 수식하고자 하는 명사(선행사)와 성(Gender), 수(Number)를 일치시키되, **격**(Case)**은** 관계대명사가 이끄는 **관계절 속에서 결정**된다.[1]

예1: εἰσὶν ἐξ ὑμῶν τινες **οἳ** οὐ πιστεύουσιν.
너희들 중 믿지 않는 어떤 이들이 있다 (요6:64)
선행사 τινες 는 πιστεύουσιν의 주어이므로 주격인 οἳ가 쓰였다.

예2: λαβὲ πρὸς σεαυτὸν τὸν Ἰησοῦν υἱὸν Ναυη ἄνθρωπον **ὃς** ἔχει πνεῦμα.
신에 감동된 자 눈의 아들 여호수아를 네 앞으로 데려오라 (LXX 민27:18)
선행사 ἄνθρωπον는 ἔχει의 주어이므로 주격인 ὅς가 쓰였다.

예3: ὁ ἀπόστολος **ὃν** εἶδες ἀπῆθεν.
네가 본 사도가 가버렸다
선행사 ὁ ἀπόστολος 는 εἶδες의 목적어이므로 대격인 ὅν이 쓰였다.

예4: ἀπόστειλον ἄνδρα **ᾧ** πιστεύεις.
네가 믿는 사람을 보내라[2]
선행사 ἄνδρα는 여격지배동사 πιστεύεις의 목적어이므로 여격인 ᾧ가 쓰였다.

예5: ἐπίστευσαν ἀνθρώπῳ **οὗ** οὐκ ἤκουσαν. [3]
그들은 들어본 적이 없는 사람을 믿었다 (cf. 롬10:14)
선행사 ἀνθρώπῳ는 속격(혹은 대격) 지배동사인 ἤκουσαν의 목적어가 될 것이므로 속격인 οὗ가 쓰였다(cf. 대부분은 대격이 더 많이 쓰인다).

---

[1] Cf. Young 75-76: 선행사가 παιδίον, τό (어린아이)처럼 문법적인 성과 자연적인 성이 일치하지 않을 경우, 관계대명사는 자연적인 성을 따를 수도 있다(cf. 빌레몬서 10). 혹은 선행사의 성과 관계대명사의 성을 일부러 달리 함으로써 선행사에 인격성을 부여하거나 혹은 그외의 수사적 효과를 노리는 경우가 종종 있다(cf. 딤전3:16; 고전15:10; 마1:16 등).

[2] Cf. 1Maccabees 7:7

[3] 가끔 선행사가 생략된 채 관계대명사만 남을 경우가 있다(cf. Wallace, *Basics* 151). 이 예문을 유추해 내온 신약의 해당본문도 사실은 선행사가 생략된 채 나타나 있다: πῶς δὲ πιστεύσωσιν οὗ οὐκ ἤκουσαν; 들은 적이 없는 분을 그들이 어떻게 믿겠는가? (롬10:14). Cf. 이와 함께 요4:18도 참고하라.

예6: ἀληθῆ ἦν πάντα **ἃ** εἶπεν ὁ Ἰησοῦς.
예수께서 말씀하신 모든 것들은 참되었다
선행사 **πάντα**가 중성이므로!

(2) 그러나 **선행사가 속격이나 여격일 경우**, 관계대명사의 격은 관계절에서 결정되는 것이 아니라 오히려 **선행사의 격에 동화될 때가 많다.** 이 경우 관계대명사가 선행사의 격에 동화될 것이냐의 여부는 전적으로 발화자의 선택에 달려있다.

예1: τοῦ λόγου **οὗ** ἐγὼ εἶπον ὑμῖν
내가 너희에게 한 말의 (요15:20)
예2: ἐπὶ πᾶσιν **οἷς** ἤκουσαν καὶ εἶδον
그들이 보고 들은 모든 것에 (눅2:20)

(3) 관계대명사는 선행사가 그 안에 포함된 것으로 간주되어 **독립적인 용법**으로 쓰일 수 있다. 이때 격은 아무 것이든 가능한데, 특히 관계절 속에서의 격은 더 이상 고려되지 아니하며 오직 관계대명사 안에 포함된 것으로 여겨지는 선행사의 격만 나타나게 된다.

예1: **ὃς** οὐκ ἔστιν καθ' ὑμῶν ὑπὲρ ὑμῶν ἐστιν. [주격]
너희를 거스르지(반대하지) 않는 자는 너희를 위하는 자다
예2: οὐκ ἔξεστίν μοι **ὃ** θέλω ποιῆσαι. [대격]
내가 원하는 것을 행함은 나에게 합당치 않다
It is not lawful for me to do what I wish.
예3: ἔχω **ὃ** θέλω. [대격]
나는 내가 원하는 바를 가지고 있다
예4: **ὃν** οὐκ ἐπίστευσαν [대격]
그들이 믿지 않은 분을...(롬10:14)
예5: **ᾧ** θέλω δίδωμι τοῦτο. [여격]
내가 원하는 자에게 이것을 주겠다

(4) 관계대명사는 불변화사 ἄν (혹은 ἐάν)과 더불어 **가정법 동사**(간혹, 직설법 동사) **와 함께** 쓰일 경우 부정적(Indefinite)인 의미를 강조하게 되어 **'~하는 자는 누구든지'**(whoever, whichever, whatever)의 재시를 갖게 된다. 이때도 역시, 격은 아무 것이든 가능하다.

예1: **ὅς** ἂν πιστεύσῃ σωθήσεται. [주격]
누구든지 믿는 자는 구원받으리라

예2: **ᾧ** ἐὰν θέλω δίδωμι τοῦτο. [여격]
누구든지 내가 원하는 자에게 이것을 주겠다 (눅4:6)

예3: ἐλεήσω **ὃν** ἂν ἐλεῶ [대격]
내가 불쌍히 여길 사람이 누구든지 간에 그를 불쌍히 여기겠다 (롬9:15)

예4: εἰς **ἣν** ἂν πόλιν ἢ κώμην εἰσέλθητε
너희가 어느 도시나 마을로 들어가든지 간에 (마10:11)

예5: τὸ ἔθνος **ᾧ ἐὰν** δουλεύσουσιν κρινῶ ἐγώ
너희가 종삼는 나라를 (어느나라건) 내가 심판하리니 (행7:7)

(5) 선행사와 관계대명사 사이에 콤마가 있을 경우 한정적인 해석방식이 아닌, (관계대명사의 '계속적인 용법'처럼) 서술적인 방식으로 해석한다. 이때 약간의 해석적 뉘앙스의 차이가 생길수도 있으나(cf. **Gram36, 37**) 궁극적인 것은 문맥을 통해 해결하도록 한다.

예1: τις εἶχε δύο υἱοὺς **οἳ** ἐγενήθησαν μαθηταὶ τοῦ Ἰησοῦ.
어떤 사람이 예수의 제자가 된 두 아들을 가지고 있었다
[한정적 해석]

예2: τις εἶχε δύο υἱοὺς**, οἳ** ἐγενήθησαν μαθηταὶ τοῦ Ἰησοῦ.
어떤 사람에게 두 아들이 있었는데 그들은 예수의 제자가 되었다
[서술적 해석]

Gram 202. 관계부사들 (Relative Adverbs)

관계부사는 관계대명사와 달리 형용사절이 아닌 부사절을 이끌고 주문장에 접속시킨다. 이때 선행사로는 (1) 장소 및 시간명사가 올 수도 있고, 혹은 (2) (독립적 용법처럼) 관계부사 안에 포함될 수도 있다(cf. Robertson, *Short* §§418-423). 메이첸 초급교본에 소개되고 있는 관계부사는 아래 뿐이다.[4]

(1) ὅπου (where ~곳에)

(i) 직설법 동사의 모든 시제와 함께 쓰일 수 있다.

---

[4] 〈참고〉 ὅθεν ~한 곳으로부터(whence)[cf.눅11:24]; οὗ ~한 곳에(where)[cf.마2:9]; ὡς ~하는 때에(when)[cf.눅1:23]; ἐν ᾧ ~때에(when), 관계대명사 ᾧ는 전치사 ἐν과 함께 시간부사절을 접속시키는데 이때 마치 선행사 χρόνῳ(때)가 생략된 것과 같다. Cf. ἐν ᾧ ἔρχομαι 내가 가는 동안에[cf.요5:7]. 이와 비슷하게 ἀφ' οὗ 는 'from which time'의 의미를 갖는다(눅13:7). 나머지 관계부사들은 생략하도록 한다.

ὅπου ἦν 그가 계셨던 곳에 (막2:4)
ὅπου ἐγὼ ὑπάγω 내가 가는 곳에는 (요8:21)

(ii) 선행사가 되는 장소명사가 올 수도 있다.

ἐν βηθανίᾳ **ὅπου** ἦν ὁ Ἰωάνης.
요한이 있던 곳 베다니에서 (요1:28)

(iii) ἄν (혹은 ἐάν)과 더불어 가정법 동사와 함께 쓰일 경우 부정적(Indefinite)인 장소를 뜻하게 되어 '~하는 곳엔 어디나'의 의미를 낳는다.

οἱ ἀκολουθοῦντες τῷ ἀρνίῳ **ὅπου ἂν** ὑπάγῃ
어린양이 인도하는 곳이면 어디든지 그를 따르는 자들이 (계14:4)
ὅπου ἐὰν εἰσέλθητε εἰς οἰκίαν
어디서든 뉘 집에 들어가거든 (막6:10)

(2) ὅτε (when ~때에)

(i) ὅτε는 직설법 동사의 모든 시제와 함께 쓰일 수 있다.

ὅτε ποιεῖς ταῦτα 네가 이것들을 행하고 있는 때에(동안에)
ὅτε εἶπες ταῦτα 네가 이것들을 말했을 때
ὅτε ποιήσεις ταῦτα 네가 이것들을 행하게 될 때에

(ii) 선행사가 되는 시간명사가 올 수도 있다.

ἔρχεται **ὥρα ὅτε** ...... προσκυνήσετε τῷ πατρί.
아버지께 예배드릴 시간이 오고 있다 (요4:21)

(3) ὅταν [=ὅτε ἄν] (whenever ~하는 때에는 언제나)

ὅτε ἄν이나 ὅταν이 가정법 동사와 함께 쓰일 경우 부정적(Indefinite)인 때를 의미하여 '~하는 때엔 언제나 /언제고 ~할 때에' 의 의미를 낳는다.

예: **ὅταν** ἴδητε πάντα ταῦτα
언제고 너희가 이 모든 일을 보는 때에는 (마24:33)

아직 성취되지 않은 미래의 임의적 시간을 나타내는 모든 구문엔 시간관계부사 ὅταν이 ὅτε 대신 흔히 사용되기 때문에 영어나 우리말로 해석할 때엔 많은 경우 '~할 때에'(when) 정도로 해석하는 것이 자연스럽다.

Gram 203. 의문부사들 (Interrogative Adverbs)
메이첸 교본에 소개되고 있는 의문부사들은 다음과 같다.[5]

(1) πoῦ (where? 어디에?)

ποῦ πορεύῃ; 너는 어디로 가고 있느냐? (LXX 창16:8)
ποῦ ἐστίν; 그는 어디에 계십니까?
ποῦ ἡ πίστις ὑμῶν; 너희 믿음이 어디에 (있느냐)? (눅8:25)

(2) πῶς (how? 어떻게?)

πῶς εἰσῆλθεν εἰς τὸν οἶκον τοῦ θεοῦ
그가 어떻게 하나님의 전에 들어갔느냐? (마12:4)

Gram 204. πίνω, ἐσθίω 의 불규칙 미래
지금껏 배워온 미래시제 동사들은 시상접미어 시그마(σ)를 가지거나, 혹은 유음줄기를 가지고서 시그마 대신 ε을 첨가시켜 미래어형을 형성하였다. 그러나 미래시제와 관련한 아무런 외형적 표시없이 미래어형을 형성하는 불규칙 미래동사들이 소수 존재하는데 그 대표적인 것들이 **πίνω**(마시다)와 **ἐσθίω**의 미래어형인 **πίομαι**와 **φάγομαι**이다. 이들은 미래시제 단수 2인칭에서 시그마가 탈락되지 않기에 단축현상 없이 원래의 인칭꼬리(σαι)가 그대로 남아있다(cf. **연습문제 3번 φάγῃ**는 미래시제가 아닌, 토의적 질문이 간접화법으로 들어와 쓰인 2과거 가정법 3인칭 단수 어형임).

ἐσθίω 의 미래 디포넌트 직설법

	단수	복수
1.	φάγομαι	φαγόμεθα
2.	φάγεσαι	φάγεσθε
3.	φάγεται	φάγονται

πίνω 의 미래 디포넌트 직설법

	단수	복수
1.	πίομαι	πιόμεθα
2.	πίεσαι	πίεσθε
3.	πίεται	πίονται

이들 동사들의 과거시제 어형은 각각 ἔπιον과 ἔφαγον이다.

ἐσθίω 의 과거 능동태 직설법

	단수	복수
1.	ἔφαγον	ἐφάγομεν
2.	ἔφαγες	ἐφάγετε
3.	ἔφαγε	ἔφαγον

πίνω 의 과거 능동태 직설법

	단수	복수
1.	ἔπιον	ἐπίομεν
2.	ἔπιες	ἐπίετε
3.	ἔπιε	ἔπιον

5 <참고> πότε 언제?(when?)

Cf. φαγῃ – 2과거 능동태 가정법 3인칭 단수
πίῃ – 2과거 능동태 가정법 3인칭 단수

예: μὴ πίῃς 너는 마시지 말라 (금지의 명령. cf. **Gram140**)
μὴ φάγῃς 너는 먹지 말라

Robertson(*Short* §303)은 미래의 줄기와 과거의 줄기가 동일한 이 같은 경우를 두고서 말하길, 고대의 동사들은 현재시제나 과거시제 어형의 줄기를 빌어다 미래시제 어형을 형성한 것으로 보인다고 설명한다.[6] 이 밖에 미래시상접미어를 결여하는 고전적 미래형(Attic Future)에 관하여는 아래 각주를 참조하라.[7]

Gram 205. 토의적 질문 (Deliberative Questions)

의문문을 다루는 본 과에 있어서 좀 다른 종류의 의문문이 함께 소개되고 있다. 소위 '토의적 질문'이라는 것인데 우선 이것은 직설법이 아닌 가정법 동사를 사용한다는 점에서 문법형식의 차이를 보인다. 토의적 질문이란, 현실적인 대답을 기대하지 못하고서 던지는 질문을 말한다. 즉, 화자가 실현 가능성에 대한 의심을 품거나, 혹은 이러지도 저러지도 못하는 상황에서 어떤 딜레마를 안고 해답에 대한 막연한 기대 속에서 던지는 질문이기에 가정법 동사가 쓰인 것이다(cf. Wallace, *Basics* 203-4). 따라서 이것은 (1) 수사적(rhetorical) 질문이나 회의적인(doubtful) 질문에 사용되거나 혹은 (2) 화자가 어찌해야 할지 모르는 불확실성 속에서 어떤 해결책이 주어지기를 막연히 기대하고서 던지는 질문에 사용된다.

Cf. 베이젠 초급교본 범위 내에 해당되는 것은 (2)의 경우 뿐이다.

---

[6] 어떤 언어든, 먹는 것과 관련한 동사들은 가장 오래된 고대 동사들에 속하게 되는데 아마도 πίνω와 ἐσθίω 역시 고대형으로서 과거에 사용하던 불규칙한 미래어형을 그대로 보존해온 것으로 보여진다. 헬라어에서 미래시제어형은 비교적 나중에 발전되었으며, 그 이전엔 주로 현재시제어형이나 혹은 θέλω μέλλω 등의 동사가 미래적 표현을 대신했었을 것이다(cf. Robertson, *Short* §303).

[7] Cf. Mounce(*Morphology* 95–96): -ιζω로 끝나는 동사들 중 상당수는 미래시상접미어를 σ가 아닌 σε로 갖기에, 시그마의 탈락과 함께 단축이 일어나서 유음동사 같은 액센트를 갖게 된다: μακαρίζω ► ἀφοριῶ; ἐλπίζω ► ἐλπιῶ etc.

이 같은 부류의 동사들: ἀφορίζω, ἐκχέω, ἐγγίζω, ἐδαφίζω, καθαρίζω, κομίζω, μετοικίζω παροργίζω etc.

(1) 수사적 질문이나 회의적인 질문에 사용되는 경우

예1: '그러므로 염려하여 이르기를 무엇을 먹을까 무엇을 마실까 무엇을 입을까 하지 말라' (마 6:31)

τί φάγωμεν; τί πίωμεν; τί περιβαλώμεθα; 여기서 '무엇을 먹을까, 무엇을 마실까...'라고 가정법 동사를 사용하여 토의적인 질문을 던진 것은, 여러 먹을 것 중 어떤 것을 먹어야 하는지 그 선택에 관한 질문이 아니라 실제로는 먹을 음식이 없기에 현실적 해답에 대한 화자의 불확실성을 드러내고 있는 것이다.

예2: '대답하여 가라사대 너희가 먹을 것을 주라 하시니 여짜오되 우리가 가서 이백 데나리온의 떡을 사다 먹이리이까' (막 6:37)

ἀγοράσωμεν δηναρίων διακοσίων ἄρτους...; 여기서 '이백 데나리온의 떡을 사다 먹이리이까'라고 제자들이 가정법 동사를 사용하여 예수께 물은 까닭은, 현실적인 질문이 아니라 '어떻게 고작 이백 데나리온 어치의 떡을 사다가 이 많은 사람들을 먹일 수 있겠습니까?' 라는 의심을 반영하는 수사적인 물음에 가깝기 때문이다.

이렇듯 가정법 동사를 사용한 토의적 질문은, 일면 '진짜 질문'이 아니라 의문문 형식을 가장한 일종의 회의적 진술(doubtful assertion)이기에 'Dubitative Question' 이라고도 한다. 그러므로 대답을 아예 기대하지 않고서 던지는 수사적인 질문에 주로 쓰인다.

예3: '그런즉 ...... 전파하는 자가 없이 (그들이) 어찌 들으리요'』 (롬 10:14)

πῶς ἀκούσωσιν......; 가정법 동사를 사용한 이 수사적 질문은 '진짜 질문'이 아니라 '결코 들을 수 없지 않겠는가'란 진술을 전달하고 있다.

(2) 화자의 막연한 심리적 불확실성 속에서 던져진 질문

한편, 화자가 어찌해야 할지 그 현실적 방안을 기대하지 못한채 던지는 질문에 토의적 질문이 사용되기도 한다. 이런 경우, 대개는 질문을 받은 자에게서 어떤 명령적인 대답이 주어지게 된다.

예1: '가이사에게 세를 바치는것이 가하니이까 불가하니이까? 우리가 (과연) 바쳐야 할까요 아니면 (과연) 바치지 말아야 할까요?' (막 12:14)

δῶμεν ἢ μὴ δῶμεν; 여기서 예수를 시험하는 자들이 가정법 동사를 사용하여 예수께 질문한 것은, '가이사에게 세금을 바칠 수는 없지 않은가? 한편 그렇다고 안 바칠 수도 없지 않은가?'라는 딜레마를 가지고서 해답을 얻기 힘든 문제거리임을 주지시키어 질문을 던져놓은 것이다(cf. Robertson, *Short* § 406a).

예2: '저희가 이 말을 듣고 마음에 찔려 ...... 형제들아 우리가 어찌할꼬 하거늘' (행 2:37)
τί ποιήσωμεν, ἄνδρες ἀδελφοί;

예3: '이미 도끼가 나무 뿌리에 놓였으니 ......불에 던지우리라. 무리가 물어 가로되 그러하면 우리가 무엇을 하리이까' (눅 3:9–10)
τί οὖν ποιήσωμεν;

Gram 206. 관계형용사(Relative Adjectives) ὅσος, ὅση, ὅσον. [28과 범위]

	남성		여성		중성	
	단수	복수	단수	복수	단수	복수
수격	ὅσος	ὅσοι	ὅση	ὅσαι	ὅσον	ὅσα
속격	ὅσου	ὅσων	ὅσης	ὅσων	ὅσου	ὅσων
여격	ὅσῳ	ὅσοις	ὅσῃ	ὅσαις	ὅσῳ	ὅσοις
대격	ὅσον	ὅσους	ὅσην	ὅσας	ὅσον	ὅσα

관계형용사는 관계대명사의 쓰임과 동일하다. 관계절을 이끌고 선행사를 수식하거나 혹은 선행사가 관계형용사 안에 포함됨으로써 독립적인 용법으로 쓰일 수도 있다. 다만, 관계대명사와 다른 점은 (영어의 관계형용사가 그러하듯) **'~하는 바 모든'**(all, as many~ as)의 의미를 더하게 된다는 것이다. (cf. 영어의 관계형용사는 독립적으로 쓰이지 않고 반드시 수식하는 선행사를 갖고 있는 반면, 헬라어의 관계형용사는 선행사 없이 독립적으로도 쓰일 수 있다는 점에서 차이가 있다.)

(1) 선행사와 함께 쓰인 관계형용사

ἔλαβον **ὅσας** γραφὰς εἶχεν.
나는 그가 가지고 있는 **모든** 책을 가져왔다
I took **what** books he had.
= as many books as he had
= all the books that he had

[ἐάν과 함께 쓰일 경우]
ἔλαβον **ὅσας** γραφὰς **ἐὰν** θελήσω.
나는 **무엇이든** 내가 원하던 **모든** 책들을 가져왔다
I took **whatever** books I wished.
부정적 indefinite 의미가 강조됨.

(2) 독립적 용법으로 쓰인 관계형용사

ἔλαβον **ὅσα** εἶχεν.
나는 그가 가지고 있는 **모든** 것을 가져왔다

Cf. **πάντα ὅσα** ἐὰν εἴπωσιν ὑμῖν ἀληθῆ.
그들이 너희에게 무엇을 말하든지 그 **모든** 것은 참되다
이 경우 **πάντα** 없이도 거의 동일한 의미를 지니게 된다.

〈**비교**〉 ἔλαβον **ἃ** εἶχεν. [**관계대명사**의 독립적 용법]
나는 그가 가지고 있는 것들을 가져왔다

〈그 밖의 예문들〉

(1) 선행사와 함께.

ὁ νόμος κυριεύει τοῦ ἀνθρώπου ἐφ' **ὅσον χρόνον** ζῇ (롬7:1)
the law has authority over a man **as long as** he lives...
그가 살아있는 **모든** 동안(때)에는 율법이 그 사람에게 주인노릇한다

ὅσαι γὰρ ἐπαγγελίαι θεοῦ, (고후1:20)
all the promises of God 하나님의 **모든** 약속들은

(2) 선행사 없이 독립적으로.

ὅσα ἐν τῇ σκοτίᾳ εἴπατε ἐν τῷ φωτὶ ἀκουσθήσεται (눅12:3)
whatever you said in the dark will be heard in the light.
너희가 어둠속에서 말한 **모든** 것들은 빛 속에서 들려지게 될 것이다

ὅσοι ἔλαβον αὐτόν (요1:12)
all who received him 그를 영접한 **모든** 사람은 (= **as many** people **as** received him)

ἐπίστευσαν **ὅσοι** ἦσαν ἐκεῖ (cf. 행13:48)
all who were there believed 거기에 있던 **모든** 사람들이 믿었다

ὅσους ἐὰν εὕρητε καλέσατε εἰς τοὺς γάμους.
invite to the banquet **anyone** you find. (마22:9)
너희가 만나는 사람들을 **누구든지 간에 모두** 연회로 초청하라

ἐποίησαν ἐν αὐτῷ **ὅσα** ἠθέλησαν
have done to him **everything** they wished.
사람들이 그에게 원하던 **모든** 것을 행하였다(=함부로 대하였다) (마17:12)

Gram 207. 부정관계대명사(Indefinite Relative Pronouns) **ὅστις, ἥτις, ὅτι.** **[28과 범위]**

	남성		여성		중성	
	단수	복수	단수	복수	단수	복수
주격	ὅστις	οἵτινες	ἥτις	αἵτινες	ὅτι	ἅτινα
속격	οὗτινος	ὧντινων	ἧστινος	ὧντινων	οὗτινος	ὧντινων
여격	ᾧτινι	οἷστισιν	ᾗτινι	αἷστισιν	ᾧτινι	οἷστισιν
대격	ὅντινα	οὕστινας	ἥντινα	ἅστινας	ὅτι	ἅτινα

부정관계대명사는 관계대명사(ὅς, ἥ, ὅ)에 부정대명사(τις, τι)를 붙여놓음으로써 그 어형성을 이루는데, 액센트의 변동이 없이 그대로 조합된다(cf. Smyth §339). 주로 주격어형이 사용되며 그 의미는 **'누구든지 ~하는 자는, ~하는 것은 무엇이든지'**(whoever/whichever/whatever)가 된다.

예1: **ὅστις** οὐ πιστεύει αὐτῷ
그를 믿지 않는 자는 누구든지 (cf. 눅14:27)
= **ὃς ἐὰν** μὴ πιστεύσῃ αὐτῷ

그러나 부정대명사와 결합된 어형을 취하고 있음에도 불구하고, 종종 부정관계대명사는 그 부정적(Indefinite) 의미를 잃어버리고 오히려 관계대명사(ὅς, ἥ, ὅ)가 쓰여야 할 자리에 대신 오는 경우가 생겨났다. 그 경우엔 더 이상 독립적 용법이 아닌, 선행사를 따로 갖고서 그것을 계속적(서술적)인 방식으로 수식하는 바, 곧 일반 관계대명사의 기능을 주로 담당하게 된다(cf. Wallace, *Basics* 153). cf. 눅9:30; 행16:12. 고전헬라어에서는 부정적(Indefinite) 의미를 나타내고자 할 때 부정관계대명사를 사용하였으나, 코이네 시대에 들어와선 그저 계속적 용법으로 쓰이는 관계대명사로도 자주 사용되었으며, 반대로 부정적(Indefinite) 의미를 나타내고자 할 경우엔 오히려 일반 관계대명사(ὅς, ἥ, ὅ)와 ἄν (ἐάν)을 더욱 빈번히 사용하게 되었다(cf. Young 77).

예2: ἄνδρες δύο συνελάλουν αὐτῷ, **οἵτινες** ἦσαν Μωϋσῆς καὶ Ἠλίας.
두 사람이 그와 대화하고 있었는데 그들은 모세와 엘리야였다 (눅9:30)

단어공부

명 사: **καρπός, ὁ** (a fruit 열매)
κρίσις, κρίσεως, ἡ (a judgment 판단/심판)

동 사: **αἰτέω** (I ask, I request 요구하다)
ἐρωτάω (I ask a question, I ask 질문하다)
ἐπερωτάω (I ask a question of 질문하다)
πίνω (I drink 마시다)
미래기본형은 **πίομαι** [불규칙한 미래](I will drink 마실것이다)
과거기본형은 **ἔπιον** (I drank 마셨다)
ἐσθίω (I eat 먹다) [11과]
미래기본형은 **φάγομαι** [불규칙한 미래](I will eat 먹을 것이다)
과거기본형은 **ἔφαγον** (I ate 먹었다)

대명사: **τίς, τί** [의문대명사] (who, which, what 누구, 무슨, 무엇)
τις, τι [부정대명사] (someone, something, a certain one, a certain thing 누군가, 무엇인가, 어떤 한 사람이)

부 사: **ὅπου** [관계부사] (where ~곳에)
ὅτε [관계부사] (when ~때에)
ὅταν [=ὅτε ἄν][관계부사, 가정법과 함께] (whenever ~하는 때에는 언제나)
ποῦ [의문부사] (where? 어디에?)
πῶς [의문부사] (how? 어떻게?)

접속사: **εἰ** (whether/if [간접의문문에서]~인지 아닌지)
Cf. [조건절을 이끌때엔] 만일~ [21과 참조]
οὖν (accordingly/ therefore 따라서/ 그러므로)

Pop Quiz

Q1. 아래의 의문문을 완성시키기에 부적절한 단어는?
τί ____________ ;
① ποιήσωμεν ② ποιεῖς ③ ποιεῖν ④ ἐποίησας

Q2. 알맞은 관계대명사를 써넣어 아래의 해석을 완성하시오.
_______ ἐὰν θέλω δίδωμι τοῦτο.
(누구든지 내가 원하는 자에게 이것을 주겠다)

답: 1. ③ 2. ᾧ

연습문제

1. ὃς ἐὰν μὴ **δέξηται** ὑμᾶς τοῦτον οὐ **δέξεται** ὁ βασιλεύς.
누구든지 만일 아니 영접하면 너희를 이 사람을 아니 영접할 것이다 그 왕이

해석: 만일 너희를 영접하지 아니하는 자는 누구든지 간에, 이 사람을 그 왕이 영접하지 아니할 것이다.

가정법 조건절을 이끌고 독립적인 용법으로 쓰인 관계대명사 ὅς와 τοῦτον은 의미상 동격관계에 있다. 그러니 본 구문처럼 동격의 두 명사가 격의 일치를 이루지 못하는 경우가 종종 있는데, 그것은 조건절의 의미를 강조하기 위해 주격으로 나타냈기 때문이다. 이러한 주격은 문법적인 연결고리를 잃어버렸다 하여 독립주격[absolute nominative]이라 칭한다. **Gram121**의 각주 참고.

★ δέξηται [←ἐδεξάμην] – δέχομαι의 1과거 중간태 디포넌트 가정법 3인칭 단수 **Verb 31b**
★ δέξεται – δέχομαι 의 미래 중간태 디포넌트 직설법 3 인칭 단수

2. ἃ ἐὰν **ποιήσωμεν** ὑμῖν, **ποιήσετε** καὶ ὑμεῖς ἡμῖν.
무엇이든 만일 우리가 행하면 너희에게 행할 것이다 ~까지도 너희 우리에게

해석: 우리가 (만일) 무엇이든 너희에게 행하는 것들을 너희도 우리에게 행할 것이다.

★ ποιήσωμεν [←ἐποίησα] – ποιέω의 1과거 능동태 가정법 1인칭 복수
★ ποιήσετε – ποιέω 의 미래 능동태 직설법 2 인칭 복수

3. ***ἐρωτήσαντός*** *τινος αὐτοὺς τί* ***φάγῃ ἀπεκρίθησαν*** *αὐτῷ* ***λέγοντες***
질문한 후에 어떤 사람이 그들에게 무엇을 그가 먹을 것인지 그들이 대답했다 그에게 말하면서
ὅτι ***δεῖ*** *αὐτὸν* ***φαγεῖν*** *τὸν ἄρτον τὸν ἐν τῷ οἴκῳ.*
(that) 필요하다 그가 먹기 그 빵 그 집 안에 있는

해석: 어떤 사람이 그들에게 그(자기)가 무엇을 먹어야 할 것인지를 질문하자, 그들이 그에게 그가 그 집 안에 있는 빵을 먹어야 한다고 말하면서 대답했다.

τί φάγῃ –토의적 질문에 쓰인 가정법이 간접화법으로 들어온 구문이다. **Gram205** 참조.

★ *ἐρωτήσαντος* [← ἠρώτησα] – ἐρωτάω의 1과거 능동태 분사 남성 단수 속격

★ *φάγῃ* [← ἔφαγον] – ἐσθίω 의 2 과거 능동태 가정법 3 인칭 단수 **Verb 25b**

★ *ἀπεκρίθησαν* –ἀποκρίνομαι 의 과거 수동태 디포넌트 직설법 3 인칭 복수

★ *λέγοντες* –λέγω 의 현재 능동태 분사 남성 복수 주격

★ *φαγεῖν* [← ἔφαγον] – ἐσθίω 의 2 과거 능동태 부정사 **Verb 25b**

4. *τίνος* ***ἔσται*** *ταῦτα πάντα ἐν τῇ ἐσχάτῃ ἡμέρᾳ;*
누구의 ~될 것이다 이것들이 모두 그 마지막 날에

해석: 그 마지막 날에 이것들은 모두 누구의 (것이) 될 것인가?

★ *ἔσται* – εἰμί의 미래 직설법 3인칭 단수

5. *ὅταν* ***ἔλθῃ*** *ὁ υἱὸς τοῦ ἀνθρώπου τίνες* ***ἔσονται*** *οἱ* ***πιστεύοντες;***
언제든 올 때 아들이 그 사람의 누가 될 것이다 믿는 자들이

해석: 언제든 인자가 올 때에 누가 믿는 자들이 될 것인가?

미래의 부정적인[infinite] 어느 시점을 나타낼 때 흔히 시간관계부사 ὅτε는 ἐάν/ἀν을 동반하게 되므로 해석에 있어서 굳이 '언제든'이라는 어구를 붙이지 않아도 무방하다.

★ *ἔλθῃ* [← ἦλθον] –ἔρχομαι의 2과거 능동태 가정법 3인칭 단수

★ *ἔσονται* –εἰμί의 미래 직설법 3 인칭 복수

★ *πιστεύοντες* –πιστεύω 의 현재 능동태 분사 남성 복수 주격

6. *ὃς ἂν* ***λύσῃ*** *μίαν τῶν ἐντολῶν* ***ποιεῖ*** *ὃ οὐκ* ***ἔξεστιν ποιεῖν.***
누구든지 만약 파괴하면 하나라도 그 계명들 중 그는 행한다 ~한 것을 합당치 아니한 행하기

해석: 누구든지 그 계명들 중 하나라도 파괴하는 자는 행하기에 합당치 아니한 것을 행하는 것이다.

문맥상 μίαν은 양보의 의미를 갖게 되므로 '~라도/적어도[least]'란 해석을 낳는다.

★ *λύσῃ* [← ἔλυσα] – λύω의 1과거 능동태 가정법 3인칭 단수

★ *ποιεῖ* –ποιέω 의 현재 능동태 직설법 3 인칭 단수

★ *ποιεῖν* –ποιέω 의 현재 능동태 부정사

7. *ἃ* ***εἶπεν*** *ὑμῖν ὁ προφήτης ἔτι* ***ὢν*** *μεθ' ὑμῶν ταῦτα* ***ἐροῦσι*** *καὶ οἱ*
말한 것들(을) 너희에게 그 예언자가 아직 있을 때에 너희와 함께 이것들을 말할 것이다 ~까지도
εὐαγγελισάμενοι *ἡμᾶς.*
복음 전한 자들 우리를(=우리에게)

해석: 그 예언자가 아직 너희와 함께 있을 때에 너희에게 말한 것들, (곧) 이것들을, 우리에게 복음 전한 자들까지도 말할 것이다.

관계사 ἅ를 주격 혹은 대격으로 볼 수 있다.

★ εἶπεν – λέγω의 2과거 능동태 직설법 3인칭 단수

★ ὤν – εἰμί의 현재 분사 남성 단수 주격

★ ἐροῦσι – λέγω 의 미래 능동태 직설법 3 인칭 복수

★ εὐαγγελισάμενοι [← εὐηγγέλισα] – εὐαγγελίζω 의 1 과거 중간태 분사 남성 복수 주격

8. *ἐάν τις ἀπὸ νεκρῶν* ***πορευθῇ*** *πρὸς αὐτούς,* ***μετανοήσουσιν.***
만약 어떤이가 죽은 자들로부터 간다면 그들에게로 그들이 회개할 것이다

해석: 만약 어떤이가 죽은 자들로부터 그들에게로 간다면 그들이 회개할 것이다.

★ πορευθῇ [← ἐπορεύθην] – πορεύομαι의 과거 수동태 디포넌트 가정법 3인칭 단수 **Verb 23c**

★ μετανοήσουσιν – μετανοέω 의 미래 능동태 직설법 3 인칭 복수

9. *ὅς ἐὰν μὴ* ***ἀκούσῃ*** *τῶν προφητῶν οὐδὲ* ***μετανοήσει*** *ἐάν τινα*
누구든지 만일(if) 아니 듣는다면 그 예언자들을 ~도 아니 그는 회개할 것이다 설령(even if) 어떤자를
ἴδῃ *τῶν νεκρῶν.*
본다해도 그 죽은 자들 중

해석: 만일 누구든지 그 예언자들을 듣지 않는다면, 그는 설령 그 죽은 자들 중 어떤 자(somebody)를 본다해도 역시 회개하지 아니할 것이다.

문맥상 첫번째 ἐάν은 조건의 의미를, 두번째 ἐάν은 양보의 의미를 갖는다.

★ ἀκούσῃ [← ἤκουσα] – ἀκούω의 1과거 능동태 가정법 3인칭 단수

★ μετανοήσει – μετανοέω 의 미래 능동태 직설법 3 인칭 단수

★ ἴδῃ [← εἶδον] – βλέπω 의 2 과거 능동태 가정법 3 인칭 단수

10. *οἳ ἂν* ***εἴπωσιν*** *ἃ οὐκ* ***ἔστιν*** *ἀληθῆ οὐ* ***λήμψονται*** *καρπόν τινα τοῦ*
누구든지 만일 말한다면 것들을 아니 ~이다 참된 아니 취할 것이다 열매를 어떤
ἔργου αὐτῶν.
일의 그들이

해석: 누구든지 만일 참되지 않은 것들을 말하는 자들은 그들의 일의 어떤 열매를 취하지 못하게 될 것이다.

★ εἴπωσιν [← εἶπον] – λέγω의 2과거 능동태 가정법 3인칭 복수

★ ἔστιν – εἰμί의 현재 직설법 3 인칭 단수

★ λήμψονται –λαμβάνω 의 미래 중간태 디포넌트 직설법 3 인칭 복수

11. ***ἔλεγεν*** *ὅτι ἐάν τις* ***ἐγερθῇ*** *ἐκ νεκρῶν* ***μετανοήσουσιν***.
그가 말하고 있었다 (that) 만일 어떤 이가 일으킴 받는다면 죽은 자들 중 그들은 회개할 것이다.

해석: 만일 어떤 이가 죽은 자들 중에서 일으킴 받는다면 그들이 회개할 것이라고 그가 말하고 있었다.

★ ἔλεγεν – λέγω의 미완료 능동태 직설법 3인칭 단수

★ ἐγερθῇ [← ἠγέρθην] –ἐγείρω 의 과거 수동태 가정법 3 인칭 단수

★ μετανοήσουσιν –μετανοέω 의 미래 능동태 직설법 3 인칭 복수

12. ***ἠρώτησαν*** *τὸν προφήτην οἱ ἐν τῇ Γαλιλαίᾳ εἰ οἱ νεκροὶ*
질문했다 그 예언자를(에게) 자들이 갈릴리에 (있는) 혹시(whether) 그 죽은 자들이
ἀκούσουσι *τῆς φωνῆς τοῦ κυρίου.*
들을 것인지 음성을 주님의

해석: 갈릴리에 있는 자들이 그 예언자에게 혹시 그 죽은 자들이 주님의 음성을 듣게 될 것인지의 여부를 물었다.

★ ἠρώτησαν – ἐρωτάω의 1과거 능동태 직설법 3인칭 복수

★ ἀκούσουσι –ἀκούω 의 미래 능동태 직설법 3 인칭 복수

13. ***εἶπεν*** *οὖν αὐτοῖς ὅτι ἐν τῇ κρίσει* ***ἀκούσουσιν*** *πάντες τοῦ κυρίου.*
그가 말했다 그러므로 그들에게 (that) 그 심판 중에 들을 것이다 모든 자들이 주님을

해석: 그러므로 그가 그들에게, 모든 자들이 그 심판 중에 주님을 들을 것이라고 말했다.

★ εἶπεν – λέγω의 2과거 능동태 직설법 3인칭 단수

★ ἀκούσουσιν –ἀκούω 의 미래 능동태 직설법 3 인칭 복수

14. ***ἐλθόντες*** *οἱ Φαρισαῖοι εἰς τινα κώμην* ***ἐπηρώτησαν*** *τοὺς ἐν αὐτῇ*
간 후 그 바리새인들이 어떤 마을 안으로 그들이 질문했다 자들을(에게) 그 안에 (있는)
λέγοντες *Ποῦ* ***εἰσιν*** *οἱ τοῦ προφήτου· ἃ γὰρ* ***λέγουσι*** *περὶ αὐτῶν οἱ*
말하면서 어디에 ~있다 사람들이 그 예언자의 왜냐하면 말하는 것들은 그들에 관해 자들이
ἐν τῇ Γαλιλαίᾳ οὐκ ***ἔστιν*** *ἀληθῆ.*
갈릴리에 (있는) 아니 ~이다 참된

해석: 그 바리새인들이 어떤 마을 안으로 들어간 후 그(마을) 안에 있는 자들에게 "그 예언자에 속한 사람들이 어디있느냐? 왜냐하면 갈릴리에 있는 자들이 그들에 관해 말하는 것들은 참되지 않기 때문이다" 라고 말하면서 물었다.

★ ἐλθόντες [← ἦλθον] –ἔρχομαι의 2과거 능동태 분사 남성 복수 주격

★ ἐπηρώτησαν –ἐπερωτάω 의 1 과거 능동태 직설법 3 인칭 복수

★ λέγοντες –λέγω 의 현재 능동태 분사 남성 복수 주격

★ εἰσιν – εἰμί의 현재 직설법 3 인칭 복수
★ λέγουσι – λέγω 의 현재 능동태 직설법 3 인칭 복수
★ ἔστιν – εἰμί의 현재 직설법 3 인칭 단수

15. **ἔλεγε** δὲ ὁ **ἐπερωτηθείς** Τί **ἐπερωτᾷς** με; οὐ γὰρ **θέλω**
말하고 있었다 그러나 그 질문 받은 자가 왜 당신은 묻는가 나에게 아니 왜냐하면 내가 원한다
ἀποκρίνεσθαί σοι οὐδέν.
대답하기 당신에게 아무것도

해석: 그러나 그 질문 받은 자가 '왜 당신은 나에게 묻는가? 왜냐하면 나는 당신에게 아무것도 대답하기를 원치 않는데 말이다'라고 말하고 있었다.
★ ἔλεγε – λέγω의 미완료 능동태 직설법 3인칭 단수
★ ἐπερωτηθείς [← ἐπηρωτήθην] – ἐπερωτάω 의 과거 수동태 분사 남성 단수 주격
★ ἐπερωτᾷς – ἐπερωτάω 의 현재 능동태 직설법 2 인칭 단수
★ ἀποκρίνεσθαι – ἀποκρίνομαι 의 현재 중간/수동태 디포넌트 부정사 **Verb 19a**

16. **ἔλεγεν** οὖν τῶν μαθητῶν τις τῷ ἀποστόλῳ Τί **ποιήσει** οὗτος; ὁ
그가 말하고 있었다 그러므로 그 제자들 중 어떤 이가 그 사도에게 무엇을 행할 것인가 이 분이 그
δὲ ἀπόστολος εὐθὺς **ἀπεκρίθη** αὐτῷ **λέγων** **Ποιήσει** ὁ θεὸς ἃ **θέλει**
그러나 사도가 즉시 대답했다 그에게 말하면서 행하실 것이다 하나님께서 그가 원하시는 것들을
καὶ πάντα ἃ **θέλει** **ἐστὶν** ἀγαθά.
그리고 모든 그가 원하시는 것들은 ~이다 선한

해석: 그러므로 그 제자들 중 어떤 이가 그 사도에게 말하고 있었다. "이 분이 무엇을 행할 것인가?" 그러나 그 사도가 즉시 그에게 "하나님께서는 그가 원하시는 것들을 행하실 것이고 또 그가 원하시는 것들은 모두 선하다"라고 말하면서 대답했다.
★ ἔλεγεν – λέγω의 미완료 능동태 직설법 3인칭 단수
★ ποιήσει – ποιέω 의 미래 능동태 직설법 3 인칭 단수
★ ἀπεκρίθη – ἀποκρίνομαι 의 과거 수동태 디포넌트 직설법 3 인칭 단수
★ λέγων – λέγω 의 현재 능동태 분사 남성 단수 주격
★ Ποιήσει – ποιέω 의 미래 능동태 직설법 3 인칭 단수
★ θέλει – θέλω 의 현재 능동태 직설법 3 인칭 단수
★ ἐστὶν – εἰμί의 현재 직설법 3 인칭 단수

17. ἃ **ἔβλεπε** τὸν κύριον **ποιοῦντα** ταῦτα **ἤθελε** καὶ αὐτὸς **ποιεῖν**.
너희가 보고있던 것들을 예수께서 행하실 때 이것들을 원하고 있었다 그 자신도 행하기

해석: 너희가 예수께서 이것들을 행하시는 동안(행하실 때) 보고 있던 것들을 그 자신도 행하기를 원하고 있었다.
τὸν κύριον ποιοῦντα ταῦτα 는 분사와 그 의미상 주어가 난데없이 대격을 취함으로써 문장의 나머지 앞 뒤 부분과 문법적인 연결고리를 잃어버리고 독립적인 부사구로서 해석되는데, 이 같은 구문을 독립목적

격구문이라 한다. **Gram121** 참조.
★ ἔβλεπε – βλέπω의 미완료 능동태 직설법 3인칭 단수
★ ποιοῦντα – ποιέω 의 현재 능동태 분사 남성 단수 대격
★ ἤθελε – θέλω 의 미완료 능동태 직설법 3 인칭 단수 (불규칙적인 접두모음에 주의하라)
★ ποιεῖν – ποιέω 의 현재 능동태 부정사

28과

명령법

핵심문법요약

Gram 208. 명령법 개관 (Introduction)
명령법(Imperative)은 명령적 화법에 주로 사용된다. 그러나 문맥에 따라서 명령이 아닌 간청(entreaty)(혹은 기도문), 허락(permission), 조건문(conditional clause), 인사(greeting), 경고(warning)를 나타내는 데에 사용되기도 한다.[1] 메이첸 교본에는 명령이나 기도문의 간청 정도의 쓰임만 소개되고 있다. **명령법의 현재시제와 과거시제는** – 가정법이나 부정사와 마찬가지로 – 동작의 시간적 위치가 아닌, **동작의 양상**(Aspect)을 나타내준다. 따라서 현재명령법은 동작의 시작과 종결이 아닌 무시간적 상태성을 강조하여 'Always be doing it' 의 의미를 지니며 일반적인 교훈을 주는데에 주로 사용된다. 반면, 과거명령법은 동작의 시작과 종결을 염두에 둔 사건적 성격에 초점을 맞추어 'Do this particular thing at this particular time'의 의미를 지니며 좀더 구체적이고 특수한 사안에 대한 명령에 쓰인다. 예를 들어, '우리에게 일용할 양식을 주소서'라는 주기도문의 문구가 마6:11에서는 과거명령법(δός)으로 표현되고 있는 반면, 눅11:3에선 현재명령법(δίδου)으로 표현되고 있다. 따라서 마6:11(과거명령법)의 문구는 '오늘의(this day) 양식을 주옵소서'라는 의미가 되며, 눅11:3(현재명령법)의 문구는, '매일의(each day) 양식을 (늘) 주옵소서'라는 의미가 된다.

---

[1] Cf. Young 143-45: (1) 간청 – ἐλθέτω ἡ βασιλεία σου 당신이 나라가 임하시옵소서(마6:10); (2) 허락 – ὃ θέλει ποιείτω (꼭 결혼을 해야 하겠으면) 그는 원하는 바를 하라(고전7:36); (3) 조건문 – Λύσατε τὸν ναὸν τοῦτον καὶ ἐν τρισὶν ἡμέραις ἐγερῶ αὐτόν 이 성전을 허물라 그러면 내가 사흘만에 다시 세우겠다(요2:19); (4) 인사 – Χαῖτε ῥαββί 랍비여, 기뻐하세요!(안녕하십니까!) (마26:49); (5) 경고 – Βλέπετε οὖν μὴ ἐπέλθῃ... (예언서에 말한 일이) 너희들에게 미치지 않도록 조심하라(행13:40).

Gram 209. λύω의 현재 능동태 명령법 (Present Active Imperative)

	단수	복수
2인칭	λῦε	λύετε
3인칭	λυέτω	λυέτωσαν[2]

현재명령법은 **현재직설법 기본형의 줄기**에 연결모음 ε을 사용하여 아래와 같이 만든다.

현재 능동태 직설법	현재직설법줄기	연결모음	현재명령법 능동꼬리	
βλέπω	*βλεπ	+ ε	Ø	► βλέπε
	*βλεπ	+ ε	+ τω	► βλεπέτω
	*βλεπ	+ ε	+ τε	► βλέπετε
	*βλεπ	+ ε	+ τωσαν	► βλεπέτωσαν

Cf. 편의상 현재능동명령법 꼬리들을 ε/ ετω/ ετε/ ετωσαν으로 암기하라.

현재직설법 기본형이 -ω로 소개되는 모든 능동태 동사들은 현재명령법을 위와 같이 만든다.

διδάσκω	► δίδασκε		
ἀγαπάω	► ἀγαπα + ε	► ἀγάπα	cf. ἀγαπάτω, ἀγαπᾶτε, ἀγαπάτωσαν
φιλέω	► φιλε + ε	► φίλει	cf. φιλείτω, φιλεῖτε, φιλείτωσαν
δηλόω	► δηλο + ε	► δήλου	cf. δηλούτω, δηλοῦτε, δηλούτωσαν

Cf. 헬라어의 명령법은 **3인칭에도 적용**되는데, 이 경우 **문맥에 따라** 명령의 의미 이외에도 **허락**(permission)이나 **사역**(causative)의 의미를 나타낼 수 있다. 영어번역본들은 3인칭 명령법을 번역함에 있어서, 그것이 명령이나 의무를 의미할 경우엔 should나 must 등의 조동사를 사용하며, 허락이나 사역의 의미를 나타낼 경우엔 사역동사 let을 사용한다.

예: λυέτω → (1) He should loose.
그는 풀지어다/그는 풀어야 한다 [명령이나 의무]
(2) Let him loose.
그로 풀게 하라

---

[2] 복수 3인칭의 인칭꼬리는 고전적인 형태(Classical form)인 –ντων이 대체형(alternate form)으로 쓰이기도 한다(cf. Mounce, *Morphology* 143): λυέτωσαν = λυόντων (cf. 현재명령법에선 인칭꼬리 앞에 연결모음이 삽입되는데, ν나 μ 앞에선 연결모음 ο이 오고 나머지에선 ε이 온다).

= He may loose. 그는 풀어도 좋다 [허락 혹은 사역]

3인칭 명령법 동사의 주어가 사물일 경우에는 대개 사역의 의미를 나타내게 된다.

예: ὑμεῖς ὃ ἠκούσατε ἀπ' ἀρχῆς, ἐν ὑμῖν **μενέτω.** (요1서 2:24)
Let what you heard from the beginning abide in you.
너희가 처음부터 들은 것, 그것이 너희 안에 거하게 하라.

Gram 210. λύω의 현재 중간태/수동태 명령법 (Present Middle/Passive Imperative)

	단수	복수
2인칭	λύου[3]	λύεσθε
3인칭	λυέσθω	λυέσθωσαν[4]

현재 중간/수동태 명령법은 현재직설법 기본형의 줄기에 연결모음 ε을 사용하여 아래와 같이 만든다. 단수 2인칭에서 명령법 중간/수동태 꼬리 σο와 연결모음 ε이 시그마의 탈락(cf. intervocalic)과 함께 단축을 이룸에 주의하라.

현재능동태직설법	현재직설법줄기	연결모음	명령법중간/수동꼬리	
διδάσκω	*διδασκ	+ ε	+ σο (시그마 탈락)	►διδάσκου
	*διδασκ	+ ε	+ σθω	►διδασκέσθω
	*διδασκ	+ ε	+ σθε	►διδάσκεσθε
	*διδασκ	+ ε	+ σθωσαν	►διδασκέσθωσαν

Cf. 편의상 현재 중간/수동 명령법 꼬리들을 ου/ εσθω/ εσθε/ εσθωσαν으로 암기하라.

현재직설법 기본형이 -ω로 소개되는 모든 (타동사적 의미의) 능동태 동사들은 현재 수동태 명령법을 위와 같이 만든다.

예: **διδάσκου** ὑπὸ τοῦ κυρίου. 너는 주님께 가르침 받아라

---

[3] 2인칭 단수에서 인칭꼬리는 σο이다. 그러나 연결모음인 ε과 음운적 갈등을 겪고 ου가 되었다(cf. **Gram68**): λυ ε + σο ► λυου

[4] 현재능동태명령법과 마찬가지로, 복수 3인칭의 인칭꼬리는 고전적인 형태(Classical form)인 -σθων이 대체형(으로 쓰이기도 한다(cf. Mounce, *Morphology* 143): λυέσθωσαν = λυέσθων (cf. 연결모음으로 ε이 왔다).

βλέπω	► βλέπου		
ἀγαπάω	► ἀγαπα + ου	► ἀγαπῶ	cf. ἀγαπάσθω, ἀγαπᾶσθε, ἀγαπάσθωσαν
φιλέω	► φιλε + ου	► φιλοῦ	cf. φιλείσθω, φιλεῖσθε, φιλείσθωσαν
δηλόω	► δηλο + ου	► δηλοῦ	cf. δηλούσθω, δηλοῦσθε, δηλούσθωσαν

Cf. 수동태를 취하고서 자동사적 의미로 전환되는 동사들은 모든 법(moods)에서 항상 수동태꼬리를 유지한다:

예: **φοβεῖσθε** τὸν ποιήσαντα ὑμᾶς. 너희를 만드신 분을 두려워하라!
(분해) 현재 수동태 명령법 2인칭 복수

Gram 211. 현재 디포넌트 동사들의 명령법 (Present Deponent Imperative)
현재직설법 기본형이 -ομαι로 소개되는 모든 **현재디포넌트 동사들**은 **현재시제에 관한 한, 명령법에서도 디포넌트**가 되어 중간/수동태 꼬리만 취하고서 능동태 어형의 의미를 대신한다.

Cf. **προσεύχου** τῷ θεῷ. 너는 하나님께 기도하라

★표는 연습문제에 자주 사용되는 현재디포넌트 명령법 동사들이다.

원형	현재명령법	의미
ἀποκρίνομαι	► ἀποκρίνου	Answer! 대답하라
γίνομαι	► γίνου	Be! 되라
ἔρχομαι	► ἔρχου	Go! Come! 가라/오라
πορεύομαι	► πορεύου	Go! 가라
δέχομαι	► δέχου	Receive! 영접하라
προσεύχομαι	► προσεύχου★	Pray! 기도하라

Gram 212. λύω의 과거 능동태 명령법 (Aorist Active Imperative)

	단수	복수
2인칭	λῦσον	λύσατε
3인칭	λυσάτω	λυσάτωσαν [5]

현재명령법이 현재직설법 줄기에서 굴절되듯, **과거명령법**은 **과거직설법 줄기에 기초**해서 굴절된다(cf. **Gram106**). 특히 과거기본형이 ε*σα (혹은 ε*ξα/ε*ψα)로 소개되는 모든 **제1과거패턴의 동사들**은 과거시상접미어까지 포함한 과거줄기에 현재명령법 능동꼬리를 붙여 과거명령법을 만든다. ※ **단수 2인칭**의 경우는 아래와 같이 **변칙적인 어형성**을 보인다(cf. Mounce, *Morphology* 145).

과거능동태직설법	과거직설법줄기	명령법능동꼬리(**Gram209**)	
ἐδίδαξα	*διδαξ	+ ον (변칙적)	►δίδαξον
	*διδαξα	+ τω	►διδαξάτω
	*διδαξα	+ τε	►διδάξατε
	*διδαξα	+ τωσαν	►διδαξάτωσαν

Cf. 2인칭 단수를 제외하고는 현재명령법 능동꼬리들이 붙었으며 다만 연결모음(ε)이 삽입되지 않았다는 점에서 다르다. 편의상, 과거 능동태 명령법 꼬리를 σον/ σατω/ σατε/ σατωσαν 으로 암기하라.

주요 1과거 능동태 명령법 동사들

★표는 연습문제에 자주 사용되는 과거 명령법 동사들이다.

원형	과거기본형	과거능동명령법
σώζω	ἔσωσα	σῶσον, σωσάτω (생략)
διώκω	ἐδίωξα	δίωξον, διωξάτω (생략)
ἀκούω	ἤκουσα	ἄκουσον, ἀκουσάτω (생략)
κηρύσσω	ἐκήρυξα	κήρυξον, κηρυξάτω, κηρύξατε,★ κηρυξάτωσαν
διδάσκω	ἐδίδαξα	δίδαξον, διδαξάτω (생략)
πιστεύω	ἐπίστευσα	πίστευσον, πιστευσάτω (생략)
ἐπιστρέφω	ἐπέστρεψα	ἐπίστρεψον, ἐπιστρεψάτω (생략)
θαυμάζω	ἐθαύμασα	θαύμασον, θαυμασάτω (생략)
θεραπεύω	ἐθεράπευσα	θεράπευσον, θεραπευσάτω (생략)

[5] 고전적인 형태(Classical form)인 –ντων이 대체형으로 쓰이기도 한다(cf. Mounce, *Morphology* 145): λυσάτωσαν = λυσάντων (cf. 과거명령법에선 시상접미어로 인해 인칭꼬리 앞에 연결모음이 오지 않는다).

πείθω	ἔπεισα	πεῖσον, πεισάτω (생략)
κελεύω	ἐκέλευσα	κέλευσον,★ κελευσάτω (생략)
ἀπολύω	ἀπέλυσα	ἀπόλυσον★ ἀπόλυσάτω (생략)
ποιέω	ἐποίησα	ποίησον, ποιησάτω, ποιήσατε,★ (생략)
ἐλεέω	ἠλέησα	ἐλέησον★ ἐλεησάτω (생략)

유음동사의 과거명령법

원형	과거기본형	과거능동명령법
σπείρω	ἔσπειρα	σπεῖρον, σπειράτω (생략)
ἀποκτείνω	ἀπέκτεινα	ἀπόκτεινον, ἀποκτεινάτω (생략)
ἀποστέλλω	ἀπέστειλα	ἀπόστειλον, ἀποστειλάτω (생략)
αἴρω	ἦρα	ἆρον, ἀράτω (생략)
ἐγείρω	ἤγειρα	ἔγειρον, ἐγειράτω (생략)
μένω	ἔμεινα	μεῖνον, μεινάτω (생략)
κρίνω	ἔκρινα	κρῖνον, κρινάτω, κρίνατε★ (생략)

Cf. 유음동사는 시그마가 누락된 과거직설법 줄기를 빌어서 그대로 굴절시킨다.

Gram 213. 제2과거 동사의 능동태 명령법 (Second Aorist Active Imperative)

	단수	복수
2인칭	ἰδέ	ἴδετε
3인칭	ἰδέτω	ἰδέτωσαν

과거직설법 기본형을 2과거 패턴인 ε*ον 으로 갖는 모든 **제2과거 능동태 동사들**은, **2과거 줄기에 현재능동태명령법 꼬리를** 붙여 과거명령법을 만든다. 이때 단수 2인칭의 액센트는 동사에 따라 불규칙적으로 얼티마에 붙기도 하는데(ἰδέ), 이것은 어디까지나 일관된 법칙이 아니라 그저 개별동사의 임의적인 속성에 귀속할 뿐이다. 더욱이 이 고유한 액센트의 위치를 몰라도 대개는 어형적인 혼란이 없기 때문에 크게 염려할 것은 못된다.

주요 2과거 능동태 명령법들

★표는 연습문제에 자주 사용되는 2과거 능동 명령법 동사들이다.

원형	과거기본형	과거능동명령법
βλέπω	εἶδον	ἰδέ,★ ἰδέτω
φέρω	ἤνεγκον	ἔνεγκε, ἐνεγκέτω
βάλλω	ἔβαλον	βάλε, βαλέτω

λέγω	εἶπον	εἰπέ,★ εἰπέτω
λαμβάνω	ἔλαβον	λαβέ, λαβέτω
ἄγω	ἤγαγον	ἄγαγε, ἀγαγέτω
ἔρχομαι	ἦλθον	ἐλθέ,★ ἐλθέτω cf. ἐλθάτω★
ἀποθνήσκω	ἀπέθανον	ἀπόθανε, ἀποθανέτω
ἐσθίω	ἔφαγον	φάγε, φαγέτω
πίνω	ἔπιον	πίε, πιέτω

〈참고〉 φέρω의 과거기본형은 원래 2과거패턴의 어형(ἤνεγκον)이기에 과거명령법도 제2과거 패턴을 취함은 당연하다. 그러나 1과거꼬리를 취한 어형인 ἤνεγκα가 사용되는 까닭에 과거명령법 어형도 ἔνεγκον(1과거 능동 명령법 단수2인칭, LXX 창27:7), ἐνέγκατε(요21:10), ἐνεγκάτωσαν(LXX에스더6:8) 등의 형태가 발견된다. 이러한 현상은 2과거패턴을 가지고서 1과거 인칭꼬리를 시그마 없이 취하는 동사들에서 흔히 발견되는데(cf.**Gram84**), 앞서 분사(**Gram112**)와 부정사(**Gram148**)의 경우에서 살펴본 것과 마찬가지이다.

예1: ἦλθον (or ἦλθα) – ἐλθάτω★(1과거 능동태 명령법 3인칭 단수, 마10:13), ἔλθατε (LXX잠9:5), ἐλθάτωσαν (성경 이외의 본문에서).

예2: εἶπον (or εἶπα) – εἰπόν (1과거 능동태 명령법 2인칭 단수, 막13:4), εἰπάτω (계22:17), εἴπατε (마10:27), εἰπάτωσαν (행24:20)

Cf. εἶπον은 동사의 어형적 특성상 직설법과 명령법의 구분을 액센트에 의지하며 어떤 경우에선 어형과 액센트 모두가 일치하기도 한다: εἶπον, εἶπε, εἴπατε (직설법) vs. εἰπόν, εἰπέ, εἴπατε (명령법)

Gram 214. λύω의 과거 중간태 명령법 (Aorist Middle Imperative)

	단수	복수
2인칭	λῦσαι	λύσασθε
3인칭	λυσάσθω	λυσάσθωσαν [6]

1과거 중간태 명령법은 1과거능동패턴(ε*σα)을 갖는 동사들이 과거명령법에서 중간태를 필요로 할 경우에 과거직설법 줄기에 ι/ σθω/ σθε/ σθωσαν 을 붙여 만든다. 편의상, 과거중간태명령법 꼬리들을 σαι/ σασθω/ σασθε/ σασθωσαν으로 암기하라.

---

[6] 고전적인 형태(Classical form)인 –σθων이 대체형(alternate form)으로 쓰이기도 한다(cf. Mounce, *Morphology* 145): λυσάσθωσαν = λυσάσθων.

cf. 어형성 과정은 아래(**Gram215**)를 참조하라.

Gram 215. 1과거 디포넌트 동사들의 명령법 (1st Aorist Middle Deponent Imperative)
과거직설법 기본형이 ϵ*σαμην (혹은 ϵ*ξαμην/ϵ*ψαμην)으로 소개되는 모든 **제1과거 디포넌트 동사들**은 과거직설법줄기에 위(**Gram214**)와 같이 인칭꼬리들을 붙이고서 과거명령법을 만든다.

과거능동태직설법	과거직설법줄기	명령법중간/수동꼬리(**Gram210**)	
ἐδεξάμην	*δεξα	+ ι (변칙적)	► δέξαι
	*δεξα	+ σθω	► δεξάσθω
	*δεξα	+ σθε	► δέξασθε
	*δεξα	+ σθωσαν	► δεξάσθωσαν

Cf. 2인칭 단수를 제외하고는 현재명령법 중간/수동 꼬리들이 붙었으며 다만 연결모음(ϵ)이 삽입되지 않았다는 점에서 다르다.

예: **δέξαι** τὸν μαθητήν. 너는 그 제자를 영접하라

지금의 범위에서는 아래 두 동사를 예로 들 수 있다.

원형	과거기본형	과거명령법
δέχομαι	ἐδεξάμην	δέξαι, δεξάσθω
προσεύχομαι	προσηυξάμην	πρόσευξαι,★ προσευξάσθω

Gram 216. 제2과거 동사의 중간태 명령법 (Second Aorist Middle Imperative)

	단수	복수
2인칭	λαβοῦ	λάβεσθε
3인칭	λαβέσθω	λαβέσθωσαν

과거직설법에서 2과거패턴(ϵ*ον)을 취하는 모든 능동태 동사들은 중간태를 사용해야 할 경우 위와 같이 2과거 줄기에 현재 중간/수동 명령법 꼬리를 붙인다. 위의 변화표는 **λαμβάνω** 동사의 과거중간태명령법이다(cf. ἔλαβον). **λείπω, βάλλω** 등의

2과거패턴 동사들도 물론 위와 마찬가지의 변화패턴을 갖는다(cf. ἔλιπον, ἔβαλον).

2과거 중간태 꼬리를 사용하는 동사들은 대개 단수 2인칭 어형(*ου)에서 얼티마에 써컴플렉스를 취하여 불규칙적 액센트를 보이는 경향이 있다. 위의 λαβοῦ도 마찬가지의 경우이다. 그러나 그것은 어디까지나 개별동사의 임의적인 속성에 귀속할 뿐이다. 따라서 '과거중간태명령법 2인칭 단수'의 액센트 위치는 일관된 법칙이 아니라 그저 개별동사의 고유한 액센트 위치일 뿐이며, 더욱이 액센트를 알고 있지 않아도 어형적인 혼란의 여지가 없기 때문에 크게 염려할 것은 못된다.[7]

Gram 217. 2과거 디포넌트 동사들의 명령법 (2nd Aorist Middle Deponent Imperative)
과거기본형이 ϵ*ομην으로 소개되는 **제2과거 디포넌트 동사들**은 제2과거줄기에 현재 중간/수동 명령법꼬리를 취하여 과거명령법 어형을 만든다. 지금의 범위에선 γίνομαι를 그 예로 들 수 있으나 연습문제 범위에선 제외되어 있다. 참고로, γίνομαι는 과거시제에서 수동태를 취하고도 디포넌트가 되는데, 신약본문은 주로 과거수동태 디포넌트 명령법 어형이 사용된다(cf. **Gram220**).

과거직설법기본형	2과거줄기	현재 중간/수동 명령꼬리	제2과거 디포 명령법
ἐγενόμην	*γεν	+ ου	► γενοῦ
	*γεν	+ εσθω	► γενέσθω
	*γεν	+ εσθε	► γένεσθε
	*γεν	+ εσθωσαν	► γενέσθωσαν

예: ἀρχηγὸς ἡμῶν **γενοῦ**.
너는 우리의 지도자가 되라 (LXX 사3:6)

---

7 메이첸 초급교본은 '2과거중간태명령법 2인칭 단수' 어형이 항상(always) 불규칙한 액센트를 갖게 된다고 설명하지만 사실은 그렇지 않다. λαμβάνω, βάλλω, ἀφαιρέω 등의 동사들은 불규칙한 액센트를 갖지만(cf. ἀντιλαβοῦ, προβαλοῦ, ἀφελοῦ), 그렇지 않은 동사들도 있다: ἀπόσχου(LXX잠9:18), ἐπιλάθου (LXX시44:11).

Gram 218. λύω의 과거 수동태 명령법 (Aorist Passive Imperative)

	단수	복수
2인칭	λύθητι [8]	λύθητε
3인칭	λυθήτω	λυθήτωσαν [9]

과거수동태직설법 기본형을 가지고 있는 모든 동사들은 과거수동태명령법 어형을 가지게 마련이다. **과거수동태명령법**은 **과거수동태직설법 줄기에서 굴절**되며(cf. **Gram106**) 그 어형성 과정은 아래와 같다.

과거수동태직설법기본형	과거수동줄기	과거수동명령법 꼬리	과거수동 명령법
ἐδιδάχθην	*διδαχθε	+ [θι] → τι(이화현상)	► διδάχθητι
	*διδαχθε	+ τω	► διδαχθήτω
	*διδαχθε	+ τε	► διδάχθητε
	*διδαχθε	+ τωσαν	► διδαχθήτωσαν

Cf. 편의상, 과거수동태명령법 꼬리들을 θητι/ θητω/ θητε/ θητωσαν으로 암기하라.

예: **διδάχθητι** ὑπ' αὐτοῦ.
너는 그에게 가르침 받아라.

주요 과거수동태 명령법들

★표는 연습문제에 자주 사용되는 과거수동태 명령법들이다.

원형	과거수동태기본형	과거수동태명령법
ἐγείρω	ἠγέρθην	ἐγέρθητι, ἐγερθήτω, ἐγέρθητε★
βάλλω	ἐβλήθην	βλήθητι, βληθήτω
διώκω	ἐδιώχθην	διώχθητι, διωχθήτω
κηρύσσω	ἐκηρύχθην	κηρύχθητι, κηρυχθήτω
διδάσκω	ἐδιδάχθην	διδάχθητι, διδαχθήτω
λαμβάνω	ἐλήμφθην	λήμφθητι, λημφθήτω
θεραπεύω	ἐθεραπεύθην	θεραπεύθητι, θεραπευθήτω

---

8 과거수동태명령법 2인칭 단수의 인칭꼬리는 원래 θι이다. 그러나 과거수동태 시상접미어 θη가 앞에 이미 있기에, 기음(aspirate)의 중복을 막고 편안한 발음을 하고자 θι가 탈기음화(deaspirate)되어 τι로 변했다. 말하자면 이화현상(dissimilation)의 일종인 셈이다(cf. Mounce, *Morphology* 30, 147).

9 고전적인 형태(Classical form)인 –ντων이 대체형(alternate form)으로 쓰이기도 한다(cf. Mounce, *Morphology* 147): λυθήτωσαν = λυθέντων (cf. 과거수동태 시상접미어 θε가 ντων 앞에서 길어지지 않았다).

σῴζω	ἐσώθην	σώθητι, σωθήτω
γινώσκω	ἐγνώσθην	γνώσθητι, γνωσθήτω
ἀκούω	ἠκούσθην	ἀκούσθητι, ἀκουσθήτω
φέρω	ἠνέχθην	ἐνέχθητι, ἐνεχθήτω
ἄγω	ἤχθην	ἄχθητι, ἀχθήτω
βλέπω	ὤφθην	ὄφθητι, ὀφθήτω

Cf. 수동태를 취하고서 자동사적 의미(혹은 또다른 타동사적 의미)를 갖게 되는 동사들이 있다. 예를 들어 **φοβέω**(두렵게 하다) 같은 동사는 수동태를 취하고서 그 원래 의미를 확장시키게 되는데(cf. **φοβοῦμαι** 떨다[자동사]; ~를 두려워하다[타동사]), **ἐγείρω**(일으키다) 동사도 특히 명령법에서 수동태를 취하고 자동사적 의미로 전환한다. 이러한 동사들은 비록 수동태를 취하고서 수동의 의미가 아닌 능동의 의미를 지니게 되었지만 그것이 능동태어형의 의미를 대신한 것은 아니며 의미적 전환을 가져왔기에 수동태 디포넌트 동사와는 구분되어야 한다(**Gram63**의 논의를 참조하라).

예1: **ἐγέρθητι**
너는 일어나라!
Cf. ἐγέρθητε★ 너희는 일어나라! <u>과거 **수동태** 명령법 2인칭 복수</u> (연습10번)

예2: **φοβήθητε** τὸν θεὸν
너희는 하나님을 두려워하라! (계14:7)

예3: **ὄφθητι** τῷ Αχααβ
너희는 아합에게 보여라! (=아합을 만나라) (LXX 왕상18:1)

〈참조〉

	현재기본형		기본 의미		수동태	
Depo	γίνομαι	되다	=	되어라!	ἐγενήθητι	Depo
Depo	ἀποκρίνομαι	대답하다	=	대답하라!	ἀπεκρίθητι	Depo
Depo	πορεύομαι	가다	=	가라!	ἐπορεύθητι	Depo
타동사	ἐγείρω	일으키다	≠	일어나라!	ἐγέρθητι	자동(의미전환)
타동사	φοβέω	두렵게하다	≠	두려워하라!	φοβήθητι	자,타동(의미전환)
타동사	βλέπω	보다	≠	~를 만나라!	ὤφθητι	타동(의미전환)

Gram 219. 제2과거 수동태 명령법 (Second Aorist Passive Imperative)

	단수	복수
2인칭	γράφηθι [10]	γράφητε
3인칭	γραφήτω	γραφήτωσαν

과거수동태직설법에서 제2형태를 갖는 동사들(cf. **Gram86**)은 과거수동명령법에서도 시상접미어(θε)의 자음 θ가 빠진 채로 **Gram218**과 동일하게 변화한다. 다만 시상접미어의 자음 θ가 없는 이유로 인해, 단수 2인칭에서 원래의 인칭꼬리 θι가 이화현상을 일으키지 않게 되어 그대로 -θι로 남는다(**아래 각주참조**). 이는 과거수동태에서 제2형태를 갖는 대부분의 동사들에 해당된다.[11] 예: κρύβηθι (LXX 삼상19:2)

Gram 220. 과거 수동태 디포넌트 명령법 동사들 (Aorist Passive Deponent Imperative)

과거시제에서 수동태를 취하고 디포넌트가 되는 모든 **과거수동태디포넌트 동사들**은 **과거수동태에 관한 한**, 직설법 이외의 다른법(분사/가정법/부정사/명령법)에서도 일관되게 **디포넌트**가 된다(**Gram119**, **134**, **151**). 그러므로 과거수동태에서 디포넌트 동사인 γίνομαι, πορεύομαι, ἀποκρίνομαι 동사들은(**Gram87**) 과거명령법 어형을 아래와 같이 형성한다(cf. 물론 γίνομαι와 ἀποκρίνομαι는 중간태를 취하고도 디포넌트이기에 과거명령법에 있어서 두 개의 어형을 갖게 되며 그 의미적 차이는 거의 없다). cf. 연습문제 범위 내에 있는 어형으로는 πορεύθητι★와 γενήθητι★ 뿐이다.

예1: πορεύομαι의 과거수동태 디포넌트 명령법
πορεύθητι, πορευθήτω, ...
[← ἐπορεύθην 과거수동태직설법 기본형; 16과]

(예문) **πορεύθητι** πρὸς τὸν λαὸν τοῦτον. (cf. 행28:26)
너는 이 백성에게 가라!

예2: γίνομαι의 과거 디포넌트 명령법
(1) γενοῦ, γενέσθω, ... [← ἐγενόμην 과거직설법 기본형; 15과]
(2) γενήθητι, γενηθήτω, ... [← ἐγενήθην 과거수동태직설법 기본형; 16과]

(예문) ἅγιοι **γενήθητε**. (벧전1:15)

---

[10] 과거수동태명령법 2인칭 단수의 인칭꼬리는 원래 θι이다. 제2과거 수동태의 경우, 과거수동태 시상접미어 θη가 없기 때문에 θι가 음운적 갈등을 겪을 이유가 없이 그대로 남는다(cf. λύθητι와 비교할 것). 이 같은 현상은 제2과거 수동태의 거의 모든 유형에 적용된다: κρύβηθι(LXX–삼상19:2; 왕상17:3); χάρηθι(Tobit13:15).

[11] 그러나 이것을 위배하는 경우도 있다: ἐπιστράφητι (cf. LXX 룻1:15; 호14:2; 사44:22 etc.)

너희는 거룩한 자들이 되라
= ἅγιοι **γένεσθε**. (cf. LXX 사1:16)

예3: **ἀποκρίνομαι**의 과거 디포넌트 명령법
(1) [ἀπόκριναι] Cf. 수동태어형을 대신 사용함.
[← ἀπεκρινάμην 과거직설법 기본형; 24과 유음동사]
(2) ἀποκρίθητι [← ἀπεκρίθην 과거수동태직설법 기본형]

(예문) **ἀποκρίθητί** μοι. (LXX욥33:32)
당신은 나에게 대답하소서!.

Gram 221. 금지(Prohibition)의 명령 (μή + 현재명령법)

금지의 명령을 나타내는 방식엔 3가지가 있다. 첫째는, 부정어 **οὐ**와 함께 **미래직설법** 동사를 쓰는 것이다(cf. 간혹 οὐ 대신 μή가 옴). 이것은 특정상황 하에서의 구체적인 명령의 성격보다는 엄숙하고도 보편적 성격의 명령을 내리는데 사용된다(cf. '살인하지 말라, 간음하지 말라, 도적질하지 말라...' 마19:18). 둘째는, 부정어 **μή**와 함께 **과거가정법**을 사용하는 것이다(cf.**Gram140**). 이것은 특정상황 하에서 구체적 명령을 내리는데 사용되는데, 주목할 것은 과거시제 가정법이 사용되었으므로, 금지되고 있는 동작의 성격은 시작과 종결점을 지닌 사건적 성격의 행위로 간주되고 있다는 것이다. 그러므로 이 명령을 받는 대상은 아직 그 행위의 시작점을 앞두고 있다. 따라서 명령의 내용은 '아직 시작되지[범하지] 않은 행위'에 대한 금지이다. 세번째로, 부정어 **μή** 와 함께 **현재명령법**을 사용한 금지의 명령이 있다. 이것은 과거가정법을 사용한 금지의 명령과는 달리, 시작과 종결점을 상정하지 않은 채 '지속되고 있는 동작의 현상태'에 대한 금지이다. 따라서 금지의 내용은 '지금 행하여지고[범하여지고] 있는 행위'에 관한 것이다. 아래의 두 경우를 비교해보라.

(1) μὴ **διδάξῃς** δούλους. [μή+과거가정법]
종들을 가르치지 말아라.
Do not teach servants.

(2) μὴ **δίδασκε** δούλους. [μή+현재명령법]
종들을 가르치기를 금하라.
Stop teaching servants.

그러나 (1)의 방식은, 경우에 따라선 (2)의 의미영역을 넘나들며 사용되기도 하며(cf. 살후3:13), (2)의 방식 역시 특정상황에서 행해지고 있는 동작이 아닌 좀더 보편적인 교훈을 내리는데 사용되기도 한다(cf. 엡6:4) – 이 경우엔 'Don't ever be doing it'의 의미가 될 것이다. 그러므로 최종적인 해석은 문맥을 통해 결정해야 한

다(cf. Wallace, *Basics* 319-21).

※ 일반적으로는, 현재가정법이나 과거명령법은 금지의 명령에 사용되지 아니한다.[12]

Gram 222. εἰμί의 현재 명령법 (Present Imperative)

	단수	복수
2인칭	ἴσθι	ἔστε
3인칭	ἔστω	ἔστωσαν

Cf. ἐστέ (직설법 2인칭 복수) vs. ἔστε (명령법 2인칭 복수)

예: **ἴσθι** ἐκεῖ. 너는 거기에 있으라! (마2:13)

Gram 223. 직설법 동사와 명령법의 굴절관계 정리

직설법과 명령법의 굴절관계는 직설법과 분사(**Gram124**) 및 직설법과 가정법(**Gram141**), 직설법과 부정사(**Gram160**)의 굴절관계와 동일하다.

원형	현재명령법	과거명령법	과거수동태명령법
διδάσκω	δίδασκε	δίδαξον (← ἐδίδαξα)	διδάχθητι (← ἐδιδάχθην)
γράφω	γράφε	γράψον (← ἔγραψα)	γράφηθι (← ἐράφην)
βλέπω	βλέπε	ἰδέ (← εἶδον)	ὄφθητι (← ὤφθην)
ἔρχομαι	ἔρχου	ἐλθέ (← ἦλθον)	Ø (직설법어형이 없음)
δέχομαι	δέχου	δέξαι (← ἐδεξάμην)	(범위밖) **Gram124**참조
πορεύομαι	πορεύου	Ø (직설법어형이 없음)	πορεύθητι (능동의미) (← ἐπορεύθην)
γίνομαι	γίνου	γενοῦ (← ἐγενόμην)	γενήθητι (능동의미) (← ἐγενήθην)
ἀποκρίνομαι	ἀποκρίνου	[ἀπόκριναι] (← ἀπεκρινάμην 24과)	ἀποκρίθητι (능동의미) (← ἀπεκρίθην)
ποιέω	ποίει	ποίησον (← ἐποίησα)	ποιήθητι (← ἐποιήθην)
κρίνω	κρῖνε	κρῖνον (← ἔκρινα)	κρίθητι (← ἐκρίθην)
ἐσθίω	ἔσθιε	φάγε (← ἔφαγον)	(성경범위 밖)
πίνω	πῖνε	πίε (← ἔπιον)	(성경범위 밖)

12 μή +과거명령법이 금지의 명령에 사용되는 경우로는 다음을 참조하라:
μὴ ἁμαρτησάτω ὁ βασιλεύς 왕께서는 (신하 다윗에게) 범죄치 마옵소서 (LXX삼상19:4)

Gram 224. 직설법 동사와 다른 법의 굴절관계 종합정리

직설법의 여섯 개 기본형들 모두는, 다른법 어형들을 굴절시키는 주요한 근간이 된다. 특별히 초급문법과정에 있어서 가장 주목해야 할 세 개 기본형들을 중심으로 그 굴절관계를 정리하자면 아래와 같다. 아직 희구법을 남겨두고 있긴 하지만, 지금까지 배워온 직설법 이외의 네 개 법(mood) 변화표들을 떠올리면서 -ω동사의 전체 굴절시스템을 익히도록 하자. 나머지 동사들의 굴절어형들은 이 책의 뒤에 부록으로 실어놓은 **동사패러다임**을 참고하기 바란다.

	직설법 기본형들	분사(18–20과)	가정법(21과)	부정사(22과)	명령법(28과)
현재	διδάσκω	διδάσκων	διδάσκω	διδάσκειν	δίδασκε
과거	ἐδίδαξα	διδάξας	διδάξω	διδάξαι	δίδαξον
과수	ἐδιδάχθην	διδαχθείς	διδαχθῶ	διδαχθῆναι	διδάχθητι
현재	γράφω	γράφων	γράφω	γράφειν	γράφε
과거	ἔγραψα	γράψας	γράψω	γράψαι	γράψον
과수	ἐγράφην	γραφείς	γραφῶ	γραφῆναι	γράφηθι
현재	βλέπω	βλέπων	βλέπω	βλέπειν	βλέπε
과거	εἶδον	ἰδών	ἴδω	ἰδεῖν	ἰδέ
과수	ὤφθην	ὀφθείς	ὀφθῶ	ὀφθῆναι	ὄφθητι
현재	ἔρχομαι	ἐρχόμενος	ἔρχωμαι	ἔρχεσθαι	ἔρχου
과거	ἦλθον	ἐλθών	ἔλθω	ἐλθεῖν	ἐλθέ
과수	∅ (어형공백)	∅	∅	∅	∅
현재	δέχομαι	δεχόμενος	δέχωμαι	δέχεσθαι	δέχου
과거	ἐδεξάμην	δεξάμενος	δέξωμαι	δέξασθαι	δέξαι
과수	(범위밖)	(범위밖)	(범위밖)	(범위밖)	(범위밖)
현재	πορεύομαι	πορευόμενος	πορεύωμαι	πορεύεσθαι	πορεύου
과거	∅ (어형공백)	∅	∅	∅	∅
과수	ἐπορεύθην	πορευθείς	πορευθῶ	πορευθῆναι	πορεύθητι
현재	γίνομαι	γινόμενος	γίνωμαι	γίνεσθαι	γίνου
과거	ἐγενόμην	γενόμενος	γένωμαι	γενέσθαι	γενοῦ
과수	ἐγενήθην	γενηθείς	γενηθῶ	γενηθῆναι	γενήθητι
현재	ἀποκρίνομαι	ἀποκρινόμενος	ἀποκρίνωμαι	ἀποκρίνεσθαι	ἀποκρίνου
과거	ἀπεκρινάμην	[ἀποκρινάμενος]	[ἀποκρίνωμαι]	[ἀποκρινασθαι]	[ἀπόκριναι]
과수	ἀπεκρίθην	ἀποκριθείς	ἀποκριθῶ	ἀποκριθῆναι	ἀποκρίθητι
현재	ποιέω	ποιῶν	ποιῶ	ποιεῖν	ποίει
과거	ἐποίησα	ποιήσας	ποιήσω	ποιῆσαι	ποίησον
과수	ἐποιήθην	ποιηθείς	ποιηθῶ	ποιηθῆναι	ποιήθητι
현재	ἀποστέλλω	ἀποστέλλων	ἀποστέλλω	ἀποστέλλειν	ἀπόστελλε
과거	ἀπέστειλα	ἀποστείλας	ἀποστείλω	ἀποστεῖλαι	ἀπόστειλον
과수	ἀπεστάλην	ἀποσταλείς	ἀποσταλῶ	ἀποσταλῆναι	ἀποστάληθι

단어공부

명 사: ἀγρός, ὁ (a field 들판)
ὀφθαλμός, ὁ (an eye 눈)
γῆ, ἡ [단축명사](earth, land 땅)[13]

οὖς, ὠτός, τό (an ear 귀)[14]
σκότος, σκότους, τό (darkness 어둠)
ὕδωρ, ὕδατος, τό (water 물) [아래 각주참조]
φῶς, φωτός, τό (light 빛) [아래 각주참조]

동 사: ἁγιάζω (I hallow, I sanctify 거룩하게 하다)
ἐλεέω (I pity 불쌍히 여기다)

형용사: ὅσος, ὅση, ὅσον [관계형용사] (as great as, as much as, as many as ~하는 바 만큼)

부 사: ἐγγύς (near 가까이)

대명사: ὅστις, ἥτις, ὅτι [부정관계대명사](whoever, whichever, whatever 누구든지 ~하는 자는, ~하는 것은 무엇이든 간에)

---

[13] Cf. Mounce, *Morphology* 179, 188; 메이첸이 소개를 생략하고 있는 1변화 단축명사이다. 1변화 단축명사들은 줄기가 -εα나 -αα 등으로 끝나게 되는데, 이 때문에 단축현상이 생겨나 얼티마에 써컴플렉스가 오게 된다. 한편, 2변화 단축명사는 -εο로 끝나게 되는데 남성과 중성 단축명사의 예들을 아래와 같이 함께 소개해 놓는다.

	2변화단축 (여성명사) γῆ, ἡ (earth, land 땅)			Cf. 2변화단축 (남성명사) χειμάρρους, ὁ (a brook 시내)			Cf. 2변화단축 (중성명사) ὀστοῦν, τό (a bone 뼈)	
N	γῆ	γαί	N	χειμάρρους	χείμαρροι	N	ὀστοῦν	ὀστᾶ
G	γῆς	γῶν	G	χειμάρρου	χειμάρρων	G	ὀστοῦ	ὀστῶν
D	γῇ	γαῖς	D	χειμάρρῳ	χειμάρροις	D	ὀστῷ	ὀστοῖς
A	γῆν	γᾶς	A	χειμάρρουν	χειμάρρους	A	ὀστοῦν	ὀστᾶ
V	γῆ	γαί	V	–	χείμαρροι	V	–	ὀστᾶ

[14] 아래 모두는 치음줄기로 끝나는 3변화 중성 추가패턴이다.

	οὖς, ὠτός, τό (ear 귀)			ὕδωρ, ὕδατος, τό (water 물)			φῶς, φωτός, τό (light 빛)	
N	οὖς	ὦτα	N	ὕδωρ	ὕδατα	N	φῶς	φῶτα
G	ὠτός	ὤτων	G	ὕδατος	ὑδάτων	G	φωτός	φώτων
D	ὠτί	ὠσίν	D	ὕδατι	ὕδασιν	D	φωτί	–
A	οὖς	ὦτα	A	ὕδωρ	ὕδατα	A	φῶς	φῶτα
V	οὖς	ὦτα	V	ὕδωρ	ὕδατα	V	φῶς	φῶτα

연습문제

1. ἐὰν δὲ μὴ **ἀκούσῃ**, **παράλαβε** μετὰ σοῦ ἔτι ἕνα ἢ δύο.
만일 그러나 아니 그가 듣거든 너는 데리고 가라 너와 함께 더 하나를 혹은 둘을

해석: 그러나 만일 그가 듣지 않거든, 너는 너와 함께 하나나 둘(사람)을 더 데리고 가라.

ἔτι는 아직[yet, still]의 의미 외에도 문맥에 따라서 더[in addition, besides]라는 의미를 갖기도 한다. Cf. 마18:16; 히11:36.

★ ἀκούσῃ [← ἤκουσα] – ἀκούω의 1과거 능동태 가정법 3인칭 단수

★ παράλαβε [← παρέλαβον] – παραλαμβάνω 의 2 과거 능동태 명령법 2 인칭 단수 **Verb 5b**

2. ὃ ἐὰν **ἴδητε** τὸν Χριστὸν **ποιοῦντα**, τοῦτο **ποιήσατε** καὶ ὑμεῖς.
무엇이든 만일 너희가 보면 그리스도께서 행하실 때 이것을 너희는 행하라 ~까지도 너희도

해석: 너희가 그리스도께서 행하실 때 무엇이든 보게 되는 것, 이것을 너희도 행하라.

ἴδητε의 목적어는 독립적 용법으로 쓰인 관계대명사 ὅ이다. 따라서 대격명사와 대격분사인 τὸν Χριστὸν ποιοῦντα 는 문법적 연결고리를 잃어버리고 부사구로 해석되는데, 이 같은 구문을 독립목적격구문이라 칭한다. **Gram121** 참조.

★ ἴδητε [← εἶδον] – βλέπω의 2과거 능동태 가정법 2인칭 복수

★ ποιοῦντα – ποιέω 의 현재 능동태 분사 남성 단수 대격

★ ποιήσατε [← ἐποίησα] – ποιέω 의 1 과거 능동태 명령법 2 인칭 복수 **Verb 63b**

3. κύριε, **ἐλέησον** ἡμᾶς, οὐ γὰρ **ἐποιήσαμεν** ἃ **ἐκέλευσας**.
주여, 불쌍히 여기소서 우리를 아니 왜냐하면 우리가 행했습니다 ~것들을 당신이 명하셨다

해석: 주여, 우리를 불쌍히 여기소서. 왜냐하면 우리가 당신께서 명하신 것들을 행하지 않았기 때문입니다.

★ ἐλέησον [← ἠλέησα] – ἐλεέω의 1과거 능동태 명령법 2인칭 단수 **Verb 76b**

★ ἐποιήσαμεν – ποιέω 의 1 과거 능동태 직설법 1 인칭 복수

★ ἐκέλευσας – κελεύω 의 1 과거 능동태 직설법 2 인칭 단수

4. μὴ **εἰσέλθῃ** εἰς τὴν πόλιν ὁ ἐν τῷ ὄρει.
아니 들어가라! 그 도시 안으로 ~한 자는 산에 (있는)

해석: 산에 있는 자는 그 도시 안으로 들어가지 말라.

μή와 과거가정법 동사는 금지의 명령에 사용된다. **Gram140** 참조.

★ εἰσέλθῃ [← εἰσῆλθον] – εἰσέρχομαι의 2과거 능동태 가정법 3인칭 단수

5. *οὕτως οὖν **προσεύχεσθε** ὑμεῖς* Πάτερ *ἡμῶν ὁ ἐν τοῖς οὐρανοῖς·*
이와 같이 그러므로 기도하라 너희는 아버지여 우리의 분 그 하늘들 안에 (계신)
***Ἁγιασθήτω** τὸ ὄνομά σου· **ἐλθάτω** ἡ βασιλεία σου·*
거룩히 여김 받으소서 이름이 당신의 임하소서 왕국이 당신의
***γενηθήτω** τὸ θέλημά σου, ὡς ἐν οὐρανῷ καὶ ἐπὶ γῆς.*
이루어지소서(become) 뜻이 당신의 ~처럼 하늘에서 ~까지도 땅 위에서

해석: 그러므로 너희는 이와 같이 기도하라. 그 하늘들 안에 계시는 분, 우리의 아버지여. 당신의 이름이 거룩히 여김 받으소서. 당신의 나라가 임하소서. 당신의 뜻이 하늘에서처럼 땅 위에서도 이루어지소서 (cf. 마6:9–10).

★ *προσεύχεσθε* – προσεύχομαι의 현재 중간/수동태 디포넌트 명령법 2인칭 복수 **Verb 36a**
★ *Ἁγιασθήτω* [← ἡγιάσθην] – ἁγιάζω 의 과거 수동태 명령법 3 인칭 단수 **Verb 75c**
★ *ἐλθάτω* [← ἦλθον] – ἔρχομαι 의 과거 능동태 명령법 3 인칭 단수. **Gram213** 참조. **Verb 21b**
★ *γενηθήτω* [← ἐγενήθην] – γίνομαι 의 과거 수동태 디포넌트 명령법 3 인칭 단수 **Verb 20c**

6. ***ἀπόλυσον** οὖν, κύριε, τὰ πλήθη· ἤδη γὰρ **ἔρχεται** ἡ νύξ.*
당신께서 해산시키소서 그러므로 주여 그 무리들을 이미 왜냐하면 오고 있습니다 밤이

해석: 그러므로 주여, 당신께서는 그 무리들을 해산시키소서. 왜냐하면 이미 밤이 오고 있기 때문입니다.

★ *ἀπόλυσον* [← ἀπέλυσα] – ἀπολύω의 1과거 능동태 명령법 2인칭 단수
★ *ἔρχεται* – ἔρχομαι 의 현재 중간/수동태 디포넌트 직설법 3 인칭 단수

7. *μηδεὶς **ἐξέλθῃ** εἰς τὰ ὄρη, **προσευξάσθωσαν** δὲ πάντες τῷ πατρὶ*
아무도 나가지 말라 산들로 기도하라 오히려 모든이들은 아버지께
αὐτῶν τῷ ἐν τοῖς οὐρανοῖς.
그들의 그 하늘들 안에 (계신)

해석: 아무도 산들로 나가지 말고, 오히려 모든이들은 그 하늘들 안에 계시는 그들의 아버지께 기도하라.

★ *ἐξέλθῃ* [← ἐξῆλθον] – ἐξέρχομαι의 2과거 능동태 가정법 3인칭 단수
★ *προσευξάσθωσαν* [← προσηυξάμην] – προσεύχομαι 의 1 과거 중간태 디포넌트 명령법 3 인칭 복수 **Verb 36b**

8. ***λαβὼν** αὐτὸν ἄγε πρὸς ἡμᾶς.*
취한 후 그를 너는 인도하라 우리에게로

해석: 너는 그를 취하여(=잡아서) 우리에게로 인도하라.

★ *λαβὼν* [← ἔλαβον] – λαμβάνω의 2과거 능동태 분사 남성 단수 주격

9. *μηδενὶ* ***εἴπητε*** *ὃ* ***εἴδετε***.
아무에게도 너희는 말하지 말라 너희가 본 것을

해석: 너희는 너희가 본 것을 아무에게도 말하지 말라.
★ *εἴπητε* [← εἶπον] — λέγω의 2과거 능동태 가정법 2인칭 복수
★ *εἴδετε* — βλέπω 의 2 과거 능동태 직설법 2 인칭 복수

10. ***ἐγέρθητε*** *καὶ μὴ* ***φοβεῖσθε***· *ὁ γὰρ κύριος* ***σώσει*** *ὑμᾶς*.
너희는 일어나라 그리고 아니 두려워하라 왜냐하면 주께서 구원할 것이다 너희를

해석: 너희는 일어나라. 또 두려워 말라. 왜냐하면 주께서 너희를 구원하실 것이기 때문이다.
ἐγείρω와 φοβέω는 수동태를 취하고서 자동사의 의미로 전환하는 동사들이다. 일부 문법가들(cf. Young)은 이들 동사들이 수동태를 취하고서 단지 능동의 의미를 갖는다는 이유로 '수동태 디포넌트'로 분류하는데, 그것은 디포넌트 정의에 대한 다소 혼란스런 개념이 빚은 분류방식이다. **Gram63**, **Gram178** 참조.
★ *ἐγέρθητε* [← ἠγέρθην] — ἐγείρω의 과거 수동태 명령법 2인칭 복수 **Verb 8c**
★ *φοβεῖσθε* — φοβέω 의 현재 수동태 명령법 2 인칭 복수 **Verb 71a**
★ *σώσει* — σώζω 의 미래 능동태 직설법 3 인칭 단수

11. *πάντα οὖν ὅσα ἐὰν* ***εἴπωσιν*** *ὑμῖν* ***ποιήσατε*** *καὶ* ***τηρεῖτε***, *κατὰ δὲ*
모든 것들 그러므로 ~는 바를 만일 그들이 말하면 너희에게 너희는 행하라 그리고 지켜라 ~를 따라서 그러나
τὰ ἔργα αὐτῶν μὴ ***ποιεῖτε***· ***λέγουσιν*** *γὰρ καὶ οὐ* ***ποιοῦσιν***.
일들을 그들의 아니 너희는 행하라 그들이 말한다 왜냐하면 그리고 아니 그들이 행한다

해석: 그러므로 그들이 만일 너희에게 무엇을 말하든지 그 모든 것들을 너희는 행하고 지켜라. 그러나 너희가 그들의 일들을(행위) 따라서는 행하지 말라. 왜냐하면 그들은 말(만)하고, 행하지 않기 때문이다.
★ *εἴπωσιν* [← εἶπον] — λέγω의 2과거 능동태 가정법 3인칭 복수
★ *ποιήσατε* [← ἐποίησα] — ποιέω 의 1 과거 능동태 명령법 2 인칭 복수 **Verb 63b**
★ *τηρεῖτε* — τηρέω 의 현재 능동태 명령법 2 인칭 복수 **Verb 65a**
★ *ποιεῖτε* — ποιέω 의 현재 능동태 명령법 2 인칭 복수 **Verb 63a**
★ *λέγουσιν* — λέγω 의 현재 능동태 직설법 3 인칭 복수
★ *ποιοῦσιν* — ποιέω 의 현재 능동태 직설법 3 인칭 복수

12. ***ἔλεγεν*** *αὐτῷ μαθητής τις Κύριε*, ***κέλευσόν*** *με* ***ἐλθεῖν*** *πρὸς σὲ ἐπὶ*
말하고 있었다 그분께 제자가 어떤 주여 명하소서 내가 가기 당신께로 ~위로
τὰ ὕδατα. ὁ δὲ Ἰησοῦς ***εἶπεν*** *Ἐλθέ*.
그 물들 그러자 예수께서 말씀하셨다 너는 오라

해석: 어떤 제자가 그분께 말하고 있었다. "주여, 내가 당신께 물들 위로 (걸어)가기를 명하소서." 그러자 예수께서 말씀하셨다. "너는 오라"
δέ는 문맥에 따라 '그리고, 그러자'[and, then, now]의 의미를 지닌다.

★ ἔλεγεν – λέγω의 미완료 능동태 직설법 3인칭 단수
★ κέλευσόν [← ἐκέλευσα] – κελεύω 의 1과거 능동태 명령법 2 인칭 단수 **Verb 49b**
★ ἐλθεῖν [← ἦλθον] – ἔρχομαι 의 2 과거 능동태 부정사
★ εἶπεν – λέγω 의 2 과거 능동태 직설법 3 인칭 단수

13. ὅσα ἐὰν **ἀκούσητε** τοῖς ὠσὶν ὑμῶν καὶ **ἴδητε** τοῖς ὀφθαλμοῖς
~는 바 모든 것들을 만일 너희가 듣는다면 귀들로 너희의 그리고 너희가 본다면 눈들로
ὑμῶν **εἴπετε** καὶ τοῖς ἔθνεσιν.
너희의 너희는 말하라 ~까지도 그 이방인들에게

해석: 너희가 너희의 귀들로 듣게 되는 바 (무엇이든) 모든 것들을, 그리고 너희의 눈들로 보게 되는 바 (모든 것들을) 그 이방인들에게까지 말하라.
★ ἀκούσητε [← ἤκουσα] – ἀκούω의 1과거 능동태 가정법 2인칭 복수
★ ἴδητε [← εἶδον] – βλέπω 의 2 과거 능동태 가정법 2 인칭 복수
★ εἴπετε [← εἶπον] – λέγω 의 2 과거 능동태 명령법 2 인칭 복수 **Verb 6b**

14. ἃ ἐὰν **ἀκούσητε** ἐν τῷ σκότει **κηρύξατε** ἐν τῷ φωτί.
~는 것들을 만일 너희가 듣는다면 어둠 속에서 너희는 전파하라 빛 가운데에서

해석: 무엇이든지 너희가 어둠 속에서 듣게 되는 것들을 (너희는) 빛 가운데 전파하라.
★ ἀκούσητε [← ἤκουσα] – ἀκούω의 1과거 능동태 가정법 2인칭 복수
★ κηρύξατε [← ἐκήρυξα] – κηρύσσω 의 1 과거 능동태 명령법 2 인칭 복수 **Verb 33b**

15. μακάριος ὅστις **φάγεται** ἄρτον ἐν τῇ βασιλείᾳ τοῦ θεοῦ.
행복한 누구든지 먹을 것이다 빵을 나라에서 하나님의

해석: 누구든지 하나님의 나라에서 빵을 먹을 자는 행복하다.
★ φάγεται – ἐσθίω의 미래 중간태 디포넌트 직설법 3인칭 단수

16. ἐν ἐκείνῃ τῇ πόλει **εἰσὶν** ἱερεῖς πονηροί, οἵτινες οὐ **ποιοῦσι** τὸ
저 도시에 있다 제사장들이 악한 그들은(who) 아니 행한다
θέλημα τοῦ θεοῦ.
뜻을 하나님의

해석: 저 도시에 악한 제사장들이 있는데 그들은 하나님의 뜻을 행하지 않는다.
관계대명사 앞에 콤마가 있는 경우 계속적[서술적]인 용법으로 해석하는 것이 자연스럽다. 참고로 οἵτινες 는 바로 앞에 콤마를 두고서 계속적인 용법의 관계사로 쓰일 경우, 부정적[indefinite]인 의미를 곧잘 잃어버리고 평범한 관계사 노릇을 한다. **Gram207** 참조.
★ εἰσὶν – εἰμί의 현재 직설법 3인칭 복수
★ ποιοῦσι – ποιέω 의 현재 능동태 직설법 3 인칭 복수

17. **ἐξελθόντες εἴπετε** πᾶσι τοῖς ἔθνεσι τοῖς ἐπὶ πάσης τῆς γῆς ἃ
나가서 너희는 말하라 모든 이방인들에게 ~위에 (있는) 모든 땅의 ~는 것들을
ἐποίησεν ὁ θεὸς τοῖς **ἀγαπῶσιν** αὐτόν.
행하셨다 하나님께서 사랑하는 자들에게 그분을

해석: 너희는 나가서 온 땅 위에 있는 모든 이방인들에게 하나님께서 그분을 사랑하는 자들에게 행하신 것들을 말하라.

★ ἐξελθόντες [← ἐξῆλθον] – ἐξέρχομαι의 2과거 능동태 분사 남성 복수 주격
★ εἴπετε [← εἶπον] – λέγω 의 2 과거 능동태 명령법 2 인칭 복수
★ ἐποίησεν – ποιέω 의 1 과거 능동태 직설법 3 인칭 단수
★ ἀγαπῶσιν – ἀγαπάω 의 현재 능동태 분사 남성 복수 여격

18. ὅταν **κληθῇς** ὑπό τινος, **πορεύθητι**.
언제든지 ~때에 네가 부름받는다면 누군가에 의해 너는 가라

해석: 네가 누군가로 말미암아 언제든 부름받는 그 때에, 너는 가라.

★ κληθῇς [← ἐκλήθην] – καλέω의 과거 수동태 가정법 2인칭 단수
★ πορεύθητι [← ἐπορεύθην] – πορεύομαι 의 과거 수동태 디포넌트 명령법 2 인칭 단수 **Verb 23c**

19. ὅταν **ἴδητε** ταῦτα **γινόμενα**, **γνώσεσθε** ὅτι ἐγγύς **ἐστιν** ἡ κρίσις.
언제든지 ~때에 너희가 보면 이것들을 이루어질 때 너희가 알 것이다 (that) 가까이 있다 심판이

해석: 언제든 너희가 이것들이 이루어지는(become) 것을 보게 되면, 너희는 심판이 가까이 있다는 사실을 알게 될 것이다.

★ ἴδητε [← εἶδον] – βλέπω의 2과거 능동태 가정법 2인칭 복수
★ γινόμενα – γίνομαι 의 현재 중간/수동태 디포넌트 분사 중성 복수 대격
★ γνώσεσθε – γινώσκω 의 미래 중간태 디포넌트 직설법 2 인칭 복수
★ ἐστιν – εἰμί의 현재 직설법 3 인칭 단수

20. **ἴδετε** πάντες ὑμεῖς τὰς χεῖράς μου· οὐ γὰρ **ἐποίησαν** αὗται αἱ
보아라 모두 너희는 손들을 나의 아니 왜냐하면 행했다 이
χεῖρες ὧν **λέγουσιν** ἐκεῖνοι οὐδέν.
손들이 ~는 것들 중 말하다 저 사람들이 아무것도[중성단수대격]

해석: 너희 모두는 나의 손들을 보아라. 왜냐하면 이 손들은 저 사람들이 말하는 것들 중 아무 것도 행하지 않았기 때문이다.

ὧν은 독립적 용법으로 쓰인 관계대명사[중성]이며, 속격은 '~ 중에서'[out of]의 의미를 갖는다.

★ ἴδετε [← εἶδον] – βλέπω의 2과거 능동태 명령법 2인칭 복수 **Verb 1b**
★ ἐποίησαν – ποιέω 의 1 과거 능동태 직설법 3 인칭 복수
★ λέγουσιν – λέγω 의 현재 능동태 직설법 3 인칭 복수

29과

현재완료시제

핵심문법요약

Gram 225. 현재완료시제 (Perfect Tense) **개관**

현재완료시제의 기본개념은 이렇다. 화자가 어떤 행위나 동작을 현재완료로 표현한다면 그 동작은 화자의 발화시점 이전에 발생했음을 의미하는 것이며, 동시에 그 동작의 결과가 현재의 발화시점까지도 지속되고 있음을 나타낸다. 예를 들어, '나는 두 개의 빌딩을 지었다' (부정과거적 표현) 라고 했을 때 그것은 '두 개의 빌딩'이 현재 남아있는 건물일 수도 있고, 혹은 그 중 하나의 건물이 붕괴되어 현재로선 하나의 건물만 남아있을 수도 있는 여러 가능성을 열어놓는다. 그러나 '나는 두 개의 빌딩을 지어놓았다' (현재완료적 표현) 라고 했다면 그것은 현재에도 두 개의 건물이 모두 존속하고 있음을 말한다. 후자의 진술은 과거동작의 '현재적 결과'를 강조하는 것으로 파악하는 것이 자연스럽겠으나, 때론 문맥에 따라서 화자의 업적이 이미 '과거'의 시점에 이룩한 것임을 동시에 강조하는 말이 될 수도 있겠다. 어찌되었든, 현재완료적 표현은 과거에 발생한 동작의 결과가 현재에도 지속되고 있음에는 틀림없지만, 그 강조점이 어디에 놓여있느냐 하는 것은 동사의 의미속성과 문맥에 따라 좌우된다.

한가지 주의해야 할 것은, 우리가 흔히 영문법을 통해 알고 있는 바 'have+pp'의 현재완료구문이 가져오는 다양한 해석들(완료된 동작, 현재의 결과, 경험, 계속)이 헬라어의 현재완료에도 그대로 적용되는 것은 아니라는 사실이다. 헬라어의 현재완료 용법에는 '경험'의 항목이 빠져있다. 더 나아가, 헬라어에서 현재완료를 사용한 표현들을 영어로 옮길 경우 모두 'have+pp' 구문이 되지는 않는다. 일례로 헬라어에서 '알고 있다'라는 의미의 현재완료동사 **οἶδα**나 **ἔγνωκα**는 영어에선 대개 'know'로(cf. 막10:19), '서 있다'라는 의미의 현재완료동사 **ἕστηκεν**은 그냥 'stands'로 번역된다(cf. 요1:26). 이는 현재적 의미를 표현함에 있어서 정지상(stative)에 속하는 동사들을 영어와 헬라어에서 각각 다르게 표현하고 있기 때문이다. 또한 특정 문맥에서 헬라어의 현재완료동사가 '현재의 결과'보다는 '완료된 동작'에 더 큰 강조가 놓여있다고 판단한 역본들은 과거시제로 번역해 놓는가 하면, 전자에 더 큰 강조점이 놓여있다고 판단한 역본들은 'have+pp'구문으로 번역해 놓는다.[1] 또한 대

[1] Cf. 고전15:3-4 : '우리를 위하여 죽으셨고, 장사지낸 바 되셨으며, 사흘만에 일으킴 받아계신다[he has been raised]'(ASV) vs. '사흘만에 일으킴 받으셨다[he was raised]' (NIV, RSV). 일례로

개의 경우 영어 사용자들은 현재완료구문을 '현재적 결과'보다는 '동작의 완료'를 강조하는 것으로서 더 자연스럽게 받아들이기 때문에 헬라어의 현재완료를 해당 문맥의 고려없이 기계적으로 'have+pp' 라고 옮겨놓는 것은 해석적인 문제를 야기시킬 수 있다고 지적되기도 한다(cf. Wallace, *Basics* 247). 한편, 한국어는 영어와 마찬가지로 현재완료시제를 어휘소(lexeme)에 나타내고 있지 않으며, 영어에서 조동사 have가 사용되고 있는 것과 유사하게 한국어는 보조용언(~해 놓았다/~해 왔다)을 사용하여 현재완료적 개념을 나타낸다. 그러므로 헬라어의 현재완료를 한국어로 옮길 경우에는 문맥에 따라 가장 적합한 보조용언을 사용하여 그 의미를 드러내야 할 것이다.

헬라어의 현재완료동사는 문맥에 따라서 (1) 이미 종료된 일을 강조하거나(Consummative or Extensive Perfect),[2] (2) 과거에서 현재까지 반복되어 온 일(사건의 반복성 내지 계속성)을 나타내거나(Iterative Perfect),[3] 혹은 (3) 과거사건의 결과가 현재에도 지속되고 있음을 강조하는 식(Intensive or Resultative Perfect)으로 해석될 수 있다.[4] 이 밖에도 (4) 과거의 사건을 생생하게 전달하기 위해 현재시제나 현재완료시제를 사용하는가 하면(Dramatic Perfect),[5] (5) 특정한 정지상(stative)의 동사들을 사용할 때에 일관성 있게 현재완료를 사용하기도 한다. 이들 중 어떤 뉘앙스로 사용되었는가는 개별 문맥에 따라 판단해야 할 것이다(cf. Young 126-130; Wallace, *Basics* 246-250).

Gram 226. λύω의 현재완료 능동태 직설법 (Perfect Active Indicative)

	단수	복수
1인칭	λέλυκα	λελύκαμεν
2인칭	λέλυκας	λελύκατε
3인칭	λέλυκε(ν)	λελύκασι(ν) (혹은 λέλυκαν)

Cf. 3인칭 복수의 인칭꼬리는 가끔 σι(ν)가 아닌 ν를 빌어올 경우가 종종 있다(BDF §83).

Young(127)과 Wallace(*Basics* 248)는 이 한 구절을 놓고 서로 다른 용법에 귀속시키고 있다.

[2] Cf. '내가 선한 싸움을 나 싸웠고[have fought], 달려갈 길을 마쳤고[have finished], 믿음을 지켰다[have kept] (딤후4:7)

[3] Cf. '이 글은 생명의 말씀에 관한 것이다. 그것은 ... 우리가 들어온 것이요[have heard], 우리가 눈으로 보아온 것이요[have seen]' (요1서 1:1); '나를 보내신 아버지께서 나에 대해 친히 증거해오셨다[has testified]'(요5:37)

[4] Cf. '우리를 위하여 죽으셨고, 장사지낸 바 되셨으며, 사흘만에 일으킴 받아계신다[has been raised]' (고전15:3-4).

[5] Cf. '요한이 그에 대해 증언하고 (다음과 같이) 외쳐놓는다'[has cried out]' (요1:15).

Gram 227. 현재완료동사의 어형성 (Word formation)

현재완료 능동태 어형은 헬라어의 여섯 개 기본형들 중 네번째 기본형에 속하는 것으로서(cf.**Gram73**) 사전을 통해서만 그 정확한 어형을 확인할 수 있다. 현재완료의 시상접미어는 κα이다. 그리고 현재완료어형은 맨앞에 줄기의 첫 자음을 중복하여 놓고 그 사이에 모음 ϵ을 끼워놓는다(예: γεγέννηκα ◂ γεννάω). 만일 어떤 동사가 앞 자음을 중복시키면서 그 가운데 ϵ을 삽입해 놓고 있다면 그것은 거의 현재완료 시제임을 나타내는 것이나 다름없다. 그러나 어떤 동사들은 첫자음의 중복 없이 줄기 앞에 ϵ만 붙여놓기도 한다(예: ἔγνωκα ◂ γινώσκω). 만일 줄기의 첫 철자가 모음으로 시작하는 경우라면 대개 그 모음을 길게 해준다(예: ἤλπικα ◂ ἐλπίζω). 그러나 모음과 그 뒷자음을 함께 중복시킨 후 좀더 불규칙적인 줄기를 형성하는 경우도 있다(예: ἀκήκοα ◂ ἀκούω). 한편, 줄기가 φ, θ, χ 로 시작하는 경우 기음(aspirate)의 중복을 막고 편안한 발음을 하고자 탈기음화(deaspirate)된 자음(π, τ, κ)을 대신 중복하게 된다(예: φιλέω/πεφίληκα; θνήσκω/τέθνηκα; χειμάζω/κεχείμακα). 지금까지 기술한 현재완료의 첫자음 중복패턴은 어디까지나 완료줄기의 대략적인 특징을 말한 것이지 완료줄기 전체를 만들어내는 공식은 아니다.

단축동사의 경우엔 직설법의 다른 기본형들(**Gram168**)과 마찬가지로 아주 규칙적인 줄기를 갖는 편이며 줄기끝모음들은 현재완료인칭꼬리들 앞에서 길어진다. 그러나 불규칙적인 줄기를 갖거나 혹은 줄기끝모음들이 길어지지 아니하는 경우도 있으므로 그 정확한 어형은 언제나 사전을 통해 확인하는 수 밖에 없다(cf. ὁράω/ἑώρακα, θλάω/τέθλακα).

결론을 말하자면, 개별동사들의 현재완료능동태 직설법 어형은 사전을 통해서만 그 정확한 형태를 확인할 수 있기에 직설법의 네번째 기본형에 속하게 되며, 이 네번째 기본형은 직설법 이외의 나머지 법(분사, 부정사, 희구법) 어형들을 굴절시키는 근간이 된다.

Gram 228. 현재완료 제2형태 (Perfect Active Indicative Second Form)

	단수	복수
1인칭	γέγονα	γεγόναμεν
2인칭	γέγονας	γεγόνατε
3인칭	γέγονε(ν)	γεγόνασι(ν) (혹은 γέγοναν)

현재완료 시상접미어의 자음 κ를 빠뜨린 채 어형을 형성하는 경우 이것을 현재완료 제2형태라 칭한다. 현재완료 제2형태를 갖게 되는 것은 동사의 줄기끝철자가 어느 특정한 철자이기 때문이기도 하며 혹은 개별 동사의 임의적이고 고유한 속성에 따

른 것일 뿐이기도 하다.[6] 메이첸교본의 범위에서 현재완료 제2형태에 해당하는 동사들로는 다음의 것들이 있다: ἀκήκοα (ἀκούω), γέγραφα (γράφω), γέγονα (γίνομαι), ἐλήλυθα (ἔρχομαι).

Gram 229. λύω의 현재완료 중간태/수동태 직설법 (Perfect Middle/Passive Indicative)

	단수	복수
1인칭	λέλυμαι	λελύμεθα
2인칭	λέλυσαι	λέλυσθε
3인칭	λέλυται	λέλυνται

현재완료 중간/수동태 직설법은 사전을 통해서만 그 정확한 어형을 확인할 수 있다. 그러므로 헬라어 동사의 여섯 개 기본형들 중 다섯번째 기본형에 속한다. 특히 인칭꼬리들은 현재 중간/수동태 직설법 꼬리들인데(cf. **Gram91**) 연결모음이 없이 현재완료 중간/수동 '줄기'에 붙는다. 문제는 이 '줄기'가 어떠한 철자를 가지게 될 것이냐 하는 것이며 그것은 사전을 통해서만 알 수 있는 것이다.

Cf. γίνομαι, γενήσομαι, ἐγενόμην, γέγονα, **γεγένημαι**, ἐγενήθην.

특히 이 '고유한 줄기'의 끝 철자가 모음일 경우에는 대개 길어지게 되며(ἀγαπάω/ἠγάπημαι), 자음일 경우엔 인칭꼬리들(μαι/σαι/ται/μεθα/σθε/νται) 앞에서 음운적 갈등을 겪고 그 철자를 바꾸게 된다(cf. 이러한 음운변화가 발생하는 까닭은 연결모음 없이 인칭꼬리들을 취했기 때문이다).

이 다섯번째 기본형의 '고유한 줄기' 끝 자음이 어떤 계열의 철자인지의 여부에 따라서 아래(**Gram230**)와 같은 패턴에 따라 음운적 변화를 갖게 된다. 그러므로 사전에서 **현재완료중간/수동태 1인칭 단수** 어형을 확인한 후에는 아래의 패턴을 따라서 나머지 어형들을 갖게 된다(cf. Mounce, *Morphology* 117-18).[7]

---

[6] Cf. 그 밖의 현재완료 제2형태들은 다음과 같다(cf. Mounce, *Morphology* 110): ἀκήκοα ἀνέῳγα, γέγραφα, διατεταχα, ἐλήλυθα, κέκραγα, ὄλωλα, σέσηπα etc. Cf. ἀπέκταγκα ἀνήγγελκα.

[7] 메이첸(§449)은 γράφω의 현재완료 중간/수동태 어형이 단수1인칭에서 γέγραμμαι가 되지만 이것이 어떻게 단수 3인칭에서는 γέγραπται가 되는지에 관해 어떤 일관된 체계를 세울 수 없음을 전제하고 오직 개별동사들의 실제 용례들을 관찰한 후에야 그 정확한 어형을 알 수 있을 것이라고 설명한다. 그러나 음운현상에 대한 현대언어학의 연구 덕택에 지금은 단수1인칭 어형을 사전에서 확인한 후에 나머지 어형들을 정확히 예측할 수 있게 되었다. 예를 들어, γέγραμμαι는 줄기끝철자가 순음(labial) 계열이기 때문에 μαι앞에서 μ로 변한 것임을 알 수 있으며, 이는 다시 σαι 앞에서 ψ로, ται 앞에서는 π로 변할 것임을 예측할 수 있게 한다.

Gram 230. 현재완료 중간태/수동태 음운변화 패러다임

(1) 단수 1인칭 어형이 -μμαι 일 경우

	단수		복수	
1인칭	순음 (labial)	+ μαι ► μμαι [8]	순음 (labial)	+ μεθα ► μμεθα
2인칭		+ σαι ► ψαι		+ σθε ► φθε [9]
3인칭		+ ται ► πται [10]		εἰσὶ + -μμενοι

Cf. 3인칭 복수는 인칭꼬리 νται를 취에서 음운변화를 갖는 대신 우언적 인칭변화(periphrastic conjugation)를 취하여 εἰμί 동사와 현재완료 중간/수동 분사 남성복수주격을 사용하게 된다. 이는 아래의 나머지 패턴의 경우에도 마찬가지이다(cf. Mounce, *Morphology* 118).

예:

	Sg.	Pl.
1.	γέγραμμαι	γεγράμμεθα
2.	γέγραψαι	γέγραφθε
3.	γέγραπται	εἰσὶ γεγραμμένοι

(2) 단수 1인칭 어형이 -γμαι 일 경우

	단수		복수	
1인칭	연구개음 (velar)	+ μαι ► γμαι [11]	연구개음 (velar)	+ μεθα ► γμεθα
2인칭		+ σαι ► ξαι		+ σθε ► χθε [12]
3인칭		+ ται ► κται [13]		εἰσὶ + -γμενοι

---

[8] 줄기끝자음인 순음은 μαι 앞에서 비음화되어 순음계열의 비음인 μ로 변한다.

[9] 자음 사이에 놓인 σ (interconsonantal)는 발음의 편의를 위해 탈락되며 줄기끝자음인 순음은 θ의 영향으로 기음화되어 φ가 된다(cf. Mounce, *Morphology* 118. 각주2번).

[10] 줄기끝자음인 순음은 ται 앞에서 무성음화되어 순음계열의 무성음인 π로 변한다.

[11] 줄기끝자음인 연구개음은 μαι 앞에서 유성음화되어 순음계열의 유성음인 γ로 변한다.

[12] 자음 사이에 놓인 σ (interconsonantal)는 발음의 편의를 위해 탈락되며 줄기끝자음인 연구개음은 θ의 영향으로 기음화되어 χ가 된다(cf. Mounce, *Morphology* 118. f. 3).

[13] 줄기끝자음인 연구개음은 ται 앞에서 무성음화되어 연구개 계열의 무성음인 κ로 변한다.

예:

	Sg.	Pl.
1.	δεδίωγμαι	δεδιώγμεθα
2.	δεδίωξαι	δεδίωχθε
3.	δεδίωκται	εἰσὶ δεδιωγμένοι

(3) 단수 1인칭 어형이 -σμαι 일 경우

	단수		복수	
1인칭	치음 (dental)	+ μαι ► σμαι [14]	치음 (dental)	+ μεθα ► σμεθα
2인칭		+ σαι ► σαι		+ σθε ► σθε [15]
3인칭		+ ται ► σται [16]		εἰσὶ + -σμενοι

예:

	Sg.	Pl.
1.	πέπεισμαι	πεπείσμεθα
2.	πέπεισαι	πέπεισθε
3.	πέπεισται	εἰσὶ πεπεισμένοι

cf. 단축동사의 현재완료 중간/수동태 직설법

		γεννάω	ποιέω	φανερόω
1 sg	μαι	γεγέννημαι	πεποίημαι	πεφανέρωμαι
2 sg	σαι	γεγέννησαι	πεποίησαι	πεφανέρωσαι
3 sg	ται	γεγέννηται	πεποίηται	πεφανέρωται
1 pl	μεθα	γεγεννήμεθα	πεποιήμεθα	πεφανερώμεθα
2 pl	σθε	γεγέννησθε	πεποίησθε	πεφανέρωσθε
3 pl	νται	γεγέννηνται	πεποίηνται	πεφανέρωνται

Cf. 단축동사의 줄기끝모음들은 – 직설법의 다른 기본형들에서와 마찬가지로 – 특별한 이유없이 시상접미어 앞에서 길어지지 않기도 하는데, 현재완료 중간/수동태 직설법에 있어서도 그러한 예를 얼마든지 찾아볼 수 있다(cf. Mounce, *Morphology* 271–72, 281).

[14] 줄기끝자음인 치음은 μαι 앞에서 σ로 변한다. 이에 대한 설명은 여러가지가 될 수 있겠는데 Smyth(409b)를 참조하라.

[15] 줄기끝철자인 치음은 σ 앞에서 발음의 편의를 위해 사라진다.

[16] 줄기끝철자인 치음은 ται 앞에서 발음의 편의를 위해 이화현상을 일으켜 σ가 된다.

Gram 231. 현재완료 능동태 분사 (Perfect Active Participle)

	남성	여성	중성
N sg	λελυκώς	λελυκυῖα	λελυκός
G sg	λελυκότος	λελυκυίας	λελυκότος
D sg	λελυκότι	λελυκυίᾳ	λελυκότι
A sg	λελυκότα	λελυκυῖαν	λελυκός
N pl	λελυκότες	λελυκυῖαι	λελυκότα
G pl	λελυκότων	λελυκυιῶν	λελυκότων
D pl	λελυκόσι(ν)	λελυκυίαις	λελυκόσι(ν)
A pl	λελυκότας	λελυκυίας	λελυκότα

현재완료 능동태 분사는 **현재완료 능동태 직설법 줄기에서 굴절**된다(cf. **Gram106**). 특히 남성/중성과 여성의 분사 형태소는 각각 **οτ**와 **υσ**로서 여성이 구분되어 있음에 주의하라(cf. **Gram100**). 남성/중성 분사의 경우, 현재완료분사줄기의 τ는 단수주격 격꼬리 시그마 앞에서 음운적 갈등으로 인해 사라지고 모음 **ο**는 ω로 길어진다. 한편, 여성분사는 현재완료줄기에 **υσ**가 더해진 후 격꼬리 **ια**가 붙게 된다. 이때 시그마는 모음 사이에 놓여 탈락하며 결국 **-υια**형태를 취하게 된다(cf. Mounce, *Morphology* 157-58). 남성/중성 복수여격에서 τ의 소실에도 불구하고 **ο**는 길어지지 않음에 주의하라(-οτ +σιν → οσιν).

Cf. 현재완료능동태 분사는 액센트가 시상접미어 자음(κ) 뒤에 오고 있음에 주의하라. 또한 18, 19, 20과에서 배운 분사의 어형성과는 달리, 완료분사는 접두어(혹은 접두모음)를 제거하지 않은 채로 분사의 어형을 형성한다.

예1: ἀκήκοα	►	ἀκηκοώς	ἀκηκοῦια	ἀκηκοός
(ἀκούω)		ἀκηκοότος	ἀκηκουίας	ἀκηκοότος
예2: ἠγάπηκα	►	ἠγαπηκώς	ἠγαπηκυῖα	ἠγαπηκόν
(ἀγαπάω)		ἠγαπηκότος	ἠγαπηκυίας	ἠγαπηκότος

Gram 232. 현재완료 중간태/수동태 분사 (Perfect Middle/Passive Participle)

	남성	여성	중성
N sg	λελυμένος	λελυμένη	λελυμένον
G sg	λελυμένου	λελυμένης	λελυμένου
	(이하생략)	(이하생략)	(이하생략)

현재완료 중간/수동태 분사는 **현재완료 중간/수동태 직설법 줄기에 기초**해서 굴절된다. 직설법 줄기에다 현재분사 중간/수동꼬리를 연결모음 없이 붙여 만들되, 이때 액센트는 줄기에 오지 않음에 주의하라. 또한 현재완료 능동분사와 마찬가지로 직설법 줄기의 접두모음은 제거하지 않은 채 분사어형을 형성한다.

원형	현재완료 중간/수동 직설법 기본형	현재완료중간/수동 남성분사	현재완료중간/수동 여성분사	현재완료중간/수동 남성분사
γράφω	γέγραμμαι	γεγραμμένος	γεγραμμένη	γεγραμμένον
διώκω	δεδίωγμαι	δεδιωγμέμος	δεδιωγμέμη	δεδιωγμέμον
πείθω	πέπεισμαι	πεπεισμένος	πεπεισμένη	πεπεισμένον
ἀγαπάω	ἠγάπημαι	ἠγαπημένος	ἠγαπημένη	ἠγαπημένον

Gram 233. 현재완료 부정사 (Perfect Infinitives)

(1) **현재완료 능동태**(Active) **부정사:** λελυκέναι [← λέλυκα]
현재완료능동태 줄기에다 현재완료능동 부정사꼬리 εναι를 붙인다. 이때 액센트는 불규칙적으로 피널트에 붙는다.

Cf. 현재완료능동 제2형태 부정사: γεγονέναι [← γέγονα]

(2) **현재완료 중간/수동태**(Middle/Passive) **부정사:** λελῦσθαι [← λέλυμαι]
현재완료 중간/수동태 줄기에다 현재 중간/수동태 부정사꼬리(εσθαι)를 연결모음 없이 붙인다. 이때 액센트는 불규칙적으로 피널트에 붙는다. 특히 εσθαι 앞에서 줄기끝모음은 항상 길어져 써컴플렉스가 표기된다.

예: γεγεννῆσθαι, πεποιῆσθαι, πεφανερῶσθαι

Gram 234. 〈참고〉 현재완료 가정법 (Perfect Subjunctive)

신약에 소개되고 있는 현재완료 가정법 어형은 οἶδα의 완료가정법인 εἰδῶ 뿐이다.

	단수	복수
1인칭	εἰδῶ	εἰδῶμεν
2인칭	εἰδῇς	εἰδῆτε
3인칭	εἰδῇ	εἰδῶσιν

Cf. 고전13:2

그외 다른 동사들의 현재완료 가정법은 어형이 따로 있지는 않으며, 아래와 같이 εἰμί 동사와 현재완료분사를 함께 사용함으로써 표현한다(cf. 이른바 우언적 인칭변화 Periphrastic Conjugation 라 칭함).[17]

〈현재완료 능동태 가정법의 우언적 표현〉

	단수	복수
1인칭	λελυκώς ὦ	λελυκότες ὦμεν
2인칭	λελυκώς ᾖς	λελυκότες ἦτε
3인칭	λελυκώς ᾖ	λελυκότες ὦσι(ν)

Cf. 단수의 표현에는 남성단수주격 분사가 쓰이며, 복수의 표현에는 남성복수주격 분사가 쓰인다. 이것은 아래 현재완료 중간/수동태 가정법의 경우에도 마찬가지이다.

〈현재완료 중간/수동태 가정법의 우언적 표현〉

	단수	복수
1인칭	λελυμένος ὦ	λελυμένοι ὦμεν
2인칭	λελυμένος ᾖς	λελυμένοι ἦτε
3인칭	λελυμένος ᾖ	λελυμένοι ὦσι(ν)

Gram 235. 과거완료 능동태 직설법 (Pluperfect Active Infinitives)

	단수	복수
1인칭	(ἐ)λελύκειν	(ἐ)λελύκειμεν
2인칭	(ἐ)λελύκεις	(ἐ)λελύκειτε
3인칭	(ἐ)λελύκει	(ἐ)λελύκεισαν

과거완료 능동태 직설법은 **네번째 기본형(=현재완료능동태직설법)에서 굴절**된다(cf. **Gram106**). 과거완료능동태는 현재완료줄기의 시상접미어 자음(κ)을 그대로 포함한 채 연결모음 ει를 사용하여 위와 같은 인칭꼬리들을 취하게 된다. 특히 현재완료의 줄기 맨 앞에 접두모음 ε을 추가하기도 하는데, 붙이지 않고 생략하는 경우도 많기에 위의 표에서는 괄호 안에 표기해 두었다.

---

[17] Cf. Robertson, *Short* 461a; Mounce, *Morphology* 133-34; Buist M. Fanning, *Verbal Aspect in New Testament Greek* (Clarendon Press, Oxford: 1990) pp. 396-7.

Cf. 과거완료 제2형태는 아래와 같다.

	ἀκούω (cf.LXX 삼상14:27)	
1.	ἀκηκόειν	ἀκηκόειμεν
2.	ἀκηκόεις	ἀκηκόειτε
3.	ἀκηκόει	ἀκηκόεισαν

	γράφω	
1.	(ἐ)γεγράφειν	(ἐ)γεγράφειμεν
2.	(ἐ)γεγράφεις	(ἐ)γεγράφειτε
3.	(ἐ)γεγράφει	(ἐ)γεγράφεισαν

Gram 236. 과거완료 중간태/수동태 직설법 (Pluperfect Middle/Passive Infinitives)

	단수	복수
1인칭	(ἐ)λελύμην	(ἐ)λελύμεθα
2인칭	(ἐ)λέλυσο	(ἐ)λέλυσθε
3인칭	(ἐ)λέλυτο	(ἐ)λέλυντο

과거완료 중간/수동태 직설법은 **현재완료 중간/수동태 직설법에서 굴절**됨에 주의하라(cf.**Gram106**). 현재완료 중간/수동태 직설법 줄기에 미완료 중간/수동 인칭꼬리(**Gram68**, **Gram91**)를 연결모음 없이 붙인다. 이때 인칭꼬리들 앞에서 줄기끝철자가 자음인 경우 **Gram230**과 같이 음운변화를 갖는다(cf.Mounce, *Morphology* 120).

	γράφω	διώκω	πείθω	ποιέω
1 sg	(ἐ)γεγράμμην	(ἐ)δεδιώγμην	(ἐ)πεπείσμην	(ἐ)πεποιήμην
2 sg	(ἐ)γέγραψο	(ἐ)δεδίωξο	(ἐ)πέπεισο	(ἐ)πεποίησο
3 sg	(ἐ)γέγραπτο	(ἐ)δεδίωκτο	(ἐ)πέπειστο	(ἐ)πεποίητο
1 pl	(ἐ)γεγράμμεθα	(ἐ)δεδιώγμεθα	(ἐ)πεπείσμεθα	(ἐ)πεποιήμεθα
2 pl	(ἐ)γέγραφθε	(ἐ)δεδίωχθε	(ἐ)πέπεισθε	(ἐ)πεποίησθε
3 pl	ἦσαν γεγραμμένοι	ἦσαν δεδιωγμένοι	ἦσαν πεπεισμένοι	ἦσαν πεποιημένοι

Gram 237. 헬라어의 4개 주요 시상접미어들 (Tense Formatives)

헬라어의 특정시제를 나타내는 시상접미어들은 자음을 포함하는 것들과 자음을 누락시킨 제2형태의 것들로 나누어진다. 특히 자음을 포함하고 있는 주요 4개 시상접미어들(미래/과거/과거수동/현재완료)은 대개 동사의 줄기끝모음들을 길게 만들며(cf. 특히 단축동사들, α/ϵ ► η; ο ► ω), 줄기끝철자가 자음인 경우 시상접미어들과 음운적 갈등을 일으켜 철자에 형태적 변화를 일으킨다. 이들 시상접미어들은 해당시제를 파악하는데 있어서 주요한 구분점으로 삼아야 할 것이다(cf. Mounce, *Morphology* 76-77).

미래시상접미어	σ	λύσω
과거시상접미어	σα	ἔλυσα
과거수동시상접미어	θϵ(θη)	ἐλύθην
과거수동 제2형태 시상접미어	ϵ(η)	ἐγράφην
미래수동태시상접미어	θησ	λυθήσομαι
미래수동태 제2형태 시상접미어	ησ	γραφήσομαι
현재완료(과거완료) 시상접미어	κα	λέλυκα (ἐλελύκειν)
현재완료 제2형태 시상접미어	α	γέγραφα
		Cf. 과거완료 ἐγεγράφειν

단어공부

명 사: Πέτρος, ὁ (Peter 베드로)

동 사: γεννάω (I beget 낳다)
ἐγγίζω (I come near 가까이 오다/가까이 가다)
μαρτυρέω (I bear witness 증거하다)
πληρόω (I fulfil 성취하다)

ἐρρέθην (I was said 언급되어졌다)
— λέγω의 과거 수동태 직설법.

τέθνηκα (I am dead 죽어있다)
— θνήσκω의 현재완료 능동태 직설법.
Cf. 현재완료 및 과거완료 이외의 시제에서는 ἀποθνήσκω를 사용한다.

ἀκήκοα (I have heard 들었다)
— ἀκούω의 현재완료 능동태 직설법.

γέγραφα (I have written 써놓았다)
— γράφω의 현재완료 능동태 직설법.
γέγονα (I have become 되어있다)
— γίνομαι의 현재완료 능동태 직설법.
ἔγνωκα (I have known 알고있다)
— γινώσκω의 현재완료 능동태 직설법.
ἐλήλυθα (I have come 와있다)
— ἔρχομαι의 현재완료 능동태 직설법.
ἑώρακα (I have seen 보았다)
— βλέπω(ὁράω)의 현재완료 능동태 직설법.

βεβάπτισμαι (I have been baptized 내가 세례받아 놓았다)
— βαπτίζω의 현재완료 수동태 직설법.
ἐγήγερται (he has been raised up 그가 일으킴 받아 있다)
— ἐγείρω의 현재완료 수동태 직설법 3인칭 단수.

연습문제

1. οὐδείς **ἐστιν** δίκαιος κατὰ τὸν νόμον εἰ μὴ ὁ **ποιήσας** πάντα τὰ
아무도 ~이다 의로운 ~을 따라서 그 율법을 ~을 제외하곤 행하신 분 모든
γεγραμμένα ἐν τῷ βιβλίῳ τοῦ νόμου.
기록되어 있는 것들을 책 안에 그 율법의

해석: 그 율법의 책에 기록되어 있는 모든 것들을 행하신 분을 제외하곤 아무도 그 율법을 따라서는(의해서는) 의롭지 못하다.

εἰ μή ~가 아니고선/제외하곤(except).

★ ἐστιν – εἰμί의 현재 직설법 3인칭 단수

★ ποιήσας [← ἐποίησα] – ποιέω 의 1 과거 능동태 분사 남성 단수 주격

★ γεγραμμένα [← γέγραμμαι] – γράφω 의 현재완료 수동태 분사 중성 복수 대격

2. **εὐηγγελίσατο** πάντα τὸν λαὸν **λέγων** ὅτι **ἤγγικεν** ἡ βασιλεία τῶν
그가 좋은 소식을 전했다 모든[남단대] 백성에게 말하면서 (that) 가까이 와있다 왕국이
οὐρανῶν.
하늘들의

해석: 그는 하늘들의 나라가 가까이 와있다는 좋은 소식을 모든 백성에게 전했다.

★ εὐηγγελίσατο – εὐαγγελίζω의 1과거 중간태 직설법 3인칭 단수

★ λέγων – λέγω 의 현재 능동태 분사 남성 단수 주격

★ ἤγγικεν – ἐγγίζω 의 현재완료 능동태 직설법 3 인칭 단수

3. ὃ **ἑωράκαμεν** καὶ **ἀκηκόαμεν** **λέγομεν** καὶ ὑμῖν, ἵνα καὶ ὑμεῖς
~ 것을 우리가 보아왔다 그리고 우리가 들어왔다 우리가 말한다 ~까지도 너희에게 ~까지도 너희가
πιστεύσητε εἰς τὸν Χριστόν.
믿기 위해 그리스도를

해석: 우리가 보고 들어온 바를 너희에게까지 말함은 너희도 그리스도를 믿게 하기 위함이다.

★ ἑωράκαμεν – ὁράω[=βλέπω]의 현재완료 능동태 직설법 1인칭 복수

★ ἀκηκόαμεν – ἀκούω 의 현재완료 능동태 직설법 1 인칭 복수

★ λέγομεν – λέγω 의 현재 능동태 직설법 1 인칭 복수

★ πιστεύσητε [← ἐπίστευσα] – πιστεύω 의 1 과거 능동태 가정법 2 인칭 복수

4. καὶ ἐν τούτῳ **γινώσκομεν** ὅτι **ἐγνώκαμεν** αὐτόν, ἐὰν τὰς ἐντολὰς
그리고 이것 안에서 우리가 안다 (that) 우리가 알아놓았다 그를 만일 계명들을
αὐτοῦ **τηρῶμεν**.
그의 우리가 지킨다면

해석: 그리고 만일 우리가 그의 계명들을 지킨다면 우리는 이것으로써(이로써) 우리가 그를 알았음(have known)을 안다. (cf. 요1서 2:3)

ἐν τούτῳ – by this/ in this Cf. 요13:35.

★ *γινώσκομεν* – γινώσκω의 현재 능동태 직설법 1인칭 복수

★ *ἐγνώκαμεν* –γινώσκω 의 현재완료 능동태 직설법 1 인칭 복수

★ *τηρῶμεν* –τηρέω 의 현재 능동태 가정법 1 인칭 복수

5\. ὁ **ἀγαπῶν** τὸν **γεννήσαντα** **ἀγαπᾷ** τὸν **γεγεννημένον** ἐξ αὐτοῦ.
사랑하는 자는 낳으신 분을 사랑한다 낳음받은 이를 그로부터

해석: 낳으신 분을 사랑하는 자는 그로부터 낳음받은 이를 사랑한다.

★ *ἀγαπῶν* – ἀγαπάω의 현재 능동태 분사 남성 단수 주격

★ *γεννήσαντα* [← ἐγέννησα] – γεννάω 의 1 과거 능동태 분사 남성 단수 대격

★ *ἀγαπᾷ* –ἀγαπάω 의 현재 능동태 직설법 3 인칭 단수

★ *γεγεννημένον* [← γεγέννημαι] – γεννάω 의 현재완료 수동태 분사 남성 단수 대격

6\. πᾶς ὁ **γεγεννημένος** ἐκ τοῦ θεοῦ οὐχ **ἁμαρτάνει**, ἀλλ' ὁ **γεννηθεὶς**
~마다 낳음받아 있는 자 하나님으로부터 아니 죄짓는다 오히려 난 자가
ἐκ τοῦ θεοῦ **τηρεῖ** αὐτόν.
하나님으로부터 지킨다 그를

해석: 하나님으로부터 낳음받아 있는 자마다 죄짓지 않으며, 오히려 하나님으로부터 난 자가 그를 지키신다. (cf. 요1서 5:18)

★ *γεγεννημένος* [← γεγέννημαι] – γεννάω의 현재완료 수동태 분사 남성 단수 주격

★ *ἁμαρτάνει* –ἁμαρτάνω 의 현재 능동태 직설법 3 인칭 단수

★ *γεννηθεὶς* [← ἐγεννήθην] – γεννάω 의 과거 수동태 분사 남성 단수 주격

★ *τηρεῖ* –τηρέω 의 현재 능동태 직설법 3 인칭 단수

7\. τοῦτο **γέγονεν**, ὅτι οὕτως **γέγραπται** διὰ τοῦ προφήτου.
이것이(이 일) 발생했다 왜냐하면 그와 같이 그것이 기록되어 있다 그 선지자를 통하여

해석: 이 일이 발생했다(일어났다). 왜냐하면 그 선지자를 통해 (그것이) 그와 같이 기록되어 있기 때문이다.

γίνομαι는 take place 의 의미를 지니며, 현재완료로 쓰인 것은 발생한 사건의 결과가 화자의 발화시점까지도 여전히 지속되고 있음을 나타내 준다.

★ *γέγονεν* – γίνομαι의 현재완료 능동태 직설법 3인칭 단수

★ *γέγραπται* –γράφω 의 현재완료 수동태 직설법 3 인칭 단수

8. τὸ **γεγεννημένον** ἐκ τῆς σαρκὸς σάρξ **ἐστιν**, καὶ τὸ **γεγεννημένον**
낳음받은 것은 육체로부터 육 ~이다 그리고 낳음받은 것은
ἐκ τοῦ πνεύματος πνεῦμά **ἐστιν**.
영으로부터 영 ~이다

해석: 육체로부터 난 것은 육이요, 영으로부터 난 것은 영이다. (cf. 요3:6)

★ γεγεννημένον [← γεγέννημαι] – γεννάω의 현재완료 수동태 분사 중성 단수 대격

★ ἐστιν –εἰμί의 현재 직설법 3 인칭 단수

9. αὕτη δέ **ἐστιν** ἡ κρίσις, ὅτι τὸ φῶς **ἐλήλυθεν** εἰς τὸν κόσμον καὶ
이것은 그러나 ~이다 그 심판 왜냐하면 그 빛이 와있다 세상 안으로 그리고
ἠγάπησαν οἱ ἄνθρωποι τὸ σκότος.
사랑했다 그 사람들이 그 어두움을

해석: 그러나 이것이 심판이니 곧 빛이 세상에 와있으되 사람들은 어두움을 사랑했다는 것이다. (cf. 요3:19)

ὅτι 이하의 사실은 ἡ κρίσις 와 동격을 이룬다.

★ ἐστιν – εἰμί의 현재 직설법 3인칭 단수

★ ἐλήλυθεν –ἔρχομαι 의 현재완료 능동태 직설법 3 인칭 단수

★ ἠγάπησαν –ἀγαπάω 의 1 과거 능동태 직설법 3 인칭 복수

10. **ἔλεγον** οὖν οἱ Ἰουδαῖοι τῷ **τεθεραπευμένῳ** Οὐκ **ἔξεστιν ποιῆσαι**
말하고 있었다 그러므로 그 유대인들이 그 병고침 받아있는 자에게 아니 합당하다 행하기
τοῦτο.
이것을

해석: 그러므로 그 유대인들이 그 병고침 받아있는(병고침 받은) 자에게 이르기를 이것을 행하는 것이 합당치 않다고 말하고 있었다.

★ ἔλεγον – λέγω의 미완료 능동태 직설법 3인칭 복수

★ τεθεραπευμένῳ [← τεθεράπευμαι] – θεραπεύω 의 현재완료 수동태 분사 남성 단수 여격

★ ποιῆσαι [←ἐποίησα] – ποιέω 의 1 과거 능동태 부정사

11. ἐγὼ **ἐλήλυθα** ἐν τῷ ὀνόματι τοῦ πατρός μου καὶ οὐ **δέχεσθέ** με.
내가 와있다 이름으로 아버지의 나의 그리고 아니 너희가 영접한다 나를

해석: 내가 나의 아버지의 이름으로 와있으며(와있으나) 너희는 나를 영접하지 않는다.

★ ἐλήλυθα – ἔρχομαι의 현재완료 능동태 직설법 1인칭 단수

★ δέχεσθε –δέχομαι 의 현재 중간/수동태 디포넌트 직설법 2 인칭 복수

12. ἀλλ' **εἶπον** ὑμῖν ὅτι καὶ **ἑωράκατέ** με καὶ οὐ **πιστεύετε**.
그러나 내가 말했다 너희에게 (that)~까지도 너희가 보아왔다 나를 그리고 아니 너희가 믿는다

해석: 그러나 내가 너희에게 이르기를 너희는 나를 보아놓고도 믿지 아니하는도다 하였느니라. (cf. 요6:36)

★ εἶπον – λέγω의 2과거 능동태 직설법 1인칭 단수 (혹은 3인칭 복수)

★ ἑωράκατέ – ὁράω[=βλέπω]의 현재완료 능동태 직설법 2 인칭 복수

★ πιστεύετε – πιστεύω 의 현재 능동태 직설법 2 인칭 복수

13. ἐὰν μὴ **φάγητε** τὴν σάρκα τοῦ υἱοῦ τοῦ ἀνθρώπου καὶ **πίητε**
만일 아니 너희가 먹는다면 살을 아들의 그 사람의 그리고 마신다면
αὐτοῦ τὸ αἷμα, οὐκ **ἔχετε** ζωὴν ἐν ἑαυτοῖς.
그의 피를 아니 너희가 갖는다 생명을 너희 자신들 안에

해석: 만일 너희가 인자의 살을 먹지 않고 그의 피를 마시지 않는다면, 너희는 너희 자신들 안에 생명을 갖지 못한다. (cf. 요6:53)

★ φάγητε [←ἔφαγον] – ἐσθίω의 2과거 능동태 가정법 2인칭 복수

★ πίητε [←ἔπιον] – πίνω 의 2 과거 능동태 가정법 2 인칭 복수

★ ἔχετε – ἔχω 의 현재 능동태 직설법 2 인칭 복수

14. τὰ ῥήματα ἃ ἐγὼ **λελάληκα** ὑμῖν πνεῦμά **ἐστιν** καὶ ζωή **ἐστιν**.
말씀들은 (관계대명사) 내가 말해놓은 너희에게 영 ~이다 그리고 생명 ~이다

해석: 내가 너희에게 말해놓은 말씀들은 영이요 생명이다. (cf. 요6:63)

★ λελάληκα – λαλέω의 현재완료 능동태 직설법 1인칭 단수

★ ἐστιν – εἰμί의 현재 직설법 3 인칭 단수

15. **ἀπεκρίθη** αὐτῷ Πέτρος Κύριε, πρὸς τίνα **ἀπελευσόμεθα**; ῥήματα
대답했다 그분께 베드로가 주여 누구에게로 우리가 떠날 것입니까? 말씀들을
ζωῆς **ἔχεις**, καὶ ἡμεῖς **πεπιστεύκαμεν** καὶ **ἐγνώκαμεν** ὅτι σὺ **εἶ** ὁ
생명의 당신이 갖는다 그리고 우리는 믿어왔다 그리고 알아왔다 (that) 당신이 ~이나
ἅγιος τοῦ θεοῦ.
거룩한 자 하나님의

해석: 베드로가 그분께 대답했다. 주여, 우리가 누구에게로 가오리이까? 당신은 생명의 말씀들을 가지고 계시며, 또 우리는 당신이 하나님의 거룩하신 자이신줄 믿고 알아왔습니다. (cf. 요6:68)

★ ἀπεκρίθη – ἀποκρίνομαι의 과거 수동태 디포넌트 직설법 3인칭 단수

★ ἀπελευσόμεθα – ἀπέρχομαι 의 미래 중간태 디포넌트 직설법 1 인칭 복수

★ ἔχεις – ἔχω 의 현재 능동태 직설법 2 인칭 단수

★ πεπιστεύκαμεν – πιστεύω 의 현재완료 능동태 직설법 1 인칭 복수

★ ἐγνώκαμεν – γινώσκω 의 현재완료 능동태 직설법 1 인칭 복수

16. ταῦτα αὐτοῦ **λαλοῦντος** πολλοὶ **ἐπίστευσαν** εἰς αὐτόν.
이것들을 그가 말씀하실 때에 많은 이들이 믿었다 그를

해석: 이것들을 그가 말씀하실 때에 많은 사람들이 그를 믿었다.

★ λαλοῦντος – λαλέω의 현재 능동태 분사 남성 단수 속격

★ ἐπίστευσαν – πιστεύω 의 1 과거 능동태 직설법 3 인칭 복수

17. **γέγραπται** ὅτι δύο ἀνθρώπων ἡ μαρτυρία ἀληθής **ἐστιν**.
그것이 쓰여져 있다 (that) 두 사람의 증거는 참된 ~이다

해석: 두 사람의 증거는 참되다고 기록되어 있다. (cf. 요8:17)

★ γέγραπται – γράφω의 현재완료 수동태 직설법 3인칭 단수

★ ἐστιν – εἰμί의 현재 직설법 3 인칭 단수

18. ταῦτα **εἶπεν** πρὸς τοὺς **πεπιστευκότας** εἰς αὐτὸν Ἰουδαίους.
이것들을 그가 말했다 ~를 향해 믿어온 그를 유대인들(을 향해)

해석: 그를 믿어온(have believed) 유대인들을 향해(에게) 그가 이것들을 말했다.

★ εἶπεν – λέγω의 2과거 능동태 직설법 3인칭 단수

★ πεπιστευκότας [← πεπίστευκα] – πιστεύω 의 현재완료 능동태 분사 남성 복수 대격

19. νῦν δὲ **ζητεῖτέ** με **ἀποκτεῖναι**, ἄνθρωπον ὃς τὴν ἀλήθειαν ὑμῖν
지금 그러나 너희가 구한다 나를 죽이기 사람을 (관계대명사) 그 진리를 너희에게
λελάληκα, ἣν **ἤκουσα** παρὰ τοῦ θεοῦ.
내가 말해왔다 (관대) 내가 들었다 ~으로부터 하나님

해석: 그러나 지금 너희는 하나님께 들은 진리를 너희에게 말해온 사람인 나를 죽이기를 구하는도다. (cf. 요8:40)

με와 ἄνθρωπον은 동격이다.

★ ζητεῖτε – ζητέω의 현재 능동태 직설법 2인칭 복수

★ ἀποκτεῖναι [← ἀπέκτεινα] – ἀποκτείνω 의 1 과거 능동태 부정사

★ λελάληκα – λαλέω 의 현재완료 능동태 직설법 1 인칭 단수

★ ἤκουσα – ἀκούω 의 1 과거 능동태 직설법 1 인칭 단수

20. **εὐλογημένος** ὁ **ἐρχόμενος** ἐν ὀνόματι κυρίου.
축복받은 오는 자는 이름으로 주의

해석: 주의 이름으로 오시는 이는 복되도다. (cf. 마23:39)

εὐλογημένος는 주격보어로 쓰였다. 분사는 이처럼 형용사가 쓰이는 모든 위치에 올 수 있다.

★ εὐλογημένος [← εὐλόγημαι] – εὐλογέω의 현재완료 수동태 분사 남성 단수 주격

★ ἐρχόμενος – ἔρχομαι 의 현재 중간/수동태 디포넌트 분사 남성 단수 주격

30과

형용사의 비교급 외 기타

핵심문법요약

Gram 238. 비교급 형용사 (Comparative Adjectives)
비교급 형용사는 원래 두 개의 대상을 비교하는데 쓰이며, 최상급 형용사는 셋 이상의 대상을 비교할 때 쓰인다. 그러나 코이네 시대로 접어들면서 최상급 형용사는 점차로 그 사용이 줄어들고 많은 경우에 있어서 비교급 형용사가 최상급의 의미를 대신하는 경우가 생겨났다(cf. 마18:4, ὁ μείζων the greatest).[1] 반면, 최상급 형용사는 오히려 두 개의 대상을 비교하는데 사용하는 경우가 생겨났으며(cf. 요1:15, πρῶτος μου before me)[2] 최상급 본래의 목적으로 쓰인 경우로는 신약에 와서 대부분 사라졌다(Robertson, *Short* §335).[3]

헬라어 형용사는 규칙적인 것과 불규칙적인 것으로 나뉜다. 예를 들면 great □ greater □ greatest 는 형용사 원급(positive)의 일정한 줄기에 굴절접미어를 붙여서 그 비교급과 최상급을 만든 경우인데 반하여, good □ better □ best 는 다소 느닷없는 모양의 전혀다른 교체형을 보여주고 있으므로 불규칙 형용사에 해당된다. 헬라어 비교급 형용사에서 규칙적인 굴절을 갖게 될 경우엔 굴절접미어 -τερος, α, ον을, 불규칙적인 굴절을 갖게 될 경우엔 굴절접미어 –(ι)ων, ον 을 붙인다(cf. Mounce, *Morphology* 220). 물론, 어떤 형용사가 어떠한 비교급 패턴을 취할 것인가는 개별 형용사의 임의적인 속성에 귀속하므로 사전을 통해 확인해야 한다.

(1) 규칙적인 비교급 굴절접미어	τερος, α, ον	(→ 2–1–2 패턴)
(2) 불규칙적인 비교급 굴절접미어	(ι)ων, ον	(→ 3–3 패턴)

규칙적 굴절패턴을 갖는 형용사들의 경우,

---

[1] 한편, 형용사 원급은 오히려 비교의 도구가 아니라 절대적인 가치를 나타낼 때 사용되기도 한다(cf. Robertson, *Short* §335): οὐδεὶς ἀγαθὸς εἰ μὴ εἷς ὁ θεός. 하나님 한 분 외에는 누구도 선하지 않다(막10:18).

[2] 비교급처럼 쓰이는 최상급 형용사를 가리켜 'elative superlative' 라 한다. cf. 벧후1:4 μέγιστα (very great).

[3] 다음의 경우는 최상급 본래의 목적으로 쓰인 몇 안되는 예에 속한다: τὴν ἀκριβεστάτην αἵρεσιν (the strictest sect [우리종교의] 가장 엄한 파, 행26:5).

(1) 1, 2변화 격꼬리를 취하는 형용사들은 원급형용사 남성의 줄기에 τερος, α, ον을 붙이되 줄기끝모음인 ο는 아래의 원칙에 따라서 ο나 ω가 된다(cf. Robertson, *Short* 216b).[4]

(i) 원급형용사의 피널트가 단모음일 경우 → ω가 된다.
예: **νέος, α, ον** (new, young) ► **νεώτερος, α, ον** (newer, younger)

(ii) 원급형용사의 피널트가 장모음일 경우 → ο가 된다.
예: **πονηρός, ά, όν** (evil) ► **πονηρότερος, α, ον** (more evil)

(2) 한편, 3변화 형용사들은 중성 단수 주격에 τερος, α, ον을 조건없이 붙인다.

예1: **βαρύς, εῖα, ύ** (heavy) ► **βαρύτερος, α, ον** (heavier)
예2: **εὐγενής, -ές** (noble) ► **εὐγενέστερος, α, ον** (nobler)

(3) 3변화 형용사들 중 ων, -ον 꼬리를 원급으로 취하는 것들이 있다. 이들 중 규칙적인 비교급 굴절을 보이는 형용사들은 다음과 같이 τερος, α, ον을 붙인다.

예: **δεισιδαίμων, -ον** (devout) ► **δεισιδαιμονέστερος, α, ον** (more devout)

Cf. 3변화 형용사들이란, 줄기끝이 모음(ο/α)이 아닌 자음이나 반모음(υ)으로 끝나는 형용사들을 말한다(cf. **Gram183**).

Gram 239. μέγας 의 비교급 μείζων, ον 의 변화[5]

	남성/여성		중성	
주	μείζων	μείζονες = μείζους	μεῖζον	μείζονα = μείζω
속	μείζονος	μειζόνων	μείζονος	μειζόνων
여	μείζονι	μείζοσιν	μείζονι	μείζοσιν
대	μείζονα = μείζω	μείζονας = μείζους	μεῖζον	μείζονα = μείζω

[4] 어떤 비교급 형용사들은 부사에서 굴절되어 나온 것들도 있는데, 이들의 경우엔 원급 형용사가 어형공백으로 나타난다(cf. Robertson, *Short* §216d): ἄνω(up, above)→ ἀνώτερος(higher), ἔξω(outside) → ἐξώτερος(outer), κάτω(below) → κατώτερος(belower).

[5] μείζων, -ον 은 비교급의 의미가 점차로 약해져서 마치 원급형용사처럼 되어 쓰이기도 한다. 따라서 μείζων, -ον을 원급형용사로 삼아 μειζότερος 같은 비교급 어형이 새로 쓰이기도 한다(요3서1:4, cf. BAGD; Mounce, *Morphology* 220). Robertson은 이러한 어형들을 double comparison으로 설명한다(*Short* §217b); μειζότερος, ἐλαχιστότερος.

불규칙적인 비교급 굴절형을 갖는 형용사들은 위의 변화표처럼 굴절접미어 ων, -ον 를 취한다. 남성과 여성이 통합형을 취하고 중성만 따로 구분되는 이른 바 3-3 패턴이다. 앞서 언급했듯이, 어떤 형용사가 어떤 비교급 패턴을 취할런지는 사전을 통해서만 확인할 수 있다. 만일 비교급 어형이 τερος, α, ον을 취한 것으로 소개되어 있다면 그것은 형용사 원급의 줄기를 빌어와서 굴절접미어를 붙인 규칙변화이다. 그러나 비교급 어형이 ων, -ον을 취한 것으로 소개되어 있다면 그것은 형용사 원급의 어형과 상관없이 고유한 어형을 가지고 나타난 불규칙변화이다.

위의 변화에서 -ονα 어형을 -ω 로 대신할 수 있으며, -ονες 나 -ονας 어형을 -ους 로 대신할 수 있음에 주의하라.

Cf. 위와 같은 불규칙 비교급 형용사로는 다음의 예들을 들 수 있다:
ἐλάσσων, ον (less 보다 적은) – μικρός, ά, όν (small, little)의 비교급.[6]
πλείων, ον (more 보다 많은) – πολύς, πολλή, πολύ (much, many)의 비교급.
κρείσσων, ον (better 보다 좋은) – ἀγαθός, ή, όν (good)의 비교급.

Cf. 한편, 어떤 형용사들은 위와 같은 변화패턴을 취하지만 비교급이 아니라 3변화 원급 형용사인 것들이 있다[**Gram238** (3)].
σώφρων, ον (wise 지혜로운)
ἄφρων, ον (foolish 어리석은)

Gram 240. 최상급 형용사 (Superlative Adjectives)

최상급 형용사 어형들은 신약에 드물다. 그러나 그 어형성 원리를 밝히자면 이렇다. 최상급 형용사는 비교급 형용사와 마찬가지로(**Gram238**에서 언급한 바와 같이) 규칙적인 굴절접미어와 불규칙적 굴절접미어로 나뉜다. 규치적인 비교급 굴질을 갖는 형용사들은 최상급에 있어서도 규칙적인 어형을 갖게 되어 아래와 같은 굴절접미어들을 취하게 된다.

(1) 규칙적인 최상급 굴절접미어	τατος, η, ον (→ 2-1-2 패턴)
(2) 불규칙적인 최상급 굴절접미어	ιστος, η, ον (→ 2-1-2 패턴)

규칙적 굴절패턴을 갖는 형용사들의 경우,

(1) 1, 2변화 격꼬리를 취하는 형용사들은 원급형용사 남성의 줄기에 τατος, η, ον 을 붙이되 줄기끝모음인 ο는 아래의 원칙에 따라서 ο나 ω가 된다.

---

[6] μικρός, ά, όν 의 비교급은 규칙적인 굴절형태인 μικρότερος, α, ον 의 형태로도 쓰인다.

(i) 원급형용사의 피널트가 단모음일 경우 → ω가 된다.
예: νέος, α, ον (new, young) ► νεώτατος, η, ον (newest, youngest)

(ii) 원급형용사의 피널트가 장모음일 경우 → ο가 된다.
예: πονηρός, ά, όν (evil) ► πονηρότατος, η, ον (most evil)

(2) 3변화 형용사들은 중성 단수 주격에 τατος, η, ον을 조건없이 붙인다.

예1: βαρύς, εῖα, ύ (heavy) ► βαρύτατος, η, ον (heaviest)
예2: εὐγενής, -ές (noble) ► εὐγενέστατος, η, ον (noblest)

Cf. 불규칙 최상급 형용사로는 다음의 예들을 들 수 있다:
ἐλάχιστος, η, ον (least 가장 적은)★ – μικρός, ά, όν (small, little)의 최상급.[7]
πλεῖστος, η, ον (most 가장 많은) – πολύς, πολλή, πολύ (much, many)의 최상급.
μέγιστος, η, ον (greatest 가장 위대한) – μέγας, μεγάλη, μέγα (great)의 최상급.

Gram 241. 부사 (Adverbs)
부사는 고유한 어형을 가지고 사전에 등재된 것들도 있지만, 다음과 같이 일반 형용사를 가지고도 부사를 만들어 사용한다.

(1) 중성복수속격 ων을 ως로 바꾸어 부사로 사용하기도 한다.

예: καλός (good, beautiful)의 부사는, καλῶς (well 좋게, 잘).
Καλῶς εἶπας ὅτι Ἄνδρα οὐκ ἔχω.
'나는 남편이 없다'라고 네가 잘 대답하였구나 요4:17

(2) 형용사의 중성단수대격 ον을 부사로 사용하기도 한다.

예1: πρῶτον (first of all 우선, 눅10:5) ← πρῶτος (first 첫째의)
예2: πολύ (first of all 더욱 더, 고후8:22) ← πολύς, πολλή, πολύ (much, many 많은)

(3) 간혹 부사는 관사를 동반하기도 하며, 또는 중성복수대격이 부사로 쓰이는 경우도 있다(cf. Robertson, *Short* §336).

예1: τὸ πρῶτον (at the first 처음에는, 요12:16)
예2: τὸ λοιπόν (as for the rest 끝으로, 빌3:1)

---

[7] μικρός, ά, όν 의 최상급은 규칙적인 굴절형태인 μικρότατος, η, ον 의 형태로도 쓰인다(cf. Robertson, *Short* §216).

예3: πολλά (greatly 심히, 막9:26)

Gram 242. 부사의 비교급과 최상급 (Comparative and Superlative degree of adverbs)
비교급 형용사의 중성단수대격은 부사의 비교급으로 쓰인다.

예: πλεῖον (more 더욱, 마5:20).

최상급 형용사의 중성복수대격은 부사의 최상급으로 쓰인다.

예: ἥδιστα (gladly, sweetly 매우 기쁘게, 고후12:9). Cf. ἡδύς, εῖα, ύ (sweet)

Gram 243. 비교의 속격과 ἤ (Genitive of Comparison and Use of ἤ)
비교(comparison)를 표현할 때 '~보다'(than)의 의미를 나타내는 두 가지 방식이 있다.

첫째는, 명사의 속격으로써 '~보다'의 의미를 나타낼 수 있다.

예: μείζονα **τούτων** ποιήσει.
그는 이것들보다 더 큰 것들을 행할 것이다
He will do greater things than these.

둘째는, 비교하고 있는 두 개의 명사 사이에 전치사적 접속사 ἤ를 사용함으로써 '~보다'의 의미를 나타낼 수 있다.

예: ἠγάπησαν οἱ ἄνθρωποι μᾶλλον τὸ σκότος **ἢ** τὸ φῶς.
사람들은 빛보다 어두움을 더욱 사랑했다
Men loved darkness more than light.

Gram 244. 속격을 취하는 장소부사 (Genitive with Adverbs of place)
장소를 나타내는 부사는 속격을 취한다.[8]

예1: **ἔξω** τῆς πόλεως. 그 도시 밖에 outside of the city
예2: **ἐγγὺς** τῆς πόλεως. 그 도시 가까이에 near the city

[8] ἐγγύς는 간혹 불규칙적으로 여격을 취한 경우도 있다(행9:38, cf. Robertson, *Short* §353).

Gram 245. 시간의 흐름을 나타내는 속격 (Genitive of Time Within Which)

속격은 종종 시간의 흐름을 나타내어 '사이에'란 의미를 낳는다.

예: παρέλαβε τὸ παιδίον καὶ τὴν μητέρα αὐτοῦ **νυκτός**.
그는 밤 사이에 그 어린아이와 그의 어머니를 데리고 갔다
He took the young child and his mother by night.

Gram 246. 특정 관점을 나타내는 여격 (Dative of Respect)

여격은 특정한 관점을 나타내어 '~에 있어서'(in ~respect)란 해석을 낳기도 한다.

예1: γινωσκόμενος **τῷ προσώπῳ**
얼굴로는 알려져 있는 being known by face

예2: καθαρὸς **τῇ καρδίᾳ**
마음에 있어서 깨끗한 pure in heart

예3: ἀνὴρ **ὀνόματι** Ἰάκωβος
이름이 야고보인 어떤 남자가 a man by name James

Gram 247. τοῦ + 부정사

중성단수속격의 관사 τοῦ가 부정사와 함께 쓰일 때 종종 목적을 나타내어 ἵνα+가정법과 같은 해석을 낳는다.

예: ἦλθεν πρὸς τὸν προφήτην **τοῦ βαπτισθῆναι** ὑπ' αὐτοῦ.
그는 그 선지자에게로 그로 말미암아 세례받으러 갔다
He came to the prophet in order to be baptized by him.

Gram 248. 상세사항을 나타내는 대격 (Accusative of Specification)

대격명사는 흔히 부사로 쓰이곤 하는데 형용사의 중성단수대격 뿐만 아니라 일반명사의 단수대격도 부사로 쓰일 수 있다. 메이첸은 'Accusative of specification'을 소개하길, 특정 관점을 나타내는 여격(**Gram246**)과 매우 비슷한 용법으로만 간략히 설명하고 있다. 부사가 하필 대격꼬리를 취했다는 점이 다소 생소하긴 하나, 형용사나 명사에서 굴절된 대부분의 부사가 대격으로 굳어진 꼬리를 취하고 있다는 것만 알

아두자.[9]

예: **τὸν ἀριθμὸν** ὡς πεντακισχίλιοι (cf. ἀριθμός, ὁ a number 숫자)
숫자로는 약 오천 정도가 about five thousand in number

Gram 249. 특정시간을 나타내는 여격 (Dative of Time)
장소적 의미를 지니는 명사가 여격(원래는 처소격 locative)을 취할 경우엔 '~에'(where)란 의미로 쓰이게 되는데, 이와 비슷하게 시간이나 특정한 날의 의미를 지니는 명사가 여격(=처소격)을 취할 경우엔 '~때에'(when)의 의미로 쓰이게 된다(cf. Robertson, *Short* §345b, 345c).

예1: ἐθεράπευσε **τῷ σαββάτῳ**
그가 안식일에 고쳤다 He healed on the Sabbath.
예2: ταύτῃ **τῇ νυκτί**
오늘 밤에 on this night (눅12:20).
예3: αὐτῇ **τῇ ὥρᾳ**
바로 이 때에 at the hour itself (눅2:38).

Gram 250. 소유형용사 (Possessive Adjectives)
-ἐμός, σός, ἡμέτερος, ὑμέτερος.
소유의 의미를 강조할 경우 인칭대명사의 소유격을 쓸 수도 있겠으나 비교적 드물게 소유형용사를 사용할 수도 있다.

예1: ὁ **ἐμὸς** λόγος 나의 말 my word. = ὁ λόγος μου
예2: ἡ χαρὰ ἡ **ἐμή** 나의 기쁨 my joy
예3: τὸ θέλημα τὸ **ἐμόν** 나의 뜻 my will
예4: τὰ **ἐμὰ** πάντα σά ἐστιν
나의 모든 것들은 네 것이다 all my things are thine.
예5: ὁ **ἡμέτερος** λόγος 우리의 말 our word.
예6: ὁ **ὑμέτερος** λόγος 너희의 말 your word.

[9] 그밖의 예들로는 δωρεάν (선물로, 값없이, 마10:8), τὴν ἀρχήν (처음에, 요8:25) 등이 있다(cf. Robertson, *Short* §342k).

Gram 251. 접속사로 쓰이는 μή (μή Used as a Conjunction)

(1) 두려움을 나타내는 동사들은 흔히 접속사 **μή** 와 **가정법 동사**를 동반하여 '~할까봐 [두렵다]'의 의미를 나타낸다.

예: φοβοῦμαι **μὴ** ἔλθῃ
그가 올까봐 두렵다 I fear lest he come.

(2) 부정적인 목적절을 이끄는 ἵνα μή+가정법은 종종 ἵνα 를 생략하고 **μή+가정법**만으로도 그 동일한 기능을 수행한다.

예: τοῦτο ποιεῖτε **μὴ** εἰσέλθητε εἰς κρίσιν
너희는 심판으로 나아가지 않기 위해 이것을 행하라
Do this lest you come into judgment.

Gram 252. ἵνα 의 여러가지 용법

ἵνα는 가정법동사와 함께 '목적(또는 결과)을 나타내는 부사절'을 만든다(21과 **Gram139**). 그러나 동시에 **ἵνα+가정법동사**는 그 자체로 **부정사처럼** 쓰여 '**~하는 것**'이란 명사적인 의미를 갖게 되는데, 이 때문에 부정사는 점차 그 사용이 줄게 되고 오히려 ἵνα+가정법동사나 ὅτι절이 부정사의 용법을 대신하게 되었다(cf. Robertson, *Short* §455d). 사실, 부정사도 목적이나 결과를 나타내는 부사절의 기능을 담당할 수 있으며(**Gram155** (5)와 (6)의 각주 참조) 또한 명사구처럼 기능할 수 있는데, 이러한 기능을 ἵνα+가정법동사가 수행하는 것이다(cf. 부정사와 ἵνα 구문은 영어에서 To부정사 구문의 쓰임과 비교할 만 하다).

예1: θέλω ποιεῖν τοῦτο.
이것을 행하기를 원한다
= θέλω **ἵνα** ποιῶσιν τοῦτο. (cf. 마7:12)

이처럼 **부정사 대신** 쓰이는 ἵνα+가정법동사는 명령이나 요구의 동사와 함께 쓰여 간접명령구문을 만든다(cf. Robertson, *Short* §453b).

예2: εἰπὲ τῷ λίθῳ τούτῳ **ἵνα** γένηται ἄρτος.
이 돌에게 떡이 될 것을 명하라
= εἰπὲ τὸν λίθον τοῦτον γενέσθαι ἄρτον.

다음의 경우엔 **동격으로 쓰인 부정사구**와 동일한 용법으로 쓰인 것이다. (참고로, 부정사는 명사처럼 쓰여 주어나 목적어, 그리고 보어의 자리에 올 수 있으며 또한 이들의 위치에서 동격의 명사구로도 쓰일 수 있다.)

예3: αἵτη ἐστὶν ἡ ἐντολὴ ἐμὴ **ἵνα** ἀγαπᾶτε ἀλλήλους.
이것은 나의 계명이니 곧 너희는 서로를 사랑하라
= αἵτη ἐστὶν ἡ ἐντολὴ ἐμὴ ἀγαπᾶν ὑμᾶς ἀλλήλους.

Gram 253. 부정적 대답을 기대하는 의문문
(Questions Expecting a Negative Answer)

부정적인 대답을 기대하고 던지는 의문문은 **μή+직설법** 구문으로 표현한다. 반면, 긍정적인 대답을 기대하고 던지는 의문문은 **οὐ+직설법** 구문으로 표현한다.

예1: **μὴ** ἰσχυρότεροι αὐτοῦ ἐσμεν;
우리가 그보다 강하다는 말씀이십니까? Are we stronger than he?
'**물론, 아니다**'라는 대답을 기대하고 던진 질문

예2: **οὐκ** ἰσχυρότεροι αὐτοῦ ἐσμεν;
우리가 그보다 강하지 않다는 말씀이십니까? Are we not stronger than he?
'**물론, 너희가 강하다**'라는 대답을 기대하고 던진 질문

단어공부

명 사: ἐχθρός, ὁ (an enemy 원수)
σάββατον, τό (sabbath 안식일)
Cf. 복수형인 τὰ σάββατα와 불규칙한 여격인 τοῖς σάββασιν은 종종 단수의 의미로 사용됨

형용사: ἐμός, ή, όν [소유형용사] (belonging to me, my 나의)
σός, ή, όν [소유형용사] (belonging to thee, thy 당신의)
ἡμέτερος, α, ον [소유형용사] (belonging to us, our 우리의)
ὑμέτερος, α, ον [소유형용사] (belonging to you, your 너희의)
ἴδιος, α, ον [소유형용사] (belonging to one□s self, one□s own 자신의)

ἱκανός, ή, όν (sufficient, worthy, considerable 충분한, 자격있는)
ἰσχυρότερος, α, ον [비교급형용사] (stronger 더 강한)
원급은 ἰσχυρός, ά, όν (strong 강한)
κρείσσων, ον [비교급형용사] (better 더 좋은)
원급은 ἀγαθός, ή, όν (good 선한, 좋은)

μείζων, ον [비교급형용사] (greater 더 위대한)
원급은 μέγας, μεγάλη, μέγα (great 위대한)[26과 참조]
πλείων, ον [비교급형용사] (more 더 많은)
원급은 πολύς, πολλή, πολύ (much, many 많은)[26과 참조]

부 사: ἔμπροσθεν (in front, in the presense of [속격과 함께] ~ 앞에/~의 면전에)
ἐνώπιον (before, in the sight of [속격과 함께] ~ 앞에/ ~의 면전에)
ἔξω (outside, outside of [속격과 함께] 밖에, ~의 밖에)
καλῶς (well 잘/ 만족스럽게)
μᾶλλον (more, rather 더욱, 오히려)
πάλιν (again 다시)

접속사: ἤ (than ~보다, 혹은 전치사적으로도 쓰여 명사 앞에 놓임)
Cf. '혹은(or)'의 의미도 있음.[26과 참조]
μή (lest, in order that not ~하지 않도록, ~하지나 않을까 하고)
ὅπως [가정법과 함께] (in order that ~하기 위해). Cf. ἵνα의 용법과 동일.

기 타: μήποτε (lest perchance 만약 ~하지나 않을까 하고)

연습문제

1. **παρακαλῶ** δὲ ὑμᾶς ἵνα τὸ αὐτὸ **λέγητε** πάντες.
내가 권고한다 그러나 너희를 바로 그것을 너희가 말하기 위해 모두 다

해석: 그러나 내가 너희를 권고함은 너희가 다 동일한 것을 말하도록 하기 위함이다. (cf. 고전1:10)

★ παρακαλῶ – παρακαλέω의 현재 능동태 직설법 1인칭 단수
★ λέγητε – λέγω 의 현재 능동태 가정법 2 인칭 복수

2. ὅσα ἐὰν **θέλητε** ἵνα **ποιῶσιν** ὑμῖν οἱ ἄνθρωποι, οὕτως καὶ ὑμεῖς
~는 바를 만일 너희가 원하면 행하기 너희에게 그 사람들이 그와 같이 ~까지도 너희
ποιεῖτε· οὗτος γάρ **ἐστιν** ὁ νόμος καὶ οἱ προφῆται.
행하라 이것이 왜냐하면 ~이다 그 율법 그리고 그 선지자들

해석: 너희가 무엇이든 사람들이 너희에게 행하기를 원하는 것들을(바를) 그와 같이 너희도 행하라. 왜냐하면 이것이 율법이요 선지자들이기 때문이다. (cf. 마7:12)

ἵνα와 가정법 동사는 부정사처럼 쓰인다. **Gram252** 참조.
★ θέλητε – θέλω의 현재 능동태 가정법 2인칭 복수
★ ποιῶσιν – ποιέω 의 현재 능동태 가정법 3 인칭 복수
★ ποιεῖτε – ποιέω 의 현재 능동태 명령법 2 인칭 복수
★ ἐστιν – εἰμί의 현재 직설법 3 인칭 단수

3. **κέλευσον** οὖν **τηρηθῆναι** τὸ σῶμα ὑπὸ τῶν στρατιωτῶν, μήποτε
당신은 명하소서 그러므로 지켜지기 몸이 그 군인들로 말미암아 혹 ~하지나 않도록
ἐλθόντες οἱ μαθηταὶ **λάβωσιν** αὐτὸ καὶ **εἴπωσιν** τῷ λαῷ ὅτι **ἠγέρθη**
와서 그 제자들이 (혹) 취하지나 그것을 그리고 (혹) 말하지나 그 백성에게 (that) 그가 일으킴
ἐκ τῶν νεκρῶν.
받았다 그 죽은 자들 가운데서

해석: 그러므로 당신은 그 군인들로 말미암아 그 몸이 지켜지게 명하소서. 혹 그 제자들이 와서 그것을 취하고 또 그 백성에게 이르기를 그가 죽은 자들 가운데서 일으킴 받았다고 말할까 하나이다.

★ κέλευσον [← ἐκέλευσα] – κελεύω의 1과거 능동태 명령법 2인칭 단수
★ τηρηθῆναι [← ἐτηρήθην] – τηρέω 이 과거 수동태 부정사
★ ἐλθόντες [← ἦλθον] – ἔρχομαι 의 2 과거 능동태 분사 남성 복수 주격
★ λάβωσιν [← ἔλαβον] – λαμβάνω 의 2 과거 능동태 가정법 3 인칭 복수
★ εἴπωσιν [← εἶπον] – λέγω 의 2 과거 능동태 가정법 3 인칭 복수
★ ἠγέρθη – ἐγείρω 의 과거 수동태 직설법 3 인칭 단수

4. οὐκ **ἔστι** δοῦλος μείζων τοῦ **πέμψαντος** αὐτόν.
아니 ~이다 종 더 큰 보내신 자보다 그를

해석: 종은 그를 보내신 자보다 더 크지 못하다. (cf. 요15:20)
★ ἔστι – εἰμί의 현재 직설법 3인칭 단수
★ πέμψαντος [← ἔπεμψα] – πέμπω 의 1과거 능동태 분사 남성 단수 속격

5. μείζονα ταύτης ἀγάπην οὐδεὶς **ἔχει**, ἵνα τις **ἀποθάνῃ** ὑπὲρ τῶν
더 큰 이것보다 사랑을 아무도 아니 가진다 어떤이가 죽는 것 ~을 위하여
ἄλλων.
다른 사람들

해석: 이것보다 더 큰 사랑을 아무도 갖지 못하나니, 곧 어떤이가 다른 사람들을 위해 죽는 것이다. (cf. 요15:13)
ἵνα는 부정사적 용법으로 쓰였으며 ταύτης와 내용적으로 동격을 이룬다.
★ ἔχει – ἔχω의 현재 능동태 직설법 3인칭 단수
★ ἀποθάνῃ [← ἀπέθανον] – ἀποθνήσκω 의 2과거 능동태 가정법 3인칭 단수

6. πάλιν **ἀπέστειλεν** ἄλλους δούλους πλείονας τῶν πρώτων.
다시 그가 보냈다 다른 종들을 더 많은 그 처음 사람들보다

해석: 다시 그가 그 처음 사람들(종들)보다 더 많은 다른 종들을 보냈다. (cf. 마21:36)
★ ἀπέστειλεν – ἀποστέλλω의 1과거 능동태 직설법 3인칭 단수

7. εἰ δίκαιόν **ἐστιν** ἐνώπιον τοῦ θεοῦ ὑμῶν **ἀκούειν** μᾶλλον ἢ τοῦ
(whether) 의로운 ~이다 ~앞에서 하나님 너희를 듣기 더 ~보다
θεοῦ, **κρίνατε**.
하나님을 너희는 판단하라

해석: 하나님보다 너희를 더 듣는 것이 하나님 앞에서 의로운지 너희는 판단하라. (cf. 행4:19)
부정사구[ἀκούειν이하]는 ἐστιν의 주어로서 항상 중성으로 취급되기에 그 주격보어로서 δίκαιον이 왔다.
★ ἐστιν – εἰμί의 현재 직설법 3인칭 단수
★ ἀκούειν – ἀκούω 의 현재 능동태 부정사
★ κρίνατε [← ἔκρινα] – κρίνω 의 1과거 능동태 명령법 2인칭 복수

8. ἐγὼ δὲ **λέγω** ὑμῖν '**Ἀγαπᾶτε** τοὺς ἐχθροὺς ὑμῶν καὶ **προσεύχεσθε**
나는 그러나 말한다 너희에게 너희는 사랑하라 원수들을 너희의 그리고 너희는 기도하라
ὑπὲρ τῶν **διωκόντων** ὑμᾶς, ὅπως **γένησθε** υἱοὶ τοῦ πατρὸς ὑμῶν τοῦ
~을 위하여 핍박하는 자들 너희를 ~하기 위해 너희가 되기위해 아들들이 아버지의 너희의
ἐν οὐρανοῖς.
하늘들 안에 (계신)

해석: 그러나 나는 너희에게 말하노니 너희는 너희의 원수들을 사랑하고, 또 너희를 핍박하는 자들을 위해 기도하라. 이는 너희가 하늘들 안에 계신 너희 아버지의 아들들이 되기 위함이다. (cf. 마5:44-45)

★ Ἀγαπᾶτε – ἀγαπάω의 현재 능동태 명령법 2인칭 복수

★ προσεύχεσθε – προσεύχομαι 의 현재 중간/수동태 디포넌트 명령법 2 인칭 복수

★ διωκόντων – διώκω 의 현재 능동태 분사 남성 복수 속격

★ γένησθε [← ἐγενόμην] – γίνομαι 의 2 과거 중간태 디포넌트 가정법 2 인칭 복수

9. **εἶπεν** αὐτοῖς ὁ Ἰησοῦς ὅτι **ἔξεστι** τοῖς σάββασι καλῶς **ποιεῖν**.
말씀하셨다 그들에게 예수께서 (that) 합당하다 안식일들에 잘/좋게 행하기

해석: 예수께서 그들에게 이르시기를 안식일(들)에 잘 행하는 것(=선을 행하는 것)이 합당하다고 말씀하셨다. (cf. 마12:12)

★ εἶπεν – λέγω의 2과거 능동태 직설법 3인칭 단수

★ ποιεῖν – ποιέω 의 현재 능동태 부정사

10. **ἔμεινεν** δὲ ὁ Ἰησοῦς ἐκεῖ διὰ τὸ **εἶναι** τὸν τόπον ἐγγὺς τῆς
머무르셨다 그러나 예수께서 거기에 ~ 때문에 있기 그 장소가 ~에 가까이 그
πόλεως.
도시에

해석: 그러나 예수께서는 그 장소가 그 도시에 가까이 있기 때문에 거기에 머무르셨다.

★ ἔμεινεν – μένω의 1과거 능동태 직설법 3인칭 단수

★ εἶναι – εἰμί의 현재 부정사

11. τότε **συναχθήσονται** ἔμπροσθεν αὐτοῦ πάντα τὰ ἔθνη.
그때에 모여질 것이다(=모일 것이다) ~ 앞에 그분 모든 열방들이

해석: 그때에 그분 앞에 모든 열방들이 모여질 것이다.

★ συναχθήσονται [← συνήχθην] – συνάγω의 미래 수동태 직설법 3인칭 복수

12. μὴ **ποίει** τοῦτο· οὐ γὰρ ἱκανός εἰμι ἵνα εἰς τὴν οἰκίαν μου
아니 너는 행하라 이것을 아니 왜냐하면 합당한 나는 ~이다 ~하기에 집 안으로 나의
εἰσέλθῃς.
당신이 들어오시기에

해석: 당신은 이것을 행하지 마소서(이러시지 마옵소서). 왜냐하면 나는 당신께서 나의 집 안으로 들어오시기에 합당치 않기 때문입니다. (cf. 눅7:6)

★ ποίει – ποιέω의 현재 능동태 명령법 2인칭 단수

★ εἰσέλθῃς [← εἰσῆλθον] – εἰσέρχομαι 의 2 과거 능동태 가정법 2 인칭 단수

13. ***ἐλθόντες*** *οἱ στρατιῶται νυκτὸς* ***ἔλαβον*** *τὸν ἄνδρα καὶ* ***ἀγαγόντες***
와서 그 군인들이 밤 사이에 취하였다 그 남자를 그리고 인도한 후(끌고간 후)
αὐτὸν ἔξω ***ἀπέκτειναν***.
그를 밖으로 그들이 죽였다

해석: 그 군인들이 밤 사이에 와서 그 남자를 취하고는 그를 밖으로 끌고가서 죽였다.

★ *ἐλθόντες* [← ἦλθον] – ἔρχομαι의 2과거 능동태 분사 남성 복수 주격

★ *ἔλαβον* – λαμβάνω 의 2 과거 능동태 직설법 3 인칭 복수

★ *ἀγαγόντες* [← ἤγαγον] – ἄγω 의 2 과거 능동태 분사 남성 복수 주격

★ *ἀπέκτειναν* – ἀποκτείνω 의 1 과거 능동태 직설법 3 인칭 복수

14. *τῇ μὲν σαρκὶ οὔκ* ***ἐστε*** *μεθ' ἡμῶν, τῇ δὲ καρδίᾳ* ***ἐστὲ*** *ἐγγύς*.
육체로 아니 너희는 있다 우리와 함께 그러나 마음으로 너희는 있다 가까이

해석: 육체로는 너희가 우리와 함께 있지 아니하나, 마음으로는 너희가 가까이에 있다.

★ *ἐστε* – εἰμί의 현재 직설법 2인칭 복수

15. *μὴ* ***περιπατοῦμεν*** *κατὰ σάρκα; οὐκ* ***ἔχομεν*** *τὸ πνεῦμα τοῦ θεοῦ;*
우리가 걷고 있다는 말입니까 육체를 따라서 우리가 아니 가진다는 말입니까 영을 하나님의

해석: 우리가 육체를 따라서 걷고 있다는 말입니까? 우리가 하나님의 영을 갖고 있지 않다는 말입니까?

전자는 부정적 대답을 기대하고서 던진 질문이며, 후자는 긍정적 대답을 기대한다.

★ *περιπατοῦμεν* – περιπατέω의 현재 능동태 직설법 1인칭 복수

★ *ἔχομεν* – ἔχω 의 현재 능동태 직설법 1 인칭 복수

16. ***εἰσῆλθεν*** *εἰς τὴν οἰκίαν τοῦ ἀρχιερέως τοῦ* ***εἶναι*** *ἐγγὺς τοῦ τόπου*
그가 들어갔다 그 집 안으로 그 대제사장의 ~하기 위해 있기 가까이 그 장소
ὅπου ***ἦν*** *ὁ Ἰησοῦς*.
(관계부사) 계셨다 예수께서

해석: 그는 예수께서 계셨던 장소에 가까이 있기 위해 그 대제사장의 집 안으로 들어갔다.

★ *εἰσῆλθεν* – εἰσέρχομαι의 2과거 능동태 직설법 3인칭 단수

★ *εἶναι* – εἰμί의 현재 부정사

★ *ἦν* – εἰμί의 미완료 직설법 3 인칭 단수

17. *εἰς τὰ ἴδια* ***ἦλθεν*** *καὶ οἱ ἴδιοι αὐτὸν οὐ* ***παρέλαβον***.
자신의 것들 안으로 그가 오셨다 그리고 자신의 사람들은 그분을 아니 받아들였다

해석: 그가 자신의 것들(자신의 소유/땅) 안으로 오셨으나, 자신의(his own) 사람들은(백성들) 그분을 받아들이지 아니했다. (cf. 요1:11)

★ ἦλθεν – ἔρχομαι의 2과거 능동태 직설법 3인칭 단수
★ παρέλαβον – παραλαμβάνω 의 2 과거 능동태 직설법 3 인칭 복수

18. ἐγὼ **ἐλήλυθα** ἐν τῷ ὀνόματι τοῦ πατρός μου, καὶ οὐ **λαμβάνετέ**
내가 와있다 이름으로 아버지의 나의 그리고 아니 너희는 받는다
με· ἐὰν ἄλλος **ἔλθῃ** ἐν τῷ ὀνόματι τῷ ἰδίῳ, ἐκεῖνον **λήμψεσθε**.
나를 만일 다른이가 온다면 이름으로 자기의 저를 너희가 받을 것이다

해석: 나는 내 아버지의 이름으로 와있으나 너희는 나를 받지(영접하지) 않는다. 만일 다른 사람이 자기의 이름으로 온다면 너희는 저를 영접할 것이다. (cf. 요5:43)
★ ἐλήλυθα – ἔρχομαι의 현재완료 능동태 직설법 1인칭 단수
★ λαμβάνετε – λαμβάνω 의 현재 능동태 직설법 2 인칭 복수
★ ἔλθῃ [← ἦλθον] – ἔρχομαι 의 2 과거 능동태 가정법 3 인칭 단수
★ λήμψεσθε – λαμβάνω 의 미래 중간태 디포넌트 직설법 2 인칭 복수

19. μὴ **ἐποίησα** τὸ ἴδιον θέλημα; οὐ μᾶλλον **ἐποίησα** τὸ σόν;
내가 행했다는 말입니까 자신의 뜻을 아니 더 내가 행했다는 말입니까 당신의 (뜻을)

해석: 내가 자신의 뜻을 행했다는 말입니까? 내가 당신의 (뜻을) 더 행하지 않았다는 말입니까?
σόν –2인칭 소유형용사 σός의 중성단수대격. **Gram250** 참조.
★ ἐποίησα – ποιέω의 1과거 능동태 직설법 1인칭 단수

20. εἰ ἐμὲ **ἐδίωξαν**, καὶ ὑμᾶς **διώξουσιν**· εἰ τὸν λόγον μου **ἐτήρησαν**,
만일 나를 그들이 핍박했다면 ~까지도 너희를 핍박할 것이다 만일 말을 나의 그들이 지켰다면
καὶ τὸν ὑμέτερον **τηρήσουσιν**.
~까지도 너희의 (말을) 그들이 지킬 것이다

해석: 만일 그들이 나를 핍박했다면 그들은 너희도 핍박할 것이다. 만일 그들이 나의 말을 지켰다면 그들은 너희의 (말도) 지킬 것이다. (cf. 요15:20)
★ ἐδίωξαν – διώκω의 1과거 능동태 직설법 3인칭 복수
★ διώξουσιν – διώκω 의 미래 능동태 직설법 3 인칭 복수
★ ἐτήρησαν – τηρέω 의 1 과거 능동태 직설법 3 인칭 복수
★ τηρήσουσιν – τηρέω 의 미래 능동태 직설법 3 인칭 복수

31과

δίδωμι의 변화

핵심문법요약

Gram 254. -μι동사 개관 (Introduction)
-μι동사는 점차로 쇠퇴하기 시작하여 코이네 시대에 이르러 급격히 감소되었다(그리고 Modern Greek에 이르러서는 거의 없어졌다).[1] 그러나 LXX는 물론, 신약 본문에서 여전히 다수의 -μι동사가 쓰이고 있으며 그 어형변화 체계의 특징을 요약하자면 다음과 같다(cf. Mounce, *Morphology* 85–86):

(1) -μι동사의 형태적 특징은 **연결모음**(connecting vowel)**을 사용하지 않고** 인칭꼬리들을 직접 취한다는 것이다. 그것은 -μι동사들이 그 줄기끝을 모음으로 갖기 때문이다. 따라서 -μι동사들은 'Athematic Conjugation'(연결모음 없는 인칭변화)을 그 특징으로 삼는 동사로 분류된다(cf. **Gram91**).

(2) -μι동사는 **현재와 미완료시제에서** 줄기의 **첫 자음을 중복**한 후 이오타(ι)를 사이에 넣는다(δο ► διδο ► δίδωμι). 한편, 줄기의 첫 철자가 모음으로 시작되는 경우, 현재와 미완료시제에서 그 모음을 달리하게 된다.

(3) -μι동사는 줄기끝 모음에 따라 네 부류로 나뉜다: 알파(α)로 끝나는 부류(ἵστημι), 엡실런(ϵ)으로 끝나는 부류(τίθημι), 오미크론(ο)으로 끝나는 부류(δίδωμι). 마지막으로, 줄기끝모음이 윕실런(υ)으로 끝나는 δείκνυμι의 경우, 비록 현재기본형에서 μι를 취하지만 다른 -μι동사들과는 달리 줄기의 첫 자음을 중복하지 않으며 더욱이 현재와 미완료를 제외한 나머지 시제(미래, 과거, 현재완료, 과거수동)에서는 νυ를 잃어버리고 -ω동사의 패턴을 따라 변화한다(cf. Mounce, *Morphology* 308; Smyth §418). 기억해야 할 것은, -μι동사를 파악함에 있어서 **줄기끝모음이 무엇이냐에 따라 그 변화패턴이 동일**하다는 사실이다.

(4) -μι동사는 6개 기본형에 있어서 줄기끝 모음(α, ϵ, ο)이 시상접미어들(tense

---

[1] BDF §92. 그 예로서 이미 고전 헬라어(Attic Greek)에서 일부 -νυμι동사가 ω변화 인칭꼬리들과 μι변화 인칭꼬리들을 번갈아 사용한 흔적을 발견할 수 있다. 그리고 신약의 일부 -υμι동사에 있어서는 현재시제에서 아예 μι체계의 꼬리와 -ω체계의 꼬리를 번갈아 취하기도 한다: δείκνυμι/ δεικνύω; ἀπόλλυμι/ ἀπολλύω; ὄμνυμι/ ὀμνύω. cf. δεικνύεις [2인칭 단수](요2:18), ἀπολλύει [3인칭 단수](요12:25), ὀμνύουσιν [3인칭 복수](히6:16)

formative) 앞에서 항상 길어진 형태(η, ει/η, ω)를 유지하는 것은 아닌데 이러한 현상에 관하여 어떤 일관된 원칙을 세우기는 힘들며 다만 – -ω동사와 마찬가지로 – 기본형들을 사전에서 확인한 후 익히는 수밖에 없다.

(5) -μι동사는 미래시제에서 항상 시상접미어 시그마(σ)를 갖는다.

(6) -μι동사는 과거시제에 있어서 시상접미어를 σα로 갖는 것들이 있는가 하면 κα로 갖는 것들도 있다. 그러나 ἵστημι같은 동사는 σα를 포함하는 형태와, 시상접미어를 아예 취하지 않는 제2형태(Second form)를 동시에 갖는다.

(7) -μι동사는 과거수동태에서 시상접미어 θε(θη)를 갖거나 혹은 시상접미어를 생략한 제2형태를 갖는다.

(8) -μι동사는 현재완료에서 시상접미어를 κα로 갖거나 혹은 시상접미어를 생략한 제2형태를 갖는다.

Gram 255. δίδωμι, τίθημι, ἵστημι, δείκνυμι의 시제 기본형들

-μι동사의 시제기본형들은 – -ω동사와 마찬가지로 – 사전을 통해서만 그 정확한 어형을 확인할 수 있다. 과거시상접미어를 κα로 갖는다는 것 말고는, 직설법에서 미래와 현재완료, 과거수동태의 시상접미어가 각각 -ω동사와 동일할 뿐만 아니라 인칭꼬리패턴도 일치한다. 따라서 6개 기본형을 사전에서 확인한 후엔 – 과거시제에서 제2형태를 가질 경우를 제외하고는 – 이제껏 배워왔던 대로 인칭변화를 시키면 된다.

δίδωμι	δώσω	ἔδωκα	δέδωκα	δέδομαι	ἐδόθην
τίθημι	θήσω	ἔθηκα	τέθεικα	τέθειμαι	ἐτέθην
δείκνυμι	δείξω	ἔδειξα	δέδειχα	δέδειγμαι	ἐδείχθην
ἵστημι	στήσω	ἔστησα*	ἕστηκα	ἕσταμαι	ἐστάθην
		or ἔστην			

그리고 이 6개 직설법 기본형들로부터 나머지 법(분사, 가정법, 부정사, 명령법)이 거의 -ω동사 어형성 체계를 따라서 굴절된다. 단, 과거시제 능동태와 중간태에 한해서는 – 즉, 과거능동(중간)분사, 과거능동(중간)가정법, 과거능동(중간)부정사, 과거능동(중간)명령법 – -ω동사의 굴절시스템과는 좀 다른 양상으로 전개되고 있으며, 요약하자면 아래와 같다:

(1) -μι동사의 과거능동(중간)분사: 시상접미어 κα를 누락시키고 접두모음을 뺀 나머지 줄기에 -ω동사의 현재분사꼬리를 연결모음 없이 붙임(cf. 능동태 남성 단수주격에서 격꼬리 시그마가 옴).

(2) -μι동사의 과거능동(중간)가정법: 시상접미어 κα를 누락시키고 접두모음을

빼 나머지 줄기에 -ω동사의 현재가정법의 꼬리를 붙임(cf. 줄기끝모음은 길어지지 않은 상태에서 가정법꼬리들과 불규칙한 단축을 일으킴).

(3) -μι동사의 과거능동(중간)부정사: 시상접미어 κα를 누락시키고 접두모음을 뺀 나머지 줄기에 -μι동사의 현재부정사꼬리(ναι, σθαι)를 붙임(cf. 능동태에서만 줄기끝모음이 길어짐).

(4) -μι동사의 과거능동(중간)명령법: 시상접미어 κα를 누락시키고 접두모음을 뺀 나머지 줄기에 -ω동사의 현재명령법꼬리를 연결모음 없이 붙임(cf. 2인칭 단수 능동꼬리는 -μι동사의 것(θι/ς)을 쓰며, 줄기끝모음은 ἵστημι만 길어진다).

Cf. 그리고 현재완료시제에 있어서는 일부에서 어휘공백을 보이거나 약간의 차이를 보인다.

Gram 256. δίδωμι, τίθημι, ἵστημι, δείκνυμι의 현재 능동태 직설법 변화

	δίδωμι (31과) (*δο)	τίθημι (32과) (*θε)	ἵστημι (33과) (*στα)	δείκνυμι (32과) (*δεικνυ)
1 sg	δίδωμι	τίθημι	ἵστημι	δείκνυμι
2 sg	δίδως	τίθης	ἵστης	δεικνύεις[2]
3 sg	δίδωσι(ν)	τίθησι(ν)	ἵστησι(ν)	δείκνυσι(ν)
1 pl	δίδομεν	τίθεμεν	ἵσταμεν	δείκνυμεν
2 pl	δίδοτε	τίθετε	ἵστατε	δείκνυτε
3 pl	διδόασι(ν)	τιθέασι(ν)	ἱστᾶσι(ν)[3]	δεικνύασι(ν)

위 변화표에서 공통적인 특징은 현재능동태직설법 꼬리를 동사의 그것과 약간 다르게 갖는다는 점이다. 또한 **줄기끝모음들(ο, ε, α)은 단수에서만 길어진다**(cf. υ은 길어져도 형태가 변함없다). 그리고 무엇보다 **연결모음을 사용하고 있지 않다**는 점에 주목하라. 이 같은 특징들을 종합하여 얻게되는 결론은, -μι동사는 복수에서 중첩두어와 이오타, 인칭꼬리를 제거할 때 원래줄기의 형태를 얻을 수 있다는 사실이다(;

[2] 줄기끝모음을 υ로 가지는 -μι동사는 현재시제에서 -ω동사의 인칭꼬리를 번갈아 취한다(cf. 요 2:18): δεικνύω, δεικνύεις, δεικνύει etc. Robertson(*Short* §259)은 2인칭 단수를 δείκνυς로 밝히지만, 이 어형이 LXX와 신약에서 회피되고 있는 까닭은 그것이 분사의 어형(남성단수주격)과 동일하기 때문으로 보여진다(cf. LXX-잠14:4; 18:21).

[3] 줄기끝모음 α가 인칭꼬리 ασι와 만나면서 α끼리 단축되었다.

δο, θε,[4] στα.[5] cf.-υμι동사는 현재시제에서 줄기를 변형하지 않는다). 이 원래줄기는 현재와 미완료시제를 제외한 나머지 시제에서 그 원래적 형태를 거의 드러내어 인칭꼬리들과 결합한다.[6] 참고로, 앞서 밝혔듯이 -υμι동사는 -μι동사가 -ω동사체계로 전환되고 있던 흔적을 잘 보여주고 있는데 그 예로서 δείκνυμι동사가 -ω동사의 인칭꼬리를 번갈아 취한 것을 들 수 있다.[7]

Gram 257. δίδωμι, τίθημι, ἵστημι, δείκνυμι의 현재 중간/수동태 직설법 변화

	δίδωμι (31과) (*δο)	τίθημι (32과) (*θε)	ἵστημι (33과) (*στα)	δείκνυμι (32과) (*δεικνυ)
1 sg	δίδομαι	τίθεμαι	ἵσταμαι	δείκνυμαι
2 sg	δίδοσαι	τίθεσαι	ἵστασαι	δείκνυσαι
3 sg	δίδοται	τίθεται	ἵσταται	δείκνυται
1 pl	διδόμεθα	τιθέμεθα	ἱστάμεθα	δεικνύμεθα
2 pl	δίδοσθε	τίθεσθε	ἵστασθε	δείκνυσθε
3 pl	δίδονται	τίθενται	ἵστανται	δείκνυνται

현재중간태에서도 연결모음을 사용하지 않고 인칭꼬리들을 직접 취하되, 단수와 복수 모두에서 줄기끝모음들은 길어지지 않았다. 특히 인칭꼬리들은 -ω동사의 중간태 인칭꼬리들과 모두 동일하다(cf. **Gram91**).

---

[4] 원래 θίθημι의 어형이 되어야 하지만 기음의 중복을 막고 발음을 용이하게 하고자 이화현상(dissimilation)을 일으켜 τίθημι가 되었다. 이와 유사하게 κίχρημι도 마찬가지이다(cf. Mounce, *Morphology* 29).

[5] Cf. ἵστημι의 경우, 원래줄기인 στα가 그 첫 자음을 중복시켜 σιστα로 되었다가 σ가 탈락되면서 강한숨표로 대체되었다고 분석된다(Mounce, *Morphology* 314). 그러나 이러한 분석은 어디까지나 사전을 통해 확인한 어형을 두고 그 음운적 변이과정을 추측한 것에 불과하기에, 이것을 이미 원리로 삼아 현재의 어형을 만들어낼 수 있을 것이라고 생각해선 안된다. 나만, ἵστημι는 외형상 첫자음의 중복된 형태를 나타내지 않기에 그 원래줄기는 미래나 과거시제 기본형에서 좀더 쉽게 찾아볼 수 있다.

[6] 그러나 음운적인 이유로 인해 결합과정에서 약간의 자음이나 모음이 삽입되기도 한다. -ω 동사와 마찬가지로 -μι동사 역시, 6개 기본형의 정확한 어형은 사전을 통해서만 확인되는 것이다. cf. πίμπλημι; ἔπλησα(미래); πέπλησμαι(현재완료중간/수동); ἐπλήσθην(과거수동).

[7] Cf. δεικνύω(1sg 출25:9; 겔40:4); δεικνύεις(2sg 요2:18); δεικνύουσιν(3pl 왕상13:12).

Gram 258. δίδωμι, τίθημι, ἵστημι, δείκνυμι의 현재 능동태 분사 변화

	δίδωμι (31과) (*δο)	τίθημι (32과) (*θε)	ἵστημι (33과) (*στα)	δείκνυμι(32과) (*δεικνυ)
N sg	διδούς[8]	τιθείς[9]	ἱστάς[10]	δεικνύς[11]
G sg	διδόντος	τιθέντος	ἱστάντος	δεικνύντος
D sg	διδόντι	τιθέντι	ἱστάντι	δεικνύντι
A sg	διδόντα	τιθέντα	ἱστάντα	δεικνύντα
V sg	διδούς	τιθείς	ἱστάς	δεικνύς
N pl	διδόντες	τιθέντες	ἱστάντες	δεικνύντες
G pl	διδόντων	τιθέντων	ἱστάντων	δεικνύντων
D pl	διδοῦσι	τιθεῖσι(ν)	ἱστᾶσι(ν)	δεικνῦσι(ν)
A pl	διδόντας	τιθέντας	ἱστάντας	δεικνύντας
V pl	διδόντες	τιθέντες	ἱστάντες	δεικνύντες

현재분사에 있어서 액센트의 위치는 신경쓸 필요가 없다. 그것이 현재분사인지 과거분사인지는 그 줄기가 현재기본형의 것과 같은지를 확인해 보면 알 수 있기 때문이다. -μι동사는 -ω동사의 분사꼬리를 그대로 사용하여 분사어형을 만들고 있는데,

---

8 속격에서 확인하듯, δίδωμι의 현재능동분사 줄기는 διδοντ-이다. 이것이 주격꼬리 시그마를 만나면서 ντ가 소실되고 그 보상으로 ο는 ου로 길어졌다. 한편, 여성과 중성분사의 꼬리는 -ω동사와 동일하므로 아래와 같은 어형이 만들어진다(**Gram100** 참조):

	〈여성〉		〈중성〉	
διδόντ+σα ►	διδοῦσα	διδοῦσαι	διδόν	διδόντα
	διδούσης	διδουσῶν	διδόντος	διδόντων
	διδούσῃ	διδούσαις	διδόντι	διδοῦσιν
	διδοῦσαν	διδούσας	διδόν	διδόντα
	διδοῦσα	διδοῦσαι	διδόν	διδόντα

Cf. 중성단수에서는 격꼬리 시그마 없이 τ가 줄기끝에서 소실되었다.

9

	〈여성〉		〈중성〉	
τιθέντ+σα ►	τιθεῖσα	τιθεῖσαι	τιθέν	τιθέντα
	τιθείσης	τιθεισῶν	τιθέντος	τιθέντων
	τιθείσῃ	τιθείσαις	τιθέντι	τιθεῖσιν
	τιθεῖσαν	τιθείσας	τιθέν	τιθέντα
	τιθεῖσα	τιθεῖσαι	τιθέν	τιθέντα

10 Cf. ἱσταντ+σα ► ἱστᾶσα (여성단수주격), ἱστάν (중성단수주격)

11 Cf. δεικνύντ+σα ► δεικνῦσα (여성단수주격), δεικνύν (중성단수주격)

주목할 것은 **연결모음을 사용하고 있지 않다**는 점이다. 우리가 이제까지 암기해온 현재분사의 줄기 *οντ는 연결모음 오미크론(ο)을 포함한 것임을 상기하자(cf. 인칭꼬리나 분사의 격꼬리가 μ나 ν로 시작할 경우 연결모음은 항상 ο가 오게 되어있다. **Gram91** 참조). -ω동사의 분사꼬리와 약간 다른점이 있다면 **단수의 주격/호격에서 격꼬리 시그마**(ς)가 왔다는 것이다. 여성분사와 중성분사의 꼬리는 -ω동사의 그것과 동일하니 아래 각주를 참조하라. cf. 참고로, δείκνυμι동사는 -ω동사체계로 전환되고 있던 흔적을 직설법 뿐 아니라 분사에서도 잘 보여주고 있는데 그 예는 아래 각주를 참조하라.[12]

Gram 259. δίδωμι, τίθημι, ἵστημι, δείκνυμι의 현재 중간/수동태 분사 변화

	δίδωμι (31과)	τίθημι (32과)	ἵστημι (33과)	δείκνυμι (32과)
N sg	διδόμενος	τιθέμενος	ἱστάμενος	δεικνύμενος
G sg	διδομένου	τιθεμένου	ἱσταμένου	δεικνυμένου
	(이하생략)	(이하생략)	(이하생략)	(이하생략)

Gram 260. δίδωμι, τίθημι, ἵστημι, δείκνυμι의 현재 능동태 가정법 변화

	δίδωμι (31과) (*δο)	τίθημι (32과) (*θε)	ἵστημι (33과) (*στα)	δείκνυμι (32과) (*δεικνυ)
1 sg	διδῶ	τιθῶ	ἱστῶ	δεικνύω[13]
2 sg	διδῷς	τιθῇς	ἱστῇς	δεικνύῃς
3 sg	διδῷ	τιθῇ	ἱστῇ	δεικνύῃ
1 pl	διδῶμεν	τιθῶμεν	ἱστῶμεν	δεικνύωμεν
2 pl	διδῶτε	τιθῆτε	ἱστῆτε	δεικνύητε
3 pl	διδῶσι(ν)	τιθῶσι(ν)	ἱστῶσι(ν)	δεικνύωσι(ν)

-μι동사의 가정법은 그 액센트를 보이 줄기끝모음(ο, ε, α)과 인칭꼬리의 첫 모음 사이에 단축이 이루어졌음을 알 수 있다. 그런데 기정법꼬리는 -ω동사의 것을 그대로

[12] Cf. δεικνύων(LXX 신1:33); δεικνύοντος(계22:8).

[13] -υμι동사의 줄기끝모음 υ는 가정법꼬리들과 단축을 이루지 않으므로 액센트가 나머지 -μι동사들과 차이를 보인다(cf. Robertson, *Short* §259).

사용하고 있는 바, 연결모음을 포함하고 있는 인칭꼬리이다(**21과** 참조).[14] 특히 줄기끝모음이 α인 ἵστημι는 불규칙한 단축을 보여주고 있으며(ᾳ대신 ῃ), δίδωμι도 단수2,3인칭에서 예외적인 단축을 보여준다(οι대신 ῳ). 그러나 δίδωμι는 간혹 단수 2,3인칭에서 원래의 단축법을 그대로 따른 어형을 보여주기도 한다.[15]

Gram 261. δίδωμι, τίθημι, ἵστημι, δείκνυμι의 현재 중간/수동태 가정법 변화

	δίδωμι (31과) (*δο)	τίθημι (32과) (*θε)	ἵστημι (33과) (*στα)	δείκνυμι (32과) (*δεικνυ)
1 sg	διδῶμαι	τιθῶμαι	ἱστῶμαι	δεικνύωμαι
2 sg	διδῷ	τιθῇ	ἱστῇ	δεικνύῃ
3 sg	διδῶται	τιθῆται	ἱστῆται	δεικνύηται
1 pl	διδώμεθα	τιθώμεθα	ἱστώμεθα	δεικνυώμεθα
2 pl	διδῶσθε	τιθῆσθε	ἱστῆσθε	δεικνύησθε
3 pl	διδῶνται	τιθῶνται	ἱστῶνται	δεικνύωνται

-μι동사의 현재 중간/수동태 가정법 단축은 능동태와 동일하다.

Gram 262. δίδωμι, τίθημι, ἵστημι, δείκνυμι의 현재 능동태 명령법 변화

	δίδωμι (31과) (*δο)	τίθημι (32과) (*θε)	ἵστημι (33과) (*στα)	δείκνυμι (32과) (*δεικνυ)
2 sg	δίδου	τίθει	ἵστη	δείκνυ
3 sg	διδότω	τιθέτω	ἱστάτω	δεικνύτω
2 pl	δίδοτε	τίθετε	ἵστατε	δείκνυτε
3 pl	διδότωσαν	τιθέτωσαν	ἱστάτωσαν	δεικνύτωσαν

-μι동사의 현재능동태명령법은 -ω동사의 현재능동태명령법 꼬리들을 **연결모음 없이** 그대로 취한다. 다만, -ω동사가 **단수 2인칭에서** 인칭꼬리 없이 연결모음 ε만 취하

---

[14] 굳이 -ω동사체계로의 전환을 논하지 않더라도, -μι동사는 가정법에 관한 한 원래부터 -ω동사의 가정법 꼬리를 취했었다(cf. Smyth, *Grammar* §746).

[15] E.g. διδοῖς(단수2인칭); διδοῖ(단수3인칭-막8:34). cf. Robertson, *Short* §259; Mounce, *Basics* 321.

는 반면 -μι동사는 **줄기끝모음을 길게** 해놓는다(ο ► ου; ε ► ει; α ► η). 참고로, 3인칭 복수는 -ω동사체계에서와 마찬가지로 고전형(classical form)을 지니고 있으니 아래 각주를 참조하라(cf. 28과도 참조).[16]

<-ω동사의 현재능동명령법 꼬리들>

	단수	복수
2	ε Ø	ε τε
3	ε τω	ε τωσαν

vs

<-μι동사의 현재능동명령법 꼬리들>

	단수	복수
2	Ø	τε
3	τω	τωσαν

Gram 263. δίδωμι, τίθημι, ἵστημι, δείκνυμι의 현재 중간/수동태 명령법 변화

	δίδωμι (31과) (*δο)	τίθημι (32과) (*θε)	ἵστημι (33과) (*στα)	δείκνυμι(32과) (*δεικνυ)
2 sg	δίδοσο	τίθεσο	ἵστασο	δείκνυσο
3 sg	διδόσθω	τιθέσθω	ἱστάσθω	δεικνύσθω
2 pl	δίδοσθε	τίθεσθε	ἵστασθε	δείκνυσθε
3 pl	διδόσθωσαν	τιθέσθωσαν	ἱστάσθωσαν	δεικνύσθωσαν

-μι동사의 현재중간/수동태명령법도 능동태에서와 마찬가지로 -ω동사의 중간/수동태명령법꼬리들을 **연결모음없이** 그대로 취한다. 주의할 것은, -ω동사가 **단수 2인칭에서** 연결모음 ε과 인칭꼬리가 음운변화를 가진 후 단축을 일으키는 반면, -μι동사는 줄기끝모음과 명령법 인칭꼬리가 아무런 **음운변화를 갖지 않는다**는 점이다. cf. 참고로, 3인칭 복수의 고전형(classical form)들은 아래 각주를 참조하라.[17]

<-ω동사의 현재중간/수동명령법꼬리들 >

	단수	복수
2	ε σο ► ου[18]	ε σθε
3	ε σθω	ε σθωσαν

vs

<-μι동사의 현재중간/수동명령법꼬리들 >

	단수	복수
2	σο	σθε
3	σθω	σθωσαν

---

16 διδότωσαν = διδόντων; τιθέτωσαν = τιθέντων; ἱστάτωσαν = ἱστάντων; δεικνύτωσαν = δεικνύντων.

17 διδοσθωσαν = διδόσθων; τιθέσθωσαν = τιθέσθων; ἱστάσθωσαν = ἱστάσθων; δεικνύσθωσαν = δεικνύσθων.

18 시그마(σ)가 'intervocalic consonant'가 되어 탈락한 후 모음끼리 단축을 일으켰다(cf. **Gram91**).

Gram 264. δίδωμι, τίθημι, ἵστημι, δείκνυμι의 부정사 변화

		δίδωμι (31과) (*δο)	τίθημι (32과) (*θε)	ἵστημι (33과) (*στα)	δείκνυμι(32과) (*δεικνυ)
현재	능동	διδόναι	τιθέναι	ἱστάναι	δεικνύναι[19]
	중간	δίδοσθαι	τίθεσθαι	ἵστασθαι	δείκνυσθαι
	수동	δίδοσθαι	τίθεσθαι	ἵστασθαι	δείκνυσθαι
과거	능동	δοῦναι	θεῖναι	στῆναι[20]	[δεῖξαι][21]
	중간	δόσθαι	θέσθαι	στάσθαι[22]	[δείξασθαι]
	수동	δοθῆναι	τεθῆναι[23]	σταθῆναι	[δειχθῆναι]

-μι동사의 부정사어형은 **능동태에서** -ω동사와는 약간 **다른 꼬리형태**를 취한다(*ναι). 현재와 과거시제의 꼬리패턴은 동일하며 다만, 현재부정사는 현재기본형의 줄기에서, 과거부정사는 과거기본형의 줄기에서, 그리고 과거수동태부정사는 과거수동태기본형의 줄기에서 어근을 빌어와 **연결모음 없이** 어형을 형성한다. 동사의 줄기끝모음은 과거능동태를 제외하고는 길어지지 않음에 주의하라(cf. 과거능동태 부정사는 -μι동사의 과거시상접미어인 κα를 포함시키지 않는다는 점에서 -ω동사의 어형성과 차이를 보인다).

〈-μι동사의 부정사꼬리들〉

	현재	과거
능동태	ναι	ναι
중간태	σθαι	σθαι
수동태	σθαι	θηναι

---

19 -υμι동사는 -ω동사의 변화체계를 취하기도 하므로 현재부정사에서 δεικνύειν의 어형을 갖기도 한다(cf. 마16:21). Cf. δεικνύω = δείκνυμι.

20 -ω동사의 1과거형식인 -σα 패턴을 동시에 갖는 -μι동사들은 과거부정사 어형을 -ω동사의 1과거부정사 모양으로 갖기도 한다(cf. Mounce, *Morphology* 149–50): στῆναι = στῆσαι

21 -υμι동사는 현재와 미완료를 제외한 나머지 시제기본형들에서는 아예 -ω동사의 변화체계만을 취하므로 그에 따른 법들 역시(분사, 부정사, 가정법, 명령법) 이에 준하여 어형을 형성한다.

22 Cf. Mounce, *Morphology* 149–50: στάσθαι = στήσασθαι

23 τίθημι는 과거수동태에서 시상접미어 θη로 인해 줄기의 θ가 기음의 중복을 막고자 이화현상을 일으키며 τ가 되었다. 따라서 τεθῆναι의 θη는 줄기가 아닌 과거수동시상접미어다.

Gram 265. δίδωμι, τίθημι, ἵστημι, δείκνυμι의 미완료 능동태 직설법 변화

	δίδωμι (31과) (*δο)	τίθημι (32과) (*θε)	ἵστημι (33과) (*στα)	δείκνυμι(32과) (*δεικνυ)
1 sg	ἐδίδουν*	ἐτίθην	ἵστην	ἐδείκνυν
2 sg	ἐδίδους*	ἐτίθεις*	ἵστης	ἐδείκνυς
3 sg	ἐδίδου*	ἐτίθει*	ἵστη	ἐδείκνυ
1 pl	ἐδίδομεν	ἐτίθεμεν	ἵσταμεν	ἐδείκνυμεν
2 pl	ἐδίδοτε	ἐτίθετε	ἵστατε	ἐδείκνυτε
3 pl	ἐδίδοσαν	ἐτίθεσαν	ἵστασαν	ἐδείκνυσαν

-μι동사의 미완료는 -ω동사체계와 마찬가지로 현재의 줄기에서 굴절(inflection)된다. 다만, 연결모음 없이 인칭꼬리들을 직접 취하고 있나는 점이 다를 뿐 나머지는 -ω 동사의 미완료 변화와 비슷하다. 참고로 ἵστημι의 현새줄기 첫모음 ι는 길어져도 여진히 ι로 남는다:

〈-ω동사의 미완료 능동태 꼬리들〉

	단수	복수
1	ε - ο ν	ε - ο μεν
2	ε - ε ς	ε - ε τε
3	ε - ε	ε - ο ν

vs

〈-μι동사의 미완료 능동태 꼬리들〉

	단수	복수
1	ε - ν	ε - μεν
2	ε - ς	ε - τε
3	ε -	ε - σαν

한 가지 주목해야 할 것은, -μι동사의 미완료가 현재시제에서와 마찬가지로 **단수에서 줄기끝모음을 모두 길게 한다**는 것인데 위 *표시된 어형에서 보듯 현재시제와는 좀 달리 길어졌다는 것이다. 이것은 -μι동사가 -ω동사체계로 전환되고 있던 흔적을 보여주고 있는 바 즉, 연결모음을 허용하지 않는 변화체계(Athematic Conjugation) 에서 연결모음을 허용하는 변화체계(Thematic Conjugation)로 넘어가고 있는 한 예로 관찰되기도 한다(cf. Mounce, *Morphology* 90):

ἐδίδο εν	►	ἐδίδουν*			
ἐδίδο ες	►	ἐδίδους*	ἐτίθε ες	►	ἐτίθεις*
ἐδίδο ε	►	ἐδίδου*	ἐτίθε ε	►	ἐτίθει*

Gram 266. δίδωμι, τίθημι, ἵστημι, δείκνυμι의 미완료 중간/수동태 직설법 변화

	δίδωμι (31과) (*δο)	τίθημι (32과) (*θε)	ἵστημι (33과) (*στα)	δείκνυμι(32과) (*δεικνυ)
1 sg	ἐδιδόμην	ἐτιθέμην	ἱστάμην	ἐδεικνύμην
2 sg	ἐδίδοσο	ἐτίθεσο	ἵστασο	ἐδείκνυσο
3 sg	ἐδίδοτο	ἐτίθετο	ἵστατο	ἐδείκνυτο
1 pl	ἐδιδόμεθα	ἐτιθέμεθα	ἱστάμεθα	ἐδεικνύμεθα
2 pl	ἐδίδοσθε	ἐτίθεσθε	ἵστασθε	ἐδείκνυσθε
3 pl	ἐδίδοντο	ἐτίθεντο	ἵσταντο	ἐδείκνυντο

-μι동사의 중간태 미완료는 능동태 미완료와는 달리 **단복수 모두에서 줄기끝모음을 길게 하지 않는다.** 또한, 연결모음 없이 인칭꼬리들을 직접 취하고 있으며 그 인칭꼬리들은 -ω동사의 미완료 중간/수동태 꼬리들과 동일하다:

〈-ω동사의 미완료 중간/수동태 꼬리들〉

	단수	복수
1	ε - ο μην	ε - ο μεθα
2	ε - ε σο ► ου	ε - ε σθε
3	ε - ε το	ε - ο ντο

vs

〈-μι동사의 미완료 중간/수동태 꼬리들〉

	단수	복수
1	ε - μην	ε - μεθα
2	ε - σο	ε - σθε
3	ε - το	ε - ντο

Gram 267. δίδωμι, τίθημι, ἵστημι, δείκνυμι의 미래 능동태 직설법 변화

	δίδωμι (31과) (*δο)	τίθημι (32과) (*θε)	ἵστημι (33과) (*στα)	δείκνυμι(32과) (*δεικνυ)
1 sg	δώσω	θήσω	στήσω	δείξω
2 sg	δώσεις	θήσεις	στήσεις	δείξεις
3 sg	δώσει	θήσει	στήσει	δείξει
1 pl	δώσομεν	θήσομεν	στήσομεν	δείξομεν
2 pl	δώσετε	θήσετε	στήσετε	δείξετε
3 pl	δώσουσι(ν)	θήσουσι(ν)	στήσουσι(ν)	δείξουσι(ν)

-μι동사의 미래는 중접두어 없이 원래줄기만으로 변화하며 줄기끝모음은 미래시상 접미어(σ) 앞에서 항상 길어진다. 한편 ἵστημι는 현재기본형의 형태와 그 줄기 모양을 달리하고 있음에 주목하라. 인칭꼬리들은 -ω동사와 똑같다.

Gram 268. δίδωμι, τίθημι, ἵστημι, δείκνυμι의 미래 중간태 직설법 변화

	δίδωμι (31과) (*δο)	τίθημι (32과) (*θε)	ἵστημι (33과) (*στα)	δείκνυμι(32과) (*δεικνυ)
1 sg	δώσομαι	θήσομαι	στήσομαι	δείξομαι
2 sg	δώσῃ	θήσῃ	στήσῃ	δείξῃ
3 sg	δώσεται	θήσεται	στήσεται	δείξεται
1 pl	δωσόμεθα	θησόμεθα	στησόμεθα	δειξόμεθα
2 pl	δώσεσθε	θήσεσθε	στήσεσθε	δείξεσθε
3 pl	δώσονται	θήσονται	στήσονται	δείξονται

Gram 269. δίδωμι, τίθημι, ἵστημι, δείκνυμι의 미래 능동태 및 중간태 분사 변화

	δίδωμι (31과) (*δο)	τίθημι (32과) (*θε)	ἵστημι (33과) (*στα)	δείκνυμι(32과) (*δεικνυ)
N sg	δώσων	θήσων	στήσων	δείξων
G sg	δώσοντος	θήσοντος	στήσοντος	δείξοντος
	(이하생략)	(이하생략)	(이하생략)	(이하생략)
		〈중간태〉		
N sg	δωσόμενος	θησόμενος	στησόμενος	δειξόμενος
G sg	δωσομένου	θησομένου	στησομένου	δειξομένου
	(이하생략)	(이하생략)	(이하생략)	(이하생략)

-μι동사의 미래분사는 미래직설법에서 굴절된다. -μι동사는 미래시제에서 -ω동사체계를 따르므로 분사도 마찬가지로 변화한다.

Gram 270. δίδωμι, τίθημι, ἵστημι, δείκνυμι의 미래 수동태 분사 변화

	δίδωμι (31과)	τίθημι (32과)	ἵστημι (33과)	δείκνυμι(32과)
N sg	δοθησόμενος	τεθησόμενος	σταθησόμενος	δειχθησόμενος
G sg	δοθησομένου	τεθησομένου	σταθησομένου	δειχθησομένου
	(이하생략)	(이하생략)	(이하생략)	(이하생략)

-μι동사의 미래수동태분사는 – -ω동사체계에서와 마찬가지로 – 미래수동태직설법 어형의 줄기에서 만든다. 그런데 미래수동태직설법 어형은 과거수동태직설법 줄기에서 도출되므로 결국엔 과거수동태직설법 어형에서 나오는 것이다. 본 과의 서두

에서 밝혔듯이, -μι동사 역시 과거수동태 시상접미어를 θε(θη)로 가지는데 특이한 점은 시상접미어(θη) 앞에서 줄기끝모음이 길어지지 않았다는 것이다(그러나 모든 -μι동사들이 그러한 것은 아니다). 어쨌든 개별동사의 정확한 어형은 사전을 통해서만 확인할 수 있다. 사전에서 밝히고 있는 바 각각의 과거수동태기본형은 다음과 같다:

ἐδόθην, ἐτέθην, ἐστάθην, ἐδείχθην.

Cf. 미래수동태직설법: δοθήσομαι, τεθήσομαι, σταθήσομαι, δειχθήσομαι.
Cf. 위 변화표의 각 복수형, 그리고 여성과 중성은 생략하도록 하겠다.

Gram 271. δίδωμι, τίθημι, ἵστημι, δείκνυμι의 과거 능동태 직설법 변화

	δίδωμι (31과) (*δο)	τίθημι (32과) (*θε)	ἵστημι (33과) (*στα)	δείκνυμι (32과) (*δεικνυ)
1 sg	ἔδωκα	ἔθηκα	ἔστην	ἔδειξα
2 sg	ἔδωκας	ἔθηκας	ἔστης	ἔδειξας
3 sg	ἔδωκε(ν)	ἔθηκε(ν)	ἔστη	ἔδειξε(ν)
1 pl	ἐδώκαμεν	ἐθήκαμεν	ἔστημεν	ἐδείξαμεν
2 pl	ἐδώκατε	ἐθήκατε	ἔστητε	ἐδείξατε
3 pl	ἔδωκαν	ἔθηκαν	ἔστησαν	ἔδειξαν

-μι동사는 과거시제에서 **과거시상접미어로 κα를 취하며**(소위 'κ-aorist'라 칭함), 줄기끝모음들은 단복수 모두 κα 앞에서 길어진다. 또한 당연히 제2시제(Secondary Tense)임을 표시하는 접두모음 ε을 동반한다. 한편, ἵστημι는 -μι동사의 전형적 시상접미어인 κα를 취하지 아니하고 -ω동사의 제2과거 인칭꼬리들(cf.복수3인칭만 제외)을 연결모음 없이 취하는데, 이는 마치 -μι동사에도 제2과거 패턴이 존재하는 것이 아닌가 하는 생각을 갖게 한다. 그러나 어형성 과정에 있어서 -ω동사의 제2과거패턴은 연결모음을 삽입하고 있는 반면, ἵστημι의 과거어형은 연결모음을 사용하지 않는다는 이유로 인해 '제2과거'와는 구분시킨다(cf. Mounce, *Morphology* 103).

〈-ω동사의 제2과거 능동태 꼬리들 〉

	단수	복수
1인칭	ε - ο ν	ε - ο μεν
2인칭	ε - ε ς	ε - ε τε
3인칭	ε - ε	ε - ο ν

vs

〈ἵστημι의 제2과거 능동태 직설법〉

	단수	복수
1인칭	ἔστην	ἔστημεν
2인칭	ἔστης	ἔστητε
3인칭	ἔστη	ἔστησαν

한편으로 ἵστημι는 시상접미어 σα를 취하여 아래와 같은 -ω동사 1과거패턴을 보이기도 하는데, 이 역시 -μι동사가 -ω동사체계로 전환하고 있는 흔적으로 간주될 수 있을 것이다. 이처럼 하나의 동사가 제1과거와 제2과거형을 동시에 갖는 것은 -μι동사에서만 볼 수 있는 현상이다(cf. Mounce, *Morphology* 101). 그러나 아무런 의미적 차이 없이 두 개의 과거시제 어형을 갖는 것은 아니다. ἵστημι가 -μι동사의 제2과거형을 취할 때는 자동사의 의미('서다')를, -ω동사의 제1과거형을 취할 경우엔 타동사의 의미('세우다')를 갖게 된다(cf. Smyth, *Grammar* §420).

〈ἵστημι의 제1과거 능동태 직설법〉

	단수	복수
1인칭	ἔστησα	ἐστήσαμεν
2인칭	ἔστησας	ἐστήσατε
3인칭	ἔστησε(ν)	ἔστησαν

Gram 272. δίδωμι, τίθημι, ἵστημι, δείκνυμι의 과거 중간태 직설법 변화

	δίδωμι (31과) (*δο)	τίθημι (32과) (*θε)	ἵστημι (33과) (*στα)	δείκνυμι(32과) (*δεικνυ)
1 sg	ἐδόμην	ἐθέμην	ἐστάμην	ἐδειξάμην
2 sg	ἔδου*(◂ ε+σο)	ἔθου*(◂ ε+σο)	ἔστω*(◂ α+σο)	ἐδείξω
3 sg	ἔδοτο	ἔθετο	ἔστη	ἐδείξατο
1 pl	ἐδόμεθα	ἐθέμεθα	ἐστάμεθα	ἐδειξάμεθα
2 pl	ἔδοσθε	ἔθεσθε	ἔστασθε	ἐδείξασθε
3 pl	ἔδοντο	ἔθεντο	ἔσταντο	ἐδείξαντο

-μι동사는 과거시제에서 -ω동사의 과거중간태 인칭꼬리들을 **연결모음 없이** 직접 취한다. 다만 *표시에서 보듯, **2인칭 단수**에서는 – 비완료 중간/수동태와는 달리 – 줄기끝모음과 인칭꼬리 σο가 **음운현상을 일으켜 단축**을 이룬다는 점이 특이하다. 이러한 음운현상도 역시 -ω동사변화에서 전형적으로 발견되는 특징인 바 -μι동사가 -ω동사체계로 전환하고 있는 흔적으로 간주될 수 있을 것이다. 비슷한 맥락에서, -υμι동사는 앞서 본 과의 서두에서 밝혔듯이 현재와 미완료를 제외한 나머지 시제에서 아예 -ω동사체계를 따른다. 한편, ἵστημι는 과거중간태에서도 -ω동사 1과거패턴을 취할 수 있는데 이 경우 1과거능동태어형(ἔστησα)에서처럼 타동사의 의미('세우다')를 갖게 된다(cf. Smyth, *Grammar* §420):

<ἵστημι의 제1과거 중간태 직설법>

	단수	복수
1인칭	ἐστησάμην	ἐστησάμεθα
2인칭	ἐστήσω	ἐστήσασθε
3인칭	ἐστήσατο	ἐστήσαντο

Gram 273. δίδωμι, τίθημι, ἵστημι, δείκνυμι의 과거 능동태 및 중간태 분사 변화

	δίδωμι (31과) (*δο)	τίθημι (32과) (*θε)	ἵστημι (33과) (*στα)	δείκνυμι(32과) (*δεικνυ)
N sg	δούς	θείς	στάς	δείξας
G sg	δόντος	θέντος	στάντος	δείξαντος
	(이하생략)	(이하생략)	(이하생략)	(이하생략)
		<중간태>		
N sg	δόμενος	θέμενος	στάμενος	δειξάμενος
G sg	δομένου	θεμένου	σταμένου	δειξαμένου
	(이하생략)	(이하생략)	(이하생략)	(이하생략)

-μι동사의 과거분사는 -ω동사의 분사체계와 좀 다른 양상을 보여주는데, -ω동사체계에선 과거분사가 과거직설법의 줄기를 시상접미어까지 포함하여 그대로 빌어와 굴절시키는 반면, -μι동사는 **과거시상접미어 κα를 누락시킨 나머지 줄기만을 빌어와** 현재능동분사의 꼬리를 **연결모음 없이** 붙여 분사어형을 만든다. 따라서 -μι동사의 과거분사는 그 어형성에 있어서 -ω동사의 제2과거 분사와 유사하며, 현재분사와의 차이점은 결국 중첩두어의 유무만 남게 된다.
Cf. 과거능동태 여성 및 중성분사: δοῦσα(f.sg), δοῦσαι(f.pl), δόν(n.sg), δόντα(n.pl).

한편, δείκνυμι-동사는 과거직설법에서 -ω동사의 체계를 따르므로 분사도 그에 맞는 체계를 취한다(cf. Smyth, *Grammar* §422). cf. 참고로 ἵστημι는 과거시제 직설법에서 -μι동사체계뿐 아니라 -ω동사체계도 번갈아 취하고 있으므로, 그것이 가지는 또 다른 과거직설법 줄기를 빌어와 아래와 같은 분사체계를 형성한다. 아래와 같이 제1과거형식의 분사를 만들면 – 직설법에서와 마찬가지로 – 타동사적 의미('세우다')를 갖게 된다.

	남성		여성		중성	
	단수	복수	단수	복수	단수	복수
N	στήσας	στήσαντες	στήσασα	στήσασαι	στῆσαν	στήσαντα
G	στήσαντος	στησάντων	στησάσης	στησασῶν	στήσαντος	στησάντων
	(이하생략)	(이하생략)	(이하생략)	(이하생략)	(이하생략)	(이하생략)

Cf. 제1과거 중간태 분사는 στησάμενος, στησαμένη, στησάμενον.

Gram 274. δίδωμι, τίθημι, ἵστημι, δείκνυμι의 과거 수동태 분사 변화

	δίδωμι (31과)	τίθημι (32과)	ἵστημι (33과)	δείκνυμι(32과)
N sg	δοθείς	τεθείς	σταθείς	δειχθείς
G sg	δοθέντος	τεθέντος	σταθέντος	δειχθέντος
	(이하생략)	(이하생략)	(이하생략)	(이하생략)

-μι동사의 과거수동태분사는 – -ω동사체계에서와 마찬가지로 – 과거수동태직설법 줄기에서 만든다. 본 과의 서두에서 밝혔듯이, -μι동사 역시 과거수동태 시상접미어를 θε(θη)로 가지는데 그 정확한 어형은 사전을 통해서만 확인할 수 있다. 각각이 과거수동태기본형은 다음과 같다:

ἐδόθην, ἐτέθην, ἐστάθην, ἐδείχθην.

물론, 위의 기본형들은 과거수동태분사 변화표가 주어진 이상, 사전 없이 도출해 낼 수 있다. 위의 과거수동태직설법 어형들에서 특이한 점은 시상접미어(θη) 앞에서 줄기끝모음이 길어지지 않았다는 것인데,[24] 모든 -μι동사들이 다 그런 것은 아니다(cf. ἵημι의 과거수동태 εἵθην). 그러나 어쨌든 모든 격꼬리들은 -ω동사의 과거수동태분사와 동일함에 주목하자.

Cf. 위 변화표의 남성/여성/중성, 단복수 어형은 δίδωμι를 예로 들면 다음과 같다.
δοθείς, δοθέντες | δοθεῖσα, δοθεῖσαι | δοθέν, δοθέντα

[24] Cf. ἐτέθην의 경우, τίθημι의 원래줄기 θε는 시상접미어(θη) 앞에서 기음의 중복을 피하기 위해 τε가 되었다.

Gram 275. δίδωμι, τίθημι, ἵστημι, δείκνυμι의 과거 능동태 가정법 변화

	δίδωμι (31과) (*δο)	τίθημι (32과) (*θε)	ἵστημι (33과) (*στα)	δείκνυμι(32과) (*δεικνυ)
1 sg	δῶ	θῶ	στῶ	δείξω
2 sg	δῷς	θῇς	στῇς	δείξῃς
3 sg	δῷ	θῇ	στῇ	δείξῃ
1 pl	δῶμεν	θῶμεν	στῶμεν	δείξωμεν
2 pl	δῶτε	θῆτε	στῆτε	δείξητε
3 pl	δῶσι(ν)	θῶσι(ν)	στῶσι(ν)	δείξωσι(ν)

-μι동사의 과거가정법은 – 조금전 과거분사의 어형성과 마찬가지로 – 시상접미어 κα를 누락시킨채 과거직설법의 줄기를 빌어와 현재가정법꼬리를 붙여 만든다. 따라서 현재가정법과 비교해 볼 때 그 차이점은 중첩두어의 유무 뿐이다. δείκνυμι의 경우, 과거시제에서 -ω동사의 1과거패턴을 따르기에 과거가정법 역시 그 줄기를 빌어와 -ω동사의 가정법처럼 변화한다. 그런데 나머지 -μι동사들의 과거가정법에 있어서 한가지 흥미로운 현상은, 그것들이 δείκνυμι처럼 과거직설법에서 -ω동사의 1과거패턴을 따르고 있지 않고 있음에도 불구하고, 마치 -ω동사 1과거패턴의 어형을 가지고 있는양 과거가정법 어형들을 만들어내고 있다는 것이다(물론, ἵστημι는 -ω동사 1과거패턴의 어형을 가지고 있기에 예외다). 이러한 현상 역시 앞서 밝혀온대로, -μι동사가 -ω동사체계로 전환해 가고 있던 흔적으로 간주될 수 있을 것이다. cf. δώσωμεν(과거가정법 1pl. 계19:7); δώσῃ(과거가정법 3sg. 요17:2)

	δίδωμι	τίθημι	ἵστημι
1 sg	δώσω	θήσω	στήσω
2 sg	δώσῃς	θήσῃς	στήσῃς
3 sg	δώσῃ	θήσῃ	στήσῃ
1 pl	δώσωμεν	θήσωμεν	στήσωμεν
2 pl	δώσητε	θήσητε	στήσητε
3 pl	δώσωσι(ν)	θήσωσι(ν)	στήσωσι(ν)

Cf. , ἵστημι의 경우, 제1과거형식의 가정법을 만들면 – 직설법에서와 마찬가지로 – 타동사적 의미('세우다')를 갖게 된다(cf. Smyth, *Grammar* §420).

Gram 276. δίδωμι, τίθημι, ἵστημι, δείκνυμι의 과거 중간태 가정법 변화

	δίδωμι (31과) (*δο)	τίθημι (32과) (*θε)	ἵστημι (33과) (*στα)	δείκνυμι (32과) (*δεικνυ)
1 sg	δῶμαι	τιθῶμαι	στῶμαι	δείξωμαι
2 sg	δῷ	τιθῇ	στῇ	δείξῃ
3 sg	δῶται	τιθῆται	στῆται	δείξηται
1 pl	δώμεθα	τιθώμεθα	στώμεθα	δειξώμεθα
2 pl	δῶσθε	τιθῆσθε	στῆσθε	δείξησθε
3 pl	δῶνται	τιθῶνται	στῶνται	δείξωνται

	δίδωμι	τίθημι	ἵστημι
1 sg	δώσωμαι	θήσωμαι	στήσωμαι
2 sg	δώσῃ	θήσῃ	στήσῃ
3 sg	δώσηται	θήσηται	στήσηται
1 pl	δωσώμεθα	θησώμεθα	στησώμεθα
2 pl	δώσησθε	θήσησθε	στήσησθε
3 pl	δώσωνται	θήσωνται	στήσωνται

Gram 277. δίδωμι, τίθημι, ἵστημι, δείκνυμι의 과거 수동태 가정법 변화

	δίδωμι (31과) (*δο)	τίθημι (32과) (*θε)	ἵστημι (33과) (*στα)	δείκνυμι (32과) (*δεικνυ)
1 sg	δοθῶ	τεθῶ	σταθῶ	δειχθῶ
2 sg	δοθῇς	τεθῇς	σταθῇς	δειχθῇς
3 sg	δοθῇ	τεθῇ	σταθῇ	δειχθῇ
1 pl	δοθῶμεν	τεθῶμεν	σταθῶμεν	δειχθῶμεν
2 pl	δοθῆτε	τεθῆτε	σταθῆτε	δειχθῆτε
3 pl	δοθῶσι(ν)	τεθῶσι(ν)	σταθῶσι(ν)	δειχθῶσι(ν)

-μι동사의 과거수동태 가정법은 – -ω동사체계에서와 마찬가지로 – 과거수동태직설법 줄기에서 만든다. 그리고 모든 인칭꼬리들은 -ω동사의 과거수동태가정법과 동일하다. 각각의 과거수동태기본형은 사전을 통해서만 확인할 수 있으며 다음과 같다:

ἐδόθην, ἐτέθην, ἐστάθην, ἐδείχθην.

Gram 278. δίδωμι, τίθημι, ἵστημι, δείκνυμι의 과거 능동태 명령법 변화

	δίδωμι (31과) (*δο)	τίθημι (32과) (*θε)	ἵστημι (33과) (*στα)	δείκνυμι(32과) (*δεικνυ)
2 sg	δός	θές	στῆθι	δεῖξον
3 sg	δότω	θέτω	στήτω	δειξάτω
2 pl	δότε	θέτε	στῆτε	δείξατε
3 pl	δότωσαν	θέτωσαν	στήτωσαν	δειξάτωσαν

-μι동사의 과거능동태명령법은 과거능동태직설법 줄기에서 만든다. 그러나 -ω동사의 방식과는 달리 **과거시상접미어(κα)를 누락시킨 채** 나머지 줄기에 현재명령법 꼬리를 연결모음 없이 붙여 만든다. 이때 단수 2인칭 명령법 꼬리로 시그마(ς)가 온다는 점이 좀 다르다:

<-μι동사의 현재능동명령법 꼬리들>

	단수	복수
2	∅	τε
3	τω	τωσαν

vs

<-μι동사의 과거능동명령법 꼬리들>

	단수	복수
2	ς or θι	τε
3	τω	τωσαν

줄기끝모음을 α로 갖는 -μι동사(ἵστημι)의 경우 단수 2인칭꼬리를 좀 특이하게 θι로 갖는다. 또한 인칭꼬리 앞에서 줄기끝모음을 길게 갖는 것도 특이한 점이다. 그런데 ἵστημι의 경우 -ω동사의 제1과거패턴도 취하는 까닭에, 과거명령법에서도 역시 다음과 같은 또하나의 패턴을 갖게 된다. 이때 직설법과 분사, 가정법, 부정사에서와 마찬가지로 제1과거형식에선 타동사의 의미('세우다')를 갖는다.

<ἵστημι의 제1과거 능동태 명령법>

	단수	복수
2	στῆσον	στήσατε
3	στησάτω	στησάτωσαν

참고로, -μι동사의 과거능동태명령법 3인칭 복수는 -ω동사체계에서와 마찬가지로 고전형(classical form)을 지니고 있으니 아래 각주를 참조하라(cf. 28과도 참조).[25]

---

[25] δότωσαν = δόντων; θέτωσαν = θέντων; στήτωσαν = στάντων; δειξάτωσαν = δειξάντων(cf. Mounce, *Morphology* 146).

Gram 279. δίδωμι, τίθημι, ἵστημι, δείκνυμι의 과거 중간태 명령법 변화

	δίδωμι (31과) (*δο)	τίθημι (32과) (*θε)	ἵστημι (33과) (*στα)	δείκνυμι(32과) (*δεικνυ)
2 sg	δοῦ* (◂ ο+σο)	θοῦ* (◂ ε+σο)	στῶ* (◂ α+σο)	δεῖξαι
3 sg	δόσθω	θέσθω	στάσθω	δειξάσθω
2 pl	δόσθε	θέσθε	στάσθε	δειξάσθε
3 pl	δόσθωσαν	θέσθωσαν	στάσθωσαν	δειξάσθωσαν

-μι동사의 과거중간태명령법은 현재중간태명령법에서와 마찬가지로 ω동사의 현재중간/수동태 명령법꼬리들을 **연결모음 없이** 그대로 취한다. 그러나 주의할 것은, 현재중간/수동태 명령법에선 **2인칭 단수에서** 인칭꼬리 σο와 음운변화를 일으키지 아니하여 단축현상이 일어나지 않았음에 반해, 과거중간태명령법에선 **음운변화를 일으켜 단축현상**을 가져온다.

<-ω동사의 현재중간/수동명령법꼬리들>

	단수	복수
2	ε σο ► ου	ε σθε
3	ε σθω	ε σθωσαν

vs

<-μι동사의 현재중간/수동명령법꼬리들>

	단수	복수
2	σο	σθε
3	σθω	σθωσαν

Cf. δίδωμι, τίθημι, ἵστημι의 현재 중간/수동태 명령법 2인칭 단수어형:
→ δίδοσο, τίθεσο, ἵστασο.

Cf. 참고로, 3인칭 복수의 고전형(classical form)들은 아래 각주를 참조하라.[26]

Gram 280. δίδωμι, τίθημι, ἵστημι, δείκνυμι의 과거 수동태 명령법 변화

	δίδωμι (31과) (*δο)	τίθημι (32과) (*θε)	ἵστημι (33과) (*στα)	δείκνυμι(32과) (*δεικνυ)
2 sg	δόθητι	τέθητι	στάθητι	δείχθητι
3 sg	δοθήτω	τεθήτω	σταθήτω	δειχθήτω
2 pl	δόθητε	τέθητε	στάθητε	δείχθητε
3 pl	δοθήτωσαν	τεθήτωσαν	σταθήτωσαν	δειχθήτωσαν

---

[26] δόσθωσαν = δόσθων; θέσθωσαν = θέσθων; στάσθωσαν = στάσθων; δειξάσθωσαν = δειξάσθων.

-μι동사의 과거수동태 명령법은 – -ω동사체계에서와 마찬가지로 – 과거수동태직설법 줄기에서 만든다. 모든 인칭꼬리들은 -ω동사의 과거수동태명령법과 동일하다. 각각의 과거수동태기본형은 다음과 같다:

ἐδόθην, ἐτέθην, ἐστάθην, ἐδείχθην.

Cf. '과거수동태가정법 2인칭 복수'와 '과거수동태명령법 2인칭 복수'의 어형은 단지 액센트의 차이만 지닐 뿐이다:

가정법 – δοθῆτε,τεθῆτε,σταθῆτε,δειχθῆτε
명령법 – δόθητε,τέθητε,στάθητε,δείχθητε

Gram 281. γινώσκω의 과거시제 어형

γινώσκω는 과거시제에서 ἵστημι처럼 -ω동사의 제2과거 인칭꼬리들을 **연결모음 없이** 취한다. 연결모음이 없다는 점 외에도, 복수 3인칭꼬리를 ἵστημι의 그것과 동일하게 취하기에 -ω동사의 제2과거와는 구분짓는다. γινώσκω동사가 현재시제에서 -ω동사체계를 따르는 한편 과거시제에선 -μι동사의 과거 제2형태(Second form)을 갖는 것은 전적으로 개별동사가 지니는 임의적인 속성이다(cf. βαίνω의 과거기본형 ἔβην[33과]도 이와 마찬가지이다).

γινώσκω의 과거

	단수	복수
1	ἔγνων	ἔγνωμεν
2	ἔγνως	ἔγνωτε
3	ἔγνω	ἔγνωσαν

βαίνω의 과거 [33과]

	단수	복수
1	ἔβην	ἔβημεν
2	ἔβης	ἔβητε
3	ἔβη	ἔβησαν

ἵστημι의 과거 [33과]

	단수	복수
1	ἔστην	ἔστημεν
2	ἔστης	ἔστητε
3	ἔστη	ἔστησαν

Cf. γινώσκω는 과거시제에서 연결모음을 사용하지 않는 이른바 'root aorist' 이기 때문에, 과거시제에 한해서는 직설법 이외의 다른 모든 법(분사, 가정법, 부정사, 명령법)에서 -μι동사의 'Athematic Conjugation'을 따른다(cf. 그러나 가정법에선 다른 -μι동사와 마찬가지로 연결모음을 허용하여 다소 불규칙한 단축을 일으킨다).

γινώσκω의 과거 능동태 가정법

	단수	복수
1	γνῶ (◂ ο+ω)	γνῶμεν (◂ ο+ωμεν)
2	γνῷς* (◂ ο+ῃς)	γνῶτε (◂ ο+ητε)
3	γνῷ*(◂ ο+ῃ)[27]	γνῶσιν (◂ ο+ωσιν)

γινώσκω의 과거 능동 명령법

	단수	복수
2	γνῶθι	γνῶτε
3	γνώτω	γνώτωσαν

Cf. 과거능동태명령법 2인칭 단수에서 ἵστημι처럼 인칭꼬리 θι를 취하고 있다.

---

[27] 혹은 단축법 그대로 γνοῖ로 나타나기도 한다(cf. 막5:43).

Cf. 과거능동태부정사는 γνῶναι.

줄기끝모음이 ο에서 ω로 길어졌다. cf. δίδωμι ; δοῦναι.

Cf. 과거능동태분사:

	남성	여성	중성
주격	γνούς	γνοῦσα	γνόν
속격	γνόντος	γνούσης	γνόντος

Gram 282. δίδωμι, τίθημι, ἵστημι, δείκνυμι의 현재완료 굴절패턴

-μι동사의 현재완료직설법은 -ω동사의 현재완료변화와 동일하다. 다만, 직설법 이외의 법(현재완료분사, 현재완료가정법, 현재완료부정사, 현재완료명령법)에서 보이는 일부 굴절패턴은 -ω동사와 약간의 차이를 보인다.

cf. 현재완료 능동태 및 중간/수동태 직설법 기본형들:

원형	현재완료 능동태	현재완료 중간/수동태
δίδωμι	δέδωκα	δέδομαι
τίθημι	τέθεικα	τέθειμαι
ἵστημι	ἕστηκα	ἕσταμαι
δείκνυμι	δέδειχα	δέδειγμαι

<현재완료 중간/수동태>

δέδομαι	δεδόμεθα
δέδοσαι	δέδοσθε
δέδοται	δέδονται

(1) 현재완료분사: -ω동사의 굴절패턴과 동일하게 완료줄기를 그대로 이용한다.

	δίδωμι (31과)	τίθημι (32과)	ἵστημι (33과)	δείκνυμι (32과)
N sg	δεδωκώς[28]	τεθεικώς	ἑστηκώς	δεδειχώς
G sg	δεδωκότος	τεθεικότος	ἑστηκότος	δεδειχότος
	(이하생략)	(이하생략)	(이하생략)	(이하생략)
	<중간/수동태>			
N sg	δεδομένος	τεθειμένος	ἑσταμένος	δεδειγμένος
G sg	δεδομένου	τεθειμένου	ἑσταμένου	δεδειγμένου
	(이하생략)	(이하생략)	(이하생략)	(이하생략)

Cf. 위 변화표의 남성/여성/중성, 단복수 어형은 δίδωμι를 예로 들면 다음과 같다.

δεδωκώς, δεδωκότες | δεδωκυῖα, δεδωκυῖαι | δεδωκός, δεδωκότα

---

[28] 단수주격에서 격꼬리로 시그마(ς)가 왔으며, 줄기끝의 τ는 시그마 앞에서 음운적 마찰을 겪고 소실되어 그 보상으로 모음 ο이 ω로 길어졌다(cf. Mounce, *Morphology* 157).

Cf. 한편, ἵστημι는 현재완료직설법에서 시상접미어 κα를 누락시킨 제2형태를 갖기도 하는데(cf. ἕστα), 이로 인해 분사도 다음과 같은 제2형태를 갖게 된다(cf. ἑστώς 눅1:11; ἑστῶσα 단2:31; ἑστός 마24:15; ἑστῶτος 계10:8; ἑστῶτα 눅5:2).

	남성		여성		중성	
주격	ἑστώς	ἑστῶτες	ἑστῶσα	ἑστῶσαι	ἑστός	ἑστῶτα
속격	ἑστῶτος	ἑστώτων	ἑστώσης	ἑστωσῶν	ἑστῶτος	ἑστώτων
여격	ἑστῶτι	ἑστῶσιν	ἑστώσῃ	ἑστώσαις	ἑστῶτι	ἑστῶσιν
대격	ἑστῶτα	ἑστῶτας★	ἑστῶσαν	ἑστώσας	ἑστός	ἑστῶτα

ἵστημι의 현재완료 제2형태는 줄기끝이 모음 α이기 때문에 완료분사줄기 οτ-와 모음충돌을 일으켜 ω를 형성시켰다. 주목할 것은 여성분사가 완료분사 여성줄기(υια)를 취하지 않고 있다는 점이다. 이 같은 혼합적 양상의 분사어형은 개별동사에 따른 특수한 예로서 취급해야 할 것이다. **33과 연습문제 6번**의 어형(ἑστῶτας★) 이외에도 위에 소개해 놓은 분사어형들은 신약에서 적잖이 발견된다.

(2) 현재완료가정법: -ω동사와 마찬가지로 εἰμί동사의 가정법과 해당동사의 현재완료분사어형을 사용한다(e.g.'periphrastic conjugation'–우언적 활용). δίδωμι로 예를 들자면 다음과 같다:

〈δίδωμι의 현재완료 능동태 가정법〉

	단수	복수
1.	δεδωκώς ὦ	δεδωκότες ὦμεν
2.	δεδωκώς ᾖς	δεδωκότες ἦτε
3.	δεδωκώς ᾖ	δεδωκότες ὦσιν

〈δίδωμι의 현재완료 중간/수동태 가정법〉

	단수	복수
1.	δεδομένος ὦ	δεδομένοι ὦμεν
2.	δεδομένος ᾖς	δεδομένοι ἦτε
3.	δεδομένος ᾖ	δεδομένοι ὦσιν

Cf. 한편 ἵστημι는 현재완료능동태가정법에서 '제2형태 줄기'(cf. ἕστα)를 가지고 현재가정법 능동꼬리를 붙여 만들거나(cf. Mounce, *Morphology* 134), 혹은 현재능동태완료직설법 '제1형태 줄기'(cf. ἕστηκα)를 가지고 현재가정법 중간태 꼬리를 붙여 만든다(cf. Smyth, *Grammar* 420).

ἵστημι의 제1현재완료 능동태 가정법

	단수	복수
1	ἑστήκω	ἑστήκωμεν
2	ἑστήκῃς	ἑστήκητε
3	ἑστήκῃ	ἑστήκωσιν

ἵστημι의 제2현재완료 능동태 가정법

	단수	복수
1	ἑστῶ	ἑστῶμεν
2	ἑστῇς	ἑστῆτε
3	ἑστῇ	ἑστῶσιν

Gram 283. μέν과 δέ 앞의 관사
μέν이나 δέ 앞의 관사는 종종 인칭대명사의 의미를 갖게 된다.

예1: τοῦτο ἠρώτησαν αὐτόν. **ὁ δὲ** ἀπεκρίθη αὐτοῖς.
그들은 이것을 그에게 물었다. 그리고 그는 그들에게 대답했다.
예2: ἦλθον πρὸς αὐτοὺς αἰτῶν τι παρ' αὐτῶν· **οἱ δὲ** ἐποίησαν οὐδέν.
나는 그들에게 무엇인가를 부탁하러 갔었다. 그러나 그들은 아무것도 해주지 않았다.

Gram 284. 주동사와 동시동작을 나타내는 과거분사
19–20과에서 과거분사는 주동사의 동작이 발생한 시간보다 먼저 일어난 동작을 기술하는 상대시제임을 배웠다. 그러나 **ἀποκριθεὶς εἶπεν**은 예외적인 경우로서, **ἀποκριθεὶς**는 주동사와 동시에 일어난 행동을 기술하여 '대답하여 말했다'로 해석된다. 이것은 **관용적인 표현**으로 굳어진 경우이기에 특별히 알아두어 해석에 주의하기 바란다. 사실 **ἀποκριθεὶς**가 생략되어도 '~라고 말했다'라고 해석됨으로써 본래의 의미는 그대로 남아있게 되는데, **ἀποκριθεὶς**는 주어의 말하는 동작이 상대방의 질문에 대한 대답으로 취해진 행동임을 부연적으로 설명하고 있는 것이다. 그래서 어떤 문법가(*Young* 160)는 이를 두고 '중복적인 과거분사'(redundant/pleonastic)라 칭하며, 혹자(*Zerwick* 127)는 '형식적 문구'(empty formula)라 칭하기도 한다. 이러한 구문은 주로 발화동사(speaking verbs)에서 자주 발견되며 특히 현재분사도 빈번하게 사용된다. cf. **ἐλάλησεν λέγων** (he spoke saying).

예1: **ἀποκριθεὶς** εἶπεν ὁ Ἰησοῦς. 예수께서 대답하여 말씀하셨다
Jesus said by way of answer.

혹은, 대답하고 말한 동작이 하나의 '연속된' 동시동작으로 간주될 경우엔 다음과 같이 해석할 수도 있겠다.

예수께서 대답하시고 말씀하셨다 Jesus answered and said.

예2: ὁ δὲ **ἀποκριθεὶς** εἶπεν. 그리고 그가 대답하여 말했다
And he answered and said. (☞ ὁ는 대명사적으로 쓰였다. **Gram283**)

단어공부

명 사: γυνή, γυναικός, ἡ (a woman 여인)[29]
Σίμων, Σίμωνος, ὁ (Simon 시몬)
ἐξουσία, ἡ (authority 권세)
μυστήριον, τό (a mystery, a secret 신비, 비밀)
χείρ, χειρός, ἡ (a hand 손)[30]

동 사: ἀποδίδωμι (I give back, I give what is owed or promised, I render, I pay 돌려주다, 지불하다)
δίδωμι (I give 주다)
παραδίδωμι (I hand over 넘겨주다)
ζάω (I live 살다)
Cf. 현재시제에서 α대신에 η가 온다:
ζῶ/ ζῇς/ ζῇ/ ζῶμεν/ ζῆτε/ ζῶσιν
ὁράω (I see 보다)
πειράζω (I tempt 유혹하다)
ἔσχον (I had 가졌다) ἔχω의 제2과거 능동태 직설법
ἔγνων (γινώσκω의 과거어형으로서, ἵστημι처럼 변화함)
Cf. ἔγνων/ ἔγνως/ ἔγνω/ ἔγνωμεν/ ἔγνωτε/ ἔγνωσαν

형용사: αἰώνιος, ον (eternal 영원한)
Cf. 남성과 여성의 변화가 같다(2–2 패턴 형용사).
μόνος, η, ον (alone, only 유일한)

---

[29] Cf. 줄기끝이 연구개음으로 끝나는 3변화 명사다(**Gram96**).

	γυνή, γυναικός, ἡ (a woman 여인)	
N	γυνή	γυναῖκες
G	γυναικός	γυναικῶν
D	γυναικί	γυναιξίν
A	γυναῖκα	γυναῖκας
V	γύναι	γυναῖκες

[30] Cf. 메이첸 교본엔 그 소개를 생략하고 있는 것으로서, 줄기끝이 유음으로 끝나는 3변화 명사이다 (cf. Mounce, *Morphology* 209).

	χείρ, χειρός, ἡ (a hand 손)	
N	χείρ	χεῖρες
G	χειρός	χειρῶν
D	χειρί	χερσίν
A	χεῖρα	χεῖρας
V	χείρ	χεῖρες

대명사: ποῖος, ποία, ποῖον [의문대명사] (what sort of? 어떤 종류의?)

전치사: ἀντί [속격과 함께] (instead of ~대신에)

감탄사: ἰδού (behold! 보라!)

연습문제

1. **παρέδωκα** γὰρ ὑμῖν ἐν πρώτοις ὃ καὶ **παρέλαβον**, ὅτι Χριστὸς
내가 넘겨주었다 왜냐하면 너희에게 먼저 ~것 ~까지도 내가 받았다 왜냐하면 그리스도께서
ἀπέθανεν ὑπὲρ τῶν ἁμαρτιῶν ἡμῶν κατὰ τὰς γραφάς.
죽으셨다 ~위하여 죄악들을 우리의 ~을 따라서 그 책들을(=성경)

해석: 나 역시 받은 것을 먼저 너희에게 넘겨주었노니 이는(왜냐하면) 그리스도께서 그 책들을 따라서(=성경대로) 우리의 죄악들을 위하여 죽으셨기 때문이다. (cf. 고전15:3)

★ παρέδωκα – παραδίδωμι의 과거 능동태 직설법 1인칭 단수. **Gram271** 참조

★ παρέλαβον – παραλαμβάνω 의 2 과거 능동태 직설법 1 인칭 단수

★ ἀπέθανεν – ἀποθνήσκω 의 2 과거 능동태 직설법 3 인칭 단수

2. μὴ **ἔχοντος** δὲ αὐτοῦ **ἀποδοῦναι** **ἀπέλυσεν** αὐτὸν ὁ κύριος αὐτοῦ.
아니 가지고 있다 그러나 그가 지불할(to repay) 그가 놓아주었다 그를 주인이 그의

해석: 그러나 그가 지불할 (아무 것도) 가지고 있지 않자 그의 주인은 그를 놓아주었다. (cf. 마18:25)

독립속격구문. 부정사 ἀποδοῦναι는 명사적 용법이 아닌 부사적 용법으로 쓰였다.

★ ἔχοντος – ἔχω의 현재 능동태 분사 남성 단수 속격

★ ἀποδοῦναι [← ἀπέδωκα] – ἀποδίδωμι 의 과거 능동태 부정사. **Gram264** 참조

★ ἀπέλυσεν – ἀπολύω 의 1 과거 능동태 직설법 3 인칭 단수

3. καὶ **ἀποκριθεὶς** πᾶς ὁ λαὸς **εἶπεν** Τὸ αἷμα αὐτοῦ ἐφ' ἡμᾶς καὶ ἐπὶ
그리고 대답하여 모든 그 백성이 말했다 피를 그의 ~위에 우리 그리고 ~위에
τὰ τέκνα ἡμῶν.
자손들 우리의

해석: 그리고 모든 백성이 대답하여 말했다. "그의 피를 우리 위와 우리의 자손들 위에! (돌려라!)" (cf. 마27:25).

★ ἀποκριθεὶς [← ἀπεκρίθην] – ἀποκρίνομαι의 과거 수동태 디포넌트 분사 남성 단수 주격

★ εἶπεν – λέγω 의 2 과거 능동태 직설법 3 인칭 단수

4. **θέλω** δὲ τούτῳ τῷ ἐσχάτῳ **δοῦναι** ὡς καὶ σοί.
나는 원한다 그러나 이 마지막 (사람)에게 주기 ~같이 ~까지도 너

해석: 그러나 나는 이 마지막 사람에게 너에게도 (준 것)처럼 주기를 원한다. (cf. 마20:14)

★ θέλω – θέλω의 현재 능동태 직설법 1인칭 단수

★ δοῦναι [← ἔδωκα] – δίδωμι 의 과거 능동태 부정사. **Gram264** 참조

5. **ἐσθιόντων** δὲ αὐτῶν **λαβὼν** ὁ Ἰησοῦς ἄρτον καὶ **εὐλογήσας**
먹을 때에 그런데 그들이 취하여 예수께서 빵을 그리고 축복하신 후
ἔκλασεν καὶ **δοὺς** τοῖς μαθηταῖς **εἶπεν Λάβετε φάγετε**, τοῦτό **ἐστιν**
쪼개셨다 그리고 주신 후 그 제자들에게 말씀하셨다 너희는 취하라 먹으라 이것은 ~이다
τὸ σῶμά μου. καὶ **λαβὼν** ποτήριον καὶ **εὐχαριστήσας ἔδωκεν** αὐτοῖς
몸 나의 그리고 취하여 잔을 그리고 축복하신 후 주셨다 그들에게
λέγων Πίετε ἐξ αὐτοῦ πάντες.
말씀하시면서 마셔라 그것(잔)으로부터 (너희가) 다

해석: 그런데 그들이 먹을 때에 예수께서 빵을 취하여 또 축복하신 후 쪼개시고 또 그 제자들에게 주신 후 말씀하셨다. "너희는 취하여 먹으라. 이것은 나의 몸이다." 그리고 잔을 취한 후 또 축복하시고 나서 그들에게 말씀하시면서 주셨다. "그것을 너희가 다 마셔라" (cf. 마26:26–27)

★ ἐσθιόντων – ἐσθίω의 현재 능동태 분사 남성 복수 속격

★ λαβὼν [← ἔλαβον] – λαμβάνω 의 2 과거 능동태 분사 남성 단수 주격

★ εὐλογήσας [← ηὐλόγησα] – εὐλογέω 의 1 과거 능동태 분사 남성 단수 주격

★ ἔκλασεν – κλάω 의 1 과거 능동태 직설법 3 인칭 단수

★ δοὺς [← ἔδωκα] – δίδωμι 의 과거 능동태 분사 남성 단수 주격. **Gram273** 참조

★ εἶπεν – λέγω 의 2 과거 능동태 직설법 3 인칭 단수

★ Λάβετε [← ἔλαβον] – λαμβάνω 의 2 과거 능동태 명령법 2 인칭 복수

★ φάγετε [← ἔφαγον] – ἐσθίω 의 2 과거 능동태 명령법 2 인칭 복수

★ εὐχαριστήσας [← ηὐχαρίστησα] – εὐχαριστέω 의 1 과거 능동태 분사 남성 단수 주격

★ ἔδωκεν – δίδωμι 의 과거 능동태 직설법 3 인칭 단수

★ λέγων – λέγω 의 현재 능동태 분사 남성 단수 주격

★ Πίετε [← ἔπιον] – πίνω 의 2 과거 능동태 명령법 2 인칭 복수

6. καὶ **εἶπαν λέγοντες** πρὸς αὐτόν **Εἰπὸν** ἡμῖν ἐν ποίᾳ ἐξουσίᾳ ταῦτα
그리고 그들이 말했다 이르면서 그를 향해 너는 말하라 우리에게 무슨 권세로 이것들을
ποιεῖς, ἢ τίς **ἐστιν** ὁ **δούς** σοι τὴν ἐξουσίαν ταύτην. **ἀποκριθεὶς** δὲ
너는 행하냐 혹은 누구 ~이냐 준 자가 너에게 권세를 이 대답하시어 그러나
εἶπεν πρὸς αὐτούς **Ἐρωτήσω** κἀγὼ λόγον, καὶ **εἴπατέ** μοι.
그가 말씀하셨다 그들을 향해 묻겠다 나도 (καὶ ἐγώ) 한 말을 그리고 너희는 말하라 나에게

해석: 그리고 그들이 그를 향해 이르길 "너는 무슨 권세로 이것들을 행하는지, 혹은 이 권세를

너에게 준 자가 누구인지 우리에게 말하라" 라고 말했다. 그러나 그가 그들을 향해 대답하시어 말씀하셨다. "나도 한 말을 묻겠으니 또 너희는 내게 말하라" (cf. 눅20:2-3)

★ εἶπαν – λέγω의 과거 능동태 직설법 3인칭 복수. **Gram84** 참조

★ λέγοντες – λέγω 의 현재 능동태 분사 남성 복수 주격

★ Εἰπὸν [← εἶπον] – λέγω 의 과거 능동태 명령법 2 인칭 단수. **Gram213** 참조.

★ ποιεῖς – ποιέω 의 현재 능동태 직설법 2 인칭 단수

★ δούς [← ἔδωκα] – δίδωμι의 과거 능동태 분사 남성 단수 주격. **Gram273** 참조

★ ἀποκριθεὶς [← ἀπεκρίθην] – ἀποκρίνομαι 의 과거 수동태 디포넌트 분사 남성 단수 주격

★ εἶπεν – λέγω 의 2 과거 능동태 직설법 3 인칭 단수

★ Ἐρωτήσω – ἐρωτάω 의 미래 능동태 직설법 1 인칭 단수

★ εἴπατε [← εἶπον] – λέγω 의 과거 능동태 명령법 2 인칭 복수. **Gram213** 참조.

7. ὁ γὰρ ἄρτος τοῦ θεοῦ **ἐστιν** ὁ **καταβαίνων** ἐκ τοῦ οὐρανοῦ καὶ
왜냐하면 떡은 하나님의 ~이다 내려오는 것 하늘 밖으로 그리고
ζωὴν **διδοὺς** τῷ κόσμῳ.
생명을 주는 세상에

해석: 왜냐하면 하나님의 떡은 하늘에서 내려오고 또 세상에 생명을 주는 것이기 때문이다. (cf. 요6:33)

★ καταβαίνων – καταβαίνω의 현재 능동태 분사 남성 단수 주격

★ διδοὺς – δίδωμι 의 현재 능동태 분사 남성 단수 주격. **Gram258** 참조

8. **λέγει** αὐτοῖς Ὑμεῖς δὲ τίνα με **λέγετε εἶναι**; **ἀποκριθεὶς** δὲ Σίμων
그가 말씀하신다 그들에게 너희는 그런데 누구 내가 너희는 말하느냐 대답하여 그러자 시몬
Πέτρος **εἶπεν** Σὺ **εἶ** ὁ Χριστὸς ὁ υἱὸς τοῦ θεοῦ τοῦ **ζῶντος**.
베드로가 말했다 당신은 ~이다 그리스도 아들 하나님의 살아계신

해석: 그가 그들에게 이르시되, "그런데 너희는 내가 누구라고 말하느냐?" 그리자 시몬 베드로가 내답하여 말했다. "당신은 그리스도 (곧) 살아계신 하나님의 아들이십니다. (cf. 마16:15-16)

★ λέγει – λέγω의 현재 능동태 직설법 3인칭 단수

★ λέγετε – λέγω 의 현재 능동태 직설법 2 인칭 복수

★ εἶναι – εἰμί 의 현재 부정사

★ ἀποκριθεὶς [← ἀπεκρίθην] ἀποκρίνομαι 의 과거 수동태 디포넌트 분사 남성 단수 주격

★ εἶπεν – λέγω 의 2 과거 능동태 직설법 3 인칭 단수

★ εἶ – εἰμί 의 현재 직설법 2 인칭 단수

★ ζῶντος – ζάω 의 현재 능동태 분사 남성 단수 속격

9. **λέγει** αὐτῷ ὁ Ἰησοῦς **Πορεύου·** ὁ υἱός σου **ζῇ. ἐπίστευσεν** ὁ
말씀하신다 그에게 예수께서 너는 가라 아들이 너의 살아있다 믿었다 그
ἄνθρωπος τῷ λόγῳ ὃ **εἶπεν** αὐτῷ ὁ Ἰησοῦς καὶ **ἐπορεύετο.**
사람은 그 말씀을 (관대) 말했다 그에게 예수께서 그리고 그가 가고 있었다

해석: 예수께서 그에게 말씀하신다. “너는 가라. 너의 아들이 살아있다.” 그 사람은 예수께서 자기에게 말하신 말씀을 믿고, 가고 있었다. (cf. 요4:50)

★ λέγει – λέγω의 현재 능동태 직설법 3인칭 단수
★ Πορεύου – πορεύομαι 의 현재 중간/수동태 디포넌트 명령법 2 인칭 단수
★ ζῇ – ζάω 의 현재 능동태 직설법 3 인칭 단수
★ ἐπίστευσεν – πιστεύω 의 1 과거 능동태 직설법 3 인칭 단수
★ εἶπεν – λέγω 의 2 과거 능동태 직설법 3 인칭 단수
★ ἐπορεύετο – πορεύομαι 의 미완료 중간/수동태 디포넌트 직설법 3 인칭 단수

10. **ὁρᾶτε** μή τις κακὸν ἀντὶ κακοῦ τινι **ἀποδῷ.**
너희는 주의하라 ~않도록 어떤이가 악을 ~대신 악 어떤이에게 (혹) 갚을까

해석: 너희는 혹 어떤이가 어떤이에게(누구에게든지) 악을 대신하여 악을 갚지 않을까 주의하라. (cf. 살전5:15)

μή +가정법 구문은 **Gram251** 참조. 참고로 ὁρᾶτε는 주의하라[see that~]의 뜻을 지닌다.

★ ὁρᾶτε – ὁράω의 현재 능동태 명령법 2인칭 복수
★ ἀποδῷ [← ἀπέδωκα] – ἀποδίδωμι 의 과거 능동태 가정법 3 인칭 단수. **Gram275** 참조

11. **ἦλθεν** ἡ ὥρα, ἰδοὺ **παραδίδοται** ὁ υἱὸς τοῦ ἀνθρώπου εἰς τὰς
왔다 그 시간이 보라 넘기워진다 아들이 그 사람의 ~안으로
χεῖρας τῶν ἁμαρτωλῶν. **ἐγείρεσθε, ἄγωμεν·** ἰδοὺ ὁ **παραδιδούς** με
손들 그 죄인들의 너희는 일어나라 우리가 가자 보라 넘기는 자가 나를
ἤγγικεν.
가까이 와있다

해석: 때가 왔다. 보라, 인자가 그 죄인들의 손들로 넘기워진다. 너희는 일어나라, (우리가) 가자. 보라, 나를 넘기는 자가 가까이 와있다. (cf. 막14:41–42)

★ ἦλθεν – ἔρχομαι의 2과거 능동태 직설법 3인칭 단수
★ παραδίδοται – παραδίδωμι 의 현재 수동태 직설법 3 인칭 단수. **Gram257** 참조
★ ἐγείρεσθε – ἐγείρω 의 현재 수동태 명령법 2 인칭 복수
★ ἄγωμεν – ἄγω 의 현재 능동태 가정법 1 인칭 복수
★ παραδιδούς – παραδίδωμι 의 현재 능동태 분사 남성 단수 주격. **Gram258** 참조
★ ἤγγικεν – ἐγγίζω 의 현재완료 능동태 직설법 3 인칭 단수

12. καὶ ἰδοὺ εἷς **προσελθὼν** αὐτῷ **εἶπεν** **Διδάσκαλε**, τί ἀγαθὸν
그리고 보라 한 사람이 와서 그에게 말했다 선생님이여 어떤 선한 것을
ποιήσω ἵνα **σχῶ** ζωὴν αἰώνιον; ὁ δὲ **εἶπεν** αὐτῷ Τί με **ἐρωτᾷς** περὶ
내가 하리이까 갖기 위해 생명을 영원한 그가 그러자 대답했다 그에게 왜 나에게 너는 묻느냐 ~에 관해
τοῦ ἀγαθοῦ; εἷς **ἐστιν** ὁ ἀγαθός· εἰ δὲ **θέλεις** εἰς τὴν ζωὴν **εἰσελθεῖν**
선한 것에 (관해) 한 분 ~이다 선한 이는 만일 그러나 네가 원한다면 그 생명 안으로 들어가기
τήρει τὰς ἐντολάς.
지켜라 그 계명들을

해석: 그리고 보라, 한 사람이 와서 그에게 말했다. "선생님이여, 내가 영원한 생명을 얻기 위해 어떤 선한 것을 하리이까?" 그러자 그가 대답했다. "왜 너는 선한 것에 관하여 나에게 묻느냐? 선한 이는 한 분이시다. 그러나 만일 네가 그 생명 안으로 들어가기 원한다면 너는 그 계명들을 지켜라" (cf. 마19:16-17)

★ προσελθὼν [← προσῆλθον] – προσέρχομαι의 2과거 능동태 분사 남성 단수 주격
★ εἶπεν – λέγω 의 2 과거 능동태 직설법 3 인칭 단수
★ ποιήσω – ποιέω 의 과거 능동태 가정법 1 인칭 단수 Cf. **Gram205** 참조
★ σχῶ [← ἔσχον] – ἔχω의 2과거 능동태 가정법 1인칭 단수
★ ἐρωτᾷς – ἐρωτάω 의 현재 능동태 직설법 2 인칭 단수
★ θέλεις – θέγω 의 현재 능동태 직설법 2 인칭 단수
★ εἰσελθεῖν [← εἰσῆλθον] – εἰσέρχομαι의 2과거 능동태 부정사
★ τήρει – τηρέω 의 현재 능동태 명령법 2 인칭 단수

13. καὶ **προσελθὼν** ὁ **πειράζων** **εἶπεν** αὐτῷ Εἰ υἱὸς **εἶ** τοῦ θεοῦ, **εἰπὲ**
그리고 와서 시험하는 자가 말했다 그에게 만일 아들 당신이 ~이면 하나님의 말하라
ἵνα οἱ λίθοι οὗτοι ἄρτοι **γένωνται**. ὁ δὲ **ἀποκριθεὶς** **εἶπεν**
돌들이 이 빵들이 되도록 그가 그러나 대답하여 말씀하셨다
Γέγραπται Οὐκ ἐπ' ἄρτῳ μόνῳ **ζήσεται** ὁ ἄνθρωπος.
쓰여져 있다 아니 빵에 기초해서 오로지 살 것이다 사람이

해석: 그리고 그 시험하는 자가 와서 그에게 말했다. "만일 당신이 하나님의 아들이거든 이 돌들이 빵들이 될 것을 말하라" 그러나 그가 대답하여 말씀하셨다. " '사람이 오로지 빵에만 기초해서 살 것은 아니다' 라고 쓰여져 있다" (cf. 마4:3-4)

ἵνα의 부정사적 용법. **Gram252** 예2 참조. 또한 μόνῳ는 형용사이지만 부사적인 의미를 갖는다.

★ προσελθὼν [← προσῆλθον] – προσέρχομαι의 2과거 능동태 분사 남성 단수 주격
★ πειράζων – πειράζω 의 현재 능동태 분사 남성 단수 주격
★ εἶπεν – λέγω 의 2 과거 능동태 직설법 3 인칭 단수
★ εἶ – εἰμί 의 현재 직설법 2 인칭 단수
★ εἰπὲ – [← εἶπον] – λέγω의 2과거 능동태 명령법 2인칭 단수
★ γένωνται [← ἐγενόμην] – γίνομαι 의 2 과거 중간태 디포넌트 가정법 3 인칭 복수
★ ἀποκριθεὶς [← ἀπεκρίθην] – ἀποκρίνομαι 의 과거 수동태 디포넌트 분사 남성 단수 주격
★ Γέγραπται [← γέγραμμαι] – γράφω 의 현재완료 수동태 직설법 3 인칭 단수. **Gram230** 참조

★ ζήσεται – ζάω 의 미래 중간태 직설법 3 인칭 단수

14. καὶ **προσελθόντες** οἱ μαθηταὶ **εἶπαν** αὐτῷ Διὰ τί ἐν παραβολαῖς
그리고 와서 그 제자들이 말했다 그분께 때문에 무엇 비유들로
λαλεῖς αὐτοῖς; ὁ δὲ **ἀποκριθεὶς εἶπεν** ὅτι Ὑμῖν **δέδοται γνῶναι** τὰ
당신은 말하십니까 그들에게 그러자 그가 대답하여 말씀하셨다 (that) 너희에게 주어져있다 아는 것
μυστήρια τῆς βασιλείας τῶν οὐρανῶν, ἐκείνοις δὲ οὐ **δέδοται**.
비밀들을 왕국의 그 하늘들의 저 사람들에게는 그러나 아니 주어져있다

해석: 그리고 그 제자들이 와서 그분께 말했다. "당신께서는 무엇 때문에(왜) 그들에게 비유들로 말씀하십니까?" 그러자 그가 대답하여 "너희에게는 그 하늘들의 왕국의 비밀들을 아는 것이 주어져(허락되어) 있으나 저 사람들에게는 주어져(허락되어) 있지 않다"라고 말씀하셨다. (cf. 마13:10–11)

★ προσελθόντες [← προσῆλθον] – προσέρχομαι의 2과거 능동태 분사 남성 복수 주격
★ εἶπαν – λέγω 의 과거 능동태 직설법 3 인칭 복수
★ λαλεῖς – λαλέω 의 현재 능동태 직설법 2 인칭 단수
★ ἀποκριθεὶς [← ἀπεκρίθην] – ἀποκρίνομαι 의 과거 수동태 디포넌트 분사 남성 단수 주격
★ εἶπεν – λέγω의 2과거 능동태 직설법 3인칭 단수
★ δέδοται – δίδωμι 의 현재완료 수동태 직설법 3 인칭 단수. **Gram282** 참조
★ γνῶναι [← ἔγνων] – γινώσκω 의 과거 능동태 부정사. **Gram281** 참조.

15. **ἔλεγον** αὐτῷ οἱ μαθηταί '**Απόλυσον** αὐτούς. ὁ δὲ **ἀποκριθεὶς εἶπεν**
말하고 있었다 그분께 그 제자들이 당신은 명하소서 그들을 그가 그러나 대답하여 말씀하셨다
αὐτοῖς **Δότε** αὐτοῖς ὑμεῖς **φαγεῖν**.
그들에게 주어라 그들에게 너희가 먹을(to eat)

해석: 그 제자들이 그분께 말하고 있었다. "당신은 그들을(에게) 명하소서" 그러나 그가 대답하여 그들에게 말씀하셨다. "너희가 그들에게 (무언가) 먹을 수 있게 주어라" (cf. 막6:36–37) 부정사 **φαγεῖν**은 그것이 수식하는 명사가 없으므로 부사적으로 쓰였다[Give them to eat]. 그러나 많은 번역본들은 구문구조에 충실한 투박한 번역보다는 자연스런 현대적 문장에 더 초점을 맞추어 '*something* to eat 먹을 것'으로 해석한다.

★ ἔλεγον – λέγω의 미완료 능동태 직설법 3인칭 복수
★ 'Απόλυσον [← ἀπέλυσα] – ἀπολύω 의 1 과거 능동태 명령법 2 인칭 단수
★ ἀποκριθεὶς [← ἀπεκρίθην] – ἀποκρίνομαι 의 과거 수동태 디포넌트 분사 남성 단수 주격
★ εἶπεν – λέγω 의 2 과거 능동태 직설법 3 인칭 단수
★ Δότε [← ἔδωκα] – δίδωμι 의 과거 능동태 명령법 2 인칭 복수. **Gram278** 참조
★ φαγεῖν [← ἔφαγον] – ἐσθίω 의 2 과거 능동태 부정사

32과

τίθημι, ἀφίημι, δείκνυμι, ἀπόλλυμι의 변화

핵심문법요약

☞ **τίθημι 동사의 변화의 변화** [**Gram256–282** 참조]

Gram 285. ἀφίημι의 변화
ἀφίημι동사는 줄기가 ἑ로서 τίθημι동사와 그 변화패턴이 거의 유사하다. 다만, **현재와 미완료 직설법에서** 부분적으로 **-ω동사의 인칭꼬리에 동화**되어 다소 불규칙한 변화를 보인다(cf. Smyth, *Grammar* §746b). ἀφίημι는 전치사 ἀπό와 ἵημι의 합성동사이며 ἵημι의 변화에 관하여는 Smyth (*Grammar* §777)가 상세히 밝혀놓았다.

Cf. 시제기본형들: *ἀφίημι, ἀφήσω, ἀφῆκα, ἀφεῖκα, ἀφεῖμαι, ἀφέθην*

	현재능동직설	현재중간/수동직설	미완료능동직설	미완료중간/수동직설
1 sg	ἀφίημι	ἀφίεμαι	ἠφίην	ἠφιέμην
2 sg	ἀφιεῖς [1]	ἀφίεσαι	ἠφίεις	ἠφίεσο
3 sg	ἀφίησι(ν)	ἀφίεται	ἠφίει [2]	ἠφίετο
1 pl	ἀφίομεν	ἀφιέμεθα	ἠφίεμεν	ἠφιέμεθα
2 pl	ἀφίετε	ἀφίεσθε	ἠφίετε	ἠφίεσθε
3 pl	ἀφίουσι(ν)	ἀφίενται	ἠφίεσαν	ἠφίεντο

현재능동태직설법 단수에서는 유독 2인칭(ἀφιεῖς)에서만 -ω동사 인칭꼬리를 취하여 단축을 일으킨 듯 보인다. 그러나 복수의 어형들에선 줄기 ε을 소실한 채 아예 -ω 동사 인칭꼬리들을 취하는 불규칙한 변화를 보여준다(cf. ἀφίομεν(눅11:4);

---

[1] 일반 헬라어작가들에서는 단수2인칭이 ἀφιεῖς로 표기되지만, 오히려 신약(cf. 계2:20)에는 ἀφεῖς로 나타나기도 한다(cf. Robertson, *Short* §260). 써컴플렉스는 줄기끝모음 ε과 -ω동사의 인칭꼬리 εις가 단축을 일으켰음을 보여준다(cf. Smyth, *Grammar* §746b).

[2] 막1:34과 11:16에는 ἤφιεν으로 나타나기도 한다.

ἀφίετε(마23:13); ἀφίουσιν(계11:9).[3]

	미래능동직설	과거능동직설	현재능동태가정법	과거능동태가정법
1 sg	ἀφήσω	ἀφῆκα	ἀφιῶ	ἀφῶ
2 sg	ἀφήσεις	ἀφῆκας	ἀφιῇς	ἀφῇς
3 sg	ἀφήσει	ἀφῆκε(ν)	ἀφιῇ	ἀφῇ
1 pl	ἀφήσομεν	ἀφήκαμεν	ἀφιῶμεν	ἀφῶμεν
2 pl	ἀφήσετε	ἀφήκατε	ἀφιῆτε	ἀφῆτε
3 pl	ἀφήσουσι(ν)	ἀφῆκαν	ἀφιῶσι(ν)	ἀφῶσι(ν)

Cf. 현재능동태가정법과 과거능동태가정법은 각각 줄기모음 ε이 가정법 인칭꼬리들과 단축을 일으켰다.

	과거수동태가정법	현재능동태명령법	과거능동태명령법
1 sg	ἀφεθῶ		
2 sg	ἀφεθῇς	ἀφίει	ἀφές
3 sg	ἀφεθῇ	ἀφιέτω	ἀφέτω
1 pl	ἀφεθῶμεν		
2 pl	ἀφεθῆτε	ἀφίετε	ἄφετε
3 pl	ἀφεθῶσι(ν)	ἀφιέτωσαν	ἀφέτωσαν

〈현재 능동태 분사〉

	남성	여성	중성
N sg	ἀφιείς	ἀφιεῖσα	ἀφιέν
G sg	ἀφιέντος	ἀφιείσης	ἀφιέντος

〈과거 능동태 분사〉

N sg	ἀφείς	ἀφεῖσα	ἀφέν
G sg	ἀφέντος	ἀφείσης	ἀφέντος

Cf. 현재능동태 부정사: ἀφιέναι.
Cf. 과거능동태 부정사: ἀφεῖναι.

[3] 복수의 어형들은 ἀφίεμεν, ἀφίετε, ἀφιᾶσι로도 쓰인다(cf. Smyth, *Grammar* §777).

Gram 286. δείκνυμι와 ἀπόλλυμι의 변화

δείκνυμι와 ἀπόλλυμι 동사는 -μι동사 중 줄기끝모음이 웝실런(υ)으로 끝나는 부류에 속함으로써, 현재기본형에서 μι를 취하지만 다른 -μι동사들과는 달리 줄기의 첫 자음을 중복하지 않으며 더욱이 현재와 미완료를 제외한 나머지 시제(미래, 과거, 현재완료, 과거수동)에서는 νυ를 잃어버리고 -ω동사의 패턴을 따라 변화한다 (**Gram254** (3)). 그 변화패턴은 **Gram255-282**를 참조하라.

Gram 287. ὥστε 뒤에 오는 부정사와 대격명사

목적의 부사절을 나타내는 ἵνα+가정법 구문은, **문맥에 따라서** 가정법 동사의 동작이 이미 성취된 것으로 판단될 경우 더 이상 '목적'을 나타내는 부사절이 아니라 **'결과'를 나타내는 부사절**로 해석되어야 한다. 그리고 코이네 헬라어에서 ὥστε+부정사 구문도 마찬가지로 문맥에 따라서 목적 내지는 결과를 나타낼 수 있다. 참고로, 고전헬라어에서는 ὥστε (so that)와 직설법 동사가 왔을 경우 언제나 '결과'를 나타내는 용법으로 간주되었다(cf. Robertson, *Short* §435c). 신약에도 이러한 용법은 남아있다.

예1: **ὥστε** ἔδωκεν
그래서 그가 주었다 so that he gave (요3:16) [결과]

예2: **ὥστε** συναπήχθη
그래서 그도 [위선적 행동에] 함께 휩쓸려 갔다 [결과]
so that he was led away together with (갈2:13)

그러나 신약의 나머지에서 ὥστε는 부정사와 함께 (1) 목적을 나타내거나 (2) 실제 일어난 결과를 모두 나타내게 되었다.

예3: **ὥστε** κατακρημνίσαι
[벼랑아래로] 밀쳐 떨어뜨리려고 [목적]
so as to hurl down (눅4:29)

예4: **ὥστε** γεμίζεσθαι τὸ πλοῖον
그래서 배가 물로 가득찼다 [결과]
so that the boat was filling (막4:37)

Cf. 메이첸 교본에는 '결과'의 부사절을 이끄는 접속사로만 소개한다.

예: ἐθεράπευσεν αὐτούς· **ὥστε** τὸν ὄχλον θαυμάσαι.
그가 그들을 고쳤다. 그래서 무리가 놀랐다.

Gram 288. ἕως ἄν + 가정법

ἕως (until)는 가정법 동사와 함께 쓰일 경우, 아직 성취되지 않은 미래의 어느 시점을 나타낸다.

예: μείνατε **ἕως ἂν ἔλθω.**

내가 올 때까지 기다려라 Remain until I come!

이때 ἄν은 생략이 가능하다.

그러나 ἕως (until)가 직설법 동사와 함께 쓰일 경우, 이미 지나간 과거의 어느 시점을 나타낸다.

예: ἔμεινεν **ἕως** οὗ **ἦλθον**.

그는 내가 올 때까지 기다렸다 He remained until I came.

οὗ는 관계대명사 중성단수속격으로서, 관계대명사 중성단수의 격들은 시간을 나타내는 관계부사로도 쓰인다. Cf. **Gram202**의 각주참조.

단어공부

명 사: **ἀρχή, ἡ** (a beginning 처음, 시작)
καιρός, ὁ (a time, a fixed time, an appointed time 정해진 때)
μνημεῖον, τό (a tomb 무덤)
πῦρ, πυρός, τό (a fire 불)
σημεῖον, τό (a sign 징표[cf. 눅2:12], 이적[cf. 막13:22])
στόμα, στόματος, τό (a mouth 입)
χρόνος, ὁ (a period of time 기간)

형용사: **φίλος, η, ον** (beloved/dear 사랑하는/친애하는)
τοιοῦτος, η, ον [지시형용사](such 그러한/이런)

동 사: **ἀνοίγω** (I open 열다)
εὑρίσκω (I find 발견하다)
ὑπάγω (I go away 멀리 떠나다)
χαίρω (I rejoice 기뻐하다)
ἀπόλλυμι or **ἀπολλύω** (I destroy 파괴하다)
Cf. [중간태에서] I perish 멸망하다/ 무너지다

ἀφίημι [ἀπο+ἵημι] (I permit, I leave, I forgive 허락하다, 내버려두다, 용서하다)
δείκνυμι or **δεικνύω** (I show 보여주다)
τίθημι (I place, I put 놓다)
Cf. **τίθημι τὴν ψυχήν** 나의 생명을 내어놓다
ἐπιτίθημι (I lay upon 올려놓다)

전치사: **ἕως** (up to, until ~까지. 혹은 접속사로서 while, until ~동안, ~까지)

부 사: **μόνον** (only 오직)
ὧδε (hither, here 이리로/ 여기로)
ἐκεῖθεν (thence, from that place 거기로부터)
ὡσεί (nearly, like, as it were, 거의 ~같이)
Cf 전치사나 접속사처럼 쓰이기도 한다.

접속사: **ὥστε** (so that [결과절을 이끄는 접속사] 그러므로 ~이다)
ὥσπερ (just as ~처럼/~같이)
καθώς (just as ~처럼/~같이)

연습문제

1. διὰ τοῦτό με ὁ πατὴρ **ἀγαπᾷ** ὅτι ἐγὼ **τίθημι** τὴν ψυχήν μου, ἵνα
~때문에 이것 나를 아버지께서 사랑하신다 (that) 내가 놓았다 목숨을 나의 ~하기 위해
πάλιν **λάβω** αὐτήν. οὐδεὶς **ἦρεν** αὐτὴν ἀπ' ἐμοῦ, ἀλλ' ἐγὼ **τίθημι**
다시 취하기 위해 그것(목숨)을 아무도 아니 찾았다 그것을 나로부터 오히려 내가 놓았다
αὐτὴν ἀπ' ἐμαυτοῦ. ἐξουσίαν **ἔχω θεῖναι** αὐτήν, καὶ ἐξουσίαν **ἔχω**
그것을 나 자신으로부터 권세를 내가 가진다 놓을(to place) 그것을 또한 권세를 내가 가진다
πάλιν **λαβεῖν** αὐτήν· ταύτην τὴν ἐντολὴν **ἔλαβον** παρὰ τοῦ πατρός
다시 취할(to take) 그것을 이 계명을 내가 받았다 ~로부터 아버지
μου.
나의

해석: 이것 때문에 아버지께서 나를 사랑하시는데 곧 내가 다시 목숨을 얻기 위해 나의 목숨을 내어놓음이라. 아무도 그것(목숨)을 나로부터 찾지(빼앗지) 않았으며 오히려 내가 그것(목숨)을 나 자신으로부터 내어놓았다. 나는 그것을 놓을 권세를 가지며 또한 그것을 다시 취할 권세를 갖는다. 이 계명을 내가 나의 아버지로부터 받았다. (cf. 요10:17-18)

★ ἀγαπᾷ – ἀγαπάω의 현재 능동태 직설법 3인칭 단수
★ τίθημι – τίθημι 의 현재 능동태 직설법 1 인칭 단수
★ λάβω [← ἔλαβον] – λαμβάνω 의 2 과거 능동태 가정법 1 인칭 단수
★ ἦρεν – αἴρω 의 1 과거 능동태 직설법 3 인칭 단수
★ ἔχω – ἔχω 의 현재 능동태 직설법 1 인칭 단수
★ θεῖναι [← ἔθηκα] – τίθημι 의 과거 능동태 부정사. **Gram264** 참조
★ λαβεῖν [← ἔλαβον] – λαμβάνω 의 2 과거 능동태 부정사
★ ἔλαβον – λαμβάνω 의 2 과거 능동태 직설법 1 인칭 단수

2. αὕτη **ἐστὶν** ἡ ἐντολὴ ἡ ἐμή, ἵνα **ἀγαπᾶτε** ἀλλήλους καθὼς
이것은 ~이다 계명 나의 (동격 부정사) 너희가 사랑하는 것 서로를 ~같이
ἠγάπησα ὑμᾶς. μείζονα ταύτης ἀγάπην οὐδεὶς **ἔχει**, ἵνα τις τὴν
내가 사랑했다 너희를 더 큰 이보다 사랑을 아무도 아니 갖는다 (동격 부정사) 어떤이가
ψυχὴν αὐτοῦ **θῇ** ὑπὲρ τῶν **φίλων** αὐτοῦ.
목숨을 그의 놓는 것 ~위하여 사랑하는 자들을 그의

해석: 이것은 나의 계명이니 곧 내가 너희를 사랑했듯이 너희가 서로를 사랑하는 것이다. 이보다 더 큰 사랑을 아무도 갖지 못하나니 곧 어떤이가 그의 사랑하는 자들(친구들)을 위하여 자기의 목숨을 내어놓는 것이다. (cf. 요15:12-13)

★ ἀγαπᾶτε – ἀγαπάω의 현재 능동태 가정법 2인칭 복수
★ ἠγάπησα – ἀγαπάω 의 1 과거 능동태 직설법 1 인칭 단수
★ ἔχει – ἔχω 의 현재 능동태 직설법 3 인칭 단수
★ θῇ [← ἔθηκα] – τίθημι 의 과거 능동태 가정법 3 인칭 단수. **Gram275** 참조
★ φίλων – φιλέω 의 현재 능동태 분사 남성 단수 주격

3. ἀλλὰ **ἐλθὼν ἐπίθες** τὴν χεῖρά σου ἐπ' αὐτὴν καὶ **ζήσεται**.
그러나 오셔서 당신이 얹으소서 손을 당신의 그녀 위에 그러면 그녀가 살리이다

해석: 그러나 당신이 오셔서 그녀 위에 당신의 손을 얹으소서. 그러면 그녀가 살 것입니다. (cf. 마9:18)

★ ἐπίθες [← ἐπέθηκα] –ἐπιτίθημι의 과거 능동태 명령법 2인칭 단수. **Gram278** 참조
★ ἐλθὼν [← ἦλθον] –ἔρχομαι의 2과거 능동태 분사 남성 단수 주격
★ ζήσεται –ζάω 의 미래 중간태 직설법 3 인칭 단수

4. ὁ δὲ Ἰησοῦς **εἶπεν "Ἄφετε** τὰ παιδία καὶ μὴ **κωλύετε** αὐτὰ **ἐλθεῖν**
그러나 예수께서 말씀하셨다 너희는 용납하라 그 어린아이들을 그리고 아니 금하라 그들(어린아이)이 오는 것
πρός με· τῶν γὰρ τοιούτων **ἐστὶν** ἡ βασιλεία τῶν οὐρανῶν. καὶ
나를 향해 왜냐하면 이런 자들의 (것) ~이다 왕국이 그 하늘들의 그리고
ἐπιθεὶς τὰς χεῖρας αὐτοῖς **ἐπορεύθη** ἐκεῖθεν.
얹으신 후 그(의) 손들을 그들에게 가셨다 거기로부터

해석: 그러나 예수께서 말씀하셨다. "너희는 그 어린아이들을 용납하고 그들이 나를 향해 오는 것을 금하지 말라. 왜냐하면 그 하늘들의 왕국은 이런 자들의 것이기 때문이다" 그리고 그는 그들에게 그의 손들을 얹으신 후 (=안수하신 후) 거기로부터 (떠나)가셨다. (cf. 마19:14–15)

★ εἶπεν – λέγω의 2과거 능동태 직설법 3인칭 단수
★ "Αφετε [← ἀφῆκα] – ἀφίημι 의 과거 능동태 명령법 2 인칭 복수. **Gram285** 참조
★ κωλύετε –κωλύω 의 현재 능동태 명령법 2 인칭 복수
★ ἐλθεῖν [← ἦλθον] –ἔρχομαι 의 2 과거 능동태 부정사
★ ἐπιθεὶς [← ἐπέθηκα] –ἐπιτίθημι 의 과거 능동태 분사 남성 단수 주격. **Gram273** 참조
★ ἐπορεύθη –πορεύομαι 의 과거 수동태 디포넌트 직설법 3 인칭 단수

5. καὶ **προσευξάμενοι ἐπέθηκαν** αὐτοῖς τὰς χεῖρας.
그리고 기도한 후 그들은 얹었다 그들에게 그 손들을

해석: 그리고 그들은 기도한 후 그들에게 그 손들을 얹었다(=안수했다). (cf. 행6:6)

★ προσευξάμενοι [← προσηυξάμην] – προσεύχομαι의 1과거 중간태 디포넌트 분사 남복주
★ ἐπέθηκαν –ἐπιτίθημι 의 1 과거 능동태 직설법 3 인칭 복수. **Gram271** 참조

6. τότε **ἐπετίθεσαν** τὰς χεῖρας ἐπ' αὐτούς, καὶ **ἐλάμβανον** πνεῦμα
그때에 그들이 얹고 있었다 그 손들을 그들 위에 그리고 그들은 받고 있었다 영을
ἅγιον.
거룩한

해석: 그때에 그들이 그들 위에 그 손들을 얹고 있었고 그들은 거룩한 영을 받고 있었다. (cf. 행8:17)

★ ἐπετίθεσαν – ἐπιτίθημι의 미완료 능동태 직설법 3인칭 복수. **Gram265** 참조

★ ἐλάμβανον – λαμβάνω 의 미완료 능동태 직설법 3 인칭 복수

7. **ἀκούσαντες** δὲ **ἐβαπτίσθησαν** εἰς τὸ ὄνομα τοῦ κυρίου Ἰησοῦ· καὶ
듣고 그러자 그들이 세례받았다 ~와 관련하여 이름 주 예수의 그리고
ἐπιθέντος αὐτοῖς τοῦ Παύλου χεῖρας **ἦλθε** τὸ πνεῦμα τὸ ἅγιον ἐπ'
얹은 후 그들에게 바울이 손들을 왔다 영이 거룩한 ~위에
αὐτούς.
그들

해석: 그러자 그들이 듣고 주 예수의 이름으로 세례를 받았다. 그리고 바울이 그들에게 손을 얹자(안수하자) 그들 위에 거룩한 영이 왔다(임하였다). (cf. 행19:5–6)

전치사 εἰς는 ~와 관련하여[concerning]란 의미를 갖기도 한다. Cf. 행2:25; 고전1:13. τοῦ κυρίου와 Ἰησοῦ는 동격이다.

★ ἀκούσαντες [← ἤκουσα] – ἀκούω의 1과거 능동태 분사 남성 복수 주격
★ ἐβαπτίσθησαν – βαπτίζω 의 과거 수동태 직설법 3 인칭 복수
★ ἐπιθέντος [← ἐπέθηκα] – ἐπιτίθημι 의 과거 능동태 분사 남성 단수 속격. **Gram273** 참조
★ ἦλθε – ἔρχομαι 의 2 과거 능동태 직설법 3 인칭 단수

8. **ζωοποιεῖ** ὁ υἱὸς τοῦ θεοῦ ὃν **θέλει**.
살리신다 아들이 하나님의 (관대) 그가 원하는

해석: 하나님의 아들이 그가 원하는 자를 살리신다. (cf. 요5:21)

★ ζωοποιεῖ – ζωοποιέω의 현재 능동태 직설법 3인칭 단수
★ θέλει – θέλω 의 현재 능동태 직설법 3 인칭 단수

9. ὑμεῖς ὃ **ἠκούσατε** ἀπ' ἀρχῆς, ἐν ὑμῖν **μενέτω**. ἐὰν ἐν ὑμῖν **μείνῃ** ὃ
너희는 (관대) 너희가 들었다 처음부터 너희 안에 그것이 머물게 하라 너희 안에 머물면 (관대)
ἀπ' ἀρχῆς **ἠκούσατε**, καὶ ὑμεῖς ἐν τῷ υἱῷ καὶ ἐν τῷ πατρὶ **μενεῖτε**.
처음부터 너희가 들었다 ~까지도 너희가 그 아들 안에 그리고 그 아버지 안에 너희가 머물 것이다

해석: 너희가 처음부터 들은 것, 그것이 너희 안에 머물게 하라. 만일 너희가 처음부터 들은 것이 너희 안에 머물면 너희도 아들과 아버지 안에 머물게 될 것이다. (cf. 요1서 2:24)

3인칭 명령법 동사의 주어가 사물일 경우 대개 사역[causative]의 의미를 지니게 된다. 관계대명사 ὅ가 이끄는 관계절이 μενέτω의 주어이다.

★ ἠκούσατε – ἀκούω의 1과거 능동태 직설법 2인칭 복수
★ μενέτω – μένω 의 현재 능동태 명령법 3 인칭 단수
★ μείνῃ [← ἔμεινα] – μένω 의 1 과거 능동태 가정법 3 인칭 단수
★ μενεῖτε – μένω 의 미래 능동태 직설법 2 인칭 복수

10. καὶ **ἐγένετο** ὡσεὶ νεκρός, ὥστε τοὺς πολλοὺς **λέγειν** ὅτι
그리고 그가 되었다 ~같이 죽은 자 그래서(so that) 그 많은 자들이 말했다(부정사의 결과적 용법)
ἀπέθανεν.
그가 죽었다 (라고)

해석: 그리고 그가 죽은 자같이 되었고, 그래서 그 많은 사람들은 그가 죽었다고 말했다. (cf. 막9:26)

부정사의 결과적 용법. **Gram287** 참조.

★ ἐγένετο – γίνομαι의 2과거 중간태 디포넌트 직설법 3인칭 단수
★ λέγειν – λέγω 의 현재 능동태 부정사
★ ἀπέθανεν – ἀποθνήσκω 의 2 과거 능동태 직설법 3 인칭 단수

11. **ἴσθι** ἐκεῖ ἕως ἂν **εἴπω** σοι· **μέλλει** γὰρ Ἡρῴδης **ζητεῖν** τὸ
너는 있으라 거기에 ~까지 내가 말할 때까지 네게 ~하려 하다 왜냐하면 헤롯이 찾기(to seek) 그
παιδίον τοῦ **ἀπολέσαι** αὐτό.
어린아이를 해하기 위해 그를(어린아이)

해석: 너는 내가 네게 말할 때까지 거기에 있으라. 왜냐하면 헤롯이 그를(어린아이) 해하려고 그 어린아이를 찾으려 하기 때문이다(=그 어린아이를 찾아 해하려 하기 때문이다). (cf. 마2:13)

★ ἴσθι – εἰμί의 현재 명령법 2인칭 단수
★ εἴπω [← εἶπον] – λέγω 의 2 과거 능동태 가정법 1 인칭 단수
★ μέλλει – μέλλω 의 현재 능동태 직설법 3 인칭 단수
★ ζητεῖν – ζητέω 의 현재 능동태 부정사
★ ἀπολέσαι [← ἀπώλεσα] – ἀπόλλυμι 의 1 과거 능동태 부정사

12. Κύριε, **σῶσον**, **ἀπολλύμεθα**.
주여 당신은 구원하소서 우리가 죽습니다

해석: 주여, 구원하소서. 우리가 죽습니다. (cf. 마8:25)

ἀπόλλυμι는 중간태에서 멸망하다[perish]의 의미를 갖는다.

★ σῶσον [← ἔσωσα] – σώζω의 1과거 능동태 명령법 2인칭 단수
★ ἀπολλύμεθα – ἀπόλλυμι 의 현재 중간태 직설법 1 인칭 복수

13. καὶ **ἀνοίξας** τὸ βιβλίον **εὗρεν** τὸν τόπον.
그리고 여신 후 그 책을 그가 찾으셨다 그 곳을

해석: 그리고 그가 그 책을 여신 후(펴신 후) 그 곳을 찾으셨다. (cf. 눅4:17)

★ ἀνοίξας [← ἤνοιξα] – ἀνοίγω의 1과거 능동태 분사 남성 단수 주격
★ εὗρεν – εὑρίσκω 의 2 과거 능동태 직설법 3 인칭 단수

14. τὰ δὲ **ἐκπορευόμενα** ἐκ τοῦ στόματος ἐκ τῆς καρδίας **ἐξέρχεται**.
그러나 나가는 것들은 그 입 밖으로 그 마음 밖으로 나온다

해석: 그러나 그 입에서 나오는 것들은 그 마음에서 나온다. (cf. 마15:18)

★ ἐκπορευόμενα – ἐκπορεύομαι의 현재 중간/수동태 디포넌트 분사 중성 복수 주격

★ ἐξέρχεται –ἐξέρχομαι 의 현재 중간/수동태 디포넌트 직설법 3 인칭 단수

15. οὐ περὶ τούτων δὲ **ἐρωτῶ** μόνον, ἀλλὰ καὶ περὶ τῶν **πιστευόντων**
아니 이 사람들에 관하여 그러나 내가 간구한다 오직 오히려 ~까지도 그 믿는 자들에 관하여
διὰ τοῦ λόγου αὐτῶν εἰς ἐμέ, ἵνα πάντες ἓν **ὦσιν**, καθὼς σύ, πατήρ,
~을 통해 말 그들의 나를 모두가 하나 ~되기 위해 ~같이 당신께서 아버지
ἐν ἐμοὶ κἀγὼ ἐν σοί, ἵνα καὶ αὐτοὶ ἐν ἡμῖν **ὦσιν**, ἵνα ὁ κόσμος
내 안에 나도 당신 안에 그들까지도 우리 안에 있도록 세상이
πιστεύῃ ὅτι σύ με **ἀπέστειλας**.
믿도록 (that) 당신이 나를 보내셨다

해석: 내가 오직 이 사람들에 관하여만 간구하는 것이 아니라 오히려 그들의 말을 통해 나를 믿는 자들에 관해서까지 (간구하옵는 것인데), 이는 아버지 당신께서 내 안에 나도 당신 안에 (있음) 같이 (그들) 모두가 하나가 되게 하기 위함이며, 그들 자신들까지도 우리 안에 있도록 하기 위함이고, 세상으로 하여금 당신이 나를 보내셨음을 믿게 하기 위함입니다. (cf. 요17:20–21)

★ ἐρωτῶ – ἐρωτάω의 현재 능동태 직설법 1인칭 단수

★ πιστευόντων – πιστεύω 의 현재 능동태 분사 남성 복수 속격

★ ὦσιν – εἰμί의 현재 가정법 3인칭 복수

★ πιστεύῃ –πιστεύω 의 현재 능동태 가정법 3 인칭 단수

★ ἀπέστειλας –ἀποστέλλω 의 1 과거 능동태 직설법 2 인칭 단수

16. **εἶπεν** οὖν ὁ Ἰησοῦς Ἔτι χρόνον μικρὸν μεθ᾽ ὑμῶν **εἰμι** καὶ
말씀하셨다 그러므로 예수께서 아직 시간 작은 너희와 함께 내가 있다 그리고
ὑπάγω πρὸς τὸν **πέμψαντά** με.
떠난다 ~에게로 보내신 자 나를

해석: 그러므로 예수께서 말씀하셨다. "아직은 작은 시간을(=잠시 동안) 내가 너희와 함께 있다(=있을 것이다). 그리고 나는 나를 보내신 자에게로 떠난다(=떠날 것이다)" (cf. 요7:33)

χρόνον μικρὸν μεθ᾽ ὑμῶν εἰμι –시간이나 거리를 나타내는 명사는 일반동사와 함께 대격을 취하고서 쓰이는데 이는 εἰμί동사와 함께 쓰일 때도 마찬가지이다. **Gram197** 참조. 한편, 현재시제는 가까운 미래를 나타낼 때 미래시제의 대용으로 사용될 수 있는데 이는 영어나 우리말에서도 마찬가지이다. 예: 그는 다음달에 떠난다/떠날 것이다.

★ εἶπεν – λέγω의 2과거 능동태 직설법 3인칭 단수

★ ὑπάγω –ὑπάγω 의 현재 능동태 직설법 1 인칭 단수

★ πέμψαντα [← ἔπεμψα] – πέμπω 의 1 과거 능동태 분사 남성 단수 대격

17. ὅτε δὲ **ἤγγισεν** ὁ καιρὸς τῶν καρπῶν, **ἀπέστειλεν** τοὺς δούλους αὐτοῦ.
~때에 그런데 가까이 왔다 때가 그 열매들의 그가 보냈다 종들을 그의

해석: 그런데 열매들의 때가 가까이 왔을 때, 그가 그의 종들을 보내었다. (cf. 마21:34)

★ ἤγγισεν – ἐγγίζω의 1과거 능동태 직설법 3인칭 단수

★ ἀπέστειλεν –ἀποστέλλω 의 1 과거 능동태 직설법 3 인칭 단수

18. αὐτὸς δὲ **σωθήσεται**, οὕτως δὲ ὡς διὰ πυρός.
그 자신은 그러나 구원받을 것이다 그렇게 그러나 ~같이 불을 통과하여

해석: 그러나 그 자신은 구원받을 것이다. 그러나 불을 통과함 같이 그렇게 (구원받을 것이다). (cf. 고전3:15)

★ σωθήσεται [←ἐσώθην] – σώζω의 미래 수동태 직설법 3인칭 단수

33과

ἵστημι, οἶδα의 변화. 희구법

핵심문법요약

☞ **ἵστημι 동사의 변화** [**Gram256-282** 참조]

Gram 289. οἶδα의 변화

οἶδα (알고있다)동사는 형식은 현재완료이나 의미는 현재시제처럼 쓰이는 동사이다. 또한 **οἶδα**의 과거완료어형인 **ᾔδειν**은 형식은 과거완료이나 미완료시제처럼 쓰인다.

〈οἶδα〉

1.	οἶδα	οἴδαμεν
2.	οἶδας	οἴδατε
3.	οἶδε(ν)	οἴδασιν

〈ᾔδειν〉

1.	ᾔδειν	ᾔδειμεν
2.	ᾔδεις	ᾔδειτε
3.	ᾔδει	ᾔδεισαν

Cf. '알고있다'란 표현은, 앎의 사건이 과거의 시점이며 그 결과가 현재에도 지속되고 있기에 현재완료적 개념을 드러낸다. 하지만 이 동일한 의미를 헬라어에서는 현재완료 형식을 빌어 표현하고 있는 반면, 영어에서는 현재시제의 형식을 빌어 표현한다(cf. I know). 마찬가지로 '서있다'라는 표현 역시, 헬라어는 ἵστημι의 현재완료어형으로 나타내지만 영어에서는 'he stands'(요1:26)라는 현재시제 어형으로 표현한다(**Gram225**).

Gram 290. 희구법 (Optative Mood)

희구법 동사는 신약에서 총 68회 쓰이고 있다. 그리고 전부 현재시제 어형으로만 사용되었다. 희구법을 나타내는 **시상접미어는 이오타**(ι)이며, **연결모음은 오미크론**(ο)을 사용하기에 현재시제어형에서는 항상 **οι**를 포함하게 된다. 과거시제어형은 시상접미어 **σα**와 **ι**가 더해져 항상 **σαι**를 포함하게 된다. 미래시제어형은 항상 **σοι**를 포함한다. 현재완료는 **κοι**를, 과거수동태는 **θειη**를, 미래수동태는 **θησοι**를 포함하게 된다.

희구법은 기본적으로 어떠한 사실에 대해 가정법보다 더 강한 의구심을 드러낸다. 그러나 신약의 희구법은 고전헬라어에서 기능하던 거의 모든 용법을 잃어버리고 단지 '**소원이나 바램**'을 나타내는 정도로만 쓰이고 있다. 따라서 μὴ γένοιτο는 '그것이 발생하지 않기를 원한다'라는 해석을 갖게 된다. 본 초급문법에 있어서 희구법의 용법에 대한 설명은 생략하기로 한다. λύω 동사의 희구법 변화는 책 뒤 변화표를 참조하라.

Gram 291. 사실의 반대를 나타내는 조건문 (Conditions Contrary to Fact)

(1) 현재나 과거사실의 조건문을 이끄는 접속사 εἰ가 **미완료 동사**를 이끈 후에, 결과절에도 **미완료 동사**가 사용되면 그것은 **현재사실의 반대**를 나타낸다.

예: οὗτος εἰ **ἦν** ὁ προφήτης, **ἐγίνωσκεν** ἄν...
이 사람이 선지자라면 ~을 알고 있었을 텐데. (눅7:39)
If he were the prophet, he would know~.

(2) 한편, εἰ가 **과거시제 동사**를 이끈 후에, 결과절에도 **과거시제 동사**가 사용되면 그것은 **과거사실의 반대**를 나타낸다.

예: κύριε, εἰ **ἦς** ὧδε, οὐκ ἂν **ἀπέθανεν** ὁ ἀδελφός μου.
주님, 만일 여기에 당신이 계셨더라면 나의 오라비가 죽지 않았을 것입니다.
If you had been here, my brother would not have died. (요11:32)
εἰμί 동사는 미완료가 과거를 대신한다.

Cf. 간혹 조건절에서 εἰ가 **미완료시제 동사**를 이끌고 결과절에 **과거시제 동사**가 사용되는 경우가 있는데 이때도 역시 과거사실의 반대를 나타낸다.

예: εἰ **ἠγαπᾶτε**, **ἐχάρητε** ἄν.
만일 너희가 나를 사랑하고 있었다면 너희는 기뻐했을 것이다
If you loved me, you would have rejoiced. (요14:28)

Cf. 위와 반대로 εἰ가 **과거시제 동사**를 이끌고 결과절에 **미완료시제 동사**가 사용되는 경우에도 과거사실의 반대를 나타낼 수 있다(cf. 히4:8). 정리하자면, 과거에 성취되지 않았거나 혹은 현재에 성취되고 있지 않고 있는 사실을 기술하기 위해서는 반드시 조건절과 결과절 양쪽에 과거나 미완료 시제를 사용해야 한다. 그리고 이 경우 대개는 결과절에 ἄν을 동반하게 되지만 문맥상 굳이 넣지 않아도 그 의미가 통할 경우엔 ἄν을 생략한다(cf. Robertson, *Short* 438; 요15:22; 19:11). 특

히, 현재사실의 반대를 기술할 경우엔 조건절이나 귀결절 어디에도 과거시제 동사를 사용하지 않는 반면, 과거사실의 반대를 기술할 경우엔 거의 대부분 과거동사가 양쪽절 모두에 개입하거나 적어도 어느 한쪽에 개입하게 된다.

Gram 292. γίνομαι의 용법

γίνομαι 동사는 주격보어를 필요로 하는 '~가 되다'(become)의 뜻 이외에도, 문맥에 따라서 (1) 나타나다(appear); (2) 존재하다(come into being); (3) 발생하다(happen); (4) ~에 왔다(come) 등의 의미를 지니게 된다.

예1: ἐν ἐκείναις ταῖς ἡμέραις **ἐγένετο** ἱερεύς τις.
그 당시에 어떤 제사장이 나타났다(appeared).

예2: πάντα δι' αὐτοῦ **ἐγένετο.**
모든 것들이 그로 말미암아 존재했다(came into being).

예3: εἶδεν τὰ **γενόμενα.**
그는 발생한 것들을 보았다(the things that had happened).

예4: φωνὴ **ἐγένετο** ἐκ τῶν οὐρανῶν.
하늘로부터 한 소리가 있었다 A voice came out of the heavens.

Gram 293. κάθημαι의 변화

κάθημαι(앉다) 동사는 중간태/수동태 꼬리를 취하고서 현재기본형으로 소개되고 있기에 **현재디포넌트** 동사이다. 그러나 **연결모음(ο/ϵ)을 사용하지 않고서**(cf. **Gram91**) 인칭꼬리를 직접 취한다는 점에서 -μι동사의 변화체계(Athematic conjugation)로 분류되어 취급된다(Mounce, *Morphology* 316).

	단수	복수
1.	κάθημαι	καθήμεθα
2.	κάθησαι	κάθησθε
3.	κάθηται	κάθηνται

〈참고〉 κάθημαι의 다른 시제 어형들.

	미완료 디포넌트 직설법		미래 디포넌트 직설법	
1 sg	ἐκαθήμην	ἐκαθήμεθα	καθήσομαι	καθησόμεθα
2 sg	ἐκάθου	ἐκάθησθε	καθήσῃ	καθήσεσθε
3 sg	ἐκάθητο	ἐκάθηντο	καθήσεται	καθήσονται

〈참고〉 κάθημαι의 비직설법 어형들:
현재어형의 줄기에서 분사/부정사/가정법/명령법 꼬리들이 연결모음 없이 붙으며, 모두 디포넌트이다. 부정사의 액센트는 다소 불규칙해 보이며, 명령법의 어형은 줄기끝모음 η가 명령법 인칭꼬리(σο) 앞에서 마치 ε 이었던 듯이 음운변화를 겪은 흔적을 보인다.

현재기본형	κάθημαι (마4:16)
현재분사	καθήμενος (마13:2)
현재부정사	καθῆσθαι (마13:2)
현재명령법	κάθου (2인칭 단수, 마22:44)

Cf. κάθημαι와 같은 종류의 동사로서 **연습문제**(3, 4번)에는 δύναμαι(have power to do/ be capable of)동사를 소개하고 있다. 아래에서 보듯, 가정법 어형에서 줄기끝모음 α는 가정법 인칭꼬리(ηται) 앞에서 탈락된 듯 보인다. κάθημαι와 δύναμαι의 이 같은 불규칙성은 헬라어 동사의 굴절체계에 있어서 줄기를 제외한 연결모음 및 인칭꼬리와의 경계선에서 굴절과정에 약간의 자유로움이 존재함을 단적으로 보여준다. 이 외에도 δύναμαι는 미완료시제에서 ε과 η를 번갈아 접두모음으로 취한다.

현재기본형	δύναμαι (마9:28)
현재분사	δυνάμενος (마19:12)
현재부정사	δύνασθαι (막3:20)
현재가정법	δύνηται (3인칭 단수, 계13:17)
미완료 직설법	ἐδύνατο (3인칭 단수, 막5:3), ἠδύνατο (막14:15),
	ἐδύναντο (3인칭 복수, LXX창13:6), ἠδύναντο (요12:39)

단어공부

명 사: δύναμις, δυνάμεως, ἡ (power 능력/힘)

동 사: δοκέω (I seem, I think ~같은 생각이 들다, 생각하다)
φανερόω (I manifest 밝히다/ 드러내다)
παύω (I stop/restrain 멈추게 하다/ 억제시키다)
[중간태에서] (stop oneself, cease 멈추다, 그만두다)
παραγίνομαι (I become near, I arrive 다다르다, 도착하다)
Cf. παραγίνομαι εἰς τὴν πόλιν 그 도시에 다다르다

ἔβην (βαίνω의 과거어형으로서, ἔγνων[31과]과 마찬가지로 ἵστημι처럼 변화함)
Cf. ἔβην/ ἔβης/ ἔβη/ ἔβημεν/ ἔβητε/ ἔβησαν
예: κατέβην 내가 내려갔다
ἵστημι (I cause to stand, I stand 세우다, 서다)
[문맥을 통해 그 분명한 의미가 서게 되지만 기본적으로는 아래의 범주에서 그 해당의미를 갖게 된다]
(1) 자동사('서다'): 현재완료능동태, 과거완료능동태, 미래중간태, -μι 동사의 제2과거 어형, 과거수동태에서.
(2) 타동사('세우다'): 현재능동태, 미완료능동태, 미래능동태, -ω동사의 제1과거 어형에서.
κάθημαι [Depo](I sit 앉다) Cf. **καθήμενος** sitting 앉아있는
δύναμαι [Depo](have power to do/ be capable of ~ 할 수 있다)
οἶδα [옛어형인 εἴδω의 현재완료로서 현재의 의미처럼 쓰임] (I know 알고있다)
φημί (I say 말하다)

형용사: **ἕτερος, α, ον** (another 다른 종류의, 또 하나의)
ὅλος, η, ον (whole, all 모든, 전체의)
ὅμοιος, α, ον [여격명사를 취하여] (like, similar ~같이, ~와 유사한)
ἀγαπητός, ή, όν (beloved, dear 사랑하는, 친애하는)
ἅπας, -ασα, -αν (all 모든)

접속사: **ὡς** (as, when ~때에)

부 사: **οὐδέπω** (not yet, still not 아직 아니)
σήμερον (today 오늘/오늘날 cf. 마6:11)

접속사: **οὔτε** (and not, nor ...도 역시 아니/...까지도 아니) – 강조의 부사처럼 쓰임.
Cf. **οὔτε... οὔτε** (neither...nor ~와 ~가 모두 아니)
οὐδέ와 그 쓰임이 동일하다.
μέχρι (until, as far as ~까지)
– 접속사로 쓰이기도 하고(cf. 막13:30; 갈4:19; 엡4:13), 전치사처럼 쓰이기도 한다(cf. 마11:23).

연습문제

1. διὰ τοῦτο ὁ κόσμος οὐ **γινώσκει** ἡμᾶς ὅτι οὐκ **ἔγνω** αὐτόν.
이것 때문에 세상이 아니 안다 우리를 (that) 아니 그것(세상)이 알았다 그를
Ἀγαπητοί, νῦν τέκνα θεοῦ **ἐσμεν**, καὶ οὔπω **ἐφανερώθη** τί **ἐσόμεθα**.
사랑하는 자들이여 지금은 자녀이다 하나님의 우리가~이다 그리고 아직 아니 드러났다 무엇이 우리가 될 것인지
οἴδαμεν ὅτι ἐὰν **φανερωθῇ** ὅμοιοι αὐτῷ **ἐσόμεθα**, ὅτι **ὀψόμεθα** αὐτὸν
우리는 알고있다 (that) 그분이 나타나지면 ~와 같은 그와 우리가 ~일 것이다 왜냐하면 우리가 볼 것이다 그를
καθώς **ἐστιν**.
~처럼 그가 계시다

해석: 이것 때문에, 곧 세상이 그를 알지 못했기 때문에 세상이 우리를 알지 못한다. 사랑하는 자들이여, 지금은 우리가 하나님의 자녀들이다. 그리고 우리가 무엇이 될 것인지는 아직 드러나지 않았다. 우리는 그분이 나타나질 경우 우리가 그와 같이 될 줄을 알고 있다. 왜냐하면 우리는 그가 계시는 것처럼(=계신 그대로) 그를 볼 것이기 때문이다. (cf. 요1서 3:1-2)
διὰ τοῦτο의 구체적 내용은 ὅτι이하에서 밝히고 있으므로 τοῦτο와 ὅτι는 동격이다. 형용사 ὅμοιοι는 여격 명사만을 취하는데 이는 마치 similar가 to 전치사를 앞세운 명사를 요구하는 것과 유사하다.

★ γινώσκει – γινώσκω의 현재 능동태 직설법 3인칭 단수
★ ἔγνω – γινώσκω 의 과거 능동태 직설법 3 인칭 단수. **Gram281** 참조
★ ἐσμεν – εἰμί의 현재 직설법 1 인칭 복수
★ ἐφανερώθη – φανερόω 의 과거 수동태 직설법 3 인칭 단수
★ ἐσόμεθα – εἰμί의 미래 직설법 1인칭 복수
★ οἴδαμεν – οἶδα 의 현재완료 능동태 직설법 1 인칭 복수. **Gram289** 참조
★ φανερωθῇ [← ἐφανερώθην] – φανερόω 의 과거 수동태 가정법 3 인칭 단수
★ ὀψόμεθα – βλέπω 의 미래 중간태 디포넌트 직설법 1 인칭 복수

2. **ἔλεγον** οὖν αὐτῷ Ποῦ **ἐστιν** ὁ πατήρ σου; **ἀπεκρίθη** Ἰησοῦς Οὔτε
그들이 말하고 있었다 그에게 어디에 계시냐 아버지가 너의 대답했다 예수께서 ~도 아니
ἐμὲ **οἴδατε** οὔτε τὸν πατέρα μου· εἰ ἐμὲ **ᾔδειτε**, καὶ τὸν πατέρα μου
나를 너희가 알고있다 ~도 아니 아버지를 나의 만일 나를 너희가 알았다면 아버지까지도 나의
ἂν **ᾔδειτε**.
너희가 알았을텐데

해석: 그러므로 그들이 그에게 "너의 아버지가 어디에 계시냐?"고 말하고 있었다. 예수께서 대답하셨다. "너희가 나를 알고 있지 못하고 나의 아버지도 (알고 있지 아니하도다). 만일 너희가 나를 알았다면 나의 아버지까지도 알았을 것이다" (cf. 요8:19)
εἰ가 미완료 동사를 이끌고 동시에 귀결절에서도 ἄν이 미완료 동사를 이끌 경우엔 현재사실의 반대를 나타낸다. **Gram291** 참조. 그런데 ᾔδειτε는 형식상 과거완료이나 의미상으로는 미완료를 나타내므로 위의 구문은 현재사실의 반대를 표현한다.

★ ἔλεγον – λέγω의 미완료 능동태 직설법 3인칭 복수
★ ἀπεκρίθη – ἀποκρίνομαι 의 과거 수동태 디포넌트 직설법 3 인칭 단수

★ *οἴδατε* – οἶδα 의 현재완료 능동태 직설법 2 인칭 복수. **Gram289** 참조
★ *ᾔδειτε* – οἶδα 의 과거완료 능동태 직설법 2 인칭 복수. **Gram289** 참조

3. ***ζητήσετέ*** *με καὶ οὐχ* ***εὑρήσετε***, *καὶ ὅπου* ***εἰμὶ*** *ἐγὼ ὑμεῖς οὐ* ***δύνασθε***
너희가 찾을 것이다 나를 그리고 아니 찾을 것이다 그리고 ~곳에 있다 내가 너희가 아니 ~할 수 있다
ἐλθεῖν.
오기

해석: 너희가 나를 찾을 것이고 또 찾지 못할 것이다. 그리고 내가 있는 곳에 너희가 올 수 없다. (cf. 요7:34)
★ *ζητήσετε* – ζητέω의 미래 능동태 직설법 2인칭 복수
★ *εὑρήσετε* – εὑρίσκω 의 미래 능동태 직설법 2 인칭 복수
★ *δύνασθε* – δύναμαι 의 현재 중간/수동태 디포넌트 직설법 2 인칭 복수. **Gram293** 참조
★ *ἐλθεῖν* [←ἦλθον] – ἔρχομαι 의 2 과거 능동태 부정사

4. *καὶ* ***συνέρχεται*** *πάλιν ὁ ὄχλος, ὥστε μὴ* ***δύνασθαι*** *αὐτοὺς μηδὲ*
그리고 모인다 다시 그 무리가 그래서 아니 ~할 수 있다 그들이 ~도 아니
ἄρτον ***φαγεῖν***.
빵을 먹을 수

해석: 그리고 그 무리가 다시 모이고 있으므로 그들이 빵을 먹을 수도 없었다. (cf. 막3:20)
★ *συνέρχεται* – συνέρχομαι의 현재 중간/수동태 디포넌트 직설법 3인칭 단수
★ *δύνασθαι* – δύναμαι 의 현재 중간/수동태 디포넌트 부정사. **Gram293** 참조
★ *φαγεῖν* [←ἔφαγον] – ἐσθίω 의 2 과거 능동태 부정사

5. ***ἠκούσατε*** *ὅτι ἐγὼ* ***εἶπον*** *ὑμῖν* ***Ὑπάγω*** *καὶ* ***ἔρχομαι*** *πρὸς ὑμᾶς. εἰ*
너희가 들었다 (that) 내가 말했다 너희에게 내가 떠난다 그리고 온다 너희에게로 만일
ἠγαπᾶτέ *με,* ***ἐχάρητε*** *ἂν ὅτι* ***πορεύομαι*** *πρὸς τὸν πατέρα, ὅτι ὁ πατὴρ*
사랑하고 있었다면 나를 기뻐했을 것이다 (that) 내가 간다 그 아버지께로 왜냐하면 아버지께서는
μείζων μού ***ἐστιν***.
더 큰 나보다 ~이다

해석: 너희는 내가 너희에게 "내가 떠나고 또 너희에게로 온다"고 말한 것을 들었다. 만일 너희가 나를 사랑하고 있었다면 내가 아버지께로 가는 것을 기뻐했을 것이다. 왜냐하면 아버지께서는 나보다 크시기 때문이다. (cf. 요14:28)
★ *ἠκούσατε* – ἀκούω의 1과거 능동태 직설법 2인칭 복수
★ *εἶπον* – λέγω 의 2 과거 능동태 직설법 1 인칭 단수
★ *Ὑπάγω* – ὑπάγω 의 현재 능동태 직설법 1 인칭 단수
★ *ἠγαπᾶτε* – ἀγαπάω 의 미완료 능동태 직설법 2 인칭 복수
★ *ἐχάρητε* – χαίρω 의 과거 수동태 디포넌트 직설법 2 인칭 복수

6. **εὗρεν** ἄλλους **ἑστῶτας** καὶ **λέγει** αὐτοῖς Τί ὧδε **ἑστήκατε** ὅλην τὴν
그는 발견했다 다른 사람들을 서있을 때에 그리고 말한다 그들에게 왜 여기에 너희는 서있느냐 온
ἡμέραν;
날을

해석: 그가 다른 사람들이 서있는 것을 발견하고는 그들에게 말한다. "너희는 왜 여기에 온 종일 서있느냐?" (cf. 마20:6-7)

★ εὗρεν – εὑρίσκω의 2과거 능동태 직설법 3인칭 단수
★ ἑστῶτας [← ἕστα] – ἵστημι 의 현재완료 능동태 분사 남성 복수 대격. **Gram282** 참조.
★ λέγει – λέγω 의 현재 능동태 직설법 3 인칭 단수
★ ἑστήκατε – ἵστημι 의 현재완료 능동태 직설법 2 인칭 복수. **Gram282** 참조

7. προφήτην ὑμῖν **ἀναστήσει** κύριος ὁ θεὸς ἐκ τῶν ἀδελφῶν ὑμῶν ὡς
선지자를 너희에게 세우실 것이다 , 주 하나님께서 형제들 중에서 너희의 ~같은
ἐμέ· αὐτοῦ **ἀκούσεσθε** κατὰ πάντα ὅσα ἂν **λαλήσῃ** ὑμῖν.
나 그를 너희가 들을 것이다 ~을 따라서 모든 ~는 바들 그가 말한다면 너희에게

해석: 주 하나님께서 너희에게(너희를 위해) 너희의 형제들 중에서 나와 같은 선지자를 세우실 것이다. 너희는 그가 너희에게 말씀하시는 모든 것들을 따라서(=모든 것들마다) 그를 들을 것이다(들어라). (cf. 행3:22)

전치사 κατά는 대격을 취하고서 배분적인[distributive] 해석을 낳아 every의 의미를 갖는다.

★ ἀναστήσει – ἀνίστημι의 미래 능동태 직설법 3인칭 단수. **Gram267** 참조
★ ἀκούσεσθε – ἀκούω 의 미래 중간태 직설법 2 인칭 복수
　　혹은 [← ἤκουσα] – ἀκούω 의 1 과거 중간태 명령법 2 인칭 복수
★ λαλήσῃ [← ἐλάλησα] – λαλέω 의 1 과거 능동태 가정법 3 인칭 단수

8. καὶ **ἀναστὰς** ὁ ἀρχιερεὺς **εἶπεν** αὐτῷ Οὐδὲν **ἀποκρίνῃ**;
그리고 일어난 후 그 대제사장이 말했다 그에게 아무것도 아니 너는 대답하느냐?

해석: 그리고 그 대제사장이 일어나서 그에게 말했다. "너는 아무 대답도 없느냐?" (cf. 마26:62)

★ ἀναστὰς [← ἀνέστην] – ἀνίστημι의 과거 능동태 분사 남성 단수 주격. **Gram273** 참조
★ εἶπεν – λέγω 의 2 과거 능동태 직설법 3 인칭 단수
★ ἀποκρίνῃ – ἀποκρίνομαι 의 현재 중간/수동태 디포넌트 직설법 2 인칭 단수

9. τότε οὖν **εἰσῆλθεν** καὶ ὁ ἄλλος μαθητὴς ὁ **ἐλθὼν** πρῶτος εἰς τὸ
그때에 그러므로 들어갔다 ~까지도 그 다른 제자 온 처음 ~안으로 그
μνημεῖον, καὶ **εἶδεν** καὶ **ἐπίστευσεν**· οὐδέπω γὰρ **ᾔδεισαν** τὴν
무덤 그리고 보았다 그리고 믿었다 아직 아니 왜냐하면 그들이 알았다 그
γραφήν, ὅτι **δεῖ** αὐτὸν ἐκ νεκρῶν **ἀναστῆναι**.
책을 (that) 필요하다 그가 죽은 자들 중에서 다시 일어나기

해석: 그러므로 그때에 그 무덤에 처음 왔던 그 다른 제자도 들어간 후 (비로서) 보고 믿었다. 왜냐하면 그들은 그가 죽은 자들 중에서 다시 일어나셔야 한다는 그 책[성경](의 내용)을 알지 못했기 때문이다. (cf. 요20:8-9)

★ εἰσῆλθεν – εἰσέρχομαι의 2과거 능동태 직설법 3인칭 단수

★ ἐλθὼν [← ἦλθον] – ἔρχομαι 의 2 과거 능동태 분사 남성 단수 주격

★ εἶδεν – βλέπω 의 2 과거 능동태 직설법 3 인칭 단수

★ ἐπίστευσεν – πιστεύω 의 1 과거 능동태 직설법 3 인칭 단수

★ ᾔδεισαν – οἶδα 의 과거완료 능동태 직설법 3 인칭 복수

★ ἀναστῆναι [← ἀνέστην] – ἀνίστημι 의 과거 능동태 부정사. **Gram264** 참조

10. εἰ ἐν Σοδόμοις **ἐγενήθησαν** αἱ δυνάμεις αἱ **γενόμεναι** ἐν σοί,
만일 소돔에서 일어났다면 그 권능들이 일어난 (발생한) 네 안에서
ἔμεινεν ἂν μέχρι τῆς σήμερον.
남아있었을 것이다 ~까지 오늘날

해석: 만일 네 안에서 일어난(=발생한) 그 권능들이 소돔에서 일어났다면(=발생했다면) 그것이(소돔성) 오늘날까지 남아있었을 것이다 (마11:23).

Cf. **Gram292** γίνομαι 용법 참조. μέχρι τῆς σήμερον은 관용적인 표현으로서 '오늘날까지'란 의미를 갖는다.

★ ἐγενήθησαν – γίνομαι의 과거 수동태 디포넌트 직설법 3인칭 복수

★ γενόμεναι [← ἐγενόμην] – γίνομαι 의 2 과거 중간태 디포넌트 분사 여성 복수 주격

★ ἔμεινεν – μένω 의 1 과거 능동태 직설법 3 인칭 단수

11. **ἔδωκεν** αὐτοῖς δύναμιν καὶ ἐξουσίαν ἐπὶ πάντα τὰ δαιμόνια.
그가 주셨다 그들에게 능력을 그리고 권세를 ~위에 (있는) 모든 귀신들

해석: 그가 그들에게 모든 귀신들 위에 있는(능가하는) 능력과 권세를 주셨다. (cf. 눅9:1)

전치사 ἐπί를 사물이 아닌 사람 등의 목적격에 사용할 경우, 권위에 있어서 보다 높은 상태를 나타내준다. Cf. *LCJ*

★ ἔδωκεν – δίδωμι의 과거 능동태 직설법 3인칭 단수

12. **ἐγένετο** δὲ ἐν τῷ **βαπτισθῆναι** ἅπαντα τὸν λαὸν καὶ Ἰησοῦ
그일이 발생했다 그런데 세례받는 동안에 모든 그 백성이 ~까지도 예수께서
βαπτισθέντος καὶ **προσευχομένου** **ἀνεῳχθῆναι** τὸν οὐρανόν, καὶ
세례받으신 후 그리고 기도하실 때 열리기 그 하늘이
καταβῆναι τὸ πνεῦμα τὸ ἅγιον.
내려오기 그 영이 그 거룩한

해석: 그런데 그 모든 백성이 세례받는 동안, 예수께서도 세례를 받으신 후 기도하시는데 하늘이 열리고 성령이 내려오는 일이 발생했다. (cf. 눅3:21-22)

ἐγένετο의 주어는 ἀνεῳχθῆναι와 καταβῆναι가 이끄는 두 개의 부정사구들이다.

★ *ἐγένετο* – γίνομαι의 2과거 중간태 디포넌트 직설법 3인칭 단수
★ *βαπτισθῆναι* [← ἐβαπτίσθην] – βαπτίζω 의 과거 수동태 부정사
★ *βαπτισθέντος* [← ἐβαπτίσθην] – βαπτίζω 의 과거 수동태 분사 남성 단수 속격
★ *προσευχομένου* – προσεύχομαι 의 현재 중간/수동태 디포넌트 분사 남성 단수 속격
★ *ἀνεῳχθῆναι* [← ἠνεῴχθην] – ἀνοίγω 의 과거 수동태 부정사

13. ***ἐγένετο*** *δὲ ἐν ταῖς ἡμέραις ἐκείναις* ***ἐξελθεῖν*** *αὐτὸν εἰς τὰ ὄρη*
그일이 발생했다 그러나 날들에 저 나가기 그가 그 산들로
προσεύξασθαι.
기도하기 위해

해석: 그러나 저 날들에(그 당시에) 그가 기도하시기 위해 그 산들로 나가셨던 적이 있었다. (cf. 눅6:12)
★ *ἐγένετο* – γίνομαι의 2과거 중간태 디포넌트 직설법 3인칭 단수
★ *ἐξελθεῖν* [← ἐξῆλθον] – ἐξέρχομαι 이 2 과거 능동태 부정사
★ *προσεύξασθαι* [← προσηυξάμην] – προσεύχομαι 의 1 과거 중간태 디포넌트 부정사

14. ***ἐξῆλθον*** *δὲ* ***ἰδεῖν*** *τὸ* ***γεγονός***, *καὶ* ***ἦλθον*** *πρὸς τὸν Ἰησοῦν*,
그들이 나갔다 그러나 보기위해 그 되어진 것을 그리고 갔다 예수께로
καὶ ***εὗρον καθήμενον*** *τὸν ἄνθρωπον ἀφ' οὗ τὰ δαιμόνια* ***ἐξῆλθον***.
그리고 발견했다 앉아있는 때에 그 사람을 ~로부터 (관대) 그 귀신들이 나갔다

해석: 그러나 그들이 그 되어진(발생한) 것을 보기 위해 나갔고 예수께로 갔다. 그리고 그 귀신들이 나간 사람이(귀신나간 사람) 앉아있는 것을 발견했다. (cf. 눅8:35)
★ *ἐξῆλθον* – ἐξέρχομαι의 2과거 능동태 직설법 1인칭 단수 (혹은 3인칭 복수)
★ *ἰδεῖν* [← εἶδον] – βλέπω 의 2 과거 능동태 부정사
★ *γεγονός* [← γέγονα] – γίνομαι 의 현재완료 능동태 분사 중성 단수 대격. **Gram231** 참조
★ *ἦλθον* – ἔρχομαι 의 2 과거 능동태 직설법 1 인칭 단수 (혹은 3 인칭 복수)
★ *εὗρον* – εὑρίσκω 의 2 과거 능동태 직설법 1 인칭 단수 (혹은 3 인칭 복수)
★ *καθήμενον* – κάθημαι 의 현재 중간/수동태 디포넌트 분사 남성 단수 대격. **Gram293** 참조
★ *ἐξῆλθον* – ἐξέρχομαι 의 2 과거 능동태 직설법 3 인칭 복수

15. *καὶ* ***ἐγένετο*** *ἐν τῷ* ***εἶναι*** *αὐτὸν ἐν τόπῳ τινὶ* ***προσευχόμενον***, *ὡς*
그리고 그일이 발생했다 계신 동안에 그가 장소에서 어떤 기도하시면서 ~때에
ἐπαύσατο, ***εἶπέν*** *τις τῶν μαθητῶν αὐτοῦ πρὸς αὐτὸν Κύριε* ***δίδαξον***
그가 마치셨다 말했다 어떤이가 제자들 중 그의 ~를 향해 주여 가르치소서
ἡμᾶς ***προσεύχεσθαι***, *καθὼς καὶ Ἰωάνης* ***ἐδίδαξεν*** *τοὺς μαθητὰς αὐτοῦ*.
우리를 기도하기(기도하는 것) ~같이 ~까지도 요한이 가르쳤다 제자들을 그의

해석: 그리고 그가 어떤 장소에서 기도하시면서 계신 동안, (기도를) 마치셨을 때에 그의 제자들 중 어떤이가 그를 향해 말했다. "주여, 요한도 그의 제자들을 가르쳤듯이 우리에게 기도하

는 것을 가르치소서" (cf. 눅11:1)
★ *ἐγένετο* – γίνομαι의 2과거 중간태 디포넌트 직설법 3인칭 단수
★ *εἶναι* – εἰμί의 현재 부정사
★ *προσευχόμενον* – προσεύχομαι 의 현재 중간/수동태 디포넌트 분사 남성 단수 대격
★ *ἐπαύσατο* – παύω 의 1 과거 중간태 직설법 3 인칭 단수
★ *εἶπεν* – λέγω 의 2 과거 능동태 직설법 3 인칭 단수
★ *δίδαξον* [← ἐδίδαξα] – διδάσκω 의 1 과거 능동태 명령법 2 인칭 단수
★ *προσεύχεσθαι* – προσεύχομαι 의 현재 중간/수동태 디포넌트 부정사
★ *ἐδίδαξεν* – διδάσκω 의 1 과거 능동태 직설법 3 인칭 단수

16. *ὁ δὲ* ***ἔφη*** *αὐτῷ* ***Ἀγαπήσεις*** *κύριον τὸν θεόν σου ἐν ὅλῃ τῇ καρδίᾳ σου.*
그가 그러자 말씀하셨다 그에게 너는 사랑할 것이다 주 하나님 너의 모든 마음으로 너의

해석: 그러자 그가 그에게 말씀하셨다. "너는 주 너의 하나님을 너의 온 마음으로 사랑하라" (cf. 마22:37)
Ἀγαπήσεις – 엄숙하고 보편적 가치의 명령을 내릴 경우에 미래시제 직설법이 명령법 동사를 대신할 수 있는데 이는 금지의 명령에서도 마찬가지이다. Cf. **Gram221**
★ *ἔφη* – φημί의 과거(혹은 미완료)[1] 능동태 직설법 3인칭 단수
★ *Ἀγαπήσεις* – ἀγαπάω 의 미래 능동태 직설법 2 인칭 단수

17. ***δοκεῖτε*** *ὅτι εἰρήνην* ***παρεγενόμην δοῦναι*** *ἐν τῇ γῇ;*
너희가 생각하느냐 (that) 평화를 내가 왔다 주기 위해 그 땅에

해석: 너희는 내가 땅에 평화를 주기 위해 왔다고 생각하느냐? (cf. 눅12:51)
부정사는 ἵνα 없이도 홀로 목적을 나타내는 부사구를 이끈다.
★ *δοκεῖτε* – δοκέω의 현재 능동태 직설법 2인칭 복수
★ *παρεγενόμην* – παραγίνομαι 의 2 과거 중간태 디포넌트 직설법 1 인칭 단수
★ *δοῦναι* [← ἔδωκα] – δίδωμι 의 과거 능동태 부정사. **Gram264** 참조

---

[1] φημί의 줄기는 *φα이다. 따라서 ἵστημι의 변화와 동일하다(cf. **Gram265**, **271**). 그러나 과거시제줄기가 공교롭게도 현재시제의 줄기와 일치하기 때문에 문맥에 따라 미완료로 보기도 한다. 참고) φάμενος 현재 중간태 분사 남성 단수 주격 (욥24:25)

	단수	복수
1.	ἔφην	[ἔφαμεν]
2.	[ἔφης]	[ἔφατε]
3.	ἔφη	ἔφασαν

18. *περὶ τίνος ὁ προφήτης* ***λέγει*** *τοῦτο; περὶ ἑαυτοῦ ἢ περὶ ἑτέρου*
~에 관하여 누구 그 예언자가 말하고 있느냐 이것을 ~에 관하여 그 자신 혹은 ~에 관하여 다른
τινός;
어떤이

해석: 그 예언자가 누구에 관하여 이것을 말하고 있습니까? 그 자신에 관하여 (말하고 있습니까) 아니면 다른 어떤이에 관하여 (말하고 있습니까?) (cf. 행8:34)

★ *λέγει* – λέγω의 현재 능동태 직설법 3인칭 단수

19. *αὐτὸς ὑμᾶς* ***βαπτίσει*** *ἐν πνεύματι ἁγίῳ καὶ πυρί.*
그분 자신은 너희를 세례주실 것이다 영으로 거룩한 그리고 불로

해석: 그분 자신은 너희를 성령과 불로 세례주실 것이다. (cf. 마3:11)

★ *βαπτίσει* – βαπτίζω의 미래 능동태 직설법 3인칭 단수

PART II (부록)

혼동하기 쉬운 어형 정리

아래의 목록은 메이첸 초급교본의 범위 내에서 액센트와 숨표에 따라 자칫 혼동하기 쉬운 어형들을 모아 정리해 놓은 것이다. 지금껏 배운 것들을 떠올려 보면서 유사어형들을 혼란없이 구분해 낼 수 있는 능력을 키우도록 하자.

ἡ [정관사] 여성 단수 주격
ἥ [관계대명사] 여성 단수 주격
ἤ [접속사] 혹은, ~보다
ᾗ [관계대명사] 여성 단수 여격
ᾖ [εἰμί] 현재 가정법 3인칭 단수

ἦς [εἰμί] 미완료 직설법 2인칭 단수
ᾖς [εἰμί] 현재 가정법 2인칭 단수
ἧς [관계대명사] 여성 단수 속격

ἦν [εἰμί] 미완료 직설법 2인칭 단수
ἥν [관계대명사] 여성 단수 대격

οἱ [정관사] 남성 복수 주격
οἵ [관계대명사] 남성 복수 주격

αἱ [정관사] 여성 복수 주격
αἵ [관계대명사] 여성 복수 주격

ὁ [관계대명사] 남성 단수 주격
ὅ [관계대명사] 중성 단수 주격

ὄν [εἰμί] 현재 분사 중성 단수 주격/대격
ὅν [관계대명사] 남성 단수 대격

ὤν [εἰμί] 현재 분사 남성 단수 주격
ὧν [관계대명사] 남/여/중성 복수 속격

τίς [의문대명사] 남/여성 단수 주격
τις [부정대명사] 남/여성 단수 주격

αὐτή [3인칭대명사] 여성 단수 주격
αὕτη [지시대명사] 여성 단수 주격

αὐταί [3인칭대명사] 여성 복수 주격
αὗται [지시대명사] 여성 복수 주격

τούτων [지시대명사] 남/여/중성 복수 속격

οὐ [부정어 negative] 아니(not)
οὗ [관계대명사] 남성 단수 속격

ἔξω [부사] 밖에(outside)

ἕξω	[ἔχω] 미래 능동태 직설법
ἐν	[전치사] ~안에
ἕν	[수사] 하나(중성)
εἰς	[전치사] ~안으로
εἷς	[수사] 하나(남성)
ἀλλά	[접속사] 그러나
ἄλλα	[형용사 ἄλλος, η, ο] 중성 복수 주격/대격
εἰ	[접속사] 만약
εἶ	[εἰμί] 현재 직설법 2인칭 단수
ἦτε	[εἰμί] 미완료 직설법 2인칭 복수
	[εἰμί] 현재 가정법 2인칭 복수
μένω	[유음동사] 현재 능동태 직설법
μενῶ	[유음동사] 미래 능동태 직설법
ἔστε	[εἰμί] 현재 명령법 2인칭 복수
ἐστε /ἐστέ	[εἰμί] 현재 직설법 2인칭 복수
ἐγείρω	[ἐγείρω] 현재 능동태 직설법 1인칭 단수
	[ἐγείρω] 현재 능동태 가정법 1인칭 단수
	[ἐγείρω] 과거 능동태 가정법 1인칭 단수
	Cf. κρίνω
γράψω	[γράφω] 미래 능동태 직설법 1인칭 단수
	[γράφω] 과거 능동태 가정법 1인칭 단수
ποιήσω	[ποιέω] 미래 능동태 직설법 1인칭 단수
	[ποιέω] 과거 능동태 가정법 1인칭 단수
γράφεις	[γράφω] 현재 능동태 직설법 2인칭 단수
γραφείς	[γράφω] 과거 수동태 분사 남성 단수 주격
γράφω	[γράφω] 현재 능동태 직설법 1인칭 단수
γραφῶ	[γράφω] 과거 수동태 가정법 1인칭 단수
ἀγαπῶμαι	[ἀγαπάω] 현재 수동태 직설법 1인칭 단수
	[ἀγαπάω] 현재 수동태 가정법 1인칭 단수
λυθῆτε	[λύω] 과거 수동태 가정법 2인칭 복수
λύθητε	[λύω] 현재 수동태 명령법 2인칭 복수
	Cf. 모든 동사에 해당됨.
ποιεῖ	[ποιέω] 현재 능동태 직설법 3인칭 단수
ποίει	[ποιέω] 현재 능동태 명령법 2인칭 단수
	Cf. 모든 -εω 단축동사에 해당됨.
εἶπε	[λέγω] 2과거 능동태 직설법 3인칭 단수
εἰπέ	[λέγω] 2과거 능동태 명령법 2인칭 단수

εἶπον [λέγω] 2과거 능동태 직설법 1인칭 단수
εἰπόν [λέγω] 1과거 능동태 명령법 2인칭 단수

σπεῖρον [σπείρω] 1과거 능동태 명령법 2인칭 단수
[σπείρω] 현재 능동태 분사 중성 단수 주격/대격

ἀγαπᾷς [ἀγαπάω] 현재 능동태 직설법 2인칭 단수
[ἀγαπάω] 현재 능동태 가정법 2인칭 단수

δηλοῖς [δηλόω] 현재 능동태 직설법 2인칭 단수
[δηλόω] 현재 능동태 가정법 2인칭 단수

직설법 줄기에 따른 굴절어형(변화표) 정리

1. λύω 동사의 변화체계

헬라어 동사의 모든 변화체계는 아래에 소개해 놓은 **여섯개의 직설법 기본형들**을 근간으로 하여 짜여져 있다. **εἰμί**동사나 몇몇 비인칭 동사를 제외한 헬라어의 나머지 일반동사들은 이 여섯개 직설법 기본형들의 줄기에 기초해서 **나머지 법**(즉, **비직설법**: 분사/가정법/부정사/명령법/희구법)의 어형들을 도출시킨다. 어떠한 동사이든 여섯개 기본형의 정확한 어형은 사전(dictionary)이 제시하고 있는 자료에 기대어 익혀야 한다. 그러나 (1) 비직설법 어형들, 그리고 (2) 여섯개 기본형을 제외한 몇몇 다른시제의 직설법 어형들(즉, 미완료/미래수동태/과거완료능동태/과거완료중간수동태 등)은 사전의 도움 없이도 그 어형이 예측 가능한데 이는 아주 체계적이고도 예외가 없다. 개별동사의 굴절어형들은 책 뒤에 부록으로 정리해 놓은 **동사 패러다임**을 참조하도록 하라.

〈직설법 여섯개 기본형〉

	I	II	III	IV	V	VI
	현재능동태	미래능동태	과거능동태	현재완료능동	완료중간수동	과거수동태
1sg	λύω	λύσω	ἔλυσα	λέλυκα	λέλυμαι	ἐλύθην
2sg	λύεις	λύσεις	ἔλυσας	λέλυκας	λέλυσαι	ἐλύθης
3sg	λύει	λύσει	ἔλυσε(ν)	λέλυκε(ν)	λέλυται	ἐλύθη
1pl	λύομεν	λύσομεν	ἐλύσαμεν	λελύκαμεν	λελύμεθα	ἐλύθημεν
2pl	λύετε	λύσετε	ἐλύσατε	λελύκατε	λέλυσθε	ἐλύθητε
3pl	λύουσι(ν)	λύσουσι(ν)	ἔλυσαν	λέλυκασι(ν) λέλυκαν	λέλυνται	ἐλύθησαν

I 현재능동태직설법 기본형에 기초한 굴절어형들 – λύω

(★표는 28과 범위 내의 주요 변화표들임)

	현재 중간/수동태 직설법★	미완료 능동태 직설법★	미완료 중간/수동태 직설법★
1sg	λύομαι	ἔλυον	ἐλυόμην
2sg	λύῃ	ἔλυες	ἐλύου
3sg	λύεται	ἔλυε(ν)	ἐλύετο
1pl	λυόμεθα	ἐλύομεν	ἐλυόμεθα
2pl	λύεσθε	ἐλύετε	ἐλύεσθε
3pl	λύονται	ἔλυον	ἐλύοντο

		현재 능동태 분사★			현재 중간/수동태 분사★		
		남성	여성	중성	남성	여성	중성
Sg	N/V	λύων	λύουσα	λῦον	λυόμενος	λυομένη	λυόμενον
	G	λύοντος	λυούσης	λύοντος	λυομένου	λυομένης	λυομένου
	D	λύοντι	λυούσῃ	λύοντι	λυομένῳ	λυομένῃ	λυομένῳ
	A	λύοντα	λύουσαν	λῦον	λυόμενον	λυομένην	λυόμενον
Pl	N/V	λύοντες	λύουσαι	λύοντα	λυόμενοι	λυόμεναι	λυόμενα
	G	λυόντων	λυουσῶν	λυόντων	λυομένων	λυομένων	λυομένων
	D	λύουσιν	λυούσαις	λύουσιν	λυομένοις	λυομέναις	λυομένοις
	A	λύοντας	λυούσας	λύοντα	λυομένους	λυομένας	λυόμενα

	현재 능동태 가정법★	현재 중간/수동태 가정법★	현재 능동태 명령법★	현재 중간/수동태 명령법★	현재 능동태 희구법	현재 중간/수동태 희구법
1sg	λύω	λύωμαι			λύοιμι	λυοίμην
2sg	λύῃς	λύῃ	λῦε	λύου	λύοις	λύοιο
3sg	λύῃ	λύηται	λυέτω	λυέσθω	λύοι	λύοιτο
1pl	λύωμεν	λυώμεθα			λύοιμεν	λυοίμεθα
2pl	λύητε	λύησθε	λύετε	λύεσθε	λύοιτε	λύοισθε
3pl	λύωσι(ν)	λύωνται	λυέτωσαν	λυέσθωσαν	λύοιεν	λύοιντο

현재부정사★	
능동태	λύειν
중간태	λύεσθαι
수동태	λύεσθαι

II 미래능동태직설법 기본형에 기초한 굴절어형들 – λύσω

	미래 중간태 직설법★	미래 능동태 희구법	미래 중간태 희구법
1sg	λύσομαι	λύσοιμι	λυσοίμην
2sg	λύσῃ	λύσοις	λύσοιο
3sg	λύσεται	λύσοι	λύσοιτο
1pl	λυσόμεθα	λύσοιμεν	λυσοίμεθα
2pl	λύσεσθε	λύσοιτε	λύσοισθε
3pl	λύσονται	λύσοιεν	λύσοιντο

	미래 능동태 분사			미래 중간태 분사		
	남성	여성	중성	남성	여성	중성
N/V	λύσων	λύσουσα	λῦσον	λυσόμενος	λυσομένη	λυσόμενον
G	λύσοντος	λυσούσης	λύσοντος	λυσομένου	λυσομένης	λυσομένου
	(이하생략)	(이하생략)	(이하생략)	(이하생략)	(이하생략)	(이하생략)

	미래부정사
능동태	λύσειν
중간태	λύσεσθαι

III 과거능동태직설법 기본형에 기초한 굴절어형들 – ἔλυσα

	과거 중간태 직설법★
1sg	ἐλυσάμην
2sg	ἐλύσω
3sg	ἐλύσατο
1pl	ἐλυσάμεθα
2pl	ἐλύσασθε
3pl	ἐλύσαντο

		과거 능동태 분사★			과거 중간태 분사★		
		남성	여성	중성	남성	여성	중성
Sg	N/V	λύσας	λύσασα	λῦσαν	λυσάμενος	λυσαμένη	λυσάμενον
	G	λύσαντος	λυσάσης	λύσαντος	λυσαμένου	λυσαμένης	λυσαμένου
	D	λύσαντι	λυσάσῃ	λύσαντι	λυσαμένῳ	λυσαμένῃ	λυσαμένῳ
	A	λύσαντα	λύσασαν	λῦσαν	λυσάμενον	λυσαμένην	λυσάμενον

Pl	N/V	λύσαντες	λύσασαι	λύσαντα	λυσάμενοι	λυσάμεναι	λυσάμενα
	G	λυσάντων	λυσασῶν	λυσάντων	λυσαμένων	λυσαμένων	λυσαμένων
	D	λύσασιν	λυσάσαις	λύσασιν	λυσαμένοις	λυσαμέναις	λυσαμένοις
	A	λύσαντας	λυσάσας	λύσαντα	λυσαμένους	λυσαμένας	λυσάμενα

	과거 능동태 가정법★	과거 중간태 가정법★	과거 능동태 명령법★	과거 중간태 명령법★	과거 능동태 희구법	과거 중간 희구법
1sg	λύσω	λύσωμαι			λύσαιμι	λυσαίμην
2sg	λύσῃς	λύσῃ	λῦσον	λῦσαι	λύσαις	λύσαιο
3sg	λύσῃ	λύσηται	λυσάτω	λυσάσθω	λύσαι	λύσαιτο
1pl	λύσωμεν	λυσώμεθα			λύσαιμεν	λυσαίμεθα
2pl	λύσητε	λύσησθε	λύσατε	λύσασθε	λύσαιτε	λύσαισθε
3pl	λύσωσι(ν)	λύσωνται	λυσάτωσαν	λυσάσθωσαν	λύσαιεν	λύσαιντο

	과거부정사★
능동태	λῦσαι
중간태	λύσασθαι

IV 현재완료능동태직설법 기본형에 기초한 굴절어형들 – λέλυκα

	과거완료능동태 직설법	현재완료능동태 가정법 (우언적 인칭변화)
1sg	(ἐ)λελύκειν	λελυκὼς ὦ
2sg	(ἐ)λελύκεις	λελυκὼς ᾖς
3sg	(ἐ)λελύκει	λελυκὼς ᾖ
1pl	(ἐ)λελύκειμεν	λελυκότες ὦμεν
2pl	(ἐ)λελύκειτε	λελυκότες ητε
3pl	(ἐ)λελύκεισαν	λελυκότες ὦσιν

현재완료 능동태 분사

	남성		여성		중성	
	단수	복수	단수	복수	단수	복수
주	λελυκώς	λελυκότες	λελυκυῖα	λελυκυῖαι	λελυκός	λελυκότα
속	λελυκότος	λελυκότων	λελυκυίας	λελυκυιῶν	λελυκότος	λελυκότων
여	λελυκότι	λελυκόσιν	λελυκυίᾳ	λελυκυίαις	λελυκότι	λελυκόσιν
대	λελυκότα	λελυκότας	λελυκυῖαν	λελυκυίας	λελυκός	λελυκότα

현재완료능동태 부정사

λελυκέναι

	현재완료능동태 희구법	현재완료능동태 희구법 (우언적 인칭변화)
1sg	λελύκοιμι	λελυκὼς εἴην (cf. εἰμί 희구법)
2sg	λελύκοις	λελυκὼς εἴης
3sg	λελύκοι	λελυκὼς εἴη
1pl	λελύκοιμεν	λελυκότες εἴημεν
2pl	λελύκοιτε	λελυκότες εἴητε
3pl	λελύκοιεν	λελυκότες εἴησαν

V 현재완료 중간/수동태 직설법 기본형에 기초한 굴절어형들 – λέλυμαι

	과거완료 중간/수동태 직설법	현재완료 중간/수동태 가정법 (우언적 인칭변화)
1sg	(ἐ)λελύμην	λελυμένος ὦ
2sg	(ἐ)λέλυσο	λελυμένος ᾖς
3sg	(ἐ)λέλυτο	λελυμένος ᾖ
1pl	(ἐ)λελύμεθα	λελυμένοι ὦμεν
2pl	(ἐ)λέλυσθε	λελυμένοι ἦτε
3pl	(ἐ)λέλυντο	λελυμένοι ὦσιν

현재완료 중간/수동태 분사

	남성		여성		중성	
	단수	복수	단수	복수	단수	복수
주	λελυμένος	λελυμένοι	λελυμένη	λελυμέναι	λελυμένον	λελυμένα
속	λελυμένου	λελυμένων	λελυμένης	λελυμένων	λελυμένου	λελυμένων
여	λελυμένῳ	λελυμένοις	λελυμένῃ	λελυμέναις	λελυμένῳ	λελυμένοις
대	λελυμένον	λελυμένους	λελυμένην	λελυμένας	λελυμένον	λελυμένα

현재완료 중간/수동태 부정사

λελύσθαι

	현재완료 중간/수동태 희구법 (우언적 인칭변화)
1sg	λελυμένος εἴην (cf. εἰμί 희구법)
2sg	λελυμένος εἴης
3sg	λελυμένος εἴη
1pl	λελυμένοι εἴημεν
2pl	λελυμένοι εἴητε
3pl	λελυμένοι εἴησαν

VI 과거수동태직설법 기본형에 기초한 굴절어형들 – ἐλύθην

	미래 수동태 직설법★	미래 수동태 분사	미래 수동태 부정사
1sg	λυθήσομαι	λυθησόμενος (남성단수주격)	λυθήσεσθαι
2sg	λυθήσῃ	λυθησομένη (여성단수주격)	
3sg	λυθήσεται	λυθησόμενον (중성단수주격)	
1pl	λυθησόμεθα	(이하생략)	
2pl	λυθήσεσθε		
3pl	λυθήσονται		

	과거 수동태 분사★					
	남성		여성		중성	
	단수	복수	단수	복수	단수	복수
N/V	λυθείς	λυθέντες	λυθεῖσα	λυθεῖσαι	λυθέν	λυθέντα
G	λυθέντος	λυθέντων	λυθείσης	λυθεισῶν	λυθέντος	λυθέντων
D	λυθέντι	λυθεῖσιν	λυθείσῃ	λυθείσαις	λυθέντι	λυθεῖσιν
A	λυθέντα	λυθέντας	λυθεῖσαν	λυθείσας	λυθέν	λυθέντα

	과거 수동태 가정법★	과거 수동태 명령법★	과거 수동태 희구법		
1sg	λυθῶ		λυθείην		
2sg	λυθῇς	λύθητι	λυθείης		
3sg	λυθῇ	λυθήτω	λυθείη		
1pl	λυθῶμεν		λυθεῖμεν		λυθείημεν
2pl	λυθῆτε	λύθητε	λυθεῖτε	or	λυθείητε
3pl	λυθῶσι(ν)	λυθήτωσαν	λυθεῖεν		λυθείησαν

과거수동태부정사★

λυθῆναι

2. εἰμί 동사의 변화

εἰμί 동사는 직설법 줄기와 다소 느슨한 관계를 가지고 나머지 법(mood)의 어형을 형성한다. 그러므로 -ω동사(혹은 -μι동사)의 굴절체계가 보이는 엄격한 규칙성을 찾아볼 수 없다.

	현재직설법★	미완료직설법★	미래직설법★	가정법★	명령법★	희구법
1sg	εἰμί	ἤμην	ἔσομαι	ὦ		εἴην
2sg	εἶ	ἦς	ἔσῃ	ᾖς	ἴσθι	εἴης
3sg	ἐστί(ν)	ἦν	ἔσται	ᾖ	ἔστω	εἴη
1pl	ἐσμέν	ἦμεν	ἐσομεθα	ὦμεν		εἴημεν
2pl	ἐστέ	ἦτε	ἔσεσθε	ἦτε	ἔστε	εἴητε
3pl	εἰσί(ν)	ἦσαν	ἔσονται	ὦσι(ν)	ἔστωσαν	εἴησαν

	분사★					
	남성		여성		중성	
	단수	복수	단수	복수	단수	복수
주	ὤν	ὄντες	οὖσα	οὖσαι	ὄν	ὄντα
속	ὄντος	ὄντων	οὔσης	οὐσῶν	ὄντος	ὄντων
여	ὄντι	οὖσιν	οὔσῃ	οὔσαις	ὄντι	οὖσιν
대	ὄντα	ὄντας	οὖσαν	οὔσας	ὄν	ὄντα

부정사★

εἶναι

동사 패러다임

(Verb Paradigm)

Gram106에서 밝혀놓았듯이, 헬라어 동사의 굴절현상은 직설법과 다른 법들(분사, 가정법, 부정사, 명령법, 희구법) 사이에서 아주 규칙적이고도 예외없이 발생한다. 특히 직설법의 여섯개 기본형들 중 3개의 기본형(원형, 과거기본형, 과거수동태기본형)은 초급문법에 있어서 가장 중요한 것들이므로 그 철자를 반드시 암시해야 한다.

본 패러다임 표는 필자가 10년 전 언어연구소 T.A. 자격으로 일하게 된 무렵부터 틈틈이 메모해 놓은 것이다. Bauer 사전과 Liddell & Scott 사전은 물론이고, Mounce의 서적과 BibleWorks 프로그램에 기초하여 개별동사의 직설법 기본형들과 그에 따른 나머지 법(mood)의 어형들을 밝혀놓았다. 직설법 기본형에서 어형공백이 되는 경우엔 그에 따른 나머지 법에서도 반드시 어형공백이 된다. 그러나 직설법 기본형이 존재함에도 불구하고 그에 따른 일부 다른 법(mood)에서 어형들이 검색되지 않는 경우가 많은데 이는 형태론적 이론상으론 그 생산성이 기대되지만 개별동사의 의미속성상 (혹은 성경본문의 제한된 언어자료로 인해) 그렇게 쓰이지 않고 있을 뿐이다. 이 경우엔 가급적 각진 괄호 안에 어형을 소개하거나 혹은 생략해 두었다. 따라서 직설법 기본형이 주어졌는가의 여부를 살핀 후 그에 따른 나머지 법의 전체적인 굴절 체계(Inflection system)를 이해하고, 주어진 직설법 동사에서 다른 법의 어형으로 전환시키는 응용력을 습득하는 것이 무엇보다도 중요하겠다.

지면의 한계로 '희구법' 굴절은 생략하였다. 그것은 희구법의 사용빈도가 비교적 낮기 때문이다. 또한 위에서 밝힌 주요 직설법 기본형 3개 이외에도 미래기본형, 현재완료능동태기본형 및 현재완료중간태/수동태기본형과 관련된 굴절현상(cf. **Gram106**)을 설명해야 하겠지만, 이 역시 '한 페이지'의 공간이 허용할 수 있는 어형들 가운데 속하기엔 그 중요성이 *상대적으로* 낮기 때문에 생략하였다. 따라서 동사들은 28과(명령법)까지만 그 범위를 제한하였다. 그러나 현재완료기본형과 관련한 굴절어형들은 신약본문에서 매우 높은 빈도를 보이고 있으니 29과에 기술해 놓은 어형성 설명을 참조하여 반드시 함께 익혀두길 바란다.

〈Index〉

Verb 1a-원형 βλέπω [3과] I see 보다 미래기본형: ὄψομαι Depo.	미완료 능동태 직설법 ἔβλεπον I was seeing 보고 있었다	현재 능동태 분사 βλέπων seeing 보고 있는/ 보면서
현재 수동태 직설법 βλέπομαι I am being seen 보여지고 있다	미완료 수동태 직설법 ἐβλεπόμην I was being seen 보여지고 있었다	현재 수동태 분사 βλεπόμενος being seen 보여지고 있는 보여지면서
현재 능동태 가정법 βλέπω if I see 만약 내가 본다면 cf. βλέπῃς (2인칭 단수)	현재 능동태 부정사 βλέπειν to see 보기	현재 능동태 명령법 βλέπε See! 너는 보아라! cf. βλεπέτω (3인칭 단수)
현재 수동태 가정법 βλέπωμαι if I am seen 만약 내가 보여진다면 cf. βλέπῃ (2인칭 단수)	현재 수동태 부정사 βλέπεσθαι to be seen 보여지기	현재 수동태 명령법 βλέπου Be seen! 너는 보여라!(=만나라) cf. βλεπέσθω (3인칭 단수)
Verb 1b-과거기본형 εἶδον [15과] I saw 보았다 or ἔβλεψα	과거 능동태 분사 ἰδών having seen 본/ 본 후 cf. ἰδόντος (남성단수속격)	과거 능동태 가정법 ἴδω if I see 만약 내가 본다면 cf. ἴδῃς (2인칭 단수)
	과거 능동태 부정사 ἰδεῖν to see 보기	과거 능동태 명령법 ἴδε/ βλεψον See! 보아라! cf. ἰδέτω (3인칭 단수)
Verb 1c-과거수동태 ὤφθην [16과] I was seen 보여졌다 cf. 종종 수동태에서 사동사적 의미로 전환됨: 나타났다 cf. ὤφθην πρὸς Αβρααμ I appeared to Abraham (출6:3)	과거 수동태 분사 ὀφθείς having been seen 보여진/ 보여진 후 cf. ὀφθέντος (남성단수속격)	과거 수동태 가정법 ὀφθῶ If I am seen 만약 내가 보여진다면 cf. ὀφθῇς (2인칭 단수)
미래 수동태 직설법 ὀφθήσομαι I shall be seen 보여질 것이다	과거 수동태 부정사 ὀφθῆναι to be seen 보여지기	과거 수동태 명령법 ὄφθητι Be seen! 보여라! cf. ὀφθήτω (3인칭 단수) (cf.LXX왕상18:1)

Verb 2a-원형 γινώσκω [3과] I know/learn 알다 미래기본형:γνώσομαι Depo.	미완료 능동태 직설법 ἐγίνωσκον I was learning 깨닫고 있었다	현재 능동태 분사 γινώσκων knowing 알고 있는/ 알면서
현재 수동태 직설법 γινώσκομαι I am being known 알려지고 있다	미완료 수동태 직설법 ἐγινωσκόμην I was being known 알려지고 있었다	현재 수동태 분사 γινωσκόμενος being known 알려지고 있는/ 알려지면서
현재 능동태 가정법 γινώσκω if I know 만약 내가 알게된다면 cf. γινώσκῃς (2인칭 단수)	현재 능동태 부정사 γινώσκειν to know 알기	현재 능동태 명령법 γίνωσκε Know! 알라! cf. γινωσκέτω (3인칭 단수)
현재 수동태 가정법 γινώσκωμαι if I am known 만약 내가 알려지면 cf. γινώσκῃ (2인칭 단수)	현재 수동태 부정사 γινώσκεσθαι to be known 알려지기	현재 수동태 명령법 γινώσκου cf. γινωσκέσθω(3인칭 단수) Let it be known!
Verb 2b-과거기본형 ἔγνων [31과] I knew 알았다	과거 능동태 분사 γνούς having known 안/ 안 후 cf. γνόντος (남성단수속격)	과거 능동태 가정법 γνῶ if I know 만일 내가 알게된다면 cf. γνῷς (2인칭 단수)
	과거 능동태 부정사 γνῶναι to know 알기	과거 능동태 명령법 γνῶθι Know! 알아라! cf. γνώτω (3인칭 단수)
Verb 2c-과거수동태 ἐγνώσθην [16과] I was known 알려졌다	과거 수동태 분사 γνωσθείς having been known 알려진/ 알려진 후 cf. γνωσθέντος (남 단 속)	과거 수동태 가정법 γνωσθῶ if I am known 만약 내가 알려진다면 cf. γνωσθῇς (2인칭 단수)
미래 수동태 직설법 γνωσθήσομαι I shall be known 알려질 것이다	과거 수동태 부정사 γνωσθῆναι to be known 알려지기	과거 수동태 명령법 γνώσθητι cf. γνωσθήτω(3인칭 단수) Let it be known!

Verb 3a-원형 γράφω **[3과]** I write 쓰다 미래기본형:γράψω	미완료 능동태 직설법 ἔγραφον I was writing 쓰고 있었다	현재 능동태 분사 γράφων writing 쓰고 있는/ 쓰면서
현재 수동태 직설법 γράφομαι I am being written 기록되어지고 있다	미완료 수동태 직설법 ἐγραφόμην I was being written 기록되어지고 있었다	현재 수동태 분사 γραφόμενος being written 기록되어지고있는/ 기록되어지면서
현재 능동태 가정법 γράφω if I write 만약 내가 기록한다면 cf. γράφης (2인칭 단수)	현재 능동태 부정사 γράφειν to write 기록하기	현재 능동태 명령법 γράφε Write! 기록하라! cf. γραφέτω (3인칭 단수)
현재 수동태 가정법 γράφωμαι if I am written 만약 내가 기록되어지면 cf. γράφη (2인칭 단수)	현재 수동태 부정사 γράφεσθαι to be written 기록되어지기	현재 수동태 명령법 γράφου cf. γραφέσθω(3인칭 단수) Let it be written!
Verb 3b-과거기본형 ἔγραψα **[14과]** I wrote 기록했다	과거 능동태 분사 γράψας having written 쓴/ 쓴 후 cf. γράψαντος(남성단수속격)	과거 능동태 가정법 γράψω if I write 만일 내가 쓴다면 cf. γράψης (2인칭 단수)
	과거 능동태 부정사 γράψαι to write 쓰기	과거 능동태 명령법 γράψον Write! 기록하라! cf. γραψάτω (3인칭 단수)
Verb 3c-과거수동태 ἐγράφην **[16과]** I was written 기록되어졌다	과거 수동태 분사 γραφείς having been written 기록된/ 기록된 후 cf.γραφέντος (남성단수속격)	과거 수동태 가정법 γραφῶ if I am written 만약 내가 기록된다면 cf. γραφῆς (2인칭 단수)
미래 수동태 직설법 γραφήσομαι I shall be written 기록될 것이다	과거 수동태 부정사 γραφῆναι to be written 기록되기	과거 수동태 명령법 γράφηθι cf. γραφήτω(3인칭 단수) Let it be written!

Verb 4a-원형 διδάσκω [3과] I teach 가르치다 미래기본형:διδάξω	미완료 능동태 직설법 ἐδίδασκον I was teaching 가르치고 있었다	현재 능동태 분사 διδάσκων teaching 가르치고 있는/ 가르치면서
현재 수동태 직설법 διδάσκομαι I am being taught 가르침받고 있다	미완료 수동태 직설법 ἐδιδασκόμην I was being taught 가르침받고 있었다	현재 수동태 분사 διδασκόμενος being taught 가르침받고있는/ 가르침받으면서
현재 능동태 가정법 διδάσκω if I teach 만일 내가 가르친다면 cf. διδάσκῃς (2인칭 단수)	현재 능동태 부정사 διδάσκειν to teach 가르치기	현재 능동태 명령법 δίδασκε Teach! 가르쳐라! cf. διδασκέτω (3인칭 단수)
현재 수동태 가정법 διδάσκωμαι if I am taught 만약 내가 가르침받는다면 cf. διδάσκῃ (2인칭 단수)	현재 수동태 부정사 διδάσκεσθαι to be taught 가르침받기	현재 수동태 명령법 διδάσκου Learn! 가르침받아라!(=배워라) cf. διδασκέσθω(3인칭 단수)
Verb 4b-과거기본형 ἐδίδαξα [14과] I taught 가르쳤다	과거 능동태 분사 διδάξας having taught 가르친/ 가르친 후 cf. διδάξαντος(남성단수속격)	과거 능동태 가정법 διδάξω if I teach 만일 내가 가르친다면 cf. διδάξῃς (2인칭 단수)
	과거 능동태 부정사 διδάξαι to teach 가르치기	과거 능동태 명령법 δίδαξον Teach! 가르쳐라! cf. διδαξάτω (3인칭 단수)
Verb 4c-과거수동태 ἐδιδάχθην [16과] I was taught 가르침받았다	과거 수동태 분사 διδαχθείς having been taught 가르침받은/ 가르침받은 후 cf.διδαχθέντος (남성단수속격)	과거 수동태 가정법 διδαχθῶ if I am taught 만약 내가 가르침받는다면 cf. διδαχθῇς (2인칭 단수)
미래 수동태 직설법 διδαχθήσομαι I shall be taught 가르침받을 것이다	과거 수동태 부정사 διδαχθῆναι to be taught 가르침받기	과거 수동태 명령법 διδάχθητι Learn! 가르침받아라!(=배워라) cf. διδαχθήτω(3인칭 단수)

Verb 5a-원형 λαμβάνω [3과] I take 취하다 미래기본형:λήμψομαι Depo.	미완료 능동태 직설법 ἐλάμβανον I was taking 취하고 있었다	현재 능동태 분사 λαμβάνων taking 취하고 있는/ 취하면서
현재 수동태 직설법 λαμβάνομαι I am being taken 취함받고 있다	미완료 수동태 직설법 ἐλαμβανόμην I was being taken 취함받고 있었다	현재 수동태 분사 λαμβανόμενος being taken 취함받고있는/ 취함받으면서
현재 능동태 가정법 λαμβάνω if I take 만일 내가 취한다면 cf. λαμβάνῃς (2인칭 단수)	현재 능동태 부정사 λαμβάνειν to take 취하기	현재 능동태 명령법 λάμβανε Take! 취해라! cf. λαμβανέτω (3인칭 단수)
현재 수동태 가정법 λαμβάνωμαι if I am taken 만약 내가 취함받는다면 cf. διδάσκῃ (2인칭 단수)	현재 수동태 부정사 λαμβάνεσθαι to be taken 취함받기	현재 수동태 명령법 λαμβάνου cf. λαμβανέσθω(3인칭 단수) Let it be taken!
Verb 5b-과거기본형 ἔλαβον [15과] I took 취했다	과거 능동태 분사 λαβών having taken 취한/ 취한 후 cf. λαβόντος(남성단수속격)	과거 능동태 가정법 λάβω if I take 만일 내가 취한다면 cf. λάβῃς (2인칭 단수)
	과거 능동태 부정사 λαβεῖν to take 취하기	과거 능동태 명령법 λαβέ Take! 취해라! cf. λαβέτω (3인칭 단수)
Verb 5c-과거수동태 ἐλήμφθην [16과] I was taken 취함받았다	과거 수동태 분사 λημφθείς having been taken 취함받은/ 취함받은 후 cf.λημφθέντος (남성단수속격)	과거 수동태 가정법 λημφθῶ if I am taken 만약 내가 취함받는다면 cf. λημφθῇς (2인칭 단수)
미래 수동태 직설법 λημφθήσομαι I shall be taken 취함받을 것이다	과거 수동태 부정사 λημφθῆναι to be taken 취함받기	과거 수동태 명령법 λήμφθητι cf. λημφθήτω(3인칭 단수) Let it be taken!

Verb 6a-원형 λέγω [3과] I say 말하다 미래기본형: ἐρῶ 유음동사	미완료 능동태 직설법 ἔλεγον I was saying 말하고 있었다	현재 능동태 분사 λέγων saying 말하고 있는/ 말하면서
현재 수동태 직설법 λέγομαι I am being said 언급되고 있다	미완료 수동태 직설법 ἐλεγόμην I was being said 언급되고 있었다	현재 수동태 분사 λεγόμενος being said 언급되고있는/ 언급되면서
현재 능동태 가정법 λέγω if I say 만일 내가 말한다면 cf. λέγῃς (2인칭 단수)	현재 능동태 부정사 λέγειν to say 말하기	현재 능동태 명령법 λέγε Say! 말해라! cf. λεγέτω (3인칭 단수)
현재 수동태 가정법 λέγωμαι if I am said 만약 내가 언급된다면 cf. λέγῃ (2인칭 단수)	현재 수동태 부정사 λέγεσθαι to be said 언급되기	현재 수동태 명령법 λέγου cf. λεγέσθω (3인칭 단수) Let it be said! (LXX잠24:22)
Verb 6b-과거기본형 εἶπον [15과] I said 말했다	과거 능동태 분사 εἰπών having said 말한/ 말한 후 cf. εἰπόντος (남성단수속격)	과거 능동태 가정법 εἴπω if I say 만일 내가 말한다면 cf. εἴπῃς (2인칭 단수)
	과거 능동태 부정사 εἰπεῖν to say 말하기	과거 능동태 명령법 εἰπέ Say! 말해라! cf. εἰπέτω (3인칭 단수)
Verb 6c-과거수동태 ἐρρέθην I was said 언급되었다	과거 수동태 분사 ῥηθείς having been said 언급된/ 언급된 후 cf. ῥηθέντος (남성단수속격)	과거 수동태 가정법 ῥηθῶ if I am said 만약 내가 언급된다면 cf. ῥηθῇς (2인칭 단수)
미래 수동태 직설법 ῥηθήσομαι I shall be said 언급될 것이다	과거 수동태 부정사 ῥηθῆναι to be said 언급되기	과거 수동태 명령법 ῥήθητι cf. ῥηθήτω (3인칭 단수) Let it be said!

Verb 7a-원형 ἔχω [3과] I have 가지다 I hold 여기다 미래기본형: ἕξω	미완료 능동태 직설법 εἶχον I was holding 여기고 있었다(마14:5)	현재 능동태 분사 ἔχων having 가지고 있는/ 가지고서
현재 수동태 직설법 ἔχομαι [cf.욥19:20] I am being had 소유되다	미완료 수동태 직설법	현재 수동태 분사
현재 능동태 가정법 ἔχω if I have 만일 내가 가진다면 cf ἔχῃς (2인칭 단수)	현재 능동태 부정사 ἔχειν to have 가지기	현재 능동태 명령법 ἔχε Have! 가져라! cf. ἐχέτω (3인칭 단수)
현재 수동태 가정법	현재 수동태 부정사	현재 수동태 명령법
Verb 7b-과거기본형 ἔσχον I had 가졌다	과거 능동태 분사	과거 능동태 가정법 σχῶ if I have 만일 내가 갖는다면 cf. σχῇς (2인칭 단수)
	과거 능동태 부정사	과거 능동태 명령법
Verb 7c-과거수동태 ἤχθην [성경범위밖] 3인칭에서 사건 등의 발생을 의미함.	과거 수동태 분사	과거 수동태 가정법
미래 수동태 직설법	과거 수동태 부정사	과거 수동태 명령법

Verb 8a-원형 ἐγείρω [6과] I raise up 가르치다 미래기본형:ἐγερῶ 유음동사	미완료 능동태 직설법 ἤγειρον I was raising up 일으키고 있었다	현재 능동태 분사 ἐγείρων raising up 일으키고 있는/ 일으키면서
현재 수동태 직설법 ἐγείρομαι vt. I am being raised up vi. I rise up 일으킴받고 있다, 일어나다	미완료 수동태 직설법 ἠγειρόμην I was being raised up 일으킴받고 있었다 (혹은, 일어나고 있었다)	현재 수동태 분사 ἐγειρόμενος being raised up 일으킴 받고있는/ 일으킴 받으면서 (혹은, 일어나면서)
현재 능동태 가정법 ἐγείρω if I raise up 만일 내가 일으킨다면 cf. ἐγείρῃς (2인칭 단수)	현재 능동태 부정사 ἐγείρειν to raise up 일으키기	현재 능동태 명령법 ἔγειρε Raise up! 일으켜라! cf. ἐγειρέτω (3인칭 단수)
현재 수동태 가정법 ἐγείρωμαι if I am raised up 만약 내가 일으킴 받는다면 cf. ἐγείρῃ (2인칭 단수)	현재 수동태 부정사 ἐγείρεσθαι to be raised up 일으킴 받기	현재 수동태 명령법 ἐγείρου Rise up! 일어나라! cf. ἐγειρέσθω(3인칭 단수)
Verb 8b-과거기본형 ἤγειρα [24과] 유음동사 I raised up 일으켰다	과거 능동태 분사 ἐγείρας having raised up 일으킨/ 일으킨 후 cf. ἐγείραντος(남성단수속격)	과거 능동태 가정법 ἐγείρω if I raise up 만일 내가 일으킨다면 cf. ἐγείρῃς (2인칭 단수)
	과거 능동태 부정사 ἐγεῖραι to raise up 일으키기	과거 능동태 명령법 ἔγειρον Raise up! 일으켜라! cf. ἐγειράτω (3인칭 단수)
Verb 8c-과거수동태 ἠγέρθην [16과] vt. I was raised up vi. I rose up 일으켰다, 일어났다	과거 수동태 분사 ἐγερθείς having been raised up 일으킴받은/ 일으킴받은 후 혹은, 일어난/ 일어난 후	과거 수동태 가정법 ἐγερθῶ if I am raised up 만약 내가 일으킴받는다면 혹은, 일어난다면
미래 수동태 직설법 ἐγερθήσομαι I shall be raised up 일으킴받을 것이다 혹은, 일어날 것이다	과거 수동태 부정사 ἐγερθῆναι to be raised up 일으킴받기/ 혹은, 일어나기	과거 수동태 명령법 ἐγέρθητι Rise up! 일어나라! cf. ἐγερθήτω(3인칭 단수)

Verb 9a-원형 ἄγω [7과] I lead 인도하다 미래기본형: ἄξω	미완료 능동태 직설법 ἦγον I was leading 인도하고 있었다	현재 능동태 분사 ἄγων leading 인도하고 있는/ 인도하면서
현재 수동태 직설법 ἄγομαι I am being led 인도받고 있다	미완료 수동태 직설법 ἠγόμην I was being led 인도받고 있었다	현재 수동태 분사 ἀγόμενος being led 인도받고있는/ 인도받으면서
현재 능동태 가정법 ἄγω if I lead 만일 내가 인도한다면 cf. ἄγῃς (2인칭 단수)	현재 능동태 부정사 ἄγειν to lead 인도하기	현재 능동태 명령법 ἄγε Lead! 인도해라! cf. ἀγέτω (3인칭 단수)
현재 수동태 가정법 ἄγωμαι if I am led 만약 내가 인도함 받는다면 cf. ἄγῃ (2인칭 단수)	현재 수동태 부정사 ἄγεσθαι to be led 인도받기	현재 수동태 명령법 ἄγου Be led! 인도함 받아라! cf. ἀγέσθω(3인칭 단수)
Verb 9b-과거기본형 ἤγαγον [15과] I led 인도했다	과거 능동태 분사 ἀγαγών having led 인도한/ 인도한 후 cf. ἀγαγόντος(남성단수속격)	과거 능동태 가정법 ἀγάγω if I lead 만일 내가 인도한다면 cf. ἀγάγῃς (2인칭 단수)
	과거 능동태 부정사 ἀγαγεῖν to lead 인도하기	과거 능동태 명령법 ἄγαγε Lead! 인도해라! cf. ἀγαγέτω (3인칭 단수)
Verb 9c-과거수동태 ἤχθην [16과] I was led 인도받았다	과거 수동태 분사 ἀχθείς having been led 인도받은/ 인도받은 후 cf. ἀχθέντος (남성단수속격)	과거 수동태 가정법 ἀχθῶ if I am led 만약 내가 인도받는다면 cf. ἀχθῇς (2인칭 단수)
미래 수동태 직설법 ἀχθήσομαι I shall be led 인도함 받을 것이다	과거 수동태 부정사 ἀχθῆναι to be led 인도받기	과거 수동태 명령법 ἄχθητι Be led! 인도함 받아라! cf. ἀχθήτω(3인칭 단수)

Verb 10a-원형 βάλλω **[7과]** I throw 던지다 미래기본형: βαλῶ 유음동사	미완료 능동태 직설법 ἔβαλλον I was throw 던지고 있었다	현재 능동태 분사 βάλλων throwing 던지고 있는/ 던지면서
현재 수동태 직설법 βάλλομαι I am being thrown 던져지고 있다	미완료 수동태 직설법 ἐβαλλόμην I was being thrown 던져지고 있었다	현재 수동태 분사 βαλλόμενος being thrown 던져지고있는/ 던져지면서
현재 능동태 가정법 βάλλω if I throw 만일 내가 던진다면 cf. βάλλῃς (2인칭 단수)	현재 능동태 부정사 βάλλειν to throw 던지기	현재 능동태 명령법 βάλλε Throw! 던져라! cf. βαλλέτω (3인칭 단수)
현재 수동태 가정법 βάλλωμαι if I am thrown 만약 내가 던져진다면 cf. βάλλῃ (2인칭 단수)	현재 수동태 부정사 βάλλεσθαι to be led 던져지기	현재 수동태 명령법 βάλλου cf. βαλλέσθω(3인칭 단수) Let it be thrown!
Verb 10b-과거기본형 ἔβαλον **[15과]** I threw 던졌다	과거 능동태 분사 βαλών having thrown 던진/ 던진 후 cf. βαλόντος(남성단수속격)	과거 능동태 가정법 βάλω if I throw 만일 내가 던진다면 cf. βάλῃς (2인칭 단수)
	과거 능동태 부정사 βαλεῖν to throw 던지기	과거 능동태 명령법 βάλε Throw! 던져라! cf. βαλέτω (3인칭 단수)
Verb 10c-과거수동태 ἐβλήθην **[16과]** I was thrown 던져졌다	과거 수동태 분사 βληθείς having been thrown 던져진/ 던져진 후 cf. βληθέντος (남성단수속격)	과거 수동태 가정법 βληθῶ if I am thrown 만약 내가 던져진다면 cf. βληθῇς (2인칭 단수)
미래 수동태 직설법 βληθήσομαι I shall be thrown 던져질 것이다	과거 수동태 부정사 βληθῆναι to be thrown 던져지기	과거 수동태 명령법 βλήθητι cf. βληθήτω(3인칭 단수) Let it be thrown!

Verb 11a-원형 μένω [7과] I remain 머무르다 미래기본형: μενῶ 유음동사	미완료 능동태 직설법 ἔμενον I was remaining 머무르고 있었다	현재 능동태 분사 μένων remaining 머무르고 있는/ 머무르면서
현재 수동태 직설법	미완료 수동태 직설법	현재 수동태 분사
현재 능동태 가정법 μένω if I remain 만일 내가 머무른다면 cf. μένῃς (2인칭 단수)	현재 능동태 부정사 μένειν to remain 머무르기	현재 능동태 명령법 μένε Remain! 머물러라! cf. μενέτω (3인칭 단수)
현재 수동태 가정법	현재 수동태 부정사	현재 수동태 명령법
Verb 11b-과거기본형 ἔμεινα [24과] 유음동사 I remained 머물렀다	과거 능동태 분사 μείνας having remained 머무른/ 머무른 후 cf. μείναντος(남성단수속격)	과거 능동태 가정법 μείνω if I remain 만일 내가 머무른다면 cf. μείνῃς (2인칭 단수)
	과거 능동태 부정사 μεῖναι to remain 머무르기	과거 능동태 명령법 μεῖνον Remain! 머물러라! cf. μεινάτω (3인칭 단수)
Verb 11c-과거수동태	과거 수동태 분사	과거 수동태 가정법
미래 수동태 직설법	과거 수동태 부정사	과거 수동태 명령법

Verb 12a-원형 πέμπω [7과] I send 보내다 미래기본형: πέμψω	미완료 능동태 직설법 ἔπεμπον I was sending 보내고 있었다	현재 능동태 분사 πέμπων sending 보내고 있는/ 보내면서
현재 수동태 직설법 πέμπομαι I am being sent 보냄받고 있다	미완료 수동태 직설법 ἐπεμπόμην I was being sent 보냄받고 있었다	현재 수동태 분사 πεμπόμενος being sent 보냄받고있는/ 보냄받으면서
현재 능동태 가정법 πέμπω if I send 만일 내가 보낸다면 cf. πέμπῃς (2인칭 단수)	현재 능동태 부정사 πέμπειν to send 보내기	현재 능동태 명령법 πέμπε Send! 보내라! cf. πεμπέτω (3인칭 단수)
현재 수동태 가정법 πέμπωμαι if I am sent 만약 내가 보냄받는다면 cf. πέμπῃ (2인칭 단수)	현재 수동태 부정사 πέμπεσθαι to be sent 보냄받기	현재 수동태 명령법 πέμπου cf. πεμπέσθω(3인칭 단수) Let it be sent!
Verb 12b-과거기본형 ἔπεμψα [14과] I sent 보냈다	과거 능동태 분사 πέμψας having sent 보낸/ 보낸 후 cf. πέμψαντος(남성단수속격)	과거 능동태 가정법 πέμψω if I send 만일 내가 보낸다면 cf. πέμψῃς (2인칭 단수)
	과거 능동태 부정사 πέμψαι to send 보내기	과거 능동태 명령법 πέμψον Send! 보내라! cf. πεμψάτω (3인칭 단수)
Verb 12c-과거수동태 ἐπέμφθην [16과] I was sent 보냄받았다	과거 수동태 분사 πεμφθείς having been sent 보냄받은/ 보냄받은 후 cf. πεμφθέντος (남성단수속격)	과거 수동태 가정법 πεμφθῶ if I am sent 만약 내가 보냄받는다면 cf. πεμφθῇς (2인칭 단수)
미래 수동태 직설법 πεμφθήσομαι I shall be sent 보냄받을 것이다	과거 수동태 부정사 πεμφθῆναι to be sent 보냄받기	과거 수동태 명령법 πέμφθητι cf. πεμφθήτω(3인칭 단수) Let it be sent!

Verb 13a-원형 φέρω [7과] I bring 가져가다, 운반하다 미래기본형: οἴσω	미완료 능동태 직설법 ἔφερον I was bringing 운반하고 있었다	현재 능동태 분사 φέρων bringing 운반하고 있는/ 운반하면서
현재 수동태 직설법 φέρομαι I am being brought 운반되고 있다	미완료 수동태 직설법 ἐφερόμην I was being brought 운반되고 있었다	현재 수동태 분사 φερόμενος being brought 운반되고있는/ 운반되면서
현재 능동태 가정법 φέρω if I bring 만일 내가 운반한다면 cf. φέρῃς (2인칭 단수)	현재 능동태 부정사 φέρειν to bring 운반하기	현재 능동태 명령법 φέρε Bring! 운반하라! cf. φερέτω (3인칭 단수)
현재 수동태 가정법 φέρωμαι if I am brought 만약 내가 운반된다면 cf. φέρῃ (2인칭 단수)	현재 수동태 부정사 φέρεσθαι to be brought 운반되기	현재 수동태 명령법 φέρου cf. φερέσθω(3인칭 단수) Let it be brought!
Verb 13b-과거기본형 ἤνεγκα [15과] = ἤνεγκον I brought 가져왔다, 가져갔다	과거 능동태 분사 ἐνεγκών having brought 운반한/ 운반한 후 = ἐνέγκας	과거 능동태 가정법 ἐνέγκω if I bring 만일 내가 운반한다면 cf. ἐνέγκῃς (2인칭 단수)
	과거 능동태 부정사 ἐνεγκεῖν to bring 운반하기 = ἐνέγκαι	과거 능동태 명령법 ἔνεγκε Bring! 운반해라! = ἔνεγκον
Verb 13c-과거수동태 ἠνέχθην [16과] I was brought 운반되었다	과거 수동태 분사 ἐνεχθείς having been brought 운반된/ 운반된 후 cf. ἐνεχθέντος (남성단수속격)	과거 수동태 가정법 ἐνεχθῶ if I am brought 만약 내가 운반된다면 cf. ἐνεχθῇς (2인칭 단수)
미래 수동태 직설법 ἐνεχθήσομαι I shall be brought 운반될 것이다	과거 수동태 부정사 ἐνεχθῆναι to be brought 운반되기	과거 수동태 명령법 ἐνέχθητι cf. ἐνεχθήτω(3인칭 단수) Let it be brought!

Verb 14a-원형 βαπτίζω [9과] I baptize 세례주다 미래기본형: βαπτίσω	미완료 능동태 직설법 ἐβάπτιζον I was baptizing 세례주고 있었다	현재 능동태 분사 βαπτίζων baptizing 세례주고 있는/ 세례주면서
현재 수동태 직설법 βαπτίζομαι I am being baptized 세례받고 있다	미완료 수동태 직설법 ἐβαπτιζόμην I was being baptized 세례받고 있었다	현재 수동태 분사 βαπτιζόμενος being baptized 세례받고있는/ 세례받으면서
현재 능동태 가정법 βαπτίζω if I baptize 만일 내가 세례준다면 cf. βαπτίζῃς (2인칭 단수)	현재 능동태 부정사 βαπτίζειν to baptize 세례주기	현재 능동태 명령법 βάπτιζε Baptize! 세례주어라! cf. βαπτιζέτω (3인칭 단수)
현재 수동태 가정법 βαπτίζωμαι if I am baptized 만약 내가 세례받는다면 cf. βαπτίζῃ (2인칭 단수)	현재 수동태 부정사 βαπτίζεσθαι to be baptized 세례받기	현재 수동태 명령법 βαπτίζου cf. βαπτιζέσθω(3인칭 단수) Let him be baptized!
Verb 14b-과거기본형 ἐβάπτισα I baptized 세례주었다	과거 능동태 분사 βαπτίσας having baptized 세례준/ 세례준 후	과거 능동태 가정법 βαπτίσω if I baptize 만일 내가 세례준다면 cf. βαπτίσῃς (2인칭 단수)
	과거 능동태 부정사 βαπτίσαι to baptize 세례주기	과거 능동태 명령법 βάπτισον Baptize! 세례주어라!
Verb 14c-과거수동태 ἐβαπτίσθην [16과] I was baptized 세례받았다	과거 수동태 분사 βαπτισθείς having been baptized 세례받은/ 세례받은 후 cf.βαπτισθέντος(남성단수속격)	과거 수동태 가정법 βαπτισθῶ if I am baptized 만약 내가 세례받는다면
미래 수동태 직설법 βαπτισθήσομαι I shall be baptized 세례받을 것이다	과거 수동태 부정사 βαπτισθῆναι to be baptized 세례받기	과거 수동태 명령법 βαπτίσθητι cf. βαπτισθήτω(3인칭 단수) Let him be baptized!

Verb 15a-원형 κρίνω [9과] I judge 심판하다, 판단하다 미래기본형: κρινῶ 유음동사	미완료 능동태 직설법 ἔκρινον I was judging 판단하고 있었다	현재 능동태 분사 κρίνων judging 판단하고 있는/ 판단하면서
현재 수동태 직설법 κρίνομαι I am being judged 판단받고 있다	미완료 수동태 직설법 ἐκρινόμην I was being judged 판단받고 있었다	현재 수동태 분사 κρινόμενος being judged 판단받고있는/ 판단받으면서
현재 능동태 가정법 κρίνω if I judge 만일 내가 판단한다면 cf. κρίνῃς (2인칭 단수)	현재 능동태 부정사 κρίνειν to judge 판단하기	현재 능동태 명령법 κρῖνε Judge! 판단하라! cf. κρινέτω (3인칭 단수)
현재 수동태 가정법 κρίνωμαι if I am judged 만약 내가 판단받는다면 cf. κρίνῃ (2인칭 단수)	현재 수동태 부정사 κρίνεσθαι to be judged 판단받기	현재 수동태 명령법 κρίνου 판단받아라! Bring your case before (the judge)! cf.LXX 미6:1
Verb 15b-과거기본형 ἔκρινα I judged 심판했다, 판단했다	과거 능동태 분사 κρίνας having judged 판단한/ 판단한 후	과거 능동태 가정법 κρίνω if I judge 만일 내가 판단한다면 cf. κρίνῃς (2인칭 단수)
	과거 능동태 부정사 κρῖναι to judge 판단하기	과거 능동태 명령법 κρῖνον Judge! 판단하라!
Verb 15c-과거수동태 ἐκρίθην I was judged 심판받았다 판단받았다	과거 수동태 분사 κριθείς having been judged 판단받은/ 판단받은 후 cf. κριθέντος(남성단수속격)	과거 수동태 가정법 κριθῶ if I am judged 만약 내가 판단받는다면
미래 수동태 직설법 κριθήσομαι I shall be judged 판단받을 것이다	과거 수동태 부정사 κριθῆναι to be judged 판단받기	과거 수동태 명령법 κρίθητι 판단받아라! Bring your case before (the judge)! cf.LXX 미6:1

Verb 16a-원형 ἀκούω [10과] I hear 듣는다 미래기본형: ἀκούσω	미완료 능동태 직설법 ἤκουον I was hearing 듣고 있었다	현재 능동태 분사 ἀκούων hearing 듣고 있는/ 들으면서
현재 수동태 직설법 ἀκούομαι I am being heard 들려지고 있다	미완료 수동태 직설법 ἠκουόμην I was being heard 들려지고 있었다	현재 수동태 분사 ἀκουόμενος being heard 들려지고있는/ 들려지면서
현재 능동태 가정법 ἀκούω if I hear 만일 내가 듣는다면 cf. ἀκούῃς (2인칭 단수)	현재 능동태 부정사 ἀκούειν to hear 듣기	현재 능동태 명령법 ἄκουε Listen! 들어라! cf. ἀκουέτω (3인칭 단수)
현재 수동태 가정법 ἀκούωμαι if I am heard 만약 내가 들려진다면 cf. ἀκούῃ (2인칭 단수)	현재 수동태 부정사 ἀκούεσθαι to be heard 들려지기	현재 수동태 명령법 ἀκούου cf. ἀκουέσθω(3인칭 단수) Let it be heard!
Verb 16b-과거기본형 ἤκουσα [14과] I heard 들었다	과거 능동태 분사 ἀκούσας having heard 들은/ 들은 후	과거 능동태 가정법 ἀκούσω if I hear 만일 내가 듣는다면 cf. βαπτίσῃς (2인칭 단수)
	과거 능동태 부정사 ἀκοῦσαι to hear 듣기	과거 능동태 명령법 ἀκοῦσον Listen! 들어라!
Verb 16c-과거수동태 ἠκούσθην [16과] I was heard 들려졌다	과거 수동태 분사 ἀκουσθείς having been heard 들려진/ 들려진 후 cf. ἀκουσθέντος(남성단수속격)	과거 수동태 가정법 ἀκουσθῶ if I am heard 만약 내가 들려진다면
미래 수동태 직설법 ἀκουσθήσομαι I shall be heard 들려질 것이다	과거 수동태 부정사 ἀκουσθῆναι to be heard 들려지기	과거 수동태 명령법 ἀκούσθητι cf. ἀκουσθήτω(3인칭 단수) Let it be heard!

Verb 17a-원형 σώζω [10과] I save 구원하다 미래기본형: σώσω	미완료 능동태 직설법 ἔσωζον I was saving 구원하고 있었다	현재 능동태 분사 σώζων saving 구원하고 있는/ 구원하면서
현재 수동태 직설법 σώζομαι I am being saved 구원받고 있다	미완료 수동태 직설법 ἐσωζόμην I was being saved 구원받고 있었다	현재 수동태 분사 σωζόμενος being saved 구원받고있는/ 구원받으면서
현재 능동태 가정법 σώζω if I save 만일 내가 구원한다면 cf. σώζῃς (2인칭 단수)	현재 능동태 부정사 σώζειν to save 구원하기	현재 능동태 명령법 σῶζε Save! 구원하라! cf. σωζέτω (3인칭 단수)
현재 수동태 가정법 σώζωμαι if I am saved 만약 내가 구원된다면 cf. σώζῃ (2인칭 단수)	현재 수동태 부정사 σώζεσθαι to be saved 구원받기	현재 수동태 명령법 σώζου deliver yourself! cf. σωζέσθω(3인칭 단수) Let him be saved!
Verb 17b-과거기본형 ἔσωσα [14과] I saved 구원했다	과거 능동태 분사 σώσας having saved 구원한/ 구원한 후	과거 능동태 가정법 σώσω if I save 만일 내가 구원한다면 cf. σώσῃς (2인칭 단수)
	과거 능동태 부정사 σῶσαι to save 구원하기	과거 능동태 명령법 σῶσον Save! 구원하라!
Verb 17c-과거수동태 ἐσώθην [16과] I was saved 구원받았다	과거 수동태 분사 σωθείς having been saved 구원받은/ 구원받은 후 cf.σωθέντος(남성단수속격)	과거 수동태 가정법 σωθῶ if I am saved 만약 내가 구원받는다면
미래 수동태 직설법 σωθήσομαι I shall be saved 구원받을 것이다	과거 수동태 부정사 σωθῆναι to be saved 구원받기	과거 수동태 명령법 σώθητι deliver yourself! cf. σωθήτω(3인칭 단수) Let him be saved!

Verb 18a-원형 ἄρχω [10과] I rule 구원하다 미래기본형: ἄρξω	미완료 능동태 직설법 ἦρχον I was ruling 지배하고 있었다	현재 능동태 분사 ἄρχων ruling 지배하는/ 지배하면서
현재 수동태 직설법 ἄρχομαι I am being ruled 지배받고 있다 Mid. 시작하다	미완료 수동태 직설법 ἠρχόμην I was being ruled 지배받고 있었다 Mid. 시작하고 있었다	현재 수동태 분사 ἀρχόμενος being ruled 지배받고있는/ 지배받으면서 Mid. 시작하는/ 시작하면서
현재 능동태 가정법 ἄρχω if I rule 만일 내가 지배한다면 cf. ἄρχῃς (2인칭 단수)	현재 능동태 부정사 ἄρχειν to rule 지배하기	현재 능동태 명령법 ἄρχε Rule! 지배하라! cf. ἀρχέτω (3인칭 단수)
현재 수동태 가정법 ἄρχωμαι if I am ruled 만약 내가 지배받는다면 Mid. 만약 내가 시작한다면	현재 수동태 부정사 ἄρχεσθαι to be ruled 지배받기 Mid. 시작하기	현재 수동태 명령법 ἄρχου Be ruled! 너는 지배받아라! Mid. 시작하라!
Verb 18b-과거기본형 ἦρξα [14과] I ruled 지배했다 Mid. ἠρξάμην 시작했다	과거 능동태 분사 ἄρξας having ruled 지배한/ 지배한 후 Mid. ἀρξάμενος 시작한	과거 능동태 가정법 ἄρξω if I rule 만일 내가 지배한다면 Mid. ἄρξωμαι 시작한다면
	과거 능동태 부정사 ἄρξαι to rule 지배하기 Mid. ἄρξασθαι 시작하기	과거 능동태 명령법 ἄρξον Rule! 지배하라! Mid. ἄρξαι 시작하라!
Verb 18c-과거수동태 ἤρχθην [성경범위밖] I was ruled 지배받았다	과거 수동태 분사 ἀρχθείς having been ruled 지배받은/ 지배받은 후	과거 수동태 가정법 ἀρχθῶ if I am ruled 만약 내가 지배받는다면
미래 수동태 직설법 ἀρχθήσομαι I shall be ruled 지배받을 것이다	과거 수동태 부정사 ἀρχθῆναι to be ruled 지배받기	과거 수동태 명령법 ἄρχθητι Let it be ruled! 지배받아라! cf. ἀρχθήτω (3인칭 단수)

Verb 19a-원형 ἀποκρίνομαι [10과] I answer 대답하다 Depo. 미래: ἀποκρινοῦμαι 유음 Depo.	미완료 능동태 직설법	현재 능동태 분사
	미완료 중간/수동태 직설법 ἀπεκρινόμην I was answering 대답하고 있었다	현재 중간/수동태 분사 ἀποκρινόμενος answering 대답하고 있는/ 대답하면서
현재 능동태 가정법	현재 능동태 부정사	현재 능동태 명령법
현재 중간/수동태 가정법 ἀποκρίνωμαι if I answer 만약 내가 대답한다면 cf. ἀποκρίνῃ (2인칭 단수)	현재 중간/수동태 부정사 ἀποκρίνεσθαι to answer 대답하기	현재 중간/수동태 명령법 ἀποκρίνου Answer! 너는 대답하라! cf. ἀποκρινέσθω (3인칭 단수)
Verb 19b-과거기본형 ἀπεκρινάμην Depo. I answered 대답했다	과거 능동태 분사	과거 능동태 가정법
	과거 능동태 부정사	과거 능동태 명령법
Verb 19c-과거수동태 ἀπεκρίθην Depo. I answered 대답했다	과거 수동태 분사 ἀποκριθείς having answered 대답한/ 대답한 후 cf. ἀποκριθέντος (남 단 속)	과거 수동태 가정법 ἀποκριθῶ if I answer 만약 내가 대답한다면
미래 수동태 직설법 ἀποκριθήσομαι I will answer 대답할 것이다	과거 수동태 부정사 ἀποκριθῆναι to answer 대답하기	과거 수동태 명령법 ἀποκρίθητι Answer! 너는 대답하라! cf. ἀποκριθήτω (3인칭 단수)

Verb 20a-원형 γίνομαι [10과] Depo. I become 되다 미래: γενήσομαι Depo.	미완료 능동태 직설법	현재 능동태 분사
	미완료 중간/수동태 직설법 ἐγινόμην I was becoming ~되고 있었다	현재 중간/수동태 분사 γινόμενος becoming ~되는/ ~되면서
현재 능동태 가정법	현재 능동태 부정사	현재 능동태 명령법
현재 중간/수동태 가정법 γίνωμαι if I become 만약 내가 ~된다면	현재 중간/수동태 부정사 γίνεσθαι to become ~되기	현재 중간/수동태 명령법 γίνου Become! 너는 ~되어라!
Verb 20b-과거기본형 ἐγενόμην [15과] Depo. I became ~ 되었다	과거 중간태 분사 γενόμενος having become ~된/ ~된 후	과거 중간태 가정법 γένωμαι if I become 만일 내가 ~된다면
	과거 중간태 부정사 γενέσθαι to become ~되기	과거 중간태 명령법 γενοῦ Become! ~되어라!
Verb 20c-과거수동태 ἐγενήθην [16과] Depo. I became 되었다	과거 수동태 분사 γενηθείς having become ~된/ ~된 후	과거 수동태 가정법 γενηθῶ if I become 만일 내가 ~된다면
미래 수동태 직설법	과거 수동태 부정사 γενηθῆναι to become ~되기	과거 수동태 명령법 γενήθητι Become! ~되어라!

Verb 21a-원형 ἔρχομαι [10과] I go/ come 가다/ 오다 미래: ἐλεύσομαι Depo.	미완료 능동태 직설법	현재 능동태 분사
	미완료 중간/수동태 직설법 ἠρχόμην I was going/coming 가고 있었다/ 오고 있었다	현재 중간/수동태 분사 ἐρχόμενος going/coming 가고 있는/ 가면서 오고 있는/ 오면서
현재 능동태 가정법	현재 능동태 부정사	현재 능동태 명령법
현재 중간/수동태 가정법 ἔρχωμαι if I go/ come 만약 내가 간다면/온다면 cf. ἔρχῃ (2인칭 단수)	현재 중간/수동태 부정사 ἔρχεσθαι to go/ come 가기/ 오기	현재 중간/수동태 명령법 ἔρχου go!/ come! 가라!/ 와라!
Verb 21b-과거기본형 ἦλθον [15과] I went/ came 갔다/ 왔다	과거 능동태 분사 ἐλθών having gone/ come 간/ 간 후, 온/ 온 후	과거 능동태 가정법 ἔλθω if I go/ come 만일 내가 간다면/ 온다면 cf. ἔλθῃς (2인칭 단수)
	과거 능동태 부정사 ἐλθεῖν to go/ come 가기/ 오기	과거 능동태 명령법 ἐλθέ Go!/ Come! 가라!/ 오라!
Verb 21c-과거수동태	과거 수동태 분사	과거 수동태 가정법
미래 수동태 직설법	과거 수동태 부정사	과거 수동태 명령법

Verb 22a-원형 ἐξέρχομαι [10과] I go out 나가다 미래: ἐξελεύσομαι Depo.	미완료 능동태 직설법	현재 능동태 분사
	미완료 중간/수동태 직설법 ἐξηρχόμην I was going out 나가고 있었다	현재 중간/수동태 분사 ἐξερχόμενος going out 나가고 있는/ 나가면서
현재 능동태 가정법	현재 능동태 부정사	현재 능동태 명령법
현재 중간/수동태 가정법 ἐξέρχωμαι if I go out 만약 내가 나간다면 cf. ἐξέρχῃ (2인칭 단수)	현재 중간/수동태 부정사 ἐξέρχεσθαι to go out 나가기	현재 중간/수동태 명령법 ἐξέρχου go out! 나가라!
Verb 22b-과거기본형 ἐξῆλθον [15과] I went out 나갔다	과거 능동태 분사 ἐξελθών having gone out 나간/ 나간 후	과거 능동태 가정법 ἐξέλθω if I go out 만일 내가 나간다면 cf. ἐξέλθῃς (2인칭 단수)
	과거 능동태 부정사 ἐξελθεῖν to go out 나가기	과거 능동태 명령법 ἔξελθε Go out! 나가라!
Verb 22c-과거수동태	과거 수동태 분사	과거 수동태 가정법
미래 수동태 직설법	과거 수동태 부정사	과거 수동태 명령법

Verb 23a-원형 πορεύομαι [10과] I go 가다 Depo. 미래: πορεύσομαι Depo.	미완료 능동태 직설법	현재 능동태 분사
	미완료 중간/수동태 직설법 ἐπορευόμην I was going 가고 있었다	현재 중간/수동태 분사 πορευόμενος going 가면서
현재 능동태 가정법	현재 능동태 부정사	현재 능동태 명령법
현재 중간/수동태 가정법 πορεύωμαι if I go 만약 내가 간다면 cf. πορεύῃ (2인칭 단수)	현재 중간/수동태 부정사 πορεύεσθαι to go 가기	현재 중간/수동태 명령법 πορεύου Go! 너는 가라! cf. πορευέσθω(3인칭 단수)
Verb 23b-과거기본형	과거 능동태 분사	과거 능동태 가정법
	과거 능동태 부정사	과거 능동태 명령법
Verb 23c-과거수동태 ἐπορεύθην [16과] I went 갔다 Depo.	과거 수동태 분사 πορευθείς having gone 간/ 간 후 cf. πορευθέντος (남 단 속)	과거 수동태 가정법 πορευθῶ if I go 만약 내가 간다면
미래 수동태 직설법 πορευθήσομαι I will go 갈 것이다	과거 수동태 부정사 πορευθῆναι to go 가기	과거 수동태 명령법 πορεύθητι Go! 너는 가라! cf. πορευθήτω(3인칭 단수)

Verb 24a-원형 αἴρω [11과] I take away 제거하다 미래기본형: ἀρῶ 유음동사	미완료 능동태 직설법 ἦρον I was taking away 제거하고 있었다	현재 능동태 분사 αἴρων taking away 제거하고 있는/ 제거하면서
현재 수동태 직설법 αἴρομαι I am being taken away 제거되고 있다	미완료 수동태 직설법 ἠρόμην I was being taken away 제거되고 있었다	현재 수동태 분사 αἰρόμενος being taken away 제거되고있는/ 제거되면서
현재 능동태 가정법 σώζω if I take away 만일 내가 제거한다면 cf. αἰρῃς (2인칭 단수)	현재 능동태 부정사 αἴρειν to take away 제거하기	현재 능동태 명령법 αἶρε Take away! 제거하라! cf. αἰρέτω (3인칭 단수)
현재 수동태 가정법 αἴρωμαι if I am taken away 만약 내가 제거된다면 cf. αἴρῃ (2인칭 단수)	현재 수동태 부정사 αἴρεσθαι to be taken away 제거되기	현재 수동태 명령법 αἴρου cf. αἰρέσθω(3인칭 단수) Let it be taken away!
Verb 24b-과거기본형 ἦρα [24과] I took away 제거했다	과거 능동태 분사 ἄρας having taken away 제거한/ 제거한 후	과거 능동태 가정법 ἄρω if I take away 만일 내가 제거한다면 cf. ἄρῃς (2인칭 단수)
	과거 능동태 부정사 ἆραι to take away 제거하기	과거 능동태 명령법 ἆρον Take away! 제거하라!
Verb 24c-과거수동태 ἤρθην I was taken away 제거되었다	과거 수동태 분사 ἀρθείς having been taken away 제거된/ 제거된 후 cf. ἀρθέντος(남성단수속격)	과거 수동태 가정법 ἀρθῶ if I am taken away 만약 내가 제거된다면
미래 수동태 직설법 ἀρθήσομαι I shall be taken away 제거될 것이다	과거 수동태 부정사 ἀρθῆναι to be taken away 제거되기	과거 수동태 명령법 ἄρθητι cf. ἀρθήτω(3인칭 단수) Let it be taken away!

Verb 25a-원형 ἐσθίω [11과] I eat 먹다 미래: φάγομαι Depo. cf. φάγεσαι(2인칭 단수)	미완료 능동태 직설법 ἤσθιον I was eating 먹고 있었다	현재 능동태 분사 ἐσθίων eating 먹고 있는/ 먹으면서
현재 수동태 직설법 ἐσθίομαι 섭취되다(cf.LXX 레11:47)	미완료 수동태 직설법 [ἠσθιόμην] cf. ἠσθίετο (그것이) 섭취되고 있었다	현재 수동태 분사 ἐσθιόμενος eatable 섭취되는/ 먹을 수 있는
현재 능동태 가정법 ἐσθίω if I eat 먹는다면 cf. ἐσθίῃς (2인칭 단수)	현재 능동태 부정사 ἐσθίειν to eat 먹기	현재 능동태 명령법 ἔσθιε Eat! 먹어라! cf. ἐσθιέτω (3인칭 단수)
현재 수동태 가정법 ἐσθίωμαι 섭취된다면	현재 수동태 부정사 ἐσθίεσθαι to be eaten 섭취되기	현재 수동태 명령법 ἐσθίου cf. ἐσθιέσθω(3인칭 단수) Let it be eaten!
Verb 25b-과거기본형 ἔφαγον [27과] I ate 먹었다	과거 능동태 분사 φαγών having eaten 먹은/ 먹은 후	과거 능동태 가정법 φάγω if I eat 먹는다면 cf. φάγῃς (2인칭 단수) cf. φάγῃ (3인칭 단수)
	과거 능동태 부정사 φαγεῖν to eat 먹기	과거 능동태 명령법 φάγε Eat! 먹어라!
Verb 25c-과거수동태	과거 수동태 분사	과거 수동태 가정법
미래 수동태 직설법	과거 수동태 부정사	과거 수동태 명령법

Verb 26a-원형 ἀναβαίνω [11과] I go up 올라가다 미래: ἀναβήσομαι Depo.	미완료 능동태 직설법 ἀνέβαινον I was going up 올라가고 있었다	현재 능동태 분사 ἀναβαίνων going up 올라가는/ 올라가면서
현재 수동태 직설법	미완료 수동태 직설법	현재 수동태 분사
현재 능동태 가정법 ἀναβαίνω if I go up 만일 내가 올라간다면 cf. ἀναβαίνῃς (2인칭 단수)	현재 능동태 부정사 ἀναβαίνειν to go up 올라가기	현재 능동태 명령법 ἀνάβαινε Go up! 올라가라! cf. ἀναβαινέτω (3인칭 단수)
현재 수동태 가정법	현재 수동태 부정사	현재 수동태 명령법
Verb 26b-과거기본형 ἀνέβην [33과] I went up 올라갔다	과거 능동태 분사 ἀναβάς having gone up 올라간/ 올라간 후 cf. ἀναβάντος (남 단 속)	과거 능동태 가정법 ἀναβῶ if I go up 만일 내가 올라간다면 cf. ἀναβῇς (2인칭 단수)
	과거 능동태 부정사 ἀναβῆναι to go up 올라가기	과거 능동태 명령법 ἀνάβηθι Go up! (**Gram281** 참조) 올라가라! cf. ἀναβήτω (3인칭 단수) cf. ἀνάβα (2인칭 단수) cf. ἀνάβατε (2인칭 복수)
Verb 26c-과거수동태	과거 수동태 분사	과거 수동태 가정법
미래 수동태 직설법	과거 수동태 부정사	과거 수동태 명령법

Verb 27a-원형 ἀποθνήσκω [11과] (or ἀποθνῄσκω) I die 죽다 미래:ἀποθανοῦμαι 유음동사 Depo.	미완료 능동태 직설법 ἀπέθνησκον I was dying 죽고 있었다	현재 능동태 분사 ἀποθνήσκων dying 죽고 있는/ 죽으면서
현재 수동태 직설법	미완료 수동태 직설법	현재 수동태 분사
현재 능동태 가정법 ἀποθνήσκω if I die 만일 내가 죽는다면 cf. ἀποθνήσκῃς(2인칭 단수)	현재 능동태 부정사 ἀποθνήσκειν to die 죽기	현재 능동태 명령법 ἀπόθνησκε cf. ἀποθνησκέτω (3 단) Let him die!
현재 수동태 가정법	현재 수동태 부정사	현재 수동태 명령법
Verb 27b-과거기본형 ἀπέθανον [24과] I died 죽었다	과거 능동태 분사 ἀποθανών having died 죽은/ 죽은 후	과거 능동태 가정법 ἀποθάνω if I die 만일 내가 죽는다면 cf. ἀποθάνῃς (2인칭 단수)
	과거 능동태 부정사 ἀποθανεῖν to die 죽기	과거 능동태 명령법 ἀπόθανε cf. ἀποθανέτω (3 단) Let him die!
Verb 27c-과거수동태	과거 수동태 분사	과거 수동태 가정법
미래 수동태 직설법	과거 수동태 부정사	과거 수동태 명령법

Verb 28a-원형 ἀποκτείνω [11과] I kill 죽이다 미래: ἀποκτενῶ 유음동사	미완료 능동태 직설법 ἀπέκτεινον I was killing 죽이고 있었다	현재 능동태 분사 ἀποκτείνων killing 죽이는/ 죽이면서
현재 수동태 직설법 ἀποκτείνομαι I am being killed 죽임당하고 있다	미완료 수동태 직설법 ἀπεκτεινόμην I was being killed 죽임당하고 있었다	현재 수동태 분사 ἀποκτεινόμενος being killed 죽임당하고있는/ 죽임당하면서
현재 능동태 가정법 ἀποκτείνω if I kill 만일 내가 죽인다면 cf. ἀποκτείνῃς (2인칭 단수)	현재 능동태 부정사 ἀποκτείνειν to kill 죽이기	현재 능동태 명령법 ἀπόκτεινε Kill! 죽여라! cf. ἀποκτεινέτω(3인칭단수)
현재 수동태 가정법 ἀποκτείνωμαι if I am killed 만약 내가 죽임당한다면 cf. ἀποκτείνῃ (2인칭 단수)	현재 수동태 부정사 ἀποκτείνεσθαι to be killed 죽임당하기	현재 수동태 명령법 ἀποκτείνου cf. ἀποκτεινέσθω (3 단) Let him be killed!
Verb 28b-과거기본형 ἀπέκτεινα [24과] I killed 죽였다	과거 능동태 분사 ἀποκτείνας having killed 죽인/ 죽인 후	과거 능동태 가정법 ἀποκτείνω if I kill 만일 내가 죽인다면 cf. ἀποκτείνῃς (2인칭 단수)
	과거 능동태 부정사 ἀποκτεῖναι to kill 죽이기	과거 능동태 명령법 ἀπόκτεινον Kill! 죽여라!
Verb 28c-과거수동태 ἀπεκτάνθην I was killed 죽임당했다	과거 수동태 분사 ἀποκτανθείς having been killed 죽임당한/ 죽임당한 후 cf. ἀποκτανθέντος (남단속)	과거 수동태 가정법 ἀποκτανθῶ if I am killed 만약 내가 죽임당한다면
미래 수동태 직설법 ἀποκτανθήσομαι I shall be killed 죽임당할 것이다	과거 수동태 부정사 ἀποκτανθῆναι to be killed 죽임당하기	과거 수동태 명령법 ἀποκτάνθητι cf. ἀποκτανθήτω (3 단) Let him be killed!

Verb 29a-원형 ἀποστέλλω [11과] I send 보내다 미래: ἀποστελῶ 유음동사	미완료 능동태 직설법 ἀπέστελλον I was sending 보내고 있었다	현재 능동태 분사 ἀποστέλλων sending 보내는/ 보내면서
현재 수동태 직설법 ἀποστέλλομαι I am being sent 보냄받고 있다	미완료 수동태 직설법 ἀπεστελλόμην I was being sent 보냄받고 있었다	현재 수동태 분사 ἀποστελλόμενος being sent 보냄받고있는/ 보냄받으면서
현재 능동태 가정법 ἀποστέλλω if I send 만일 내가 보낸다면 cf. ἀποστέλλῃς (2 단)	현재 능동태 부정사 ἀποστέλλειν to send 보내기	현재 능동태 명령법 ἀπόστελλε Send! 보내라! cf. ἀποστελλέτω (3 단)
현재 수동태 가정법 ἀποστέλλωμαι if I am sent 만약 내가 보냄받는다면 cf. ἀποστέλλῃ (2인칭 단수)	현재 수동태 부정사 ἀποστέλλεσθαι to be sent 보냄받기	현재 수동태 명령법 ἀποστέλλου cf. ἀποστελλέσθω (3 단) Let him be sent!
Verb 29b-과거기본형 ἀπέστειλα [24과] I sent 보냈다	과거 능동태 분사 ἀποστείλας having sent 보낸/ 보낸 후	과거 능동태 가정법 ἀποστείλω if I send 만일 내가 보낸다면 cf. ἀποστείλῃς (2인칭 단수)
	과거 능동태 부정사 ἀποστεῖλαι to send 보내기	과거 능동태 명령법 ἀπόστειλον Send! 보내라!
Verb 29c-과거수동태 ἀπεστάλην I was sent 보냄받았다	과거 수동태 분사 ἀποσταλείς having been sent 보냄받은/ 보냄받은 후 cf. ἀποσταλέντος (남단속)	과거 수동태 가정법 ἀποσταλῶ if I am sent 만약 내가 보냄받는다면
미래 수동태 직설법 ἀποσταλήσομαι I shall be sent 보냄받을 것이다	과거 수동태 부정사 ἀποσταλῆναι to be sent 보냄받기	과거 수동태 명령법 ἀποστάληθι cf. ἀποσταλήτω (3 단) Let him be sent!

Verb 30a-원형 συνάγω [11과] I gather together 모으다 미래기본형: συνάξω	미완료 능동태 직설법 συνῆγον I was gathering together 모으고 있었다	현재 능동태 분사 συνάγων gathering together 모으고 있는/ 모으면서
현재 수동태 직설법 συνάγομαι come together 모이다/만나다 cf. 수동태에서 자동사로 전환.	미완료 수동태 직설법 συνηγόμην I was coming together 모이고 있었다	현재 수동태 분사 συναγόμενος coming together 모이고있는/ 모이면서
현재 능동태 가정법 συνάγω if I gather together 만일 내가 모은다면	현재 능동태 부정사 συνάγειν to gather together 모으기	현재 능동태 명령법 σύναγε Gather together! 모아라! cf. συναγέτω (3인칭 단수)
현재 수동태 가정법 συνάγωμαι if I come together 만약 내가 (~와) 만난다면 cf. συνάγῃ (2인칭 단수)	현재 수동태 부정사 συνάγεσθαι to come together 모이기	현재 수동태 명령법 συνάγου Come together! 모여라! cf. συναγέσθω (3 단)
Verb 30b-과거기본형 συνήγαγον [cf.15과] I gather together 모았다	과거 능동태 분사 συναγαγών having gathered together 모은/ 모은 후	과거 능동태 가정법 συνάγάγω if I gather together 만일 내가 모은다면
	과거 능동태 부정사 συναγαγεῖν to gather together 모으기	과거 능동태 명령법 συνάγαγε Gather together! 모아라!
Verb 30c-과거수동태 συνήχθην [cf.16과] vi. came together 모이다 cf. 수동태에서 자동사로 전환: 마13:2; 26:3; 행4:27; 15:6	과거 수동태 분사 συναχθείς having come together 모인/ 모인 후 cf. συναχθέντος (남 단 속)	과거 수동태 가정법 συναχθῶ if I come together 만약 내가 (~와) 모인다면
미래 수동태 직설법 συναχθήσομαι I shall come together ~와 모일 것이다	과거 수동태 부정사 συναχθῆναι to come together 모이기	과거 수동태 명령법 συνάχθητι (cf.LXX창1:9) Come together! 모여라! (cf.계19:17)

Verb 31a-원형 δέχομαι [12과] Depo. I receive 영접하다 미래기본형: δέξομαι Depo.	미완료 능동태 직설법	현재 능동태 분사
	미완료 중간/수동태 직설법 ἐδεχόμην I was receiving 영접하고 있었다	현재 중간/수동태 분사 δεχόμενος receiving 영접하는/ 영접하면서
현재 능동태 가정법	현재 능동태 부정사	현재 능동태 명령법
현재 중간/수동태 가정법 δέχωμαι if I receive 만약 내가 영접한다면	현재 중간/수동태 부정사 δέχεσθαι to receive 영접하기	현재 중간/수동태 명령법 δέχου Receive! 너는 영접하라!
Verb 31b-과거기본형 ἐδεξάμην [14과] Depo. I received 영접했다	과거 능동태 분사	과거 능동태 가정법
	과거 중간태 부정사 δέξασθαι to receive 영접하기	과거 중간태 명령법 δέξαι Receive! 너는 영접하라! cf. δεξάσθω (3 단)
Verb 31c-과거수동태 [범위밖]	과거 수동태 분사	과거 수동태 가정법
미래 수동태 직설법	과거 수동태 부정사	과거 수동태 명령법

Verb 32a-원형 ἀναβλέπω [13과] I look up/ receive my sight 쳐다보다, 시력을 회복하다 미래기본형: ἀναβλέψω	미완료 능동태 직설법 ἀνέβλεπον I was looking up 쳐다보고 있었다	현재 능동태 분사 ἀναβλέπων looking up 쳐다보는/ 쳐다보면서
현재 수동태 직설법	미완료 수동태 직설법	현재 수동태 분사
현재 능동태 가정법 ἀναβλέπω if I look up 쳐다본다면/ 시력을 회복한다면 cf. ἀναβλέπῃς (2인칭 단수)	현재 능동태 부정사 ἀναβλέπειν to look up 쳐다보기/ 시력을 회복하기	현재 능동태 명령법 ἀνάβλεπε Look up! 쳐다보아라!
현재 수동태 가정법	현재 수동태 부정사	현재 수동태 명령법
Verb 32b-과거기본형 ἀνέβλεψα [14과] I looked up/ received my sight 쳐다보았다/ 시력을 회복했다	과거 능동태 분사 ἀναβλέψας having looked up 쳐다본/ 쳐다본 후 시력을 회복한 후	과거 능동태 가정법 ἀναβλέψω if I look up 만약 내가 쳐다본다면 cf. ἀναβλέψῃς (2인칭 단수)
	과거 능동태 부정사 ἀναβλέψαι to look up 쳐다보기/ 시력을 회복하기	과거 능동태 명령법 ἀνάβλεψον Look up! 쳐다보라! cf. ἀναβλεψάτω (3 단)
Verb 32c-과거수동태	과거 수동태 분사	과거 수동태 가정법
미래 수동태 직설법	과거 수동태 부정사	과거 수동태 명령법

Verb 33a-원형 κηρύσσω [13과] I proclaim/ preach 선포하다/ 설교하다 미래기본형: κηρύξω	미완료 능동태 직설법 ἐκήρυσσον I was proclaim 선포하고 있었다	현재 능동태 분사 κηρύσσων proclaiming 선포하고 있는/ 선포하면서
현재 수동태 직설법 κηρύσσομαι I am being proclaimed 선포되고 있다	미완료 수동태 직설법 ἐκηρυσσόμην I was being proclaimed 선포되고 있었다	현재 수동태 분사 κηρυσσόμενος being proclaimed 선포되고있는/ 선포되면서
현재 능동태 가정법 κηρύσσω if I proclaim 만일 내가 선포한다면 cf. κηρύσσῃς (2인칭 단수)	현재 능동태 부정사 κηρύσσειν to proclaim 선포하기	현재 능동태 명령법 κήρυσσε Proclaim! 선포하라! cf. κηρυσσέτω (3인칭 단수)
현재 수동태 가정법 κηρύσσωμαι if I am proclaimed 만약 내가 선포된다면 cf. κηρύσσῃ (2인칭 단수)	현재 수동태 부정사 κηρύσσεσθαι to be proclaimed 선포되기	현재 수동태 명령법 κηρύσσου cf. κηρυσσέσθω (3인칭 단수) Let it be proclaimed!
Verb 33b-과거기본형 ἐκήρυξα [14과] I proclaimed/ preached 선포했다/ 설교했다	과거 능동태 분사 κηρύξας having proclaimed 선포한/ 선포한 후	과거 능동태 가정법 κηρύξω if I proclaim 만일 내가 선포한다면 cf. κηρύξῃς (2인칭 단수)
	과거 능동태 부정사 κηρύξαι to proclaim 선포하기	과거 능동태 명령법 κήρυξον Proclaim! 선포하라!
Verb 33c-과거수동태 ἐκηρύχθην [16과] I was proclaimed/ preached 선포되었다/ 설교되었다	과거 수동태 분사 κηρυχθείς having been proclaimed 선포된/ 선포된 후 cf. κηρυχθέντος (남성단수속격)	과거 수동태 가정법 κηρυχθῶ if I am proclaimed 만약 내가 선포된다면
미래 수동태 직설법 κηρυχθήσομαι I shall be proclaimed 선포될 것이다	과거 수동태 부정사 κηρυχθῆναι to be proclaimed 선포되기	과거 수동태 명령법 κηρύχθητι cf. κηρυχθήτω (3인칭 단수) Let it be proclaimed!

Verb 34a-원형 διώκω [13과] I pursue/ persecute 뒤쫓다/ 박해하다 미래기본형: διώξω	미완료 능동태 직설법 ἐδίωκον I was persecuting 박해하고 있었다	현재 능동태 분사 διώκων persecuting 박해하고 있는/ 박해하면서
현재 수동태 직설법 διώκομαι I am being persecuted 박해당하고 있다	미완료 수동태 직설법 ἐδιωκόμην I was being persecuted 박해당하고 있었다	현재 수동태 분사 διωκόμενος being persecuted 박해당하고있는/ 박해당하면서
현재 능동태 가정법 διώκω if I persecute 만일 내가 박해한다면 cf. διώκῃς (2인칭 단수)	현재 능동태 부정사 διώκειν to persecute 박해하기	현재 능동태 명령법 δίωκε Persecute! 박해하라! cf. διωκέτω (3인칭 단수)
현재 수동태 가정법 διώκωμαι if I am persecuted 만약 내가 박해당한다면 cf. διώκῃ (2인칭 단수)	현재 수동태 부정사 διώκεσθαι to be persecuted 선포되기	현재 수동태 명령법 διώκου cf. διωκέσθω(3인칭 단수) Let him be persecuted!
Verb 34b-과거기본형 ἐδίωξα [14과] I pursued/ persecuted 뒤쫓았다/ 박해했다	과거 능동태 분사 διώξας having persecuted 박해한/ 박해한 후	과거 능동태 가정법 διώξω if I persecute 만일 내가 박해한다면 cf. διώξῃς (2인칭 단수)
	과거 능동태 부정사 διῶξαι to persecute 박해하기	과거 능동태 명령법 δίωξον Persecute! 박해하라!
Verb 34c-과거수동태 ἐδιώχθην [16과] I was pursued/ persecuted 뒤쫓겼다/ 박해당했다	과거 수동태 분사 διωχθείς having been persecuted 박해받은/ 박해받은 후 cf. διωχθέντος(남성단수속격)	과거 수동태 가정법 διωχθῶ if I am persecuted 만약 내가 박해받는다면
미래 수동태 직설법 διωχθήσομαι I shall be persecuted 박해받을 것이다	과거 수동태 부정사 διωχθῆναι to be persecuted 박해당하기	과거 수동태 명령법 διώχθητι cf. διωχθήτω(3인칭 단수) Let him be persecuted!

Verb 35a-원형 δοξάζω [13과] I glorify 영화롭게 하다/ ~을 찬송하다 미래기본형: δοξάσω	미완료 능동태 직설법 ἐδόξαζον I was glorifying 영화롭게 하고 있었다	현재 능동태 분사 δοξάζων glorifying 찬미하고 있는/ 찬미하면서
현재 수동태 직설법 δοξάζομαι I am being glorified 영화롭게 되고 있다	미완료 수동태 직설법 ἐδοξαζόμην I was being glorified 영화롭게 되고 있었다	현재 수동태 분사 δοξαζόμενος being glorified 칭송받고있는/ 칭송받으면서
현재 능동태 가정법 δοξάζω if I glorify 만일 내가 영화롭게 한다면 cf. δοξάζῃς (2인칭 단수)	현재 능동태 부정사 δοξάζειν to glorify 영화롭게 하기	현재 능동태 명령법 δόξαζε Glorify! 찬미하라! cf. δοξαζέτω (3인칭 단수)
현재 수동태 가정법 δοξάζωμαι if I am glorified 만약 내가 영화롭게 된다면 cf. δοξάζῃ (2인칭 단수)	현재 수동태 부정사 δοξάζεσθαι to be glorified 영화롭게 되기	현재 수동태 명령법 δοξάζου cf. δοξαζέσθω(3인칭 단수) Let him be glorified!
Verb 35b-과거기본형 ἐδόξασα [14과] I glorified 영화롭게 했다/ 찬미했다	과거 능동태 분사 δοξάσας having glorified 영화롭게 한/ 영광돌린 후	과거 능동태 가정법 δοξάσω if I glorify 만일 내가 영화롭게 한다면 cf. δοξάσῃς (2인칭 단수)
	과거 능동태 부정사 δοξάσαι to glorify 영화롭게 하기	과거 능동태 명령법 δόξασον Glorify! 찬미하라!
Verb 35c-과거수동태 ἐδοξάσθην [16과] I was glorified 영화롭게 되었다	과거 수동태 분사 δοξασθείς having been glorified 영광받은/ 영광받은 후 cf. δοξασθέντος(남성단수속격)	과거 수동태 가정법 δοξασθῶ if I am glorified 만약 내가 영광받는다면
미래 수동태 직설법 δοξασθήσομαι I shall be glorified 영화롭게 될 것이다	과거 수동태 부정사 δοξασθῆναι to be glorified 영화롭게 되기	과거 수동태 명령법 δοξάσθητι cf. δοξασθήτω(3인칭 단수) Let him be glorified!

Verb 36a-원형 προσεύχομαι [13과] I pray 기도하다 Depo. 미래: προσεύξομαι Depo.	미완료 능동태 직설법	현재 능동태 분사
	미완료 중간/수동태 직설법 προσηυχόμην I was praying 기도하고 있었다	현재 중간/수동태 분사 προσευχόμενος praying 기도하고있는/ 기도하면서
현재 능동태 가정법	현재 능동태 부정사	현재 능동태 명령법
현재 중간/수동태 가정법 προσεύχωμαι if I pray 만약 내가 기도한다면 cf. προσεύχῃ (2인칭 단수)	현재 중간/수동태 부정사 προσεύχεσθαι to pray 기도하기	현재 중간/수동태 명령법 προσεύχου Pray! 기도하라! cf. προσευχέσθω (3 단)
Verb 36b-과거기본형 προσηυξάμην [25과] I prayed 기도했다 Depo.	과거 능동태 분사	과거 능동태 가정법
	과거 중간태 부정사 προσεύξασθαι to pray 기도하기	과거 중간태 명령법 πρόσευξαι Pray! 기도하라!
Verb 36c-과거수동태	과거 수동태 분사	과거 수동태 가정법
미래 수동태 직설법	과거 수동태 부정사	과거 수동태 명령법

Verb 37a-원형 ἀπολύω [14과] I release 해산시키다/ 놓아주다 미래기본형: ἀπολύσω	미완료 능동태 직설법 ἀπέλυον I was releasing 놓아주고 있었다	현재 능동태 분사 ἀπολύων releasing 놓아주고 있는/ 놓아주면서
현재 수동태 직설법 ἀπολύομαι I am being released 놓임받고 있다	미완료 수동태 직설법 ἀπελυόμην I was being released 놓임받고 있었다	현재 수동태 분사 ἀπολυόμενος being released 놓임받고있는/ 놓임받으면서
현재 능동태 가정법 ἀπολύω if I release 만일 내가 놓아준다면 cf. ἀπολύῃς (2인칭 단수)	현재 능동태 부정사 ἀπολύειν to release 놓아주기	현재 능동태 명령법 ἀπόλυε Release! 놓아주어라! cf. ἀπολυέτω (3인칭 단수)
현재 수동태 가정법 ἀπολύωμαι if I am released 만약 내가 놓임받게 된다면 cf. ἀπολύῃ (2인칭 단수)	현재 수동태 부정사 ἀπολύεσθαι to be released 놓임받기	현재 수동태 명령법 ἀπολύου cf. ἀπολυέσθω(3인칭 단수) Let him be released!
Verb 37b-과거기본형 ἀπέλυσα [14과] I released 해산시켰다/ 놓아주었다	과거 능동태 분사 ἀπολύσας having released 놓아준/ 놓아준 후	과거 능동태 가정법 ἀπολύσω if I release 만일 내가 놓아준다면 cf. ἀπολύσῃς (2인칭 단수)
	과거 능동태 부정사 ἀπολῦσαι to release 놓아주기	과거 능동태 명령법 ἀπόλυσον Release! 놓아주어라!
Verb 37c-과거수동태 ἀπελύθην [cf.16과] I was released 해산되었다/ 놓임받았다	과거 수동태 분사 ἀπολυθείς having been released 놓임받은/ 놓임받은 후 cf. ἀπολυθέντος(남성단수속격)	과거 수동태 가정법 ἀπολυθῶ if I am released 만약 내가 놓임받는다면
미래 수동태 직설법 ἀπολυθήσομαι I shall be released 놓임받게 될 것이다	과거 수동태 부정사 ἀπολυθῆναι to be released 놓임받기	과거 수동태 명령법 ἀπολύθητι cf. ἀπολυθήτω(3인칭 단수) Let him be released!

Verb 38a-원형 ἐπιστρέφω [14과] I return vi. 돌이키다 vt. 돌아서게 하다 turn one□s back (cf. 약5:19-20) 미래기본형: ἐπιστρέψω	미완료 능동태 직설법 ἐπέστρεφον I was returning 돌아서고 있었다	현재 능동태 분사 ἐπιστρέφων returning 돌아서고 있는/ 돌아서면서
현재 수동태 직설법 ἐπιστρέφομαι I turn around/upon vi.~로 향하다/ 돌아서다 (cf.LXX 욥30:15) ※ 수동태에서 종종 자동사.	미완료 수동태 직설법 ἐπεστρεφόμην I was turning around 향하고 있었다	현재 수동태 분사 ἐπιστρεφόμενος turning around 향하고있는/ 향하면서
현재 능동태 가정법 ἐπιστρέφω if I return 만일 내가 돌아선다면	현재 능동태 부정사 ἐπιστρέφειν to return 돌아서기	현재 능동태 명령법 ἐπίστρεφε Return! 돌아서라!
현재 수동태 가정법 ἐπιστρέφωμαι if I turn around 만약 내가 돌아선다면	현재 수동태 부정사 ἐπιστρέφεσθαι to turn around 돌아서기	현재 수동태 명령법 ἐπιστρέφου Turn around! 돌아서라!
Verb 38b-과거기본형 ἐπέστρεψα [14과] I returned/ turned one's back 돌아섰다/ 돌아서게 했다	과거 능동태 분사 ἐπιστρέψας having returned 돌아선/ 돌아선 후	과거 능동태 가정법 ἐπιστρέψω if I return 만일 내가 돌아선다면 cf. ἐπιστρέψῃς (2인칭 단수)
	과거 능동태 부정사 ἐπιστρέψαι to return 돌아서기	과거 능동태 명령법 ἐπίστρεψον Turn around! 돌아서라!
Verb 38c-과거수동태 ἐπεστράφην I turned around/ return to 돌아서다 (← 돌이킴받다) ※종종 수동태에서 자동사로 전환함. cf. 벧전2:25; 막5:30	과거 수동태 분사 ἐπιστραφείς having turned around 돌아선/ 돌아선 후 cf.ἐπιστραφέντος (남 단 속)	과거 수동태 가정법 ἐπιστραφῶ if I turn around 만약 내가 돌아선다면
미래 수동태 직설법 ἐπιστραφήσομαι I will turn around 돌아설 것이다 cf. 애5:21	과거 수동태 부정사 ἐπιστραφῆναι to turn around 돌아서기	과거 수동태 명령법 ἐπιστράφητι Turn around! (cf.룻1:15) cf. ἐπιστραφήτω (3 단)

Verb 39a-원형 ἑτοιμάζω [14과] I prepare 준비하다 미래기본형: ἑτοιμάσω	미완료 능동태 직설법 ἡτοίμαζον I was preparing 준비하고 있었다	현재 능동태 분사 ἑτοιμάζων preparing 준비하고 있는/ 준비하면서
현재 수동태 직설법 ἑτοιμάζομαι I am being prepared 준비되고 있다	미완료 수동태 직설법 ἡτοιμαζόμην I was being prepared 준비되고 있었다	현재 수동태 분사 ἑτοιμαζόμενος being prepared 준비되고있는/ 준비되면서
현재 능동태 가정법 ἑτοιμάζω if I prepare 만일 내가 준비한다면 cf. ἑτοιμάζῃς (2인칭 단수)	현재 능동태 부정사 ἑτοιμάζειν to prepare 준비하기	현재 능동태 명령법 ἑτοίμαζε Prepare! 준비해라! cf. ἑτοιμαζέτω (3인칭 단수)
현재 수동태 가정법 ἑτοιμάζωμαι if I am prepared 준비된다면 cf. ἑτοιμάζῃ (2인칭 단수)	현재 수동태 부정사 ἑτοιμάζεσθαι to be prepared 준비되기	현재 수동태 명령법 ἑτοιμάζου cf. ἑτοιμαζέσθω (3 단) Let it be prepared!
Verb 39b-과거기본형 ἡτοίμασα [14과] I prepared 준비했다	과거 능동태 분사 ἑτοίμασας having prepared 준비한/ 준비한 후	과거 능동태 가정법 ἑτοιμάσω if I prepare 만일 내가 준비한다면 cf. ἑτοιμάσῃς (2인칭 단수)
	과거 능동태 부정사 ἑτοιμάσαι to prepare 준비하기	과거 능동태 명령법 ἑτοίμασον Prepare! 준비하라!
Verb 39c-과거수동태 ἡτοιμάσθην I was prepared 준비되어졌다	과거 수동태 분사 ἑτοιμασθείς having been prepared 준비된/ 준비된 후 cf. ἑτοιμασθέντος (난 단 속)	과거 수동태 가정법 ἑτοιμασθῶ if I am prepared 준비된다면
미래 수동태 직설법 ἑτοιμασθήσομαι I shall be prepared 준비될 것이다	과거 수동태 부정사 ἑτοιμασθῆναι to be prepared 준비되기	과거 수동태 명령법 ἑτοιμάσθητι cf. ἑτοιμασθήτω (3 단) Let it be prepared!

Verb 40a-원형 θαυμάζω [14과] I wonder at vi. 기이히여기다 admire vt. 칭송하다 미래기본형: θαυμάσω	미완료 능동태 직설법 ἐθαύμαζον I was wondering at 기이히 여기고 있었다	현재 능동태 분사 θαυμάζων wondering at 기이히 여기면서
현재 수동태 직설법 θαυμάζομαι I am admired 칭송받는다 ※ 수동태에서 종종 의미전환 (I am amazed 놀래킴 당하다 cf. 계17:8)	미완료 수동태 직설법 ἐθαυμαζόμην I was being admired 칭송받고 있었다	현재 수동태 분사 θαυμαζόμενος being admired 칭송받고있는/ 칭송받으면서
현재 능동태 가정법 θαυμάζω if I wonder at 만일 내가 기이히 여긴다면	현재 능동태 부정사 θαυμάζειν to wonder at 기이히 여기기	현재 능동태 명령법 θαύμαζε Marvel! 기이히 여겨라! (cf. 요1서3:13)
현재 수동태 가정법 θαυμάζωμαι if I am admired 만약 내가 칭송받는다면	현재 수동태 부정사 θαυμάζεσθαι to be admired 칭송받기/ 기이히 여김받기	현재 수동태 명령법 θαυμάζου cf. θαυμαζέσθω (3 단) Let him be admired!
Verb 40b-과거기본형 ἐθαύμασα [14과] I wondered at/ admired 기이히 여겼다/ 칭송했다	과거 능동태 분사 θαυμάσας having wondered at 기이히 여긴/ 기이히 여긴 후	과거 능동태 가정법 θαυμάσω if I wonder at 만일 내가 기이히 여긴다면
	과거 능동태 부정사 θαυμάσαι to wonder at 기이히 여기기	과거 능동태 명령법 θαύμασον Marvel! 기이히 여겨라! (cf. 행13:41)
Verb 40c-과거수동태 ἐθαυμάσθην I was admired 칭송받았다 ※ 수동태에서 종종 의미전환. (I was amazed 놀래킴 당했다 cf. 계17:8)	과거 수동태 분사 θαυμασθείς having been wondered at 기이히 여김을 받은 후 cf. θαυμασθέντος (남 단 속)	과거 수동태 가정법 θαυμασθῶ if I am wondered at 만약 내가 기이히 여김 받는다면
미래 수동태 직설법 θαυμασθήσομαι I shall be wondered at 기이히 여김받을 것이다 cf. 놀래킴받을 것이다(계17:8)	과거 수동태 부정사 θαυμασθῆναι to be wondered at 기이히 여김 받기	과거 수동태 명령법 θαυμάσθητι cf. θαυμασθήτω (3 단) Let him be admired!

Verb 41a-원형 θεραπεύω [14과] I heal 낫게 하다/ 고치다 미래기본형: θεραπεύσω	미완료 능동태 직설법 ἐθεράπευον I was healing 고치고 있었다	현재 능동태 분사 θεραπεύων healing 치유하는/ 치유하면서
현재 수동태 직설법 θεραπεύομαι I am being healed 고침받고 있다	미완료 수동태 직설법 ἐθεραπευόμην I was being healed 고침받고 있었다	현재 수동태 분사 θεραπευόμενος being healed 고침받고있는/ 고침받으면서
현재 능동태 가정법 θεραπεύω if I heal 만일 내가 낫게한다면 cf. θεραπεύῃς (2인칭 단수)	현재 능동태 부정사 θεραπεύειν to heal 낫게하기	현재 능동태 명령법 θεράπευε Heal! 낫게 하라! cf. θεραπευέτω (3 단)
현재 수동태 가정법 θεραπεύωμαι if I am healed 고침받는다면 cf. θεραπεύῃ (2인칭 단수)	현재 수동태 부정사 θεραπεύεσθαι to be healed 고침받기	현재 수동태 명령법 θεραπεύου Be healed! 고침받아라! cf. θεραπευέσθω (3 단)
Verb 41b-과거기본형 ἐθεράπευσα [14과] I healed 낫게 했다	과거 능동태 분사 θεραπεύσας having healed 고친/ 고친 후	과거 능동태 가정법 θεραπεύσω if I heal 만일 내가 고친다면 cf. θεραπεύσῃς (2 단)
	과거 능동태 부정사 θεραπεῦσαι to heal 낫게 하기	과거 능동태 명령법 θεράπευσον Heal! 낫게 하라!
Verb 41c-과거수동태 ἐθεραπεύθην [cf.20과] I was healed 고침받았다	과거 수동태 분사 θεραπευθείς having been healed 고침받은/ 고침받은 후 cf. θεραπευθέντος (남 단 속)	과거 수동태 가정법 θεραπευθῶ if I am healed 고침받는다면
미래 수동태 직설법 θεραπευθήσομαι I shall be healed 고침받을 것이다	과거 수동태 부정사 θεραπευθῆναι to be healed 고침받기	과거 수동태 명령법 θεραπεύθητι Be healed! 고침받아라! cf. θεραπευθήτω (3 단)

Verb 42a-원형 πείθω [14과] I persuade 설득시키다 미래기본형: πείσω	미완료 능동태 직설법 ἔπειθον I was persuading 설득시키고 있었다	현재 능동태 분사 πείθων persuading 설득시키는/ 설득시키면서
현재 수동태 직설법 πείθομαι I am persuaded 설득되다 ※ 수동태에서 종종 의미전환. (I am convinced 확신한다 cf. 행26:26)	미완료 수동태 직설법 ἐπειθόμην I was being persuaded 설득되고 있었다	현재 수동태 분사 πειθόμενος being persuaded 설득되고있는/ 설득되면서
현재 능동태 가정법 πείθω if I persuade 만일 내가 설득시킨다면	현재 능동태 부정사 πείθειν to persuade 설득시키기	현재 능동태 명령법 πεῖθε Persuade! 설득하라!
현재 수동태 가정법 πείθωμαι if I am persuaded 만약 내가 설득된다면	현재 수동태 부정사 πείθεσθαι to be persuaded 설득되기	현재 수동태 명령법 πείθου Obey! 순종하라! (cf. 히13:17)
Verb 42b-과거기본형 ἔπεισα [14과] I persuaded 설득시켰다	과거 능동태 분사 πείσας having persuaded 설득한/ 설득한 후	과거 능동태 가정법 πείσω if I persuade 만일 내가 설득시킨다면
	과거 능동태 부정사 πεῖσαι to persuade 설득시키기	과거 능동태 명령법 πεῖσον Persuade! 설득시켜라!
Verb 42c-과거수동태 ἐπείσθην I was persuade 설득되었다 ※ 수동태에서 종종 의미전환. (I was convinced 확신했다. cf. 명령법에서, '순종하라!')	과거 수동태 분사 πεισθείς having been persuaded 설득당한/ 설득당한 후 cf. πεισθέντος (남 단 속)	과거 수동태 가정법 πεισθῶ if I am persuaded 만약 내가 설득된다 면
미래 수동태 직설법 πεισθήσομαι I shall be persuaded 설득될 것이다	과거 수동태 부정사 πεισθῆναι to be persuaded 설득되기	과거 수동태 명령법 πείσθητι Obey! 순종하라! (cf. 히13:17)

Verb 43a-원형 πιστεύω [14과] I believe 믿는다 미래기본형: πιστεύσω	미완료 능동태 직설법 ἐπίστευον I was putting my faith in~ 믿고 있었다	현재 능동태 분사 πιστεύων believing 믿고있는/ 믿으면서
현재 수동태 직설법 πιστεύομαι I am believed 믿겨지고 있다	미완료 수동태 직설법 ἐπιστευόμην I was being believed 믿겨지고 있었다	현재 수동태 분사 πιστευόμενος being believed 믿겨지고있는/ 믿겨지면서
현재 능동태 가정법 πιστεύω if I believe 만일 내가 믿는다면	현재 능동태 부정사 πιστεύειν to believe 믿기	현재 능동태 명령법 πίστευε Believe! 믿어라!
현재 수동태 가정법 πιστεύωμαι if I am believed 만약 내가 믿겨진다면	현재 수동태 부정사 πιστεύεσθαι to be believed 믿겨지기	현재 수동태 명령법
Verb 43b-과거기본형 ἐπίστευσα [14과] I believed 믿었다	과거 능동태 분사 πιστεύσας having believed 믿은/ 믿은 후	과거 능동태 가정법 πιστεύσω if I believe 만일 내가 믿는다면
	과거 능동태 부정사 πιστεῦσαι to believe 믿기	과거 능동태 명령법 πίστευσον Believe! 믿어라!
Verb 43c-과거수동태 ἐπιστεύθην [16과] I was believed 믿겨졌다	과거 수동태 분사 πιστευθείς having been believed 믿겨진/ 믿겨진 후 cf. πιστευθέντος (남 단 속)	과거 수동태 가정법 πιστευθῶ if I am believed 만약 내가 믿겨진다면
미래 수동태 직설법 πιστευθήσομαι I shall be believed 믿겨질 것이다	과거 수동태 부정사 πιστευθῆναι to be believed 믿겨지기	과거 수동태 명령법

Verb 44a-원형 πίπτω [15과] I fall 넘어지다/ 실족하다 미래: πεσοῦμαι Depo.	미완료 능동태 직설법 ἔπιπτον I was falling 넘어지고 있었다	현재 능동태 분사 πίπτων falling 넘어지면서
현재 수동태 직설법	미완료 수동태 직설법	현재 수동태 분사
현재 능동태 가정법 πίπτω if I fall 만일 내가 넘어진다면	현재 능동태 부정사 πίπτειν to fall 넘어지기	현재 능동태 명령법
현재 수동태 가정법	현재 수동태 부정사	현재 수동태 명령법
Verb 44b-과거기본형 ἔπεσον [15과] I fell 넘어졌다/ 실족했다	과거 능동태 분사 πεσών having fallen 넘어진/ 넘어진 후	과거 능동태 가정법 πέσω if I fall 만일 내가 넘어진다면
	과거 능동태 부정사 πεσεῖν to fall 넘어지기	과거 능동태 명령법 πεσέ cf. πέσατε (호10:8) Fall on! 덮어라! cf. πεσέτω (렘37:20)
Verb 44c-과거수동태	과거 수동태 분사	과거 수동태 가정법
미래 수동태 직설법	과거 수동태 부정사	과거 수동태 명령법

Verb 45a-원형 προσφέρω [15과] I bring to/ offer 가져가다, 드리다/ 바치다 미래기본형: προσοίσω	미완료 능동태 직설법 προσέφερον I was offering 드리고 있었다	현재 능동태 분사 προσφέρων offering 드리고 있는/ 드리면서
현재 수동태 직설법 προσφέρομαι I am being offered 바쳐지고 있다	미완료 수동태 직설법 προσεφερόμην I was being offered 바쳐지고 있었다	현재 수동태 분사 προσφερόμενος being offered 봉헌되고 있는/ 봉헌되면서
현재 능동태 가정법 προσφέρω if I offer 만일 내가 드린다면 cf. προσφέρῃς (2인칭 단수)	현재 능동태 부정사 προσφέρειν to offer 드리기	현재 능동태 명령법 προσφέρε Offer! 바쳐라! cf. προσφερέτω (3 단)
현재 수동태 가정법 προσφέρωμαι if I am offered 만약 내가 드려진다면	현재 수동태 부정사 προσφέρεσθαι to be offered 드려지기	현재 수동태 명령법
Verb 45b-과거기본형 προσήνεγκα [15과] = προσήνεγκον I brought to/ offered 가져갔다/ 바쳤다	과거 능동태 분사 προσενεγκών having offered 바친/ 바친 후 = προσενέγκας	과거 능동태 가정법 προσενέγκω if I offer 만일 내가 바친다면 cf. προσενέγκῃς (2 단)
	과거 능동태 부정사 προσενεγκεῖν to offer 바치기 = ἐνέγκαι	과거 능동태 명령법 προσένεγκε Offer! 바쳐라! = προσένεγκον
Verb 45c-과거수동태 προσηνέχθην [cf.16과] I was offered 바쳐졌다	과거 수동태 분사 προσενεχθείς having been offered 바쳐진/ 바쳐진 후 cf. προσενεχθέντος (남단속)	과거 수동태 가정법 προσενεχθῶ if I am offered 만약 내가 바쳐진다면
미래 수동태 직설법 προσενεχθήσομαι I shall be offered 바쳐질 것이다	과거 수동태 부정사 προσενεχθῆναι to be offered 바쳐지기	과거 수동태 명령법

Verb 46a-원형 ἁμαρτάνω [21과] I sin 죄짓다 미래기본형: ἁμαρτήσω	미완료 능동태 직설법 ἡμάρτανον I was sinning 죄짓고 있었다	현재 능동태 분사 ἁμαρτάνων sinning 죄지으면서
현재 수동태 직설법	미완료 수동태 직설법	현재 수동태 분사
현재 능동태 가정법 ἁμαρτάνω if I sin 만일 내가 죄짓는다면	현재 능동태 부정사 ἁμαρτάνειν to sin 죄짓기	현재 능동태 명령법 ἁμάρτανε cf. μὴ ἁμάρτανε Stop sinning! 더 이상 죄짓지 마라!
현재 수동태 가정법	현재 수동태 부정사	현재 수동태 명령법
Verb 46b-과거기본형 ἡμάρτησα (1과거) ἥμαρτον (2과거) I sinned 죄지었다	과거 능동태 분사 ἁμαρτήσας (1과거) ἁμαρτών (2과거) having sinned 죄지은/ 죄지은 후	과거 능동태 가정법 ἁμαρτήσω (1과거) ἁμάρτω (2과거) if I sin 만일 내가 죄짓는다면
	과거 능동태 부정사 ἁμάρτεῖν (2과거) to sin 죄짓기	과거 능동태 명령법 ἁμάρτησον (1과거) cf. μὴ ἁμαρτησάτω (삼상19:4)
Verb 46c-과거수동태 [성경범위밖]	과거 수동태 분사	과거 수동태 가정법
미래 수동태 직설법	과거 수동태 부정사	과거 수동태 명령법

Verb 47a-원형 εὐαγγελίζω [21과] I preach good news 좋은 소식을 전하다 미래기본형: εὐαγγελιῶ	미완료 능동태 직설법 [εὐηγγέλιζον] I was preaching good news 좋은 소식을 전하고 있었다 cf.성경에선 중간태로만 사용됨: εὐηγγελιζόμην	현재 능동태 분사 εὐαγγελίζων (cf.삼상31:9) preaching good news 좋은 소식을 전하면서 cf.신약에선 중간태로만 사용됨: εὐαγγελιζόμενος
현재 수동태 직설법 εὐαγγελίζομαι cf.πτωχοὶ εὐαγγελίζονται 가난한자들이 복음전함을 받는다 (cf.마11:5; 눅7:22) cf. 중간태꼬리일 경우, '복음전하다' (눅2:10)	미완료 수동태 직설법 [εὐηγγελιζόμην]	현재 수동태 분사 εὐαγγελιόμενος being preached good news 좋은 소식을 받으면서 (cf.LXX 욜3:5)
현재 능동태 가정법 [εὐαγγελίζω]	현재 능동태 부정사 [εὐαγγελίζειν]	현재 능동태 명령법 [εὐαγγέλιζε]
현재 수동태 가정법 [εὐαγγελίζωμαι] cf.성경에선 중간태로만 사용됨: εὐαγγελίζωμαι (고전9:16) 내가 복음전한다면	현재 수동태 부정사 [εὐαγγελίζεσθαι] cf.성경에선 중간태로만 사용됨: εὐαγγελίζεσθαι (롬15:20) 복음전하기	현재 수동태 명령법 [εὐαγγελίζου]
Verb 47b-과거기본형 εὐηγγέλισα [21과] I preached good news 좋은 소식을 전했다 (cf.계10:7) cf. 주로 중간태로 사용됨.	과거 능동태 분사 [εὐαγγελίσας] cf.성경에선 중간태로만 사용됨: εὐαγγελισάμενοι 복음전한 후 (행14:21)	과거 능동태 가정법 [εὐαγγελίσω] cf.성경에선 중간태로만 사용됨: εὐαγγελίσωμαι 복음전한다면 (고전9:16)
	과거 능동태 부정사 εὐαγγελίσαι to preach good news 복음 전하기(cf.계14:6)	과거 능동태 명령법 [εὐαγγέλισον] cf.성경에선 중간태로만 사용됨: εὐαγγέλισαι (LXX왕상1:42)
Verb 47c-과거수동태 εὐηγγελίσθην The good news was preached to me 내가 복음전함을 받았다 cf.καὶ νεκροῖς εὐηγγελίσθη 죽은자들에게까지 복음이 전파되었다(cf. 벧전4:6)	과거 수동태 분사 εὐαγγελισθείς having been preached the good news 복음이 전파된 후 cf.τὸ εὐαγγέλιον τὸ εὐαγγελισθὲν ὑπ' ἐμοῦ 나로 말미암아 전파된 복음 (갈1:11)	과거 수동태 가정법 [εὐαγγελισθῶ]
미래 수동태 직설법 [εὐαγγελισθήσομαι]	과거 수동태 부정사 [εὐαγγελισθῆναι]	과거 수동태 명령법 εὐαγγελίσθητι May be good news to you! (cf.삼하18:31)

Verb 48a-원형 θέλω [22과] I wish /desire 원하다 미래기본형: θελήσω	미완료 능동태 직설법 ἤθελον [불규칙미완료] I was willing to ~하고 싶어했다	현재 능동태 분사 θέλων wanting to ~하길 원하면서
현재 수동태 직설법	미완료 수동태 직설법	현재 수동태 분사
현재 능동태 가정법 θέλω if I want to 만일 내가 ~하고자 한다면	현재 능동태 부정사 θέλειν the desire (to do) ~하기를 갈망함	현재 능동태 명령법 θέλε [성경범위밖] Desire! 갈망하라!
현재 수동태 가정법	현재 수동태 부정사	현재 수동태 명령법
Verb 48b-과거기본형 ἐθέλησα I wished/ desired 원했다	과거 능동태 분사 θελήσας having desired ~하기 원했던/ ~하기 원한 후	과거 능동태 가정법 θελήσω if I want to 만일 내가 ~하고자 한다면
	과거 능동태 부정사 [θέλησαι]	과거 능동태 명령법 [θέλησον]
Verb 48c-과거수동태	과거 수동태 분사	과거 수동태 가정법
미래 수동태 직설법	과거 수동태 부정사	과거 수동태 명령법

Verb 49a-원형 κελεύω [22과] I command 명령하다 미래기본형: κελεύσω	미완료 능동태 직설법 ἐκέλευον I was commanding 명령하고 있었다	현재 능동태 분사 κελεύων commanding 명령하는/ 명령하면서
현재 수동태 직설법 [κελεύομαι]	미완료 수동태 직설법 [ἐκελευόμην]	현재 수동태 분사 [κελευόμεμος]
현재 능동태 가정법 [κελεύω]	현재 능동태 부정사 [κελεύειν]	현재 능동태 명령법 [κέλευε]
현재 수동태 가정법 [κελεύωμαι]	현재 수동태 부정사 [κελεύεσθαι]	현재 수동태 명령법 [κέλευε]
Verb 49b-과거기본형 ἐκέλευσα [22과] I commanded 명령했다	과거 능동태 분사 κελεύσας having commanded 명령한/ 명령한 후	과거 능동태 가정법 [κελεύσω]
	과거 능동태 부정사 [κελεῦσαι]	과거 능동태 명령법 κέλευσον Command! 명하라!
Verb 49c-과거수동태 ἐκελεύσθην I was urged to [성경범위밖]	과거 수동태 분사 κελευσθείς [성경범위밖] having been urged to	과거 수동태 가정법 [κελευσθῶ]
미래 수동태 직설법 [κελευσθήσομαι]	과거 수동태 부정사 [κελευσθῆναι]	과거 수동태 명령법

Verb 50a-원형 μέλλω [22과] I am about (to do) ~하려 하다 미래기본형: μελλήσω	미완료 능동태 직설법 ἤμελλον I was about to ~하려던 참이었다	현재 능동태 분사 μέλλων willing to ~하려는 cf. ἦν μέλλων he was going to ~(행20:13)
현재 수동태 직설법	미완료 수동태 직설법	현재 수동태 분사
현재 능동태 가정법 μέλλω cf. ὅταν μέλλω when I am about to ~ 내가 ~하려 할 때에(cf. 계10:7)	현재 능동태 부정사 μέλλειν to be about to ~하려 하기	현재 능동태 명령법
현재 수동태 가정법	현재 수동태 부정사	현재 수동태 명령법
Verb 50b-과거기본형	과거 능동태 분사	과거 능동태 가정법
	과거 능동태 부정사	과거 능동태 명령법
Verb 50c-과거수동태	과거 수동태 분사	과거 수동태 가정법
		과거 수동태 명령법

Verb 51a-원형 ὀφείλω **[22과]** I ought to ~해야 한다 미래기본형: ὀφειλήσω	미완료 능동태 직설법 ὤφειλον I had to ~해야 했다(cf.마18:28)	현재 능동태 분사 ὀφείλων indebted 빚진/ ~해야 하는 cf. ὁ ὀφείλων debtor
현재 수동태 직설법 [ὀφείλομαι]	미완료 수동태 직설법	현재 수동태 분사 ὀφειλόμενος 갚아져야 하는 cf. τὸ ὀφειλόμενον the thing that is due = the debt
현재 능동태 가정법 [ὀφείλω]	현재 능동태 부정사 [ὀφείλειν]	현재 능동태 명령법 ὄφειλε cf. Μηδενὶ μηδὲν ὀφείλετε Owe no one anything 아무에게 아무빚도 지지말라 (롬13:8)
현재 수동태 가정법	현재 수동태 부정사	현재 수동태 명령법
Verb 51b-과거기본형 ὠφείλησα [1과거] ὤφελον [2과거] [성경범위밖]	과거 능동태 분사	과거 능동태 가정법 ὀφειλήσω [성경범위밖]
	과거 능동태 부정사	과거 능동태 명령법
Verb 51c-과거수동태	과거 수동태 분사	과거 수동태 가정법
미래 수동태 직설법	과거 수동태 부정사	과거 수동태 명령법

Verb 52a-원형 πάσχω [22과] I suffer 겪다 /고난당하다 미래: πείσομαι Depo.	미완료 능동태 직설법 ἔπασχον I was suffering 겪고 있었다	현재 능동태 분사 πάσχων suffering 겪으면서
현재 수동태 직설법	미완료 수동태 직설법	현재 수동태 분사
현재 능동태 가정법 [πάσχω] if I suffer 겪는다면/ 고난당한다면	현재 능동태 부정사 πάσχειν to suffer 고난당하기	현재 능동태 명령법 πάσχε Suffer! 고난받으라!
현재 수동태 가정법	현재 수동태 부정사	현재 수동태 명령법
Verb 52b-과거기본형 ἔπαθον I suffered 겪었다/ 고난당했다	과거 능동태 분사 παθών having suffered 고난당한/ 고난당한 후	과거 능동태 가정법 πάθω if I suffer 겪는다면/ 고난당한다면
	과거 능동태 부정사 παθεῖν to suffer 고난받기	과거 능동태 명령법
Verb 52c-과거수동태	과거 수동태 분사	과거 수동태 가정법
미래 수동태 직설법	과거 수동태 부정사	과거 수동태 명령법

Verb 53a-원형 ἀγαπάω [23과] I love 사랑하다 미래기본형: ἀγαπήσω	미완료 능동태 직설법 ἠγάπων I was loving 사랑하고 있었다	현재 능동태 분사 ἀγαπῶν loving 사랑하는/ 사랑하면서
현재 수동태 직설법 ἀγαπῶμαι I am loved 사랑받는다	미완료 수동태 직설법 ἠγαπώμην I was loved 사랑받고 있었다	현재 수동태 분사 ἀγαπώμενος being loved 사랑받고있는/ 사랑받으면서
현재 능동태 가정법 ἀγαπῶ if I love 사랑한다면	현재 능동태 부정사 ἀγαπᾶν to love 사랑하기	현재 능동태 명령법 ἀγάπα Love! 사랑하라!
현재 수동태 가정법 ἀγαπῶμαι if I am loved 만약 내가 사랑받는다면	현재 수동태 부정사 ἀγαπᾶσθαι to be loved 사랑받기	현재 수동태 명령법
Verb 53b-과거기본형 ἠγάπησα [23과] I loved 사랑했다	과거 능동태 분사 ἀγαπήσας having loved 사랑한/ 사랑한 후	과거 능동태 가정법 ἀγαπήσω if I love 사랑한다면
	과거 능동태 부정사 ἀγαπῆσαι to love 사랑하기	과거 능동태 명령법 ἀγάπησον Love! 사랑하라!
Verb 53c-과거수동태 ἠγαπήθην I was loved 사랑받았다	과거 수동태 분사 ἀγαπηθείς having been loved 사랑받은/ 사랑받은 후 cf. ἀγαπηθέντος (남 단 속)	과거 수동태 가정법 ἀγαπηθῶ if I am loved 만약 내가 사랑받는다면
미래 수동태 직설법 ἀγαπηθήσομαι I shall be loved 사랑받을 것이다	과거 수동태 부정사 ἀγαπηθῆναι to be loved 사랑받기	과거 수동태 명령법

Verb 54a-원형 τιμάω [23과] I honor 존경하다/공경하다 미래기본형: τιμήσω	미완료 능동태 직설법 ἐτίμων I was honoring 존경하고 있었다	현재 능동태 분사 τιμῶν honoring 존경하면서
현재 수동태 직설법 τιμῶμαι I am honored 존귀히 여김을 받는다	미완료 수동태 직설법 ἐτιμώμην I was being honored 존귀히 여김받고 있었다	현재 수동태 분사 τιμώμενος being honored 존경받는/ 존경받으면서
현재 능동태 가정법 τιμῶ if I honor 만일 내가 존경한다면	현재 능동태 부정사 τιμᾶν to honor 존경하기	현재 능동태 명령법 τίμα Honor! 존귀히 여겨라!
현재 수동태 가정법 τιμῶμαι if I am honored 만약 내가 존경받는다면	현재 수동태 부정사 τιμᾶσθαι to be honored 존경받기	현재 수동태 명령법
Verb 54b-과거기본형 ἐτίμησα [23과] I honored 존경했다	과거 능동태 분사 τιμήσας having honored 존경한/ 존경한 후	과거 능동태 가정법 τιμήσω if I honor 만일 내가 존귀히 여긴다면
	과거 능동태 부정사 τιμῆσαι to honor 존경하기	과거 능동태 명령법 τίμησον Honor! 존귀히 여겨라!
Verb 54c-과거수동태 ἐτιμήθην I was honored 존귀히 여김받았다	과거 수동태 분사 τιμηθείς having been loved 존경받은/ 존귀케 된 후 cf. τιμηθέντος (남 단 속)	과거 수동태 가정법 τιμηθῶ if I am honored 만약 내가 존귀케 된다면
미래 수동태 직설법 τιμηθήσομαι I shall be honored 존귀히 여김받을 것이다	과거 수동태 부정사 τιμηθῆναι to be honored 존경받기	과거 수동태 명령법

Verb 55a-원형 ἀκολουθέω [23과] I follow 따르다 미래기본형: ἀκολουθήσω	미완료 능동태 직설법 ἠκολούθουν I was following 따르고 있었다	현재 능동태 분사 ἀκολουθῶν following 따르는/ 따르면서
현재 수동태 직설법	미완료 수동태 직설법	현재 수동태 분사
현재 능동태 가정법 [ἀκολουθῶ] if I follow 만일 내가 따른다면	현재 능동태 부정사 ἀκολουθεῖν to follow 따르기	현재 능동태 명령법 ἀκολούθει Follow! 따르라!
현재 수동태 가정법	현재 수동태 부정사	현재 수동태 명령법
Verb 55b-과거기본형 ἠκολούθησα [23과] I followed 따랐다	과거 능동태 분사 ἀκολουθήσας having followed 따른/ 따른 후	과거 능동태 가정법 [ἀκολουθήσω] if I follow 만일 내가 따른다면
	과거 능동태 부정사 ἀκολουθῆσαι to follow 따르기	과거 능동태 명령법 ἀκολούθησον Follow! 따르라!
Verb 55c-과거수동태	과거 수동태 분사	과거 수동태 가정법
미래 수동태 직설법	과거 수동태 부정사	과거 수동태 명령법

Verb 56a-원형 εὐλογέω **[23과]** I bless 축복하다 미래기본형: εὐλογήσω	미완료 능동태 직설법 εὐλόγουν ηὐλόγουν [이형variant] I was blessing 축복하고 있었다	현재 능동태 분사 εὐλογῶν blessing 축복하는/ 축복하면서
현재 수동태 직설법 εὐλογοῦμαι I am blessed 축복을 받는다	미완료 수동태 직설법 εὐλογούμην I was being blessed 축복받고 있었다	현재 수동태 분사 εὐλογούμενος being blessed 축복받고있는/ 축복받으면서
현재 능동태 가정법 εὐλογῶ if I bless 만일 내가 축복한다면	현재 능동태 부정사 εὐλογεῖν to bless 축복하기	현재 능동태 명령법 εὐλόγει Bless! 축복하라!
현재 수동태 가정법 εὐλογῶμαι if I am blessed 만약 내가 축복받는다면	현재 수동태 부정사 εὐλογεῖσθαι to be blessed 축복받기	현재 수동태 명령법
Verb 56b-과거기본형 εὐλόγησα 또는 ηὐλόγησα I blessed 축복했다	과거 능동태 분사 εὐλογήσας having blessed 축복한/ 축복한 후	과거 능동태 가정법 εὐλογήσω if I bless 만일 내가 축복한다면
	과거 능동태 부정사 εὐλογῆσαι to bless 축복하기	과거 능동태 명령법 εὐλόγησον Bless! 축복하라!
Verb 56c-과거수동태 εὐλογήθην I was blessed 축복을 받았다	과거 수동태 분사 εὐλογηθείς having been blessed 축복받은/ 축복받은 후 cf. εὐλογηθέντος (남 단 속)	과거 수동태 가정법 εὐλογηθῶ if I am blessed 만약 내가 축복받는다면
미래 수동태 직설법 εὐλογηθήσομαι I shall be blessed 축복을 받을 것이다	과거 수동태 부정사 εὐλογηθῆναι to be blessed 축복받기	과거 수동태 명령법

Verb 57a-원형 εὐχαριστέω [23과] I give thanks 감사드리다 미래기본형: εὐχαριστήσω	미완료 능동태 직설법 εὐχαρίστουν I was giving thanks 감사하고 있었다	현재 능동태 분사 εὐχαριστῶν giving thanks 감사하는/ 감사하면서
현재 수동태 직설법	미완료 수동태 직설법	현재 수동태 분사
현재 능동태 가정법 εὐχαριστῶ if I give thanks 만일 내가 감사한다면	현재 능동태 부정사 εὐχαριστεῖν to give thanks 감사하기	현재 능동태 명령법 εὐχαρίστει Give thanks! 감사하라!
현재 수동태 가정법	현재 수동태 부정사	현재 수동태 명령법
Verb 57b-과거기본형 εὐχαρίστησα 또는 ηὐχαρίστησα [이형 variant] I gave thanks 감사드렸다	과거 능동태 분사 εὐχαριστήσας having given thanks 감사한/ 감사한 후	과거 능동태 가정법 εὐχαριστήσω if I give thanks 만일 내가 감사한다면
	과거 능동태 부정사 εὐχαριστῆσαι to give thanks 감사하기	과거 능동태 명령법 εὐχαρίστησον Give thanks! 감사해라!
Verb 57c-과거수동태 εὐχαριστήθην cf. εὐχαριστήθη thanks was given 감사드려졌다(cf.고후1:11)	과거 수동태 분사 [εὐχαριστηθείς]	과거 수동태 가정법 [εὐχαριστηθῶ]
미래 수동태 직설법 [cf.εὐχαριστηθήσομαι] thanks will be given 감사드려질 것이다	과거 수동태 부정사 [εὐχαριστηθῆναι]	과거 수동태 명령법

Verb 58a-원형 ζητέω [23과] I seek 구하다 /청하다 미래기본형: ζητήσω	미완료 능동태 직설법 ἐζήτουν I was seeking 요구하고 있었다	현재 능동태 분사 ζητῶν seeking 요구하는/ 요구하면서
현재 수동태 직설법 ζητοῦμαι cf. ζητεῖται It is required that~ ~이 요구된다 (고전4:2)	미완료 수동태 직설법 cf. ἐζητούμην It was being sought ~이 요구되고 있었다 (히8:7)	현재 수동태 분사 ζητούμενος being sought 요구되면서
현재 능동태 가정법 ζητῶ if I seek 만일 내가 요구한다면	현재 능동태 부정사 ζητεῖν to seek 요구하기	현재 능동태 명령법 ζήτει Seek! 청하라!
현재 수동태 가정법 [ζητῶμαι]	현재 수동태 부정사 [ζητεῖσθαι]	현재 수동태 명령법 [ζητοῦ]
Verb 58b-과거기본형 ἐζήτησα [23과] I sought 청했다	과거 능동태 분사 ζητήσας having sought 청한/ 청한 후	과거 능동태 가정법 ζητήσω if I seek 만일 내가 요구한다면
	과거 능동태 부정사 ζητῆσαι to seek 청하기/ 요구하기	과거 능동태 명령법 ζήτησον Seek! 요구하라!
Verb 58c-과거수동태 ἐζητήθην I was demanded	과거 수동태 분사 [ζητηθείς]	과거 수동태 가정법 [ζητηθῶ]
미래 수동태 직설법 ζητηθήσομαι cf. πολὺ ζητηθήσεται παρ' αὐτοῦ 그에게 많은 것이 요구될 것이다(눅12:48)	과거 수동태 부정사 [ζητηθῆναι]	과거 수동태 명령법 ζητήθητι cf. ζητηθήτω Let it be sought! (cf.LXX 에2:2)

Verb 59a-원형 θεωρέω [23과] I look at 보다 미래기본형: θεωρήσω	미완료 능동태 직설법 ἐθεώρουν I was looking at 보고 있었다	현재 능동태 분사 θεωρῶν looking at 보는/ 보면서
현재 수동태 직설법 θεωροῦμαι I am seen 관찰되다/ 보여지다	미완료 수동태 직설법 ἐθεωρούμην I was being seen 보여지고 있었다	현재 수동태 분사 θεωρούμενος being seen 보여지고있는/ 보여지면서
현재 능동태 가정법 θεωρῶ if I look at 만일 내가 본다면	현재 능동태 부정사 θεωρεῖν to look at 보기	현재 능동태 명령법 θεώρει See! Consider! 보라!/ 생각해보라!(cf. 히7:4)
현재 수동태 가정법 θεωρῶμαι if I am seen 만약 내가 보여진다면	현재 수동태 부정사 θεωρεῖσθαι to be seen 보여지기	현재 수동태 명령법
Verb 59b-과거기본형 ἐθεώρησα I looked at 보았다	과거 능동태 분사 θεωρήσας having seen 본/ 본 후	과거 능동태 가정법 θεωρήσω if I look at 만일 내가 본다면
	과거 능동태 부정사 θεωρῆσαι to look at 보기	과거 능동태 명령법 [θεώρησον]
Verb 59c-과거수동태 ἐθεωρήθην I was seen 관찰되었다/ 보여졌다	과거 수동태 분사 θεωρηθείς having been seen 보여진/ 보여진 후	과거 수동태 가정법 θεωρηθῶ if I am seen 만약 내가 보여진다면
미래 수동태 직설법 θεωρηθήσομαι I shall be seen 보여질 것이다	과거 수동태 부정사 θεωρηθῆναι to be seen 보여지기	과거 수동태 명령법

Verb 60a-원형 καλέω [23과] I call 부르다 미래기본형: καλέσω	미완료 능동태 직설법 ἐκάλουν I was calling 부르고 있었다	현재 능동태 분사 καλῶν calling 부르는/ 부르면서
현재 수동태 직설법 καλοῦμαι I am called 일컬어지다/ 부름을 받는다	미완료 수동태 직설법 ἐκαλούμην I was being called 일컬어지고 있었다	현재 수동태 분사 καλούμενος being called 일컬어지는/ 일컬어지면서
현재 능동태 가정법 καλῶ if I call 만일 내가 부른다면	현재 능동태 부정사 καλεῖν to call 부르기	현재 능동태 명령법 κάλει Call! 부르라! Invite!초청하라!(cf.눅14:13)
현재 수동태 가정법 καλῶμαι if I am called 만약 내가 일컬어진다면	현재 수동태 부정사 καλεῖσθαι to be called 일컬어지기	현재 수동태 명령법
Verb 60b-과거기본형 ἐκάλεσα [23과] I called 불렀다	과거 능동태 분사 καλήσας having called 부른/ 부른 후	과거 능동태 가정법 καλήσω if I call 만일 내가 부른다면
	과거 능동태 부정사 καλῆσαι to call 부르기	과거 능동태 명령법 κάλησον Call! 불러라! (cf.마20:8)
Verb 60c-과거수동태 ἐκλήθην I was called 부름받았다/ 일컬어졌다	과거 수동태 분사 κληθείς having been called 부름받은/ 부름받은 후	과거 수동태 가정법 κληθῶ if I am called 만약 내가 부름받는다면
미래 수동태 직설법 κληθήσομαι I shall be called 부름받을 것이다 일컬어질 것이다	과거 수동태 부정사 κληθῆναι to be called 부름받기	과거 수동태 명령법

Verb 61a-원형 λαλέω [23과] I speak 말하다 미래기본형: λαλήσω	미완료 능동태 직설법 ἐλάλουν I was speaking 말하고 있었다	현재 능동태 분사 λαλῶν speaking 말하는/ 말하면서
현재 수동태 직설법 [λαλοῦμαι]	미완료 수동태 직설법 [ἐλαλούμην]	현재 수동태 분사 λαλούμενος cf.τὸν λόγον λαλούμενον the word that is spoken (cf. 막5:36)
현재 능동태 가정법 λαλῶ if I speak 만일 내가 말한다면	현재 능동태 부정사 λαλεῖν to speak 말하기	현재 능동태 명령법 λάλει Speak! 말하라!
현재 수동태 가정법 [λαλῶμαι]	현재 수동태 부정사 λαλεῖσθαι to be spoken 언급되기	현재 수동태 명령법
Verb 61b-과거기본형 ἐλάλησα [23과] I spoke 말했다	과거 능동태 분사 λαλήσας having spoken 말한/ 말한 후	과거 능동태 가정법 λαλήσω if I speak 만일 내가 말한다면
	과거 능동태 부정사 λαλῆσαι to speak 말하기	과거 능동태 명령법 λάλησον Speak! 말하라!
Verb 61c-과거수동태 ἐλαλήθην cf. ἐλαλήθη it was told ~이 언급되었다 (cf. 눅2:20)	과거 수동태 분사 λαληθείς having been told 언급된/ 언급된 후	과거 수동태 가정법 [λαληθῶ]
미래 수동태 직설법 λαληθήσομαι cf. λαληθήσεται it will be told ~이 언급될 것이다 (cf. 막14:9)	과거 수동태 부정사 λαληθῆναι to be told 언급되기	과거 수동태 명령법

Verb 62a-원형 περιπατέω [23과] I walk 걷다 미래기본형: περιπατήσω	미완료 능동태 직설법 περιεπάτουν I was walking 걷고 있었다	현재 능동태 분사 περιπατῶν walking 걷는/ 걸으면서
현재 수동태 직설법	미완료 수동태 직설법	현재 수동태 분사
현재 능동태 가정법 περιπατῶ if I walk 만일 내가 걷는다면	현재 능동태 부정사 περιπατεῖν to walk 걷기	현재 능동태 명령법 περιπάτει Walk! 걸어라!
현재 수동태 가정법	현재 수동태 부정사	현재 수동태 명령법
Verb 62b-과거기본형 περιεπάτησα [23과] I walked 걸었다	과거 능동태 분사 περιπατήσας having walked 걸은/ 걸은 후	과거 능동태 가정법 περιπατήσω if I walk 만일 내가 걷는다면
	과거 능동태 부정사 περιπατῆσαι to walk 걷기	과거 능동태 명령법 περιπάτησον Walk! 걸어라!
Verb 62c-과거수동태	과거 수동태 분사	과거 수동태 가정법
미래 수동태 직설법	과거 수동태 부정사	과거 수동태 명령법

Verb 63a-원형 ποιέω [23과] I do/make 행하다/ 만들다 미래기본형: ποιήσω	미완료 능동태 직설법 ἐποίουν I was doing/making 행하고 있었다/ 만들고 있었다	현재 능동태 분사 ποιῶν doing/ making 행하는/ 행하면서
현재 수동태 직설법 [ποιοῦμαι]	미완료 수동태 직설법 [ἐποιούμην]	현재 수동태 분사 [ποιούμενος]
현재 능동태 가정법 ποιῶ if I do/make 만일 내가 행한다면/만든다면	현재 능동태 부정사 ποιεῖν to do/make 행하기/ 만들기	현재 능동태 명령법 ποίει Do!/ Make! 행하라!/ 만들라!
현재 수동태 가정법 [ποιῶμαι]	현재 수동태 부정사 [ποιεῖσθαι]	현재 수동태 명령법
Verb 63b-과거기본형 ἐποίησα [23과] I did/made 행하였다/ 만들었다	과거 능동태 분사 ποιήσας having done/made 행한/ 행한 후 만든/ 만든 후	과거 능동태 가정법 ποιήσω if I do/make 만일 내가 행한다면/만든다면
	과거 능동태 부정사 ποιῆσαι to do/make 행하기/ 만들기	과거 능동태 명령법 ποίησον Do!/ Make! 행하라!/ 만들라!
Verb 63c-과거수동태 ἐποιήθην I was made 만들어졌다	과거 수동태 분사 ποιηθείς having been done/made 행하여진/ 행하여진 후 만들어진/ 만들어진 후	과거 수동태 가정법 ποιηθῶ cf. ποιηθῇ if it is done/made 행하여진다면/ 만들어진다면
미래 수동태 직설법 ποιηθήσομαι cf. ποιηθήσεται it shall be made 만들어질 것이다 (LXX레2:7) 행하여질 것이다 (LXX출12:16)	과거 수동태 부정사 ποιηθῆναι to be done/made 행하여지기/ 만들어지기	과거 수동태 명령법

<table>
<tr><td>Verb 64a-원형
προσκυνέω [23과]
I worship 예배하다
미래기본형: προσκυνήσω</td><td>미완료 능동태 직설법
προσεκύνουν
I was worshipping
예배하고 있었다</td><td>현재 능동태 분사
προσκυνῶν
worshipping
예배하는/ 예배하면서</td></tr>
<tr><td>현재 수동태 직설법</td><td>미완료 수동태 직설법</td><td>현재 수동태 분사</td></tr>
<tr><td>현재 능동태 가정법
προσκυνῶ
if I worship
만일 내가 예배한다면</td><td>현재 능동태 부정사
προσκυνεῖν
to worship
예배하기</td><td>현재 능동태 명령법
προσκύνει
Worship!
예배하라!</td></tr>
<tr><td>현재 수동태 가정법</td><td>현재 수동태 부정사</td><td>현재 수동태 명령법</td></tr>
<tr><td>Verb 64b-과거기본형
προσεκύνησα [23과]
I worshipped 예배했다</td><td>과거 능동태 분사
προσκυνήσας
having worshipped
예배한/ 예배한 후</td><td>과거 능동태 가정법
προσκυνήσω
if I worship
만일 내가 예배한다면</td></tr>
<tr><td></td><td>과거 능동태 부정사
προσκυνῆσαι
to worship
예배하기</td><td>과거 능동태 명령법
προσκύνησον
Worship!
예배하라!</td></tr>
<tr><td>Verb 64c-과거수동태</td><td>과거 수동태 분사</td><td>과거 수동태 가정법</td></tr>
<tr><td>미래 수동태 직설법</td><td>과거 수동태 부정사</td><td>과거 수동태 명령법</td></tr>
</table>

Verb 65a-원형 τηρέω [23과] I keep 지키다/ 준수하다 cf. τὸ σάββατον οὐ τηρεῖ 그가 안식일을 지키지 않는다(요9:16) 미래기본형: τηρήσω	미완료 능동태 직설법 ἐτήρουν I was keeping 지키고 있었다 준수하고 있었다 cf. ἐτήρουν τὴν φυλακήν 옥을 지키고 있었다 (행12:6)	현재 능동태 분사 τηρῶν keeping 지키는/ 지키면서 준수하는/ 준수하면서
현재 수동태 직설법 τηροῦμαι I am kept 갇히다/ 준수되다 cf. 구금되다(cf.행12:5)	미완료 수동태 직설법 ἐτηρούμην I was being kept 구금되어 있었다(cf.행12:5) 준수되고 있었다	현재 수동태 분사 τηρούμενος being kept 구금되어있는/ 지켜지면서
현재 능동태 가정법 τηρῶ if I keep 만일 내가 지킨다면/ 준수한다면	현재 능동태 부정사 τηρεῖν to keep 지키기/ 준수하기	현재 능동태 명령법 τήρει Keep! 지켜라!/ 준수하라!
현재 수동태 가정법 τηρῶμαι if I am kept 만약 내가 구금된다면	현재 수동태 부정사 τηρεῖσθαι to be kept 구금되기/ 준수되기	현재 수동태 명령법
Verb 65b-과거기본형 ἐτήρησα [23과] I kept 지켰다 /준수했다	과거 능동태 분사 τηρήσας having kept 지킨/ 지킨 후 준수한/ 준수한 후	과거 능동태 가정법 τηρήσω if I keep 만일 내가 지킨다면 만일 내가 준수한다면
	과거 능동태 부정사 τηρῆσαι to kept 지키기/ 준수하기	과거 능동태 명령법 τήρησον Keep! 지켜라!/ 준수하라!
Verb 65c-과거수동태 [ἐτηρήθην]	과거 수동태 분사 [τηρηθείς]	과거 수동태 가정법 [τηρηθῶ]
미래 수동태 직설법 [τηρηθήσομαι]	과거 수동태 부정사 τηρηθῆναι to be kept 지켜지기	과거 수동태 명령법

Verb 66a-원형 φιλέω [23과] I love 사랑하다 미래기본형: φιλήσω	미완료 능동태 직설법 ἐφίλουν I was loving 사랑하고 있었다	현재 능동태 분사 φιλῶν loving 사랑하는/ 사랑하면서
현재 수동태 직설법 φιλοῦμαι I am loved 사랑받는다	미완료 수동태 직설법 ἐφιλούμην I was loved 사랑받고 있었다	현재 수동태 분사 φιλούμενος being loved 사랑받고있는/ 사랑받으면서
현재 능동태 가정법 φιλῶ if I love 사랑한다면	현재 능동태 부정사 φιλεῖν to love 사랑하기	현재 능동태 명령법 φίλει Love! 사랑하라!
현재 수동태 가정법 φιλῶμαι if I am loved 만약 내가 사랑받는다면	현재 수동태 부정사 φιλεῖσθαι to be loved 사랑받기	현재 수동태 명령법
Verb 66b-과거기본형 ἐφίλησα [23과] I loved 사랑했다	과거 능동태 분사 φιλήσας having loved 사랑한/ 사랑한 후	과거 능동태 가정법 φιλήσω if I love 사랑한다면
	과거 능동태 부정사 φιλῆσαι to love 사랑하기	과거 능동태 명령법 φίλησον Love! 사랑하라!
Verb 66c-과거수동태 ἐφιλήθην I was loved 사랑받았다	과거 수동태 분사 φιληθείς having been loved 사랑받은/ 사랑받은 후	과거 수동태 가정법 φιληθῶ if I am loved 만약 내가 사랑받는다면
미래 수동태 직설법 φιληθήσομαι I shall be loved 사랑받을 것이다	과거 수동태 부정사 φιληθῆναι to be loved 사랑받기	과거 수동태 명령법

Verb 67a-원형 δηλόω [23과] I show/ make clear 보여주다/ 드러내다 미래기본형: δηλώσω	미완료 능동태 직설법 ἐδήλουν I was showing 보여주고 있었다	현재 능동태 분사 δηλῶν showing 보여주는/ 보여주면서
현재 수동태 직설법 [δηλοῦμαι]	미완료 수동태 직설법 ἐδηλούμην I was being showed 드러나고 있었다	현재 수동태 분사 [δηλούμενος]
현재 능동태 가정법 [δηλῶ]	현재 능동태 부정사 [δηλοῦν]	현재 능동태 명령법 [δήλου]
현재 수동태 가정법 [δηλῶμαι]	현재 수동태 부정사 [δηλοῦσθαι]	현재 수동태 명령법
Verb 67b-과거기본형 ἐδήλωσα [23과] I showed 보여주었다	과거 능동태 분사 δηλώσας having showed 보여준/ 보여준 후	과거 능동태 가정법 δηλώσω if I show 만일 내가 보여준다면
	과거 능동태 부정사 δηλῶσαι to show 보여주기	과거 능동태 명령법 δήλωσον Show! 보여주어라!
Verb 67c-과거수동태 ἐδηλώθην I was showed 드러나졌다 cf. ἐδηλώθη it was known (LXX 에2:22) it was declared (고전1:11)	과거 수동태 분사 [δηλωθείς] having been showed 드러난/ 드러난 후	과거 수동태 가정법 [δηλωθῶ] if I am showed 만약 내가 드러난다면
미래 수동태 직설법 [δηλωθήσομαι] I shall be showed 드러날 것이다	과거 수동태 부정사 δηλωθῆναι to be showed 드러나기	과거 수동태 명령법

Verb 68a-원형 σταυρόω [23과] I crucify 십자가에 달다 미래기본형: σταυρώσω	미완료 능동태 직설법 [ἐσταύρουν] I was crucifying 십자가에 달고 있었다	현재 능동태 분사 [σταυρῶν] crucifying 십자가에 못박는/ 못박으면서
현재 수동태 직설법 σταυροῦμαι I am crucified 십자가에 못박히다	미완료 수동태 직설법 ἐσταυρούμην I was being crucified 십자가에 못박히고 있었다	현재 수동태 분사 [σταυρούμενος] being crucified 십자가에 못박히면서
현재 능동태 가정법 [σταυρῶ]	현재 능동태 부정사 [σταυροῦν]	현재 능동태 명령법 σταύρου Crucify! 십자가에 달라!(눅23:21)
현재 수동태 가정법 [σταυρῶμαι]	현재 수동태 부정사 [σταυροῦσθαι]	현재 수동태 명령법
Verb 68b-과거기본형 ἐσταύρωσα [23과] I crucified 십자가에 달았다	과거 능동태 분사 σταυρώσας having crucified 십자가에 못박은 후	과거 능동태 가정법 σταυρώσω if I crucify 십자가에 못박는다면
	과거 능동태 부정사 σταυρῶσαι to crucify 십자가에 못박기	과거 능동태 명령법 σταύρωσον Crucify! 십자가에 달라!(막15:13)
Verb 68c-과거수동태 ἐσταυρώθην I was crucified 십자가에 달렸다	과거 수동태 분사 σταυρωθείς having been crucified 십자가에 못박힌 후	과거 수동태 가정법 σταυρωθῶ if I am crucified 만약 내가 십자가에 못박힌다면
미래 수동태 직설법 σταυρωθήσομαι I shall be crucified 십자가에 못박힐 것이다	과거 수동태 부정사 σταυρωθῆναι to be crucified 십자가에 못박히기	과거 수동태 명령법

Verb 69a-원형 μετανοέω [24과] I repent 회개하다 미래기본형: μετανοήσω	미완료 능동태 직설법 μετενόουν I was repenting 회개하고 있었다	현재 능동태 분사 μετανοῶν repenting 회개하는/ 회개하면서
현재 수동태 직설법	미완료 수동태 직설법	현재 수동태 분사
현재 능동태 가정법 μετανοῶ if I repent 만일 내가 회개한다면	현재 능동태 부정사 μετανοεῖν to repent 회개하기	현재 능동태 명령법 μετανόει Repent! 회개하라!
현재 수동태 가정법	현재 수동태 부정사	현재 수동태 명령법
Verb 69b-과거기본형 μετενόησα [23과] I repented 회개했다	과거 능동태 분사 μετανοήσας having repented 회개한/ 회개한 후	과거 능동태 가정법 μετανοήσω if I repent 만일 내가 회개한다면
	과거 능동태 부정사 μετανοῆσαι to repent 회개하기	과거 능동태 명령법 μετανόησον Repent! 회개하라!
Verb 69c-과거수동태	과거 수동태 분사	과거 수동태 가정법
미래 수동태 직설법	과거 수동태 부정사	과거 수동태 명령법

Verb 70a-원형 σπείρω [24과] I sow 씨뿌리다 미래기본형: σπερῶ 유음동사	미완료 능동태 직설법 ἔσπειρον I was sowing 씨뿌리고 있었다	현재 능동태 분사 σπείρων sowing 씨뿌리는/ 씨뿌리면서
현재 수동태 직설법 σπείρομαι cf. σπείρεται the word is sown 말씀이 뿌려진다(cf.막4:15)	미완료 수동태 직설법 ἐσπειρόμην I was being sown 씨뿌려지고 있었다	현재 수동태 분사 σπειρόμενος being sown 씨뿌려지고있는/ 씨뿌려지면서
현재 능동태 가정법 σπείρω if I sow 만일 내가 씨뿌린다면	현재 능동태 부정사 σπείρειν to sow 씨뿌리기	현재 능동태 명령법 σπεῖρε Sow! 씨뿌려라!
현재 수동태 가정법 [σπείρωμαι]	현재 수동태 부정사 [σπείρεσθαι]	현재 수동태 명령법 [σπείρου]
Verb 70b-과거기본형 ἔσπειρα [24과] I sowed 씨뿌렸다	과거 능동태 분사 σπείρας having sown 씨뿌린/ 씨뿌린 후	과거 능동태 가정법 σπείρω if I sow 만일 내가 씨뿌린다면
	과거 능동태 부정사 σπεῖραι to sow 씨뿌리기	과거 능동태 명령법 σπεῖρον Sow! 씨뿌려라!
Verb 70c-과거수동태 ἐσπάρην [24과] I was sown 씨뿌려졌다	과거 수동태 분사 σπαρείς having been sown 씨뿌려진/ 씨뿌려진 후 cf.σπαρέντος (남 단 속)	과거 수동태 가정법 σπαρῶ cf. ὅταν σπαρῇ whenever it is sown 씨뿌려질 때에(막4:31)
미래 수동태 직설법 σπαρήσομαι cf. σπαρήσεσθε(LXX겔36:9) you will be sown 너희가 씨뿌려질 것이다	과거 수동태 부정사 σπαρῆναι to be sown 씨뿌려지기	과거 수동태 명령법

Verb 71a-원형 φοβέω [24과] I terrify 두렵게 하다 미래기본형: φοβήσω	미완료 능동태 직설법 [ἐφόβουν]	현재 능동태 분사 [φοβῶν]
현재 수동태 직설법 [φοβοῦμαι] I am afraid 두렵다 cf. 수동태를 취하고 자동사나 타동사적으로 쓰임: 떨다 /~을 두려워하다	미완료 수동태 직설법 [ἐφοβούμην]	현재 수동태 분사 [φοβούμενος]
현재 능동태 가정법 [φοβῶ]	현재 능동태 부정사 [φοβεῖν]	현재 능동태 명령법 [φόβει]
현재 수동태 가정법 [φοβῶμαι]	현재 수동태 부정사 [φοβεῖσθαι]	현재 수동태 명령법
Verb 71b-과거기본형 ἐφόβησα I terrified 두렵게 했다	과거 능동태 분사 [φοβήσας]	과거 능동태 가정법 [φοβήσω]
	과거 능동태 부정사 φοβῆσαι to terrify cf. τοῦ φοβῆσαι αὐτοὺς 그들을 두렵게 하기 위해 (대하32:18)	과거 능동태 명령법 [φόβησον]
Verb 71c-과거수동태 ἐφοβήθην I was afraid 두려웠다(cf. 마2:22) cf. 수동태를 취하고 자동사나 타동사적으로 쓰임: 떨었다 /~을 두려워했다	과거 수동태 분사 φοβηθείς having trembled with fear 두려워 떨었던/ 두려워 떤 후 (cf. 막5:33)	과거 수동태 가정법 φοβηθῶ if I fear 만약 내가 두려워한다면 cf. φοβηθῶμεν Let us fear (히4:1)
미래 수동태 직설법 φοβηθήσομαι cf. οὐ φοβηθήσεσθε You shall not fearthem 너희는 두려워말라(LXX신3:22)	과거 수동태 부정사 φοβηθῆναι to fear 두려워하기(cf. LXX렘39:39)	과거 수동태 명령법 φοβήθητι Revere! 경외하라! (cf. LXX수24:14)

Verb 72a-원형 αἰτέω [27과] I ask/request 요구하다 미래기본형: αἰτήσω	미완료 능동태 직설법 ᾔτουν I was asking 요구하고 있었다	현재 능동태 분사 αἰτῶν asking 요구하는/ 요구하면서 (cf. 마5:42)
현재 수동태 직설법 [αἰτοῦμαι]	미완료 수동태 직설법 [ᾐτούμην]	현재 수동태 분사 [αἰτούμενος]
현재 능동태 가정법 αἰτῶ if I ask 만일 내가 요구한다면 (cf. 요1서3:22)	현재 능동태 부정사 αἰτεῖν to ask 요구하기 (cf. 행3:2)	현재 능동태 명령법 αἴτει Ask! 구하라! (cf. 마7:7)
현재 수동태 가정법 [αἰτῶμαι]	현재 수동태 부정사 [αἰτεῖσθαι]	현재 수동태 명령법
Verb 72b-과거기본형 ᾔτησα I asked/requested 요구했다	과거 능동태 분사 αἰτήσας having asked 요구한/ 요구한 후(cf. 눅1:63)	과거 능동태 가정법 αἰτήσω if I ask 만일 내가 요구한다면 (cf. 마21:22)
	과거 능동태 부정사 αἰτῆσαι to ask 요구하기(cf. 마6:8)	과거 능동태 명령법 αἴτησον Ask! 구하라! (cf. 막6:22)
Verb 72c-과거수동태 ᾐτήθην [성경범위밖] cf. ᾐτήθη It was demanded 요구되었다	과거 수동태 분사 αἰτηθείς having been demanded 요구된/ 요구된 후	과거 수동태 가정법 [αἰτηθῶ]
미래 수동태 직설법 [αἰτηθήσομαι]	과거 수동태 부정사 [αἰτηθῆναι]	과거 수동태 명령법

Verb 73a-원형 ἐρωτάω [27과] I ask a question/ ask 질문하다 미래기본형: ἐρωτήσω	미완료 능동태 직설법 ἠρώτων I was asking a question 질문하고 있었다	현재 능동태 분사 ἐρωτῶν asking a question 질문하면서
현재 수동태 직설법 [ἐρωτῶμαι]	미완료 수동태 직설법 [ἠρωτώμην]	현재 수동태 분사 [ἐρωτώμενος]
현재 능동태 가정법 ἐρωτῶ if I ask a question/ if I ask 질문한다면 (cf. 눅19:31)	현재 능동태 부정사 ἐρωτᾶν to ask a question/ to ask 질문하기(요16:19)	현재 능동태 명령법 [ἐρώτα]
현재 수동태 가정법 [ἐρωτῶμαι]	현재 수동태 부정사 [ἐρωτᾶσθαι]	현재 수동태 명령법
Verb 73b-과거기본형 ἠρώτησα I asked a question/ asked 질문했다	과거 능동태 분사 ἐρωτήσας having asked a question 질문한/ 질문한 후	과거 능동태 가정법 ἐρωτήσω if I ask a question 만일 내가 질문한다면
	과거 능동태 부정사 ἐρωτῆσαι to ask a question 질문하기	과거 능동태 명령법 ἐρώτησον Ask! 질문하라! (cf. 요9:21)
Verb 73c-과거수동태 ἠρωτήθην I was asked 질문받았다 (cf. 삼하20:18)	과거 수동태 분사 [ἐρωτηθείς]	과거 수동태 가정법 [ἐρωτηθῶ]
미래 수동태 직설법 [ἐρωτηθήσομαι]	과거 수동태 부정사 [ἐρωτηθῆναι]	과거 수동태 명령법

Verb 74a-원형 πίνω [27과] I drink 마시다 미래기본형: πίομαι Depo.	미완료 능동태 직설법 ἔπινον I was drinking 마시고 있었다	현재 능동태 분사 πίνων drinking 마시는/ 마시면서
현재 수동태 직설법 πίνομαι cf. πίνεται It is drunk 마셔지다(cf. LXX레11:34)	미완료 수동태 직설법 [ἐπινόμην]	현재 수동태 분사 πινόμενος being drunk 마셔지는/ 마셔지면서
현재 능동태 가정법 πίνω if I drink 만일 내가 마신다면	현재 능동태 부정사 πίνειν to drink 마시기	현재 능동태 명령법 πῖνε Drink! 마셔라!(LXX잠5:15)
현재 수동태 가정법 [πίνωμαι]	현재 수동태 부정사 [πίνεσθαι]	현재 수동태 명령법
Verb 74b-과거기본형 ἔπιον [27과] I drank 마셨다	과거 능동태 분사 πιών having drunk 마신/ 마신 후	과거 능동태 가정법 πίω if I drink 만일 내가 마신다면
	과거 능동태 부정사 πιεῖν to drink 마시기	과거 능동태 명령법 πίε Drink! 마셔라!(눅12:19)
Verb 74c-과거수동태	과거 수동태 분사	과거 수동태 가정법
미래 수동태 직설법	과거 수동태 부정사	과거 수동태 명령법

Verb 75a-원형 ἁγιάζω [28과] I sanctify 거룩하게 하다 미래기본형: ἁγιάσω	미완료 능동태 직설법 [ἡγίαζον] I was sanctifying 거룩하게 하고 있었다	현재 능동태 분사 ἁγιάζων sanctifying 거룩하게 하면서
현재 수동태 직설법 ἁγιάζομαι I am sanctified 거룩하게 되다 (cf. 딤전4:5)	미완료 수동태 직설법 [ἡγιαζόμην] I was being sanctified 거룩하게 되고 있었다	현재 수동태 분사 ἁγιαζόμενος being sanctified 거룩하게 되고 있는
현재 능동태 가정법 ἁγιάζω if I sanctify 만일 내가 거룩하게 한다면	현재 능동태 부정사 ἁγιάζειν to sanctify 거룩하게 하기	현재 능동태 명령법 ἁγίαζε Sanctify! cf. τὰ σάββατά μου ἁγιάζετε Hallow my sabath!(겔20:20) 나의 안식일을 거룩하게 하라!
현재 수동태 가정법 [ἁγιάζωμαι]	현재 수동태 부정사 [ἁγιάζεσθαι]	현재 수동태 명령법 [ἁγιάζου]
Verb 75b-과거기본형 ἡγίασα [28과] I sanctified 거룩하게 하였다	과거 능동태 분사 ἁγιάσας having sanctified 거룩하게 한/ 거룩하게 한 후 (cf. 마23:17)	과거 능동태 가정법 ἁγιάσω if I sanctify 만일 내가 거룩하게 한다면 (cf. 히13:12)
	과거 능동태 부정사 ἁγιάσαι to sanctify 거룩하게 하기(cf. LXX출29:1)	과거 능동태 명령법 ἁγίασον Sanctify! 거룩하게 하라! (벧전3:15)
Verb 75c-과거수동태 ἡγιάσθην [28과] I was sanctified 거룩하게 되었다	과거 수동태 분사 ἁγιασθείς having been sanctified 거룩하게 된/ 거룩하게 된 후	과거 수동태 가정법 ἁγιασθῶ if I am sanctified 만약 내가 거룩하게 된다면
미래 수동태 직설법 ἁγιασθήσομαι I shall be sanctified 거룩하게 될 것이다	과거 수동태 부정사 ἁγιασθηναι to be sanctified 거룩하게 되기	과거 수동태 명령법 ἁγιάσθητι cf. ἁγιασθήτω τὸ ὄνομά σου Let your name be sanctified! 당신의 이름을 거룩하게 하소서 (마6:9)

Verb 76a-원형 ἐλεέω [28과] I pity 불쌍히 여기다 미래기본형: ἐλεήσω	미완료 능동태 직설법 ἠλέουν I was pitying 불쌍히 여기고 있었다	현재 능동태 분사 ἐλεῶν pitying 불쌍히 여기는
현재 수동태 직설법 [ἐλεοῦμαι]	미완료 수동태 직설법 [ἠλεούμην]	현재 수동태 분사 [ἐλεούμενος]
현재 능동태 가정법 ἐλεῶ if I pity 만일 내가 불쌍히 여긴다면	현재 능동태 부정사 ἐλεεῖν to pity 불쌍히 여기기	현재 능동태 명령법
현재 수동태 가정법 [ἐλεῶμαι]	현재 수동태 부정사 [ἐλεεῖσθαι]	현재 수동태 명령법
Verb 76b-과거기본형 ἠλέησα [28과] I pitied 불쌍히 여겼다	과거 능동태 분사 ἐλεήσας having pitied 불쌍히 여긴/ 불쌍히 여긴 후	과거 능동태 가정법 ἐλεήσω if I pity 만일 내가 불쌍히 여긴다면
	과거 능동태 부정사 ἐλεῆσαι to pity 불쌍히 여기기	과거 능동태 명령법 ἐλέησον Have pity on~! 불쌍히 여기소서!
Verb 76c-과거수동태 ἠλεήθην I was pitied 불쌍히 여김을 받았다	과거 수동태 분사 ἐλεηθείς having been pitied 불쌍히 여김받은 불쌍히 여김받은 후	과거 수동태 가정법 ἐλεηθῶ if I am pitied 만약 내가 불쌍히 여김 받는다면 (cf. 롬11:31)
미래 수동태 직설법 ἐλεηθήσομαι I shall be pitied 불쌍히 여김을 받을 것이다	과거 수동태 부정사 ἐλεηθῆναι to be pitied 불쌍히 여김받기	과거 수동태 명령법

총정리 문제

아래의 문제들은 필자가 언어연구소 연구원으로 있는 동안 신대원 재학생들을 대상으로 조교(Teaching Assistant) 선발시험을 위해 출제했던 문항들이다. 코이네 헬라어가 더 이상 현대언어가 아닌 이상, 발음이나 회화적 능력보다는 독해능력이 무엇보다 중요하다. 더욱이 '성경본문읽기'라는 중차대한 해석적 과제를 안고 있는 신학도들에게 있어서 신약 헬라어 어휘를 암기하고 구문론을 익히는 일은 필수적이다. 그러나 고도의 굴절어에 속하는 헬라어의 특성상, 어형론적 기초가 없는 단순한 어휘암기와 구문론적 지식은 자칫 피상적인 문법지식에만 머무를 수 있기 때문에, 본 문제들은 (1) 명사 및 동사의 굴절체계, 그리고 (2) 동사의 내부구조를 분석해내는 능력과 그에 기초한 구문해석능력에 일차적 중요성이 주어져 출제되었다. 아래의 문제들을 120분 내에 풀 수 있으면, 헬라어 동사의 패러다임과 기초구문론에 대해 어느 정도의 이해와 숙련도를 지녔다고 평가해 볼 수 있겠다. 해답은 다음의 자료실에 게시해 놓은 자료를 참고하라: http://cafe.daum.net/greek293

1. 아래 단어들의 변화표를 작성하시오.
   (1) 형용사 πλήρης, ες 의 변화
   (2) ὄρος, ὄρους, τό 의 변화
   (3) κρίσις, κρίσεως, ἡ 의 변화
   (4) ὕδωρ, ὕδατος, τό 의 변화

2. 반드시 괄호 안에 주어진 직설법 어형을 참고하여 빈칸에 적절한 어형을 써넣으시오. (※액센트를 반드시 표기하시오)

(1) ____________ τῷ κυρίῳ τὸν διωκόμενον ἀπήλθομεν εἰς ἄλλον τόπον.
우리는 박해받고 있는 자를 주님께로 데려간 후 다른 곳으로 갔다. (προσήνεγκα)

(2) εἴδομεν τοὺς ____________ ____________ τοῦ κυρίου.
우리는 주님의 제자들이 된 자들을 보았다. (ἐγενόμην, μαθητής)

(3) ____________ πρὸς αὐτοὺς ὁ ἄρχων ἐπίστευσεν εἰς τὸν κύριον.
그 통치자가 그들에게로 간 후 주님을 믿었다. (ἐπορεύθην)

(4) ἦρεν ὁ πονηρὸς τὸ παρὰ τὴν ὁδὸν ____________.
그 악한 자가 길가에 뿌려진 것을 치웠다. (ἐσπάρην)

(5) ὁ ____________ τὸν κύριον ____________ καὶ ἡμᾶς. 주님을 일으키신 분께서 우리까지도 일으키실 것이다. (ἐγείρω 동사의 과거분사와 미래직설법)

(6) ἀγαπῶ καὶ τὸν ____________ αὐτόν.
나는 그를 보내신 자까지도 사랑한다. (ἀπέστειλα)

(7) ταῦτα ____________ τοῖς ____________ πρὸς ἡμᾶς. 우리는 우리에게로 보내진 자들에게 이것들을 말할 것이다. (λέγω의 미래, ἀπεστάλην)

(8) μηκέτι ἁμαρτάνωμεν ἵνα ____________ μαθηταὶ πιστοί.
우리가 신실한 제자들이 되기 위해 더 이상 죄짓지 맙시다. (ἐγενόμην)

(9) οὐκέτι ____________ ὁ Ἰησοῦς ἐν τῇ χώρᾳ ἐκαίνῃ. 주님께서 더 이상 저 마을 안에 걷고 계시지 않았다. (περιπατέω 의 미완료시제)

(10) οἱ ἁμάρτωλοι ________________ .
그 죄인들이 회개하고 있었다. (μετανοέω의 미완료)

(11) ____________ τὴν μαρτυρίαν. 그 증거를 받아들입시다! (ἐδεξάμην)

(12) ____________ τὸ θελημά σου. 당신의 뜻이 이루어지소서. (ἐγενήθην)

(13) ____________ με ἐλθεῖν πρὸς σὲ ἐπὶ τὰ _________.
물 위로 당신께 가도록 나를 명하소서! (ἐκέλευσα, ὕδωρ)

(14) οὐ ἐποίησαν αὗται αἱ χεῖρες ________ λέγουσιν ἐκεῖνοι οὐδέν.
이 손들은 저들이 말하는 것들 중 아무것도 행하지 아니했다. (관계대명사)

(15) ______ ἐὰν θέλω δίδωμι τοῦτο.
누구든지 내가 원하는 자에게 이것을 주리니. (관계대명사)

3. 아래의 지시를 참조하여 작문하시오. (※액센트를 반드시 표기하시오)

(1) γίνομαι의 과거부정사와 전치사를 사용하여 '너희가 신실한 제자들이 되기 위해'라는 의미의 부정사구를 만드시오.
→

(2) ἐγείρω의 과거 수동태 부정사와 전치사를 사용하여 '주님께서 일으키심을 받은 후에'라는 의미의 부정사구를 만드시오.
→

4. 밑줄 친 동사를 분해하되 원형을 밝히고 전체 문장을 해석하시오.

(1) ταῦτα <u>ἀπεκρίθη</u> τοῖς προσενεγκοῦσιν αὐτῷ τὰ τέκνα.
분해:
해석:

(2) ὅ ἐὰν ἴδητε τὸν Χριστὸν ποιοῦντα, τοῦτο ποιήσατε καὶ ὑμεῖς.
분해:
해석:

(3) εἴδομεν αὐτὰς καὶ μενούσας ἐν τῷ οἴκῳ καὶ ἐξελθούσας ἐξ αὐτοῦ.
분해:
해석:

(4) ἠρώτησε τις ἡμᾶς τί πίῃ.
분해:
해석:

5. 헬라어의 일반동사들은 미완료과거시제(Imperfect)에 있어서 예외없이 현재 직설법 줄기를 빌어와 그 어형을 형성한다. 아래에 주어진 동사의 미완료 단수 1인칭 형태를 써보아라.

(1) αἴρω →
(2) ἀποθνήσκω →
(3) γίνομαι →

6. 제2과거 동사란, 시상접미어를 어형에 반영하지 않은 과거동사를 말한다. 그렇다면 아래의 동사형태에 대해선 무엇이라 설명할 것인가?
(3줄 이내로 간략히 기술하시오)
ἦλθα, εἶπαν, ἤνεγκα, ἐλθάτω

7. 어떤 동사가 직설법에서 제2과거 형태를 쓰게 될 경우, 그 동사는 직설법 이외의 다른 법(즉, 분사, 가정법, 부정사, 명령법)에서도 제2과거 줄기를 빌어와 과거어형을 형성하게 된다. 아래 지시대로 그 예를 한 가지씩만 들되 반드시 각기 다른 4개의 동사를 사용하라.
예) 2과거 분사 → γενόμενος (γίνομαι의 2과거 중간태 디포넌트 분사)

(1) 2과거 분 사:
(2) 2과거 가정법:
(3) 2과거 부정사:
(4) 2과거 명령법:

8. 유음동사(Liquid Verb)란 줄기의 끝자음이 갖는 청각적 인상이 액체와 같이 '흐르는 듯한 낭랑한 소리'를 갖는 경우를 말하는데 λ, μ, ν, ρ 등으로 끝나는 동사가 그 대표적인 경우라 할 수 있다. 그렇다면 유음동사의 이러한 끝자음들은 어떠한 시상접미어들 앞에서 음운적인 갈등을 겪게 되는가? 그리고 그 결과로 생겨난 형태상의 변화는 무엇인가? 아래의 구체적인 질문을 읽고 답하라.

(1) 앞서 말한 두 개의 시상접미어는? (혹은 두 개의 시제는?)
(2) μένω의 과거 능동태 명령법 2인칭 단수 형태는?
(3) ἐγείρω의 과거 능동태 가정법 1인칭 단수 형태는?
(4) ἀποστέλλω의 과거 능동태 부정사의 형태는?

9. 단축동사(Contract Verb)의 개념을 간략히 설명하시오. 그리고 아래에서 지시하는 적절한 어형을 쓰고서 액센트를 표기한 후, 각각의 경우 단축동사의 액센트를 표기하는 방법에 대해서도 간단히 약술해보시오.

(1) 단축동사의 개념:

(2) ἀγαπάω의 현재 수동태 직설법 2인칭 단수 →

(3) φιλέω의 미완료 수동태 직설법 3인칭 단수 →

(4) δηλόω의 현재 능동태 가정법 2인칭 단수 →

10. 다음 두 질문의 의미적 차이에 대해 간략히 설명하시오.

(1) μὴ ἰσχυρότεροι αὐτοῦ ἐσμεν;
(2) οὐκ ἰσχυρότεροι ἐσμεν αὐτοῦ;

11. 다음은 메이첸 교본의 연습문제 및 요한복음 본문의 일부이다. 해석하되 되도록 직역을 하라.

(1) οὗτός ἐστιν ὑπὲρ οὗ ἐγὼ εἶπον, Ὀπίσω μου ἔρχεται ἀνὴρ ὃς ἔμπροσθέν μου γέγονεν, ὅτι πρῶτός μου ἦν.

(2) πρωΐας δὲ ἤδη γενομένης ἔστη Ἰησοῦς εἰς τὸν αἰγιαλόν, οὐ μέντοι ᾔδεισαν οἱ μαθηταὶ ὅτι Ἰησοῦς ἐστιν. ὁ δὲ εἶπεν αὐτοῖς, Βάλετε εἰς τὰ δεξιὰ μέρη τοῦ πλοίου τὸ δίκτυον, καὶ εὑρήσετε. ἔβαλον οὖν, καὶ οὐκέτι αὐτὸ ἑλκύσαι ἴσχυον ἀπὸ τοῦ πλήθους τῶν ἰχθύων.

(3) ἐὰν μὴ φάγητε τὴν σάρκα τοῦ υἱοῦ τοῦ ἀνθρώπου καὶ πίητε αὐτοῦ τὸ αἷμα, οὐκ ἔχετε ζωὴν ἐν ἑαυτοῖς. (밑줄친 동사는 원형을 밝히고 분해하시오)

12. 마무리 문제

※ 다음에 지시하는 λύω 동사의 변화표를 쓰시오.
- (1) 미완료중간/수동태직설법
- (2) 과거중간태직설법
- (3) 과거수동태직설법
- (4) 현재완료능동태직설법
- (5) 현재중간/수동태명령법
- (6) 과거중간태명령법
- (7) 과거수동태명령법

※ 다음에 지시하는 εἰμί 동사의 변화표를 쓰시오.
- (1) 미완료 직설법
- (2) 분사
- (3) 가정법
- (4) 명령법

메이첸 헬라어

꼭 알아야 할 293가지 그라마

2018년 9월 2일 초판 6쇄 발행

지은이 | 신석준
펴낸이 | 박영호
펴낸곳 | 도서출판 솔로몬

주소 | 서울시 동작구 사당 3동 207-3 신주빌딩 1층
전화 | 599-1482
팩스 | 592-2104
직영서점 | 596-5225

등록일 | 1990년 7월 31일
등록번호 | 제 16-24호

ISBN 89-8255-384-3 03230